LAROUSSE de la Chasse d'aujourd'hui

Direction d'ouvrage
Paul-Henry Hansen-Catta

Rédaction
Alexandre Bombenger
Mathieu Boss
Guillaume Coursat
Philippe Jaeger
Paul-Henry Hansen-Catta
Éric Lebec
François Leger
Jean Maffioletti
Willy-Marc Zorn
Et Christiane Merhar pour la partie *Le chasseur et son chien*

Direction de la publication
Marie-Pierre Levallois

Direction éditoriale
Carole Bat

Édition
Nathalie Cornellana
Avec la collaboration de Élisabeth Andréani et de Rupert Hasterok

Direction artistique
Emmanuel Chaspoul
Assisté de Jacqueline Bloch et Sophie Compagne

Conception graphique
Odile Delaporte

Mise en pages
Catherine Le Troquier

Relecture-correction
Annick Valade
Assistée de Chantal Barbot, Jean Delaite,Tristan Grellet, Henri Goldszal, Pierre Vallas

Dessins
Dominique Gall

Iconographie
Recherche effectuée par les Éditions du Gerfaut

Couverture
Véronique Laporte

Fabrication
Annie Botrel

ISBN : 2-03-560271-8

LAROUSSE de la Chasse d'aujourd'hui

Sous la direction de
Paul-Henry
HANSEN-CATTA

LAROUSSE

GERFAUT

La chasse autrement

Levier majeur de l'humanité naissante – les anthropologues en conviennent –, la chasse fut-elle un jeu avant d'être une nécessité ? La question est d'importance : si l'homme se distingue de l'animal par son goût du défi, la chasse, comme jeu, l'aurait amené à intégrer la viande dans son régime alimentaire ; à l'inverse, si la chasse était seulement une nécessité nourricière, l'élevage aurait dû annoncer le commencement de sa fin. Les travaux récents de l'archéologue Jean Guilaine, professeur au Collège de France, et du paléopathologiste Jean Zammit montrent que *« c'est à l'époque où la chasse ne joue plus qu'un rôle mineur dans l'économie que son rôle social et symbolique ne cesse de croître »*.

Ainsi, depuis les premiers âges, elle n'a pas seulement contribué à apaiser la faim, elle a aussi nourri la pensée. Les œuvres pariétales de la préhistoire en attestent déjà. Présente dans la littérature dès Homère, la chasse inspire les arts jusqu'au XIXe siècle, au point d'en être un des grands thèmes, après l'amour et la religion. Expression de la suprématie de l'homme sur la nature, elle s'affirme comme symbole du pouvoir politique, celui du prince féodal, puis celui du peuple vainqueur de l'ordre monarchique. Une passion à ce point emblématique ne saurait être strictement utilitaire.

Soutenir, comme le font ses opposants les plus radicaux, que la chasse a perdu sa raison d'être au motif qu'elle n'a plus de fonction alimentaire constitue non seulement une erreur historique, mais aussi un impair culturel, une faute d'appréciation. Défendre la chasse au nom de la tradition n'a guère plus de pertinence. Il y a dans la chasse des pratiques traditionnelles, fixées par des usages qui les relient à un passé plus ou moins lointain. Mais la chasse dans sa globalité n'a perduré qu'en s'adaptant à son temps. L'aristocratie l'a imaginée noble, proscrivant tout moyen déloyal, la Révolution française l'a faite populaire, la République n'a cessé de vouloir la contenir dans ses débordements. La seule constante de la chasse est celle du comportement du chasseur : il est toujours à la frontière de l'acceptable. Or, l'acceptable c'est la norme sociale qui sans cesse se déplace.

Les mythes fondateurs de la chasse, à travers la déesse grecque Artémis ou Hubert, saint du VIIe siècle, disent la même chose : se laisser aller aux débordements de la passion cynégétique expose à tous les dangers. Transformé en cerf par Artémis parce qu'il a bravé les interdits, le chasseur Actéon est dévoré par ses chiens. Hubert, le veneur acharné, renonce à la chasse lorsque la croix du Christ apparaît entre les bois du cerf, et qu'une voix lui dit : « *Si vous n'embrassez pas une sainte vie, vous tomberez bientôt dans les abîmes de l'enfer.* » Devenu évêque, il avait la vertu de guérir de la rage, allégorie de la fureur de tuer. Incarnations de la chasse, Artémis et Hubert protègent la nature sauvage contre l'homme, mais aussi l'homme contre sa nature. Ces mythes enseignent qu'à toute passion il faut des bornes, celles au-delà desquelles il y a désordre moral, social. La chasse est un plaisir qui s'accomplit dans la maîtrise de soi, elle n'est pas uniquement un droit.

Les bouleversements du paysage, qui conditionnent l'évolution des effectifs et la diversité des espèces sauvages, le regard, inquiet, d'une opinion sur une nature mal en point, l'engouement inégalé pour les loisirs de plein air, modifient en profondeur l'univers du chasseur. Ces transformations écologiques, psychologiques, culturelles lui font craindre pour l'avenir de sa passion. L'affirmation du droit imprescriptible de chasser en riposte à des changements de cette ampleur, pour compréhensible qu'elle soit, n'offre aucune perspective d'avenir. Pire, elle présente le risque de la marginalisation, antichambre de l'exclusion.

La prise en compte de ces phénomènes oblige à considérer que la chasse aujourd'hui ne peut plus être ce qu'elle a été. Et le chasseur doit faire l'effort de comprendre ce qui se passe autour de lui, dans les esprits et dans les espaces.

L'opinion n'attend rien du chasseur, sauf qu'il n'empêche pas le promeneur de se promener. En revanche, le chasseur a besoin d'elle. S'il n'est que celui qui tue des animaux, ses chances d'être compris s'amenuisent, à mesure que le sentiment dominant tend à les protéger. Mais si son action favorise le développement des espèces, l'opinion lui trouvera un intérêt. Les attentes du public dans ce domaine sont toutefois sensiblement différentes de celles du chasseur. Lui veut du gibier. Le public souhaite une nature riche en espèces sauvages de tous ordres, la formulation scientifique de cette situation étant la biodiversité. Entretenir des surpopulations de sangliers, et tenter de limiter les dégâts agricoles ainsi provoqués en entourant les massifs forestiers de clôtures électriques, ne répond pas à la demande sociale. Par contre, la restauration d'habitats diversifiés, en faveur de la perdrix par exemple, induit l'essor de tout un cortège d'espèces végétales et animales : là, les chasseurs s'inscrivent dans une perspective d'intérêt général, au-delà de leurs préoccupations catégorielles.

Pour chaque type de gibier – grand gibier, petit gibier sédentaire, petit gibier migrateur – les auteurs du *Larousse de la chasse d'aujourd'hui* décrivent les pratiques cynégétiques, selon une approche d'abord culturelle, puis technique. Dans chacune de ces parties, ils traitent de l'éthologie des espèces et de l'évolution de leurs habitats. Une chasse durable participe d'abord à la protection des paysages, prend ensuite en compte les capacités d'accueil des milieux, enfin détermine les prélèvements en fonction de la dynamique des populations de gibier. Un chasseur en phase avec son temps est attentif aux autres usages de la nature, agricoles, forestiers, récréationnels.

Le *Larousse de la chasse d'aujourd'hui* propose un regard transversal sur la chasse considérée dans ses implications écologiques, techniques, sociologiques et ses représentations mentales. Il défriche, sans complaisance, les pistes d'une refondation de la chasse qui passent par de nouvelles relations avec l'opinion.

Le chasseur du XXIe siècle sera naturaliste ou ne sera plus. C'est la condition de son acceptation sociale. Celle aussi du maintien de populations de gibier à un niveau suffisant pour permettre des prélèvements.

Modifier ses habitudes n'est pas perdre son âme. Chevillée au plus profond de la nature humaine, la chasse vivra tant qu'il y aura des petits d'homme pour tenter d'attraper la petite bête qui fuit. Le chasseur, dans sa très longue histoire, s'est accommodé de tout, en prédateur opportuniste. Cette force, qui est sa singularité, l'helléniste et anthropologue contemporain Alain Schnapp en a décrit le ressort et défini la portée : « *Le chasseur est seul au milieu d'un monde d'impressions, de bruits, d'odeurs, de mouvements. Chasser, c'est interpréter ce monde mystérieux, établir des relations entre des faits qui paraissent sans lien entre eux, voir là où le commun des hommes ne voient pas, entendre là où ils n'entendent pas.* »

PAUL-HENRY HANSEN-CATTA

I. LA CHASSE DU GRAND GIBIER

II. LA CHASSE DU PETIT GIBIER SÉDENTAIRE

III. LA CHASSE DU PETIT GIBIER MIGRATEUR

IV. LE GUIDE DU CHASSEUR

1

LA CHASSE DU GRAND GIBIER

LES MODES DE CHASSE

LE GRAND GIBIER DES BOIS ET DES FORÊTS

LE GRAND GIBIER DE MONTAGNE

LE RETOUR DES GRANDS PRÉDATEURS

Des chasses mythiques

Silencieuse, telle l'approche, fastueuse, telle la vénerie, tapageuse telle la battue, les chasses du grand gibier, pour différentes soient-elles dans leurs manifestations, découlent d'un attrait commun et puisent à la même source : la forêt, ce lieu qui dans l'imaginaire humain exprime le monde sauvage bien plus que la campagne. Dans l'univers des arbres, des taillis et des fourrés, la nature et ses hôtes semblent préserver tous leurs secrets. Ces vers de Victor Hugo parlent puissamment au chasseur de grand gibier :

« Quand je suis parmi vous, arbres de ces grands bois,
Dans tout ce qui m'entoure et me cache à la fois,
Dans votre solitude où je rentre en moi-même,
Je sens quelqu'un de grand
qui m'écoute et qui m'aime. »

En forêt, ou dans les vastes espaces montagnards, le chasseur de grand gibier plonge dans un autre monde, s'éloigne de la civilisation à la recherche de ce plaisir primitif de ne plus être parmi les hommes. Tout entier à la quête d'un gibier à haute valeur symbolique, il renoue des liens ancestraux, il se replace dans le sillage du chasseur originel. Ainsi, les chasses du grand gibier, collectives (vénerie, battue) ou individuelles (approche, affût), plus que les chasses du petit gibier, s'inscrivent dans un atavisme qui témoigne de la très ancienne histoire des rapports de force entre l'homme et l'animal ; un animal qui, en raison de sa taille, de ses trophées et de l'importance de sa venaison, est l'objet d'un tout autre enjeu que le lièvre ou la perdrix. Dans ces modes de chasse, face au mammifère de forte corpulence qui sait se tenir aux abois, c'est-à-dire faire face, l'acte de prédation – qui procède de logiques de confrontation, voire d'affrontement – nécessite davantage de force et de persévérance, donc de hardiesse.

De grands seigneurs des forêts et des montagnes

Les chasses du grand gibier renvoient à de multiples interprétations mythiques qui tiennent à la fois au milieu où elles se pratiquent – la forêt, ultime refuge du sauvage – et à une faune qui depuis toujours inspire de riches représentations : le cerf, roi majestueux, le chevreuil, aristocratique, le sanglier, ombrageux guerrier, et le chamois (ou l'isard), seigneur des montagnes. Ce rapport admiratif à l'autre monde, celui qui nourrit la nostalgie des origines, trouve toute son expression dans la collecte du trophée, objet de fierté pour celui qui s'est rendu maître d'un cerf bien coiffé ou d'un sanglier bien armé.

Du Nord au Sud, des modes de chasse différents

Toutefois, si la passion pour le grand gibier, tous modes de chasse confondus, résulte de la très ancienne pulsion prédatrice, elle s'exprime en rites différents selon les cultures des régions d'Europe. C'est au monde germanique, où la forêt figure parmi les grandes thématiques de l'exaltation romantique, que la chasse du grand gibier doit ses pratiques individuelles de l'affût et de l'approche. En revanche, les pays latins ont développé les modes de chasse collective, à courre et en battue. Des sensibilités fondamentalement différentes se manifestent à travers la façon de prélever les animaux et révèlent deux conceptions de la place de l'homme dans son environnement, distinction qui se retrouve d'ailleurs dans tout ce qui concerne la place de l'écologie dans les pays du Nord et ceux du Sud.

Entre traque fervente et approche silencieuse

Le chasseur à l'affût ou à l'approche se fond dans la nature ; le veneur ou le traqueur la bouscule ; les uns jouent de la plus grande discrétion et en appellent à toutes les techniques de la dissimulation ; les autres mettent en œuvre une action d'envergure qui, par bien des aspects, est aussi un spectacle. Dans un cas le silence, dans l'autre la musique des chiens et des sonneries. En écho à l'irrésistible appel de la forêt, la réponse du chasseur diverge selon qu'il y pénètre en intrus ou en maître. Ces divergences de sensibilité induisent des rapports différents au monde. Par nature, le chasseur individuel s'adapte, il est le prédateur solitaire qui ne peut compter que sur lui-même et qui fera donc appel à des techniques toujours plus sophistiquées pour tuer efficacement. La vénerie, au contraire, ainsi que la battue dans une moindre mesure, s'est bâtie sur des rituels sacrificiels où l'homme prédateur – et spectateur – occupe moins le devant de la scène, puisque, aux chiens formés en meute bien gorgée, il a confié le destin de la chasse. À courre, il faut trompes éclatantes, cavaliers chamarrés ; en battue, la traque, comme prise de ferveur barbare, pousse à grands cris le gibier vers les tireurs postés. Au poste d'affût ou sur la voie de l'animal repéré, aucune autre émotion n'est recherchée que celle de réussir un tir certain.

Le plan de chasse, une évolution récente

Ainsi est-ce aux pays de l'Europe du Nord et de l'Est, où les pratiques individuelles sont de tradition, que la chasse du grand gibier doit ses plus notables évolutions ces trente dernières années. Tout mode de chasse est fondé sur l'observation et la connaissance du terrain. Mais l'affût et l'approche plus encore : d'où leur contribution à la connaissance des animaux et à la définition de règles de gestion et de prélèvement. « *Les notions d'exploitation rationnelle de la chasse de grand gibier ne semblent avoir que très peu pénétré en France*, observe, en 1949, Claude Hettier de Boislambert, président du Conseil international de la chasse (CIC), dans un texte qui marque l'émergence de la cynégétique gestionnaire. *On se contente trop souvent de chasser le plus souvent possible, de tuer le plus possible.* » Vingt ans plus tard, la France mettait en place le plan de chasse qui fixe des quotas de prélèvement en fonction des densités des populations d'animaux. Aujourd'hui, la plupart des pays européens ont adopté des dispositifs analogues. Ces évolutions de la réglementation conduisent progressivement les chasseurs à raisonner leur pression de chasse en fonction d'objectifs de densité parfois excessifs.

Des équilibres à préserver

De fait, ce nouveau comportement des chasseurs a notablement contribué à la progression, dans des proportions jamais atteintes, du cheptel grand gibier en Europe continentale. Au point, parfois, de perturber durablement, dans le cas des cervidés, les capacités de régénération naturelle du milieu forestier, ou, en ce qui concerne les sangliers, la productivité agricole à proximité des massifs boisés. Après avoir réussi le challenge de la gestion quantitative, les chasseurs s'initient à la gestion qualitative, notamment en effectuant des prélèvements qui maintiennent les équilibres entre les sexes et les tranches d'âge au sein des populations.

Des pratiques de chasse raisonnées

Sous l'influence de ces conceptions gestionnaires, qui commandent de raisonner les prélèvements en fonction des capacités d'accueil des territoires et de critères qualitatifs pour préserver la pyramide des âges, la chasse du grand gibier risque-t-elle d'oublier sa poésie primitive ? L'évolution récente du vocabulaire cynégétique n'indique pas cela : l'expression « gros gibier » s'efface ainsi en faveur du qualificatif « grand gibier », appréciation qui replace ces animaux au niveau des vieux mythes inspirateurs de ces modes de chasse venus du fond des âges.

La grande vénerie

Le cerf, le chevreuil, le sanglier, – et le renard en Angleterre –, sont animaux de grande vénerie, cette chasse qui se pratique à cheval derrière une meute de chiens. Le maître d'équipage gouverne la chasse ; sous ses ordres, le piqueux a en charge la meute. Une hiérarchie et des rites pour orchestrer un spectacle issu de l'Ancien Régime. Aristocratique par essence, la chasse à courre nourrit une ferveur populaire.

La vénerie, considérée par les opposants à la chasse comme une pratique particulièrement barbare au motif qu'elle consiste à chasser un animal jusqu'à épuisement, est jugée au contraire par ses partisans comme parfaitement écologique : *« Aux veneurs revient le mérite particulier d'avoir maintenu et perpétué les qualités athlétiques d'un animal fondamentalement "programmé" pour la fuite en entretenant à travers leurs meutes une ancestrale relation proie-prédateur*, affirme le Dr Xavier Legendre, professeur au Muséum national d'histoire naturelle de Paris. *Ceci garantit aussi chez le "poursuivi" la pérennité d'un comportement de méfiance, de "ruse" et l'intégrité anatomo-physiologique d'adaptation à la course. »*

En comparaison de la chasse à tir qui ne cesse pas d'évoluer vers toujours plus d'efficacité et, depuis quelques décennies, en fonction de la connaissance des différentes espèces et de leurs habitats, la vénerie se veut une pratique immuable.

Des origines très anciennes

Les préhistoriens ont découvert que les chasseurs de l'époque du solutréen pratiquaient un rite social, une capture par un groupe organisé, sans doute inspiré par l'observation de la traque des meutes de loups. Ces premières chasses tenaient plus de la battue et de l'embuscade. Au fil du temps, la vénerie imposa comme modèle de ne chasser qu'un seul animal, auquel elle chercha à laisser assez de liberté pour qu'il déploie toutes les ruses de son espèce.

Une image du pouvoir royal. Occupation emblématique des seigneurs au Moyen Âge, la vénerie devient, au fur et à mesure que le pouvoir central s'affirme, l'affaire des rois. Les chevaliers démontrent à l'occasion leur endurance et leur habileté, les souverains soulignent par ce moyen le faste de leur royauté. Les tenues portent les galons de la cour, les forêts sont préservées, aménagées et percées pour le spectacle, la musique accompagne la sortie de Sa Majesté.

C'est au tout début du XVIIIe siècle que le marquis de Dampierre, gentilhomme des plaisirs du roi, imagine une orchestration du laisser-courre, composée de fanfares propres à chaque étape de la chasse – rituel qui demeure. La vieille chasse féodale évolua donc vers une pratique d'apparat. Ceux des veneurs qui, aujourd'hui, en gardent le souvenir, figurent parmi les plus ardents chasseurs.

La mise en scène de la confrontation sauvage

Mise en scène civilisée de la confrontation proie-prédateur, la vénerie est un spectacle avec la forêt pour décor, les chiens et l'animal de chasse pour acteurs, dont le jeu est organisé par le maître d'équipage et le piqueux. Au rang des spectateurs, les boutons – participant au financement de l'équipage, ils acquièrent le droit d'accompagner à cheval le laisser-courre – et les suiveurs –, à pied, à bicyclette, en automobile. Dans le monde anglo-saxon, la vénerie est conçue comme une performance sportive, notamment équestre. Selon les veneurs français, elle n'est *« rien d'autre que l'affrontement entre l'animal sauvage, qui se défend librement dans son milieu familier avec les ressources de son instinct vital, et une meute de chiens, mus par l'instinct de prédation, qui s'efforcent de surmonter les défenses de l'animal chassé avec les ressources de leur nez et leurs capacités athlétiques »*.

L'homme au renfort des chiens. Toutefois, si les chiens peuvent à eux seuls tuer chevreuils ou petits sangliers, dans neuf cas sur dix, cela n'est pas vrai pour le cerf. L'homme s'immisce donc dans cette reconstitution de l'affrontement sauvage qui, du coup, semble moins spontanée qu'il y paraît. Au XIVe siècle, Henri de Ferrières, auteur du plus ancien traité de vénerie, *le Livre de chasse du roi Modus*, recommande de servir (achever) le cerf à l'épée ou de le raccourcir (lui couper les jarrets) ; ainsi handicapé, il offre nettement moins de résistance aux chiens.

Arme blanche ou carabine, un débat toujours d'actualité

Autre veneur prestigieux, Gaston Phébus préconise le tir à l'arc du cerf pris par la meute. Puis vint le temps des armes à feu : *« Il vaut mieux expédier le cerf de cette manière que de voir tuer les chiens »*, note en 1742 Gaffet de La Briffardière. Naît alors un débat, non achevé à ce jour, entre les tenants de la mise à mort à l'arme blanche ou à la carabine. Pour les uns, c'est affaire d'honneur et de tradition, pour les autres de sécurité.

Une sensibilité nouvelle. À la fin du XIXe siècle, il n'est plus seulement question de protéger les chiens : il s'agit également, écrit le marquis de L'Aigle dans ses *Réflexions d'un vieux veneur*, *« de mettre fin à la torture, déjà trop longue, que l'on inflige à un animal durant la chasse, en lui envoyant une balle dès qu'il fait tête aux chiens »*.

Cette concession à une sensibilité nouvelle amorce une tentative de justification morale de la chasse. Les puristes la considèrent intenable face à la contestation d'un plaisir qui, en tout état de cause, aboutit à la mort d'un animal. Aussi campent-ils dans la fidélité à l'arme blanche qui tue en un contact rapproché, en un geste toujours risqué, conçu comme un hommage courageux qu'il importe de rendre à l'animal. Ce n'est pas un argument, mais une position.

Des stratégies adaptées à chaque gibier

Le cerf. Le cerf est animal de vénerie par excellence. Attaqué, il se rapproche d'abord de ses congénères et tente de disperser la meute sur plusieurs animaux : il tape au change, il ruse. Si les chiens se trompent, ils partiront en petits groupes, trop peu nombreux pour forcer un animal ; ce sont les fausses chasses.

Le cerf comprend qu'il est poursuivi et il accélère pour se laisser le temps de nouvelles ruses. Il embrouille les chiens en tournant en rond dans des fourrés. Bientôt, la meute ne saura plus où le trouver. Bondissant d'un coup, il s'éloigne de la menace. Ou bien, il recule droit dans son chemin, puis saute de côté, c'est le hourvari. Les chiens sentent comme deux fois plus son odeur sur

LES ACCESSOIRES

La chasse à courre demande toutes les protections nécessaires à plusieurs heures à cheval, en forêt et en saison rigoureuse. La botte de vénerie monte devant le genou, qu'elle met à l'abri des chocs. La cape, ou bombe, doit bien protéger le crâne ; celle du piqueux se distingue par un galon ; le petit tricorne est d'usage pour les amazones. Les gants blancs permettent des gestes visibles. La cravate nouée autour du cou préserve des ronces. Le grand fouet n'est pas destiné à toucher les chiens, mais il peut les arrêter en claquant comme un coup de feu. Quant au couteau, c'est souvent plus un ornement qu'une arme destinée à servir l'animal aux abois.

La tenue de vénerie est aux couleurs et aux parements de l'équipage. Le bouton et l'épingle de cravate portent l'insigne de l'équipage.

Les selles et les harnachements sont spécialement conçus pour la vénerie.

ce parcours et s'élancent à plein galop. Quand ils s'aperçoivent qu'il n'y a plus personne devant eux, ils se sont bien éloignés du gibier. Le piqueux arrête alors la meute et la fait revenir au dernier pied connu.

Si quelques très bons chiens retrouvent la direction de la fuite, la chasse reprendra ; bien souvent l'animal ira au marais dont les exhalaisons perdent ses poursuivants, puis éventuellement à l'eau où ses jambes lui donnent de la défense contre des chiens obligés de nager. Parfois, il cherchera refuge parmi les habitations, là, dit-on, où d'instinct il sait que les loups ne s'aventurent pas.

Le chevreuil. Le chevreuil pratique les mêmes ruses que le cerf, plus quelques autres. En effet, il peut retenir son odeur – le sentiment, ou la voie, en termes cynégétiques – sur une certaine distance, de l'ordre de 100 m. En outre, plus la chasse avance et moins le chevreuil sentira. Il faut donc que la meute comprenne que la prise approche à mesure que le sentiment s'estompe.

Tournant sans cesse, l'animal pratique abondamment le change, ce qui nécessite de bien tenir la meute. Le chevreuil peut se raser à terre, alors les chiens marcheront sur lui sans rien remarquer. Il nage facilement et volontiers. Au moment d'être forcé, le brocard peut tenir tête. Mais il est aussitôt coiffé et tué par la meute. Le chevreuil ne se rapproche pas des habitations comme le cerf. Les équipages de chevreuils prennent aussi bien mâles que femelles.

Le sanglier. La chasse à courre du sanglier, dénommé vautrait (du terme « vautre » qui, au Moyen Âge, désignait des mâtins dressés à l'attaque des ours et des sangliers), *« est une des plus pénibles et une des plus difficiles quant à sa réussite*, indique le comte Le Couteulx de Canteleu dans son *Manuel de vénerie française*, édité en 1858. *Son instinct le poussera toujours à chercher les fourrés pour s'y défendre ou des compagnies pour s'y mêler. Là d'ailleurs, il se sent maître, prend le trot ou le pas, attend les chiens, les bouscule et les dégoûte, blesse ou tue les meilleurs. »*

Ce laisser-courre nécessite des chiens aptes à couvrir de grandes distances, hardis et braves face à un animal qui mise sur sa force. *« Autant un cerf accumule dans ses jambes tous les kilomètres parcourus, et la belle vénerie consiste à arrêter fréquemment les chiens de tête pour attendre les retardataires, autant le sanglier se refera une santé dès que la pression se relâche et il convient toujours de pousser la tête en tirant à cheval la "queue" des chiens pour les faire recoller, exploit beaucoup plus facile à décrire qu'à exécuter »*, explique le maître d'équipage de vautrait Jacques Gontard.

Le cheval de chasse, entre sport et loisir

Trotteur, anglo-arabe, pur-sang ou demi-sang, toutes les races de sang conviennent en matière de cheval de chasse, pourvu qu'il soit équilibré, calme et endurant, qu'il ne tape pas aux chiens, et qu'il ait le pied sûr.

Au Royaume-Uni, il est au centre de la chasse, car c'est le cavalier et non le chien qui fait le spectacle. Dans la tradition française, le cheval est un auxiliaire qu'il convient de ménager, d'où l'usage de ne pas lui faire sauter d'obstacles. Lorsque les auteurs de traités de vénerie évoquent le cheval de chasse, c'est tou-

Lorsque vient le temps de l'hallali, les uns, tenants de la tradition, mettront l'animal à mort à l'arme blanche, et les autres, par souci de sécurité, à la carabine...

LE COR ET LA TROMPE

Pratiqué à cor et à cri, le laisser-courre est toujours rythmé par les sonnerie des trompes, le terme « cor de chasse » étant réservé, depuis un siècle, à l'instrument d'orchestre. Enroulée sur 3 tours et demi, la trompe est longue de 4,454 m et pèse environ 840 g. Plus de 3 000 fanfares composent le répertoire.

« Liturgie spectaculaire », selon l'historien contemporain Philippe Salvadori, la chasse à courre se déroule depuis toujours à cor et à cri ; « elle n'a pas d'âge », déclare le président de la Société de vénerie, Philippe Dulac.

jours brièvement. En revanche, la vénerie contemporaine, consciente de l'engouement pour le cheval de loisir, entreprend d'associer davantage l'équitation à son image.

Des suiveurs par centaines, la rançon du succès...

Depuis une trentaine d'années, les équipages ont favorisé la présence des suiveurs : « *processus de démocratisation venu à point pour améliorer la légitimité d'une forme de chasse que ses origines aristocratiques rendaient suspecte* », analysent les sociologues Monique et Michel Pinçon-Charlot. Toutefois, ce phénomène de masse – les suiveurs peuvent être plusieurs centaines – relativise l'authenticité sauvage que revendiquent les veneurs.

L'animal ne fuit plus seulement devant les chiens : les attroupements aussi modifient sa course ; la forêt, hier bruissante des cris de la meute, des fanfares et du galop des chevaux, devient le cadre d'un spectacle qui déplace des foules dans un vacarme d'exclamations, d'avertisseurs sonores, de claquements de portières et de moteurs. Saisissant anachronisme entre cette modernité triomphante et le faste maintenu d'une tradition héritée de l'Ancien Régime. Et sans doute prix à payer pour pérenniser – combien de temps ? – une pratique ancestrale. Quitte à oublier la leçon de M. d'Yauville : « *En général, on va trop vite, on crie trop fort, on fait trop de bruit.* » Mais il s'adressait alors aux « *veneurs qui se laissent emporter à leurs ardeurs et qui chassent sans principes* ».

La tradition face aux exigences de la gestion

En pays germanique, la vénerie n'a pas résisté à l'épreuve du temps. Cette pratique y fut contestée dès la fin du XVIIIe siècle. L'auteur anonyme d'une *Lettre d'un cerf chassé à courre*, adressée en 1780 au landgrave de Hesse-Darmstadt, écrit notamment ceci : « *Comment Votre Altesse peut-elle avoir le courage de chasser à mort un pauvre animal innocent qui se nourrit d'herbe et de feuillage ? Faites-moi plutôt abattre d'un coup de fusil, ainsi tout cela sera-t-il terminé vite et bien.* »

Une gestion rationnelle. Progressivement, la vénerie s'effaça de la culture cynégétique allemande pour finalement être bannie par Bismarck en 1885. Se développe alors outre-Rhin une conception de la chasse fondée sur une gestion rationnelle des prélèvements. La chasse à courre se situe au-dessus de ces préoccupations par trop contemporaines. La vénerie du cerf, par exemple, exclut par principe les biches du laisser-courre, alors que la régulation naturelle, que la chasse moderne se doit de respecter, concerne aussi bien les mâles que les femelles...

Peu importe : « *Face à la modernité*, déclare Philippe Dulac, président de la Société de vénerie, *la vénerie est un témoin planté une fois pour toutes.* »

LES CHIENS D'ORDRE

Grand français blanc et noir

Grand français blanc et orange

Grand français tricolore

Grand bleu de Gascogne

Grand griffon vendéen

Grand anglo-français

Billy

Poitevin

La meute, de loups comme de chiens, n'est pas un simple regroupement : elle fonctionne selon un ordre. En vénerie, son chef est le piqueux, qui met les chiens à ses ordres et en ordre, d'où leur nom de chiens d'ordre.

Ces derniers ont appris à chasser en paquet et créancés, c'est-à-dire spécialisés dans la voie d'une seule espèce : cerf, chevreuil, sanglier ou renard.

Le limier est un vieux chien courant sélectionné pour la qualité de son nez. Avant la chasse, le valet de limier mène ce chien au bout d'un trait (laisse) pour rembûcher ou détourner, c'est-à-dire pour repérer en silence l'animal à chasser, sans le déranger de l'enceinte. Une fois l'animal levé, l'équipage attaque de meute à mort, à savoir en laissant courir tous les chiens criants. Certains, plus habiles que d'autres, les chiens de change, restent sur la voie du gibier et préviennent la meute si, victime d'une ruse (le change), elle passe d'un animal à un autre.

Le chien d'ordre doit comprendre le jeu de l'adversaire, avoir l'endurance pour le poursuivre et le courage de l'affronter : équilibre mental, morphologie adéquate, aplombs fermes, c'est un athlète issu d'une sélection génétique rigoureuse et le produit d'un dressage accompli. Chacun a sa voix, que le piqueux reconnaît.

L'histoire des races de chiens d'ordre se perd dans la nuit des temps. Le XIXe siècle fut celui d'une véritable refondation des élevages. Un équilibre subtil a été trouvé entre les vieilles races françaises et des apports anglais. Les meutes d'aujourd'hui sont très rapides, pour répondre à la surabondance d'animaux à chasser.

Il n'existe pas d'élevage de chiens de grande vénerie : ce sont les équipages eux-mêmes qui produisent leurs chiens.

La battue

La battue est le mode de chasse du grand gibier le plus communément pratiqué. Sous des formes multiples, où traditionnellement le chien est roi, mais qui peut être l'affaire de quelques chasseurs seuls, elle est tout entière fondée sur l'esprit collectif. Avec la battue, le chasseur des origines a inventé la force de la communauté des hommes. Cette fraternelle chasse de manants n'obéit pas à des rites, mais à des règles, celles de l'efficacité et de la sécurité.

La chasse du grand gibier en battue a toutes les allures d'une pratique primitive: les traqueurs, ou les rabatteurs, aidés ou non de chiens, avancent en ligne pour mettre sur pied les animaux qu'ils poussent vers les tireurs postés, ceux-ci fermant l'enceinte où se trouve le gibier; soit ils sont placés à proximité des coulées, ces passages empruntés régulièrement par les animaux, soit, lorsque leur nombre est important, ils sont disposés à intervalles réguliers.

Parfois, s'il manque des tireurs, des banderoles ferment l'un des côtés de la traque afin d'obliger les animaux à refouler. Le plus souvent, l'action se fait « sur remise » : les chasseurs recherchent les empreintes des animaux – ils « font le pied » – pour s'assurer que le gibier est bien là. Si celui-ci est abondant, cette précaution ne se justifie pas, la chasse est alors dite à la rencontre, à la risquette ou encore à la billebaude.

Une chasse de groupe qui date de la préhistoire

Les préhistoriens n'ont pas tranché, entre la battue, l'affût ou l'approche, lequel fut le plus ancien mode de chasse. La nature du gibier prélevé par les premiers hommes détermine pour partie la façon de s'en emparer : ceux du paléolithique auraient davantage chassé les grands animaux, tandis que leurs successeurs du mésolithique se seraient plus nourris de petites bêtes. À l'inverse, le mode de chasse peut expliquer cette évolution : la battue, surtout avec des armes très rudimentaires, offre la solution la plus efficace pour tuer le grand gibier.

Dans des communautés déjà organisées. À première vue, la technique qui consiste à affoler des animaux pour les pousser vers un précipice ou un enclos semble la plus primitive des chasses. Mais cela suppose une action collective, et donc une véritable organisation sociale. *« S'il était possible au chasseur isolé de traquer seul les animaux de taille moyenne, pour s'opposer aux fauves et aux pachydermes redoutables, il lui fut indispensable d'agir en groupe,* explique l'historien Jacques Debu-Bridel. *Tout groupe postule un embryon rudimentaire d'organisation sociale, organisation qui ira se structurant au fur et à mesure que la technique de chasse se diversifiera. »* Si *« la chasse créa l'homme »*, théorie de l'anthropologue Robert Ardrey, la battue constitue la première pierre de l'édifice social, car elle oblige à la mise en commun de moyens, suppose une répartition des rôles, amorce de l'idée de hiérarchie ; enfin, par elle, le chasseur n'est plus le seul bénéficiaire de sa prise et apprend ainsi la notion de partage.

Les premières alliances avec les chiens courants

L'histoire de la battue ouvre un autre champ de réflexion : celui de l'origine du chien. Observant le comportement des meutes de loups, les hommes auraient imaginé domestiquer ces prédateurs pour en faire leurs auxiliaires de chasse. Aux chiens, le rôle de trouver, puis de lever, enfin de poursuivre le gibier; aux hommes, celui de l'attendre sur sa coulée, soit pour diriger sa fuite vers un piège, soit pour l'abattre à l'épieu ou à la fronde.

Cette utilisation du chien courant initiera une autre pratique, dérivée de la battue: la chasse à courre, que l'aristocratie imposera comme la chasse noble par excellence. Dans *l'Art de la chasse* (1724), Antoine Tremolières souligne la relégation éthique de la battue, *« chasse meurtrière qui se fait ordinairement par une assemblée des fusiliers et des batteurs »*. Durant des siècles, la battue sera réservée aux loups et aux sangliers à l'occasion d'opérations de destruction, dont les maîtres d'œuvre étaient notamment les lieutenants de louveterie, un corps créé en 800 par Charlemagne.

La mise à mort en enclos, jeux des princes

Les princes allemands réservèrent toutefois leurs faveurs à de gigantesques battues, dites « chasses à la haie ou à la toile ». Plusieurs centaines de grands animaux étaient poussés vers des couloirs bordés de toiles de lin hautes de 2 à 4 m, qui débouchaient sur un parc, l'arène, toujours à proximité d'une demeure de haut rang. Une foule de nobles personnages se livraient alors à leur mise à mort, au fusil, à l'arbalète, à l'épieu ou au couteau, en fonction des goûts de chacun, sous le regard des dames. En deux heures, à l'occasion d'une partie de ce genre, le 6 novembre 1812, le roi Frédéric Ier de Wurtemberg et sa suite abattirent 832 animaux: cerfs, chevreuils et sangliers. Chez les Babyloniens et les Perses, déjà, ces enclos existaient. La monarchie française se laissa aller elle aussi, parfois, à cette tentation.

La montéria espagnole. Ultime survivance de ces gigantesques battues, la montéria, dans la moyenne montagne espagnole. Sur des territoires considérables, les chasseurs sont placés en ligne de crête à plusieurs centaines de mètres les uns des autres. Rabatteurs à pied ou à cheval conduisent jusqu'à 300 chiens qui traquent cerfs et sangliers durant une journée entière. Une tradition parfois dévoyée: dans certaines montérias à vocation commerciale, les cervidés, en provenance d'élevages français, sont en effet lâchés pour la circonstance.

En France, le grand gibier est surtout tué en battue

Entre fête sauvage et grand massacre, la battue ne bénéficie ni de l'image prestigieuse de la vénerie ni de celle, rigoureuse, de l'approche. Pourtant, grâce aux chiens, elle nourrit une passion qui en fait le mode de chasse du grand gibier le plus pratiqué en France, puisque la majorité des sangliers, des chevreuils et des cerfs sont tués en battue.

« Avez-vous bien "couté" le lancer de ces chiens ? demande Bernard Banderier, bien connu du monde des chiens courants. *Les abois sont joyeux, la musique éclate. Du fond des bois monte la clameur de la chasse. On va se mesurer. D'un côté tous les chiens, la meute poursuivante, de l'autre l'animal qui va devoir ruser. Le chasseur va se fondre dans cette fête des sens. Bonheur pur, joie totale, mon statut n'est plus "homme", je suis la chasse même. »* Traqueurs ou postés, tous vivent cette émotion: jusque dans ce que chacun ressent, la battue est collective. Parce qu'elle met en œuvre de nombreux acteurs, elle exige plus que toute autre chasse des règles de sécurité draconiennes.

Interdits et codes sonores rappelés lors du rond

Ces règles sont rappelées au rond, ce rassemblement autour du directeur (ou capitaine) de chasse, où tous viennent sans armes et tête découverte. Les premières concernent les interdits absolus : dans certains cas, le tir à l'intérieur de la traque (ou rabat); en toute circonstance, ne jamais quitter son poste pendant la traque, ne pas charger son arme avant l'annonce du début de traque, la décharger à l'annonce de fin de traque.

Il indique également les sonneries, code auditif qui permet de suivre le déroulement de l'action : d'après le nombre de coups répétés – différents d'une chasse à l'autre –, chacun sait que l'action commence, qu'elle

Progressivement, les terriers détrônent les grands courants considérés, souvent à tort, comme allant trop loin. En réalité, c'est moins une question de race que d'éducation : tout chien doit être mis aux ordres.

Si le nombre des chasseurs postés n'est pas suffisant pour clore l'enceinte, on dispose des banderoles pour fermer l'un des côtés de la traque. Il s'agit d'un simple barrage visuel, mais qui ne suffit pas toujours à empêcher les animaux de sortir.

se termine, que les chiens sont sur la voie de tel ou tel animal. Chaque posté doit être équipé d'une trompe : conformément aux consignes reçues, il devra annoncer les animaux qui sautent la ligne et, s'il tue, sonner la mort.

Ensuite, le directeur évoque les consignes de tir : espèces chassées, nombre et sexe des animaux à tuer, éventuellement les catégories d'âge autorisées au prélèvement. Il rappelle enfin les règles de courtoisie à l'égard des autres usagers de la nature. Dans les chasses les mieux organisées, chacun reçoit un document mentionnant ces dispositions, ainsi qu'un plan du rabat, où figurent l'emplacement des tireurs, le sens de la traque.

Le rond terminé, les chasseurs rejoignent le chef de ligne qui leur a été désigné ; celui-ci a en charge de conduire chacun à sa place et de lui indiquer les angles de tir autorisés. Cela fait, le plus souvent, il annonce par une sonnerie que tout est en ordre. Lorsque le chef du rabat, ou le directeur de battue – qui n'est pas nécessairement le directeur de chasse – est certain de la constitution des lignes, il sonne le début de traque.

LE FERME

Lorsque l'animal poursuivi par les chiens s'arrête pour faire tête, il est « au ferme ». S'il repart puis tient à nouveau le ferme, et cela à plusieurs reprises, il s'agit d'un « ferme roulant ». « Aller au ferme » consiste à approcher le gibier avec calme et discrétion pour placer une bonne balle sans risquer de blesser les chiens.

L'énergie des traqueurs, l'immobilité des postés

La fête commence. De leurs cris et de leur trompe, les traqueurs encouragent les chiens ; quand ceux-ci empaument (prennent) la voie d'un animal, le ton monte pour prévenir de la direction de la fuite : « à la ligne », « en retour » ; des expressions venues du fond des âges surgissent parfois comme ce « vlo-o » ou ce « alahou » à la vue du sanglier, qui ressemble fort au « harlou » des chasseurs de loup, « taïaut » désignant le chevreuil ou le cerf, dit aussi « grand taïaut ». Un coup de feu : le gibier a sauté la ligne ; tous attendent l'annonce qui dira si l'animal est mort ; puis les chiens sont rappelés, certains peuvent avoir pris une autre voie, la battue continue…

Cette chasse éminemment collective présente le paradoxe d'une étonnante confrontation : d'un côté,

À l'approche des traqueurs, ou de toute autre personne, le chasseur posté doit aussitôt décharger son arme, c'est un impératif de sécurité et une marque de courtoisie.

l'énergie jaillissante de la meute et des traqueurs à l'œuvre, de l'autre le silence du posté. Durant de longs moments, qui peuvent durer des heures, face à lui-même, tous ses sens tendus dans l'attente du gibier qu'il espère voir sauter la ligne, immobile, le posté écoute la musique des chiens qui se rapprochent, puis s'éloignent au gré de l'instinct de l'animal chassé; au moindre craquement de branche, il redouble d'attention. Par temps glacial, ou sous une pluie battante, et si en outre les chiens ne mènent pas bien, il faut une passion fortement chevillée au corps pour attendre ainsi l'improbable instant.

Contrôles de fin de traque

À l'annonce de fin de traque – très attendue par le posté qui n'a rien vu –, chaque chef de ligne rejoint un à un ses chasseurs; celui qui a eu la chance de tirer expliquera comment l'animal a éventuellement réagi au coup de feu; tous deux effectueront alors un contrôle sur une centaine de mètres dans la direction de la fuite, afin de repérer les possibles indices de blessure; au moindre doute, un petit carré de papier sera apposé pour signifier à l'équipe de recherche au sang *(voir p. 48)* le point de passage du gibier blessé ou supposé blessé. Les animaux tués, parfois vidés sur place, sont également signalés de la sorte, à moins que le règlement commande au tireur de rester sur place jusqu'à ce que les préposés au transport arrivent sur place. Dans de nombreuses chasses, il appartient aux postés d'accomplir ce travail.

Les derniers moments ensemble. Au rendez-vous de chasse, les chefs de ligne se concertent avec le directeur, qui, devant tous les chasseurs réunis face au tableau – si tableau il y a –, va prononcer son rapport. Il retrace les temps forts de la battue, tire les leçons de la journée, relève l'éventuelle imprudence ou, en cas de manquement grave au règlement, formule une sanction, fait le compte des balles tirées... et remercie les traqueurs, sans oublier les chiens, dont certains, encore sur la voie d'un gibier qui a franchi la ligne sans encombre, manquent à l'appel. Pour leur maître, la journée n'est pas achevée...

La disposition du gibier. Le gibier est disposé d'une façon propre à chaque région, voire à chaque groupe de chasseurs, mais la règle – venue d'outre-Rhin – commande d'étendre, de préférence sur des branchages de conifères ou des fougères, les animaux sur le flanc droit et par ordre décroissant en fonction de leur taille. De plus en plus d'organisateurs de chasse veillent à rendre les honneurs au gibier, tradition également d'origine germanique, qui consiste à placer une brisée (un rameau) à la naissance de l'épaule de l'animal tué.

En ces instants, préludes à l'après-chasse, il y a comme un délassement recueilli après ces heures intenses où les traqueurs et la meute bousculèrent la nature à grands cris.

Lorsque les animaux sortent de l'enceinte, la première règle est d'identifier l'animal et la seconde, tout aussi absolue, est de ne jamais balayer la ligne.

Avec ou sans chiens, des variantes de la battue

Dans l'ouest et le sud de la France, en Espagne et en Italie, dans les régions de moyenne montagne, la chasse à tir du grand gibier aux chiens courants forme un compromis entre la battue et la vénerie. Le territoire chassé est souvent beaucoup plus grand, les chasseurs beaucoup plus espacés : il s'agit moins de fermer une enceinte que de se déplacer en fonction du travail de la meute pour se poster là où le gibier risque de passer.

La poussée silencieuse. Autre méthode encore, la poussée silencieuse, aux origines sans doute encore plus anciennes. Sans chien, deux ou trois rabatteurs parfaitement au fait des remises – les endroits où se tient le gibier – avancent discrètement, faisant craquer quelques branches et prononçant quelques onomatopées, juste ce qu'il faut pour que les animaux, déjà alertés par l'odeur, se mettent en mouvement. Sans affolement, le gibier emprunte une coulée habituelle en un point de laquelle un tireur posté l'attend.

Les traques ne sont pas très importantes – une quinzaine d'hectares pour le chevreuil, une cinquantaine pour le sanglier, une centaine pour le cerf –, le nombre des chasseurs non plus – une dizaine maximum, placés là où il faut. Économe en surface et en moyens, cette pratique permet un prélèvement très sélectif.

La battue terminée, une fois le rapport fait, vient le temps de l'après-chasse, un moment privilégié de camaraderie où la mesure est de mise.

Les chiens de petit pied sont au goût du jour

Très technique, la poussée silencieuse n'a pas la chaleur des battues aux chiens, encore que celles-ci changent de nature avec l'emploi de chiens de petit pied, type terrier et teckel, qui remplacent de plus en plus les courants. Plus mordants, allant moins loin, ils ont les faveurs des chasseurs d'aujourd'hui. Déterminés, voire téméraires, ils ne craignent pas le sanglier au ferme, d'où la fréquence des accidents. Ce comportement peut expliquer la réticence de certains chasseurs vis-à-vis des politiques qui favorisent le vieillissement du gibier, et donc l'émergence d'adultes bien armés et par conséquent dangereux pour des chiens ne craignant pas le contact.

Un avantage face aux adeptes de la ratente. Ces petits chiens que leur maître contrôle plus facilement poussent moins loin et moins vite le gibier. C'est un avantage non négligeable là où sévissent ces tireurs indélicats qui pratiquent la ratente : au nez et à la barbe des organisateurs, embusqués en des points stratégiques, plus ou moins éloignés du territoire de chasse, ils attendent le gibier sorti de l'enceinte, soit parce qu'il a été manqué ou blessé, soit parce qu'il a été volontairement épargné – brocard en velours ou laie meneuse par exemple.

Le chien courant sait aussi obéir. Toutefois, l'avantage donné « aux petits qui ne partent pas loin » relève d'une idée fausse selon laquelle les courants sont difficilement contrôlables puisqu'ils ne pourraient pas être dressés. Le chien courant, animal domestique, peut être conduit comme tout autre chien dès qu'il reçoit une éducation attentive. Mis aux ordres, « tenu sous le fouet », il a du rappel, donc il sait s'arrêter, à condition que son maître lui consacre du temps. Les petits chiens, plus souvent intégrés à l'environnement familial que les courants, bénéficient d'une forte imprégnation, et c'est plus à ces circonstances qu'aux qualités de leur race qu'ils doivent leur comportement. Livrés à eux-mêmes, eux aussi deviennent des fugueurs impénitents et incontrôlables.

Des traques infernales de jadis aux poussées silencieuses menées près des mégapoles, la battue ne cesse de s'adapter aux mœurs du temps et aux penchants des chasseurs. Sans chien ou avec, bruyante ou furtive, elle reste l'expression d'une passion généreuse qui met en commun des moyens efficaces pour offrir à chacun le droit au plaisir prédateur.

L'affût et l'approche

Prédation à l'état pur, l'affût et l'approche, si différents soient-ils, se rejoignent cependant dans l'absolue discrétion et l'exigence du tir parfait. L'un est contemplation, l'autre action : la proie vient à l'affûteur, l'approcheur va à la proie. Tous deux procèdent d'une conception individualiste de la chasse et partagent, avec le naturaliste, le don de l'extrême attention.

La partie du tronc située entre le sol et les premières branches se dit « fût ». En vieux français, « être à fût », c'est se poster derrière un arbre. L'affût est la chasse patiente, celle du chasseur attentif, celui qui attend, qui espère. L'« espère » est d'ailleurs le terme que les chasseurs de gibier d'eau camarguais emploient pour désigner « *l'affût, l'attente du chasseur embusqué, et ces heures indécises où tout attend, espère, hésite encore entre le jour et la nuit* », rapporte Alphonse Daudet dans l'une des *Lettres de mon moulin*.

Dans la hutte pour les canards, le juquet pour les palombes, ou sur le mirador pour le grand gibier, le chasseur est aux aguets, tous sens en éveil, prédateur immobile vers lequel vient la proie. La comparaison entre les chasses des oiseaux migrateurs à poste fixe et la chasse du grand gibier à l'affût s'arrête là. Les premières s'inscrivent dans la fidélité à des usages traditionnels. En revanche, la chasse du grand gibier à l'affût, longtemps décriée, dans les pays latins, comme une chasse facile, voire déloyale, quand elle n'était pas associée à l'image du braconnier, fait de plus en plus figure de pratique moderne, même si elle s'inscrit dans la plus longue histoire.

René-Miguel Roland, auteur d'un traité sur la chasse au mirador (1996), observe, non sans élitisme : « *Le mirador permet un tir plus précis, par conséquent il blesse moins de gibier [...]. Ici, pas de bris de clôture, pas de meutes courant les troupeaux, pas de plombs dans les panneaux routiers, ni dans les fesses du chat du voisin, et surtout pas de Tartarin du dimanche.* »

L'affût, une technique déjà maîtrisée au Moyen Âge

Pour autant, les techniques de base de la chasse à l'affût sont décrites depuis fort longtemps. Elles figurent de la façon la plus explicite dans le célèbre *Livre de la chasse* de Gaston Phébus (1331-1391) : « *Quand les cerfs ou autres bêtes rousses vont viander dans les taillis bas ou dans les champs, le sanglier dans les hautes forêts [...] ou dans les champs, on doit regarder d'abord, en partant du lieu où ils se relèvent, par où ils font à leurs viandis et mangeures, et par où ils reviennent à leur demeure. Et l'on doit se trouver deux heures avant le jour entre leurs viandis et les forts* (remises) *et là chaque archer doit attendre leur retour, couvert par un arbre, et tirer et frapper quand passera la bête.* »

Échapper à l'odorat de l'animal. Puis le vieux maître, après avoir préconisé la construction de l'affût à sanglier, souligne quelle performance accomplit ce dernier en permettant de déjouer la méfiance de l'animal sauvage : « *On doit se tenir dans une position élevée et sous le vent, car un sanglier ou une autre bête n'a jamais le vent qu'en bas, et si un homme se tenait sur un arbre, aucune bête n'en aurait le vent comme s'il était à terre.* »

Chasse contemplative et passive, l'affût permet d'acquérir une connaissance très précise des animaux, gibier ou non, vivant sur le territoire et de les observer dans des conditions exceptionnelles, puisqu'ils ne sont aucunement inquiets. D'une part, ils ne peuvent pas percevoir l'odeur humaine, sauf par exemple si le poste est en lisière et que le vent vient du bois, auquel cas le courant d'air plonge vers le bas ; d'autre part, ils n'ont généralement pas le réflexe de regarder vers le haut, car ils ne craignent pas la prédation aérienne, sauf en montagne où l'aigle royal ne néglige pas les jeunes ongulés.

L'affût au sol compte toutefois ses adeptes : le poste est alors constitué d'un assemblage de branchages ou d'une tente commercialisée à cet effet.

À l'approche comme à l'affût, l'emploi de jumelles est incontournable.

Les différents postes d'affût en hauteur

L'emplacement de tout affût est fonction des lieux de passage et de gagnage ; il doit en outre être installé là où les conditions de visibilité sont les meilleures. D'une hauteur de 3 à 6 m, les postes sont de trois types.

La haute échelle. Adossée à un arbre, c'est le plus sommaire des dispositifs. Il est impératif que ce soit une « fabrication maison » ; les éléments qui arriment l'échelle ne doivent jamais être cloués sur le tronc, afin de ne pas blesser l'arbre.

Le haut-siège. Composé de deux fois deux montants croisés en « X », soit une assise sur quatre pieds, il ne nécessite pas d'appui et peut être changé de place.

Le mirador. C'est le plus confortable des affûts. Il est constitué de quatre poteaux fichés dans le sol qui portent une cabine de tir avec plancher, toit et bas-côtés.

Il existe aussi la chaise d'arbre, mise au point aux États-Unis par les chasseurs à l'arc : l'affûteur transporte avec lui ce système pliant auto-élévateur grâce auquel il se hisse en prenant appui sur un arbre.

Du point de vue de la sécurité, l'affût en hauteur présente plusieurs avantages : le tir est systématiquement fichant (vers le bas) et jamais hâtif ; l'affûteur dispose d'un large champ de vision, sachant toutefois que la concentration sur le réticule de la lunette peut faire oublier l'environnement au moment du tir, d'où la nécessité de jeter un dernier œil sur les extérieurs avant d'appuyer sur la détente.

Le moyen idéal de choisir vraiment sa cible

De la pratique régulière de l'affût sur un même territoire naît une intimité tout à fait particulière entre le chasseur et les hôtes du milieu. Ce gibier qui ne fuit pas, repéré depuis longtemps, attentivement observé à la jumelle, cet animal qui agit en toute quiétude n'est plus tout à fait la proie sauvage lointaine et fuyante ; parfois, une sorte d'attachement peut résulter de ce contact unilatéral ; chaque sortie devient alors un rendez-vous, une histoire subtile se noue. Le chasseur d'images connaît bien cette forme d'affection muette pour un animal qu'une longue observation a rendu familier. La mystérieuse passion atavique de prendre pour toujours sera plus forte, mais, parfois, la mort, un soir ou au petit matin, aura un goût bizarre.

Reste que l'affût, plus que toute autre pratique cynégétique, est une chasse raisonnée où le prélèvement relève d'une décision mûrement réfléchie. C'est une chasse qualitative qui permet de tuer l'animal qu'il faut, au moment où il faut, en fonction des impératifs de gestion.

Un face à face unique avec le cerf. Auréolé d'un prestige singulier, surtout lorsqu'il a lieu lors du brame, l'affût du cerf offre l'occasion d'un face à face unique. Assister au déploiement de la force sauvage dont il est le plus haut symbole, et pouvoir décider du moment où l'on deviendra acteur de la scène, procure un sentiment qui n'est pas exempt d'angoisse. Les Allemands parlent de la fièvre du cerf *(Hirschfieber)* lorsque l'affûteur est pris de tremblements au moment de tirer.

Un tir au chevreuil bien maîtrisé. Dans le cas du chevreuil, l'affût fait partie intégrante de la gestion : de son poste d'observation, le chasseur repère en été les sujets malingres, les jeunes non territoriaux et les brocards coiffés ; son tir ira en priorité vers les deux premières catégories. Puis il effectuera quelques tirs dits « de récolte », c'est-à-dire des chevreuils bien coiffés, mais sans excéder 20 % du tableau et en veillant à ne pas désorganiser la répartition spatiale du cheptel, notamment par l'élimination de mâles territoriaux dans la force de l'âge. Ces parcimonieux prélèvements d'été ne concernent pas les chevrettes, alors presque toutes en début de lactation. Durant l'automne et l'hiver, l'affûteur s'intéressera aux femelles et aux chevrillards.

Réguler le sanglier et le renard. Le tir du sanglier à l'affût, lorsque les cultures sont menacées par son appétit, est un excellent moyen de mettre l'animal en situation d'insécurité ; le tir des jeunes, notamment des marcassins, fait très vite comprendre à la laie meneuse tout le danger qu'il y a à s'aventurer dans les parcelles agricoles. L'affût est également un mode de régulation efficace vis-à-vis du renard. Animal de lisière qui sort tôt le matin et à la tombée de la nuit, il emprunte les coulées du grand gibier : c'est un acteur très présent dans ce théâtre de la nature dont l'affûteur est l'observateur privilégié.

C'est à l'affût, de préférence en hauteur, que le gibier peut être observé dans les meilleures conditions et dévoile ses habitudes, se déplaçant sans méfiance sous l'œil du chasseur.

Affût et approche peuvent se compléter

Très proche cousine de l'affût, l'approche apparaît, par bien des aspects, comme son contraire puisqu'elle consiste à aller vers le gibier, et non à l'attendre. Dans aucune autre technique de chasse, l'homme, guidé par la recherche d'une absolue discrétion, n'exploite à ce point ses dispositions de prédateur. Cependant, l'affût et l'approche, chasses de contact, l'une passive, l'autre active, s'imbriquent, l'une pouvant précéder l'autre.

L'académicien français Pierre Moinot, dans son roman *le Guetteur d'ombre* (1979), décrit cette rencontre entre les deux pratiques : « *Si le sort le veut, [le chasseur] peut découvrir son cerf à bonne distance, d'un seul coup. Mais cette rencontre est tout à fait improbable : la première chose à tenter est de situer l'adversaire. Une fois délimitées les régions où il évolue, [...] il faudra deviner ses habitudes, repérer ses passages les plus familiers, supposer ses horaires, et l'attendre à l'affût. Ou bien, si un brame le situe exactement, essayer de l'approcher sans qu'une branche casse, sans qu'une feuille craque, sans qu'un souffle de vent trahisse l'odeur d'homme, de cette marche retenue et difficile, absolument silencieuse, que les enfants ont parfois dans ceux de leurs jeux sauvages où il faut surprendre.* »

LE CHEVREUIL EN VELOURS

Le chasseur à l'approche ou à l'affût ne tire pas le brocard en velours, car les bois n'ont pas alors atteint leur apogée. Cette perspective de la récolte du trophée explique le conseil, souvent donné aux chasseurs en battue, de ne pas tirer les brocards en velours, perçus telle une œuvre inachevée de la nature.

L'approche, peu ancrée dans la culture française

À l'exception des chasseurs montagnards, dont la culture cynégétique inclut l'approche, les chasseurs méridionaux français, dans leur grande majorité, associent ce mode de chasse à une pratique germanique, avec tout ce que cela suppose de distance. Pourtant, ce que les Allemands appellent la *Pirsch* est la déclinaison alémanique de « berser », vieux mot français issu du latin *bersare*, qui signifie « chasser à la flèche ».

Gaston Phébus consacre à l'approche un long développement pour conclure que c'est « *un grand plaisir et une très belle chasse* ». Mais c'est la vénerie qui s'est imposée, « *plaisir dispendieux, réservé aux princes, aux seigneurs et aux gens riches* », selon le trait formulé par Magné de Marolles en 1792 dans son *Manuel de chasse au fusil.*

Outre-Rhin, face aux tentatives d'extension de la « chasse noble » aux XVIIe et XVIIIe siècles, la chasse à l'approche est apparue rapidement comme la pratique identitaire par excellence, celle qui ensauvage.

L'appeau interdit, sauf dans l'est de la France

L'approche du cerf au brame, considérée par les *Pirscheurs* comme le summum, concentre toute la spécificité de cette pratique, qui est bien plus qu'une technique de prédation. L'ethnologue Bertrand Hell, dans son essai *le Sang noir* (1994), en situe la dimension : « *Le cerf quêté est là, réfugié dans ce fourré inaccessible ; il est invisible mais tout proche. En contrefaisant le bramement, l'homme se pose en rival. [...] Un jeu subtil s'instaure, et aux appels du chasseur répondent ceux de l'animal. [...] De part et d'autre, les brames deviennent plus forts, plus menaçants. Précédé d'une odeur âcre et grisante, le cerf jaillit dans un fracas de feuilles froissées et de branches cassées. Objet de toutes les obsessions, de tous les sacrifices, l'ultime face-à-face peut s'accomplir dans la solitude de la forêt.* » En France, à l'exception de l'Alsace et de la Moselle, l'utilisation de l'appeau est interdite pour des raisons obscures, où se mêlent à la fois l'idée qu'il s'agit d'une facilité et la réticence culturelle vis-à-vis de cette *Pirsch* si contraire aux chasses collectives. Mais il n'est pas nécessaire d'user de ce stratagème pour faire venir à portée de tir l'animal convoité. Le léger frottement d'une branche, le bruitage à l'aide d'un brin d'herbe tendu devant les lèvres pourront également faire croire au brocard qu'un concurrent avance sur son territoire ; parfois il accourra pour l'en chasser.

Maintes positions de tir

À l'affût comme à l'approche, il faut savoir attendre que l'animal se présente dans les meilleures conditions. Le tir peut s'effectuer soit debout, « à bras franc », c'est-à-dire sans appui, soit en appui contre un arbre ou sur un bâton de *Pirsch*, soit à genoux, assis ou couché. « *Si l'animal s'écroule sur place, il ne faut pas pour autant relâcher sa vigilance*, explique Jean-Patrick Barnabé, guide de chasse de l'Office national des forêts, spécialiste de l'approche du chevreuil. *La première des choses : recharger immédiatement l'arme pour être prêt à toute éventualité. Observer longuement l'animal au sol avec sa lunette ou ses jumelles. Ne jamais se précipiter vers l'animal, toujours attendre deux à trois minutes pour s'assurer qu'il est bien mort.* » Si l'animal s'enfuit, même s'il n'est apparemment pas blessé, la vérification du tir (recherche de l'impact de la balle et d'indices de blessure) s'impose au même titre qu'en battue. Au moindre doute, le chasseur fait appel à un conducteur de chien de rouge s'il ne pratique pas lui-même la recherche au sang *(voir p. 48)*.

Honorer l'animal avant de le vider. L'animal mort reçoit les honneurs, appelés « la brisée », sous forme de deux rameaux trempés dans son sang, l'un posé sur sa plaie, l'autre dans sa bouche, la dernière bouchée. La tradition veut que le chasseur porte à son chapeau une troisième brisée, également ensanglantée. Les traditionalistes de stricte observance veulent aussi que l'on sonne la mort, en

LES POSTES D'AFFÛT

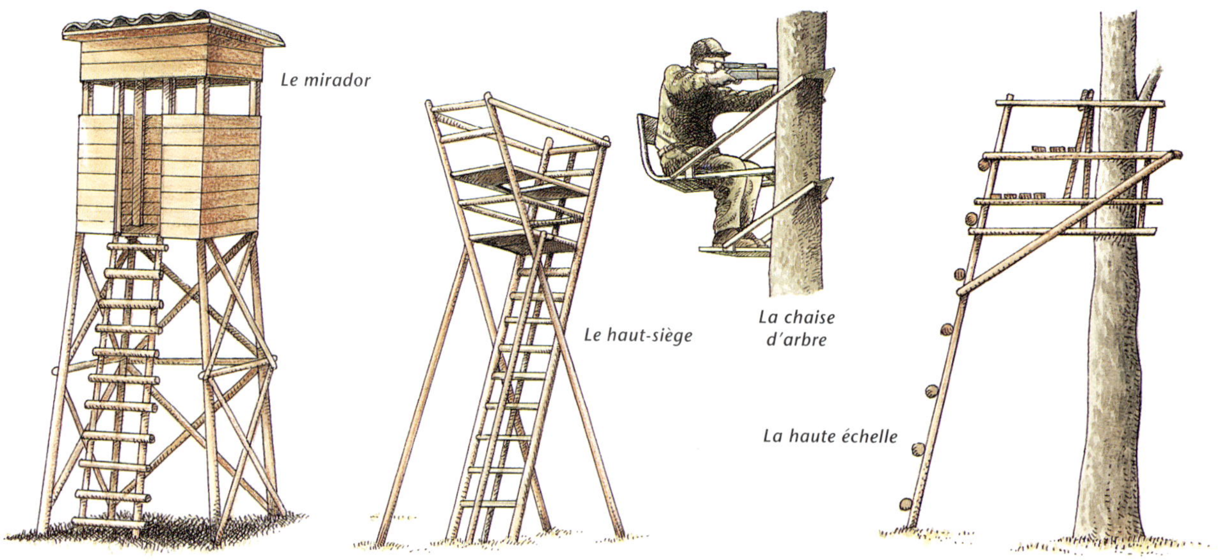

Tous les observatoires de chasse, ou postes d'affût, doivent être installés à la fois en fonction des lieux de passage du gibier, des conditions de visibilité, des vents dominants pour que l'animal ne détecte pas l'odeur humaine, et de la sécurité.

La tradition veut que le gibier mort reçoive les honneurs sous la forme de rameaux trempés dans son sang et appelés « brisées » : l'un est posé sur sa blessure, l'autre dans sa bouche ; le chasseur, lui, fixera une brisée à son chapeau... ou, à défaut, sur sa chevelure.

dernier hommage. Il appartient au tireur de vider son gibier. Certains y voient la manifestation de la fièvre de la chasse, la *Jagdfieber* disent les Germaniques. Plus prosaïquement, l'approche, comme l'affût, se pratiquant en solitaire, vider le gibier le rend moins lourd à transporter.

Trop de sorties à l'approche rendent le gibier méfiant. Si l'affût est le mode de chasse le moins dérangeant – la quiétude des animaux figurant au premier rang des principes de la gestion cynégétique –, il n'en est pas toujours de même pour l'approche. Pratiquée de manière intensive sur un même territoire, elle provoque une inquiétude permanente chez les animaux ; il peut en résulter une forme de stress qui les rend extrêmement méfiants, avec de multiples incidences sur leur comportement. De ce point de vue, mieux vaut une ou deux battues permettant la réalisation du plan de chasse en un minimum de temps que d'incessantes et brouillonnes sorties à l'approche.

Deux écoles de maîtrise de soi

Du point de vue de la maîtrise de soi et du sens de la durée, affût et approche constituent d'incomparables écoles. En battue, l'action est rapide lorsque l'animal traverse dans l'angle de tir ; la situation laisse peu de temps à la réflexion. Il faut identifier très vite l'animal, la seule question étant de savoir si on peut le tirer, en tenant compte de la sécurité et des consignes de prélèvement.

Posté au sommet d'un mirador, ou immobile à l'orée de la clairière après une longue quête silencieuse, tous sens aux aguets, l'affûteur ou l'approcheur mesure le temps qui passe au rythme des battements de son cœur : il attend le moment propice, il pèse sa décision.

Parfois la passion prédatrice s'estompe sous le coup de l'émotion esthétique et du bonheur d'être ici, insoupçonné de l'autre. N'y a-t-il pas là comme un accomplissement qui se suffit à lui-même ? Alors le chasseur « lèvera la carabine », restera longtemps admiratif, ou s'en retournera comme par discrétion. Ce qu'il vit en ces instants de grâce n'appartient qu'à l'homme armé : nul autre que lui ne peut connaître ce que l'écrivain américain James Oliver Curwood (1878-1927) fait dire à l'un de ses héros chasseurs : *« Il existe un plaisir plus grand que l'envie de donner la mort, c'est le pouvoir de laisser la vie. »*

La chasse à l'arc

Quasiment oublié depuis la généralisation de l'utilisation des armes à feu à la fin du XVe siècle, l'arc fait un retour inattendu en Europe, cent ans après que les Américains l'ont redécouvert. Avec lui, une nouvelle conception cynégétique se fait jour, fondée sur l'harmonie entre la pulsion prédatrice primitive et l'exigence éthique, et bénéficiant d'une technologie des plus modernes.

Depuis les temps préhistoriques, l'arc a traversé les époques et les cultures en marquant durablement de son empreinte l'activité et l'esprit des hommes, pour se faire complice fidèle de chasse – il fut d'abord inventé pour elle –, compagnon de guerre et de jeu. Son retour sur le devant de la scène cynégétique se situe aux débuts de l'ère industrielle et du règne incontesté des armes à feu, lorsque des Américains décidèrent de prendre le contre-pied de la rationalisation et de l'obligation de résultat, futurs mots d'ordre d'un siècle tourmenté.

Le déclic se produit en 1879, avec la publication de *The Witchery of Archery* (la Magie de l'archerie) de Maurice Thompson. Cet ouvrage, qui rapporte sur près de 300 pages les aventures de chasse à l'arc de deux frères et de leur esclave noir, devient rapidement un best-seller. Il « *témoigne d'une recherche de valeur en voie de disparition*, commente le préhistorien Jean-Michel Geneste. *Dans un texte au romantisme naturaliste marqué, on perçoit un regard nostalgique sur les modes de vie du passé et l'archerie constitue le prétexte de ce retour aux sources.* » Sur les traces de Thompson, le Dr Saxton Pope publie en 1923 *Hunting With the Bow and Arrow* (Chasser avec un arc et des flèches), ouvrage qui s'impose en quelques années comme « le » traité de la chasse à l'arc moderne.

Une chasse remise à l'honneur aux États-Unis

Alors que les États-Unis découvrent leurs premiers parcs nationaux et que ce qui restait de sauvage et de libre est enclos dans les réserves avec les Indiens, des chasseurs décident, partout à travers le pays, d'adopter l'arc comme arme principale de chasse. Une saison spécifique leur est même attribuée dès 1934 dans l'État du Wisconsin. En 1937, le pays compte 1,5 million d'archers. Howard Hill, conseiller technique et figurant du film *les Aventures de Robin des Bois* avec Errol Flynn, passera à la postérité en ouvrant la voie à d'autres célébrités de la chasse à l'arc, tels Glenn St. Charles, Earl Hoyt, Fred Bear ou, plus récemment, Roger Rothaar, Adams Chuck et Dwight Schuh. Un demi-siècle plus tard, près d'un chasseur américain sur deux, soit 8 millions environ, chasse au moins une fois par an avec un arc ; le chiffre d'affaires annuel du marché de l'archerie dépasse 150 millions d'euros.

En Europe, un statut inégal et des usages divers. En France, les frémissements d'un retour de la chasse à l'arc se font jour dès la fin des années 1960, mais celle-ci reste quasi confidentielle jusqu'en 1986, date de la création de la Fédération des chasseurs à l'arc (FCA). L'arc est alors une arme prohibée à la chasse. En 1992, la directive européenne Faune, Flore, Habitat, puis, en février 1995, un arrêt de la Cour de cassation en légalisent l'usage. Le statut de la chasse à l'arc en Europe demeure encore assez contrasté : autorisée en France,

LES ACCESSOIRES

Le marché de l'archerie étant très convoité, il existe une multitude d'accessoires entre les équipements propres à l'arc lui-même et ceux destinés à l'archer. Parmi les indispensables : les carquois, les protections de doigts et les protections d'avant-bras.

L'accessoire qui peut faire la différence sur le terrain demeure sans aucun doute le carquois, d'où l'importance de son choix. Il en existe deux types : les carquois d'arc (fixes ou démontables), pratiques et compacts mais qui alourdissent l'arc ; les carquois d'archer (de dos ou de hanche), plus ou moins encombrants selon les modèles, qui sont en général déconseillés en milieu boisé mais qui restent parfaits pour l'entraînement.

Afin de garantir la protection des doigts contre la pression de la corde, et d'assurer un glissement souple de celle-ci lors de la décoche, il convient de se procurer des gantelets ou palettes, à choisir selon deux critères : confort et durabilité. Il est fort utile par temps de pluie d'en disposer de supplémentaires, afin de pouvoir en changer si besoin.

L'acquisition d'une protection d'avant-bras (bracelet ou brassard), utile pour se protéger du choc de la corde, soulage les débutants de douleurs inutiles et empêche les vêtements trop amples de perturber la décoche.

Les possesseurs d'arc à poulies devront acquérir un accessoire de plus, puisque la loi précise qu'un arc bandé doit systématiquement être transporté dans une housse.

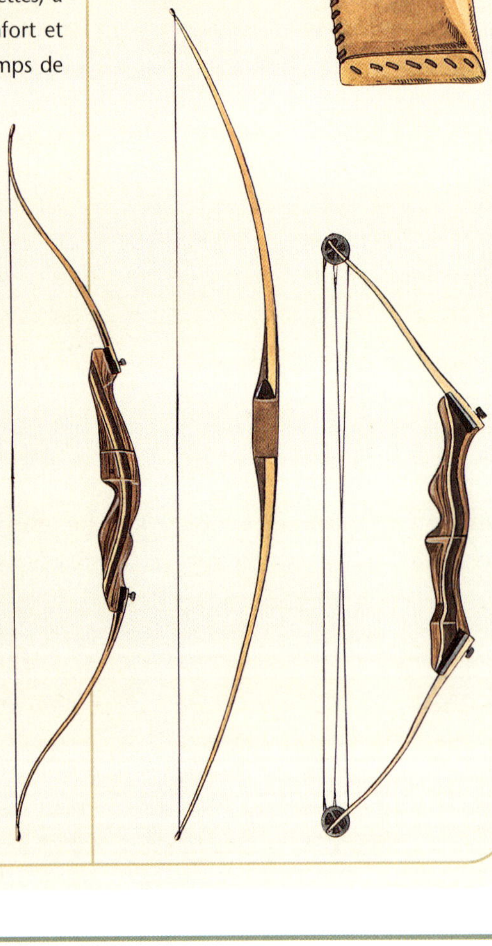

***De gauche à droite : un arc à double courbure* (recurve)*, un arc droit* (longbow)*, un arc à poulies* (compound)**

au Portugal, en Espagne et en Italie, tolérée sous certaines conditions en Écosse, en Pologne, en Suède et en Finlande, elle demeure totalement interdite en Allemagne, en Autriche, en Angleterre et en Irlande. Cela pour une raison enfouie dans la mémoire cynégétique depuis l'avènement des armes à feu et encore bien présente dans l'inconscient de nombreux chasseurs : l'arc, parce qu'il permet une chasse silencieuse, est arme de braconnier.

Persévérance et modestie avant tout

L'archer d'aujourd'hui s'inscrit dans une tout autre perspective : choisir cette pratique, c'est opter pour une discipline qui exige, outre un entraînement très régulier, persévérance et modestie. La rusticité et la portée efficace du matériel requièrent un investissement personnel particulier de la part du pratiquant : la démarche de la chasse à l'arc se veut proche de celle de la prédation, une sorte de défi à armes égales avec le gibier convoité. *« En choisissant l'arc, arme de contact, le chasseur désire entrer en osmose avec le monde sauvage*, explique Armand Mamy Rahaga, instructeur national de la FCA. *La difficile quête du gibier le conduira au cœur de mère nature pour qu'il renoue avec ses racines. C'est cela le mythe de saint Hubert pour le chasseur à l'arc : la bête poursuivie est le guide, attrapée ou non. La chasse à l'arc est un sentier où, avec le temps, on s'améliore progressivement en tant qu'homme, en cheminant au sein du monde sauvage. »*

Se fondre dans l'environnement du gibier. Chasseur au contact avec l'animal, l'archer doit tout spécialement soigner son intégration à l'environnement familier du gibier : les odeurs, les bruits ou les mouvements suspects sont autant de sources d'échec potentiel, qu'il s'attachera à éliminer. Les déplacements se font furtivement et sans précipitation, en tenant compte des mouvements d'air. Le camouflage (en particulier des mains et du visage) est de rigueur, tout comme la connaissance du terrain et celle de l'éthologie du gibier. Une confiance sans faille en son matériel et en soi-même constitue les principales clés du succès.

L'archer doit monter sur l'affût sans son arc et ses flèches pour éviter les perforations en cas de chute ; ce n'est qu'une fois sur place qu'il les remontera à l'aide d'une cordelette.

À l'affût dans les arbres sur un mirador portatif

Au regard des modes d'exploitation de l'arc à la chasse, seule la battue au grand gibier avec chiens et rabatteurs paraît peu adaptée, voire impossible, en raison de la vitesse de déplacement du gibier. En revanche, les poussées silencieuses, avec des archers postés sur les coulées stratégiques, sont à privilégier.

L'affût dans les arbres à l'aide d'un mirador portatif *(tree-stand)* reste la pratique la plus répandue. « *Dès que l'on se trouve à trois mètres du sol, les mouvements d'air emportent votre odeur qui échappe donc au flair des espèces*, expliquent Daniel Chaste et Frédéric Chaptal, auteurs d'un des tout premiers traités de chasse à l'arc édité en français en 1990. *Le fatidique geste d'armement de l'arc reste invisible à un animal même proche, la plupart d'entre eux, ne craignant pas les attaques aériennes, ne se méfient pas de ce qui se passe dans les arbres.* »

Un double impératif : sécurité et entraînement. La plupart des miradors destinés aux chasseurs à carabine ne conviennent pas aux archers (distance de passage du gibier souvent trop lointaine ou aménagements handicapant le tir). L'alternative du mirador portatif, pratique, léger et relativement rapide à installer, doit s'accompagner de mesures de sécurité draconiennes – ces équipements sont en effet à l'origine de la majorité des accidents mortels de chasse à l'arc outre-Atlantique. Enfin, la pratique de l'affût en hauteur demande un peu d'entraînement préalable, car il conviendra de se familiariser avec les angles de tir qui peuvent se montrer déstabilisants les premières fois.

L'approche, une discipline savante et éprouvante

La chasse à l'approche demeure la discipline la plus passionnante mais aussi la plus éprouvante. L'archer mettra tout en œuvre pour déjouer les défenses naturelles du gibier convoité ; mais il ne parviendra à ses fins que grâce à la somme des connaissances acquises au cours des sorties précédentes, et en faisant montre d'une patience hors du commun. « *Plus question d'embuscades ou de rabatteurs ; à l'approche, le plus rusé gagnera*, soulignent Jean-Max Lacaille et Jean-Pierre Menu, pionniers du renouveau de la chasse à l'arc en Europe. *Dans cette chasse active, faite de mouvements extrêmement lents ou rapides, selon les circonstances, l'archer chasseur devra avoir sans cesse tous les sens aux aguets. Ayant pris le vent, il cherchera les endroits les plus touffus pour lui permettre d'approcher de près. Aucune erreur ne lui sera pardonnée, et une victoire remportée sera à chaque fois un exploit. Le chasseur devra faire attention au gibier en mouvement ou arrêté, mais aussi et peut-être surtout, au gibier couché qui le laissera passer sans bouger. Dans ce cas où le chasseur repère un animal couché qui, manifestement, l'a vu mais ne*

UNE PRATIQUE D'APPOINT

Avec un nombre égal de chasseurs et pour une même durée de l'action de chasse, le prélèvement à l'arc est dix fois inférieur à celui de l'arme à feu. En situation de pléthore de grand gibier, la chasse à l'arc est donc une pratique d'appoint qui ne peut à elle seule permettre une gestion rationnelle d'un territoire.

bouge pas, il doit continuer son avance sans varier l'allure et, sans fixer le gibier, d'un geste lent, large et naturel, pointer son arc en le tendant vers la cible. »

L'efficacité du tir dépend de la distance

À l'affût comme à l'approche, l'archer se fixe une règle d'or : être certain de son tir pour lâcher sa flèche au point mortel, sachant qu'à l'arc, la distance de tir est au moins dix fois inférieure à celle de la carabine. Le tir n'est jamais un exploit de distance, c'est une prouesse de patience et de maîtrise de soi. Un gibier transpercé par la flèche meurt très exceptionnellement sur le champ (sauf atteinte d'un centre nerveux) : la pointe de la flèche, qui est une lame de chasse, tue par hémorragie massive et non par choc nerveux et/ou inhibition, ce que, théoriquement, provoque la balle.

Aussi l'archer se doit-il de respecter une distance et un angle de tir permettant d'atteindre à coup sûr le cœur ou les deux poumons afin de garantir au gibier une mort propre et rapide. Avec une flèche bien placée et des lames bien affûtées, les distances de fuite sont courtes et les traces de sang sont telles que le gibier peut être retrouvé assez aisément.

Développer la maîtrise de soi. Tous les plus grands animaux ont été chassés à l'arc avec succès, mais il va sans dire qu'un minimum de connaissances anatomiques et un matériel adapté sont impératifs. *« Lorsque l'archer a armé son arc, l'œil rivé sur l'animal tant convoité et enfin à portée, tout son corps et ses sens sont tendus à l'extrême,* précisent Jean-Max Lacaille et Jean-Pierre Menu. *La tentation est quasi insurmontable de lâcher la corde pour se libérer de l'insupportable tension. Avec la flèche s'envolent l'anxiété et l'émotion, comme emprisonnées dans le fût. L'archer chasseur devra donc développer, s'il veut réussir, un sang froid d'acier et une concentration inaltérable. »*

La chasse à l'arc est avant tout un art de la dissimulation, la distance moyenne des tirs étant inférieure à 20 m. Elle exige une connaissance parfaite de l'anatomie des animaux.

Des modèles d'arcs très divers

Les premiers arcs de chasse primitifs sont apparus environ dix mille ans avant notre ère. Leur conception et leurs usages sont très divers ; chaque époque et chaque culture possède son type propre. Les plus connus appartiennent aux traditions médiévales anglaises et japonaises, ou encore aux périodes des grandes invasions avec les arcs composites turcs et mongols. La véritable révolution interviendra bien plus tard, dans les années 1960, avec l'invention par Jennings et Allen des arcs à mécanismes (ou encore à poulies), exploitant le principe de la démultiplication des forces.

Les arcs à poulies. Lorsque le tireur arme un arc à poulies, dans la première moitié du geste, il s'oppose à la puissance totale de l'arc (contrairement aux arcs traditionnels où la puissance de l'arc est proportionnelle à la sollicitation exercée sur les branches). Au moment du basculement des poulies sur leur axe, il se trouve soulagé de 50 à 75 % de la puissance nominale de l'arc. Il peut alors garder sa position armée bien plus longtemps qu'avec un arc traditionnel et cela s'avère utile à l'affût ou dans le cadre de l'utilisation d'un viseur.

Si les arcs à poulies représentent aujourd'hui plus de 80 % des arcs utilisés à la chasse, ce n'est pas un hasard : un débutant peut choisir dès le départ une puissance élevée (60 livres par exemple, soit plus de 27 kg), l'allonge (amplitude de traction de la corde) étant spécifique et adaptée à l'archer, la régularité et la précision du tir en seront accrus d'autant. La portée pratique de tir est sensiblement augmentée et il n'est pas rare de pouvoir effectuer des tirs efficaces au-delà de 35 m. Cependant, les traditionalistes leur reprocheront leur poids, leur relative fragilité et déploreront la nécessité d'effectuer des réglages parfois fastidieux.

Les arcs traditionnels. Les autres arcs appartiennent à la famille des arcs dits classiques ou traditionnels. Ils sont généralement disponibles en deux variantes : les monoblocs et les démontables. Ces derniers sont mieux adaptés au transport et offrent la possibilité de monter sur la même poignée une paire de branches de puissance différente, ce qui permet d'avoir un équipement pour le petit gibier et un autre, plus puissant, pour le grand gibier. Les arcs traditionnels peuvent être droits *(longbow)* ou recourbés *(recurve)*.

Les arcs droits dérivent directement de la tradition anglaise et se différencient par un poids plume, une longueur de branche imposante (jusqu'à 1,90 m) et un rendement mécanique variable selon les modèles, mais assez moyen dans l'ensemble. Les arcs recourbés modernes s'inspirent du style oriental ; du fait même de leurs courbures, ils possèdent un rendement mécanique supérieur ; ils sont plus courts (de 1,55 à 1,70 m) et sont donc plus pratiques à utiliser en milieu boisé.

LES POINTES DE FLÈCHES

Vissées en bout de flèches, les pointes de chasse à lames utilisées pour le grand gibier sont composées de 2 à 4 tranchants. Celles à deux lames pénètrent plus facilement : les archers les privilégient pour le tir des animaux les plus grands. Dans la mesure où les lames en forme de harpon ne se retirent pas facilement de l'animal touché, elles sont déconseillées. Les lames trop larges ne sont pas recommandées non plus car elles peuvent faire planer la flèche et donc rendre le tir imprécis.

Des flèches toujours plus sophistiquées

Les flèches et leurs différents armements ont eux aussi suivi les derniers développements technologiques. Les fûts en bois (de cèdre, en général) ne sont plus utilisés que par une minorité ; les fibres, les graphites et autres matériaux composites se sont imposés.

L'évolution dans le domaine des flèches date des années 1950 avec l'apparition des fûts en aluminium, réputés à la fois pour leur régularité et leur robustesse, et produits alors en grandes quantités. Sur un marché en expansion, une nouvelle génération vient d'être lancée : la combinaison carbone/aluminium, qui semble offrir une résistance à toute épreuve.

Savoir choisir les lames de chasse et l'empennage. La flèche est un élément primordial. Il convient de la choisir en tenant compte de nombreuses variables, dont la puissance de l'arc, l'allonge de l'archer, ou encore le poids de la lame. De même, les lames de chasse doivent être sélectionnées avec un soin tout particulier : préférer des modèles simples, résistants, d'un poids cohérent, et, de surcroît, faciles à affûter semble le meilleur compromis possible.

Quant à l'empennage, c'est peut-être la seule composante de la flèche qui n'ait pas vraiment connu de révolution technologique. Avec un arc traditionnel et sans repose-flèches, on utilise des plumes naturelles manufacturées, et, avec un arc à poulies, des vanes (plumes plastiques), qui sont moins onéreuses, durent plus longtemps et résistent mieux à l'humidité.

Ainsi, la recherche de l'excellence dans une pratique des plus primitives et l'utilisation des matériaux issus des technologies les plus avancées synthétisent le paradoxe très moderne que présente aujourd'hui la chasse à l'arc. Ses adeptes l'assument à ce point qu'ils ont fait leurs ces mots du poète contemporain René Char : « *Penser en stratège, agir en primitif.* »

La chasse du grand gibier de montagne

La montagne tire le chasseur vers le haut. Elle exige de lui endurance, persévérance et maîtrise de soi, autant de vertus qui forgent le mental du sportif accompli. À la poursuite des seigneurs des cimes, le chasseur se hisse à un niveau d'excellence peu commun. Son plaisir ? l'admiration de spectacles éblouissants, l'acharnement à vaincre, le dépassement de soi.

Alors que le XIXe siècle va sur sa fin, apparaît l'idée que la chasse est un sport, comme pour justifier une pratique dont la légitimité commence à être mise en doute par la société occidentale. En fait, la chasse n'exige pas d'engagement physique exceptionnel, et la seule idée de record dont elle témoigne concerne moins le dépassement de soi que ces notions controversées du beau coup de fusil, de l'importance du tableau ou de la qualité de l'animal prélevé. D'évidence, la chasse n'est pas un sport, mais elle peut être sportive, et c'est tout particulièrement le cas de la chasse au grand gibier de montagne.

Le journaliste Tony Burnand, prolixe auteur cynégétique des années 1960, a fort bien cerné ce qui la distingue de la chasse en plaine ou au bois : *« Il faut, pour en profiter pleinement, un cœur et des jarrets d'homme jeune, un sang-froid, des réflexes, une sûreté de gestes que les années altèrent impitoyablement. Mais elles ne sauraient effacer la netteté des impressions marquées dans votre chair, au fond de vos yeux, au creux de vos poumons, gravées dans votre peau par le soleil, le froid, le vent des sommets, les mille dents du rocher. »*

De somptueux paysages

Le chasseur de montagne, plus qu'aucun autre, vit souvent d'intenses émotions esthétiques en raison de la somptuosité des paysages qu'il fréquente. Les innombrables récits que la chasse a inspirés prennent des accents lyriques dès lors qu'ils concernent celle des grands animaux de montagne.

« Elle offre souvent de tristes déceptions car le gibier y est très difficilement prenable, rapporte l'auteur d'une correspondance de 1875, *mais quelles compensations, en revanche, ne présente-t-elle pas ! Quand à la suite d'efforts surhumains vous êtes parvenu, au-dessus de la région des nuages, sur quelque pic escarpé, quels magnifiques coups d'œil ! – Tantôt vous voyez au-dessus de vous les nuages former comme une mer aux vagues argentées d'où émergent de distance en distance quelques rochers isolés, semblables à des îles flottant au sein des eaux ; tantôt cette mer, suspendue au milieu des airs aux dernières lueurs du soleil couchant, perd sa brillante couleur pour se revêtir de teintes pourprées, et se changer bientôt en océan de feu. – Parfois au contraire, enveloppé de brouillards opaques, vous voyez soudain un courant d'air déchirer l'épais rideau qui vous entoure et, devant vous, s'ouvrent alors de larges horizons, de vastes cirques de rochers dont les teintes de granit reluisent aux clartés du soleil, tandis que plus bas, dans les verdoyantes vallées, vous distinguez errant, çà et là, les troupeaux de la montagne. »*

Réussir l'approche, un point essentiel

C'est dans l'approche, celle du chamois notamment, que le chasseur déploie des qualités de prédateur hors du commun, car les risques sont nombreux. Le gibier confie son salut à ses capacités de fuite ; en montagne, il y ajoute une agilité supérieure qui lui ouvre les portes de l'inaccessible ; il force le chasseur à des défis que le milieu rend périlleux.

Une course contre le temps. Le facteur temps, celui qui passe et celui qu'il fait, joue un rôle décisif dans cette confrontation : plus l'approche est longue, plus le gibier se réfugie vers les hauteurs, dans un milieu où l'influence du relief produit ces brutaux phénomènes météorologiques que les alpinistes, entre autres, craignent par-dessus tout. En plaine ou au bois, l'abri ne se trouve jamais très éloigné et peut être aisément rejoint, mais en montagne, avant d'atteindre le refuge, les caprices du climat exposent à tous les dangers.

L'HOMMAGE AU GIBIER

Quand vient le moment crucial de l'approche, après plusieurs heures passées à éviter d'entrer dans le champ visuel du gibier, lorsque l'instant de faire feu est imminent, en ces moments d'extrême tension où le chasseur s'apprête à prendre le risque, ô combien calculé, d'apparaître, il est d'usage qu'il mette bas son chapeau.

Une bonne connaissance du milieu s'impose

Le superbe récit du romancier contemporain Pierre Mélon, *le Chamois d'Aujon*, décrit cette attention au signe du ciel dont le chasseur de montagne ne doit jamais se départir : « *Au flanc des murailles, des nuages gris s'effilochent et se déchirent, montant du torrent, et au même moment la pluie recommence, sur les grandes dalles autour de nous, son bruit sourd de tambour mouillé. Le ciel est encore plus bas que tout à l'heure et, à l'Ouest, des masses noires comme l'encre se hâtent vers notre massif. Mon guide pivote sans même regarder les Tours maintenant presque disparues dans l'obscurité où notre bouc est allé se gîter, et s'engage dans la descente. Un moment je reste là, debout, dépité, sachant bien qu'au fond je n'ai qu'à le suivre.* »

L'attraction des cimes joue plus fort encore chez le chasseur que chez l'alpiniste, car au défi de vaincre la montagne s'ajoute la fièvre de la poursuite. D'où la nécessité d'un parfait contrôle de soi, qui rend l'approche en altitude plus exigeante qu'aucune autre.

Mesurer ses limites, et ne pas oublier la descente

À cette connaissance fine de la montagne, indispensable au chasseur, s'ajoutent d'autres impératifs. Dans tout autre milieu naturel, le tir réussi marque pour ainsi dire l'aboutissement de l'action de chasse. Rapporter son gibier n'expose à aucun péril.

Porter le gibier, une épreuve très physique. En haute altitude, l'affaire se complique : le poids d'un chamois (30 à 50 kg) n'est pas celui d'un chevreuil (18 à 30 kg). Après l'effort de l'ascension vient l'épreuve de la descente, pour le moins aussi longue. C'est en bas seulement que le chasseur savourera pleinement sa victoire.

La notion de la distance, celle de l'économie de ses forces, la mesure de sa capacité physique composent toute une palette de dispositions mentales que le chasseur de grand gibier de montagne partage, à ce degré d'excellence, avec peu de ses confrères en cynégétique, hormis le chercheur au sang.

Plus l'approche dure longtemps, plus le gibier entraînera le chasseur vers les sommets, dans un milieu souvent dangereux. L'animal sera alors en position de force.

Des conditions de tir particulières

Les conditions particulières de la chasse en montagne influent sur le choix des armes : l'encombrement, la maniabilité et le poids constituent les principaux critères que le chasseur doit prendre en compte. L'éthique, qui commande de tirer à coup sûr

Un chamois ne pèse pas moins de 30 à 50 kg. C'est une lourde charge que le chasseur devra ramener à son point de départ. D'où l'importance d'une bonne condition physique.

afin de ne pas risquer de blesser l'animal, s'impose encore plus en montagne où le gibier est infiniment plus difficile à retrouver : d'où la nécessité de l'emploi de la lunette qui permet de viser avec toute la précision requise le point mortel.

L'emploi de la lunette. L'exploit ne réside pas dans la distance du tir, mais dans la réussite de l'approche, celle qui permet d'être au plus près de l'animal. « *La saison, le vent qui règne, l'état du ciel et la connaissance [qu'a le chasseur] des chamois présents dans le périmètre qu'il envisage, l'ont guidé dans son plan d'attaque,* explique Alpinus (1813-1902) chantre de la chasse en montagne. *Il s'agit, par une marche savante et qui toujours le maintienne dissimulé, d'apercevoir le chamois par corps, à l'œil, à la lunette, sans en être vu.* »

Maîtriser la balistique. Une bonne maîtrise de la balistique s'impose également. Le tir étant fréquemment oblique, soit vers le haut, soit vers le bas, l'attraction de la pesanteur s'exerce moins à mesure que le tir s'approche de la verticale ; en outre, du fait de la raréfaction de l'air en haute altitude, la balle est moins freinée, d'où une trajectoire davantage tendue. Ces particularités conditionnent un tir différent de celui qui est pratiqué en basse altitude.

Tous les chasseurs désormais à égalité

Longtemps, le grand gibier de montagne fut l'objet d'une rude concurrence entre chasseurs locaux. Dans la communauté rurale, le chamois apparaissait comme un défi lancé aux plus expérimentés, aux plus vaillants, aux plus téméraires qui, par la chasse, mesuraient leur force et marquaient leur rang dans une forme de hiérarchie en haut de laquelle se tenait « le grand chasseur », celui que le plus jeune rêvait de devenir un jour. Le petit chasseur était exclu de cette compétition, d'autant que le gibier se faisait rare et qu'il fallait le chercher de plus en plus loin du village.

L'impact non négligeable du plan de chasse. L'instauration du plan de chasse a modifié cette sociologie : soit les sociétés de chasse disposent d'un nombre de bracelets suffisant pour permettre à chaque chasseur de prélever un animal, ce qui est le cas de plus en plus souvent, puisque, grâce aux prélèvements contrôlés, le cheptel est en augmentation ; soit elles instaurent un tirage au sort des bracelets lorsque ceux-ci sont inférieurs au nombre de chasseurs.

Ainsi la pratique cynégétique moderne fait-elle avancer l'idée du partage d'un patrimoine commun sans pourtant atténuer le sens profond d'une chasse qui reste hors du commun : se confronter avec un gibier authentiquement sauvage dans une nature inviolée et fantasque.

La recherche au sang

Héritiers d'une pure tradition germanique, les conducteurs de chiens de rouge mettent leur talent et leur abnégation au service de la recherche du grand gibier blessé. Une subtile complicité entre un homme et un chien, fondée sur une connaissance approfondie du comportement des animaux, de l'environnement et de la psychologie canine. Une éthique exigeante du respect du gibier.

Blesser un animal et ne pas le retrouver laisse un goût amer, sentiment mélangé de gâchis et de honte. Le gâchis ? celui d'une venaison perdue, laissée à la putréfaction. La honte ? celle d'avoir mal tiré et d'infliger une longue agonie. Les traités cynégétiques du Moyen Âge recommandent au chasseur à l'arc, ou à l'arbalète, de *« toujours avoir un chien bien entraîné appelé brachet, qui suit la trace du sang »*.

Les pays où la vénerie du grand gibier s'affirma comme la chasse noble par excellence ne développèrent pas l'art de la recherche des animaux blessés ; en revanche, dans les États allemands, la tradition française de la chasse à courre ne s'imposa pas. Certes, les princes d'outre-Rhin pratiquèrent le « noble déduit », mais leurs penchants restèrent à la chasse à tir. De la vénerie, ils retinrent surtout le travail des chiens, notamment de ces limiers que, dès le XVIIe siècle, ils entreprennent de spécialiser sur la voie du rouge, c'est-à-dire du sang du gibier blessé par les armes à feu. Ainsi apparaît le chien de rouge avec lequel toute une culture cynégétique va s'élaborer au XVIIIe et au XIXe siècle dans les *Jägerhöfe*, prestigieux centres de formation à l'usage des chasseurs professionnels des cours princières.

Une pratique éthique

Discipline hautement éthique, la recherche du grand gibier a codifié des principes qui, aujourd'hui, sont indissociables d'une conception moderne de la chasse. *« Par moralité, nul n'a le droit de gaspiller de la venaison,* indique le traité de l'Union nationale pour l'utilisation de chiens de rouge (Unucr), association française qui forme les « conducteurs ». *Par respect pour une nature qui met en moyenne dix ans pour "confectionner" un superbe trophée, nul n'a le droit de le laisser perdre. Par respect des autres utilisateurs de la forêt, nul n'a le droit de signer son passage par un spectacle macabre. Par respect de l'animal, nul n'a le droit de le laisser souffrir même s'il ne se lamente pas. Pour toutes ces raisons, le chasseur a le devoir de tout entreprendre pour que le gibier qu'il a blessé soit retrouvé le plus vite possible. »*

Une parfaite éducation du chien, une connaissance accomplie du comportement du gibier et une forme physique à toute épreuve constituent les fondements d'une pratique exigeante qui met en scène une relation entre l'homme et le chien tout à fait unique. Plus que le plaisir de chasser, c'est la volonté de retrouver, à partir d'indices souvent imperceptibles, un animal, pour le remettre – la règle l'exige – à celui qui l'a blessé.

Tous les indices de blessures doivent être exploités

Il importe que le chien sache s'imprégner de toute odeur laissée par l'animal en fuite. Il doit identifier très précisément l'objet de sa poursuite. Le chasseur aura donné au conducteur toutes les informations utiles : emplacement de l'animal au moment du tir, sa réaction au coup de feu ainsi que son comportement dans la fuite.

Cette chevrette a survécu à une balle qui a brisé les deux pattes avant. Les blessures de pattes laissent, sur le lieu d'impact, un saignement abondant avec des éclats d'os.

Le conducteur évaluera les pièces à conviction : poils coupés par la balle, esquilles, lambeaux de chair, sang. Les premières traces sur le sol viendront compléter le souvenir du chasseur : un sanglier qui soulève le sol à grands coups de boutoir souffre à l'abdomen, un pied qui s'enfonce profondément révèle que l'autre jambe est atteinte, un animal qui évite les fourrés a peut-être le ventre ouvert… Dans cette lecture de la voie de l'animal, le sang ne représente pas nécessairement le signe le plus présent : en moyenne, il s'en trouve sur à peine le tiers du parcours. « *La plupart des animaux retrouvés le sont bien après que l'œil humain ne perçoit plus aucun indice lui permettant de suivre lui-même, sans aide du chien de rouge, l'animal blessé* », explique Hubert Stoquert, l'un des grands noms actuels de la discipline.

Tout l'art du conducteur consiste à éveiller chez son chien, par l'éducation et le dressage, puis à cultiver par l'entraînement, une disposition dont la réalité scientifique n'est pas, à ce jour, définie, mais qui, de toute évidence, permet à l'animal de distinguer l'odeur spécifique du gibier blessé. Sans doute s'agit-il d'une sublimation du vieil instinct prédateur qui incite à choisir la proie la plus faible, car la plus facile à prendre.

Entre chien et conducteur, compétence et complicité

« *Un chien confirmé, ayant une grande expérience, a dès le départ de la piste une notion de la gravité de la blessure et en conséquence de ses chances d'aboutir*, indiquent les auteurs du *Traité de la recherche du grand gibier blessé. Dans de bonnes conditions, un manque d'empressement à suivre la piste, et, quelquefois, un véritable refus de continuer après plusieurs centaines de mètres sont souvent synonymes de blessures superficielles.* »

Le succès de la recherche dépend tout autant de la compétence du chien à suivre la voie de l'animal affaibli que de la capacité du maître à lire les attitudes de son compagnon. « *Le conducteur doit être au service de son chien tout en en restant le maître* », disent les conducteurs. Une relation subtile que décrit bien ce cas d'école présenté lors des stages de formation à la recherche au sang : « *Un sanglier blessé à l'abdomen, quatre heures auparavant, est suivi avec une grande facilité par le chien, et ce sous une pluie battante. Soudain, alors qu'il n'y a aucun changement du couvert végétal, le chien n'arrive plus à progresser vers l'avant. Avec une grande volonté, il fait des boucles de plus en plus grandes, seulement en arrière. Je prends alors la décision de faire les avants sur 150 m. Là le chien reprend la piste avec la même facilité jusqu'au sanglier achevé au ferme. Aucune explication n'a été trouvée à cette difficulté. C'était comme si le chien butait sur un mur !* »

Sur la piste du rouge

C'est à la laisse de sang, longe de 7 à 12 m, que le conducteur amène son chien sur la voie. Nez au sol, truffe dilatée, dos arqué, il est captivé par son gibier. Les premières gouttes de sang se trouvent rarement sur les lieux de la blessure et il faut savoir les chercher, aussi bien sur les branches que sur le sol. Ce sont là des indices fugitifs, qui résistent peu au temps.

L'expérience apprend aussi à évaluer le sang, sa couleur et sa consistance, qui renseignent avec précision sur les organes touchés. Une balle provoque rarement une hémorragie

CONTRÔLER APRÈS LE TIR

Après le coup de feu, la première règle est d'observer la réaction de l'animal. Il ne faut pas hésiter à doubler son tir, même si le coup de grâce semble inutile. Une fois la battue finie, quand on peut quitter son poste, le contrôle doit être systématique, même si le gibier n'a apparemment pas réagi au coup de feu. Il faut alors bien localiser l'*Anschuss*, la place où l'animal se trouvait lors du tir, et chercher les indices dans la direction de la fuite (poils, sang, esquilles…) sur une centaine de mètres au plus. Il importe de ne pas marcher sur la trace afin de préserver la voie. En l'absence d'indices, il convient de marcher de façon circulaire, en élargissant progressivement le cercle en direction de la ligne de fuite sur 100 m. Poste de tir, *Anschuss* et premier indice doivent toujours être marqués par un balisage.

LES RÉACTIONS AU COUP DE FEU

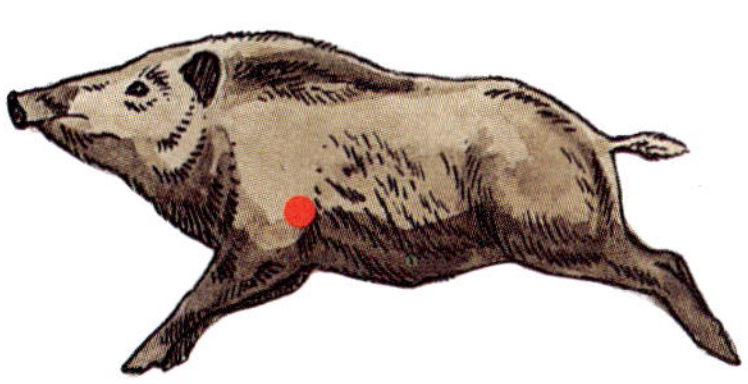

Cœur ou poumon : continue sa course, ralentit, puis chute entre 10 et 150 m

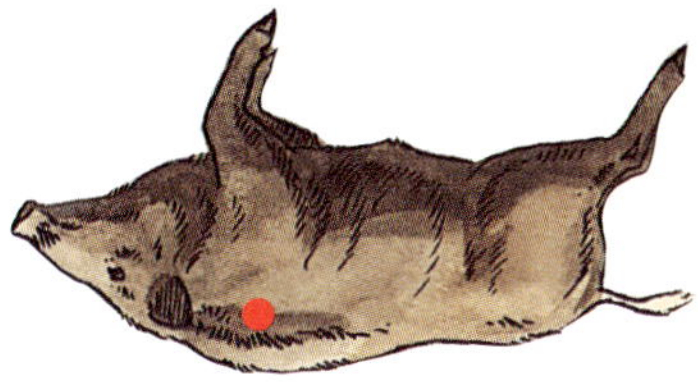

Apophyse : s'effondre, puis reprend ses esprits et s'enfuit

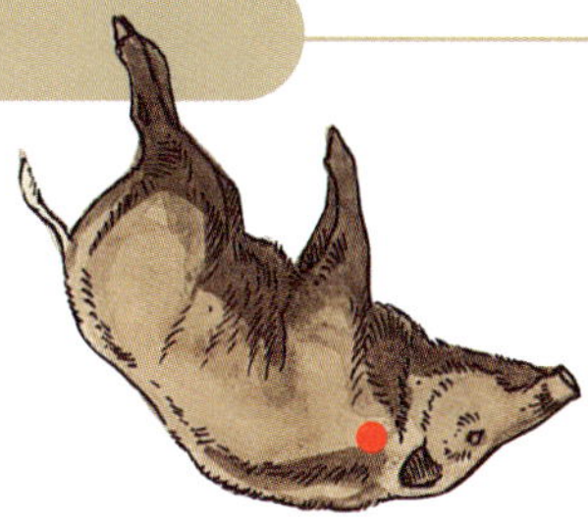

Colonne cervicale : boule et reste sur place

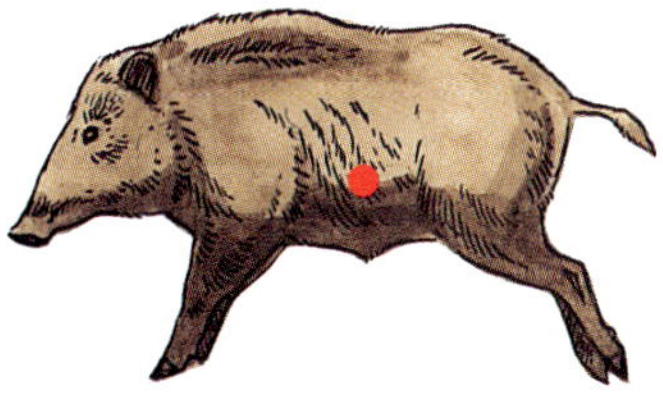

Estomac ou foie : le dos s'arrondit, la course s'allonge

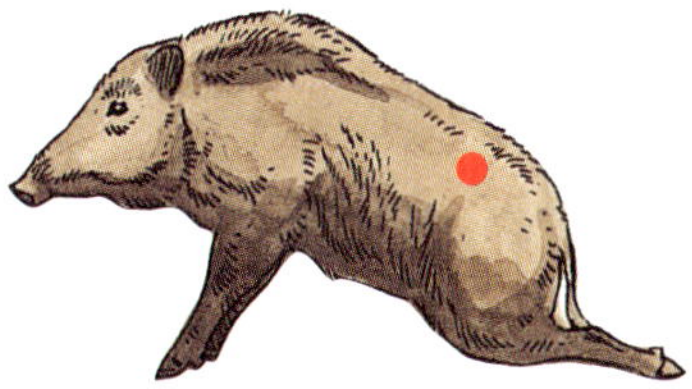

Rein : s'affaisse de l'arrière-train, crie, mais la course sera brève

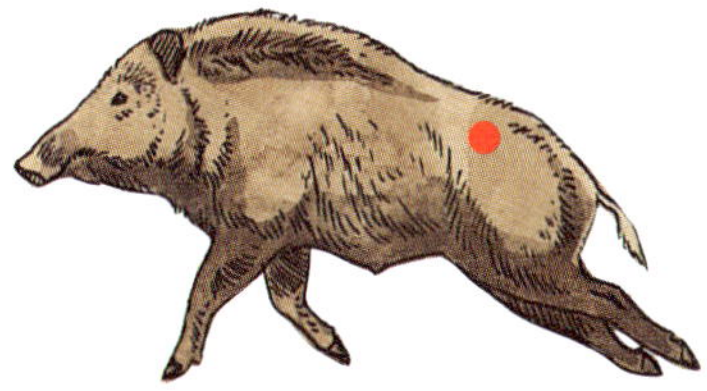

Colonne lombaire : se bloque et se traîne sur les pattes avant

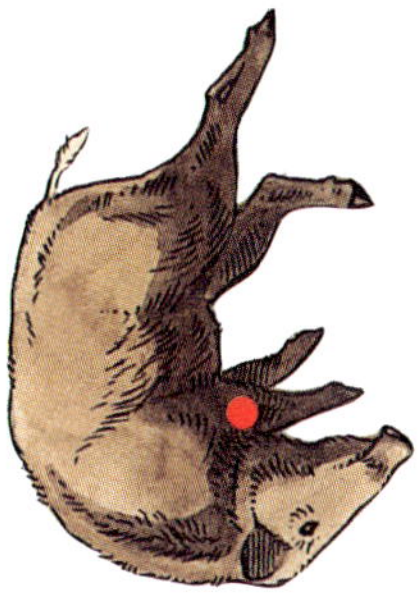

Membre antérieur : roule, puis repart très vite

Groin : culbute, parfois tourne sur lui-même, puis repart très vite

Membre postérieur : léger affaissement de l'arrière-train, puis fuite

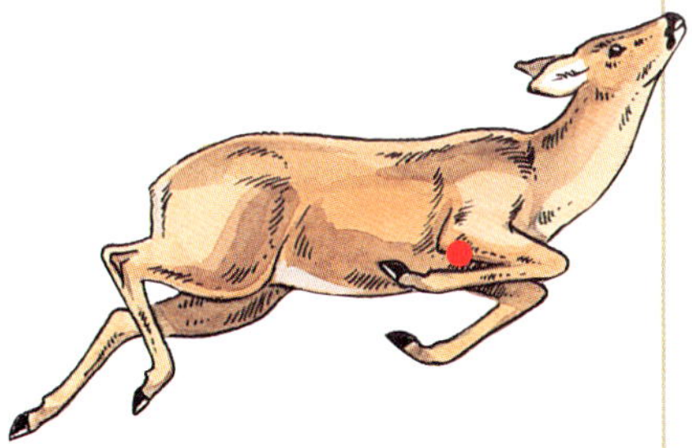

Base du thorax : bond en l'air, courte fuite possible

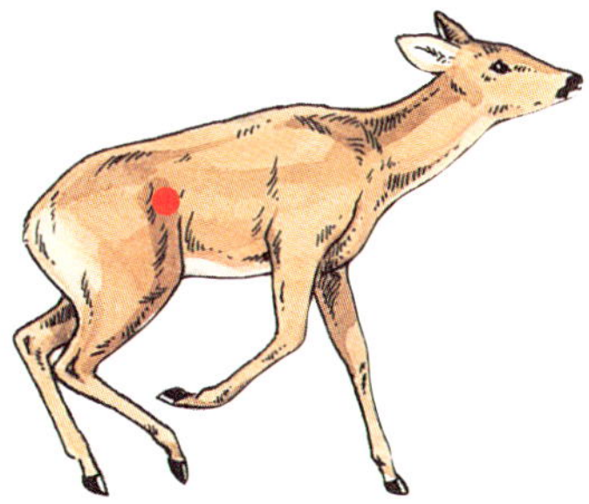

Rein : interrompt sa course, crie parfois, se traîne puis s'arrête

Patte avant : fléchit et s'enfuit, mais boule si c'est la patte d'appui

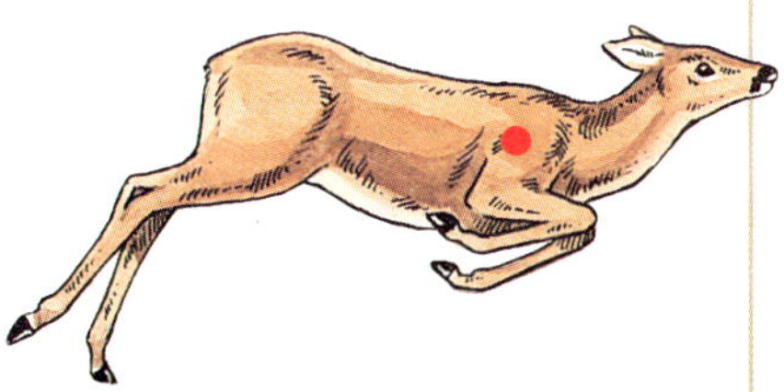

Haut du thorax : s'affaisse vers l'avant, parfois en ruant

Patte arrière : s'affaisse vers l'arrière, puis s'enfuit

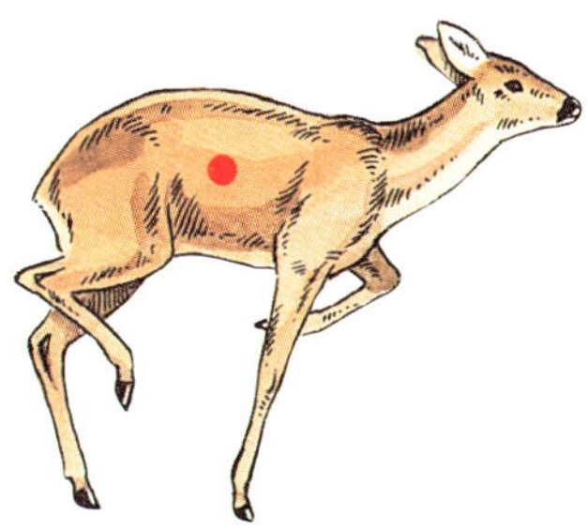

Foie : faible ruade, puis fuite le dos voûté

La réaction de l'animal lors du coup de feu est la première information utile au conducteur de chien de sang. Le chasseur doit porter toute son attention sur le gibier tiré et le suivre dans sa fuite car sa réaction n'est pas toujours immédiate.

(Sources : Unucr pour le sanglier, AMCGG pour le chevreuil)

Le sang n'est pas nécessairement le signe le plus présent, surtout près du lieu du tir.

Les poils, arrachés lors de la fuite, comme les esquilles, sont autant d'indices.

Un lambeau de chair peut donner une indication sur la gravité de la blessure.

suffisante, à la différence d'une flèche. Les munitions sont devenues plus rapides, plus vulnérantes, mais moins hémorragiques. Les chiens doivent donc être plus performants aujourd'hui, puisque leur piste est moins considérable qu'autrefois.

Poser des balises. Le conducteur conserve le regard haut, malgré les branches basses, tandis que le chien, lui, travaille le sol. S'il faut quitter la voie, des balises sont posées pour en conserver une trace. Quand il est blessé à une patte arrière, l'animal descend les pentes plus facilement qu'il ne les monte, et inversement. Le gibier conserve certaines habitudes. Il connaît les lignes où sont postés en général les fusils : il les travaille, reculant devant elles pour traverser plus loin. Mais la blessure suscite de nouveaux comportements. Il prendra les chemins et les routes plus facilement, pour profiter de la commodité d'un espace dégagé. Contrairement à une légende tenace, il ne cherche pas l'eau, sans pour autant renoncer aux ruses qu'elle permet de multiplier : les bords de rivière offrent des caches où se dissimuler.

Il est fréquent que la balle atteigne une patte sous l'épaule. Cette blessure nécessitera une longue et minutieuse recherche avant que l'animal ne soit retrouvé.

Le ferme ou la mise au ferme

Le couronnement de la recherche se dessine lorsque le maître comprend qu'il peut libérer le chien de sa longe afin qu'il relève de sa reposée le gibier, jusqu'à le « mettre au ferme », c'est-à-dire l'acculer. Moment magique où éclatent les abois. Un gibier blessé n'est pas un animal forcé à courre : ses capacités d'attaque sont imprévisibles.

L'excitation du chasseur, auteur de la blessure, quand il a pu suivre la recherche jusque-là, ajoute à la tension. Il n'est pas nécessaire de s'approcher très près pour tirer une balle utile. D'un peu loin, le conducteur vise le coffre, de plus près la tête. Parfois, l'animal s'enfuit encore, comme rechargé par la rencontre. Il n'est pas rare que cette reposée soit la première d'une série éprouvante.

Sanglier blessé, danger. Face à la mort, chaque espèce révèle sa personnalité. Le duel avec un sanglier est un combat d'une autre nature que la recherche d'un chevreuil. Le sanglier apprécie les fourrés, sans aller se cacher dans le premier roncier venu. Savoir qu'à tout moment on peut se trouver face à un animal bien armé, bouleversé par sa blessure, est une émotion forte. La bête noire négligera celui qui aboie pour charger l'homme. Plus bas sur pattes que les cervidés, le sanglier est davantage attentif au sol, plus accoutumé à se coucher, et reste toujours vigilant. Il peut se laisser approcher en faisant le mort, avant de se dresser au dernier instant.

La dernière charge du cerf. À l'inverse, le cerf cherche d'abord son salut dans la fuite. Il tient à voir de loin et fréquente les perchis clairs où il ne pourra pas être facilement surpris. « *Le cerf blessé, mis au ferme, est un animal stressé qui panique,* expliquent les formateurs à la recherche au sang. *Il tente parfois le contact avec le chien : mais c'est toujours dans un réflexe de fuite avec charge soudaine et aveugle, lorsque le chien suivi de son conducteur entre en contact avec l'animal acculé dans son fort. Malgré la présence de l'homme, qu'il sait proche, le cerf charge en baissant la tête. S'il porte un peu de bois au panache, il peut alors ratisser large et provoquer de multiples blessures.* »

Les ultimes ruses du chevreuil. Le chevreuil présente une capacité de résistance étonnante, mais il fait appel à la ruse plus qu'à toute autre ressource. Son sentiment, ou odeur, a un attrait particulier pour les chiens : les anciens le disaient « sucré ».

Mieux encore qu'un cerf, le chevreuil double ses voies, recule, prend les coulées des autres espèces. Il descend dans une rivière, mais ne la traverse pas. Il s'arrête plus vite après le coup de feu, mais c'est bien souvent pour repartir plus loin. Le chevreuil veut-il mourir en prenant un ultime

L'éclat de l'os de bas de patte est rond, creux, dur, et les fractures sont acérées. Cet indice est souvent accompagné de moelle osseuse mélangée au sang.

Si l'animal a reçu une balle dans le rein, il s'affaisse de l'arrière-train, crie, mais sa course dure peu. En cas de balle dans la colonne lombaire, il se traîne sur ses pattes avant.

Lorsque la recherche s'achève sur une réussite, il faut laisser le chien mordre sa proie, mais en aucun cas il ne doit se servir. Il reçoit sa récompense des mains de son maître. Elle a été prélevée sur l'animal qui a été éviscéré sur place avec l'aide de l'accompagnateur.

repas ? Généralement, il affectionne les buissons de lierre, de ronce et de bourdaine, où il grignote encore avant d'être coiffé par le chien.

Au terme de la recherche, récompenser le chien

Le ferme n'est pas l'issue inéluctable de la recherche. Celle-ci peut également s'achever sur la découverte du gibier couché dans la mort.

Le chien indicateur ou hurleur à la mort. Prudent, le chien le flaire. Son maître est loin, retardé par les broussailles et les ruisseaux... Alors il revient vers lui, tenant dans sa gueule l'apportable, cette lanière de cuir longue d'une quinzaine de centimètres accrochée à son collier que le conducteur lui a appris à tenir ainsi dès lors qu'il découvre la mort. Ce chien est dit « indicateur à la mort ». Il sera « hurleur à la mort » si, prédisposé à aboyer, il a été dressé à prévenir son maître par de longs abois, graves et réguliers, qui saluent l'animal retrouvé sans vie. Cette voix unique et retentissante exprime à la fois la victoire et son aspect tragique.

C'est au chien qu'est réservé le privilège de prendre possession de son gibier. Il le mordillera, arrachera quelques touffes de poils. Son éducation lui aura appris à ne pas aller plus loin. De son conducteur, il recevra la récompense, prise sur la venaison ou les viscères de l'animal retrouvé – la règle veut que celui-ci soit éviscéré sur place.

La brisée, en hommage au gibier. Ultime geste qui signe l'esprit de la recherche du grand gibier blessé, une brisée, provenant d'un arbre d'essence noble, sera enfin glissée entre les mâchoires de l'animal : la dernière bouchée. La tradition – encore maintenue de nos jours – veut que ce rite soit réservé aux seuls gibiers mâles.

La brisée du chasseur, elle, n'est pas « sexuée » ; trempée dans le sang de l'animal qui a été retrouvé, mâle ou femelle, elle est remise au tireur du gibier, et celui-ci devra alors en rendre la moitié au conducteur qui la glissera dans le collier du chien.

>> **LES CHIFFRES DE L'INDÉCENCE**

On tire en moyenne de 4 à 7 balles pour un gibier tué. Entre 10 et 20 % des animaux considérés comme manqués sont en fait blessés et non retrouvés, car les auteurs du coup de feu négligent de contrôler leur tir. Sur un tableau annuel de 1 million de grands animaux (moyenne française), cela représente au moins 100 000 bêtes blessées.

LES CHIENS DE ROUGE

Rouge de Bavière

Rouge de Hanovre

Brachet allemand

Brachet tyrolien

Drever

Basset des Alpes

Deux races sont exclusivement spécialisées dans la recherche du grand gibier : le chien de rouge de Hanovre et le chien de rouge de Bavière, issus de limiers de la vénerie française. Le premier, sélectionné au XVIIe siècle par les chasseurs du *Jägerhof* de Hanovre, l'école de chasse du royaume, est sombre et pèse de 30 à 35 kg pour une hauteur de 50 à 55 cm au garrot. Le second, plus fauve et plus léger, fixé à la fin du XIXe siècle dans les Alpes bavaroises, a été particulièrement formaté pour chasser en montagne.

Créés par les forestiers allemands pour la chasse sous terre, le teckel à poil dur et et le jagd-terrier sont également employés avec succès pour la recherche au sang, ainsi que les chiens courants lorsqu'ils sont issus de limiers ou de rapprocheurs : basset fauve de Bretagne, bruno du Jura, petit bleu de Gascogne, beagle, slovensky kopov.

Les chiens d'arrêt se dressent bien comme indicateurs ou hurleurs à la mort (braque français et allemand, weimar, münsterländer, langhaar).

Le labrador retriever et le golden retriever, races spécialisées dans le travail après le coup de feu, sont excellents, de même que le wachtelhund et l'elkhound.

L'english cocker spaniel et le fox-terrier rivalisent en qualité avec les brachets du Tyrol et de Styrie. Le basset des Alpes et le drever présentent également des aptitudes à la recherche au sang.

L'éducation ne suffit pas à faire un chien de rouge. Il lui faut un atavisme ancien dans cette spécialité. D'où la nécessité de choisir un chiot de race pure avec la connaissance de ses origines sur plusieurs générations.

Le grand gibier des bois et des forêts

Sangliers, cerfs, chevreuils, chamois, mouflons, bouquetins sont en pleine expansion dans une Europe de plus en plus urbanisée mais où la forêt prospère. Les chasseurs n'ont jamais connu des tableaux de grands gibiers aussi importants, les promeneurs n'ont jamais vu autant de grands animaux, les agriculteurs et les forestiers n'ont jamais été aussi préoccupés par les dégâts de ces grands mammifères qui posent le problème de la cohabitation entre le monde du progrès et celui du sauvage.

Malgré l'urbanisation qui a caractérisé tout le XXe siècle, la surface du couvert forestier européen n'a cessé de croître durant cette période pour représenter aujourd'hui, selon la FAO (Food and Agriculture Organisation), 188 millions d'hectares, soit une progression de 4,4 % sur les seules dix dernières années. En France, le manteau boisé est passé de 8,5 millions d'hectares au début du XIXe siècle à plus de 16 millions en 2000. La démographie des grands animaux est galopante : les tableaux de chasse ont été multipliés par cinq en moyenne lors des vingt-cinq dernières années.

Le premier phénomène n'explique pas totalement le second. Deux autres facteurs jouent : le recul de l'élevage extensif a fait disparaître les grandes zones pâturées en bordure des massifs forestiers, au profit de cultures qui constituent une offre alimentaire plus appétente ; la pression de chasse, qui visait principalement à détruire des animaux perçus exclusivement comme des concurrents de l'agriculture, a évolué vers des prélèvements permettant de maintenir les densités, voire de les augmenter. La chasse évoluant d'une pratique utile vers un loisir, ses adeptes ont développé des techniques de gestion quantitative des animaux, tel l'apport de nourriture complémentaire qui facilite la dynamique des populations.

La quantité de gibier sujette à controverses

La sylviculture n'échappant pas aux logiques productivistes, les forestiers considèrent, parfois à juste titre, que le grand gibier, et notamment les cervidés, obère la rentabilité économique du milieu.

Les agriculteurs inquiets. Les agriculteurs mesurent d'autant plus l'impact sur leur récolte des dégâts commis par les cerfs et les sangliers que ceux-ci ont tendance à sortir davantage de la forêt, parce qu'ils sont gênés par la présence croissante des adeptes des activités de pleine nature. Dans ce contexte, la recherche des équilibres faune-flore incite à considérer que les populations de grands animaux deviennent trop importantes. En même temps, les chasseurs se sont accoutumés à de gros tableaux de chasse tandis que les utilisateurs ludiques de la nature se sont habitués à observer des animaux en quantité.

La rencontre avec le promeneur. S'ajoute à cette complexification des rapports entre les différents usagers de la nature, lourde de paradoxes écologiques, un autre type de conflit, d'ordre plus culturel : celui qui surgit de la rencontre de l'usager contemplatif, ce promeneur consommateur de nature, et de l'usager prédateur, le chasseur. Le premier comprend mal la motivation du second dont l'arme présente un danger potentiel, et celui-ci voit en l'autre un intrus dans un univers qu'il considère comme le sien de toute éternité.

Le chasseur de grand gibier est devenu l'acteur central de ces enjeux économique, écologique et culturel, nés de divergences d'appréciations.

La position très inconfortable du chasseur. Son moderne penchant à augmenter les densités pour garantir les tableaux à venir satisfait la demande du spectateur de nature, qui peine souvent pourtant à reconnaître que le chasseur ne donne pas seulement la mort. À l'inverse, cette attitude nouvelle préoccupe l'agriculteur et le forestier pour qui le chasseur est, de tradition, le prédateur qui protège contre les dégâts de la faune.

Ainsi, le grand gibier révèle, par son expansion historique, le positionnement inconfortable du chasseur dans la société moderne : il n'est pas ce que croient ses opposants et, parallèlement, il n'est plus ce qu'attendent de lui ses alliés naturels.

La gestion quantitative montre ses limites

Au regard de l'accroissement des dégâts commis aux cultures et aux peuplements forestiers, la gestion quantitative des populations de grand gibier est en passe d'atteindre ses limites. Du point de vue écologique, des effets pervers apparaissent : nourrissages qui sédentarisent les animaux, dispositifs de protection des cultures (clôtures et engrillagements) qui accentuent au niveau local le cloisonnement des habitats, provoqué, à une échelle plus vaste, par le développement des voies de circulation comme de l'urbanisation.

Trouver un équilibre entre faune et flore. Autant d'incidences que les chasseurs de grand gibier, sous la pression des intérêts économiques et environnementaux, sont inévitablement amenés à corriger en développant un autre mode de gestion : celui qui prend en compte les équilibres entre faune et flore et qui ne contribue pas à l'artificialisation du milieu.

Il est toujours possible de concentrer sur de microterritoires des populations de grands animaux, mais alors l'élevage ou le zoo ne sont pas loin. Le chasseur, parce qu'il a su aider le grand gibier à s'adapter à la modernité – qui d'autre a mis en œuvre les moyens pour ce faire ? –, est confronté à une attente sociale diffuse qui, par ailleurs, conditionne l'authenticité, et donc la légitimité, de sa passion : permettre à ces espèces de conserver leur caractère sauvage. Or, cette attente n'est pas exempte de contradictions dans un système économicoculturel fondé sur une conception du progrès qui n'a de cesse de faire reculer les frontières du sauvage.

Quand les sous-bois deviennent des lieux trop fréquentés, les sangliers ont d'autant plus tendance à sortir de leurs forêts, occasionnant alors des dégâts dans les champs.

Préserver la sauvagerie... mais jusqu'à quel point ?

La réintroduction des grands prédateurs, tels que lynx, ours ou loups, est très significative à cet égard : elle se justifie bien au nom de la biodiversité, mais suscite des tensions sur fond d'intérêts économiques (l'impact sur les troupeaux domestiques), avec en arrière-plan le souvenir lointain de craintes ancestrales.

La présence des espèces sauvages, et plus significativement des grands mammifères, induit la question du maintien des habitats naturels. La gestion du grand gibier, indissociable de sa chasse, révèle aujourd'hui toutes les contradictions d'un monde qui cherche la synthèse entre course au développement et préservation de l'environnement.

En Suisse, les effets pervers d'une interdiction de chasse

Le grand gibier et sa prolifération révèlent d'autres contradictions. En 1974, dans le canton de Genève, une votation populaire a interdit la chasse,

Avec l'extension de la forêt européenne, depuis le début du XXe siècle, les populations de cervidés n'ont cessé de s'accroître. Un état de fait également favorisé par les chasseurs qui ont veillé à maintenir, voire à augmenter, les effectifs, en contrôlant les prélèvements.

avec un taux de participation de 22,1 %. L'Union Nature-Faune, à l'initiative du référendum, et qui avait reçu l'appui, entre autres, du Fond mondial pour la nature (WWF), se félicitait : « *Pour la première fois au monde, des hommes ont renoncé spontanément au droit de chasser chez eux par amour pour la nature et les animaux.* »

Un canton débordé par les sangliers. Chargé de la gestion de la faune du fait de la décision des Genevois, l'État créa des postes de « chasseurs réglementaires » affectés à la régulation, notamment à celle des sangliers. Un quart de siècle plus tard, ces douze gardes « *travaillant d'arrache-pied de nuit, n'arrivent plus à suivre* », rapporte le journal du canton. Les densités de sangliers augmentent plus vite que les prélèvements qui, pourtant, atteignent plusieurs centaines d'animaux. Les dégâts aux cultures, dans les parcs publics et dans les jardins privés progressent à proportion ; ils sont chiffrés à près de 340 000 euros en 2001, et seuls les agriculteurs ont été indemnisés. Les sommes rapportées par la vente de la venaison à des œuvres sociales et à quelques particuliers, soit quelque 60 000 euros, ne suffisent pas à autofinancer le dispositif.

Des battues sans tir à l'efficacité relative. Pour faire face, le service des Forêts, de la Protection de la nature et du paysage a imaginé d'organiser des battues avec chiens, mais sans tir, ce qui conduit à repousser le problème ailleurs, dans le canton de Vaud ou en Haute-Savoie. « *Sans compter que nous sommes confrontés à un problème déontologique*, explique le directeur du service. *Nous demandons aux propriétaires de chiens de les tenir en laisse, d'être vigilants pour la sécurité de tout un chacun. Imaginez les réactions de la population en voyant des chiens pourchasser les sangliers en plein jour !* »

Faute de solution, peut-être le retour des chasseurs... Alors, indique la presse locale, le service des Forêts « *réfléchit à la manière dont on peut aujourd'hui déplacer les bêtes sans faire de battue* ». Mais il n'a pas encore trouvé la solution. Aussi son directeur envisage-t-il d'autres pistes : « *On sait par exemple que lorsque l'on compte au début d'année une compagnie de dix sangliers, il y en aura vingt-cinq à l'automne. Pour cent bêtes, cela fera deux cent cinquante à la fin de l'année. Nous devons donc immanquablement augmenter nos moyens et, le cas échéant, nous devrons bien étudier la possibilité de faire appel à des collaborateurs extérieurs, c'est-à-dire des chasseurs genevois.* » En 1977, son prédécesseur déclarait pourtant : « *La chasse a été supprimée et je ne pense pas qu'elle reverra le jour sur le territoire du canton.* »

Le sanglier

La bête noire incarne depuis toujours la fureur dévastatrice du monde sauvage et la force belliqueuse. Depuis qu'au II*e* *siècle le poète grec Oppien écrivit dans son* Traité de chasse *qu'« à l'intérieur de ses canines blanches, il y a un feu ardent, secret et cruel », le sanglier n'a pas cessé d'inspirer la passion parfois débordante des chasseurs et des récits cynégétiques incessamment renouvelés – au point de faire oublier ce qu'est la réalité biologique de ce gibier qui atteint aujourd'hui des densités inégalées.*

Il n'y a pas si longtemps, à peine un demi-siècle, une rumeur insistante courait les campagnes : lorsque les sangliers étaient plus nombreux qu'à l'accoutumée, les bruits de bottes s'enflaient à l'Est. Un auteur cynégétique reconnu, illustrateur animalier de talent, Joseph Oberthur (1872-1956), donnait, du fait de sa réputation, un réel crédit à ce phénomène – totalement imaginaire – de la migration des sangliers en affirmant que *« les deux points d'invasion sont la trouée de Belfort, avec rassemblement dans la forêt de Hardt, et la région Belgique-Luxembourg, avec les forêts de Lorraine et d'Ardenne pour la concentration. Vous ne trouvez pas une certaine analogie avec d'autres pénétrations non pacifiques ? »*

D'âge en âge, ce gibier d'une nature particulière inspire des histoires où l'incroyable le dispute à l'extraordinaire. La plus ancienne d'entre elles constitue l'un des mythes fondateurs de la chasse, considérée comme l'activité humaine qui contribue à l'ordre du monde. Pour mettre un terme à la terreur que semait au royaume de Calydon un sanglier monstrueux, tous les héros de la Grèce antique le combattirent en vain jusqu'à ce qu'Atalante, la plus rapide des mortelles, nourrie au lait d'ourse et élevée par des chasseurs, parvienne à blesser mortellement l'animal que le roi Méléagre acheva…

Les groupes familiaux, ou compagnies, sont dirigés par une laie, souvent la plus grosse et la plus âgée. Les jeunes mâles quittent la compagnie à partir de l'âge de 10 mois.

L'irruption d'un sauvage dans un monde civilisé

Des premiers temps de la paysannerie à ceux de l'agriculture productiviste, le sanglier porte sans discontinuer le mythe de la bête venue des bois pour ravager les cultures. Chaque année en Europe, les dégâts ainsi provoqués atteignent plusieurs centaines de millions d'euros. Signe des temps, qui conforte l'animal dans sa vocation de bête noire, non seulement les productions agricoles subissent les assauts d'une espèce qui n'a jamais été aussi nombreuse et prolifique, mais les jardins des résidences secondaires, le green des golfs et les grillages protecteurs des piscines privées ne résistent pas aux coups de boutoirs des compagnies de sangliers, qui causent par ailleurs des collisions automobiles. Ces incidents, largement médiatisés, renforcent la symbolique du sanglier, celle du sauvage qui fait irruption dans l'univers civilisé.

Pour cela, depuis toujours, il fait vibrer le chasseur plus qu'aucun autre gibier. De plus, parce que son comportement destructeur du labeur des hommes et son allure n'inspirent guère le grand public dont le cœur

Longtemps pourchassé, et donc dérangé, le sanglier a été considéré à tort comme un animal erratique, voire migrateur. Il est pourtant sédentaire, même si les mâles adultes effectuent parfois des déplacements considérables (100 km), assurant ainsi le brassage génétique.

penche davantage pour la biche, le chevreuil ou l'oiseau migrateur, le sanglier dédouane et donc déculpabilise le chasseur à une époque où celui-ci se sent jugé par une opinion de plus en plus hermétique à l'action prédatrice. En traquant cette bête provocante, le chasseur retrouve une utilité sociale qui légitime sa passion.

De plus en plus chassés…

Toutefois, ce rapport du chasseur au sanglier, qui résulte du caractère « nuisible » de l'espèce, évolue considérablement à la faveur de l'engouement que connaît la chasse d'un animal aux effectifs de plus en plus denses ; la chasse du sanglier, de ce fait, prend le pas sur celle du petit gibier dont les populations, elles, régressent. Depuis le milieu des années 1980, le sanglier accède à un nouveau statut, celui de gibier à part entière qui, certes, pour les autres usagers de la nature, demeure plus que jamais un nuisible, mais qui, pour le chasseur, mérite une gestion spécifique.

… et pourtant de plus en plus nombreux

Le phénomène de l'augmentation des populations de sangliers et celui, concomitant, de l'accroissement de la pression de chasse peuvent sembler paradoxaux : si l'animal est de plus en plus chassé, ses effectifs devraient décroître. Mais le vrai phénomène écologique n'est pas tant cette apparente contradiction que la modification de la structure sociale des compagnies : les sangliers sont de plus en plus nombreux, de plus en plus chassés, mais ils vieillisent de moins en moins. Théoriquement, un sanglier pourrait vivre de quinze à vingt ans ; en réalité, actuellement, sa longévité dépasse rarement cinq ou six ans.

LE COCHON ET SON TUEUR

Le terme « cochon », qui désigne souvent le sanglier, est une incongruité. Cet emploi ravale au rang du domestique le gibier qui incarne plus qu'aucun autre l'ombrageuse sauvagerie, sauf à considérer que, suralimenté et sédentarisé, il n'est plus un gibier mais une bête d'élevage. Celle-ci ne se chasse pas, elle s'abat.

Âge-poids : un rapport faussé

Le vocabulaire permettant de distinguer les sangliers suivant leur âge est riche et précis. Jusqu'à l'âge 6 mois, le jeune est nommé marcassin, puis, de 6 mois à 1 ans, il devient la bête rousse, et enfin, de 1 à 2 ans, la bête noire ou bête de compagnie. Le tiers an, lui, est déjà un mâle de 3 à 4 ans, le quartannier un mâle de 4 à 5 ans, le solitaire, de plus de 5 ans, le vieux sanglier, de plus de 6 ans, et enfin, le grand vieux sanglier a déjà vécu plus de 7 ans. Des termes précis existent aussi pour désigner la femelle : de 2 à 3 ans, elle est appelée ragote ; à 4 ans, elle devient une laie ; au-delà de 6 ans, c'est désormais une vieille laie.

L'analyse des tableaux de chasse indique que très peu de sangliers adultes (plus de 5 ans) sont tués. Ce phénomène tient à la nature des prélèvements effectués par les chasseurs. Parce que la majorité d'entre eux considère qu'il n'est pas éthiquement correct de tuer des animaux trop jeunes, parce que aussi la quantité de venaison est plus importante chez un « gros cochon », le tir intervient de préférence sur des animaux de belle corpulence qui pour autant sont encore jeunes. En effet, la relation âge-poids n'a aucun fondement scientifique. Un sanglier de plus de 120 kg n'est pas obligatoirement un vieux sanglier. Le poids est avant tout fonction de l'offre alimentaire.

LES INDICES DE PRÉSENCE

Le sanglier ne transpire pas. Aussi, pour favoriser la régulation thermique, se vautre-t-il dans des cuvettes humides (souilles), puis il se frotte contre les troncs d'arbres, sur lesquels il laisse des traces de boues (housures). Pour gîter, il creuse une bauge en milieu ouvert et sec. Pour mettre bas, la laie construit un chaudron (nid de branchages et d'herbes). Les boutis sont les traces que le sanglier laisse en creusant en profondeur le sol pour trouver larves et racines.

Le sanglier *(Sus scrofa)*

- **Poids :** de 80 à 200 kg (M) ; de 60 à 110 kg (F)
- **Taille :** jusqu'à 1,60 m de long; jusqu'à 90 cm de haut au garrot
- **Âge maximal constaté :** 15 ans
- **Espèce grégaire :** la laie meneuse conduit le groupe familial qui forme la compagnie ; celle-ci peut rassembler plusieurs groupes.
- **Domaine vital :** de 500 à 2 000 ha pour les femelles et les jeunes ; de 1 500 à 10 000 ha pour les mâles
- **Maturité sexuelle :** de 8 à 12 mois pour les mâles ; de 8 à 20 mois pour les femelles avec un poids minimum de 30 kg. Les chaleurs de la laie dominante déclenchent celles des autres laies de la compagnie, d'où des mises bas simultanées ; les laies s'écartent de la compagnie pour mettre bas, puis la rejoignent lorsqu'elles sont suitées.
- **Rut :** de mi-novembre à mi-janvier ; saillies possibles de septembre à mai ; repos sexuel (anœstrus) de 3 mois durant l'allaitement (juin à septembre)
- **Gestation :** 3 mois 3 semaines et 3 jours, une fois par an ; des observations font état de deux portées par an, mais en milieu fermé

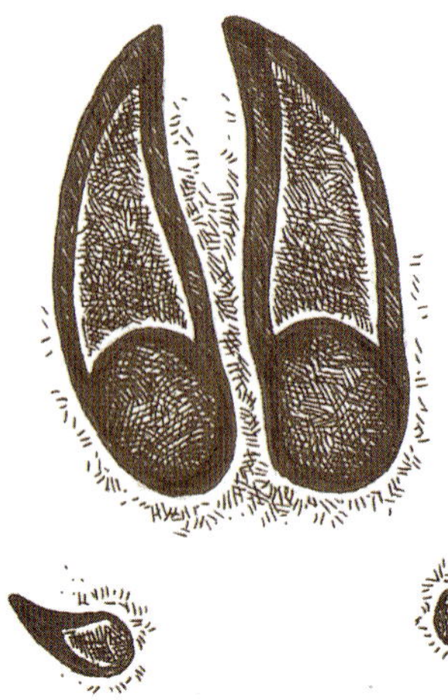

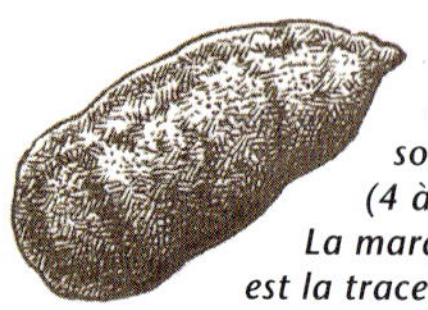

Les excréments du sanglier sont les laissées (4 à 6 cm de diamètre). La marque de son pied est la trace.

Un omnivore trop bien nourri

Le sanglier, qui appartient à la famille des suidés (mammifères ongulés non ruminants), est un omnivore dont le régime dépend du milieu qu'il occupe. Son alimentation se compose des produits de la forêt (principalement glands, faines, champignons, racines), mais aussi d'éléments carnés (charognes, animaux blessés, petits rongeurs, vers, chrysalides et larves, œufs) ou encore des productions agricoles. Les végétaux agricoles et forestiers constituent environ 75 % de son bol alimentaire.

Afin de limiter l'impact de la prédation du sanglier sur les cultures, les chasseurs mettent en place des grillages ou des clôtures électriques pour empêcher les animaux de sortir des bois. Développés à outrance, ces dispositifs cloisonnent les territoires, interdisant les échanges de populations. En outre, ils aboutissent à des chasses en milieux quasi fermés.

Cette volonté de limiter les dégâts se traduit aussi par le développement des techniques d'agrainage. Or, trop souvent, celles-ci se transforment en apports massifs de nourriture en tout genre visant moins à éviter que les animaux se nourrissent dans les champs alentour qu'à sédentariser les populations afin qu'elles demeurent là où elles sont chassées.

Les conséquences d'une alimentation artificielle. Les excès de cette offre alimentaire artificielle conduisent à une quasi domestication du sanglier sur des territoires qui prennent des allures de porcheries à ciel ouvert. Autre conséquence : les animaux profitant d'une alimentation surabondante accumulent des réserves de graisse sous forme de sain (lard) et gagnent en poids dans des proportions sans commune mesure avec celles que détermine un milieu réellement sauvage. En présence de sangliers de belle corpulence, les chasseurs croient prélever des adultes alors qu'il s'agit d'adolescents. Ainsi les populations de sangliers, fauchées dans leurs forces vives, ne vieillissent plus.

Une laie très féconde

La fécondité du sanglier est très supérieure à celle des autres grands gibiers. La laie possède dix allaites (mamelles) et met bas de deux à huit marcassins. Le taux d'accroissement annuel se situe de 50 % à 150 % de la population totale avant naissance, avec une moyenne de 100 % qui intègre la mortalité des marcassins, celle-ci pouvant atteindre 40 %, principalement du fait des conditions climatiques, notamment de l'humidité. En situation d'équilibre faune-flore, il importe de stabiliser le niveau de la population en prélevant 100 % de l'effectif estimé en fin d'hiver après la chasse. Un prélèvement inférieur fait progresser les densités et un prélèvement supérieur les limite.

La laie porte ses petits durant environ 4 mois et met bas dans un nid que l'on appelle « chaudron », constitué d'un amas d'herbes et de fines tiges ligneuses.

Les jeunes laies ont en général une première portée de 2 ou 3 marcassins – nom donné aux sangliers jusqu'à l'âge de 6 mois ; chacun pèse à la naissance entre 800 g et 1 kg.

Les cochongliers, une cause de pollution génétique

Pour repeupler des territoires en sangliers ou accélérer l'accroissement des populations existantes, des chasseurs mènent des expériences irresponsables consistant à lâcher en milieu forestier des « cochongliers », animaux nés d'un croisement entre le porc domestique et le sanglier. À la différence des laies, les truies sont polyœstriennes : leurs multiples ovulations annuelles les rendent plus productives. D'où l'hypothèse selon laquelle les mises bas à l'automne (le cycle normal les situe en mars-avril), de plus en plus souvent constatées, résulteraient d'une pollution génétique consécutive à ces croisements. Ceux-ci, en augmentant les capacités de fécondation des femelles sauvages, contribueraient à l'explosion des populations.

Outre la morphologie et la couleur de leurs soies, le nombre de chromosomes (caryotype) distingue le sanglier du cochon : 36 chez le premier, 38 chez le second ; mais les produits issus de ces croisements en comptent indifféremment 36, 37 ou 38. D'une génération à l'autre, les différences physiques s'estompent, mais rien n'indique ce qu'il advient des dispositions reproductrices héritées du porc.

Des populations qui ne vieillissent plus

Une gestion exclusivement axée sur l'offre alimentaire favorise certes le développement quantitatif de l'espèce mais mésestime l'importance du maintien de compagnies où toutes les tranches d'âge sont représentées. Or cette diversité générationnelle constitue un facteur essentiel au maintien des équilibres faune-flore. Si la gestion n'intègre pas des règles de prélèvement respectueuses de la pyramide des âges – il s'agit alors d'une gestion qualitative –, la structure des compagnies se disloque. Avec pour conséquences des dérèglements comportementaux.

Les comportements problématiques des jeunes. Il est désormais admis que, dans un groupe, les jeunes sont la cause principale des dégâts commis aux cultures agricoles : les champs ne leur offrent pas seulement une pitance facile, ils sont également un lieu d'ébats idéal dans lequel ils se vautrent à plaisir, compromettant ainsi la croissance des végétaux.

Le comportement des adultes est différent : une fois leur besoin alimentaire satisfait, ils regagnent leur abri forestier, entraînant avec eux les jeunes générations. Si la composition de la compagnie ne peut se structurer faute d'adultes expérimentés, l'encadrement des jeunes n'est pas assuré, d'où des débordements accrus.

Le rôle des laies meneuses, mémoires du groupe. Dans cette hiérarchie, la laie meneuse, mémoire du groupe, occupe une place essentielle : elle a acquis une connaissance fine de la topographie du milieu et mesure les différents niveaux de danger ; elle détient ainsi le savoir de la survie. Sa disparition provoque l'éclatement des compagnies et la recomposition de groupes plus petits, avec à leur tête des femelles plus jeunes, et donc bien moins expérimentées.

Effets pervers supplémentaires : des rapports de force s'instaurent entre ces compagnies nouvelles, la concurrence alimentaire joue à plein ; les groupes les moins bien menés, écartés des lieux forestiers de nourrissages naturels et des places d'agrainage, se déplacent vers les zones agricoles où ils se cantonnent, augmentant ainsi les dégâts aux cultures.

Des prélèvements peu judicieux. Des certitudes contraires à la biologie de l'espèce incitent à prélever des laies non suitées (c'est-à-dire non suivies de leurs petits) au motif qu'elles sont moins productives, voire stériles, du fait de leur âge estimé en fonction de leur corpulence. Là encore, la confusion entre l'âge et le poids conduit à éliminer des sujets essentiels au maintien de la structure des compagnies. Or, une laie de 110 kg vidée peut porter un nombre d'embryons supérieur à celui d'une laie d'un poids moitié moindre.

Seules les laies très âgées ne se reproduisent plus – ce qui est devenu un cas finalement exceptionnel

L'ESTIMATION DE L'ÂGE

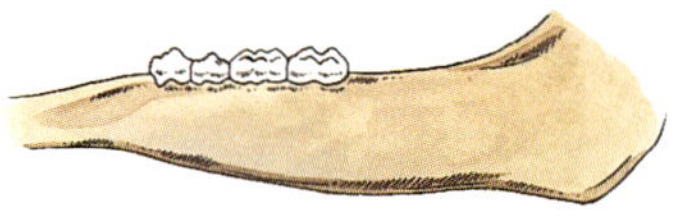

6-8 mois : une seule molaire

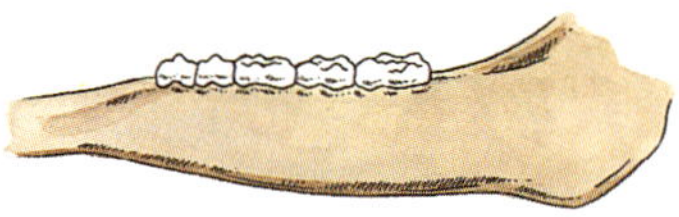

12-18 mois : 2 molaires

24 mois : la 3e molaire perce

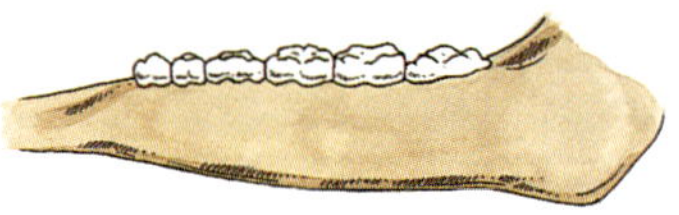

3 ans et plus : dentition définitive

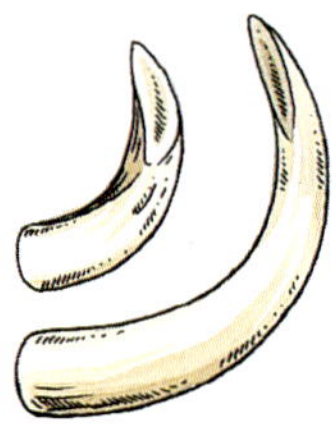

Jeune mâle de 1 an environ

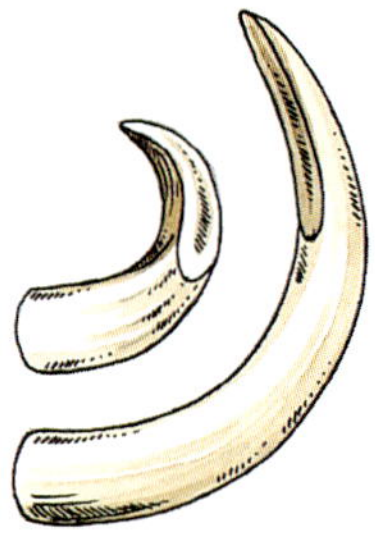

Mâle de 4 ans environ

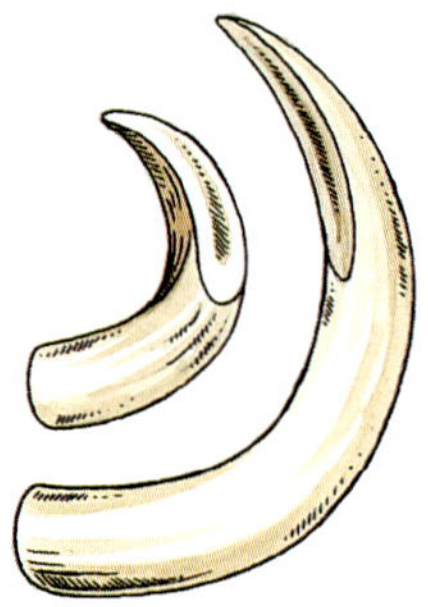

Grand vieux sanglier (plus de 7 ans)

Le marcassin (jusqu'à 6 mois) est en livrée (ou rayé) et n'a pas de molaire ; la bête rousse (de 6 mois à 1 an) n'a qu'une seule molaire ; la bête de compagnie (de 1 à 2 ans) en porte deux ; entre 24 et 30 mois, le ragot et la laie ragote gagnent leur troisième molaire ; à l'âge de 3 ans, leur denture est complète (44 dents : pour chaque demi-mâchoire, 3 incisives, 1 canine, 4 prémolaires et 3 molaires).
Au-delà, l'étude des défenses (canines inférieures des mâles, les supérieures étant les grès) permet d'évaluer l'âge des mâles : plus le diamètre de la base de la défense se rapproche de celui de la base de la table d'usure, plus l'animal est âgé. Moins développées, les canines inférieures et supérieures de la femelle sont les crochets.

La gestion qualitative du sanglier impose de ne jamais tuer les laies meneuses et de prélever les jeunes animaux, les marcassins inclus. En faisant ainsi vieillir les populations, le chasseur favorise le maintien de compagnies bien structurées.

puisque les prélèvements tels qu'ils s'opèrent trop souvent ne permettent pas le vieillissement des populations.

Pour une gestion qualitative

Le maintien de populations équilibrées au regard de la pyramide des âges et de l'impact sur l'environnement fonde une gestion raisonnée et durable du sanglier. Le rajeunissement des populations et l'augmentation des dégâts, phénomènes intimement liés, sont insatisfaisants tant du point écologique qu'économique. La recherche de tableaux de chasse de plus en plus fournis implique l'artificialisation du milieu qui conduit à l'effacement du caractère sauvage des animaux. De la sorte, le mythique sanglier se banalise en gibier ordinaire d'une chasse galvaudée. « *Un animal banalisé, domestiqué, perdant tout instinct de fuite et de lutte, égorgé par les chiens, poignardé par des épieux sans opposer de défense, ne peut plus être appelé sanglier,* déplore François Magnien, l'un des meilleurs spécialistes de l'espèce. *Le chasseur doit gérer, récolter, réguler, et non pas élever pour massacrer.* » C'est son plaisir que joue le chasseur en faisant le choix d'une gestion seulement quantitative de l'espèce.

Prolifique, opportuniste, le sanglier se satisfait bien de la modernité. Non seulement les agriculteurs, de plus en plus attentifs à leur niveau de productivité, mais également les résidents secondaires et tous les nouveaux utilisateurs de l'espace rural expriment un désagrément croissant face au développement des intrusions des compagnies dans leurs espaces.

En faisant baisser les niveaux de population, les chasseurs répondent à une demande sociale et affirment leur utilité ; en favorisant le vieillissement des populations, ils jouent pleinement leur rôle de prédateurs pertinents et démontrent leur fonction écologique. Par la gestion qualitative, le sanglier, moins commun et plus farouche, renoue avec ce qu'il n'a pas cessé d'être dans la mémoire des hommes : la bête noire.

Le cerf

Son brame qui fait vibrer la forêt de ses exploits sexuels, ses bois qui renaissent chaque année, ses larmiers qui laissent imaginer des pleurs : à l'origine de bien des mythes glorieux, le cerf ne cesse de parler au cœur des hommes, artistes de la préhistoire, peintres de la Renaissance, poètes romantiques, randonneurs d'aujourd'hui et chasseurs de toujours. La beauté de sa ramure à son apogée, quand le cerf atteint une dizaine d'années, est encore une source de malentendus et d'idées fausses.

Bien plus que sa venaison, la ramure spectaculaire du cerf captive le chasseur. Le renouvellement des bois à chaque printemps en fait un phénix, symbole de résurrection. Fernand du Boisrouvray (1934-1996), un des plus savants spécialistes du cerf, remarquait d'ailleurs que les auteurs des peintures des grottes préhistoriques furent plus inspirés par le cerf que par le renne. Pourtant, les reliefs des repas datant de ces temps lointains révèlent que le renne, avec le chevreuil et le sanglier, conditionnait bien davantage la survie, et donc l'existence de ces premiers chasseurs.

Un animal mythologique

Les bois portés par la divinité gauloise Cernunnos – ce nom signifie « qui a le sommet du crâne comme un cerf » – indiquent que la force est dans la tête. De même, ce psaume : *« Comme le cerf aspire aux eaux vives, ainsi mon âme aspire vers Dieu »*, chanté par les chrétiens des catacombes romaines – ils représentaient l'âme à la recherche du salut par la figure du cerf – associe l'animal aux choses de l'esprit. Dans la mythologie, le cerf conduit les âmes des morts. *« Il est aussi – belle image de l'âme – le signe de l'ouïe, à cause de ses oreilles, tendues dans l'inquiétude du moindre souffle qui passe,* écrit Jean Maffioletti, historien de la symbolique animale. *Il est encore, ceci découle de cela, l'attribut d'Érato, muse de la poésie lyrique. Cerf, sonnerie et mélancolie sont intimement mêlés pour qui n'ignore pas tout à fait la chasse. Il représente aussi l'histoire, par ses bois qui tombent et repoussent comme les générations successives des hommes, mais il est aussi tout simplement le temps qui fuit, lui aussi, à toutes jambes. »*

La biche occupe une place centrale dans l'organisation sociale de l'espèce. Elle vit avec sa progéniture sur des territoires allant de 700 à 1 500 hectares.

De la steppe à la forêt et retour à la plaine

En lui, tout est grand. De mémoire d'homme, le cerf est associé aux vastes futaies ; or son domaine d'origine fut l'immensité de la steppe, mais la chasse et la conquête agricole le poussèrent à trouver refuge en forêt. Le cerf a toutefois conservé une prédilection pour les milieux ouverts. Il est d'ailleurs prospère à l'est des Carpates, en Pologne et en Ukraine, comme en Écosse, où il y a peu ou pas de forêts.

Les populations de cerfs des massifs devenus périurbains – et donc surfréquentés – entreprennent aujourd'hui le chemin inverse de celui qui les conduisit, dans les temps anciens, à y trouver la paix. Une paix qu'elles recherchent désormais dans les petits bois excentrés, cernés par la plaine rendue au silence sous l'effet du gigantisme agricole. Il est donc essentiel que les lisières des forêts ne soient pas fermées pour les laisser sortir. Plus encore que des grillages ou les clôtures électriques mises en place pour protéger les cultures de la dent du grand herbivore, ce sont maintenant les autoroutes et les voies de chemin de fer qui forment des barrières à la libre circulation des cerfs.

Les sept familles de *Cervus elaphus*

Les Pyrénées séparent l'*elaphus hispanicus* de l'*elaphus hippelaghus*, dont l'aire s'étend de la France à l'Europe centrale. C'est là qu'on trouve le *carpathicus*, plus imposant. La Sardaigne abrite une population, réimplantée en Corse, le *corsicanus*. La Suède et la Norvège conservent respectivement l'*elaphus* proprement dit et l'*atlanticus*. Le Royaume-Uni possède un *scoticus*, aux bois riches en pointes. Le berceau d'une espèce française n'est-il pas au parc de Chambord ? Mais Maurice de Saxe l'a peuplé sous Louis XV avec des animaux venus d'Allemagne, opération renouvelée en 1948, avec des apports écossais et polonais. La Révolution avait aussi détruit les populations, rétablies par des importations du Hanovre.

Le genre *cervus* compte aussi en France un cousin japonais, le cerf sika, offert par le mikado en 1890. Cette population n'aurait pas dû sortir du parc présidentiel de Rambouillet. Les hybrides avec le cerf indigène sont féconds, d'où risque d'une pollution génétique.

Autre cervidé vu dans les parcs, le daim est un cousin plus lointain, parfaitement apte à la vie sauvage.

À son apogée, la ramure d'un cerf, qui se renouvelle chaque année, peut atteindre près de 1 m de long, peser de 4 à 6 kg, et comprendre en moyenne 12 à 16 cors.

Un accroissement moyen des effectifs de 25 % par an

Selon les milieux, leur tranquillité et les possibilités alimentaires, 65 % des biches présentes en fin d'hiver sont gestantes. Ce taux de gestation, diminué du taux de mortalité naturelle des faons (environ 10 %), donne un taux de reproduction en moyenne supérieur à 50 %. Mais du fait des collisions avec les automobiles, des conditions climatiques et des maladies, l'accroissement réel moyen des populations se situe autour de 25 % par an. Pour maintenir les effectifs en l'état, les prélèvements doivent donc être de 25 % du nombre d'animaux estimé avant naissances, répartis en un tiers de faons, un tiers de biches et un tiers de mâles avec, dans cette dernière catégorie, le souci d'épargner les subadultes (moins de 5 ans) et les adultes.

Autour des biches, les joutes vocales des mâles

La biche se satisfait en général de 700 à 1 500 hectares, contre 1 500 à 5 000 hectares pour le mâle. Sauf si elle est vraiment dérangée, elle reste attachée à son territoire.

Le rut et le brame. Moment intense de la vie des grands animaux, le rut dure de la fin août à la mi-novembre ; c'est le temps du brame, qui est provoqué par la concentration du taux de testostérone (hormone sécrétée par les testicules) chez le mâle, et de l'œstrus (époque des chaleurs) chez les femelles. Il est probable que ce cri légendaire et magique du mâle déclenche l'ovulation des biches.

Par ses raires de bronze aux accents de violoncelles qui composent la gamme très vaste du brame, le cerf marque son territoire, menace l'intrus et entreprend la biche. Les jeux de l'amour où s'affrontent les mâles se limitent à ces joutes vocales et vont rarement jusqu'au corps à corps ; les soirs d'automne, ils attirent des rassemblements humains de plus en plus considérables qui gênent les animaux.

Le cerf maître de place et son harpail. Les jeunes commencent le concert, dominé plus tard par la voix courte et grave d'un grand cerf, qui s'est rendu « maître de place » ; autour de ce domaine dégagé, il dépose, sur les branches et les troncs, les sécrétions de ses glandes caudales, marquant ainsi la frontière olfactive que les concurrents ne sauraient franchir.

Alors le maître veille à ce qu'aucune biche ne s'évade. Parfois, un cerf second l'assiste à la garde du harpail (harde de biches) en échange de quelques saillies. Le maître de place n'est qu'apparemment le chef de cette harde de rut (ou de brame), où les biches sont accompagnées de leur faon et du jeune de l'an passé – le trio matriarcal. En cas de danger, c'est toujours la biche meneuse qui emmène la troupe.

Les différentes hardes

Animal sociable et grégaire, le cerf vit en harde, dont la cellule de base est le trio matriarcal. Le rut achevé, la harde de rut se disloque, des hardes de biches se recomposent autour des trios, tandis que les mâles se regroupent avec à leur tête un jeune, l'animal dominant fermant alors la marche. Parfois, lorsque l'hiver est rude, des groupes importants se rejoignent pour constituer des hardes mixtes d'hiver, avec toujours à leur tête la biche meneuse.

Au printemps, ces hardes hivernales – hormis les mâles qui restent groupés – éclatent de nouveau en trios. Puis la biche s'isole, écarte sa progéniture de l'an passé et met bas un faon – très exceptionnellement deux, encore plus rarement trois – de 6 à 8 kg qui, durant trois mois, prendra entre 300 et 400 g par jour. Quelques semaines après la naissance, l'aîné revient vers sa mère ; ainsi se reforme le trio matriarcal qui rallie la harde de biches. Le groupe des mâles éclate à son tour : arrive le temps du brame et de ses hardes de rut, dont sont évincés les jeunes cerfs.

Le cycle toujours recommencé des bois

La biche occupe une place centrale dans cette organisation sociale, mais dans l'esprit des hommes, le mâle porte l'image de l'espèce. Il le doit à sa ramure, cette excroissance osseuse renouvelée chaque année et qui évolue tout au long de son existence.

Début février, les cerfs les plus vieux jettent leurs bois ; plus ils sont jeunes, plus le phénomène s'avance

LES INDICES DE PRÉSENCE

Les mues (bois de l'an passé qui tombent en fin d'hiver et au début du printemps) signent la présence du cerf. Au printemps, sur les reposées où ils se couchent, écrasant la végétation, les cerfs laissent des touffes de poils. Sur les troncs d'arbres, un œil exercé distinguera les écorçages que ces herbivores ruminants provoquent en détachant avec leurs dents l'écorce. Il verra aussi les frottis résultant des coups sur les troncs que donnent les mâles lors du rut, lors de la chute de leurs bois et pour se débarrasser de leurs velours.

Le cerf d'Europe *(Cervus elaphus)*

- **Poids :** de 120 à 200 kg (M) ; de 90 à 130 kg (F)
- **Taille :** de 2 m à 2,30 m de long (M) ; de 1,70 m à 1,90 m de long (F) ; de 1,10 m à 1,40 m de haut au garrot (M) ; de 1 m à 1,20 m de haut (F)
- **Âge maximal constaté :** 20 ans
- **Dimorphisme sexuel :** seul le mâle porte des bois
- **Espèce grégaire :** le trio matriarcal (biche, faon et jeune de l'année précédente) constitue la cellule de base de l'organisation sociale ; les animaux se regroupent en hardes de composition différente selon la période de l'année (harde de biches, harde de rut ou de brame, harde de mâles, harde mixte d'hiver)
- **Domaine vital :** de 700 à 1 500 ha (F) ; de 1 500 à 5 000 ha (M)
- **Maturité sexuelle :** de 15 à 16 mois (M) ; de 12 à 24 mois (F)
- **Rut :** de fin août à mi-novembre ; l'ovulation d'une biche non couverte durant cette période peut intervenir jusqu'en janvier, voire mi-février, et provoquer un nouveau rut
- **Gestation :** 8 mois, soit environ 235 à 240 jours ; les naissances gémellaires sont exceptionnelles
- **Régime alimentaire :** herbivore ruminant

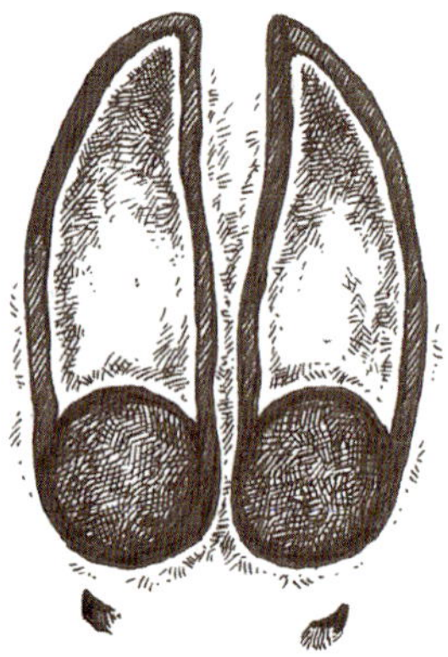

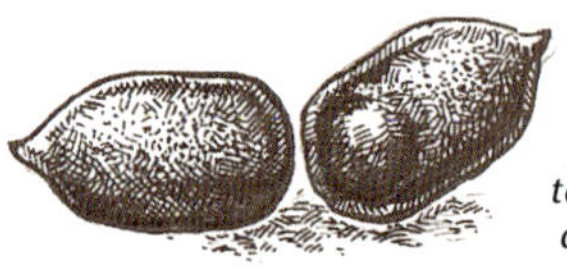

Les excréments du cerf sont les fumées (20 mm de long, plus petites en été ; consistance molle). La marque de son sabot est le pied.

La période de reproduction dure de fin août à novembre. Elle débute par le brame, ce célèbre mugissement lancé par les mâles. Ces derniers marqueront ensuite leur domination sur tel ou tel groupe de biches en déposant sur les troncs des marques olfactives.

en saison, jusque début mai. Les nouveaux bois qui apparaissent progressivement sur une période de 120 à 130 jours sont les refaits, recouverts d'une peau appelée velours, dont le cerf se dépouille, lorsque l'ossification est achevée, en frayant ou en touchant au bois, c'est-à-dire en frottant sa ramure contre les arbres.

De tête en tête. Le faon devient hère entre 7 et 8 mois, lorsque se forme une couronne de poils entourant les pivots appelés à supporter les perches (dagues) – de quelques centimètres à plus de cinquante, selon les individus – qui apparaissent en mai-juin lorsque l'animal devient daguet. Il fait alors sa première tête. La deuxième tête est caractérisée par les meules, couronnes granuleuses qui terminent la partie basse de chaque merrain, ou perche. À partir de la troisième tête, puis d'année en année, la ramure gagne en andouillers, chevillures, surandouillers, enfourchures, trochures, épois ; le nombre de pointes maximal, différent selon les individus, est atteint avec la quatrième ou la cinquième tête. Puis, de tête en tête, le squelette de l'animal ayant achevé sa croissance, les sels minéraux que celui-ci consommait prioritairement profitent davantage à la ramure : elle s'épaissit et s'allonge, les perlures (le grain des bois) sont de plus en plus proéminentes, les gouttières qui sillonnent les merrains se creusent.

Ce développement peut se prolonger jusqu'à 15 ans, puis le cerf ravale : les bois perdent en longueur, en pointes et en poids pour se réduire, parfois, en perches non ramifiées. Les trophées à leur apogée portent de 12 à 16 cors en moyenne, atteignent 1 m de long et pèsent de 4 à 6 kg.

LES MOTS DU CERF

Le cerf et sa chasse sont à l'origine de nombreux mots et expressions entrés dans le langage courant : être « aux abois », « en défaut », « sur ses fins », « avoir du nez », « donner le change », « trouver sa voie », « se fourvoyer », prendre « le contre-pied » ou « les devants », « débucher », « ameuter », « marcher sur les brisées », « tenir tête », « hallali »...

Les nouveaux bois, ou refaits, sont d'abord recouverts d'une fine peau, le velours.

La ramure du mâle, une source de malentendus

La ramure du mâle a fait écrire bien des « choses fausses » sur la corrélation mécanique entre l'architecture des bois, notamment le nombre des cors, et l'âge de l'animal. « *Les cerfs portent leur tête en diverses manières,* écrivait le père de tous les veneurs, Jacques du Fouilloux, au XVIe siècle. *Les unes bien nées, les autres mal ordonnées et mal nourries ; et ce selon l'âge, le pays, ennui et nourriture qu'ils ont.* » Le vieux maître ouvre le débat, qui dépasse les cerfs, sur la part de l'hérédité et du milieu sur l'évolution des êtres.

Certes, l'âge marque des étapes dans la formation des bois. Selon ce qu'il est génétiquement, mais aussi selon ce que sera sa vie en termes d'alimentation, d'accidents, de stress (que du Fouilloux nomme « l'ennui »), le cerf fera des bois très différents.

Présupposés et méconnaissances. La notion de « cerfs prometteurs » (soit génétiquement supérieurs), résultant de l'aspect des bois d'un jeune animal, justifie une théorie selon laquelle les chasseurs doivent prélever les « mauvais » ou les « médiocres », ceux qui n'ont pas de beaux bois, pour laisser place aux présumés « bons reproducteurs » car coiffés de nombreux cors. Ce présupposé porte un jugement esthétique, et donc proprement humain, sur une production de la nature qui répond à un ou à des emplois compris de manière imprécise en l'état actuel des connaissances. Il semblerait simplement que l'ampleur de la ramure joue un rôle d'intimidation lors du rut.

Or le nombre de cors est sans rapport avec cet objet : « *Un faible dix-huit cors de soixante centimètres de haut qui aurait à lutter contre un épais dix-cors de plus d'un mètre serait à l'évidence aussi handicapé que, dans un duel à l'arme blanche, le porteur du plus ouvragé des poignards contre celui de la plus rustique des épées* », fait observer Fernand du Boisrouvray.

L'ESTIMATION DE L'ÂGE

5 à 12 mois : faon ; 3e prémolaire de lait trilobée, une seule molaire

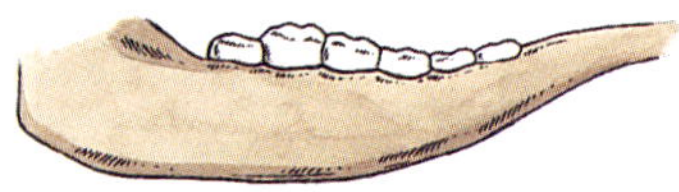

13 à 24 mois : daguet ; 3e prémolaire de lait trilobée, 2 molaires

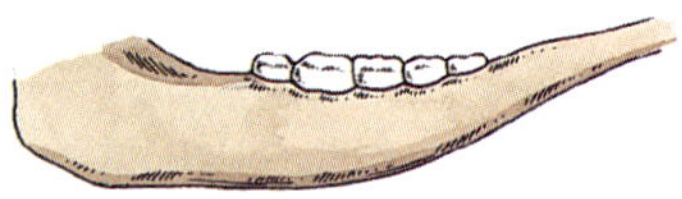

2 ans et plus : jeune cerf ; dentition définitive avec 3e prémolaire bilobée, 3 molaires

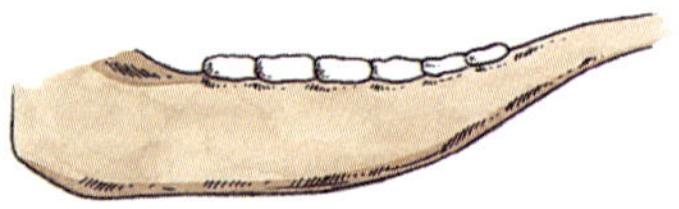

Plus de 10 ans : pertes du sillon médian (les dents sont arasées)

La reconstitution de la ramure dure quatre mois. Entre l'âge de 6 et 9 ans, les bois connaissent leur meilleur développement. Ils atteignent leur apogée entre 10 et 13 ans ; le ravalement, phénomène de décalsification, intervient à partir de 15 ans.

Le trio matriarcal, qui regroupe une biche, son faon et un jeune né d'une portée précédente, constitue la cellule sociale de base des hardes de biches, appelées aussi « harpails ». Hardes de biches et hardes de cerfs se rejoignent parfois en hiver pour former des hardes mixtes.

Pour une gestion adéquate, oublier les critères subjectifs

D'évidence, la gestion de type eugénique, fondée sur des canons esthétiques, par essence subjectifs, privilégie des critères que la sélection naturelle ignore. Elle en fausse la mécanique qui fonctionne en dehors de ces jugements de valeur : éliminer certains types d'individus abusivement estimés faibles, sur des bases improbables, réduit la diversité biologique, garante des capacités d'adaptation de l'espèce.

En outre, elle ignore que les pressions de l'environnement entrent pour une large part dans la configuration de la ramure, notamment dans sa dimension et le nombre de ses cors. Enfin, plus comique, elle oublie que les biches, écartées nécessairement de cette logique de prélèvements puisqu'elles ne portent pas de bois, participent à la descendance tout autant que les mâles...

Des chasseurs trop pressés. Un cerf atteint son apogée à 10, 12, voire à 14 ans chez des sujets exceptionnels. Ces mâles arrivés à maturité sont très rares parce que le chasseur, empressé de récolter des trophées, prélève ceux qu'il imagine mûrs alors qu'il n'en est rien.

Sa méconnaissance de la longue vie du cerf lui fait ainsi considérer des animaux qui sortent de l'adolescence comme des sujets dans la force de l'âge. À l'origine de cette hâte, la crainte du ravalement, ce déclin de la ramure qui caractérise les dernières années de la vie du cerf.

Maintenir la diversité des tranches d'âge. En prélevant équitablement un tiers de biches, un tiers de jeunes de l'année, un tiers de mâles, et en protégeant les biches meneuses, le chasseur peut maintenir la structure sociale, qui dépend de la diversité des tranches d'âge, et préserver la dynamique des populations.

Cette gestion qualitative, pour laisser venir les grands cerfs, dits « de récolte », doit privilégier le tir des jeunes mâles, afin de laisser croître les subadultes et les adultes jusqu'à leur apogée. C'est le cadeau que la nature offre au chasseur patient.

Le chevreuil

Le chevreuil est moderne : cet oublié des mythes, des lettres et des arts passionne aujourd'hui. Ne craignant ni l'urbanisation, ni l'agrochimie, il prospère en tous milieux, colonisant même les grandes plaines céréalières. Ses capacités d'adaptation et l'expansion historique de ses populations sont l'objet d'études attentives à partir desquelles les chasseurs développent des principes de gestion qui assurent un bel avenir au plus petit des grands gibiers.

Fringant et gracile, le chevreuil suscite tendresse et affection. « *Une très bonne petite bête* », dit de lui Gaston Phébus (1331-1391) dans son précieux *Livre de la chasse.* À la différence de celle du cerf – son cousin dans l'ordre des mammifères ruminants, famille des cervidés – la silhouette du chevreuil ne figure pas dans les peintures rupestres ; il ne porte aucun mythe antique, et ni les beaux-arts ni la littérature ne lui accordent de place particulière. Le chevreuil est ignoré de l'imaginaire des hommes.

Parmi les outils préhistoriques, très peu de traces de l'usage de ses bois ; l'analyse des tableaux de chasse de la période magdalénienne ne révèle quasiment pas d'os de chevreuil. Proie facile des grands prédateurs, peut-être était-il moins présent que d'autres espèces.

Pourtant, au XIVe siècle, alors que le déclin des loups, des ours et des lynx n'est pas à l'ordre du jour, Gaston Phébus écrit : « *Le chevreuil est assez commune bête, aussi ne convient-il pas que je le décrive, car il y a peu de gens qui n'en aient pas vu.* » Sa petite taille, donc sa modeste venaison, pourrait expliquer cette indifférence, mais d'autres animaux, bien plus modestes encore, comme le lièvre, ont suffisamment nourri allégories et métaphores pour ne pas retenir cette hypothèse. D'autant que la chasse, depuis son origine qui se confond avec celle de l'homme, n'est pas qu'une affaire de nourriture.

Depuis les années 1950, des populations de chevreuils se développent en plaine. En fin d'automne et en hiver, ils se réunissent en hardes pouvant atteindre plus de 30 animaux.

Un modeste, oublié des mythes

Dans un Occident que domine la vision masculine du monde, le chevreuil ne fait montre d'aucune des grandes aspirations prométhéennes – force, vaillance, puissance, virilité – non plus que de formes d'adversité guerrière – ruse, violence, courage. Le cerf se place évidemment trop sur la scène des valeurs nobles pour laisser dans ce registre quelque rôle à son petit cousin. Si le cerf « *occupe dans les forêts les lieux ombragés par les cimes des plus hautes futaies*, note le comte de Buffon (1707-1788), *le chevreuil, comme étant d'une espèce inférieure, se contente d'habiter sous les lambris plus bas* ».

Nanti de petits noms doux. Tout en lui est modeste : petite silhouette, petits territoires où le mâle marque sa présence par de courts aboiements sans profondeur, petite famille – une femelle, son ou ses petits et un brocard (longtemps ses bois furent appelés les broques, d'où brocard pour désigner le mâle) qui n'en est pas toujours le père, mais cela, le libertin du XVIIIe siècle l'ignorait. Il y a des accents affectueux dans les appellations et

Le cycle des bois du chevreuil est similaire à celui du cerf ; ils sont renouvelés chaque année, et la repousse passe d'abord par la formation du velours. Les bois du chevreuil sont constitués d'un merrain (ou perche) qui peut être complété par un ou deux andouillers.

diminutifs propres à l'espèce : chevrette pour la femelle, chevrillard pour le jeune de 6 à 12 mois, moquettes pour les excréments, couchette pour l'endroit où l'animal se repose. Des vers de Racine, l'une des très rares allusions littéraires au chevreuil, évoquent ainsi cet univers du tendre et de la délicatesse : *« Là le chevreuil, champêtre et doux, / Bondit aussi dessus les houx, / En courses incertaines »*.

Sorti finalement de l'oubli par les scientifiques. Est-ce parce que notre temps s'ouvre davantage aux sensibilités féminines que le chevreuil sort de son isolement culturel ? Au début du siècle dernier, les travaux très savants de Ferdinand von Raesfeld, en Allemagne, ont puissamment contribué à le faire reconnaître en tant qu'animal exemplaire des interactions faune-flore. Depuis, il tient bonne place dans la réflexion écologique. À défaut d'avoir existé symboliquement, le chevreuil s'impose dans les problématiques scientifiques.

Un embryon à croissance différée, fait unique parmi les ongulés européens

Sur le plan zoologique, il présente une spécificité, partagée avec les insectes, mais avec aucun autre ongulé européen, la diapause, phénomène de dormance de la croissance qui, dans son cas, affecte l'embryon : celui-ci, quinze jours après la fécondation – le rut se situant entre le 15 juillet et le 15 août, parfois en septembre-octobre – interrompt son développement jusqu'en décembre, d'où une gestation particulièrement longue qui fait naître les faons du début du mois de mai à la fin du mois de juin. Selon les biologistes, cette disposition particulière est une garantie de survie des espèces sensibles aux froids hivernaux.

Le Dr Francis Roucher, spécialiste reconnu de l'espèce, observe que le chevreuil accumule très peu de graisse en été. *« De plus, c'est un agité et il est petit, ce qui le rend très vulnérable aux déperditions thermiques. [...] Au cours des périodes à climat froid de l'évolution, n'amassant pas de réserves avant l'hiver, le chevreuil avait tout intérêt à ne pas affronter l'épreuve du rut en automne. Adaptation progressive ou mutation génétique, il est plausible que les chevrettes chez lesquelles l'implantation utérine et la croissance de l'embryon se trouvaient différées, avaient un avantage sélectif. »*

La dynamique des populations

On dénombre 80 % de naissances gémellaires. Les pertes durant les premières semaines s'élèvent entre 10 et 20 % des jeunes : elles sont dues d'une part à la prédation, celle des renards et des chiens errants principalement, d'autre part aux conditions climatiques, et enfin aux travaux agricoles, tels que le fauchage, si la mise bas s'est tenue en culture herbagère. L'accroissement réel moyen des effectifs est d'environ 35 %, car, outre la mortalité chez les jeunes, il existe une mortalité adulte estimée à environ 5 %, qui est liée notamment aux collisions avec les automobiles.

Pour maintenir une population en l'état, les prélèvements doivent donc intervenir à hauteur de 35 % de l'effectif avant naissances, avec un tableau de chasse réparti en un tiers de jeunes de l'année, un tiers de brocards (mâles), un tiers de chevrettes (femelles). Une politique d'augmentation des populations privilégiera le tir des jeunes de l'année.

Une très forte progression des densités. L'extraordinaire progression des densités de chevreuils, en particulier au Danemark, en France, en Italie, et en Suède, où elle oscille entre 250 et 300 % sur les trois dernières décennies, a fait de cette espèce un gibier très couru. L'influence, au-delà de son berceau culturel, de la *Hege*, cette conception germanique de la chasse qui conditionne le droit de prélever aux devoirs de gérer le gibier, y est pour une bonne part.

Un grand gibier désormais très prisé

Dès les années 1970, de nombreux chasseurs de grand gibier ont observé que le chevreuil, qui n'était pas enchâssé dans des traditions cynégétiques fortes, se trouvait libre d'accéder à des conceptions modernes de la chasse. Longtemps « culbuté » comme un lapin, d'un coup de grenaille de plomb, il allait se hisser au rang de grand gibier.

Du tir de grenaille au tir à balle. Première étape, symptomatique de cette accession à la considération : le tir à balle du chevreuil. En pays germaniques et plus à l'est, où il est prioritairement un animal d'approche et d'affût, la cause est entendue depuis un demi-siècle : le chasseur doit au chevreuil l'effort du tir à balle, celui qui, bien ajusté, tue proprement, c'est-à-dire promptement.

En pays latins, l'idée progresse, à partir d'un argument selon lequel le risque de blessures provoquant une longue agonie est plus important avec un tir de grenaille de plomb qu'avec un tir à balle. Du fait de sa taille – le plus grand des petits gibiers, disait-on autrefois –, une gerbe, même mal tirée, manque rarement l'animal ; atteint par quelques impacts, non immédiatement mortels, il pourra s'enfuir, mais il agonisera durant des heures. En cas de tir à balle, soit le projectile, même mal tiré, atteint son objectif et provoque des dégâts suffisamment importants pour arrêter l'animal ou l'empêcher de partir loin, soit le projectile manque sa cible.

LES INDICES DE PRÉSENCE

Outre l'aboiement rauque que pousse le mâle, notamment lorsqu'il défend son territoire contre les intrusions, le chevreuil marque sa présence par les couchettes, ces reposées qu'il aménage en dégageant de ses pattes antérieures le sol des feuilles. En raclant, parfois à blanc, les écorces les jeunes tiges de ses bois, il laisse des frottis ; il marque également son territoire en grattant le sol : ce sont les grattis. L'association des grattis au pied d'un tronc ayant subi des frottis se nomme régalis.

Le chevreuil ***(Capreolus capréolus)***

- **Poids** : de 15 à 30 kg
- **Taille** : de 1 m à 1,20 m de long ; de 60 à 70 cm de haut au garrot
- **Longévité constatée** : 20 ans, mais vieux vers 6 ou 7 ans
- **Animal individualiste** : en cas de disette ou en milieu de plaine, durant l'hiver, il peut toutefois se regrouper en hardes de plusieurs dizaines de sujets. La cellule matriarcale (femelle suitée d'un ou deux faons, rarement trois) forme la structure sociale de base. Le couple mâle-femelle est constitué seulement pendant le rut.
- **Domaine vital** : 100 ha ; au printemps le mâle se cantonne sur un territoire de 5 à 40 ha
- **Dimorphisme sexuel** : seul le brocard porte des bois
- **Maturité sexuelle** : 12 mois (M) ; 14 mois (F)
- **Rut** : 15 juillet-15 août ; parfois en septembre-octobre
- **Gestation** : 280 jours ; 15 jours après la fécondation, le développement de l'ovule fécondé s'interrompt jusqu'en décembre (diapause embryonnaire)

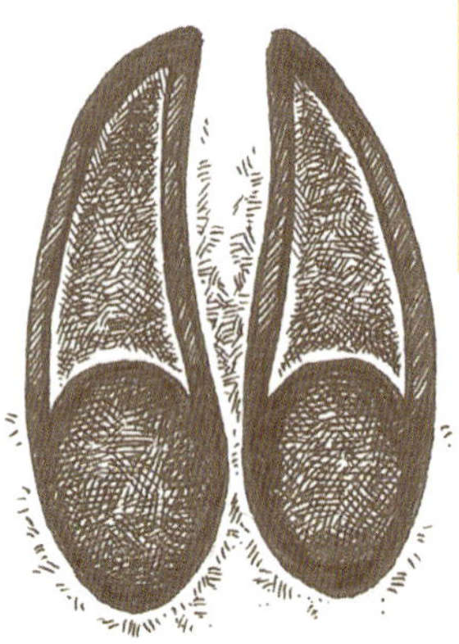

Les excréments du chevreuil sont les moquettes (10 à 15 mm de long). La marque de son sabot est le pied.

La structure sociale de base est constituée de la chevrette et de son faon. Dès 3 à 5 jours, ce dernier peut se déplacer et suivre sa mère. Le jeune atteindra sa taille maximale à la fin de sa deuxième année. Le mâle adulte est le brocard, la femelle adulte est la chevrette.

Le chevreuil, objet d'un plan de tir. Autre étape qui souligne le changement de regard porté par le chasseur sur l'espèce : la mise en œuvre de plans de tir. Ce gibier s'adaptant parfaitement à l'évolution des paysages, au point même de conquérir la plaine – phénomène observé en Écosse et en Europe centrale dès les années 1950, puis dans les grands découverts céréaliers français –, les chasseurs, pour compenser la raréfaction du petit gibier sédentaire sous l'effet du productivisme agricole, se sont attachés à favoriser son développement. Parfois, ces derniers ont effectué des réintroductions, comme en Angleterre où l'espèce était pratiquement éteinte depuis la fin du XVIIe siècle, mais surtout ils se sont attachés à gérer les prélèvements.

L'incitation au tir des jeunes

Très vite, certains ont constaté que les incitations à tirer prioritairement les jeunes animaux et à épargner les chevrettes – l'exemple venait d'Allemagne – avaient une incidence fulgurante sur l'accroissement des densités. À la fin des années 1970, le biologiste britannique Richard Prior arrêtait les principes de gestion du chevreuil qui feront école.

« *Le surplus récoltable du cheptel, à rapport des sexes à peu près égal, est d'environ 30 à 40 % de la population de printemps*, expliquait-il. *Bien que la plupart des chevrettes produisent deux faons, à peine plus de la moitié d'entre eux survivront jusqu'à l'âge d'un an. Par conséquent, le prélèvement d'une partie des faons peut-être légèrement accru puisque certains d'entre eux seraient morts de toute façon, de mort naturelle. Fin août, les faons sont déjà sevrés mais encore très naïfs : il leur reste donc beaucoup à apprendre sur les techniques de survie au contact permanent de la chevrette ; il est*

> **LES ASSASSINS**
>
> Après 8 ans, les brocards commencent à ravaler. Les vieux mâles dont les perches ne portent plus d'andouillers sont appelés « assasins ». Des brocards plus jeunes peuvent aussi être dotés de bois dépourvus d'andouillers. Il s'agit d'une simple particularité qui n'a pas d'incidence sur le comportement des animaux.

impératif d'éviter de faire d'un faon un orphelin à une époque où il dépend encore de sa mère. Il faut sauvegarder les brocards territoriaux jusqu'à cinq ans : ce n'est qu'au-delà de cet âge qu'on peut les considérer comme trop vieux pour être encore utiles. »

Cette incitation au tir des jeunes, à l'épargne des femelles, et à la prudence en ce qui concerne les mâles adultes, a eu un effet levier considérable sur les densités, au point que les forestiers, désormais, s'en alarment, du fait des dégâts dont le chevreuil se rend responsable.

Le cycle des bois, de la chute au refait

Dès octobre, les plus vieux brocards jettent leurs bois; plus les mâles seront jeunes, plus cette mue interviendra tard en saison, jusqu'en décembre. À 7 mois, certains faons mâles portent des boutons, petites broques qui peuvent atteindre 5 cm, et qui sont jetées en février, période à laquelle les chevrillards entament leur première tête.
Dès la chute des bois, commence le « refait » : la nouvelle tête aura achevé sa croissance entre fin février et début mai. Durant cette période, les bois sont en velours, couche protectrice dont le brocard se dépouille en « frayant » ou en touchant aux bois : il frotte ses bois contre les arbres.

Le poids des bois est en moyenne de 300 à 600 g, et s'élève exceptionnellement à 800 g; la longueur maximale (certains trophées record dépassent 30 cm) est atteinte en général vers 4 ans, mais parfois à 7 ou 8 ans.

D'année en année, sauf malformation, accident ou déficience passagère, les bois gagnent en poids et en perlure ; les meules, elles, bagues perlées situées à la limite du pivot et du merrain, s'épaississent. Puis, avec l'âge, le brocard « ravale » : les bois s'amincissent, perdent en longueur, les meules, bien horizontales jusqu'à l'apogée, inclinent vers l'extérieur au point de former comme un accent circonflexe.

Frottis et écorçages pour marquer son territoire

Au début du printemps, le brocard prend possession de son territoire. D'une part en travaillant le sol avec ses onglons qui libèrent une sécrétion odoriférante issue des glandes interdigitales – ces marques sont appelées régalis. Mais surtout en écorçant avec ses bois, alors en velours, les jeunes troncs d'essences tendres sur lesquels il dépose une sécrétion, également olfactive, produite par les glandes intercornales (situées entre les bois).

L'ESTIMATION DE L'ÂGE

Août : apparition des pivots (3 mois)

Novembre : apparition des broches (6 mois)

Février : chute des broches (9 mois)

Mai-juillet : deuxième tête avec 4 ou 6 cors (12-14 mois)

Novembre : chute des bois (18 mois)

Mai-juin : troisième tête avec 4 ou 6 cors (25-26 mois)

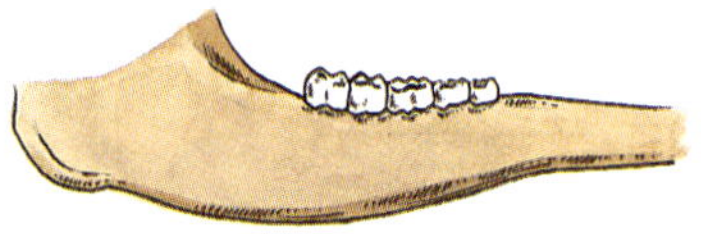

6 à 12 mois : chevrillard ; 3e prémolaire trilobée, 2 molaires

15 mois et plus : jeune ; dentition définitive avec 3e prémolaire bilobée et 3e molaire trilobée

3-4 ans : adulte ; bord de la dent arrondi, sillon médian rétréci

L'importance des bois, en poids et en volume, en taille des merrains et en envergure, varie d'un animal à l'autre, et, pour un même individu, selon les années ; elle est fonction du cycle hormonal, qui peut connaître des dérèglements, et de l'offre alimentaire.

Ces frottis, qui l'aident en outre à se débarrasser de ces velours, peuvent affecter gravement la production forestière dans le cas de plantations. « *Le brocard se trouve devant un grand plant qui occupe soudainement son territoire réservé : il s'agit pour lui d'un intrus contre lequel il défoule son agressivité en utilisant l'arme de ses bois pour le détruire avec rage,* note Henry Duflot, forestier réputé pour avoir démontré qu'une forêt conduite en régénération naturelle pouvait accueillir sans risque quatre-vingt chevreuils par centaine d'hectare. *Quand bien même il n'y aurait que quelques brocards aux cent hectares, ils s'acharneront sur une jeune plantation pendant les deux années qui feront de l'arbre planté un arbre naturel. C'est pourquoi tout arbre planté doit être protégé quelle que soit la densité des animaux.* »

Au printemps a lieu l'écorçage : les brocards frottent leurs bois contre les jeunes troncs, à la fois pour marquer leur territoire et pour se débarrasser de leurs velours.

Gestion forestière et gestion des populations

L'importance des dégâts aux arbres commis par le chevreuil est donc fonction des politiques forestières. Les abroutissements, c'est-à-dire les dégâts provoqués aussi bien par la chevrette que par le brocard quand ils consomment les bourgeons et les pousses terminales et latérales des jeunes arbres, sont également liés aux modes de gestion de la forêt.

Faute d'éclaircies, la production de semis est faible, d'où un impact conséquent des abroutissements. En revanche, si le forestier favorise la régénération naturelle en ouvrant la forêt à la lumière, le chevreuil a le choix parmi une végétation abondante : dans ce cas, il favorise la sélection arboricole, car il « *préfère les semis les plus grêles et dédaigne les dards vigoureux* », assure Henry Duflot.

Si ses pratiques sylvicoles ignorent le risque du chevreuil, le forestier s'expose à des dégâts considérables. À l'inverse, si le chasseur n'intègre pas ce risque dans sa gestion des populations de chevreuils, il n'assume pas cette fonction de régulateur des équilibres faune-flore qui fonde aujourd'hui sa légitimité de prédateur.

Préserver les grands brocards

La préservation des grands brocards démontre la nécessité d'une gestion raisonnée des prélèvements : ces dominants gardent leur territoire contre l'incursion des jeunes mâles ; les prélever inconsidérément laisse la place libre à des animaux de force moindre, qui vont se disputer la place sans qu'aucun ne prenne le dessus. Conséquence : des territoires plus petits mais plus nombreux, des frottis plus intenses, des populations plus denses. Lorsque celles-ci atteignent des niveaux très élevés, des maladies se chargent de décimer le cheptel : l'alimentation disponible étant à partager entre un plus grand nombre, les animaux, affaiblis car mal nourris, sont davantage sensibles aux maladies parasitaires qu'ils se transmettent d'autant plus facilement que la promiscuité est importante.

« *Il ne faut pas jouer aux apprentis sorciers en montant les densités trop haut,* explique Philippe Séverin, spécialiste du chevreuil. *Gérer, c'est adapter la population à son milieu, à condition de pouvoir définir la capacité d'accueil.* »

Le grand gibier de montagne

Devenue terrain de jeu de l'Europe, la montagne a perdu ce qui la caractérisa durant près de deux mille ans: la lente et progressive conquête du milieu par le paysan et l'éleveur. Écartelée entre l'urbanisation et l'expansion forestière, elle offre désormais de nouveaux espaces à la fois aux gibiers qui avaient failli la déserter et à de nouvelles espèces venant de la plaine, tels les cerfs et les sangliers.

Le milieu montagnard européen dans son ensemble connaît depuis ces deux cents dernières années des bouleversements aussi rapides que contradictoires. L'opinion n'en mesure pas toujours l'ampleur; elle reste souvent persuadée que, s'il existe un monde immuable, préservé des perturbations liées au progrès, c'est bien celui-là, sentiment qui ne résiste pourtant pas à l'épreuve des faits.

Durant deux mille ans, la montagne a été en effet aménagée de manière constante par le travail et la peine des hommes. La *« combinaison d'une agriculture sédentaire et d'un élevage à migration estivale, qui permet d'utiliser tous les niveaux de la montagne en cours d'année [...], a façonné le paysage en ouvrant la forêt, en abaissant sa limite supérieure, en changeant la composition des pelouses, en implantant reposoirs et chalets d'estivage et en inscrivant dans la montagne d'étonnants réseaux d'irrigation »*, explique l'écologue Bernard Fischesser.

La fin des anciens équilibres montagnards

Le XVIIIe siècle annonce le commencement de la fin de la société montagnarde, cette civilisation tournée sur elle-même, qui montrait un subtil équilibre entre l'agriculture et l'élevage. L'Europe amorce alors une croissance démographique inégalée, et l'industrie naissante entraîne des besoins énergétiques inédits.

L'exploitation intensive des forêts. Les forêts de plaine suffisant à peine à répondre aux besoins en bois de chauffage, les forêts de montagne, qui étaient jusqu'alors exploitées dans le cadre d'une économie fermée, sont mises à contribution avec tout ce que cela suppose de création de voies de communication nouvelles pour acheminer les grumes, ces troncs ébranchés et écimés.

Défrichements intensifs, surpâturages, exode vers la plaine: la montagne est abandonnée à elle-même. Villages, chemins, murettes, tout ce que des générations avaient patiemment édifié va s'enfoncer dans l'oubli, sous la végétation envahissante.

De premiers reboisements dès 1860. À partir des années 1860, les pouvoirs publics engagent une vaste opération de reboisement des montagnes. Il s'agit là principalement d'endiguer les phénomènes d'érosion provoqués par la déforestation et qui menacent d'inondations les grandes vallées. La très longue histoire d'une montagne parcimonieusement entretenue s'achève.

L'érosion accélérée par l'engouement pour le ski

Cent ans plus tard, la construction de grands ouvrages, routes, autoroutes, carrières, exigée par le développement économique de la période des Trente Glorieuses, marque un nouveau tournant. Le phénomène des sports d'hiver accélère le processus: *« Les travaux de création d'infrastructures touristiques ont des répercussions importantes sur le milieu naturel,* expliquent les ingénieurs du Cemagref

(Centre national du machinisme agricole, du génie rural et des eaux et forêts). *La destruction du profil des pentes réactive l'érosion, la perturbation de l'écoulement des eaux provoque des ruissellements. Enlever la végétation et les sols sur lesquels elle est implantée perturbe fortement la montagne. En effet, la rudesse du climat en altitude, la nature des terrains et les fortes pentes sont autant de handicaps à la cicatrisation des milieux. Les travaux réalisés pour des stations de sport d'hiver, en particulier les tracés des pistes, constituent de véritables trouées qui "mitent" le paysage.* »

La dégradation du milieu a davantage nui au petit gibier

De tels bouleversements pourraient laisser penser que les animaux sauvages payèrent un lourd tribut au progrès. Incontestablement, la petite faune de montagne résista mal à la brutale transformation du milieu – au même titre, et pour des raisons analogues, le petit gibier de plaine a très difficilement supporté l'intensification économique et son cortège de transformations, en particulier agricoles. Mais le bilan est beaucoup plus mitigé en ce qui concerne les grands animaux.

Le grand gibier, d'abord victime de la chasse. L'histoire n'est pas écrite de ce qu'a coûté à ces espèces la dislocation des équilibres montagnards traditionnels, mais tout indique que c'est davantage à une pression de chasse excessive que bouquetins et chamois doivent d'avoir frôlé l'extermination. Les récits cynégétiques, dès le XVIIe siècle, en attestent, quand ils annoncent la disparition prochaine des ongulés de montagne, le bouquetin notamment, si un terme n'est pas rapidement mis à la chasse effrénée qui leur est faite. Leur capacité à vivre aux étages supérieurs aurait pu en effet mettre relativement ces animaux à l'abri des dégradations du milieu.

L'ours et le loup, ennemis de toujours. La situation de l'ours et du loup, celle du lynx dans une moindre mesure – eux aussi promis à l'extinction – ne ressortissent pas strictement à cette problématique : si les premiers sont des gibiers qui suscitent une passion frénétique, les seconds, parce qu'ils constituent un frein au développement du pastoralisme et une menace pour la sécurité humaine, furent l'objet, durant des siècles, d'un consensus quant à leur élimination. En la circonstance, les chasseurs font figure d'exécutants d'une forte demande sociale dans laquelle, d'ailleurs, ils puisent une bonne part de leur légitimité.

Quasiment disparu au XIXe siècle du massif alpin, le bouquetin, grâce à des mesures conservatoires et des réintroductions, est désormais sauvé.

Les ongulés réintroduits à l'initiative de chasseurs

Au moment où le progrès triomphant va imprimer aux paysages les changements radicaux que l'on connaît, émerge la volonté de mettre en place des mesures de préservation et de sauvetage des ongulés de montagne. À partir du XIXe siècle, à l'initiative de chasseurs allemands, autrichiens, suisses et italiens, des bouquetins et des chamois vont ainsi être réintroduits, mouvement auquel les chasseurs français ne se rallieront que plus tardivement.

Ainsi l'inévitable fut évité : dès les années 1980, il est apparu que le bouquetin des Alpes, le chamois et l'isard ne figureraient pas sur la liste des espèces disparues. Et mieux encore, quoique l'aspect positif de la chose ne fasse pas l'unanimité, un nouveau grand gibier est apparu dans le massif alpin et les Pyrénées : le mouflon, importé de Corse, à l'initiative, sans doute intempestive, des chasseurs.

De nouvelles espèces venues de la plaine

L'effet des dispositions volontaristes, qui ont permis à des animaux menacés d'extinction de reconquérir leur milieu d'origine, se démultiplie du

Outre le bouquetin des Alpes, le chamois et l'isard, des mouflons ont été également introduits au siècle dernier dans les Alpes et les Pyrénées, à l'initiative de chasseurs. Mais à la différence des autres espèces, ces animaux n'avaient jamais auparavant peuplé ces massifs.

fait même de la modification du paysage: la déprise agricole a notamment favorisé la conquête des anciennes parcelles par la forêt, ce dont semble largement profiter le chamois. Cette fermeture du milieu par le boisement attire également d'autres espèces qui montent de la plaine vers la montagne.

Le chevreuil présent jusqu'à 2 000 m. Dès le printemps, les chevreuils trouvent désormais en altitude – parfois jusqu'à 2 000 m – le biotope qui leur convient, ce qui, de mémoire de chasseur alpin, ne s'était auparavant quasiment jamais vu.

Le cerf, nouveau venu dans les Alpes. Si dans les Alpes, notamment le département des Alpes-Maritimes, le cerf fait plutôt figure de nouveau venu, dans les Pyrénées, c'est davantage un retour puisque l'espèce avait disparu de ces montagnes au lendemain de la dernière guerre. Introduits ou réintroduits, ces animaux, en provenance de Chambord pour l'essentiel, ont si parfaitement réussi leur implantation que les Pyrénées abritent désormais les densités de cerfs les plus fortes de France.

Le sanglier profite de la reforestation. Le sanglier, lui, profite d'un double phénomène: le développement des cultures de maïs dans la plaine et la reforestation de la moyenne montagne, qui lui offrent toutes les conditions du bonheur.

La montagne moderne, celle qui se défait des ciselures opérées par les paysans de jadis et s'urbanise sous l'effet de la conquête de l'or blanc, cette montagne qui a tourné le dos à l'autarcie, redevient, par un chassé-croisé dont l'histoire a le secret, un havre pour les grands animaux, y compris le loup. La chasse y trouve une nouvelle jeunesse.

L'OURS DANS LES ALPES

Réintroduit dans les Pyrénées, l'ours brun de Slovénie gagne par l'est le massif alpin en réoccupant la montagne autrichienne et italienne. Selon les naturalistes, il s'agit d'un phénomène de migration naturelle, favorisé par le fait que l'ours est une espèce protégée. Il concernerait une vingtaine d'animaux.

Le chamois et l'isard

Après avoir été bel et bien menacés de disparition au milieu du XXe siècle, le chamois des Alpes et l'isard des Pyrénées ont retrouvé depuis une trentaine d'années des niveaux de densités qui permettent de les prélever sans risque pour leur pérennité. Leur chasse suscita une exaltation toute romantique au XIXe siècle. Aujourd'hui pratiquée le plus souvent à l'approche, elle exige d'importantes aptitudes sportives, une parfaite connaissance du terrain et un savoir cynégétique accompli.

Le romantique du XIXe siècle, à qui la montagne parle tant, affectionne tout particulièrement le chasseur de chamois, ce héros solitaire que sa passion appelle vers les cimes, bravant avalanches et précipices. Après Goethe, lord Byron, Victor Hugo, Alexandre Dumas, Hector Berlioz et Robert Schumann lui consacrèrent récits, poèmes et partitions.

Une figure du romantisme

En 1812, l'auteur du *Voyage pittoresque de l'Oberland*, dans les Alpes suisses, Philipp Albert Stafer, a rassemblé en quelques mots tous les ingrédients qui contribuèrent à édifier le mythe du chasseur de chamois : « *Il poursuit l'animal jusque sur des roches inaccessibles : souvent il ne peut descendre par où il était monté, et tombe dans les précipices qu'il avait plus d'une fois franchis heureusement, ou il périt de froid et de faim sur les glaces, quand un brouillard épais les couvre tout à coup d'un voile impénétrable, et lui enlève tous les moyens de retrouver son chemin dans le labyrinthe où l'ardeur de la poursuite l'a engagé.* »

Sous son nom littéraire d'Alpinus, Henri-Frédéric Faige-Blanc (1813-1902), notaire et maire de Voiron, a écrit de belles pages pour exprimer cette singulière pulsion prédatrice : « *Blessé, le chamois est la mort du chasseur. Tant que l'homme parcourt la montagne simplement en quête, il reste maître de lui-même, choisit son chemin et, dans son calme, fuit le danger. Mais le chamois près d'expirer monte, capiteux, au cerveau du chasseur. De roc en roc, il se retire toujours près d'être atteint, toujours insaisissable. L'homme se trouble, s'exalte et se grise. En proie à la passion, il ne se possède plus et, dans ce duel inégal où l'antilope a choix du terrain, l'homme affolé succombe. [...] Le chamois, s'il a résolu de franchir un pas, ne se sent arrêté nullement par la présence [du chasseur], il s'élance et passe, rapide comme l'éclair. Sans doute si l'homme a la maladresse d'occuper le bord du précipice, le chamois choisira le passage le plus sûr, celui qu'il aperçoit entre l'homme et le rocher. Sans doute, aussi, malheur à l'homme s'il est touché, car le choc est irrésistible.* »

Le chamois, s'alimentant surtout de plantes graminées et de légumineuses, trouve sur les alpages de quoi se nourrir à volonté, mais à condition que le milieu ne soit pas dégradé.

Des récits de chasse non exempts de lyrisme

Les récits plus ou moins rocambolesques de chasse au chamois s'inscrivent tous dans le registre dramatique. À la fin du XVIIIe siècle, Nicolas de Saussure, auteur de *Voyage dans les Alpes*, ouvrage inspirateur pour bien des littérateurs des décennies à venir, rapporte ce témoignage d'un jeune homme de Sixt, en Haute-Savoie : « *Mon grand-père est mort à la chasse, mon père y est mort ; et je suis persuadé que j'y mourrai. Ce sac que vous me voyez, monsieur, et que je porte à la chasse, je l'appelle mon drap mortuaire, parce que je suis sûr que je n'en aurai jamais d'autre. Et pourtant, si vous m'offriez de me faire ma fortune, à condition de renoncer à la chasse au chamois, je n'y renoncerais pas.* »

Des rois aux braconniers, maints chasseurs légendaires

L'aura glorieuse du chasseur de chamois s'est imposée pour l'essentiel durant le XIXe siècle, et ce aussi bien dans l'imaginaire cynégétique que dans le folklore montagnard. La passion pour la chasse au chamois manifestée tant par Maximilien Joseph, roi de Bavière (1756-1825), que par Victor-Emmanuel II, roi d'Italie (1820-1878), ou encore par François-Joseph Ier, empereur d'Autriche (1830-1916), n'a pas peu contribué à édifier le mythe.

Des tableaux record. Ce dernier s'est constamment nourri de l'annonce de tableaux de chasse record, certains chasseurs affichant ainsi plus de 2 000 animaux prélevés au cours de leur vie. Jusque dans les années 1930, de grands noms de l'aristocratie européenne prolongeront cette « tradition », celui de Jean de Meran figurant parmi les plus illustres du genre avec pas moins de 3 211 trophées de chamois.

Le braconnier autochtone est l'autre type emblématique du grand chasseur de chamois. « *Il est admiré pour sa ruse, celle avec laquelle il piège le chamois et se joue de la légalité,* observe l'ethnozoologue Laurent Tarnaud. *Sa figure est ambivalente car elle s'oppose, par sa démarche individualiste, cachée (nocturne, hors saison de chasse), sans éthique (morale cynégétique) et hors la loi, aux autres chasseurs. Mais il est en même temps reconnu pour son adresse, ses connaissances de terrain et son défi de l'autorité.* »

Poursuivi, le chamois ira se réfugier sur les roches les plus inaccessibles. L'aura glorieuse accompagnant au XIXe siècle le chasseur de chamois n'est pas née de rien…

Un animal peut-être montagnard malgré lui

L'association du chamois aux milieux escarpés et rocheux, renforcée par l'industrie touristique qui en a fait l'emblème des sports d'hiver, n'est toutefois pas strictement conforme à l'écologie de l'espèce.

Une présence à basse altitude au néolithique. Des os de chamois ont été retrouvés dans les stations néolithiques du plateau suisse, alors très fortement boisé. Dix mille à cent mille ans avant notre ère, ces ruminants bovidés, cousins des antilopes et des chèvres, peuplaient alors la majorité de l'Europe, même à basse altitude, observent les experts français de l'Office national de la chasse et de la faune sauvage.

« *Peut-être avons-nous conclu de manière erronée, sur la base d'observations limitées dans le temps, que le chamois est un habitant des paysages her-*

beux et rocheux situés au-dessus de la limite des arbres, remarquent les biologistes suisses Martin Baumann et Mark Stuch. *Il faut rappeler que l'espèce avait été pratiquement exterminée au XIXe siècle. Elle ne subsistait que dans des zones peu accessibles aux chasseurs. La distribution de l'espèce, au début du XXe siècle n'était donc guère déterminée par ses préférences en matière de biotopes, mais bien plutôt par la pression de chasse.* »

Une espèce en expansion qui reconquiert la forêt

À partir des années 1950, la création de réserves, conjuguée à la limitation, voire à l'interdiction, de sa chasse – mesures prises à l'initiative des chasseurs –, a permis de redresser la situation, au point que désormais le chamois figure parmi les espèces en expansion. En 1956, il a été introduit dans les Vosges, puis dans le Cantal en 1978. Dans les Pyrénées, des opérations de réimplantation ou de renforcement des populations existantes ont été entreprises depuis 1982.

Les sous-bois, nouveau milieu propice. La colonisation, parfois de la plaine, mais surtout du milieu forestier, témoigne de cet essor, au point que certains sylviculteurs s'en alarment : le chamois affectionne en effet bourgeons, rameaux et feuilles de frênes, d'érables sycomores, sans négliger les sapins pectinés et les épicéas, même si les plantes graminées et légumineuses constituent la base de son alimentation. Tout prouve que cette intégration à la forêt profite largement à l'espèce : « *L'offre alimentaire des alpages est quantitativement supérieure mais qualitativement inférieure à celle des sous-bois*, observent les experts de la Direction fédérale des forêts suisses. *En fait, les chamois forestiers ne sont pas moins bien nourris que leurs congénères alpins : les statistiques* [établies à partir d'animaux prélevés à la chasse] *montrent qu'ils sont dans l'ensemble plus grands, plus lourds et plus gras que ceux tués au-dessus de la limite des arbres.* »

En quête d'une nourriture de qualité. Dans la forêt, les chamois trouvent ce qu'ils ont perdu dans les pâturages. « *Lorsque les troupeaux de moutons et de vaches sont trop importants*, explique le Dr Francis Roucher, spécialiste du chamois à l'Union internationale pour la conservation de la nature, *si la période d'exploitation est trop précoce et trop longue et si les rotations ne sont pas bien conduites, les pelouses deviennent aussi rases que des* greens *de golf, comme cela peut se voir au cœur du massif de la Chartreuse.* »

Du fait de cet usage intensif, en certains endroits, là où il existait plus de quatre-vingts espèces végétales il y a moins de quarante ans, cinq seulement subsistent. Les chèvres en période de lactation se trouvent ainsi privées des quelque vingt plantes dont elles ont besoin. Parce qu'elle

LES INDICES DE PRÉSENCE

Outre les empreintes et les crottes, le signal de surprise ou d'alerte, caractérisé par un sifflement aigu, permet de distinguer la présence de chamois ou d'isard. Les chevreaux et les femelles qui rappellent leur petit émettent un bêlement qui ressemble à celui de la chèvre domestique. Le bouc en rut lance des appels rauques et crépités.

Dans la neige, le jet d'urine des mâles creuse un trou net en avant des postérieurs ; celui des femelles est plus diffus et situé en arrière des postérieurs. Des abroutissements sur jeunes pousses de sapins, de sorbiers, de hêtres et d'érables peuvent signaler la présence de l'espèce.

Le chamois *(Rupicapra rupicapra)* et l'isard *(Rupicapra pyrenaica)*

- **Poids** : de 30 à 50 kg pour un mâle adulte (25 à 40 kg pour l'isard) ; de 25 à 35 kg pour une femelle adulte (20 à 30 kg pour l'isard)
- **Taille** : jusqu'à 1,30 m (1,10 m pour l'isard) de longueur ; jusqu'à 85 cm de hauteur au garrot (75 cm pour l'isard)
- **Âge maximal constaté** : 22 ans
- **Espèce sociable** : les animaux sont tantôt seuls, tantôt en hardes selon une organisation caractérisée par la ségrégation sexuelle ; l'unique structure sociale stable est celle qui rassemble la chèvre et son chevreau jusqu'à la période du rut (début octobre)
- **Domaine vital** : une centaine d'hectares pour les mâles, et jusqu'à 500 ha pour les femelles avec quartiers d'estive et quartiers d'hiver
- **Maturité sexuelle** : mâle et femelle participent à la reproduction à partir de leur troisième année. Les femelles sont aptes à la reproduction jusqu'à 14 ans.
- **Rut** : d'octobre à décembre ; un cérémonial, la parade, précède l'accouplement : en chevrotant et en hérissant sa barbe, le mâle approche la femelle qui urine puis s'écarte ; le bouc flaire le lieu de la miction puis rejoint la chèvre ; progressivement, le couple s'écarte ainsi du groupe avant de s'accoupler. Tant que la femelle n'est pas fécondée, ses chaleurs, qui durent au maximum 48 heures, se renouvellent toutes les trois semaines durant la période de reproduction.
- **Gestation** : de 23 à 24 semaines ; les naissances gémellaires sont excessivement rares

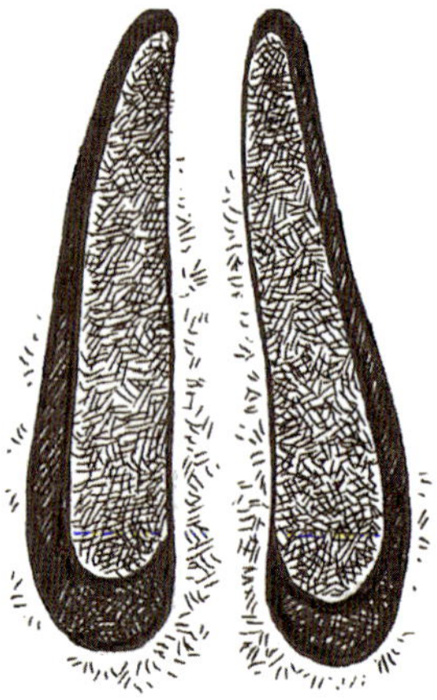

Les excréments du chamois sont les crottes (15 mm de long). La marque de son sabot est le pied.

met bas entre le 15 mai et le 15 juin et qu'elle allaite son chevreau jusqu'à 2 mois environ, la chèvre doit disposer durant la période estivale d'une nourriture de qualité. Les travaux les plus récents montrent que par rapport aux herbacées des pâturages, la végétation basse en forêt a une valeur nutritive supérieure durant le printemps et l'été. La forêt apparaît donc comme un milieu particulièrement propice à l'espèce.

Mais une survie menacée par des prédateurs. Toutefois, la forêt ne présente pas toutes les garanties en matière de succès de la reproduction : la prédation opérée par le lynx, rarement observée au-dessus de la limite de la forêt, est à ce point décisive que la probabilité de survie des chèvres en milieu forestier est inférieure de 25 % à celle des chèvres alpines. Dans une forêt pauvre en rochers et sans pente importante, le chamois dispose de moins de défenses face au lynx, qui se révèle alors comme un frein réel à l'expansion du capriné.

Par ailleurs, les cerfs et les mouflons, qui ont été introduits en milieu forestier de montagne dans les années 1950-1960, réduisent également les ressources alimentaires disponibles ; à ce titre, ils sont, eux aussi, considérés comme des facteurs limitant la progression des populations de chamois.

LE SENS DES GESTES

Les caprinés s'expriment par un rituel de gestes et de postures auquel s'intéresse une science nouvelle appelée « phénocopie ». Ainsi, l'isard en rut reproduit le comportement de la tétée du chevreau en s'agenouillant sur ses antérieurs perpendiculairement à la femelle, à laquelle il donne des coups de museau.

Vivant le plus souvent au-dessus de la limite des arbres, le chamois dispose d'un cœur assez lourd (300 à 350 g) qui favorise une oxygénation rapide en altitude.

Un corps bien adapté au froid et à l'altitude

Les difficiles conditions de vie en montagne ont conduit l'espèce à développer des aptitudes particulières. La plus significative est le système cardiaque. En effet, pour un poids de 30 à 50 kg, l'animal possède un cœur de 300 à 350 g et un sang riche de 12 à 13 millions de globules rouges par millilitre ; ces derniers favorisent une oxygénation rapide dans un milieu d'altitude où la baisse de la pression atmosphérique diminue la disponibilité d'oxygène. À titre comparatif, le cœur de l'homme pèse environ 280 g et son sang contient 4 à 5 millions de globules rouges par millilitre. En outre, pour résister aux rigueurs hivernales, le chamois accumule des réserves graisseuses au niveau du foie, des muscles, des reins et de la cavité abdominale.

Pour limiter l'enfoncement du pied du chamois dans la neige, une palmure recouverte de poil, appelée « cloison interdigitale », se tend lorsque les deux doigts du sabot s'écartent, ce qui accroît la surface portante. Le pelage présente des propriétés isolantes très élaborées correspondant au principe des ponts thermiques : au plus près du corps se trouve le duvet, couche épaisse de poils fins, serrés et enchevêtrés, puis viennent des poils épais et courts, auxquels se superpose une troisième épaisseur de poils plus longs ; ces deux dernières couches forment les jarres.

Chamois et isard, des différences minimes

Tous ces traits sont communs au chamois des Alpes et à l'isard des Pyrénées, dont le nom proviendrait d'un mot ibérique signifiant « étoile », peut-être en rappel de cette marque claire qui va du front aux naseaux et qu'encadrent les bandes foncées barrant les joues. Outre sa taille et son poids légèrement plus importants que ceux de l'isard, le chamois porte des cornes plus développées ; dans les deux cas, mâle et femelle conservent celles-ci tout au long de leur vie, à la différence des cervidés dont les bois se renouvellent chaque année.

En été, le pelage du chamois est gris-beige ou gris jaunâtre, les membres sont bruns ; l'isard est plus uniformément beige rougeâtre. En hiver, la coloration sombre du chamois a gagné tout le corps, qui marque un net contraste avec les parties blanches de la tête ; l'isard est alors davantage brun foncé, avec des épaules et des cuisses nettement plus claires, une raie dorsale bien noire, tout comme l'écharpe qui relie la base de l'oreille à la patte antérieure.

De la création de réserves aux plans de chasse

La gestion du chamois et de l'isard a connu au cours des cinquante dernières années deux évolutions. La création de réserves pépinières au milieu du XXe siècle fit sortir l'espèce de sa situation de rareté zoologique. Mais dans la mesure où la pression de chasse n'était pas contrôlée à l'extérieur de ces zones protégées, le cheptel ne parvenait pas à reconquérir l'ensemble du milieu.

D'où un déséquilibre : d'une part des massifs protégés avec des densités très élevées ; d'autre part des territoires chassés avec des densités inférieures à la capacité d'accueil. Conséquence : les animaux qui émigrent des réserves pour coloniser de nouveaux espaces étant surtout les jeunes mâles, la pression cynégétique frappait quasi exclusivement cette classe d'âge, d'où un vieillissement de la population de la réserve.

Favoriser l'accroissement du cheptel. Afin de corriger ces effets pervers, les chasseurs ont mis en place, à partir des années 1990, le plan de chasse qui détermine le nombre d'animaux à tuer en fonction de l'accroissement de la population et des capacités d'accueil du milieu. Ce dispositif a considérablement favorisé le développement des connaissances sur la biologie de l'espèce, dont le taux d'accroissement est nettement plus faible que celui des autres grands gibiers : entre 15 % et 20 % (35 % pour le chevreuil, 25 % pour le cerf et 100 % pour le sanglier).

Face à des conditions de vie rudes en montagne. Cette évolution lente tient principalement à la rudesse des conditions de vie en montagne : la pénurie alimentaire durant l'hiver provoque un affaiblissement des animaux, notamment des chevreaux dont 30 à 50 % des effectifs disparaissent durant cette période ; avalanches et éboulements peuvent également décimer des chevrées entières, ces hardes composées des chèvres suitées de leur petit de l'année, et de ceux de l'an passé, appelés « éterles » pour les femelles et « éterlous » pour les mâles.

À cela s'ajoute la prédation de l'aigle royal, du renard, du lynx et du chien errant, sans compter celle du loup qui, pour l'instant, n'est pas mesurée avec précision.

Préserver les reproducteurs dans la force de l'âge. Le recueil de ces données révélatrices de la dynamique des populations permet d'affiner les plans de chasse, qui non seulement doivent prendre en considération l'aspect quantitatif des effectifs, mais veiller également à maintenir l'équilibre entre les classes d'âge et les sexes. D'où la nécessité de mettre en œuvre des tirs qualitatifs qui préservent le capital reproducteur, c'est-à-dire les animaux dans la force de l'âge.

Un plan de chasse satisfaisant à ces impératifs doit se composer, au dire d'experts en la matière, d'un quart de chevreaux, d'un quart d'animaux présentant des cornes en dessous des oreilles (éterlous et éterles), d'un quart de femelles, le quart restant pouvant concerner toutes les classes d'âge.

L'ESTIMATION DE L'ÂGE

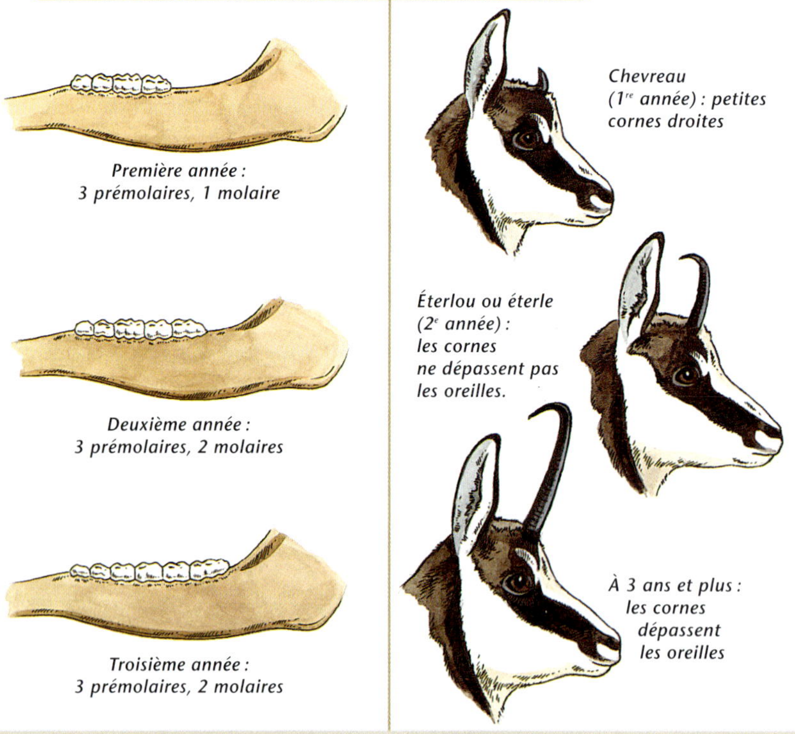

Les cornes (ou étuis) du bouc forment un crochet fermé présentant un angle inférieur à 45°. Chez la chèvre, l'angle des crochets est supérieur à 50°.

Malgré les réserves graisseuses qu'il accumule dans différents organes, le chamois souffre en hiver de la raréfaction de la nourriture. Ce sont les chevreaux qui paient le plus lourd tribut aux rigueurs du climat, 30 à 50 % d'entre eux ne survivant pas jusqu'au printemps.

Fini le temps des battues peu sélectives

Longtemps chamois et isards furent traqués en battue aux chiens courants, qui poussaient les animaux vers les passages des crêtes où les chasseurs les « cueillaient ». Alpinus a décrit la poésie de ces pratiques qui ont de moins en moins cours tant elles sont peu sélectives : « *La fête commence, et quelle fête ! un lancer [de la meute] n'attend pas l'autre et, de tous les vals, berceaux mollement couchés sur la montagne gigantesque, les chamois bondissent, en ces élans qui n'appartiennent qu'aux antilopes. Des bienheureux placés au paradis de cette salle de spectacle [suivent] toujours de l'oreille, de l'œil presque toujours aussi, ces bien-aller et ces refuites qui font incessamment monter le noble animal jusqu'à leurs pieds ! Saint Hubert, dans le ciel, sa demeure dernière, assurément alors se met à la fenêtre.* »

Privilégier l'approche. Désormais, les règles de bonne gestion privilégient l'approche, le mode de chasse qui permet le plus assurément de choisir le gibier à prélever.

C'est « *le plus élégant, le plus sportif, le plus difficile, le seul digne d'un animal aussi noble que le chamois*, écrivait déjà, en 1938, le Dr Couturier, spécialiste de référence. *La réussite d'une approche est une question de plan. Il faut en principe ne jamais être à découvert, se servir de tous les accidents de terrain qui permettent de se dissimuler, éviter les clapiers et les schistes branlants, les prés verts où l'on est trop vu, les passages difficiles où l'on fait trop de bruit, et surtout prendre des repères très précis qui jalonneront l'approche.* »

Une chasse très exigeante. Dans l'approche en montagne, les qualités sportives s'expriment pleinement, ainsi que la maîtrise du tir, celui-ci pouvant s'effectuer jusqu'à 200 m environ. Sang-froid, volonté, endurance, patience et prudence sont les dispositions qu'exige, plus qu'aucune autre, la chasse du chamois ; sans compter des qualités d'observation aiguës pour distinguer l'animal devant être prélevé, un dimorphisme sexuel peu marqué rendant délicate la distinction entre le bouc et la chèvre.

Digne d'un animal sauvage et noble. Ce haut niveau de connaissances qu'impose une gestion durable de l'un des gibiers les plus évocateurs de l'univers sauvage pourrait sembler évacuer toute la charge romantique dont la chasse du chamois est l'héritière. En fait, il ne retire rien à tout ce qui fonde la légende de cette pratique : une quête solitaire et hardie parmi les paysages les plus grandioses qu'offre la nature et qui « *sacre [le chasseur] maître de la montagne en le rendant maître de la bête chamoisienne*, affirme Laurent Tarnaud. *Au-delà du rapport homme-chamois, chasseur-gibier, c'est bien la domination du site qui est recherchée. Le chamois en est juste le valeureux, sauvage et glorifiant symbole.* »

Le mouflon

Totalement absent des massifs de la France continentale il y a encore moins d'un siècle, le mouflon s'est imposé aujourd'hui dans presque tous les pays d'Europe. Il doit sa vaste répartition géographique à de multiples introductions artificielles réalisées pour repeupler, à des fins cynégétiques, des milieux désertés par le grand gibier autochtone. Toutes ces acclimatations intempestives, effectuées à partir d'animaux issus de croisements avec des moutons domestiques, sont sujettes à bien des controverses.

Parmi les grands gibiers de l'Europe continentale, trois résultent d'introduction : le cerf sika, le daim et le mouflon. Le premier, originaire du Japon, fit souche en France à la fin du XIXe siècle : l'empereur du Japon avait fait cadeaux de quelques individus au président de la République ; l'espèce est une calamité, car elle peut s'hybrider avec le cerf élaphe et, ainsi, menacer l'intégrité génétique de l'animal emblématique de la grande futaie. Le second, disparu lors de la dernière glaciation, réintroduit par les Romains à partir de peuplements importés de Grèce et de Turquie, puis par les Allemands au XVIe siècle, est resté, pour l'essentiel, un animal de parc. Quant au mouflon, c'est une tout autre histoire…

Le mouflon méditerranéen, une espèce modifiée

Lorsque le naturaliste allemand Alfred Edmund Brehm publiait en 1880 sa monumentale *Vie des animaux*, le classement du mouflon était simple : il existait l'espèce à manchettes, présente dans l'Atlas, le mouflon de Corse et de Sardaigne, celui de Chypre, l'argali dans les montagnes d'Asie centrale, et enfin le mouflon des montagnes, le big horn d'Amérique du Nord. Depuis, les taxinomistes ont affiné la classification du genre *ovis*, répertoriant de nombreuses sous-espèces.

Issu de croisements divers. L'une de ces sous-espèces doit plus son existence à l'intervention humaine qu'à l'évolution naturelle, d'où l'ambiguïté de son identification. Pour certains experts, l'animal actuellement présent sur le continent, du fait d'introduction à des fins cynégétiques, est le produit de spécimens de mouflons de Corse. Pour d'autres, il est issu de mouflons du Proche-Orient domestiqués. Prudents, les spécialistes français de l'Office national de la chasse et de la faune sauvage observent que « *ces animaux résultent du produit de croisements entre divers ovins domestiques et sauvages. Les acquis scientifiques concernant ce mouflon ne doivent être extrapolés qu'avec prudence au mouflon de Corse et de Sardaigne.* » Ainsi sont apparus les mouflons méditerranéens, désormais acclimatés dans la plupart des pays européens ainsi qu'au Texas, en Californie, aux îles Hawaii et Kerguelen.

Une grande variabilité. Ces croisements, ajoutés aux hybridations avec les ovins domestiques, expliquent qu'il n'existe pas de standard, les caractères physiques pouvant varier d'un individu à l'autre. Ils sont de fait à l'origine d'une variabilité phénotypique importante, qui n'existe quasi-

Le mouflon apprécie les espaces ouverts d'où il peut voir de loin, mais il a aussi besoin de sous-bois dans lesquels il se met à couvert en cas de fortes chaleurs.

Les cornes des mouflons mâles deviennent impressionnantes dès que l'animal atteint 3 ou 4 ans. Leur croissance est continue et ne s'arrête jamais, même si les pointes s'usent avec le temps. Quand le bélier a 7 ou 8 ans, elles peuvent atteindre parfois près de 90 cm.

ment pas chez les autres ongulés sauvages, à l'exclusion du sanglier, victime aussi de pollutions génétiques.

Le mouflon de Corse, celui de Sardaigne ou celui de Chypre sont équivalents en taille et en poids : de 70 à 75 cm au garrot et de 35 à 50 kg pour les béliers ; 65 cm et de 25 à 35 kg pour les brebis. La corpulence du mouflon méditerranéen est, elle, supérieure, car les gestionnaires ont sélectionné les spécimens les plus forts afin de « produire » des animaux porteurs de grands trophées.

Quand le mouflon devient une marchandise

C'est là le cas type d'une conception marchande de la chasse. L'activité développée autour de cet animal dans les monts du Caroux-Espinousse, situé au sud du Massif central, dans le parc naturel régional du Haut-Languedoc, en offre un exemple particulièrement révélateur.

Une manne pour le tourisme. Introduit en 1956, le mouflon méditerranéen y occupe aujourd'hui plus de 12 000 hectares. Il est considéré *« comme un produit d'appel par les professionnels du tourisme »*, explique un responsable de ce territoire de chasse. Là sont en effet prélevés annuellement environ 250 animaux, pour un chiffre d'affaires de 95 000 euros, provenant pour l'essentiel de la vente du gibier et de l'indemnisation des guides. *« Le mouflon contribue de façon originale au développement économique durable du massif en drainant un public toujours plus nombreux : chasseurs à l'approche, personnels techniques et scientifiques liés aux activités de la réserve, chasseurs photographes, sorties naturalistes. »*

Dans une région frappée par la déprise agricole, cette activité nouvelle a un impact non négligeable sur

DU MOUFLON AU MOUTON

Ce ne sont pas les mouflons sauvages d'Europe qui sont à l'origine du mouton domestique, mais les mouflons du Proche-Orient. Le nomadisme pastoral et les voies maritimes l'ont en effet conduit en Europe vers 8 500 av. J.-C. Les moutons d'Ouessant en seraient les ultimes descendants.

l'économie locale, notamment pour l'hôtellerie et la restauration, qui trouvent ainsi de nouveaux débouchés durant la période hivernale.

Les chasseurs locaux peu enthousiastes. Du point de vue des chasseurs locaux, l'appréciation est différente : leur passion étant la chasse aux chiens courants, ils portent un intérêt relatif à une espèce qui se prélève essentiellement à l'approche, pratique qui attire en priorité des chasseurs extérieurs à la région. Dans d'autres régions où fut implanté le mouflon, les chasseurs locaux se plaignent qu'il perturbe les chasses traditionnelles du sanglier, les chiens trouvant plus facile de prendre à cet animal dont les capacités de défense lors de la fuite sont assez faibles.

Un animal à la fois utile et nuisible en montagne

Du point de vue écologique, l'introduction du mouflon est aussi sujette à controverses. En région montagneuse, où la friche gagne du terrain en raison du reflux des activités agricoles, l'animal, à la dent de laquelle peu d'espèces végétales résistent, apparaît comme un débroussailleur tout à fait opportun qui, de ce fait, aide à limiter les risques d'incendie.

Un vorace porteur de parasites. En revanche, il peut s'imposer comme un concurrent des moutons, mais aussi des chamois, lors de la reprise de la végétation dans les herbages. Porteur de nombreux parasites internes dont il s'accommode, comme les strongles et les douves, le mouflon est en outre parfois considéré comme un vecteur de contamination pour d'autres espèces d'ongulés sauvages et domestiques.

Des anomalies génétiques. Ce mouflon méditerranéen aux origines multiples, et donc au type relativement peu fixé, pose aussi un problème d'une autre nature lié aux effets de la consanguinité : de souche incertaine et objet d'une sélection génétique hasardeuse, il présente des anomalies comme les cornes rentrantes, qui, au lieu de croître en s'écartant régulièrement de la tête, pénètrent dans l'encolure de l'animal.

Le loup, un prédateur peut-être salutaire. Le retour des grands prédateurs apparaît comme un frein imprévu, et peut-être salutaire, à l'expansion du mouflon : dans le Mercantour, il représente 60 % du régime alimentaire du loup en hiver et 10 % en été. « *Le mouflon, espèce introduite et souvent mal adaptée à son milieu, peut constituer une part importante du régime alimentaire du loup, à tel point que l'espèce a déjà disparu de certaines régions d'Italie* », confirment les auteurs des Projets de recherches coordonnés pour la conservation et la gestion des carnivores en Suisse.

Le mouflon de Corse, un cheptel qui s'accroît peu

Le mouflon de Corse, lui, est un réel indigène. Espèce emblématique du patrimoine insulaire, il a bien failli

LES INDICES DE PRÉSENCE

Le mouflon peut être facilement observé : son activité est surtout diurne, et il recherche les terrains au relief modéré et largement ouverts d'où il peut voir de loin ; par de fortes chaleurs, il se met à couvert en sous-bois. Ce sont ses cornes qui permettent avant tout de le reconnaître : chez le mâle, elles s'enroulent d'année en année ; chez la femelle, qui n'en porte pas systématiquement, elles ne dépassent pas une vingtaine de centimètres. Sauf par temps de neige, la marque de son pied est souvent indétectable, car il choisit des terrains durs et bien drainés.

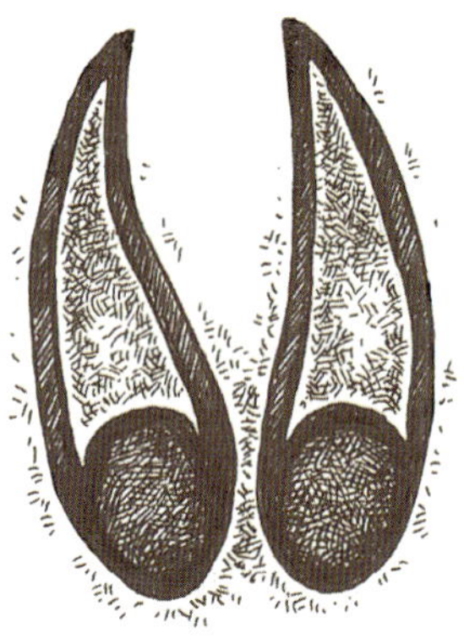

Le mouflon *(Ovis gmelini)*

- **Poids :** de 35 à 50 kg pour un bélier (M) ; de 25 à 35 kg pour une brebis (F)
- **Taille :** jusqu'à 1,40 m de long ; 75 cm (M), 65 cm (F) de haut au garrot
- **Longévité constatée :** 15 ans
- **Espèce grégaire :** la femelle accompagnée de son agneau et d'un jeune de 1 an constituent la cellule de base ; de novembre à février, des groupes mixtes se forment, menés par la femelle la plus âgée ; le reste de l'année, les groupes sont de type matriarcal
- **Domaine vital :** l'espèce est plutôt sédentaire et se fixe dans un rayon d'environ 2 km ; toutefois, les groupes peuvent parfois changer de vallée
- **Maturité sexuelle :** participation effective au rut généralement à partir de la cinquième année. Dans les populations corses, les brebis ne peuvent être en gestation avant leur deuxième automne ; dans les populations continentales, l'œstrus peut intervenir dès le premier automne.
- **Rut :** durant 6 à 10 semaines, d'octobre à janvier, selon les régions. Les mâles rejoignent les domaines vitaux des femelles pour constituer des groupes mixtes ; des béliers vagabonds vont d'un groupe à un autre. Les affrontements entre mâles sont impressionnants, la corpulence des cornes fondant les hiérarchies.
- **Gestation :** 5 mois, puis mise bas de début mars à mai, selon les régions

Les crottes du mouflon, semblables à celles du mouton, forment des petites boules de 1 cm de diamètre.

disparaître, principalement sous l'effet de la pression de chasse. Celle des chasseurs locaux n'était pas seule en cause : *« Le mouflon est pour les Français – avec les bandits – l'attrait principal de la Corse ; ils se font accompagner par les bergers dans la poursuite de ces gracieux animaux »*, rapporte un guide de voyage édité en 1898.

Un animal protégé depuis quarante ans. Des tentatives de réintroduction ont été tentées à partir de souches continentales, d'où une pollution génétique qui a contraint dans les années 1980 à l'éradication des intrus. Plusieurs périodes de fermeture de la chasse au début du siècle, puis durant l'entre-deux-guerres, n'ont pas suffi à empêcher les prélèvements.

Même si, depuis quarante ans, le mouflon est protégé dans l'île et si un réseau de réserves a été mis en place, les populations stagnent. Les prélèvements « clandestins » à la faveur des battues de sangliers n'y seraient pas étrangers, de même que le dérangement dû à la fréquentation croissante des massifs par le public.

Les jeunes sont une proie facile pour le loup, dans le parc du Mercantour.

L'un des symboles du patrimoine naturel. « *C'est d'abord en tant que gibier que l'on a voulu protéger le mouflon, en pensant aux chasseurs étrangers*, argumente l'ethnologue Paul Simonpoli. *Ensuite, au contraire, il s'est agi de défaire l'animal de son identité de gibier, de façon à le soustraire aux chasseurs. Rendre coupable le chasseur aux yeux des siens, telle est l'entreprise engagée par les organismes chargés de la protection. Il s'agit de faire passer la chasse dans l'illégitime, bien plus que dans l'illégal, où elle est depuis longtemps sans grand effet. Si le discours dominant affirme avec force la nécessité de la conservation d'une bête érigée en symbole d'un patrimoine naturel et culturel menacé, l'idée des chasseurs concernés est que le mouflon reste le plus beau, le plus noble des gibiers. Ils n'ont donc aucun discours à opposer à celui du protecteur, et même, ils conviennent que le bon sens est de son côté. Mais voilà, le mouflon reste la plus belle invitation au sauvage.* »

L'ESTIMATION DE L'ÂGE

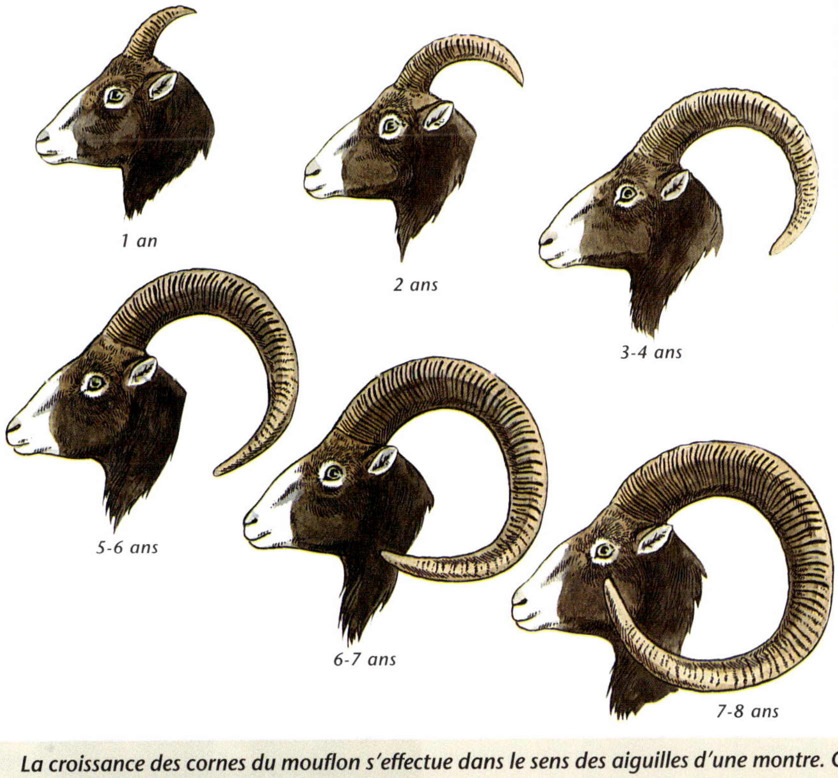

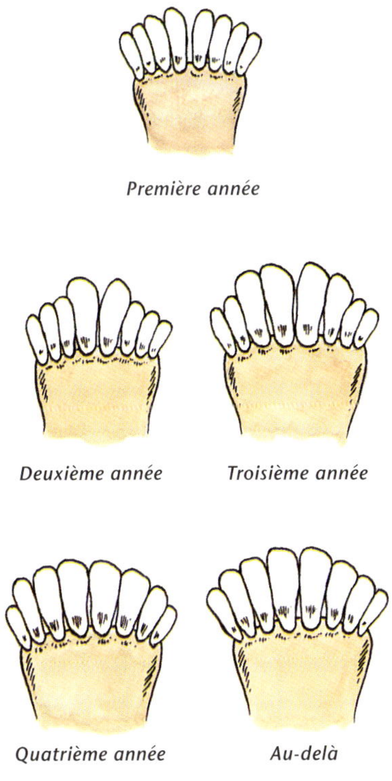

La croissance des cornes du mouflon s'effectue dans le sens des aiguilles d'une montre. Chaque hiver, leur croissance s'interrompt. Lorsque celle-ci reprend au printemps, un anneau d'âge apparaît.

Le bouquetin

Parce que, de ses cornes à ses sabots, tout en lui inspirait à la fois désir et répulsion, le bouquetin fut l'objet d'une folle passion cynégétique qui, au seuil du XXe siècle, faillit le conduire à l'extinction. Des chasseurs qui l'aimaient plus qu'aucun autre gibier le sauvèrent de sa condition de bouc émissaire, évitant ainsi à cet ongulé célèbre pour ses sauts prodigieux et son incroyable stabilité sur les rochers, même les plus escarpés, de n'être plus qu'un souvenir, notamment dans le massif alpin.

Il ne fait pas de doute que les innombrables vices et vertus attribués depuis la nuit des temps aux boucs, tant sauvages que domestiques, ont puissamment motivé la chasse faite aux bouquetins. Symbole de puissance génésique, le bouc inspire contradictoirement, selon les temps et les lieux, admiration et répulsion. L'espèce, ardemment polygame, pratique le rut collectif; Dionysos se métamorphose en bouc, tout comme le diable du Moyen Âge en porte le masque… et les cornes. Victime expiatoire des péchés du peuple d'Israël – le bouc émissaire –, il est également un animal fétiche : son sang permet aussi bien de réussir le trempage du fer que d'éviter la pleurésie ; ses cornes réduites en poudre guérissent de nombreuses maladies ; son cœur et sa moelle redonnent courage ; l'os de son talon procure la vigueur sexuelle.

Le bouquetin, source de toutes les convoitises

Le bézoard, ou ægagropile, ajoute aux dispositions magiques prêtées au bouquetin : cette concrétion de fibres végétales et de poils avalés lors du léchage qui, non digérée, se forme dans l'estomac, est dotée, en Orient comme en Occident, d'innombrables propriétés guérisseuses, tant du corps que de l'âme. Base d'élixirs ou porté en talisman décoré de pierres précieuses, le bézoard alimentait le marché fructueux des apothicaires et des orfèvres et, par conséquent, pesa lourd dans l'éradication du bouquetin.

La « croix du cœur », des tendons ossifiés. Mais le plus ambivalent trophée de ce gibier tant désiré reste la « croix du cœur » que forment les tendons ossifiés placés entre les oreillettes et les ventricules cardiaques des ruminants. La croix dans ce bouc que les Écritures placent du côté des damnés lors du Jugement dernier ? De quoi nourrir bien des allégories fantasmatiques dans un Moyen Âge où le dieu nouveau n'a pas achevé d'éliminer les anciennes divinités : des nobles chasseurs aux vilains braconniers, chacun y trouvait son compte.

Les cornes des mâles, objets de tous les désirs. Restent ces cornes superbes qui justifièrent la chasse effrénée des mâles – les femelles sont en effet beaucoup plus légèrement coiffées –, et un braconnage à la mesure de l'enjeu financier qu'elles représentaient.

Le bouquetin d'Espagne, qui se distingue de celui des Alpes par des cornes en forme de lyre et un pelage sombre sur le front et les membres, ne fut pas épargné par cette furieuse convoitise toute en contradictions.

L'étagne, la femelle du bouc, ne donne en général naissance chaque année qu'à un seul cabri, qu'elle allaite durant 2 à 3 mois, jusqu'à la mi-septembre.

Le bouquetin se sent en sécurité sur les rochers auxquels il accède d'un bond étonnant, ne perdant jamais l'équilibre grâce à ses sabots qui adhèrent si bien au rocher. Il se laisse ainsi souvent piéger, trahi par trop d'assurance, et, surtout, par sa mauvaise vue.

Un animal peu farouche trahi par son agilité

Il faut avouer aussi que la course du bouquetin a de quoi fasciner. Gaston Phébus l'a très joliment décrite : « *C'est grande merveille que les grands sauts qu'ils font pour protéger leur vie, d'une roche à l'autre ; car j'ai vu des boucs sauter dix toises de haut d'un coup sans en mourir ni même se faire mal, car ils se tiennent aussi fermement sur une roche qu'un cheval sur le sable.* » Paradoxalement, le bouquetin doit à son agilité l'extermination dont il fut victime, au point d'avoir quasiment déserté les montagnes d'Europe à la fin du XIXe siècle.

Une adhérence exceptionnelle aux rochers. Le sabot de ce bovidé de nature peu farouche se compose de deux ongles dont les soles à consistance de semelles de crêpe lui confèrent une adhérence exceptionnelle aux rochers. Fort de cette disposition, « *il ne cherche pas à fuir, mais se réfugie dans des barres rocheuses où il se sent en sécurité même à faible distance* », observent les spécialistes français du Centre national d'étude et de recherche appliquée sur la faune de montagne. Ils expliquent que cette stratégie de protection contre les prédateurs, fondée sur le sentiment de sécurité absolue en milieu rocheux et sur une distance de fuite réduite, a favorisé la pression de chasse et le braconnage.

L'odorat plus développé que la vue. À cela, le biologiste suisse Jean-Louis Perrot apporte une précision complémentaire : « *Les sens de ce gibier sont très développés. Son odorat est des plus fins : il flaire l'homme à plus de 300 mètres parfois. Sa vue est bonne aussi, mais il est bien moins alerté par la vision d'un être humain à 40 mètres, que par sa senteur à quelques centaines de mètres. C'est très probablement cette particularité*

LE CHANT DU BOUC

Tout est tragédie dans le bouquetin : son histoire de bouc émissaire ; sa symbolique où s'opposent la force féconde et la mortelle lubricité. Au regard de cela, l'étymologie du mot « tragédie » laisse perplexe : en grec, « bouc » se dit *tragos*, *oidê* signifiant « chant » ; ainsi la tragédie est-elle le « chant du bouc ».

qui a été la cause principale de sa disparition presque complète, puisque sa distance de fuite, en ce qui concerne la vue, semble si courte. S'il était de tempérament plus farouche, moins insouciant – le mâle surtout –, il aurait sans aucun doute mieux résisté à la chasse effrénée dont il a été l'objet. »

Quand les chèvres réduisirent son espace vital

Face à la quasi-disparition du bouquetin au XIXe siècle, une autre explication a également été avancée. Les troupeaux de chèvres domestiques, qui étaient extrêmement nombreux jusqu'au début du siècle précédent, lui auraient fait concurrence, de différentes façons. Tout d'abord, ces troupeaux auraient réduit l'alimentation disponible. En outre, les chèvres entrant en chaleur plus tôt que les étagnes, à savoir les femelles du bouquetin, ces dernières auraient été délaissées par leurs boucs. Enfin, la promiscuité entre chèvres et bouquetins aurait favorisé la transmission de maladies à l'espèce sauvage.

La chasse au bouquetin combattue dès le XVIe siècle

Parce qu'il suscitait des passions considérables, le bouquetin fit très tôt l'objet de mesures de protection. Dès le XVIe siècle, des princes tyroliens tentent de combattre les braconniers, puis, impuissants, les embauchent comme… gardes-chasse. En vain ! Les apothicaires ou autres marchands de vulnéraires offrent encore davantage. Des affrontements violents, avec mort d'homme, opposent gens d'armes et bandes de fraudeurs.

Pour calmer les esprits, et, du coup, tarir le marché, le prince-évêque de Salzbourg ordonne la destruction des quelque 250 bouquetins qui peuplent sa seigneurie. Au tout début du XVIIe siècle, le gouvernement des Grisons punit même d'amende quiconque chasse l'espèce, puis, faute de résultats, inflige des châtiments corporels. Rien n'y fait.

Sauvetage in extremis au XIXe siècle. C'est Victor-Emmanuel II (1820-1878), roi d'Italie, chasseur passionné, qui sauvera l'espèce : il interdit la chasse du bouquetin et crée la réserve du Grand Paradis à partir d'un cheptel de 90 rescapés. Des animaux issus de cette souche seront réimplantés dans les cantons helvétiques puis en Autriche, à l'initiative de grands propriétaires chasseurs. La Suisse interdit la chasse du bouquetin en 1920. La France la rejoint en 1976, après avoir créé à partir de 1960 des territoires protégés. Entre-temps, de nombreuses réintroductions sont entreprises avec succès. Les effectifs de bouquetins des Alpes approchent aujourd'hui les 40 000 individus.

Les prélèvements bien maîtrisés des Suisses

C'est en Suisse que le suivi des populations de bouquetins est le plus opérationnel. Désormais bien présente dans tous les cantons alpins, l'espèce est devenue chassable depuis 1977.

LES INDICES DE PRÉSENCE

À la différence du chamois qui se déplace à grands pas, le bouquetin avance par sauts, les pieds joints. Son pied, proche de celui du cerf, est plus rond et plus court que celui du chamois, avec une marque très nette autour du talon. Son sifflement d'alarme, très proche de celui du chamois, est toutefois moins long et plus sonore. Le bêlement des cabris est particulièrement aigu et grinçant. Doté d'un flair excellent, le bouquetin devine l'importun jusqu'à 300 m, même sans le voir. Mais à contre-vent, il peut se laisser approcher jusqu'à une dizaine de mètres.

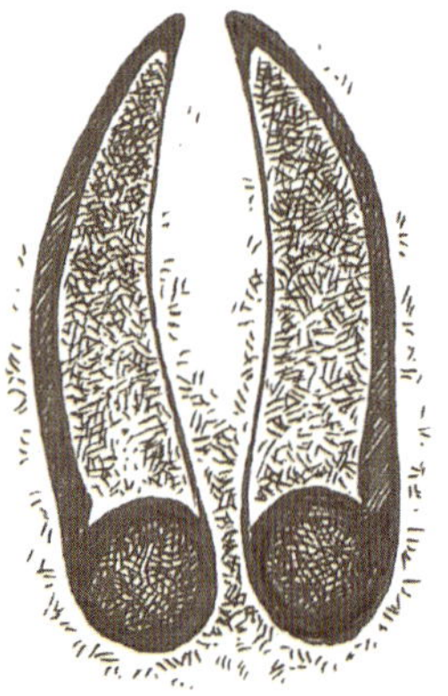

Le bouquetin des Alpes *(Capra ibex)* et le bouquetin d'Espagne *(Capra pyrenaica)*

- **Poids :** de 60 à 100 kg pour le bouc (M) ; de 35 à 50 kg pour l'étagne (F)
- **Taille :** de 1,30 m (F) à 1,60 m (M) de long ; de 78 cm (F) à 90 cm de haut au garrot (M)
- **Âge maximal constaté :** 20 ans
- **Espèce essentiellement grégaire :** mais les hardes sont sexuées, sauf pendant le rut et durant l'hivernage ; au printemps, les mâles se regroupent, laissant les femelles qui composent une chevrée avec les jeunes de l'année, ou cabris, et ceux de l'an passé : éterlous (M) et éterles (F)
- **Domaine vital :** quartiers d'hivernage et de rut (de mi-octobre à mi-mars), de printemps et d'été, soit plusieurs dizaines de kilomètres carrés, reliés par des corridors de circulation ; les animaux montent en altitude, jusqu'à 3 500 m, en suivant la repousse de la végétation à mesure du déneigement
- **Maturité sexuelle :** un an et demi, mais participation effective au rut à partir de la troisième année
- **Rut :** de fin novembre à mi-janvier ; les accouplements se déroulent tout d'abord au sein de groupes importants (rut collectif), puis en unités moins nombreuses (rut individuel), où ils s'avèrent plus féconds
- **Gestation :** de 23 à 24 semaines, puis mise bas jusqu'à mi-juillet ; allaitement jusqu'à mi-septembre

Les excréments du bouquetin sont les laissées. La marque du sabot est le pied.

Un dixième du cheptel prélevé par an. Sur une population totale avant naissances estimée à 14 000 têtes, le prélèvement annuel atteint 1 400 animaux. Ce chiffre n'inclut pas les 600 autres bouquetins qui trouvent la mort lors de chutes, d'avalanches, victimes du lynx et de l'aigle royal, ou encore de maladies telles que la kératoconjonctivite, qui rend aveugle, et le piétin, qui ronge le sabot et rend l'animal inapte à la marche, et donc à s'alimenter ; ces maladies sont transmises lors des contacts avec les troupeaux de moutons qui sont porteurs de ces affections.

Des plans de tir précis. Parmi les phénomènes liés à la forte expansion du bouquetin, les forestiers suisses ont constaté des dégâts commis aux mélèzes et aux sapins, par les jeunes principalement, qui frappent leur front contre les arbres. Ces questions

Se nourrissant surtout de graminées, le bouquetin aime aussi tout ce qui est salé.

et quelques autres ont notamment conduit l'administration en charge de la faune sauvage à « *mettre au point une stratégie qui permette de maintenir une population à un niveau supportable, sans risque d'extinction de l'espèce, et avec une structure d'âges et de sexes équilibrée* », explique Alexandre Hirzel, chercheur à l'Institut d'écologie de l'université de Lausanne. Ce jeune scientifique a développé un logiciel d'aide à la gestion que les inspecteurs du gouvernement utilisent pour préparer et contrôler les plans de tir.

Le bouquetin reste non chassable en France

Les Autrichiens pratiquent aussi la chasse du bouquetin des Alpes. De même, les Espagnols – dans certaines régions – chassent le bouquetin d'Espagne, présent de façon discontinue du sud de la chaîne Bétique jusqu'en Catalogne, et dans les sierras du centre de la péninsule. Malgré des densités qui le permettraient, l'espèce n'est pas chassable en France où s'impose, plus qu'ailleurs, le dogme protectionniste, à l'instar des croyances obscurantistes de jadis.

L'ESTIMATION DE L'ÂGE

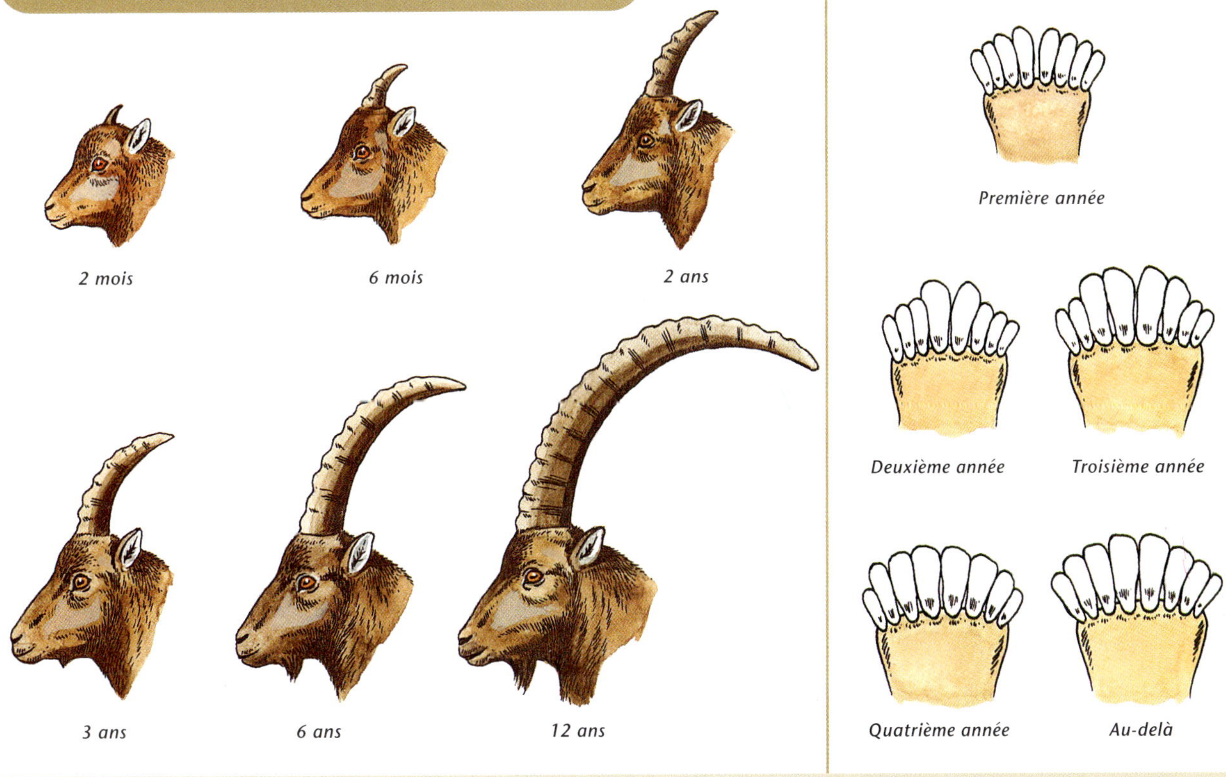

La croissance des cornes s'interrompt en hiver et reprend au printemps. Chaque année, un nouveau sillon, appelé anneau d'âge, apparaît sur l'étui corné ou cornet. Les cornes d'un mâle adulte peuvent atteindre 100 cm et peser plus de 2,5 kg chacune.

Le retour des grands prédateurs

Lynx, loup et ours, ennemis d'hier, sont devenus les amis d'aujourd'hui, mais restent des prédateurs. Leur raréfaction, comme leur réapparition, est l'indicateur de ce que l'homme attend de la nature, le révélateur, aussi, de ses craintes et de ses rêves. Ils forcent la réflexion des protecteurs de la nature et des chasseurs, les obligent à reconsidérer bien des certitudes, les mettent face à leurs contradictions…

Durant des millénaires, la civilisation s'est employée à éliminer les figures les plus emblématiques de la sauvagerie, désignées sous le vocable accusateur de carnassiers. En moins d'un demi-siècle, la modernité repentante a entrepris le chemin inverse. Cet éleveur des Alpes-Maritimes dit toute son incompréhension, toute la complexité culturelle d'un tel retournement : « *Accepter le loup, ce serait pour nous nier et rejeter l'œuvre de nos ancêtres qui l'ont toujours combattu.* »

Dans le même temps, la perception du chasseur dans la société a connu le basculement exactement inverse : agent exterminateur du sauvage, donc acteur du progrès, il exprime aujourd'hui les forces troubles des pulsions primitives.

Ce phénomène, fondamentalement lié à l'urbanisation, trouve son explication dans l'oubli des réalités de la vie à la campagne. L'impact de la prédation sur les activités humaines, l'élevage en particulier, s'est effacé de la mémoire de citadins devenus majoritaires. Les désagréments du productivisme ont déclenché l'inquiétude écologique autour de laquelle s'est dessinée la nostalgie de ce sauvage que mammifères prédateurs et rapaces évoquent magnifiquement.

Un retour organisé, sujet à bien des clivages

À partir des années 1970, ces espèces mobilisent des naturalistes engagés. Protégées depuis plusieurs décennies dans certains pays, d'Europe du Nord notamment, elles servent de drapeau à une cause naissante : la nature, mais pas seulement cela. Une enquête, réalisée en 1995 par des élèves de l'École nationale supérieure agronomique de Rennes, indique que la réintroduction du lynx dans les Vosges « *permettait de prouver que l'homme n'est pas indispensable à la régulation des populations de chevreuils* ».

En 1983, année où furent lâchés – sur autorisation ministérielle – les premiers lynx dans ce massif, le président de la fédération des chasseurs du Haut-Rhin résumait l'enjeu en ces termes : « *Les seuls chasseurs légaux dans les Vosges sont les chasseurs titulaires du permis de chasse. Tous les autres sont des braconniers. Il est insensé de lâcher des braconniers dans la nature… Il y a des centaines d'années que la viande du gibier appartient aux chasseurs. Il n'y a pas de raison que cela change.* »

En arrière-plan du retour, organisé, des grands prédateurs se dessine le clivage entre une conception radicale de l'écologie et une vision archaïque de la chasse. Toutefois, l'implantation durable de certaines de ces espèces révèle des réalités qui forcent et l'écologie et la chasse à reconsidérer leurs présupposés, contre la chasse pour les uns, contre la présence des superprédateurs pour les autres.

Le lynx gagne du terrain

Le lynx, le plus grand des félidés d'Europe, a été sauvé de l'extinction. La Suède, premier pays à le protéger, en 1923, autorise sa chasse désormais, tout comme la Norvège et la Finlande. Il est également chassé en Pologne, en Slovaquie, en Roumanie, en Croatie, en Slovénie, en Russie.

Son aire de répartition ne cesse de progresser depuis dix ans dans les massifs alpin, jurassien et vosgien. Cet animal solitaire colonise tout habitat boisé, du niveau de la mer à la limite supérieure des forêts.

Le développement des populations d'ongulés, conséquence de l'évolution des milieux et de la maîtrise des prélèvements par les chasseurs, explique la réussite des opérations de réintroductions qui ont été menées en Suisse, en Autriche, en Allemagne, en Italie, en Slovénie, en Tchécoslovaquie et en France.

Au menu, un chevreuil par semaine. Selon des observations réalisées en Suisse, un lynx consomme essentiellement des chevreuils (60 % de son alimentation) et des chamois (30 %), le reste étant constitué de bouquetins, de lièvres, de lapins, de renards, de jeunes sangliers, et, éventuellement, de cerfs et de gallinacés de montagne. Pour être repu, ce carnassier a besoin de l'équivalent d'un chevreuil par semaine. Ce qui n'est pas sans incidences sur les densités de gibier, sachant que le lynx, dans les Vosges par exemple, occupe un territoire de 15 000 à 30 000 hectares, réparti en zones de 2 000 à 7 000 hectares, qu'il quitte dès lors que le gibier diminue ou se montre plus méfiant du fait de sa présence.

LES INDICES DE PRÉSENCE

La découverte de dépouilles d'animaux plus au moins dévorés, dissimulées sous des branchages, marque la présence du lynx. Pour les chasseurs connaissant parfaitement leur massif, un brutal changement de comportement des chevreuils, soudain très fuyants, peut indiquer l'arrivée du lynx.

Outre les traces de ses empreintes, semblables à celles d'un chat mais plus grandes, de 6 à 7,5 cm de long sur 5 à 6 cm de large, le lynx se signale, la nuit surtout, par un hurlement finissant en grognement.

Le lynx *(Lynx lynx)*

- **Poids :** de 16 à 26 kg
- **Taille :** 0,60-1,20 m de long, plus une queue de 20-25 cm ; 50-60 cm de haut au garrot
- **Longévité maximale constatée :** 20 ans (en captivité)
- **Espèce solitaire :** mâle et femelle vivent sur un même territoire mais s'évitent
- **Territoire :** de 50 à 100 km^2, selon les observations
- **Maturité sexuelle :** 3 ans (M) ; 2 ans (F)
- **Rut :** de mi-février à avril
- **Gestation :** de 68 à 72 jours
- **Jeunes :** de 1 à 4 par portée avec un taux de mortalité juvénile de 50 % environ ; ils sont élevés par la femelle, se nourrissent de viande seulement lorsqu'ils sont en mesure de chasser en compagnie de leur mère ; ils quittent celle-ci vers l'âge de 10 mois

Les laissées, longues d'environ 12 cm, avec un diamètre de 3 cm, sont déposées en limite du territoire du lynx, sur des souches ou des pierres.

Un félin qui chasse les proies en bonne santé

L'impact du lynx sur le gibier est d'autant plus fort qu'il n'attaque pas en priorité les animaux les plus faibles, mais les moins vigilants : entre un chevrillard malingre et un brocard en pleine santé, il choisira le plus copieux. Sa faible capacité cardiaque explique cette prédation sélective : il chasse à l'approche et à l'affût, ce qui n'exige pas un long effort physique et lui permet de choisir sa victime. Le loup, lui, compte sur l'épuisement de sa proie, et élimine donc les plus faibles.

Si le lynx, espèce très farouche, est gêné par la présence d'hommes près de l'endroit où il a placé sa proie, il délaissera celle-ci et attaquera de nouveau. Or le tourisme vert ou les sports de nature, cause première du dérangement, comptent pour beaucoup dans l'économie des régions d'Europe occidentale fréquentées par le lynx. Perturbé, le félin accroît sa prédation ; tranquille, ses densités augmentent : dans les deux cas, l'impact sur les ongulés sauvages s'intensifie, et les populations régressent. Le lynx se réoriente alors vers les moutons. D'où, ces dernières années, des autorisations de régulation de félins.

De la nécessité de réfléchir à long terme

Le lynx est resté tel qu'en lui-même, mais pas le milieu qui fut jadis le sien. Sa réintroduction a le mérite considérable de faire mesurer au courant protectionniste les limites de l'exercice, et aux chasseurs la nécessité de se positionner différemment.

Significative de cette évolution, l'analyse de deux biologistes suisses, Urs Breitenmoser et Christine Breitenmoser-Würsten, spécialistes reconnus du lynx : « *Depuis plus de vingt-cinq ans, au début des réintroductions, jamais aucun objectif à long terme n'a été formulé et aucun dialogue avec les*

Le lynx ne fréquente que les espaces boisés, à basse et à haute altitude. Doté d'une faible capacité cardiaque, il chasse de préférence à l'affût : surélevé par rapport à sa proie, il est capable, pour s'en emparer, d'effectuer des bonds puissants de près de 7 m.

populations concernées n'a été entrepris. Ces déficits doivent être comblés, si l'on désire qu'une population de lynx puisse coexister durablement avec l'homme. Cette coexistence n'ira jamais sans heurts, car les grands prédateurs seront toujours en situation conflictuelle avec l'utilisation humaine de leurs habitats. Mais l'homme peut réapprendre à vivre avec les grands prédateurs [...]. Pour cela, il est nécessaire de formuler clairement l'objectif du maintien à long terme du lynx, mais aussi d'être prêt à lever la stricte protection dont il jouit aujourd'hui dès qu'elle ne sera plus nécessaire. Il ne s'agit pas là en priorité d'autoriser la chasse du lynx de manière générale – même si de nombreux experts estiment qu'une chasse légale fait partie des mesures nécessaires lors de la réintroduction d'une espèce. [...] La démarche comporte incontestablement le risque de voir un jour une population locale de lynx soumise à trop forte pression, mais elle offre aussi la chance de voir un jour l'espèce reconnue comme un membre légitime de notre faune indigène par ceux-là mêmes qui voulaient précédemment l'expédier aux Carpates ou dans les terrains de chasse éternels. »

LE LOUP-CERVIER

La gamme des cris émis par le lynx est vaste, allant des miaulements stridents aux feulements aigus qui se transforment en grognements profonds. Ces bruits nocturnes, audibles de très loin, ainsi que la prédilection du lynx pour les cervidés lui ont valu jusqu'à la fin du XIXe siècle le nom de « loup-cervier ».

Le loup, chéri par le militant de la cause animale

La réapparition du loup en 1992 dans le parc national du Mercantour (Alpes-Maritimes) s'inscrit dans un contexte plus tendu. D'abord, le loup est porteur d'une charge symbolique bien plus considérable que le lynx : ce bandit de grand chemin, si menaçant pour les troupeaux, fit durant des siècles l'unanimité contre lui. Aujourd'hui, il apparaît comme l'espèce la plus significative du retour du sauvage. Si le cercle des « partisans » du lynx se compose, pour l'essentiel, de naturalistes très investis sur le terrain, la mobilisation autour du loup est d'une tout autre dimension : aux vrais experts de la question s'ajoute une noria de groupes lupophiles – c'est ainsi qu'ils se désignent –, formant un véritable réseau de militants de la cause animale.

Une réapparition naturelle en France selon les uns

Seconde différence d'avec le lynx, lourde de sens : le loup n'aurait pas été réintroduit. Il serait venu du massif italien des Abruzzes – qui abritent 600 à 800 spécimens –, via la chaîne des Apennins, pour s'établir dans les vallées giboyeuses du Mercantour. Cette thèse justifie le retour du loup en tant que phénomène naturel. Dès lors, elle est légitime, car *« les loups, comme toute autre espèce sauvage, ont le droit d'exister à l'état sauvage*, argumentent les auteurs du Manifeste pour la conservation du loup. *Ce droit ne découle en aucune façon de l'intérêt que porte l'homme à ces animaux, mais procède du droit de toute créature vivante à coexister avec l'homme dans le cadre des écosystèmes naturels. »*

Autre enjeu : la réapparition naturelle du loup démontre la capacité d'un parc naturel à reconstituer la « vraie nature sauvage ». Le sujet n'est pas neutre, car bon nombre d'écologues voient dans le concept de parc un alibi inventé par la société marchande : « *Puisque cela ne peut plus exister dans la vraie réalité*, explique François Terrasson, maître de conférences au Muséum national d'histoire naturelle, *fabriquons-nous de petits territoires où sera gardée l'illusion de la nature, mais sachons bien que cela doit être à partir du monde humain réel, qui, lui, pour progresser doit détruire la nature.* » Face à ce genre de critiques, les gestionnaires du parc, en avançant la thèse de la réapparition naturelle du loup, défendent aussi l'image « sauvage » du Mercantour, qui accueille plus de 500 000 visiteurs par an. La présence du loup constitue un argument de promotion non négligeable.

Une réintroduction calculée selon les autres

Selon Franco Zunino, ancien conservateur du parc national du Grand Paradis (versant italien des Alpes) et fondateur du mouvement naturaliste Wilderness, la présence du loup dans le Mercantour résulte d'une réintroduction. Il avance quatre arguments : le premier loup signalé dans le parc, trouvé mort en 1992, portait des traces de collier ; il n'existe pas d'indices de présence de loup dans la région de Savone par laquelle transiterait le prédateur ; en passant de quelques individus à une cinquantaine en dix ans, le loup du Mercantour affiche un taux de reproduction bien supérieur à celui des Apennins ; enfin, les populations italienne et française présentent de nettes différences morphologiques, de couleurs et de comportement. Franco Zunino précise : « *Sur la base des films que j'ai visionnés, il y aurait dans les Alpes au moins cinq variétés de loups.* »

Qu'il ait été introduit ou non, le loup gagne du terrain en France : après les Alpes-Maritimes et les Hautes-Alpes, c'est dans l'Isère, la Savoie et la Drôme que sa présence est signalée. Un cas a été également observé dans les Pyrénées-Orientales : selon l'association Groupe Loup France, « *il montre une structure génétique proche du loup italien* ». Pourtant, le loup est présent en Espagne avec un cheptel d'environ 2 000 animaux.

LES INDICES DE PRÉSENCE

Entre éleveurs et protectionnistes, l'identification du loup lors des attaques de troupeaux est prétexte à de nombreuses polémiques car les traces du prédateur sauvage ressemblent fort à celles d'un grand chien. Or les indemnisations sont prévues dans le cas de moutons attaqués par des loups, et non par des chiens. Les pelotes digitales du loup sont moins rapprochées et plus allongées que celles de son cousin domestique. Les griffes sont plus longues, plus pointues, et marquent davantage.

Le loup *(Canis lupus)*

- **Poids** : de 30 à 60 kg
- **Taille** : 1,40-1,60 m de long avec la queue ; 65-85 cm de haut au garrot
- **Longévité maximale constatée** : 20 ans (en captivité)
- **Espèce grégaire** : vit en meute de 7 à 8 individus, conduite par un couple, suivi d'un mâle, puis des subordonnées (jeunes de plus de 1 an), des louvarts (jeunes de l'année précédente) et des louveteaux ; parfois, un mâle en marge de la meute fait office de souffre-douleur
- **Territoire** : de 52 km^2 (Minnesota, États-Unis) à 2 500 km^2 (Alaska, Canada) ; 200 km^2 environ dans le Mercantour
- **Maturité sexuelle** : 3 ans (M) ; 2 ans (F)
- **Rut** : de mi-février à avril ; monogame
- **Gestation** : 63 jours
- **Louveteaux** : de 4 à 7 par portée ; élevés par la louve, ils sont sevrés à 8 mois

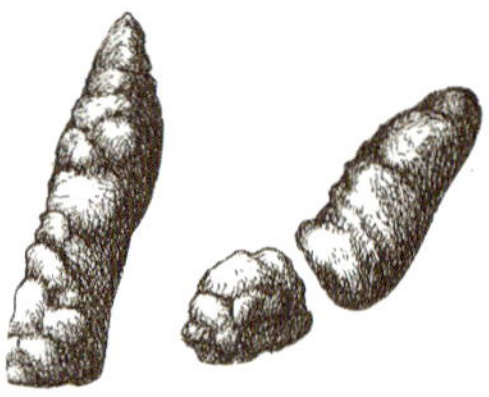

Les laissées, semblables à celles du chien, sont déposées sur un endroit surélevé.

Le loup régulé sans états d'âme en Espagne

Le loup bénéficie du développement des populations de grand gibier. Il consomme en une année l'équivalent de 25 cerfs et biches ou de 80 chevreuils. La cinquantaine de loups du Mercantour dévorerait environ 2 500 animaux par an, dont près de 1 000 moutons domestiques. À titre comparatif, le tableau de chasse des cerfs, chevreuils, chamois et mouflons dans les Alpes-Maritimes est inférieur à 3 500 animaux.

L'éthologue allemand Erik Zimen, figure mondiale de la lupophilie, considère que la défense du loup en tant que symbole de résistance à la civilisation constitue un « *nouveau romantisme* ». Du point de vue des chasseurs locaux, cela n'a pas grand sens. L'ethnozoologue Geneviève Carbonne aborde le problème différemment : « *Le choix de la conservation ou de la destruction du prédateur ne se fait pas seulement en fonction d'arguments écologiques. Il dépend essentiellement d'un choix philosophique : peut-on, quand on est chasseur, accepter que le loup fasse partie de notre faune sauvage ?* » L'Amérique du Nord, l'Espagne, la Pologne apportent une réponse pragmatique à cette question : le loup n'étant pas un tabou, il peut être régulé au même titre que les autres espèces dans le cadre d'une gestion globale des animaux sauvages.

Grands consommateurs de cervidés, les quelque cinquante loups présents dans le Mercantour n'hésitent pas à s'attaquer aussi aux moutons domestiques.

Une quinzaine d'ours dans les Pyrénées françaises

La question de la chasse de l'ours en France ne risque pas de se poser de sitôt, même si la mort d'un plantigrade en 1997, tué par un chasseur de Haute-Garonne qui s'était retrouvé face à l'animal, a défrayé la chronique. L'espèce n'est plus présente dans les Alpes depuis la fin des années 1930, et seule une quinzaine d'animaux subsiste dans les Pyrénées françaises. « *L'ours des Pyrénées a, selon toute vraisemblance, atteint depuis longtemps le seuil d'effectif en dessous duquel les populations ne peuvent plus se rétablir, même si l'on protège efficacement les animaux et leur milieu de vie*, explique-t-on à l'Office national de la chasse et de la faune sauvage. *L'avenir de l'ours en France ne peut être envisagé que par un plan de restauration active de ses populations, incluant la réintroduction ou le renforcement des populations et le contrôle strict des activités humaines.* »

L'ours slovène plus carnassier que le pyrénéen

À l'échelle planétaire, l'ours brun n'est pas menacé : 50 000 à 60 000 sujets peuplent l'Amérique du Nord, environ 40 000 individus l'Europe, dont un peu plus de 6 000 la Roumanie. Ce sont des ours de Slovénie qui ont été réintroduits en France à partir du printemps 1996. Certes, des ours espagnols auraient été plus proches des ours français, tant sur le plan géné-

La quinzaine d'ours des Pyrénées ne suffit pas à assurer la survie de l'espèce. On a donc introduit des animaux slovènes, mais ceux-ci seraient génétiquement un peu différents.

tique que géographique, mais cela aurait affaibli une population déjà fragile. Les ours scandinaves n'ont pas été retenus car les chances de réussite risquaient d'être compromises en raison des différences climatiques entre leur milieu d'origine et les Pyrénées. Véritable réservoir d'ours, la Slovénie semblait ainsi le pays le plus à même de fournir les individus recherchés, sans pour autant mettre en péril sa propre population.

Quelques incertitudes pèsent toutefois sur l'opportunité de cette réintroduction. L'ours des Pyrénées serait majoritairement végétarien, tandis que l'ours slovène posséderait un goût particulier pour la viande, les lieux de nourrissage en Slovénie laissant une large place aux carcasses animales. Par ailleurs, il existerait des différences génétiques entre ces deux espèces, au point qu'un croisement serait improbable, voire engendrerait même une pollution génétique.

De la culture teddy-bear à la réalité du prédateur

Mais l'essentiel n'est pas là pour ceux, tel le président de l'association Artus, qui voient dans l'ours « *l'animal emblématique des Pyrénées [dont] la disparition pose un problème de morale* ». Le mythe de l'ours a inspiré de nombreuses légendes de la Scandinavie aux Pyrénées. Chez les Celtes, Artos, qui a donné Artus, puis Arthur, est le symbole de la caste guerrière. Des légendes roumaines et des mythes sibériens lui assignèrent la position de fondateur des communautés humaines. Traité en aïeul, il bénéficie d'une mise à mort très codifiée.

Mais l'image qui préside à la réintroduction du plantigrade fait référence à une autre culture, totalement différente, celle de teddy-bear, création américaine qui inspira Winnie l'ourson. À la fin des années 1980, dans un documentaire sur l'ours, les partisans de sa réintroduction débattaient devant un décor constitué d'ours en peluche.

Si le plantigrade slovène parvient à conquérir les Pyrénées, il exprimera sans aucun doute des réalités moins angéliques. Avec le lynx et le loup, il rappellera à l'homme cette irréductible altérité du sauvage que le chasseur fut le premier à entreprendre d'éliminer, et dont il demeure, avec l'éleveur, un des seuls à se souvenir.

LES INDICES DE PRÉSENCE

L'ours affectionne les insectes xylophages (mangeurs de bois) qu'il trouve sous l'écorce. L'écorçage à hauteur d'homme accompagné de marques de griffes et les morceaux d'écorce projetés à quelques mètres alentours signent ainsi sa présence. Un tronc d'arbre mort fortement déchiqueté est un autre signe caractéristique. Le pied avant peut dépasser 14 cm de long sur 12 cm de large, le pied arrière est plus long d'une dizaine de centimètres et guère plus large.

L'ours brun *(Ursus arctos)*

- **Poids :** de 80 à 230 kg (M) ; de 65 à 170 kg (F)
- **Taille :** 1,70-2 m debout sur ses pattes arrière ; 0,90-1,20 m de haut au garrot
- **Longévité maximale constatée :** 60 ans
- **Espèce solitaire :** des groupes se constituent parfois au tout début du rut ou près des zones riches en nourriture ; de mi-décembre à mi-avril, l'ours se réfugie dans sa « tute » pour hiverner (et non hiberner, car il peut être réveillé) : alors, il ne s'alimente pas, ni n'urine, ni ne défèque
- **Territoire :** environ 100 km^2 (M) ; 50 km^2 (F)
- **Maturité sexuelle :** à partir de 3-4 ans pour les femelles, qui portent tous les 3 à 5 ans et jusqu'à la fin de leur vie
- **Rut :** mai-juin ; le mâle est polygame
- **Gestation :** nidation différée jusqu'en novembre, suivie d'une gestation de 8 à 10 semaines
- **Oursons :** de 1 à 3 ; l'ourse les allaite dans la tanière durant 3 à 4 mois, puis les élève jusqu'à 18 ou 30 mois

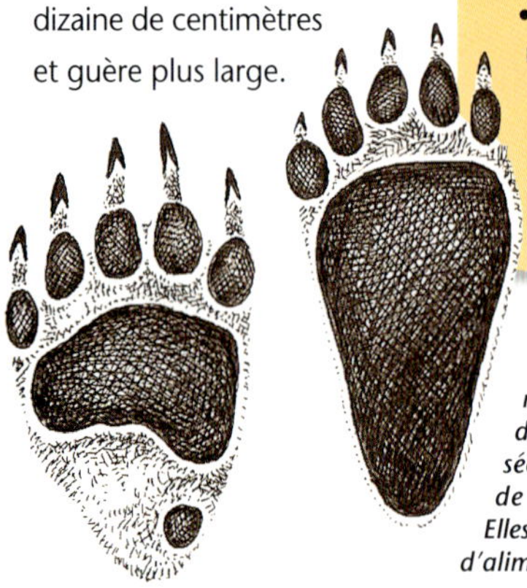

Les laissées de l'ours, mesurant jusqu'à 5 cm de diamètre, sont déposées en tas d'une dizaine de centimètres de haut. Elles contiennent des débris d'aliments.

LE CHAT SYLVESTRE

Protégé en France depuis 1976, sur des bases scientifiques inconsistantes, le chat sylvestre reste un félin mal connu des naturalistes : son comportement, sa façon d'élever les jeunes, les effets de son hybridation avec le chat domestique, ses densités sont autant de zones d'ombre.

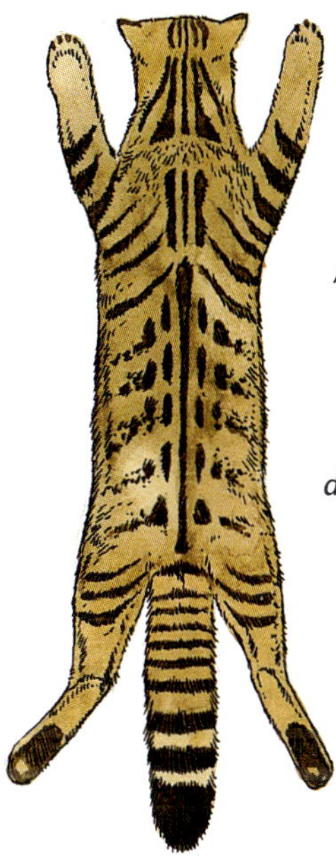

À gauche, un chat sylvestre À droite, un chat domestique

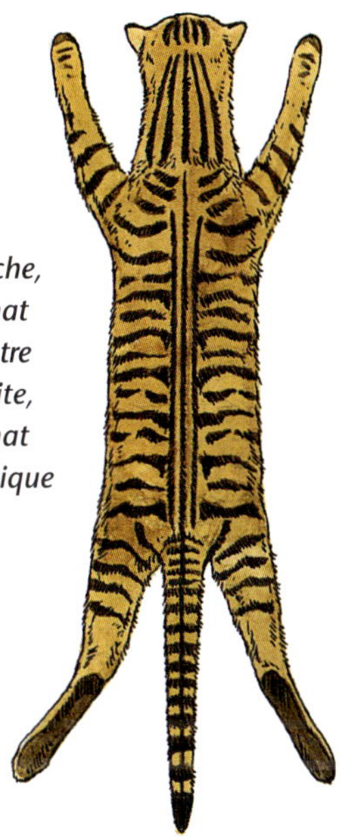

Le chat sauvage d'Europe, chat forestier ou chat sylvestre, qui n'est en aucun cas un chat domestique rendu à l'état sauvage – il s'agit alors d'un chat haret –, n'est peut-être pas aussi rare qu'il y paraît. D'une discrétion parfaite, il sait à ce point se soustraire au regard des hommes que les scientifiques ne savent rien sur l'élevage des jeunes ni sur son organisation sociale. On ignore quelles sont ses densités en France, où il est protégé depuis 1976. Dans les régions du nord-est de la France, l'Aisne en particulier, les prises accidentelles mais régulières de chats sauvages dans les cages pièges destinées à la régulation du renard – ces dispositifs permettent de relâcher l'animal intact – indiquent une présence significative de l'espèce. L'étude la plus complète la concernant date de 1992. Ses auteurs, Philippe Stahl et François Léger, spécialistes des espèces prédatrices à l'Office national de la chasse et de la faune sauvage, indiquent que, pour en savoir plus sur ce félin, il faudrait procéder au marquage d'individus, afin de suivre leur évolution en milieu naturel ; ils conseillent, pour ce faire, l'usage de pièges non traumatisants, telle la cage piège.

Un prédateur généraliste

Les habitats du chat sylvestre sont multiples : massifs forestiers de plaine et de basse ou moyenne montagne, lisières et prairies ; sa présence dans les milieux humides où alternent bois et marais est attestée.

L'animal a besoin de 400 à 500 g de viande par jour. Il consomme en priorité des rongeurs, des lapins, des lièvres, mais peut aussi s'attaquer à de jeunes faons de chevreuil, ou, en zone humide, au rat musqué. Il exerce également ses talents de chasseur à l'affût et à l'approche sur la gélinotte, le petit et le grand tétras ; en lisière de plaine, les oiseaux nicheurs (faisan, perdrix) font aussi partie de ses proies. Enfin, l'analyse de ses fèces montre qu'il peut se nourrir de chamois, de cervidés adultes, de sangliers : ces indices ayant été relevés durant la période de chasse, il pourrait s'agir d'animaux blessés ou morts des suites de leurs blessures. D'évidence, le chat sylvestre est un prédateur généraliste. L'hybridation du chat sylvestre avec des chats domestiques a été constatée. Elle pourrait avoir une incidence sur l'expansion des populations de chats sauvages qui, de fait, ne le seraient plus tout à fait.

Le chat sylvestre *(Felis silvestris)*

- **Poids :** de 5 à 6 kg (M) ; de 3,5 à 4,5 kg (F)
- **Taille :** 59 cm (M) et 56 cm (F) de long, plus une queue de 25-26 cm ; 35-40 cm de haut au garrot
- **Espèce solitaire :** mâle et femelle ont leur propre territoire ; des chevauchements sont observés en période de rut, par tempête ou par temps de neige
- **Territoire :** très variable, selon les régions et les périodes de l'année ; une femelle peut rester sur 15 ha dans les semaines suivant la parturition, puis occuper jusqu'à 600 ha
- **Maturité sexuelle :** à partir du dixième mois
- **Rut :** début janvier-fin février
- **Gestation :** de 63 à 67 jours ; les femelles peuvent avoir un nouvel œstrus si la première copulation se révèle improductive ou en cas de disparition de la portée ; de 1 à 7 jeunes par portée

L'empreinte mesure 4 cm de long sur 3,5 cm de large ; les laissées, 7 cm de long et moins de 2 cm de diamètre.

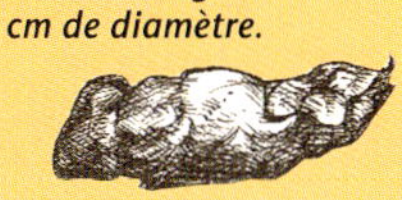

Les saveurs du grand gibier

La cuisine du gibier renaît. Elle s'est libérée du carcan de recettes d'un autrefois où les méthodes de conservation exigeaient que la puissance des sauces domine le goût d'une venaison faisandée. À ces préparations pesantes et trop riches d'accompagnements empruntés, se substituent aujourd'hui des plats dont le seul objet est de mettre en valeur les saveurs du sauvage. Encore faut-il que le gibier ne soit pas d'élevage, condition d'une cuisine, et d'une chasse, authentiques.

Selle de chevreuil rôtie aux épices douces, farcis d'hiver

par Guy Savoy
Restaurant Guy Savoy à Paris XVIIe

pour 4 personnes

Temps de préparation : **50 min**

Temps de cuisson : **25 min**

Ingrédients

- 1 selle de chevreuil de 1 à 1,2 kg
- 10 cl d'huile d'olive
- 50 g de mélange d'épices :
  - maniguette
  - poivre noir
  - macis
  - moutarde jaune
  - moutarde noire
- 4 petits oignons rouges
- 4 petits navets
- 4 feuilles de chou vert frisé
- 30 g de beurre
- sel fin, poivre du moulin

Farce pour les légumes

- 50 g de marrons cuits
- 50 g d'abricots secs
- 50 g de raisins secs
- 50 g de figues séchées

Préparation

Préchauffer avant tout le four à 200 °C (thermostat 7).

Préparer la selle. D'abord, dénerver la selle de chevreuil, c'est-à-dire ôter à l'aide d'un petit couteau de boucher les membranes blanches entourant certains muscles. Assaisonner ensuite de sel et poivre, avant de bien colorer avec de l'huile d'olive sur toutes les faces.

Faire cuire la selle. Enfourner la selle. Compter 15 à 20 min de temps de cuisson, et arroser fréquemment. Deux minutes avant de retirer du four, recouvrir la viande du mélange d'épices.

Blanchir les navets, les oignons et le chou. Creuser délicatement à l'aide d'une petite cuillère les navets et les oignons. Les blanchir séparément à l'eau bouillante salée. Une fois qu'ils sont bien fondants, les rafraîchir dans de l'eau glacée. Les laisser égoutter à l'envers. Pour les feuilles de chou, il convient d'ôter les grosses côtes, puis de les blanchir comme les autres légumes.

Farcir les légumes. Pour confectionner la farce, hacher grossièrement les fruits secs. Puis farcir les oignons et les navets avec le mélange obtenu. Pour les feuilles de chou, former de petits ballotins en rabattant les feuilles sur la farce.

Finition

Réaliser le jus de rôti. Réserver la selle cuite dans un endroit chaud. Dégraisser la plaque de cuisson, puis ajouter trois verres d'eau pour réaliser un jus de rôti. Assaisonner ce jus d'un peu de sel puis le laisser cuire 5 min à feu doux pour bien décoller les sucs de cuisson de la selle.

Cuire les farcis. Enfourner les légumes avec les 30 g de beurre pendant 15 min à four doux (120 °C) en les arrosant fréquemment.

Dressage

Dresser la selle dans le plat de présentation avec les légumes autour. Passer le plat pendant 5 min au four, puis arroser de jus et servir aussitôt.

2

LA CHASSE DU PETIT GIBIER SÉDENTAIRE

LES MODES DE CHASSE

LE PETIT GIBIER DES CHAMPS À POIL ET À PLUME

LE PETIT GIBIER DE MONTAGNE

L'esprit de la campagne

Il y a le pastoral et le sauvage, Virgile et Nietzsche, la campagne et la forêt, le monde latin et l'univers germanique. « *Il y a toujours eu deux Arcadie : l'hirsute et la lisse, la sombre et la claire, le séjour des loisirs bucoliques, le domaine de la panique primitive* », écrit l'historien Simon Schama. Comme les lettres et les arts, la chasse, à travers ses pratiques, exprime cette dualité que la nature inspire.

Le grand gibier, c'est l'appel de la forêt, la confrontation avec le sauvage. À la chasse du petit gibier, devant soi ou en battue, le bonheur d'être chasseur se satisfait en arpentant la plaine, le bocage, en longeant les haies, en pénétrant un bosquet niché entre deux champs, parce que lapins, lièvres, faisans, perdrix, vivent là où le paysan a façonné le paysage. Compagnon de cette poétique pérégrination : le chien, joyeux courant sur la voie du lièvre, du lapin et du renard, hardi broussailleur qui débusque le faisan tapi, ou splendide athlète à l'arrêt sur une compagnie de perdreaux.

Des pérégrinations joyeuses

La chasse du petit gibier a des allures d'enfance parce qu'elle est amusement plus que plaisir prédateur. Elle n'a pas la gravité de la chasse du grand gibier. Elle n'est ni grandiose ni solennelle. Elle ne met pas en scène la mort comme le fait la chasse à courre ; elle ne déclenche pas cette fièvre qui s'empare du chasseur à l'approche ou à l'affût. Le lièvre qui boule, le perdreau cassé en plein vol ne disent rien de tragique, sauf à celui que la chasse révulse. Il ne s'agit pas d'un moindre respect dû au gibier, mais plutôt du sentiment confus – et totalement infondé – qu'ôter la vie à un faisan n'a pas le même sens que tuer un cerf. Question d'identification peut-être.

Une chasse nourricière...

Historiquement, la chasse du petit gibier est celle du peuple. Le grand gibier, le cerf notamment, était affaire de princes. Pour le reste, les gens de la campagne s'en arrangeaient, le droit coutumier les y autorisant parfois.

En 1724, le sieur Antoine Trémolières, notaire en Rouergue, consacre un traité à l'art de la chasse, dans lequel il évoque « *la petite chasse qui se fait à pied et à petits frais. Elle est sans doute la plus utile de toutes les chasses ; c'est elle proprement qui garnit le râtelier de la cuisine.* » La chasse noble, qui se pratique à courre quand l'autre fait appel au fusil, refuse cette dimension nourricière. La Révolution française, en un acte fondateur qui abolit « *le privilège exclusif de la chasse* », accorde le droit de chasser à tout citoyen.

La vénerie était la marque du pouvoir monarchique, la chasse du petit gibier symbolise la liberté conquise associée à l'image du peuple en armes. Cette chasse paysanne s'identifie à celle du petit gibier sédentaire car le grand gibier est alors peu nombreux, et les armes pour le tuer ne conviennent pas très bien. La chasse du grand gibier suppose en outre toute une organisation que n'impose pas celle du petit gibier.

Enfin, le paysan ne s'aventure pas dans la forêt profonde. Son domaine, c'est l'univers familier de la campagne. La petite faune sauvage y abonde : d'âge en âge, l'agriculture civilisatrice a construit cette marqueterie des parcelles qui lui offre abris et nourriture tout au long des saisons. Elle se porte d'ailleurs si bien qu'elle bride l'expansion agricole, le lapin surtout.

... indissociable de la vie rurale

Nourricière, la chasse est aussi utile à la protection des cultures et s'impose donc comme une nécessité économique ; elle est en outre la distraction principale dans une vie campagnarde difficile et confinée. Dans ce monde rural, tout participe à favoriser le petit gibier : pour défendre sa basse-cour contre les prédateurs, le fermier piège, le garde-chasse du domaine voisin livre une guerre sans merci aux renards, martres et fouines. Pas de cadeau non plus aux « becs crochus ». Lors de la moisson, nombre de grains s'échappent des tombereaux brinquebalant sur les chemins empierrés. L'activité géorgique fut ainsi longtemps généreuse envers des espèces qui lui sont inféodées.

Du déclin du petit gibier...

Sous l'effet des remembrements et de l'agrochimie, la petite faune sauvage a fui ces espaces de culture enchevêtrés devenus des zones agricoles sans repères ni lisières. Plus d'insectes, ni friches, ni talus, le désert vert. Là où la perdrix rappelait, là où le lièvre gîtait, s'étendent des céréales drues et denses, des hectares de labour, terre nue, battue par les vents d'hiver où désormais aucun refuge ne subsiste.

Le lapin témoigne de ce basculement que l'historien Henri Mandras appelle *« la seconde révolution française »*. Dans les années 1950, une demande alimentaire inégalée impose à l'agriculture de franchir un cap décisif, celui qui sépare l'activité artisanale de la production industrielle. L'élimination du lapin, par l'introduction du virus de la myxomatose en 1952, l'y aide puissamment et marque le début de la fin de l'âge d'or du petit gibier sédentaire.

... à la dérive des lâchers

Faute de lapins, la pression de chasse va se concentrer sur les autres espèces, qui sont pourtant déjà mises à mal par la dégradation des habitats. Dans le même temps, le nombre de chasseurs augmente, pour atteindre, en France par exemple, le chiffre record de 2 200 000 personnes en 1974, ce qui ne fait qu'accentuer encore le reflux des populations de petit gibier. Cette époque inaugure pour la chasse une véritable dérive culturelle. Afin de compenser la raréfaction du petit gibier, les chasseurs se lancent dans les lâchers ; depuis un siècle, les « grandes chasses », dont le prestige se mesure à l'importance du tableau, montraient la voie, la mauvaise. Il ne s'agit pas tant d'essayer de repeupler les territoires que de s'offrir de la chair à fusil. « *En se résignant à l'emploi du gibier de tir, les chasseurs abandonnent du même coup tout effort de gestion du territoire et finissent par perdre toute maîtrise sur un milieu naturel dont ils devraient être les premiers protecteurs*, note le journaliste cynégétique Gilles Tournier. *En outre, le recours aux lâchers de tir accapare la majeure partie des ressources financières des sociétés de chasse et interdit toute mobilisation durable en faveur de l'amélioration des territoires.* »

Dans les années 1960, des chasseurs, très minoritaires, ont fait le pari de la gestion du grand gibier. Ils l'ont réussi au-delà de toute espérance, grâce à l'effet cumulé du plan de chasse, qui limite les prélèvements, et de l'évolution du paysage *(voir p. 16)*. La petite faune sauvage est, elle, victime d'un phénomène exactement inverse : des prélèvements sans rapport avec des densités en déclin du fait de la simplification des paysages. Dans ce contexte, les chasseurs ont massivement reporté leur intérêt sur le grand gibier. Pour deux raisons : facilité à gérer l'abondance ; impuissance à enrayer la pénurie, conséquence d'une logique productiviste sur laquelle ils n'ont pas prise.

Chasseur écologiste

La réorientation de la politique agricole vers des objectifs plus environnementaux laisse envisager de nouvelles perspectives. Les chasseurs ont là une occasion à saisir dont dépend leur légitimité future : démontrer leur capacité à reconstituer les habitats de la petite faune sauvage, condition d'une pratique authentique de la chasse. Quelques-uns l'ont déjà compris. De concert avec les agriculteurs, à moins qu'ils ne le soient eux-mêmes, ils mettent en place des actions qui combinent aménagement du paysage et prélèvements raisonnés. Un véritable défi en forme de reconversion mentale : être chasseur et écologiste.

La chasse devant soi

Par les bois et par les champs, au hasard des rencontres, le chasseur « billebaude », misant sur sa chance… et sur son chien. Le mot vient de la vénerie, mais son usage s'est étendu à la chasse du petit gibier devant soi, celle qui évoque la poésie campagnarde de ces dimanches où le père et son fils partaient au gré de leur humeur traquer le lapin, le lièvre et le faisan, la grive ou le pigeon aussi au détour d'une haie. Libre par excellence, elle parle au plus profond du cœur des chasseurs.

« *Le braconnage est un plaisir comme la chasse* », affirmait en 1836 l'un des maîtres de la littérature cynégétique, Elzear Blaze, dont le mépris n'allait qu'à ceux qui n'en pratiquaient aucune forme. Il parlait de chasse au chien d'arrêt. Il était dans la lignée du vagabondage cynégétique pratiqué sous l'Ancien Régime au nez et à la barbe des gardes seigneuriaux, revendiqué à la Révolution comme une liberté imprescriptible et perpétué après 1848 en affirmation d'un droit de tout homme sur la nature. Hommage à Rousseau et à Robespierre, contre tous ceux qui posaient des bornes sur la terre. Puis vint le temps où même le sauvage fut borné.

La chasse de tous les interdits

La chasse devant soi aujourd'hui, cette « billebaude » qu'Henri Vincenot (1912-1985) a su faire aimer même aux adversaires les plus rétifs, respire toujours cette irrépressible aspiration. Elle est la fille naturelle, en ses modernes évolutions, de la perfection raffinée d'Angleterre, qui a mis au point le chien d'arrêt dans un pays où l'on ne chasse point au-dessous de quelques milliers d'hectares, et de la *furia francese*, qui pratiquait le braconnage comme affirmation politique.

Braconner, ce fut d'abord mettre des braques de toute race à battre des lopins auxquels on déniait à quiconque toute propriété, pour faire jaillir un gibier tiré avec une arme dont la possession était théoriquement interdite. La bourgeoisie triomphante n'en est pas venue tout à fait à bout ; le droit français, l'un des derniers d'ailleurs, qualifie toujours le gibier de *res nullius* (chose non appropriée), par opposition à *res propria* (chose appropriée), *res communis* (chose commune) ou *res publica* (chose de l'État). C'est un héritage direct de Robespierre, qui déclara à la tribune de l'Assemblée : « *Je soutiens que la chasse n'est pas une faculté qui dérive de la propriété.* »

Une pratique auréolée de respect

De nos jours – où, bien sûr, la chasse est respectueuse du bien d'autrui – chasser devant soi reste un vagabondage à la rencontre des animaux libres, aidé d'un ou de quelques chiens. Pratique roturière puis populaire, elle impliquait une connaissance intime des territoires et des bêtes. Elle garde de ses origines la prééminence de la prise sur la beauté aristocratique du coup de fusil. Il n'importe pourtant pas de revenir courbé sous le poids de la gibecière, mais d'avoir cherché, poursuivi, déjoué la proie choisie.

La faim a aujourd'hui desserré ses lacets. Et la campagne ne produit plus cette abondance sans maîtres qu'il était scandaleux d'interdire aux moins fortunés, comme l'Église elle-même, au cours des âges, le remontra plusieurs fois à la noblesse. On sait que, dans ce qu'il est convenu d'appeler l'opinion, deux figures de la chasse entraînent une indiscutable sympathie : la braconne et la billebaude. Il s'y passe quelque chose comme un partage du rêve.

Les qualités et le savoir-faire du chasseur devant soi

La chasse devant soi requiert autant de résistance physique que de savoir-faire et de préparation : savoir de la cynophilie, savoir des animaux sauvages, savoir des armes. C'est une chose que de goûter les senteurs et les brumes du petit matin… une chose assez bien partagée. C'en est une autre que de nouer et de dénouer les drames successifs qui donnent un sens particulier à ces journées dans les bois et les champs.

La chasse, c'est le chien. À la chasse devant soi, c'est votre chien. Celui qui fera d'abord les quatre cents coups et vous arrachera des propos et des jurons dont vous ne vous seriez jamais cru capable. Vous lui appliquerez même, à l'occasion, des fessées vite regrettées. Puis ce sera le double de vous-même. Il vous remplira de fierté et vous offrira des joies dont le récit ennuiera parfois vos amis, qui en ont pourtant autant à votre service. Enfin, vous traînerez quelque temps derrière vous – ou juste un peu devant – une pauvre vieille chose que vous ne verrez pas disparaître sans raidir un peu la lèvre supérieure, comme tout homme bien né. C'est que les chiens d'arrêt, les retrievers, les broussailleurs, ou même les petits beagles et bassets, qui chassent pour vous et dans vos bottes, le lièvre ou le lapin, sont fort différents des grands chiens courants.

Pour tout chien d'arrêt, un difficile apprentissage. Le chien d'arrêt, quelle que soit sa race, se voit demander sans cesse, à tout moment de son action, un énorme contrôle qui – basé sur une sélection où les Anglais, notamment, ont excellé – implique une éducation et une étroite relation entre l'homme et l'animal.

Le Dr Patrick Pageat, qui a remarquablement étudié l'éthologie du chien, écrit : *« Il faut bien comprendre que cet apprentissage nécessite un niveau d'inhibition du chien extrêmement important car, à toutes les phases, il faut qu'il s'arrête dans son élan. Malheureusement cela justifiait des méthodes barbares […] Autre procédé du même acabit : l'utilisation du petit plomb, c'est-à-dire que si le chien commence à partir trop tôt on lui tire dessus avec du plomb ou du sel. Aujourd'hui, on utilise des méthodes qui ne sont pas plus recommandables, mais qui laissent moins de traces : le collier avec choc électrique déclenché à distance. On a souvent recours à ces méthodes alors que, dans le passé, le chasseur avait la patience d'éduquer son chien et vivait près du lieu de chasse. »*

Tout est dit. Il y a certes encore de grands dresseurs, pour qui en a les moyens. Mais même dans ce cas il ne faut se faire aucune illusion, un chien d'arrêt n'est pas une machine. Il faudra de la patience, du discernement et de l'affection. L'instinct n'est que la base de sa personnalité. Il chasse d'abord pour faire plaisir à son maître, même lorsqu'un sens élevé de la courtoisie le pousse à rapporter au voisin le gibier qu'il a abattu. Nombreux sont ceux qui ont vu leur compagnon, après le troisième ou le quatrième loupé, se coller derrière leurs bottes jusqu'à la fin de la journée, ou même retourner à la maison.

La chasse devant soi du petit gibier, avec son chien, c'est la liberté de parcourir la campagne à sa guise, sans être soumis aux règles strictes de la chasse collective.

La sélection d'un compagnon de chasse

Le choix de la race correspond à quelques règles simples, qui dépendent à la fois du gibier et du territoire. En plaine et dans les grands terrains dégagés, il peut être intéressant de choisir des chiens de grande quête, pointers ou setters, qui, après un premier arrêt bien visible, laisseront approcher leur maître au meilleur vent puis se couleront, sur son ordre, pour faire partir la proie.

Toutefois, seule une parfaite connaissance du chien permettra de deviner de quel gibier il s'agit, et donc de choisir la manœuvre à

Les retrievers ont une qualité spécifique, le **marking** : *même à très longue distance – ils ont une acuité visuelle supérieure à la plupart des races –, ils repèrent et mémorisent l'endroit où le gibier tombe ; ils peuvent ainsi enregistrer jusqu'à une dizaine de points de chute.*

opérer. En tout état de cause, ces animaux, véritables pur-sang, exigent à la fois un dressage parfait et des territoires d'entraînement. Cela n'est pas donné à tout le monde.

À chaque terrain, son spécialiste. Aussi n'est-ce pas un hasard si des races telles que les épagneuls, le breton en tête, emportent bien des suffrages. Adaptés à une grande variété de territoires, ce sont des malins. Ils arrêtent fort bien mais sont aussi parfaitement capables de bourrer à propos, quoique contre toute règle, lorsque la situation l'exige et que le maître n'est pas tout à fait à la hauteur.

La catégorie des broussailleurs, qui va du cocker aux griffons, fait merveille au bois et dans les terrains difficiles. Le chasseur peut, quand il a suffisamment pris soin du dressage, les suivre de près et deviner ce qui se passe dans les ronciers. Chasse, certes un peu plus brutale, un peu plus « juvénile », qui s'éloigne de la pureté pour approcher le « braconnage » au sens ancien du mot. C'est sûrement pourquoi les puristes, dont les bécassiers, continuent de préférer, même là, le grand sang anglais.

Les chiens de l'école anglaise

Restent les retrievers, et en particulier les labradors. C'est outre-Manche, encore, qu'on les a découverts et fixés dans la tâche de récupérer le gibier tombé. Mais les retrievers ne sont pas faits que pour « retrouver ». Ils sont simplement faits pour trouver. Ils furent accueillis sur le continent, il y a une quarantaine d'années, avec un brin de mépris.

Depuis lors, on leur a découvert de multiples talents et un véritable caractère de « bonnes à tout faire ». Bien utilisés, ils tiennent une place comparable à celle de l'épagneul, et s'ils ignorent à peu près complètement l'arrêt, leur lenteur méthodique les rend fort efficaces dans les sous-bois humides et broussailleux.

Après bien des observateurs qui osaient à peine le dire, le Dr Patrick Pageat remarque : « *Le chien va quêter, c'est-à-dire que, suivant les races, il est nez au vent ou nez au sol, et qu'il repère. Pour l'instant on ne sait pas encore très bien quoi, sûrement pas simplement*

LES VIEUX FUSILS

Trois modèles de fusils ont fait le bonheur de générations de chasseurs devant soi : le Simplex, un monocanon, et le Robust, un juxtaposé, tous deux fabriqués par l'illustre Manufrance ; le Darne est aussi un juxtaposé, mais à canon fixe et culasse coulissante, inventé en 1894 par un armurier de génie, Régis Darne.

l'odeur de l'animal. En tout cas il sait à un moment donné qu'il y a une proie. » On peut en dire autant, *mutatis mutandis*, du chasseur à la billebaude : il sent à un moment donné qu'il y a une proie ! Son odorat n'y est certainement pour rien, mais il est remplacé par un sens aigu de l'observation, une habitude de remarquer des détails infimes de l'environnement. Quelque chose de très animal en somme. « *J'étais fier de ressembler à un de ces animaux des bois et des friches qui chassent seuls, par ruse* », écrit Henri Vincenot.

Attente, tactique et précision du tir

Le tir en ce genre de chasse est certainement la chose la moins susceptible de théorisation, mais certaines règles s'appliquent toutefois, là comme ailleurs. La principale étant de ne jamais croire qu'il vaut mieux tirer à tout hasard plutôt que de laisser filer sans les saluer la bécasse ou le lapin entraperçus. La chasse devant soi n'autorise pas plus que les autres pratiques ce genre de facilités.

Il convient de laisser le lièvre prendre sa course et de le tirer bien devant en accompagnant son allure. Quand on lâche son coup à la surprise, c'est généralement lui qui en profite. Il en va de même pour le faisan. Lorsque le chasseur et son chien l'auront plusieurs fois remisé et relevé sans réussir à le bloquer, il choisira un rideau d'arbres pour monter en chandelle dans un bruit d'enfer. On grille à ce moment-là toutes les cartouches qu'on veut. C'est lorsque l'oiseau aligne son vol que l'on peut tirer. Mais souvent, malgré tous les efforts fournis, il prend le large hors de portée. En outre, sa longue queue est trompeuse : on le manque fréquemment derrière et dessous.

Le travail du chasseur et de son chien est de bloquer le gibier quêté pour le forcer à prendre son essor là où il pourra être tiré raisonnablement. « *Le faisan monte vite au départ*, explique Eugène Louis Blanchet dans son traité qui fut la bible de tous les chasseurs des années 1950. *Appliquez bien la loi : queue, tête, pan ! sinon vous le manquerez, ou vous lui couperez la queue et parfois les pattes, votre oiseau continuera son bruit de motocyclette et son coc, coc, coc de frayeur et vous laissera tout navré et pantois.* »

« Il est essentiel de faire pisser un lièvre qu'on vient de tuer, affirme Elzear Blaze (1786-1848). Sans cette précaution, il conserverait un goût d'urine et ne serait pas mangeable. »

Les devoirs envers le gibier blessé

Une charge de grenaille a une portée utile de 35 à 40 m, au grand maximum, pour un calibre 12. Encore faut-il préciser que cela n'est vrai qu'en terrain découvert. Branches et feuilles absorbent une quantité phénoménale de plombs ; ce ne peut être qu'un hasard si une bécasse tombe dans ces conditions. Elle peut par contre en recevoir assez pour mourir plus loin, ou plus tard. Le lièvre, généralement manqué derrière, recevra, lui, du plomb dans les cuisses et mourra quelques jours après d'une septicémie. Un vieux proverbe cynégétique dit : « *Le cul du lièvre a le renom d'être toujours un sac à plomb.* »

Lorsqu'on pense avoir bien tiré et que le gibier ne tombe pas, ou lorsqu'il réagit bizarrement au coup de feu, la moindre des courtoisies envers lui est de chercher à voir, autant que possible, s'il n'est pas tombé un peu plus loin. C'est en outre un impératif de gestion.

Une cartouche adaptée à l'animal et à la distance

L'ancienne et vive querelle entre les « gros-plombistes » et les « petits-plombistes » est à peu près aussi fondée que celle des « gros-boutistes » et des « petits-boutistes » imaginée par Jonathan Swift. La formule « *les gros plombs passent, les petits plombs ramassent* », malgré ses allures de vérité définitive et éternelle, est une parfaite ânerie, comme le serait la formule inverse.

Quelques précisions sur la dispersion. Une gerbe de plomb est d'autant mieux garnie que les éléments qui la composent à poids total égal

Un chien doit avoir « la dent douce » pour ne pas abîmer le gibier, mais le rapport n'est pas la première qualité exigée de lui. Il doit être avant tout doué pour la quête : l'essentiel est qu'il découvre le gibier là où le chasseur ne soupçonne pas qu'il est.

sont petits. Mais en contrepartie, l'énergie cinétique de chaque grain – soit, en résumé, sa capacité meurtrière – est d'autant plus élevée que sa section est grande. Du coup, la dispersion de la gerbe sera moins rapide. Et chacun sait, ou devrait savoir, que les plombs portent d'autant plus loin que leur taille est importante.

Par conséquent, tirer un lièvre avec du plomb n° 8 est aussi absurde que de tirer la grive avec du n° 5. Un animal léger et rapide (bécasse, lapin…) sera presque toujours tiré à courte distance. Il faut donc choisir un plomb garnissant bien, dispersant vite, mais, par contrecoup, d'une énergie cinétique moindre.

Par contre, tirer un coup de n° 8 à 35 m sur un capucin, voilà qui classe tout de suite son homme. N'est-il pas vrai, dira-t-on, qu'autrefois on voyait tomber les chevreuils sur un coup de n° 7 ? Certes, mais aussi combien partaient avec la charge ! Pour tous, mais plus particulièrement pour le chasseur à la billebaude, qui fait presque toujours feu dans des conditions difficiles, le choix d'un plomb approprié est essentiel. Question d'éthique. Quant à l'idée que les gros plombs s'imposent en arrière-saison parce que le gibier se tirera plus loin…

Attention au syndrome Rambo. C'est la même chose pour les cartouches « magnum » tirées dans des armes chambrées en 76 mm. On fabrique même des « mini-magnum » pour les chambres de 70 mm ! Il est parfaitement établi qu'elles ne font mal qu'à la tête et à l'épaule des utilisateurs, sans parler de leur porte-monnaie. Plus une cartouche est douce, plus elle présente de chances d'être une bonne cartouche. Le chasseur devant soi se prépare en effet bien des déboires avec l'attirail de Rambo.

Préférer la bourre grasse. La question de la bourre, enfin, n'est pas sans importance. Bourre grasse ou bourre à jupe ? Cette dernière, si elle est de bonne qualité chez un bon encartoucheur, fera gagner 4 ou 5 m en retardant l'expansion de la gerbe. Par contre, elle sera beaucoup plus garnie au centre que sur les bords. Quel intérêt pour notre batteur de broussailles ? La bourre grasse élargit la charge plus vite, et la répartit de façon plus homogène. Elle est nettement mieux adaptée à la billebaude.

Le choix du fusil. Le choix du fusil est une affaire de goût. Les raffinés restent fidèles au fusil à canons juxtaposés, de préférence dans les petits calibres, 20 ou 410 magnum. Les modernes sont définitivement acquis au superposé. Les porteurs de fusils automatiques – efficaces mais sans élégance – ne craignent pas le regard réprobateur des snobs. Quelques égarés sympathiques – ou présomptueux imbéciles –, certains de leur tir car ils ne peuvent doubler pour rattraper le gibier blessé, font le choix définitif du fusil à un coup.

Le bonheur est dans le pré... pour quelques-uns

La chasse devant soi ne sera plus jamais comme autrefois. Lorsque le petit gibier était abondant – le lapin notamment qui faisait l'essentiel du tableau d'un chasseur au « cul levé » –, elle était la pratique la plus commune. C'est à elle que la chasse doit son image bonne enfant, une image d'autrefois, telle qu'elle apparaît dans les romans de Louis Pergaud (1882-1914) ou de René Bazin (1853-1932). C'était une chasse insouciante, une chasse de cueillette. Elle est aujourd'hui confrontée à deux phénomènes. Le grand gibier, de plus en plus abondant et moins ingrat à gérer que la petit faune sauvage, devient l'objet de toutes les attentions alors qu'il était hier l'exception ou l'apanage prestigieux des grandes chasses au bois. Le sanglier, surtout, relègue loin dans les mémoires les charmes d'une chasse paisible et familiale.

Là où le petit gibier demeure, ou revient grâce à des efforts d'aménagement considérables, il constitue un bien trop précieux pour être livré aux hasards de la billebaude. Soit ces territoires miraculés, ou miraculeux, sont chassés avec parcimonie par quelques passionnés esthètes, avant tout soucieux de préserver leur fragile capital et se contentant de modestes tableaux. Soit ils sont le cadre d'un petit nombre de battues annuelles : elles permettent de contrôler les prélèvements et dérangent peu le gibier.

Signe des temps : la billebaude du petit gibier sédentaire, sauvage bien évidemment, devient désormais un luxe alors qu'elle fut durant des lustres le loisir des plus modestes.

Seul en compagnie de son chien, le bonheur d'être chasseur prend une dimension paisible et poétique. La nature est toute à vous, vous êtes en elle, le temps d'une escapade bien loin du monde.

Flat coated retriever

Curly coated retriever

Labrador retriever

Chesapeake bay retriever

LES RETRIEVERS ET LES SPANIELS

Golden retriever

Cocker spaniel

Irish water spaniel

English springer spaniel

Clumber spaniel

Welsh springer spaniel

Field spaniel

Sussex spaniel

Même pour la chasse, les Anglais ont inventé la division du travail : ils ont sélectionné des races spécialistes du rapport, les retrievers, setters et pointers étant chargés d'arrêter le gibier à plume. Au large du Labrador, les pêcheurs de morues utilisaient des chiens pour les aider à ramener les filets et – dit-on – à repêcher les poissons tombés par-dessus bord. Cette disposition au rapport intéressa vivement les sportsmen car l'avènement en 1738 des canons à double tube, puis l'augmentation de la portée des fusils, facilitaient grandement les prélèvements. D'où l'idée de spécialiser des chiens au rapport.

De sélection en sélection, les retrievers ont développé le *marking,* cette disposition qui leur permet de repérer à longue distance les gibiers et de mémoriser les points de chute. La battue terminée, le chien rapporte un à un les oiseaux. De leurs origines maritimes, les retrievers ont gardé un goût pour l'eau, ce qui en fait d'excellents sauvaginiers. Certains chasseurs les utilisent à la traque du sanglier, d'autres pour la recherche au sang. La mode du labrador comme chien de compagnie n'a pas fait de bien à la race, dont certaines lignées ont totalement perdu leurs qualités de travail.

C'est aussi le cas des spaniels, le cocker entre autres. D'où la nécessité, de la même façon que pour le labrador, d'être garanti, lors de l'achat d'un spaniel, qu'il est issu d'une souche de chasseurs. Ces chiens typiquement britanniques font merveille en terrain difficile où dominent ronces et broussailles. Rien n'arrête leur quête grouillante : ils « bourrent » le gibier, c'est-à-dire qu'ils le forcent à sortir de ses retranchements. Bien éduqués, ces chiens efficaces, courageux et, parfois, cabochards savent chasser pour leur maître en restant à une distance raisonnable.

Pointer

Braque français

Braque Saint-Germain

Braque de Weimar

Braque allemand

Braque d'Auvergne

Braque italien

Braque du Bourbonnais

Langhaar

Braque hongrois

Pudel-pointer

Drahthaar

LES CHIENS D'ARRÊT

De l'idée de bloquer les oiseaux afin de laisser au chasseur le temps de les approcher pour les couvrir d'un filet est né le chien d'arrêt. Les fauconniers lui donnèrent ses lettres de noblesse. L'essor de la chasse à tir en fit le compagnon d'excellence du chasseur de petit gibier. À partir de souches locales, les chasseurs européens ont sélectionné des braques pour leur puissance, des épagneuls pour leur ardeur, des griffons pour leur robustesse, des setters pour leur finesse. De multiples croisements, durant le XIXe siècle et le XXe siècle, ont permis de fixer des races très typées.

Griffon korthals

Spinone

Épagneul picard

Épagneul bleu de Picardie

Setter anglais

Épagneul de Munster

Épagneul breton

Setter gordon

Épagneul français

Épagneul Pont-Audemer

Setter irlandais

La battue

Efficace, encadrée, collective, la chasse en battue du petit gibier est une pratique récente au regard de la longue histoire cynégétique. Sa réussite est fonction des qualités de l'organisateur. Le hasard n'y a pas sa place, sa poésie est sans rapport avec celle de la billebaude. Hier associée à l'image des tableaux importants et des grands fusils, elle illustre aujourd'hui une conception gestionnaire de la chasse.

Le principe de la battue est de faire battre un terrain par suffisamment de chasseurs pour que les animaux n'aient d'autre issue que de s'enfuir à toute vitesse entre les jambes des participants ou par-dessus leur tête. Quand le fusil devint assez sûr, maniable et efficace, il acquit ses lettres de noblesse. Ce fut l'essor des grandes tirées de faisans. On pratiquait avec le petit gibier comme on l'avait fait avec le grand, qui, d'ailleurs, se portait fort mal.

Des gigantesques tableaux de Napoléon III...

Au XIXe siècle, Napoléon III, tout comme le Kaiser, s'emploie – et s'en flatte – à concentrer sur de faibles superficies des milliers de petits animaux proposés à l'adresse de très distingués invités, dont le seul souci est de briller par les plus nombreux et les plus jolis coups de fusil ainsi que par le plus grand nombre de pièces. C'est une partie de la fierté des souverains d'alors que d'annoncer qui 25 000 pièces annuelles ici, qui 30 000 pièces là. Inutile de préciser que les animaux d'élevage y tiennent nécessairement une grande place ; le tir à la « cocotte » ne date pas d'aujourd'hui. On ignore souvent que Napoléon III prit des mesures énergiques pour développer les populations de lapins de garenne. Leur prolificité produisait des chiffres impressionnants.

L'aristocratie anglaise n'était pas en reste. Les *landlords* pratiquaient ainsi l'élevage intensif des espèces à plume, le faisan notamment, dont ils sont devenus les spécialistes de la réimplantation par la technique de la volière à ciel ouvert. L'objectif, là aussi, était d'obtenir de gigantesques tableaux, et chasser, c'était tirer beaucoup, vite et juste. On doit à l'honnêteté de préciser que ni l'Angleterre, ni l'Allemagne, ni la France ne méprisaient pour autant leurs techniques traditionnelles, et encore moins la chasse au fusil devant soi.

... aux grandes battues du Nord début XXe siècle

La généralisation de la battue de plaine au petit gibier en France ne date pourtant que du tout début du XXe siècle. Elle est apparue dans la région parisienne et les grandes plaines céréalières du Nord. Dans les années 1930, Xavier Le Lorrain, qui offrait des chasses magnifiques à ses invités, considérait : *« Le plus beau sport en matière de chasse, celui qui permet le mieux d'estimer la classe d'un tireur, c'est la battue de perdrix. Mais cela ne constitue une vraie chasse que pour le seul propriétaire du terrain, le directeur, l'organisateur. Pour les invités c'est un simple jeu d'adresse. »*

Exercices mondains et pratiques roturières. Il semble à peu près certain que cette battue de perdrix, d'origine française, où les propriétaires mettaient un point d'honneur à faire réaliser d'énormes tableaux, fut vite la cause d'une baisse significative des populations ; les auteurs de l'époque s'en font presque tous l'écho. Les plus fortunés y remédiaient par des « repeuplements » intensifs. Ces battues jouèrent dans la bourgeoisie française le même rôle de lien de classe que la vénerie. Au point d'être ressenties par certains comme un exercice ennuyeux et mondain.

Parallèlement, on pratiqua très tôt, ce qui est toujours très souvent le cas dans les petites chasses, communales ou autres, un type de battues en comité restreint, souvent mêlées à une sorte de chasse devant soi. Elles ont au moins l'avantage de faire participer ceux dont les membres commencent à se raidir un peu ou qui, citadins, ne peuvent dresser un chien.

Une abondance de gibier le plus souvent artificielle. On a peine à imaginer à quel point ces « grandes chasses de naguère » constituent un écran de fumée pour le chasseur d'aujourd'hui. Évidemment, l'agriculture productiviste, liée pendant plusieurs décennies à un aveuglement gestionnaire total, est responsable en grande partie de l'effondrement de la faune sauvage. Il n'en reste pas moins que des prélèvements délirants, compensés parfois par des réintroductions massives et louches, avaient déjà bien entamé un capital auquel, pourtant, les méthodes culturales d'alors convenaient parfaitement. Les mirifiques tableaux des grands domaines ne doivent pas faire oublier que les parties de chasse roturières finissaient souvent par le tir à la casquette ou à la bouteille vide. Et si, avant la myxomatose, on prélevait quelque 60 millions de lapins par an en France, ce n'était guère, semble-t-il, que depuis une cinquantaine d'années pendant lesquelles, justement, on avait tout fait pour favoriser une abondance artificielle et déraisonnable.

Les compagnies de perdrix prisées pour leur vitesse

Le gibier de battue par excellence est évidemment la perdrix. Elle affectionne les grandes plaines céréalières et offre un coup de fusil des plus difficiles. L'oiseau peut atteindre 80 km/h et sait l'art de varier son vol pour se mettre hors d'atteinte.

Le concours du chargeur. Il fut un temps, pas si lointain, où les meilleurs auteurs recommandaient de se faire accompagner d'un chargeur, qui, placé derrière le tireur, chargeait le second fusil. Lorsqu'une compagnie se levait, il convenait de tirer les premiers oiseaux à 50 m, nous disait-on, et de préférence ceux de tête, puis de ferrailler continûment.

Avec le concours d'un chargeur assez preste, il paraît qu'un grand fusil – un « sabre », disent les initiés de ces grand-messes mondaines – pouvait abattre de 4 à 6 perdreaux au passage d'une compagnie, et qu'il se trouvait prêt pour la suivante. Tony Burnand, journaliste cynégétique des années 1960, conseille pour sa part : *« Tirer haut et très devant sans arrêter le mouvement. Ne suivez jamais très longtemps, sinon vous risquez de finir par balayer la ligne. »*

Le lièvre y perd ses défenses. Les plaines peuplées par le perdreau sont aussi le domaine du lièvre. Aussi le tire-t-on dans les mêmes journées ; ce n'est pourtant que par défaut qu'il est devenu un gibier des battues de plaine. Sa quête est bien plus passionnante que son tir. Débusqué, cerné et sans espoir de refuite, il sera fusillé au passage de la ligne ; cible facile au point, quand il était abondant, d'engendrer l'ennui, comme en témoignent nombre de récits de chasse de l'entre-deux guerres. Les chasseurs à tir du lièvre aux chiens courants, comme il en existe dans le Sud et en Bretagne, peinent à admettre que leur gibier roi puisse ainsi être abattu comme à un stand de tir.

Bien connaître le terrain

La réussite de la battue en plaine dépend de la connaissance du terrain et du savoir-faire de l'organisateur, surtout en ce qui concerne le perdreau qu'il faut savoir manœuvrer. L'inspecteur des forêts Armand Leddet, qui s'attacha à initier les chasseurs français à l'art de la battue, note que *« les allures des animaux en*

En battue marchante, technique qui mêle à la ligne de traque des chasseurs armés, les chiens peuvent jouer un rôle à condition qu'ils soient parfaitement aux ordres.

plaine sont plus régulières, plus routinières qu'au bois : telle compagnie de perdreaux, tel lièvre levé dans un champ donné, prendront sûrement tel ou tel parti, eu égard, bien entendu, à l'état du temps. Néanmoins, un vent violent, une pluie abondante tombée dans la nuit, peuvent modifier les refuites du gibier ; mais on est bien vite au fait de ces modifications qui dérivent de l'état des couverts, de plus ou moins d'humidité des sols et surtout de l'exposition. La meilleure condition de succès des battues de plaine est que les tireurs soient placés sous le vent. »

Battue aux tireurs postés et battue marchante

Ce mode de chasse connaît deux importantes variantes. La battue aux tireurs postés consiste à faire avancer une ligne de traqueurs poussant le gibier vers une ligne de fusils immobiles. La battue marchante, elle, mêle à la ligne de traque un certain nombre de chasseurs armés. Il s'agit des participants les plus ingambes ; ennuyés par l'immobilité du poste, ils préfèrent un peu de surprise et d'imprévu.

La technique du chaudron. À noter, enfin, la technique du chaudron : tous les chasseurs en cercle resserrent leur étreinte vers un point central où le gibier se concentre peu à peu. Vers la fin de la manœuvre, les animaux qui n'ont pas tenté plus tôt leur chance doivent prendre un parti. Les tirs se succèdent alors à une cadence rapide, et la sécurité exige de ne faire feu qu'en se retournant sur les animaux qui ont franchi le cercle. Cette méthode exige une discipline parfaite de tous les acteurs.

Le rôle très annexe du chien

La battue du petit gibier dans les grandes plaines, c'est donc le tir. Les chiens ont une fonction secondaire, même si l'on aime de plus en plus la battue marchante, où ces auxiliaires peuvent jouer un certain rôle, quoique assez flou et désordonné.

L'arrêt du chien, un moment magique où plus rien n'existe que la confrontation du prédateur et de sa proie... Tout l'art du chien consiste à savoir bloquer le gibier.

Autrefois, quelques croisés de pointers ou de braques suivaient les traqueurs dans le seul but de ramasser les pièces abattues. Toujours perfectionnistes, les Anglais avaient mis au point les différentes races de retrievers dans ce seul but. Il a fallu un certain temps pour découvrir que ces chiens avaient bien d'autres capacités.

L'utilisation des chiens d'arrêt dans les battues provoque plus la pagaille qu'autre chose. « *Les chiens se jalousent, se cassent mutuellement les arrêts et se volent le gibier,* commente le journaliste Jean-Michel Lepeudry, passionné de setters anglais. *Pour éviter un tel désordre, les chasseurs sont forcés de "casser" leur chien en les obligeant à chasser sous le fusil, leur enlevant par là même cet esprit d'initiative qui fait leur grande qualité.* »

Le choix de l'arme

La chasse en battue du petit gibier est fondamentalement une idée de sportsman britannique. Les remarquables et quasi mythologiques fusils anglais de battue sont issus de cette unique préoccupation du tir. Fabriqués à la mesure exacte de leur propriétaire, ils étaient toujours vendus par paire, chacune des deux armes étant identique à l'autre, au millimètre et au gramme près.

En battue de plaine, on emploie presque toujours des armes très chokées (3/4 et full) chargées, aujourd'hui, de munitions avec bourre à jupe ; la conjugaison des deux offre une portée plus grande. Il n'empêche que la portée utile d'un tel ensemble n'excède guère 40 m en calibre 12. Ici comme ailleurs, il est indécent de pratiquer des coups de longueur, sous prétexte que le gibier risque davantage que le tireur. Dans des espaces dégagés, en outre, il n'est pas rare de sous-estimer la distance, en toute bonne foi. S'il arrive alors qu'un chasseur tue à 50 m ou plus, la raison n'en est pas à son arme exceptionnelle, mais à sa chance, et, surtout, à une erreur d'appréciation.

Toujours les mêmes cartouches. On ne répétera jamais assez qu'un fusil ordinaire mis à la conformation du tireur par un armurier compétent tue plus régulièrement qu'une arme de luxe inadaptée. Pour les munitions, il convient de choisir toujours la même marque de cartouches, dans le même chargement et dans un plomb unique (le n° 7 par exemple). D'autant que, en battue, l'idée que le second coup sera tiré plus loin que le premier est encore plus fausse que dans d'autres situations.

Tenir compte du poids du fusil. Juxtaposé ou superposé, crosse anglaise ou pistolet, peu importe ! L'essentiel est de suivre son goût ; on doit aimer son arme. Mais, pour celui qui est posté et tire beaucoup, le recul d'un fusil trop léger deviendra vite désagréable. Par contre, dans la ligne marchante, quelques centaines de grammes de plus ou de moins, sans en avoir l'air, ne seront pas sans effet sur l'état physique du chasseur à la fin de la journée.

Veiller à la sécurité de ses compagnons de chasse

La battue de plaine est une activité de bonne compagnie et même de bonne société. La courtoisie et la sécurité n'y font qu'un. Le gibier s'y tire rarement en altitude, mais bien à hauteur d'homme. Il est impératif de ne jamais balayer la ligne des postés ou des traqueurs. Si on suit un animal, il faut relever son arme bien avant qu'elle ne croise les compagnons de chasse, et réajuster ensuite, s'il est encore temps. Toute autre attitude assure fréquemment à son auteur une prochaine invitation... aux calendes grecques.

Alors que la France découvre la chasse du petit gibier en battue, Michel Anty, auteur d'un ouvrage sur les *Usages et bienséances cynégétiques*, paru en 1911, donne ce conseil qui reste toujours vrai : « *Il est imprudent de mettre le fusil à l'épaule avant d'avoir le gibier à portée : si on suit avec le guidon la perdrix dans son vol, fasciné par l'oiseau qui arrive à tire-d'aile, on ne voit que lui, et on risque de tirer à l'instant précis où il passe à hauteur du voisin. Les "suiveurs"* [ceux qui ne restent pas en ligne] *sont un danger permanent en battue de plaine. Que d'yeux crevés par leur étourderie !* »

La battue en cercle, ou chaudron, offre de nombreuses occasions de tir, mais exige une parfaite synchronisation des lignes et un respect scrupuleux des règles de sécurité.

De la courtoisie avant tout

Lorsqu'un gibier manqué se dirige vers votre voisin, il est courtois de ne pas le doubler et de crier : « À vous » ; et parfaitement discourtois de tirer ce qui se situe dans son champ d'action. On ne fusille pas non plus un animal à bout portant. Il convient d'attendre une portée raisonnable. Et, s'il vous échappe, tant mieux pour lui. Enfin, partant du principe que l'on manque généralement derrière et en dessous, il est peu délicat de lâcher son coup sur le premier oiseau d'une volée serrée. L'élégance commande de choisir le dernier. Cette attitude évite souvent une fatale précipitation et quelques blessés par les plombs perdus.

Longtemps décriée, la battue trouve sa place

La chasse en battue du petit gibier de plaine est l'une des chasses les plus meurtrières pour qui veut se conduire en massacreur. Les archives cynégétiques regorgent de commentaires hostiles à cette pratique considérée soit comme contraire aux « valeurs » de la chasse populaire à la billebaude, soit comme peu digne du vrai chasseur. Louis Testart, grand auteur cynégétique de l'entre-deux-guerres, par ailleurs l'un des fondateurs de la Ligue pour la protection des oiseaux, estime que « *la battue a certainement été inventée par un chasseur indolent ; on y abat le gibier sans combinaison et sans fatigue. Les chasses en battue ne ressemblent en rien aux chasses au chien d'arrêt qui plaisent surtout aux nemrods véritables. »*

Aujourd'hui, du point de vue de la gestion du gibier, la battue apparaît au contraire comme une pratique parfaitement adaptée. *« C'est une formule de chasse comme une autre qui doit être respectée,* insiste Dominique Aufradet, une des têtes pensantes de l'Association nationale petit gibier, structure originale qui rassemble des chasseurs et des agriculteurs à la pointe de la gestion de la petite faune sauvage. *À partir du moment où les chasseurs respectent un plan de chasse, la battue ne peut être critiquée et n'est pas plus meurtrière que les autres pratiques. »*

Moyen fiable de contrôler les densités

Permettre au petit gibier de retrouver sa place dans l'univers agricole exige non seulement des années d'efforts mais également une parfaite maîtrise des techniques culturales, de l'aménagement des paysages et de l'éthologie animale. Outre la préservation du milieu et la régulation des prédateurs, la tranquillité du gibier et la maîtrise des prélèvements conditionnent la réussite de la gestion : la battue répond à cette double exigence. Organisée une ou deux fois par an, elle limite le dérangement ; elle permet d'encadrer les chasseurs dans une action collective, et donc de contrôler le nombre d'animaux tués. Celui-ci est fixé en fonction des densités qu'ont révélées les comptages de printemps et ceux d'après-moisson. Ainsi la battue apparaît comme un moyen supplémentaire d'évaluer les densités. En terme de suivi des populations, elle se révèle un outil très fiable.

Une mutation profonde. La battue de plaine subit la même mutation profonde que connaissent les autres modes de chasse. Orgueilleuse et sans limites autrefois, elle existe aujourd'hui – là où la gestion du petit gibier est entreprise sérieusement – comme l'affirmation d'une volonté de garder aux campagnes cultivées la faune sauvage qui leur est inféodée. Non comme réserve ou sanctuaire, mais comme nature durablement accessible au plaisir prédateur des hommes.

Participer à l'une de ces grandes journées de chasse dans de telles conditions n'engendre évidemment plus l'ennui, pas plus que le sentiment de participer à un massacre. Plutôt quelque chose comme une liberté et une vitalité retrouvées.

La battue, c'est avant tout le tir et fort peu le travail du chien, hormis le rapport. C'est aussi, parfois, la recherche exclusive du tableau ; elle est alors le prétexte à des lâchers.

>>> LE LIÈVRE MÉPRISÉ

Le lièvre a perdu dans les battues l'estime en laquelle l'aristocratie le tenait. Gaston Phébus le disait le plus « gentil » à courir de tous les gibiers, et les « honneurs du lièvre », de tradition royale, étaient reçus à genoux.
Mais, s'il n'a pas la possibilité de déployer ses ruses, il n'offre qu'un piètre coup de fusil au passage de la ligne.

Petit anglo-français

Beagle-harrier

Fox-hound

Bruno du Jura

Saint-hubert

Ariégeois

Petit Bleu de Gascogne

Griffon fauve de Bretagne

Griffon bleu de Gascogne

Porcelaine

Griffon nivernais

Basset fauve de Bretagne

LES CHIENS COURANTS

Basset-hound

Basset griffon vendéen

Briquet griffon vendéen

Beagle

Chien d'Artois

Harrier

Basset artésien normand

Basset bleu de Gascogne

Outre les chiens de grande vénerie *(voir p. 25)*, il existe des courants qui, eux, sont destinés à la chasse du petit gibier – renard, lièvre et lapin –, que ce soit à courre ou à pied, en petite vénerie ou en chasse à tir. Les Français ont excellé dans la sélection de races qui se déclinent en deux grandes familles : bassets et briquets.

Les bassets ont été obtenus à partir de chiens courants dont les petits sujets étaient soigneusement préservés puis croisés entre eux afin de produire un format propice à la chasse du lapin, d'où leur nom de « lapinier ». Mais ils savent s'adapter à d'autres fonctions ; certains excellent sur la voie du lièvre, mais aussi du chevreuil et du sanglier. Le basset fauve de Bretagne fait preuve de qualités remarquables dans la recherche au sang *(voir p. 55)*.

Les briquets, eux, ont été sélectionnés pour la chasse du lièvre dont ils restent les champions. L'essor des populations de grand gibier donne une nouvelle jeunesse à ces vieilles races françaises qui ont l'ardeur et la sagesse dans le sang. Certains pensent qu'elles vont trop loin, qu'elles « chassent pour les voisins », mais les vrais spécialistes savent que de tels courants, bien éduqués et soigneusement entretenus, répondent parfaitement aux ordres et savent s'arrêter.

Le prestigieux saint-hubert, destiné originellement à la chasse du cerf, peut être un remarquable rapprocheur de sanglier. Le bruno du Jura, né pour la chasse du gibier de montagne, se révèle excellent chien de rouge.

Les Anglais ont sélectionné des spécialistes du lièvre et du renard. Ainsi le beagle, qui est aussi un lapinier hors pair, se défend également très bien sur la voie du grand gibier. Le basset-hound va au chevreuil. Le harrier et le fox-hound, spécialistes du renard, conviennent également au lièvre et au chevreuil.

La petite vénerie

La vénerie à pied est la chasse joyeuse par excellence : ni faste solennel ni brillants équipages, mais des chasseurs en tenue rustique, endurants et sportifs, pour des parties de campagne endiablées. Ce plaisir des champs, des landes et des guérets fait courir de plus en plus de jeunes qui ainsi découvrent la conduite des chiens et s'initient aux ruses du gibier.

Grande école de chasse, la petite vénerie, ou vénerie à pied, doit son adjectif à la taille des animaux qui l'intéressent : lièvre, lapin, renard et, autrefois, la loutre. Elle réunit moins de chiens que la grande vénerie, sur des territoires moins vastes. Le cheval n'est pas nécessaire, mais il faut « du jarret » au veneur qui suit ses chiens à pied : *« Une menée de 25 à 30 km par monts et vallons, bois et guérets, labours mous et zones détrempées est monnaie courante »*, explique Philippe Véro, l'un des chefs de file de cette pratique. Chasser le lièvre prépare au chevreuil, attaquer le renard prépare au sanglier. Sous l'Ancien Régime, un usage imposait au Dauphin de France d'avoir pris un lièvre avant d'accéder à la vénerie du cerf.

Tout repose sur l'odorat des chiens

La grande affaire de la vénerie à pied est l'odeur, c'est-à-dire la voie, ou sentiment, qui conduit les chiens par le bout du nez. Les petits animaux sont naturellement moins visibles que les grands mammifères ; leurs empreintes sont moins lisibles. Le travail des chiens fonde donc l'essentiel de cette vénerie modeste et savante.

Des terrains plus ou moins propices. La voie garde bien des mystères. Une bonne voie présente une alchimie incontrôlable entre l'humidité et la température. Les chiens préfèrent les esters et les amines, éléments fugitifs, plutôt que les particules lourdes qui sembleraient plus faciles. Le terrain qui porte la voie a une grande importance. Les cailloux n'apportent que poussières et déceptions. Les feuilles d'automne exhalent des décompositions troublantes. Une température homogène entre le sol et l'air est un gage de réussite.

Les animaux sauvages, eux, savent emprunter les passages des autres espèces, et maîtrisent parfaitement l'univers de la voie. Seuls des chiens sages résisteront à l'ivresse d'un chevreuil, au musc d'une martre, et sauront garder toute leur ardeur après avoir croisé un troupeau de vaches.

La complicité du veneur et de ses bêtes. Un veneur à pied arrive sur la difficulté quand la meute est déjà en défaut. Il lui faut une grande complicité avec ses chiens pour comprendre leurs messages. À leur comportement, il saura que tel bavard crie pour rien, que tel averti croit qu'on chassait un un « change ». Il rameutera le paquet pour chercher en arrière son gibier. Si un ou deux cavaliers sont de la partie, il ne faut pas céder à la facilité. Ils ont peut-être vu l'animal, mais comment le juger ? La surprise donne au gibier le plus fatigué un air de pleine forme qui peut tromper. Seul le nez des chiens pourra reconnaître la bonne voie.

Le rythme du laisser-courre

Même si la chasse de chaque animal présente un caractère original, le laisser-courre se déroule selon un rythme quasiment invariable. Le gibier cherche d'abord à se cacher.

Puis, face à l'ardeur de ses poursuivants, il joue de la course et de son odeur qu'il tente d'embrouiller. Ainsi déploie-t-il toutes ses ruses, puis les reprend, avec une tendance au retour vers le lieu de départ ; la fatigue aidant, sa vitesse faiblit en même temps que sa voie s'estompe. Ultime espoir pour lui, que vienne la nuit qui protège de la vue et où le sentiment s'efface. Mais, s'il se sait incapable de tenir jusque-là, il accepte sa fin.

Fermer les terriers. Le lapin, le renard, et la loutre autrefois, ont des terriers qu'il faut fermer. Un simple papier journal suffit pour que les animaux n'y rentrent pas ; la chasse dans les terriers est en effet l'affaire d'une autre pratique, la vénerie sous terre *(voir p. 140)*. Une bonne connaissance du territoire est indispensable pour ne pas oublier une entrée.

Les mille et une ruses du lièvre

Le parcours du lièvre est de loin le plus riche. Les voies de la nuit conduisent au gîte où il faudrait commencer. Le lancer d'une chasse à courre n'est pas un coup de chance. Ce qu'on appelle la « billebaude », en fait le hasard de la rencontre, ne convient pas pour le lièvre, dont les chiens doivent s'imprégner au plus tôt. Le lièvre pratique toutes sortes de ruses : les doubles, les hourvaris, qui consistent à revenir sur la voie pour mettre les chiens en défaut, le tout dans un circuit fait de retours, de crochets, de cercles et d'ellipses qui visent à superposer les odeurs – les plus anciennes, les plus récentes et celles des poursuivants.

Hases et bouquins réagissent différemment. Les femelles reviennent davantage vers leur canton, à la différence des mâles, qui aiment s'éloigner en courant une montée et partir dans le vent pour emporter leur sentiment. Le lièvre traverse volontiers l'eau dès le début de la chasse et est capable de grimper sur une meule ou dans une tête d'arbre. L'enthousiasme ne doit pas emporter les veneurs au point d'acclamer la vue de l'animal. Il faut au contraire le laisser passer en silence ; sinon, il retiendrait son sentiment et ferait un crochet. La chasse du lièvre dure un peu plus d'une heure en moyenne, avec un parcours de 6 à 8 km.

La voie du lapin disparaît lorsque l'animal est brusquement effrayé.

Le lapin, as du camouflage

Le lapin trompe volontiers les chiens en sautant une allée, pour se tapir, se blottir, aussitôt. Il prend un fossé à contresens, mais il n'ira nager que contraint et forcé. C'est un expert du camouflage dans le moindre bouquet de branches. Bien sûr, les ronciers restent son domaine, où il fera griffer la meute sans pitié. Courageux, il recule sans peur dans sa voie, esquivant les chiens au dernier instant. En fin de chasse, il cesse de bondir pour partir droit devant lui. Un laisser-courre de lapin dure en moyenne moins d'une heure sur une distance de 5 à 7 km, l'animal étant pris une fois sur deux.

Le renard file face au vent

Le renard ajoute des péripéties qui font de chaque journée une aventure. Sa queue fait office de gouvernail face au vent, sa ligne de fuite préférée. Serré de près, il jette ses excréments, il « foire », pour dégoûter les chiens. Il ne craint pas l'eau, peut grimper dans un arbre ou escalader un toit. Au ferme (acculé), il sait affronter les chiens, gueule ouverte et dents menaçantes. Le goudron de la route fait perdre sa voie. Les buses, surtout à proximité d'un fumier, lui servent de terrier en béton. Il faut une heure à une heure et demie pour mener à bien une chasse à courre du renard, qui, d'ordinaire, se déroule sur 20 à 30 km, avec une chance sur deux de ne pas faire buisson creux.

Une chasse surtout pratiquée par les jeunes

En France, où la tradition de la chasse à courre est la plus vivace, la vénerie à pied n'a, semble-t-il, jamais été autant pratiquée qu'en ce début de siècle. Plus de la moitié des 400 structures titulaires d'un certificat de vénerie opèrent à pied. Ce phénomène est, le plus fréquemment, le fait de jeunes chasseurs qui, avec des budgets modestes, peuvent mettre sur pied un équipage : pas de frais liés à l'entretien des chevaux, des territoires de dimensions plus modestes, et des meutes peu nombreuses pour exalter une passion rustique où domine l'esprit de camaraderie.

UN AUTRE SAINT PATRON

Au XIe siècle, un moine porteur des reliques de Rambert, prince mérovingien martyrisé quatre siècles plus tôt en Bresse, s'était assoupi lorsqu'un lièvre poursuivi par la meute du comte Gillin vint se réfugier à ses pieds ; les chiens stoppèrent là leur poursuite. Ainsi Rambert est le saint patron des veneurs à pied.

L'anglo-français de petite vénerie, spécialiste du lièvre mais utilisé aussi pour la chasse au renard, est une race française récente. Son standard fut reconnu par la Société centrale canine en 1978. Les chasseurs à tir apprécient sa rapidité, sa sociabilité et sa bonne gorge.

Un apparat limité. L'équipement des veneurs à pied ignore l'apparat des grands équipages. Les tenues ne portent pas les galons de la cour royale, et les bottes servent à courir dans les labours. Porté à la seule force de ses jambes, le veneur à pied économise son paquetage. Le gilet suffit à identifier les « boutons », les membres de l'équipage. La casquette remplace la bombe. Certains équipages portent la culotte, et d'autres le pantalon. Mais le fouet demeure indispensable : il faut bien pouvoir arrêter la meute quand elle atteint un endroit dangereux, comme une voie de circulation routière ou une ligne de chemin de fer.

Des meutes réduites de dix à vingt chiens

Les meutes, dont le maître connaît bien chaque individu, sont comme des réductions en nombre et en taille des grands équipages. Plusieurs races ont ainsi un standard petit ou moyen qui convient très bien pour le lièvre.

Les races à poil ras. Les français à poil ras rappellent les grands chiens d'ordre, mais avec une taille réduite : c'est le cas notamment de l'anglo-français de petite vénerie, de l'ariégeois, du petit bleu, du petit gascon-saintongeois et du joli porcelaine à la robe claire sans tache.

Les races à poil dur. On trouve également des meutes à poil dur, qui sont bien protégées contre les épines des ronces et fourrés, inévitables sur les parcours du lapin et du renard.

Les races françaises appellent « griffons » ces différents chiens, du Nivernais, de Vendée, bleus de Gascogne et fauves de Bretagne. Ils ont la réputation de mériter une conduite ferme, car leur caractère de briquet leur donne de l'indépendance. Il existe également des bassets de toutes ces races, bien faits pour chasser le lapin dans les ronciers les plus forts. Le poil doit être dru et fourni, sans pourtant devenir laineux.

Harriers et beagles. Une race est choisie entre toutes, comme son nom l'indique, le harrier, pour *hare*, le lièvre en anglais. Tricolore et à poil ras, il ressemble au beagle, qui est peut-être le plus ancien des petits chiens courants. Les harriers ne font pas la chorale chantante des beagles, mais ils sont rapides, tels les fox-hound, spécialisés sur le renard, comme leur nom l'indique. Le beagle offre une chasse qui porte son nom, le *beagling*, toute en abois et en courses. Quant au beagle-harrier, il est censé réunir les avantages de ses deux noms, la gorge et la vitesse. Il ressemble à un anglo-français de petite vénerie et soutient la comparaison avec lui, à condition de ne pas présenter les traits anglais, lourds et refoulés. Son enthousiasme peut l'emporter toutefois un peu trop facilement sur toutes les voies chassables.

La chasse à l'arc

Un canard abattu d'une flèche en plein vol, un lapin rattrapé au crochet de sa course : le tir à l'arc du petit gibier laisse pantois par l'adresse qu'il suppose. Chasse habile par excellence, chasse discrète aussi, elle séduit un nombre croissant de jeunes chasseurs qui y voient une pratique authentique en ce qu'elle marque un retour aux origines du geste prédateur.

« *Avec un arc et une flèche, tout gibier est du grand gibier* », déclarent les « toxophiles », néologisme issu du grec *toxon*, qui désigne l'arc, *philos* étant l'ami. Amateurs de grands ou de petits gibiers, tous conviennent que l'animal, quel qu'il soit, procure une satisfaction sans cesse renouvelée.

Dans la très ancienne histoire de la chasse à l'arc, celle du petit gibier n'occupe pas une place aussi considérable que celle des grands animaux. Plus difficiles à atteindre, offrant une moindre grande quantité de venaison, les petits mammifères étaient chassés par les premiers hommes principalement pour leur fourrure. Quant aux oiseaux, hormis les plus comestibles dont les travaux des préhistoriens attestent qu'ils figuraient au menu des peuples chasseurs, c'est pour leurs plumes qu'ils étaient, semble-t-il, recherchés, celles-ci servant à l'empennage des flèches.

Aujourd'hui, la chasse du petit gibier à l'arc apparaît comme un summum de dextérité cynégétique. Si cette pratique est peut-être l'une des plus ludiques, elle est également celle qui demande au chasseur le plus de maîtrise et d'expérience.

De l'entraînement sur cibles mobiles au tir instinctif

Un entraînement spécifique sur des cibles mobiles, tant au sol qu'en l'air, doit être sérieusement envisagé, et, dans ce cas, seuls les archers pratiquant le tir instinctif sauront faire la différence. Cette question du tir instinctif est des plus complexes, parce qu'elle touche aux subtilités du fonctionnement du cerveau.

Couramment mise en œuvre à l'arme à feu dès lors que le chasseur n'est pas dans des situations d'affût ou d'approche qui lui donnent le temps de raisonner sa visée, cette spécificité du prédateur humain n'a pourtant jamais été analysée avec autant d'acuité que par les chasseurs à l'arc.

L'importance de la mémoire visuelle. Jean-Max Lecaille et Jean-Pierre Menu, initiateurs du développement de la toxophilie en Europe, se sont attachés à l'expliquer : *« Nous réglons notre vue sur tel ou tel plan proche ou éloigné, tout comme un appareil photographique ; en tir de chasse, il faut se concentrer sur le point à atteindre, donc le plan éloigné, mais la pointe de la flèche est également perçue par les yeux en vision secondaire. Prenons un exemple : vous visez une boîte d'allumettes en plaçant votre pointe de flèche directement dessus. Décochez, votre flèche est arrivée 30 centimètres au-dessus de la boîte. Pour le second tir, vous savez donc que la pointe de votre flèche doit se trouver sous la cible. Au bout de quelques essais vous allez, sinon toucher, du moins placer vos flèches au bon niveau ; c'est que vous avez repéré l'écart nécessaire entre la boîte d'allumettes et votre pointe de flèche pour cette distance de 20 mètres. En variant les distances de tir, vous allez vite repérer les différents écarts nécessaires puis, inconsciemment, vous n'allez plus vous en occuper : peu à peu, vous aurez l'impression de tirer d'instinct, en fait, vous tirerez surtout par mémoire visuelle. »*

C'est à l'approche que l'archer déploie au mieux ses qualités de prédateur : tenir compte du sens du vent et de la configuration du milieu est alors essentiel.

L'impératif de la sécurité

La chasse du petit gibier à l'arc demeure le domaine quasi exclusif des archers traditionnels, qui, en privilégiant ce tir rapide et intuitif, pourront réaliser des tirs efficaces. L'arc à poulies, en raison de sa procédure de tir, plus lente, reste davantage adapté au tir sur gibier statique que sur gibier en mouvement.

Pas de pointes de flèches à lames pour le gibier en vol. Cette pratique nécessite un matériel particulier, notamment pour garantir certaines conditions de sécurité : une flèche tirée vers le ciel reprend de la force en tombant, avec tous les risques que cela comporte pour les autres usagers de la nature. Ainsi, en France, il est interdit d'utiliser des pointes de flèche à lames pour tirer du gibier à plume lorsqu'il vole. L'archer veillera donc à ne jamais tirer de flèches armées de lames de chasse en dehors des conditions d'un tir « fichant », qui le plus souvent concerne le petit gibier à poil (dans ce registre, le lapin est l'animal le plus difficile à atteindre).

De l'intérêt des flèches à pointes assommoirs. Des flèches équipées de lames, tirées avec un arc fort, si elles ne sont pas munies d'arrêtoirs plus ou moins volumineux – une simple rondelle peut suffire –, peuvent traverser l'animal, qui, n'ayant pas été immobilisé sous l'effet du choc, aura le temps de trouver refuge au terrier ou, s'il s'agit d'un lièvre, de parcourir plusieurs centaines de mètres. Il est donc préférable d'utiliser des flèches munies de pointes assommoirs appelées *blunts*, celles-là mêmes qui sont exclusivement employées pour ce qui constitue l'aboutissement le plus spectaculaire de la maîtrise de la chasse à l'arc : le tir au vol.

La résistance des petits animaux est parfois surprenante : un faisan tiré au vol avec une flèche munie d'un assommoir peut rapidement reprendre ses esprits et s'échapper. Pour le gibier à plume, il est donc primordial de posséder un bon chien de rapport ou de bonnes jambes…

En battue ou devant soi, le concours précieux du chien

La chasse du petit gibier à l'arc peut s'envisager d'une manière similaire à celle pratiquée au fusil, mais en ayant toujours à l'esprit la contrainte d'une distance de tir efficace plus limitée. Les archers pourront donc, avec quelques aménagements, organiser des battues : dans la mesure du possible, ils limiteront l'écart entre eux à moins d'une dizaine de mètres et multiplieront les actions à un rythme soutenu dans des parcelles de taille plus réduite. Des chiens d'arrêt et/ou de rapport pourront alors être des auxiliaires précieux.

La chasse à l'arc devant soi, en solitaire, est également possible, mais exige une très bonne connaissance du territoire et encore plus de persévérance. Là encore, un chien d'arrêt s'avère utile. Le gibier d'eau représente certainement le défi le plus passionnant pour un chasseur à l'arc, mais, en raison de distances de tir souvent trop importantes, les canards ne tombent que rarement sous des flèches. Toutefois, en conjuguant l'usage d'appelants et d'appeaux, l'archer peut obtenir de bons résultats sur des zones de pose fréquentées.

L'utilisation de chiens doit être très encadrée. Il faut tout d'abord être vigilant face aux blessures qu'une lame de chasse peut leur causer lors du rapport d'un gibier fléché. Puis ne pas oublier qu'à la chasse à l'arc un chien trop impulsif ou mal dressé réduira considérablement les occasions de tir ; enfin, comme son maître, il devra être patient.

Une nouvelle cible, le ragondin

La chasse à l'arc a trouvé récemment une nouvelle possibilité de développement avec la présence du ragondin, qui a colonisé en un demi-siècle l'ensemble des zones humides naturelles d'Europe occidentale. Pour limiter les dégâts provoqués par cette espèce (effondrements, envasements et fuites d'eau dans les berges et les digues, destructions sylvicoles et agricoles), particuliers et collectivités locales recourent notamment à l'empoisonnement. Mais cette pratique n'est pas sans danger, en particulier pour les espèces charognardes, au rang desquelles figurent des oiseaux protégés comme les rapaces. Du point de vue écologique, l'option alternative d'une régulation des populations de ragondins par la chasse à l'arc ne manque pas d'intérêt, surtout avec une organisation rigoureuse (journal de prises, calendrier d'interventions réduites dans le temps et l'espace).

Un mode de régulation peu coûteux. Pratique individuelle discrète et sélective, la chasse à l'arc du ragondin dérange peu les autres espèces. Elle se révèle également peu coûteuse pour le propriétaire. C'est enfin une très bonne école pour les jeunes archers ne bénéficiant pas d'un accès à un territoire et désirant acquérir de l'expérience. Le tir des ragondins s'effectue depuis la berge, au petit matin ou au crépuscule, lorsque les animaux sont le plus actifs. Leur méfiance exige que le chasseur soit parfaitement camouflé dans la végétation ambiante. Le tir peut aussi s'exercer depuis une embarcation, mais il est alors plus difficile du fait de la position instable du tireur.

LES POINTES DE FLÈCHES

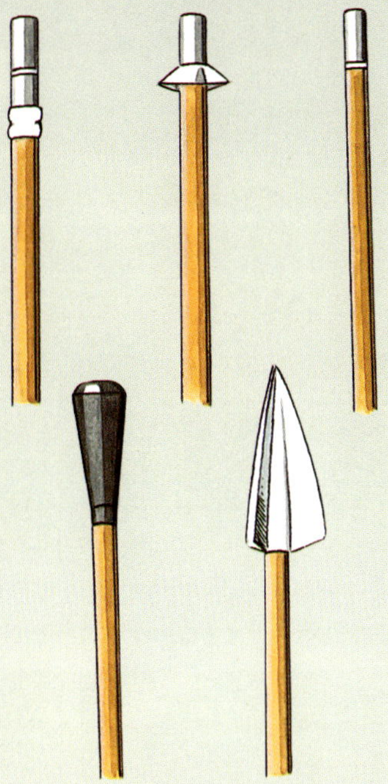

À la chasse du grand gibier, l'archer se doit d'atteindre les organes vitaux afin de provoquer une mort rapide. À celle du petit gibier, c'est l'effet de choc qui importe ; la puissance de l'impact immobilise la proie. D'où l'emploi de flèches munies d'une pointe assommoir dite blunt, en métal ou en caoutchouc. À l'arrière du blunt, un arrêtoir, fait d'une rondelle ou d'un élastique très serré autour du fût, permet d'arrêter la flèche afin qu'elle ne traverse pas l'animal de part en part. Des pointes de chasse à lames sont néanmoins utilisées pour le lapin, le lièvre, le ragondin ou les oiseaux au sol, avec toutefois le risque que le gibier blessé prenne la fuite. Par sécurité, il est interdit de tirer des oiseaux en vol ou perchés avec des pointes à lames.

Poésie et fascination d'un geste parfait

La chasse à l'arc du petit gibier ne procure pas moins d'émotions que celle du grand gibier. En tout point, elle s'inscrit dans la philosophie de l'archerie tel que la décrivait Maurice Thompson, qui fut à l'origine de l'engouement des Américains pour la toxophilie : « *Aussi longtemps que la lune tracera dans le ciel un splendide arc, le tir à l'arc fascinera le cœur des hommes. La musique et la poésie jaillissaient de notre arme. L'arc est la première lyre monocorde, la première reine de l'art raffiné. [...] Aussitôt que la première note, douce et pleine de charme, d'une corde d'arc frappa l'oreille humaine, la musique naquit, et la musique engendra la poésie, la peinture et la sculpture. Quand un homme tire à l'arc, c'est sa propre force qui envoie la flèche, et son intelligence qui contrôle le vol du projectile.* »

FORMATION INDISPENSABLE

Un détenteur du permis de chasser peut utiliser un arc à condition de suivre une formation organisée par les fédérations de chasseurs. Une telle initiation – une demi-journée – ne suffit toutefois pas à faire du chasseur un archer. Aussi la Fédération nationale des chasseurs à l'arc propose-t-elle de véritables stages.

Le cercle efficace

L'une des règles d'or de la chasse à l'arc, discipline fondamentalement sportive, est l'entraînement. D'abord l'entraînement physique, pour éviter les claquages musculaires, car le tir sollicite certains muscles, dorsaux notamment, qui ne sont pas utilisés à un rythme soutenu dans la vie quotidienne. Ensuite, les entraînements techniques, dont le tir à la cible. Ce dernier est indispensable, car l'archer se doit, en présence du gibier, de réussir sans risque de blesser.

Une norme, à laquelle se soumettent tous les archers, indique que le tireur doit placer à 15 m quatre flèches sur cinq dans une cercle de 15 cm de diamètre et autant à 20 m dans un cercle de 30 cm de diamètre, sachant que la distance moyenne du tir de chasse est de 20 m. Ces critères d'entraînement permettent de mesurer de ses limites, c'est-à-dire de connaître son « cercle efficace ».

« *Souvent celui qui, malgré un entraînement régulier, a un cercle efficace très limité s'apercevra qu'il a un arc trop fort pour lui, et, qu'avec un arc plus faible, il devient un tireur honnête*, font remarquer Philippe Gras et Luc Barbier, auteurs du *Manuel de la chasse à l'arc. Parfois, la cause en est un vêtement de chasse trop encombrant et qui, même sans interférer avec la corde, gêne le mouvement des bras.* »

La vénerie sous terre

Vivre sous terre présente bien des avantages de tranquillité et de confort, à l'abri des regards et des intempéries. C'était sans compter sur l'homme et sa ruse, qui a su développer des races de chiens petits et combatifs tout à fait adaptés pour descendre à la poursuite du renard et du blaireau terrés. À mesure qu'il gagnait en éthique, le déterrage est devenu vénerie sous terre.

La vénerie, art de chasser à courre, concerne tout ce qui n'est pas la chasse à tir dès lors qu'il s'agit de confier à des chiens réunis en meute le soin de s'emparer de l'animal ; à ce titre, le déterrage du renard et du blaireau en fait partie. La vénerie sous terre est-elle pour autant « une chasse noble » au sens où l'entendaient les auteurs cynégétiques, lors de l'âge d'or de la littérature du genre, des années 1560 à 1660 ?

L'un des plus prestigieux d'entre eux, Jacques Du Fouilloux consacre tout un chapitre de son traité de vénerie à « Comment il faut bescher et prendre les renards et tessons », ce dernier terme étant l'ancien nom du blaireau. Le maître prestigieux, pour qui cette chasse *« est belle et furieuse »*, conclut sur ces mots : *« J'eusse traité plus amplement de cette chasse, mais parce que peu d'hommes y prennent plaisir, j'en ai écrit succinctement. »*

Deux siècles auparavant, Gaston Phébus (1331-1391) évoque bien les techniques d'enfumage des terriers qui obligent les animaux à sortir hors de leur abri. Mais il ne s'agit pas là de la vénerie sous terre telle qu'un poète du XIVe siècle, Gace de la Bigne, l'a décrite : *« Le veneur va quérir dedans terre / avec ses bons chiens terriers / que on met dedans les terriers. »*

Du déterrage des nuisibles à la vénerie sous terre

Gaston Phébus souligne le caractère charognard du blaireau et du renard, insistant sur les dommages que ce dernier provoque dans les basses-cours et sur les populations de petits gibiers ; il conclut que leur chair *« ne vaut rien à manger »*, ce qui n'est pas exact en ce qui concerne le blaireau, dont Magné de Marolles rapporte en 1792 qu'elle *« est bonne à manger, surtout en automne où il se nourrit de fruits. [...] On n'en mange pas en France, mais beaucoup en Italie, en Suisse et en Allemagne. »*

« Cette chasse est d'autant plus utile qu'elle mène à l'entière destruction d'animaux extrêmement nuisibles », écrit pour sa part en 1763 Le Verrier de la Conterie dans son traité de référence, *l'École de la chasse aux chiens courants*.

Le déterrage n'est par conséquent pas exclusivement un plaisir, ce qui le distingue fondamentalement de la vénerie ; il participe, en plus du piégeage, à la destruction d'animaux qui seront qualifiés de nuisibles à partir du XIXe siècle.

Les premiers terriers sont venus d'Angleterre

Qualifié de vénerie sous terre depuis moins d'un demi-siècle, le déterrage était très pratiqué en Angleterre, d'où sont originaires de multiples races de terriers. Il se hissera au rang de mode de chasse à part entière en Europe continentale à la fin du XVIIIe siècle, avec l'importation en France de ces chiens spécialisés.

À l'origine de cet engouement, Marie-Cécile-Charlotte de Lauretan, baronne de Draëck, étonnante chasseresse qui, outre une meute pour le loup, qu'elle conduit en personne entre Saint-Omer et Dunkerque, monte un équipage de déterrage du renard et du blaireau avec des chiens venus d'outre-Manche ; leur description indique qu'il s'agit de fox. Ainsi les « bassets à jambes torses » utilisés jusqu'alors sont détrônés. Outre-Rhin, le dachshund, né au Moyen Âge des nécessités de la chasse du blaireau sous terre, sera à l'origine d'une race promise à une célébrité considérable, le teckel.

La pratique actuelle date de moins d'un siècle

De pratique destinée exclusivement à réguler des espèces « nuisibles », le déterrage, en devenant vénerie sous terre, a évolué durant la deuxième moitié du XXe siècle vers une discipline cynégétique destinée à permettre de s'emparer d'un animal vivant, préservé dans son intégrité physique la plus complète, afin de pouvoir lui rendre éventuellement sa liberté.

La réintroduction des blaireaux. Ainsi le blaireau, victime d'une destruction intense par empoisonnement durant ces deux derniers siècles, a pu reconquérir de nombreux territoires grâce aux déterreurs qui ont relâché des spécimens là où l'espèce avait disparu. En France, les déterreurs ont obtenu que le blaireau ne figure plus parmi les espèces « nuisibles », c'est-à-dire, au sens du Code de l'environnement, pouvant être piégées. Cette éthique ne fut pas toujours de rigueur quand le déterrage était purement et simplement un moyen d'éliminer les « mauvaises bêtes ».

Une vraie chasse de groupe. L'esprit de la vénerie sous terre aujourd'hui ? Se mesurer à la vie sauvage à son niveau de force et de ruse. Le chien est le compagnon nécessaire à tout moment. L'intervention du maître d'équipage sur sa meute est plus étroite que dans la vénerie à courre.

Un travail de terrassier où les hommes et les chiens forment une véritable équipe.

L'activité du déterrage maintient les standards des chiens au plus près de leur travail, dans la manifestation de toutes leurs qualités physiques et mentales. Les déterreurs sont organisés en équipage, puisqu'il s'agit bien d'une pratique de groupe, où la participation de chacun est nécessaire au succès de la chasse.

À la recherche des terriers du renard

Le terrier du renard est souvent connu par la tradition locale. Un grand talus peut être fréquenté pendant plusieurs générations de chasseurs. Les nouvelles pratiques des agriculteurs et des forestiers, qui accumulent des tas de souches et de chablis, offrent des terriers bien défendus par des pièces de bois. C'est là qu'il faudra chercher les nouveaux terriers, parfois très difficiles, avec des cavités profondes laissées vides quand les débris ont été entassés.

Animal opportuniste en tout, le renard n'hésite nullement à s'installer dans ces logements modernes, une fois que les ronces et la broussaille les ont bien dissimulés.

Des indices qui ne trompent pas. Il n'est pas rare qu'une garenne de lapins cohabite avec la demeure d'un renard. Une fois éloignés de leur refuge, gibier et carnassier reprendront leur combat naturel. Un veneur ne sera pas découragé devant un terrier d'où s'échappe un lapin : le prédateur peut s'y trouver aussi. Les odeurs fortes de venaison avariée, quelques plumes de volaille fermière, quelques crottes sont la marque d'un terrier bien habité.

Dès les premiers aboiements, signe de la présence de l'animal, les bouches du terrier doivent être fermées, sauf si l'objectif est de tirer au fusil le renard qui jaillit de sa tanière, mais il ne s'agit plus alors de vénerie à proprement parler. C'est la pratique dite « du sauteux ».

La tanière du blaireau, une villa de luxe

La tanière du blaireau est une villa de luxe en comparaison de la cabane du renard. Des chemins serpentent, bien dégagés. Un chenal, la « gouttière », marque la fréquentation assidue de l'entrée de ce terrier. Les excréments sont enterrés proprement dans des cavités, nommées à juste titre « pots ». Le blaireau est si propre qu'il change les feuilles de sa litière, qu'on peut retrouver à proximité. Une aire de jeux amuse la famille. Et, sous terre, un univers de chambres et de galeries descend profondément, selon les capacités d'un ingénieur à la recherche de la per-

LE BLAIREAU FAMILIER

Jadis, les déterreurs apprivoisaient les blairotins, qui, adultes, devenaient aussi familiers que des chiens. Mais ils étaient souvent confrontés à la fâcheuse tendance qu'a cet animal de se coucher dans les cendres, et donc de se brûler les pattes. Les blessures qui s'ensuivaient étaient très rarement guérissables.

Le déterrage fut longtemps considéré comme une activité de régulation des prédateurs. Ce mode de chasse est en fait une pratique de vénerie puisque le chien en est l'acteur central. Avec la vénerie sous terre, le renard et le blaireau accèdent au rang de gibier à part entière.

fection. Un tel terrier peut demander plus d'une journée de chasse.

Une très longue traque. Le blaireau doit être attaqué à la pointe du jour, et nul ne sait quand finira le combat. Un même terrier peut être assez vaste pour recevoir un clan de plusieurs couples. Il arrive qu'un renard impose sa présence dans une partie un peu désaffectée. Il est impossible de savoir, avant l'attaque, combien d'animaux pourront être trouvés. Le chien qui descend doit être assez prudent pour éviter la dent et la griffe mortelles qui attendent dans l'ombre.

Le délicat travail des terrassiers

De galerie en croisement, de cul-de-sac en échappée, la poursuite est ardente, épuisante pour les protagonistes. Le succès est proche quand l'animal est acculé. Il faut alors creuser au-dessus du chien ou derrière lui : c'est le travail des terrassiers. Le côté physique de la chasse par déterrage éloigne vite les paresseux.

Creuser à la force des bras. La force des bras est la seule admise pour atteindre l'animal, qui est terré parfois à plusieurs mètres de profondeur. Seuls les outils manuels – pioche, bêche, pelle, hachette pour couper les racines – ont leur place au terrier. Il s'agit d'opposer face à face des forces humaines et animales aussi naturelles que possible. Il est permis d'éclairer au moyen d'une lampe de poche, seule concession à la modernité.

Utiliser une tarière. Il ne suffit pas de creuser la terre avec courage : il faut comprendre le terrier, deviner le sens des galeries et l'emplacement des acculs. Une tarière (grande vrille) est bien utile pour percer le sol et écouter les abois et les galops d'un monde souterrain. Il ne s'agit pas d'enfoncer la pointe sans discernement, au risque de blesser le chien ou de le gêner dans son combat. Autant que de gros bras, de fines oreilles sont les armes de cette chasse pleine de rebondissements.

Les terrassiers ne comptent pas les tranchées inutiles, les trous pour rien, sans oublier les coups de pelle malencontreux qui offrent l'évasion à un gibier que les chasseurs allaient tenir, et qui galope loin du terrier dans le sous-bois. La terre réserve bien des surprises : des racines, des pierres sont autant d'obstacles qui peuvent compliquer le déterrage.

Il est de tradition en vénerie sous terre de relâcher le blaireau dans les secteurs où il n'est pas, ou peu, présent. Cet usage a contribué au redéploiement de l'espèce.

De la traque à la prise de la bête

Le blaireau oppose une défense ardente, tout en volte-face mordante et griffue. Il sait dresser devant lui une masse de terre qui s'effondre et trompe le chien : il se contre-terre. Le danger est réel pour le compagnon du chasseur, qui peut être saigné et enterré dans le silence d'un souterrain. Réfugié dans un donjon secret, le blaireau attendra sa victoire, quand la nuit découragera les hommes.

Avec des pinces ou à la main. En cas de succès, un coup de main habile permet de prendre le gibier avec des pinces ou « mâchoire de crocodile ». Certains saisissent le renard à la main, mais il n'en n'est pas question avec le blaireau. Quand enfin les chasseurs s'emparent de l'animal, il est le plus souvent servi au couteau, puis livré aux chiens en récompense.

Reboucher le terrier. Mais la journée n'est pas finie. Il faut reboucher le terrier et rendre le terrain à son état initial, ce qui est d'usage vis-à-vis du propriétaire et d'intérêt pour l'avenir. Il ne suffit pas de remblayer, ce qui est déjà un bon travail, alors que la passion n'est plus là pour soutenir l'effort : tout un art permet de remettre le terrier en place car un bon trou retrouve toujours un occupant.

Le retour du déterrage des bords de l'eau

Lorsqu'elle peuplait encore abondamment les eaux et les berges des rivières, la loutre fut pendant longtemps chassée par déterrage. Cette tradition s'était perdue avec la raréfaction de l'espèce, due aux prélèvements intensifs. À cela s'ajoutée la pollution des rivières, au point de la faire disparaître en quasi totalité.

Depuis une vingtaine d'années, ce déterrage des bords de l'eau renaît grâce à la colonisation des milieux aquatiques par une espèce originaire d'Amérique du Sud, le ragondin. Introduit en Europe il y a plus de cent ans pour des raisons économiques – sa fourrure en intéressant plus d'un –, il s'est répandu dans la nature et occasionne des dégâts importants en creusant des galeries dans les berges et les digues, provoquant ainsi des effondrements à répétition.

Le ragondin, un importun difficile à chasser

Excellent nageur, le ragondin aime se garder des sorties sous l'eau. La sécheresse d'un bel été est l'atout nécessaire à sa chasse, puisqu'il est inutile d'ouvrir par le haut un terrier d'où les animaux s'échappent facilement par en bas. Terrassier infatigable, il s'aménage des sous-terrains complexes, pleins de dangers pour l'homme quand il s'agit d'une chaussée d'étang soumise à la pression de l'eau. Ce cas est bien particulier, puisqu'il importe à la fois de saisir l'animal et de réparer ses dégâts.

Attention aux inondations. Avant le premier coup de pelle, il faut évaluer le travail et s'assurer qu'on pourra terminer sans risque d'inondation. Parfois, il est possible de faire baisser le niveau de l'eau, pour dégager les trous sous-marins et diminuer la pression. Les terriers installés sous les arbres présentent d'autres difficultés et d'autres dangers, quand les racines ne tiennent plus assez une grande ramure. Déchaussé dans la terre humide, un arbre se transforme en un piège dangereux.

Par un surprenant détour de l'histoire qui voit ce ragondin venu du Nouveau Continent occuper la vieille Europe, la vénerie sous terre renoue, à des siècles de distance, avec sa fonction féodale : éliminer les bêtes que l'esprit du temps juge importunes.

LES CHIENS DE TERRIER

Teckel à poil dur

Welsh-terrier

Jagd-terrier

Skye-terrier

Cairn-terrier

Jack-russell-terrier

C'est l'un des agréments de la vénerie sous terre : plusieurs races cohabitent dans un même équipage, chacun travaillant à son tour. Selon leurs capacités, le maître d'équipage les détache l'un après l'autre. Ces chiens sont d'ailleurs fort jaloux, et il faut les maintenir à distance les uns des autres pour éviter des combats fratricides.

Le fox-terrier est la race de prédilection pour déjouer les ruses du blaireau. Le teckel arpente rapidement les grandes galeries. Le jagd-terrier sait désormais quitter le salon pour montrer les dents : l'élevage lui a rendu ses qualités originelles. Le jack-russell est parfois trop petit pour inquiéter le blaireau, qui a vite fait de charger et de mordre sévèrement un intrus. Le welsh-terrier ou terrier gallois, le cairn-terrier ou skye à poil court et le skye-terrier méritent davantage de place dans les équipages, une fois démontrées leurs capacités de chasse. Ces petits chiens, agiles, typés, intelligents, plaisent largement au-delà du public des déterreurs, d'où le danger que les races perdent leurs instincts naturels. Les chiens de terrier peuvent être gardés facilement à la maison, sans perdre leurs qualités, malgré le chauffage qui diminue la toison. Après la chasse, un toilettage s'impose, car la terre s'incruste, et il faut brosser à fond. Ce n'est pas seulement une question de propreté, c'est aussi un contact privilégié entre l'homme et son chien.

La chasse au vol

Chasser à l'aide d'un rapace, qu'il s'agisse d'un aigle, d'un faucon ou d'une buse, est un plaisir d'une extrême exigence, peu généreux dans la gibecière, et qui rassemble quelques puristes fidèles à une aristocratique tradition. Cette pratique est le fait de passionnés. Aujourd'hui, non seulement l'Arabie, l'Asie centrale, la Chine et l'Europe, mais aussi les États-Unis pratiquent la chasse au vol.

La chasse au vol est ainsi nommée parce que l'oiseau vole pour saisir sa proie. Elle pourrait porter ce nom aussi parce que la proie est volée à l'oiseau. En aucun cas, le rapace n'apporte son gibier à son maître, comme le fait un chien. Le premier chasseur a dû voir un rapace tuer son lapin ou sa perdrix et le lui prendre. Faire chasser un faucon, un autour ou un autre oiseau à son profit, c'est-à-dire conserver, entraîner, et maintenant faire se reproduire cette arme tout en plumes, en griffes et en bec, est l'art de la chasse au vol.

L'art du fauconnier comme de l'autoursier ambitionne de conduire l'oiseau au-delà de ses limites. C'est là que réside la philosophie de cette pratique dont un poète et fauconnier arabe, Abdal-Aziz ben al-Quabturnuh, a cerné l'essentiel : *« Je sortirai avec [un faucon] à l'aube, faisant jouer ma main au vent, pour capturer ce qui est libre avec celui qui est enchaîné. »* Les rapaces deviennent alors capables de se saisir de proies hors de portée dans la nature, tels le héron ou le cygne.

Deux écoles se partagent l'univers de la chasse au vol, et ce sont les oiseaux qui font la différence. Le choix est tout naturel, certains chassent d'en haut, tel le faucon, d'autres poursuivent d'en bas, comme l'autour. Les fauconniers sont au haut vol ce que les autoursiers sont au bas vol.

Le haut vol, des attaques en piqué

Les Arabes ne jurent que par le haut vol et s'enflamment quand le faucon disparaît en direction du soleil, avant de fondre sur l'outarde. Il faut la vue des hommes du désert pour suivre si haut le combat des deux oiseaux. Car l'outarde dispose d'une arme originale : elle peut cracher un liquide collant qui entrave le vol de l'agresseur. Le faucon évite cette défense par des voltes et des feintes, pendant que l'outarde essaie de le placer dans l'axe de son bec. Elle compense de cette façon la médiocrité de son vol.

Un travail d'équipe. Peu d'actions sont aussi émouvantes que l'accord entre un chien d'arrêt, des hommes et un rapace. L'oiseau de haut vol forme une équipe avec les chasseurs au sol. Il est d'abord lâché et monte en altitude par de grands cercles. Il se place, l'œil vigilant, tournant en rond comme une menace de mort. Il faut provoquer l'envol du gibier, qui s'efforce de raser la terre et de se jeter dans l'abri d'une haie. S'il vole assez haut et assez longtemps, le faucon pique, saisit et se pose. Le maître le laisse plumer un peu sa proie. Si le rapace dépèce l'animal vivant, on dit qu'il « fait gorges chaudes ».

Le bas vol, une chasse de sentinelle

L'oiseau de bas vol reste plus près de son maître, puisqu'il ne s'envole du gant que pour attaquer immédiatement. L'autour, mais aussi maintenant la buse de Harris, est l'arme par excellence de cette chasse de sentinelle. Il peut chasser des oiseaux, comme l'indique son nom scientifique : « autour des palombes ». Mais le gibier sera aussi souvent un lièvre ou un lapin.

Avec l'aide d'un furet. Posté sur une garenne, un furet lance les lapins, et l'autour a rapidement compris le service qui lui est rendu. Parfois, il arrive que l'oiseau soit traîné par sa proie. Le bas vol offre des chasses riches en péripéties et en résultats. Voir un beau faisan offrir un dernier vol à un autour est un spectacle héroïque, semblable en tout point à ceux qui réjouissaient Louis XIII. Après lui, les rois de France se sont passionnés pour la chasse à courre, tandis que les princes germaniques resteront davantage fauconniers.

Nourrir son oiseau, tout un art

La paresse, ou l'économie des efforts, règle le premier comportement du rapace. Ce n'est pas tous les jours que, dans la nature, ce prédateur mange à sa faim. Une pluie continue suffit à faire perdre à ses plumes leurs capacités d'attaque ; le brouillard profite au gibier. L'oiseau n'attaque que lorsque le résultat est quasi certain : c'est la condition de sa survie. Dépenser plus de calories dans des faux départs que dans un vrai repas le conduirait à la famine.

Donner « bonne gorge ». Le fauconnier est d'abord la providence de l'affamé quand il donne une viande qu'il suffit de saisir pour être nourri. À plus ou moins long terme, l'oiseau quittera sa proie pour le morceau que lui tend la main bien connue. La nourriture artificielle est souvent trop abondante, trop propre et monotone. Un vrai goût de gibier est alors nécessaire pour garder la passion. C'est « donner bonne gorge » à l'oiseau.

Une famine bien calculée. Le maître possède toujours une balance, il sait quel bon poids doit faire son oiseau pour se mettre en chasse. Un peu lourd, le rapace n'agira que si nécessaire. Il peut aussi partir en promenade, la main du maître ayant perdu son intérêt alimentaire. Par mauvais temps, il s'en ira digérer en haut d'un chêne. Une longue veille commence alors pour que la faim fasse descendre l'oiseau vers la terre nourricière.

Le secret de la fauconnerie est dans cette famine calculée, assez rigoureuse pour attacher un bec sauvage à une main bien remplie, assez généreuse pour garder en forme guerrière un oiseau familier. Il faut toute une science pour juger les «pelotes», ces boules composées de tout ce que n'a pas digéré le rapace et qu'il vomit. Elles sont un indicateur de la bonne santé de l'oiseau, de même que les fientes, appelées « émeuts » en langage fauconnier.

Moment crucial, le lâcher de l'oiseau

L'équivalent du coup de fusil est le lâcher de l'oiseau. Le maître enlève d'abord son chaperon, capuchon qui tenait l'oiseau au calme dans l'obscurité, mais le garde attaché à la main par les pattes. Ces entraves sont ôtées dès l'arrivée sur le terrain de chasse.

Des balises radio au lieu de grelots. La relation du rapace avec l'homme reste utilitaire, de son point de vue bien sûr. Il accepte le transport en voiture, puisque c'est le départ pour la chasse. Il reconnaît la tenue d'extérieur des hommes, différente de

LES ACCESSOIRES

Le chaperon couvre les yeux de l'oiseau. Ouvragé, il est souvent couronné d'un cimier. Aux pieds du rapace, sont attachés les jets, liens en cuir, qui retiennent avant l'envol. Le gant, assez souple pour que le chasseur sente les réactions de l'oiseau, protège des serres, et se prolonge du crispin qui couvre l'avant-bras. À celui-ci est attachée une lanière qui permet au fauconnier, une fois l'oiseau envolé, d'agiter le gant en guise de leurre, pour rappeler, « réclamer » disent les fauconniers, l'oiseau. Souvent, le rapace repose sur un bloc, ce piquet, autrefois en bois, désormais métallique, que surmonte une forte galette. La modernité apporte l'émetteur qui permet de rester en contact avec l'oiseau, et une bague d'identification. Les grelots gardent des amateurs. La fauconnière est dotée de plusieurs poches pour contenir chaperon, jets et pâts (nourriture) de récompense.

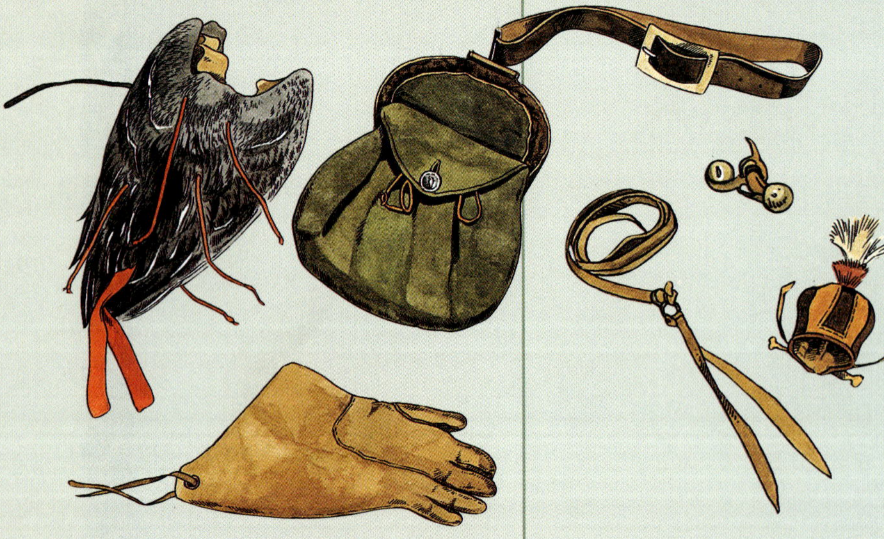

celle de l'entretien de tous les jours. Quand on fixe à sa queue la balise radio, il est certain qu'après le déplacement viendra bientôt l'envol. Les grelots d'autrefois laissent la place à une technique moins incertaine. Car la modernité vient ici soulager l'homme, qui retrouvera son oiseau grâce à l'antenne directionnelle. Par croisements et mesures, un échappé ne disparaît pas trop longtemps. Mais il ne suffira pas de retrouver son élève, il faudra le ramener sur le gant.

Les toutes premières proies

Un jeune rapace qui n'a jamais chassé doit être d'abord lancé sur un pigeon aveuglé. Ce dernier va s'envoler en cercles prudents, subissant les assauts du rapace, qui s'enhardit sur cette cible facile. Cet apprentissage reproduit avec économie les premières chasses sur des animaux blessés ou malades. Pour lui apprendre à frapper là où il faut d'un coup de bec mortel, son maître lui livre une proie vivante sur la nuque de laquelle a été placée une bonne nourriture.

L'habituer au gant. Le terme de fauconnerie « acharner » (de *carnis*, chair) est le fait de placer un morceau de viande sur le gant ou d'exciter le rapace sur la proie. Le glissement du sens dans le vocabulaire courant indique bien la voracité qui caractérise le rapace. Peu à peu, ce dernier distingue la viande du support qui la lui donne. Enfin, il viendra se poser sur le gant et s'y trouvera bien sans recevoir la friandise qu'il affectionne.

Transmise de maître à élève, la chasse au vol est un art exigeant, dont le but est d'apprendre à détenir et utiliser l'un des animaux familiers qui reste le plus étranger à l'homme.

Une mise en équipe plus qu'un dressage

Le vocabulaire des fauconniers est aussi riche que précis. Il ne parle pas de « dressage », mais d'« affaitage ». C'est un mélange d'apprivoisement, d'acceptation mutuelle et de mise en équipe. Le plus beau rapace garde une « tête d'oiseau », plus riche de mémoire que d'apprentissage.

La mue, une renaissance. La grande affaire de l'élevage reste la mue, lors de laquelle l'oiseau refait son pennage. Toute la chasse dépendra de la solidité de cette repousse. Calme et nourriture sont indispensables. Cette renaissance est parfois si complète qu'un nouvel oiseau semble apparaître. Il faudra d'ailleurs refaire des gammes de débutant pour rétablir l'accord de chasse.

Au moins un mois de travail. Un mois, tel est le temps estimé par les Arabes pour maîtriser un faucon. Les oisillons ont la réputation de rester criards sur le gant. Ils portent le nom de « niais », ce qui signifie « pris au nid », juste avant de s'envoler pour leur propre compte. Ces jeunes sont difficiles à éduquer. Comme ils ne sont pas plus obéissants, on préfère les adultes, formés à la rude école de la vie sauvage. Selon une ancienne tradition, certains fauconniers aiment s'approprier un rapace adulte, le faire voler mieux encore que ses père et mère, et le relâcher. C'est tout bénéfice pour l'oiseau, qui aura dépassé ses capacités sans s'abâtardir.

Les caresses peu appréciées. Une telle expérience démontre à quel point l'association entre un rapace et son maître est un accord libre et

LE CHIEN D'OYSEL

L'histoire cynégétique attribue aux fauconniers la sélection des chiens dits « d'oysel ». Ceux-ci, au lieu de poursuivre le gibier, se couchent, immobiles, lorsqu'ils le sentent proche, puis, sur ordre du maître, le bourrent afin qu'il s'envole pour que le rapace s'en empare. Les chiens d'arrêt sont apparus ainsi.

Pour la chasse au vol du lièvre ou du lapin, on utilise des oiseaux de bas vol (autour, épervier ou aigle). Ces rapaces savent voler à ras de terre et évoluent également sans aucun problème dans les rideaux de branchages les plus serrés.

révocable. Aucun autre auxiliaire de chasse ne reste sauvage à ce point. Détail révélateur : l'oiseau n'apprécie pas les caresses. Il peut aimer être peigné, ce qui sera fait avec une grande plume ou avec un bout d'aile.

Un élevage quasi inchangé

L'élevage des oiseaux de proie garde les tours de main d'autrefois, même s'il s'est enrichi des techniques vétérinaires. Mais désormais les oiseaux sont gardés plusieurs saisons avec le plus grand soin, alors qu'auparavant le fauconnier remplaçait facilement sa volerie. Il n'est plus permis d'aller dans les nids prendre des oisillons, sauf dans des conditions très strictes.

Insémination artificielle. Dans les années 1940, les chasseurs au vol ont développé en Allemagne des techniques de reproduction en captivité. Puis les Américains s'intéressèrent à l'insémination artificielle du faucon pèlerin par introduction dans l'oviducte de la femelle de semence prélevée sur un mâle en le massant. Ces méthodes, aujourd'hui bien maîtrisées, sont désormais appliquées au sauvetage d'espèces menacées : des rapaces nés en captivité sont réintroduits par ce biais dans la nature.

LES MOTS DU FAUCONNIER

Nombre de mots du langage courant proviennent de la chasse au vol. L'ahuri est un oiseau dont la hure est hérissée. La carrière est la période de vol ascendant contre le vent, d'où « faire carrière » ; la retraite, elle, marque la fin de la traite (la quête contre le vent). Le choc du faucon sur sa proie est une rebuffade.

La protection des rapaces

Ce sont les chasseurs au vol qui furent parmi les pionniers de la protection des rapaces. Le naturaliste Jean-François Terrasse, un des fondateurs du Fonds d'intervention pour les rapaces (Fir), en explique les raisons : « *J'ai rencontré la fauconnerie par hasard en lisant, au tout début des années cinquante* [dans une revue cynégétique] *un plaidoyer pour les rapaces, ces auxiliaires de l'homme, utilisés pour la chasse au vol. La fauconnerie, avec ses relations affectives et l'éthique de la chasse qu'elle implique, devait permettre de prendre conscience de la place des rapaces dans une nature respectée.* »

De cette rencontre est née une collaboration fructueuse entre responsables cynégétiques et scientifiques, qui a abouti en 1972 à la protection des rapaces en France, tout en permettant leur utilisation pour la chasse au vol. En 1976, le Comité international pour la protection des oiseaux soulignait *« la contribution des fauconniers à la préservation des faucons »*.

Des oiseaux de proie employés dans les aéroports. La chasse au vol a aujourd'hui trouvé son emploi dans l'espace le plus contemporain qui soit : les aéroports, où on redoute fort les collisions avec les concentrations d'oiseaux. Les rapaces sont alors appelés en renfort pour faire le vide sur les pistes, le principe étant d'utiliser le réflexe de peur que suscite l'irruption du prédateur. Il s'agit plus d'effaroucher que de prélever, même si quelques belles prises seront nécessaires pour effrayer les indésirables. De même, les décharges à ciel ouvert où se multiplient corvidés et goélands peuvent aussi fournir de l'emploi aux rapaces.

Quant aux spectacles de fauconnerie, ils sont désormais inséparables des sites médiévaux et des fêtes de la chasse. Ils montrent un travail sur des leurres, puisqu'il n'est pas question de faire tuer des cibles vivantes.

La formation du chasseur est faite de cooptation de maître à élève. Difficile d'expliquer ce qui fait que tel ou tel suit ce chemin. La passion de l'oiseau prédateur, immensément libre, sauvage absolu parce qu'affranchi des frontières terrestres ? Sans doute. Mais aussi ce pouvoir sur l'indomptable et la complicité avec le plus rebelle qui se puisse imaginer. Dans ce lien d'autorité subtile, où au final l'autre reste tel qu'en lui-même, se tient le secret de la fauconnerie.

LES OISEAUX

Faucon pèlerin

Faucon hobereau

Autour des palombes

Faucon émerillon

Gerfaut

Épervier

Les oiseaux de bas vol sont l'autour des palombes, l'épervier, l'aigle royal et l'aigle de Bonelli. Les oiseaux de haut vol appartiennent tous à la famille des faucons : le gerfaut, le sacre, le pèlerin, le lanier, le faucon d'Éléonore, la crécerelle, le hobereau et l'émerillon.

Les femelles des rapaces, appelées « formes », sont un tiers plus fortes que les mâles qui, de ce fait, sont dits « tiercelets ». On pratique aussi en Europe, plus ou moins ouvertement, une autre « fauconnerie », avec des cormorans pêcheurs. Dénommée cormorannerie, cette pratique venue d'Extrême-Orient a été introduite en Europe par les Hollandais à la fin du XVIe siècle.

En France, des autorisations particulières de « détention, transport et utilisation » sont nécessaires à l'emploi de « rapaces diurnes falconiformes ». Ces permissions imposent la tenue d'un registre et des bagues correspondantes. Elles sont nécessaires à la chasse, bien sûr, mais aussi aux autres carrières que la modernité ouvre aux oiseaux de proie.

La chasse du petit gibier de montagne

Que la montagne est belle… certes, mais l'altitude, la neige, la pente ou le froid en font un milieu difficile, contraignant le petit gibier de montagne à la survie. L'histoire géologique révèle l'origine de ces espèces montagnardes. Celle du travail des hommes raconte leur développement. L'abandon de la montagne par les siens, puis sa conquête par les marchands d'or blanc, explique leur déclin.

Grand tétras, tétras-lyre, gélinotte des bois, lagopède alpin, perdrix bartavelle, lièvre variable ou marmotte… tous sans exception viennent de contrées très éloignées des montagnes européennes. À l'aire tertiaire, ces dernières commencent à peine à se former. Il fait très chaud et, grâce au jeu fascinant des plaques tectoniques, l'Europe est en contact avec l'Asie. Une multitude d'espèces végétales et animales, dont la perdrix bartavelle, colonise alors l'espace qui deviendra la chaîne alpine.

L'arrivée des espèces arctiques et boréales

Quelques millions d'années plus tard, le climat perturbe les massifs en formation ; un froid intense vient submerger toute l'Europe, qui se couvre d'immenses glaciers. Les espèces arctiques et boréales apparaissent : lièvre variable, lagopède alpin, grand tétras, tétras-lyre et gélinotte. Nous sommes alors au quaternaire. Des périodes de réchauffement interglaciaires permettront l'apparition de la marmotte, originaire des grandes steppes russes.

Enfin, il y a seize mille ans, un réchauffement sérieux a contraint les espèces qui voulaient survivre à s'adapter. C'est en montagne et en fonction de l'altitude et de leurs exigences écologiques que ces animaux trouvèrent refuge.

Un milieu montagnard à l'origine très varié…

Inféodées à la zone de combat, cette limite où la partie supérieure de la forêt s'affronte à l'alpage ou à la haute altitude, les différentes espèces de petit gibier de montagne, comme celles de la plaine, ont toujours été liées aux activités humaines.

La présence humaine en montagne est une antique histoire. Déforestation, création de sentiers, brûlis, tout était bon pour accéder aux moindres lopins de terres arables. Chaque famille possédait en outre un modeste troupeau laitier, un cochon nourri au petit-lait, résidu de la fabrication du fromage, exploitait quelques petites parcelles de seigle, d'orge, d'avoine, de trèfle ou de luzerne. Le bois, lorsqu'il était présent, était utilisé aussi bien pour la construction des chalets que pour les outils et le chauffage : une diversité d'essences et de diamètres était donc nécessaire pour subvenir à tous ces besoins.

Ces contraintes imposées par le milieu conduisirent les hommes à miter le paysage montagnard de micro-parcelles cultivées, d'alpages entretenus et de forêts très diverses, tantôt claires, tantôt buissonnantes.

… source de profits pour tout le petit gibier

Cette mosaïque conférait à la montagne une richesse de biotopes considérable et une infinie diversité d'écosystèmes et de zones de transition, ces lisières que les naturalistes appellent les écotones. Ce fut une aubaine pour les galliformes de montagne supra-forestiers : perdrix grises de montagne, perdrix bartavelles, lagopèdes alpins et tétras-lyres. Les lièvres, communs ou variables, en tirèrent également profit, les uns ayant tout loisir de trouver les insectes indispensables à leur survie et une quantité de graines riches et très prisées, les autres appréciant vivement ces couverts multiples.

L'exploitation extensive de la forêt permettait au grand tétras et à la gélinotte des bois, malgré leurs fortes exigences écologiques, de disposer de tous les ingrédients nécessaires à leur développement.

L'exode rural a diminué la nourriture disponible

L'exode rural, qui débuta lentement et de manière saisonnière à la fin du XIXe siècle, s'est considérablement accéléré à partir des années 1950. Progressivement, les montagnes se sont vidées de leurs habitants. C'est ce que Jean Ferrat a chanté à la fin des années 1960 : *« Ils quittent un à un le pays / Pour s'en aller gagner leur vie / Loin de la terre où ils sont nés. Depuis longtemps ils en rêvaient / De la ville et de ses secrets / Du Formica et du ciné. / Les vieux ce n'étaient pas original [...]. Mais ils savaient tout à propos / Tuer la caille ou le perdreau / Et manger la tome de chèvre / Pourtant, que la montagne est belle / Comment peut-on s'imaginer / En voyant un vol d'hirondelles / Que l'automne vient d'arriver. »*

Une forêt en extension. L'ancien équilibre montagnard, arraché au prix d'un dur labeur, est perturbé, puis cède aux assauts de la forêt, qui continue actuellement de gagner du terrain. Une chance pour le grand gibier, mais une menace certaine pour le petit gibier, qui vit ainsi disparaître ses milieux de prédilection.

Des herbages appauvris. En l'espace de moins d'une génération, l'absence de vaches, de moutons ou de chèvres, et donc de fumure organique, appauvrit l'herbage, l'acidifie et le décalcifie. Les rhododendrons prennent alors possession des lieux au détriment des riches graminées, des légumineuses et des myrtilles nécessaires aux tétras, aux perdrix de montagne et aux lièvres variables. Face à une intensification des systèmes de production forestière de plus en plus systématiques, la petite faune sylvicole fait elle aussi les frais de la modernité.

Une faune de plus en plus malmenée par le tourisme

Apparu en France en 1897, le ski prend son essor vers 1950 et s'annonce comme la solution économique à la déprise agricole. À partir de 1970, c'est l'euphorie. Des plus hauts sommets aux combes les plus sauvages, des kilomètres de pistes de ski sont ouvertes, avec leurs cortèges de câbles et de pylônes meurtriers pour les oiseaux. Pour le grand tétras et la gélinotte, c'en est fini de l'indispensable tranquillité. Les skieurs glissent sur les pentes où hiverne, enfoui ou tapi, dans des conditions extrêmes, le petit gibier de montagne.

Des perturbations été comme hiver. Avec les années 1990 et l'arrivée des nouvelles formes de glisse (surf, freeride), le développement de la raquette à neige et du ski de randonnée, les perturbations s'accentuent. Toujours plus haut, toujours plus loin, les consommateurs de nature foulent et perturbent tous les secteurs, même les plus inaccessibles, qui tendent, de fait, à être de plus en plus sécurisés par les systèmes artificiels de déclenchement d'avalanches.

Les lagopèdes et lièvres variables pensaient échapper aux spatules ravageuses des skis… las ! Le tourisme estival n'est pas en reste, avec son

Un tableau de lagopèdes. La chasse du petit gibier de montagne est affaire de spécialistes, connaissant bien les espèces et leurs milieux, et de sportifs accomplis.

Face aux menaces pesant sur le petit gibier présent en altitude, les chasseurs ont mis en place des règles de prélèvement durables, par le biais de plans de chasse, et participent à la réouverture de milieux naturels favorables tant au tétras-lyre qu'à la perdrix bartavelle.

chapelet de randonneurs et souvent de chiens, qui perturbent la quiétude du petit gibier alors en reproduction.

Des tentatives de sauvetage en partenariat

La création de l'Observatoire des galliformes de montagne, en 1990, marque une prise de conscience des dangers qui pèsent sur ces espèces. Animé par l'Office national de la chasse et de la faune sauvage, il réunit à la fois des collectivités locales, l'Administration, les fédérations de chasseurs, les réserves naturelles, les parcs nationaux et régionaux.

Les chasseurs partie prenante. Dans son sillage, les chasseurs mettent en place des règles de prélèvement durables : plan de chasse, prélèvement maximum autorisé, tenue d'un carnet de prélèvement. Des opérations de réhabilitation et de réouverture de landes, de forêts et de milieux favorables pour le tétras-lyre, la perdrix grise de montagne, la perdrix bartavelle ou encore le grand tétras sont entreprises.

Sensibiliser les randonneurs. Des actions en direction des utilisateurs non appropriatifs de la nature (randonneurs, skieurs, vététistes) voient également le jour : des panneaux d'information ainsi que des plaquettes de vulgarisation entendent les sensibiliser au respect des règles élémentaires de bonne conduite à appliquer, été comme hiver, en montagne.

L'avenir de tous les petits gibiers de montagne est aujourd'hui suspendu tant à la prise en compte des intérêts de l'écosystème local, dans une agriculture et une sylviculture repensées, qu'à une gestion plus encadrée du tourisme, et ce afin d'aboutir à un développement durable et multiusage des espaces montagnards.

PLUS DE PRÉDATEURS

La multiplication des décharges, effet pervers du développement du tourisme en montagne, a une incidence sur la progression des densités de prédateurs, notamment des renards et des corvidés. Par conséquent, le petit gibier de montagne est confronté à une pression accrue de ces espèces.

La gestion des prédateurs

L'aube est encore grise quand déjà se lève le piégeur. Il a installé ses chausse-trapes près de sentiers connus de lui seul. Ultime témoin de la guerre des espèces, ce chasseur pose des questions essentielles sur le droit de l'homme à éliminer des animaux sauvages qui lui font concurrence ou sur les retournements de la pensée dominante qui protège des espèces qu'hier elle vouait aux gémonies.

Au « tout destruction » des nuisibles orchestré durant des lustres a succédé depuis une trentaine d'années le « tout protection » des prédateurs. Premières victimes puis premiers bénéficiaires de ce chassé-croisé des pensées dominantes : les rapaces, d'abord objets d'une guerre totale et aujourd'hui protégés. Puis le loup et, avec lui, bien d'autres, comme récemment en France la martre, le putois et la fouine, sont passés d'un statut à l'autre. Animaux de malheur et de rapine, ils ont subrepticement muté dans la perception des hommes, à mesure que le rapport à l'animal se distanciait dans une société s'urbanisant à grands pas.

Ce phénomène dépasse de très loin ce qu'il est convenu d'appeler la prise de conscience écologique. Par une passionnante inversion des sentiments anthropomorphiques, les nuisibles d'hier, oiseaux et mammifères carnivores, sont devenus les aimés d'aujourd'hui. Diabolisés et, pour beaucoup, exterminés durant des siècles, ils doivent sans doute à cette mise au ban un étonnant retour en grâce, alors que leurs proies laissent l'opinion indifférente.

Quand les nuisibles devinrent victimes

Les méthodes déployées pour « supprimer les nuisibles », car il ne s'est agi que de cela durant des siècles, et les symboles qui s'y attachaient, comme la crucifiement des chouettes sur les portes des granges, n'ont pas peu contribué à faire émerger cette sensibilité nouvelle : les pièges et les empoisonnements, de pratiques de légitime défense, sont devenus des méthodes odieuses et barbares.

Le monde de la chasse lui-même partage ce sentiment, au moins jusqu'à la fin du XVIIIe siècle : *« Loin d'être l'art suprême de la chasse, [la ruse de piégeur] apparaît comme déloyale et indigne »*, explique l'historien Philippe Salvadori. Du point de vue de l'anthropologie culturelle, la question est beaucoup plus complexe. *« Il y eut des hommes qui voulurent se mesurer avec les bêtes, non plus par la force, mais en confrontant leurs qualités respectives d'intelligence et de ruse*, observe Raymond Furon, correspondant du Muséum national d'histoire naturelle. *La première étape était de surprendre l'adversaire, la seconde fut de l'attirer, de le tromper, de le faire tomber dans un piège. À ces époques où l'homme vivait dans la crainte continuelle, crainte des animaux sauvages, crainte de mourir de faim, les premiers piégeurs furent les premiers magiciens en même temps que les premiers mécaniciens. »*

L'éternel concurrent du chasseur

Pour le chasseur, le prédateur reste fondamentalement un concurrent. Le busard saint-martin, pour nourrir les siens, prélèvera jusqu'au dernier les poussins de la perdrix, de même que le putois dévastera la rabouillère du lapin. Des restes de faon de chevreuil trouvés aux abords du terrier de la

Les protections paysagères, efficaces contre les rapaces, ne mettent pas nécessairement les couvées à l'abri des becs droits que sont les corneilles, les pies ou les geais.

renarde ne sont pas nécessairement ceux d'un animal mort-né ou déficient. Certes, la prédation s'opère en priorité vers les plus faibles ou les plus fragiles – c'est sa fonction dans la sélection naturelle –, mais elle peut être également un frein au développement de populations de gibiers que les chasseurs s'estiment en droit de favoriser. Une conception dogmatique de l'écologie niera ce droit. Pourtant, menée avec intelligence, la gestion cynégétique, en fixant des objectifs de densité, favorise tout un cortège d'autres espèces, sans exclure les prédateurs.

Un exemple de territoire placé sous contrôle. Une enquête conduite en Angleterre dans les années 1980 par le Game Conservancy, un organisme internationalement reconnu en matière de gestion de la petite faune sauvage, a permis de mesurer l'impact du contrôle des prédateurs sur l'évolution des populations de perdrix grises. Elle a été menée sur deux territoires, identiques par leurs biotopes mais aussi en superficie et en densité de gibier. L'un fut piégé pendant deux ans, et l'autre pas.

Au terme de cette période, les comptages permettaient de constater une densité de perdrix trois fois supérieure dans le premier. Les trois années suivantes, l'expérimentation a été inversée : sur le territoire désormais non piégé, la densité d'oiseaux, plus forte à l'origine, s'est stabilisée, puis a décliné ; tandis que, sur le territoire désormais piégé, les populations remontaient, jusqu'à dépasser les effectifs du précédent.

Avec la gestion des prédateurs, il ne s'agit nullement d'éliminer des espèces concurrentes, mais plutôt d'en contrôler l'évolution afin que le gibier soit présent dans des proportions qui permettent de le chasser, sachant qu'inévitablement la remontée des populations de petit gibier appelle toujours une pression accrue des prédateurs.

Les mécanismes complexes de la prédation animale

« *Lorsque les proies deviennent abondantes, la fécondité des prédateurs augmente* », explique l'écologue Roger Dajoz. Il arrive aussi que certaines espèces, comme la belette ou le renard, réagissent à la prédation dont elles-mêmes sont l'objet par une augmentation de leur capacité de reproduction, alors que d'autres, telles la martre ou la pie, n'ont pas cette capacité de riposte.

Les prédateurs freinent les espèces expansionnistes. La prédation animale obéit à des mécanismes extrêmement complexes et encore méconnus par bien des aspects. L'une de ses principales fonctions est de brider l'expansion des populations afin que l'une d'entre elles n'accapare pas toutes les ressources disponibles au détriment d'une autre.

Ainsi la prédation limite les densités, mais favorise la diversité des espèces : en Europe centrale, dans la forêt primitive de Bialowieza, 30 à 50 variétés d'oiseaux sont présentes à raison d'une moyenne de 70 couples par espèce, quand, dans une forêt d'Europe occidentale, vivent 20 à 25 espèces représentées chacune par 100 couples. « *Une prédation élevée exercée par plus de 30 espèces de mammifères et d'oiseaux semble la cause de la richesse en espèces et de la faiblesse des effectifs* », commente Roger Dajoz.

Favoriser la biodiversité

Ces données démontrent que, dans un milieu façonné par l'homme, les logiques prédatrices sont bouleversées ; s'il cherche à restaurer des populations de petit gibier – que le productivisme agricole a décimées – dans la perspective d'exercer des prélèvements, il doit peser sur la dynamique des prédateurs. Toute la subtilité de la démarche consiste à recréer les conditions qui, d'une part, permettent au gibier d'être présent en quantité suffisante pour satisfaire le chasseur, et, d'autre part, garantissent la présence de tous les animaux, prédateurs ou non chassables, que la nature du territoire permet d'accueillir.

La recherche de cet équilibre conditionne la biodiversité que le chasseur se doit de favoriser, sans quoi il perd toute légitimité écologique. Dans cette perspective, il n'y a pas d'indésirables qualifiés de nuisibles, mais des prédateurs qu'il importe de gérer au même titre que le gibier: Cette gestion repose systématiquement sur trois stratégies, toujours complémentaires: l'aménagement du milieu qui vise à compliquer où à limiter les possibilités d'action des prédateurs, le piégeage, et enfin la chasse spécifique aux espèces à réguler.

L'hermine est un mustélidé qui exerce surtout ses talents carnassiers sur les rongeurs. Elle est également un prédateur des nids de perdrix et de faisans dont elle gobe les œufs.

Créer des refuges naturels pour les proies

D'évidence, la gestion des prédateurs s'inscrit dans le continuum de la gestion des habitats. Cette fonction particulière de la gestion cynégétique exige une connaissance extrêmement fine du terrain, des espèces qui y vivent, des effectifs en présence. De la législation aussi, car certains prédateurs sont protégés, d'autres peuvent être piégés, mais dans des conditions et selon des méthodes particulières, en fonction des dispositions réglementaires en vigueur, qui sont en évolution constante sous la pression du fondamentalisme protectionniste.

Face aux rapaces, par exemple, que le droit européen interdit de prélever, les proies doivent disposer de zones refuges, par exemple les haies ou les bosquets de buissons denses. Toutes les politiques durables en faveur de la petite faune étant fondées sur la reconstitution des habitats naturels, elles intègrent, de fait, la réduction de l'impact de ce genre de prédation. Pour autant, ces protections paysagères ne mettent pas nécessairement les couvées à l'abri des becs droits que sont les corneilles, les pies et les geais. Et les mammifères carnivores savent que le gibier trouve refuge dans ces couverts. C'est là que le piégeage intervient.

LE SUIVI DE LA MARTRE

>>> La protection totale de certaines espèces, ne pouvant pas même être piégées avec un dispositif non mortel, aboutit à ce paradoxe que, pour les plus discrètes d'entre elles, telle la martre, il n'existe désormais plus aucun moyen de mesurer l'évolution des populations. Ainsi l'angélisme fait-il reculer le savoir naturaliste.

Le piégeage, d'abord l'art de lire les traces

Pour le trappeur, tout commence par d'attentives explorations du milieu. Les débuts sont faciles, puisque les mêmes coulées sont utilisées par plusieurs espèces. Une griffe au milieu des sabots montre un renard qui prend la voie des chevreuils. Les animaux viennent borner leurs territoires aux mêmes carrefours. Mais il faut un maître pour apprendre à reconnaître la chitine d'un mangeur d'insectes, le duvet d'un dénicheur, les graines d'un amateur de fruits, et pour distinguer la crotte d'un chat sylvestre de celle d'une martre.

Le trappeur arpente tous ces lieux où l'adversaire peut laisser trace de son passage, les fossés notamment. Ces derniers indiquent qui vient dévorer les innombrables victimes de la route : lièvres, lapins, faisans ou encore passereaux. Tout cela pour connaître les prédateurs présents, pouvoir anticiper sur leurs habitudes et comprendre leurs préférences,

Les cages les plus imposantes, ou volières, sont destinées aux corvidés. Elles contiennent un ou plusieurs appelants vivants qui attirent leurs congénères.

celles communes à l'espèce, et celles propres à l'individu, dont la ruse est à la mesure de son expérience de la vie.

Utiliser le flair de l'animal à ses dépens

Une fouine tournera autour de l'appât mis à sa disposition avant d'aller en profiter. Il faut alors placer le piège sous le vent de l'appât, à l'endroit où les odeurs pleines de promesses seront humées. Le flair de l'animal peut se transformer en allié du piégeur. Celui qui s'est levé avec le jour a ignoré le savon avant de sortir. Sous les feuilles, il garde quelques prises, qu'il a pris soin d'attacher à des ficelles avant de les laisser faisander. Ces bouts de corde permettront de répandre ces viandes pourries, de les traîner sur le sol vers un collet, d'encercler la boîte à fauve ou de les suspendre à une perche au-dessus du piège où l'appât est placé.

Prendre son temps. « *N'a pas qui veut la faculté de se recueillir, pour scruter les agissements de l'animalité,* note Édouard Mérite (1866-1941), peintre animalier célèbre, mais également connu pour une monumentale étude sur les engins de capture. *La profession de trappeur réclame une attention continue, une méthode rigoureuse. Ces heures de guets sont les témoignages les plus probants de sa vocation.* » À ces dispositions s'ajoute une condition, dont Mérite ne pouvait imaginer qu'elle deviendrait une rareté : le temps, car il faut un temps infini pour installer, inspecter, relever ses pièges. Dans un monde rural où la recherche de l'occupation fut le moteur du progrès, cette activité eut une fonction sociale qui dépasse de loin la seule protection des biens.

Privilégier les pièges sélectifs

L'intelligence du terrain qui caractérise le piégeur se traduit par la pertinence de ses choix quant au type d'engins qu'il emploiera selon les mœurs de l'espèce visée, la personnalité de l'animal repéré, les saisons. Toute la difficulté est d'éviter que des espèces protégées, voire d'autres espèces de gibier, puissent être victimes du piège. Un chevrillard, par exemple, risque d'être pris dans un collet placé trop haut sur une coulée de renard. L'appât carné attire aussi les mouches, et bientôt les asticots sont là, dont raffole le faisan, qui, de ce fait, ira se prendre dans le piège pourtant destiné à le protéger.

Cages et boîtes. Ces effets collatéraux conduisent à privilégier les pièges sélectifs, boîtes ou cages, qui capturent les animaux sans les tuer : l'animal, s'il est protégé ou gibier, sera libéré. Les cages retiennent un appelant vivant : soit il attire ses congénères par grégarisme, soit il fait figure d'intrus, soit il constitue une proie. La boîte, formant comme un tunnel sur la coulée de l'animal, fonctionne sur un autre principe. Tout l'art du piégeur consistera à aménager les abords du dispositif de telle sorte que le prédateur ne puisse faire autrement que de le traverser : aux deux extrémités, l'homme créera avec des fagots, des pierres ou du grillage un goulet, point de passage obligé. Il faut déployer des trésors d'inventivité pour que le piège intègre parfaitement le milieu.

Les pièges à palette, les plus délicats

Les collets obéissent au même principe du passage obligé. Quant aux pièges à palette ou aux pièges en « X », dont les mâchoires se referment sur l'animal, ils ont pour inconvénient de n'être pas sélectifs. L'endroit de leur pose, les jardinets, ces aménagements destinés à ce que l'animal approche sans crainte, les techniques de camouflage font de ce mode de piégeage le summum de la discipline. Là, il ne suffit plus d'utiliser les voies de passage du prédateur, ou de l'attirer par la présence d'un congénère : il faut le persuader que l'appât est une bonne fortune.

Or le prédateur est tout sauf naïf. En la circonstance, le piégeur doit éliminer tout ce qui peut éveiller sa méfiance (odeurs suspectes, disposi-

LES PIÈGES

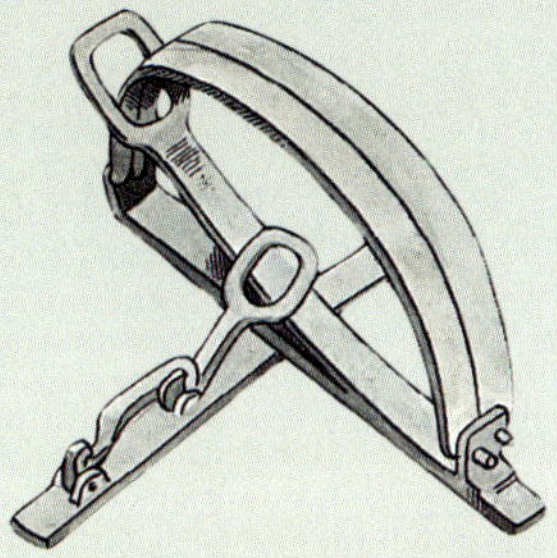

Le piège à œuf capture les mustélidés

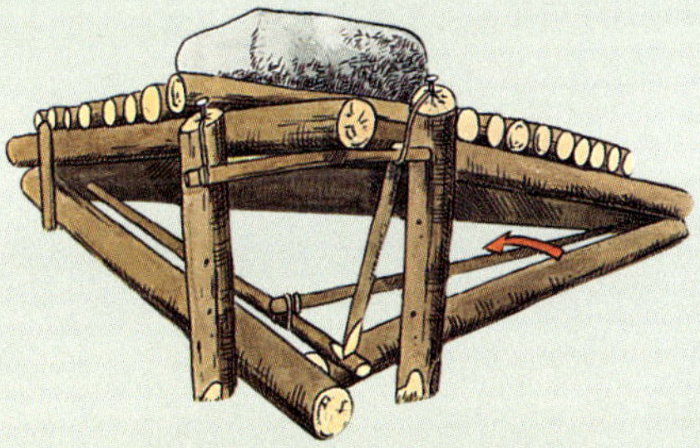

L'assomoir, une technique primitive

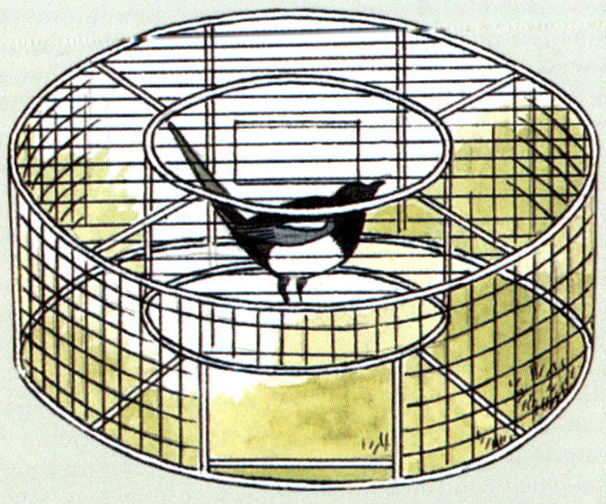

La cage à pie fonctionne avec un appelant

Le piège « livre de messe » est destiné aux ragondins et rats musqués

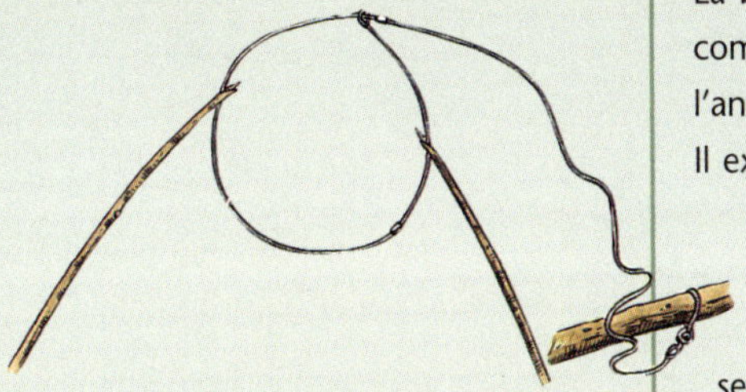

Le collet à arrêtoir piège les renards

La boîte à fauve garde les animaux vivants

Les pièges à palette ou les pièges en « X » comprennent des mâchoires tendues par un ressort : celles-ci se referment brusquement sur l'animal, qui, en s'emparant de l'appât, déclenche le mécanisme ; la force du système provoque une mort immédiate.

Les collets, placés sur la coulée, à hauteur de l'animal convoité, forment un nœud coulant : un arrêtoir évite la strangulation, ce qui fait considérer que ce piège n'est pas meurtrier.

La boîte, placée sur une coulée, forme comme un tunnel qui se referme lorsque l'animal l'emprunte.

Il existe deux types de cages. Les unes, comme les cages à pie, sont d'un encombrement modeste et faciles à déplacer ; une fois leur office fait, elles se referment sans qu'un autre animal puisse y entrer. Les autres, plus imposantes, sont des volières dans lesquelles les corvidés se glissent, sans limitation quantitative.

La cage à corvidés

tion anormale des lieux), et déjouer les stratagèmes qu'il va déployer pour s'emparer de l'appât ; c'est en imaginant très précisément la psychologie, le comportement et les réactions de la proie que le piégeur parviendra d'abord à l'attirer aux abords de l'engin, et ensuite à faire que celui-ci fonctionne au moment fatidique, car il n'est pas rare que le piège se referme sans que l'animal soit pris. Alors ce dernier, fort de cette expérience, gagnera encore en méfiance et en ruse.

Vénerie sous terre, battue ou chasse à l'affût

La chasse proprement dite fait aussi partie de la panoplie des moyens utilisés pour la gestion des prédateurs. La vénerie sous terre prend renards et blaireaux. Les battues de renard en janvier et février sont très utiles à quelques semaines des mises bas, avant que les adultes ne cherchent activement à nourrir leur portée.

L'affût est plus performant encore pour la régulation du renard. Le tir a lieu le plus souvent tôt le matin ou à la tombée de la nuit, à partir d'un mirador placé non loin d'une coulée. Le goupil le plus averti et le moins gourmand reste assez curieux pour venir flairer les fumets d'une charogne déposée à proximité.

L'art de la pipée. Le renard ne sait pas non plus résister à la pipée : l'aspiration des lèvres sur la paume de la main permet de simuler les petits cris de la souris, des oisillons en détresse, du lapin pris par un mustélidé ou du lièvre blessé.

Certains pipeurs particulièrement expérimentés parviennent ainsi à faire venir à portée de fusil corneilles et pies. Pour l'affût de celles-ci, il existe un leurre particulièrement efficace : le tireur agite une grosse boîte d'allumettes à demi pleine, ce qui produit une très bonne imitation du jacassement ; l'oiseau n'hésite pas à s'approcher pour chasser de son territoire ce qu'il croit être l'intrus.

Appâter avec un leurre de grand duc. Cette exploitation de l'animosité entre espèces trouve toute sa dimension dans la chasse au grand duc. Ce rapace nocturne, le plus grand des hiboux – son envergure peut dépasser 1,60 m –, s'intéresse à toutes sortes de proies, même celles de grande taille comme le renard, selon l'ornithologiste Christopher Perrins.

De jour, il est perdu ; l'oiseau qui le repère ameute toute la gent ailée, et les corneilles ne sont pas les dernières à venir l'agresser. Ainsi naquit l'idée de se servir de lui pour attirer les becs droits à proximité d'un poste de tir. Le grand duc fut d'abord utilisé vivant lorsqu'il était abondant. Puis l'espèce devenant de plus en plus rare apparurent sur le marché des leurres ayant la forme du grand duc mais recouverts de plumes de poules ; ce sont désormais des silhouettes en matière synthétique qui sont employées.

Si le leurre est judicieusement placé de façon à être repéré de loin, et à une trentaine de mètres d'un poste de tir bien dissimulé, les corvidés y résistent rarement, surtout à l'aube ensoleillée des jours de printemps : même si fort peu d'entre eux connaissent encore cet ennemi devenu si rare, les haines ataviques demeurent tenaces…

Un regard toujours équivoque

Les « nuisibles » furent durant des siècles au cœur des préoccupations sociales. Voleurs d'un bien, le gibier ou les animaux d'élevage, ils étaient aussi – et sont toujours – vecteurs de maladies (échinococcose, leishmaniose, leptospirose, rage, trichinose, tularémie). Dans le prolongement de cette angoisse, ils apparaissaient comme un empêchement au progrès, c'est-à-dire à la volonté humaine d'augmenter les capacités productives de la nature.

Parallèlement, la culture cynégétique s'est tout entière construite autour de la protection des espèces nobles, le gibier, face aux voleurs que sont les braconniers, les sans-droits, jugés à la même aune que les animaux de rapines. Héritiers de

Le furet, membre de la famille des mustélidés, est une espèce domestique utilisée pour faire sortir les lapins de leur terrier : c'est la pratique dite du furetage.

L'aigle royal, qui avait bel et bien failli disparaître, est aujourd'hui une espèce protégée, comme tous les autres rapaces. Pour contrer la voracité de ces oiseaux, les chasseurs aménagent désormais des zones de refuge pour leurs proies.

ces pesanteurs dont leur littérature abonde, les chasseurs peinent, aujourd'hui, à défendre leur droit à réguler ces espèces. La chasse trouve encore une justification lorsqu'il s'agit de tuer des animaux en surnombre – comme le grand gibier. Mais quelle légitimité à prélever des prédateurs qui ne nuisent qu'aux chasseurs, groupe social résiduel ?

En fait, le regard porté sur les animaux sauvages – jamais exempt d'affectivité – évolue selon l'intensité, et donc la proximité, de la perturbation qu'ils causent aux activités humaines. Fait significatif: le statut du rat reste celui d'un nuisible. Dans une société à dominante urbaine, ce qui se passe à la campagne est loin des préoccupations. Mais, dès que le sauvage se rapproche, tout bascule.

Quand les prédateurs s'installent dans les villes

La cité, en produisant une quantité inégalée de déchets, déclenche une cohorte de phénomènes écologiques parmi lesquels le développement d'une faune opportuniste (insectes, oiseaux et mammifères). Ainsi les renards et les fouines fréquentent-ils de plus en plus assidûment la ville, tout comme les rapaces diurnes et nocturnes. Les uns et les autres trouvent notamment leur pitance dans les abords des voies à grande circulation où les lapins installent leurs terriers, au risque de provoquer des effondrements de chaussée.

Les cormorans, espèces protégées, pullulent au point de menacer l'équilibre économique des piscicultures. Les corneilles et les goélands, ces grands bénéficiaires des décharges publiques, s'égarent vers les villes voisines où ils se régalent de nichées de petits passereaux. La disparition des moineaux, dont s'inquiètent des associations naturalistes, pourrait trouver son explication dans cette présence massive de prédateurs.

Progressivement surgit au cœur de la modernité toute la problématique proie-prédateur, au point que des municipalités requièrent désormais les services de piégeurs. Les citadins apprennent que le prédateur n'est pas gentil, au moment où les chasseurs doivent comprendre qu'il n'est pas non plus méchant. Après l'avoir incité à déployer son ingéniosité, le carnassier va peut-être aider l'homme à se débarrasser de l'infantilisme anthropomorphique.

LES PRÉDATEURS DU PETIT GIBIER

C'est durant la période de la reproduction que la prédation se manifeste le plus significativement. Les œufs, comme les oisillons, sont en effet des proies faciles. L'impact de ce type de prédation sur le taux de reproduction est considérable.

Le pigeon ramier est l'une des très rares espèces à qui la taxinomie a désigné un prédateur spécifique, l'autour des palombes, rapace parmi les plus adroits à qui peu d'animaux résistent, du lièvre à l'écureuil, sans négliger les pigeons domestiques, les geais, les perdrix et, dans une moindre proportion, les grives musiciennes.
La prédation des rapaces sur le pigeon ramier concerne pour l'essentiel les oiseaux blessés, le plus souvent par la chasse, déficients ou intoxiqués par l'agrochimie, ce dernier aspect n'étant pas sans effet sur la mortalité des prédateurs eux-mêmes. « *Les rapaces ne laissent que les reproducteurs en parfait état physique,* note le docteur Rocher, haute figure du monde des colombidés. *C'est ainsi qu'il est absolument exceptionnel qu'un chasseur soit amené à capturer une palombe infirme ou malade.* » On a signalé aussi des cas de prédations d'autours sur des bécasses, sans qu'il soit toutefois permis d'affirmer qu'il ne s'agissait pas d'oiseaux affaiblis ou blessés.

Les nids, premières cibles

La prédation au nid est d'une tout autre nature, et ses effets sur la dynamique des populations apparaissent considérables : seule une couvée de ramier sur deux parvient à éclore ; les pertes d'œufs atteignent de 15 à 30 % chez la bécasse, environ autant chez la perdrix et le faisan ; elles s'élèvent à 70 % chez l'alouette, à plus de 50 % chez la tourterelle des bois. Outre la grive litorne, qui sait se montrer très agressive, et la grive draine, dans une moindre mesure, la grive musicienne semble être sensible à la prédation au nid, ce qu'elle compense par un plus grand nombre de couvaisons. Les interactions entre proies et prédateurs participent à l'équilibre entre les espèces, mais certains facteurs peuvent déstabiliser le système.

La corneille noire, une espèce à réguler

Ainsi, le développement des déchetteries à ciel ouvert favorise la prolifération de la corneille noire, une espèce omnivore et opportuniste, qui, grâce à ses capacités d'adaptation et d'observation, montre une grande efficacité quand elle s'attaque aux oisillons et aux nids, à quelque hauteur qu'ils se trouvent. Le fauchage, qui met à nu les nids de la caille, de l'alouette, de la perdrix et du faisan lorsqu'il ne les broie pas, est un auxiliaire dont ces oiseaux savent parfaitement bien profiter. La régulation de la corneille est particulièrement utile au tout début du printemps, lorsque les couples – qui restent unis durant au moins plusieurs saisons – prennent possession de leur territoire.

LA CORNEILLE NOIRE *(Corvus corone)*

- **Poids :** de 450 à 600 g
- **Taille :** 43-46 cm
- **Longueur des ailes :** 30-35 cm
- **Envergure :** 90-100 cm
- **Accouplement :** mi-mars
- **Nid :** coupelle de mousse, de poils, parfois de papiers, entourée d'un réseau de branchettes, de racines, de foin et de mousse mêlés à de la terre
- **Œufs :** de 3 à 6, de couleur bleu verdâtre, parsemés de taches et de points bruns et gris
- **Couvaison :** 21 jours
- **Poussins :** nidicoles ; ils sont indépendants à l'âge de 35 à 45 jours

Le geai, prédateur durant vingt jours

Le geai des chênes, lui, grand allié du forestier car il participe à la régénération naturelle en détruisant les glands, s'intéresse aux nids de grives et de merles dont il apporte les œufs, parfois les oisillons, à ses petits. Cette prédation ne dure toutefois que le temps de l'élevage des jeunes, c'est-à-dire une vingtaine de jours, entre mai et juin.

LE GEAI DES CHÊNES *(Garrulus glandarius)*

- **Poids :** de 150 à 190 g
- **Taille :** 32-34 cm
- **Longueur des ailes :** 17-19,5 cm
- **Envergure :** 53 cm
- **Accouplement :** fin mars
- **Nid :** coupe de racines et de radicelles, de forme plate, sur des ramilles grossièrement assemblées, à grande hauteur
- **Œufs :** de 5 à 6, de couleur bleuâtre, verdâtre ou jaunâtre, mouchetés de brun-vert
- **Couvaison :** 16 jours
- **Poussins :** nidicoles ; ils sont indépendants à l'âge de 20 jours

LE HÉRISSON *(Erinaceus europaeus)*

- **Poids :** de 800 à 1 200 g
- **Taille :** 25-30 cm, plus la queue de 2-3 cm
- **Habitat :** tous les lieux où il peut se cacher, de préférence secs (sauf les hautes futaies), riches en insectes et en vers de terre
- **Rut :** d'avril à fin août ; l'accouplement ne s'effectue pas face à face (ce que pourrait laisser supposer la peau couverte de piquants)
- **Gestation :** de 5 à 6 semaines ; naissances de mi-mai à septembre ; de 3 à 7 jeunes par portée ; 1 à 2 portées par an ; les piquants percent à 2 ou 3 jours ; sevrage à 12-13 semaines

L'empreinte (2,5 cm de long sur 2,8 cm de large) présente le plus souvent 4 doigts, le pouce marquant peu.

La pie chasse près des villages

La pie n'est pas non plus un prédateur négligeable d'œufs et d'oisillons, de petits passereaux en priorité. En effet, son milieu se situant le plus souvent près des habitations, elle exerce ses talents également sur les ramiers, un peu moins sur les grives, qui nichent dans les vergers et les jardins, voire parfois sur les tourterelles, si ces dernières ont élu domicile dans un bosquet près d'un village. Or la nidification de ces espèces dans ce type de milieu ne constitue pas le gros de la reproduction.

Le hérisson, menace insoupçonnée

Autre espèce familière des jardins, le hérisson constitue une menace non négligeable pour la petite faune sauvage. Ce mammifère du crépuscule et de la nuit, dont le sens le plus développé est l'odorat, affectionne les lieux frontaliers des cultures et du bois. Doté d'un bel appétit, il ne se contente pas de fruits, de champignons, d'insectes, de lézards, d'orvets ou d'escargots. Les nichées de souris l'intéressent, de mêmes les portées de lapereaux. Il peut aussi faire son repas d'un tout jeune levraut.

Si cet animal se montre incapable de casser un œuf de poule, la coquille étant trop épaisse pour que ses dents la brisent, il peut céder volontiers au plaisir d'avaler les œufs des alouettes, des perdrix et des faisans, qui sont suffisamment fragiles pour ne pas lui résister. Le hérisson paye un très lourd tribut à la circulation automobile, qui est la première cause de sa mortalité. Vient ensuite l'impact des prédateurs : la hulotte, la buse selon certaines observations, l'autour des palombes et le putois. ➤

LES PRÉDATEURS DU PETIT GIBIER

LA MARTRE *(Martes martes)*
- **Poids :** de 1,2 à 1,6 kg (M) ; de 0,8 à 1,4 kg (F)
- **Taille :** 48-52 cm, plus la queue de 25-28 cm (M) ; 40-45 cm, plus la queue de 23-26 cm (F)
- **Longévité :** de 8 à 13 ans
- **Habitat :** dans les futaies ; gîtes dans les arbres creux ou les vieux nids de rapaces ou d'écureuils
- **Rut :** de juin à août ; l'ovule fécondé s'implante dans la muqueuse utérine 8 mois plus tard (nidation différée)
- **Gestation :** 9 semaines ; naissance de mars à mai ; 3 jeunes par portée, élevés par la mère

Les empreintes sont moins bien dessinées que celles de la fouine en raison de la pilosité de la face plantaire.

LA FOUINE *(Martes foina)*
- **Poids :** de 1,7 à 2,1 kg (M) ; de 1,1 à 1,5 kg (F)
- **Taille :** 45-50 cm (M), 40-44 cm (F), plus la queue de 23-25 cm
- **Longévité :** 8-10 ans
- **Habitat :** tous les milieux, avec une prédilection pour les greniers et les carrières
- **Rut :** juillet-août ; l'ovule fécondé s'implante dans la muqueuse utérine huit mois plus tard (nidation différée)
- **Gestation :** 56 jours ; naissance en avril-mai ; de 2 à 7 jeunes par portée ; sevrage à 5 semaines

Hormis sa taille inférieure de 1cm environ, l'empreinte (3,5 cm de long sur 3,2 cm de large) n'est pas très différente de celle de la martre.

La martre, un carnivore arboricole

La martre, mustélidé de la futaie, est le prédateur privilégié de l'écureuil – cette remarquable grimpeuse peut en effet aussi effectuer dans les frondaisons des sauts de 2 à 3 m. Elle sait très bien aussi s'attaquer aux nids de ramiers et de grives. Le développement de la forêt, de conifères en particulier, lui est favorable, de même que celui des populations de chevreuils, dont elle est le prédateur des faons selon le naturaliste Robert Hainard.

Elle est considérée comme menacée par les milieux protectionnistes, qui obtiennent progressivement son classement parmi les espèces protégées. Extraordinairement discrète, elle est difficilement observable. Ses pelotes digitales sont recouvertes de longs poils, surtout en hiver, ce qui en atténue les contours. Pour ne pas la confondre avec la fouine, sachez que le bord externe de sa troisième prémolaire supérieure est bombé vers l'extérieur, alors qu'il est concave chez la fouine ; en outre, l'os pénien du mâle ne dépasse pas 45 mm, contre 61 mm chez la fouine.

La fouine opportuniste. La fouine se montre grande consommatrice de fruits, mais pas seulement. Familière des greniers et des granges, elle peut exercer des ravages dans les poulaillers, les pigeonniers et les clapiers. Comme le renard, autre prédateur conséquent du petit gibier *(voir p. 190)*, elle a su trouver dans les villes gîte et couvert. Son impact est réel sur la petite faune, même s'il s'exerce principalement en hiver. Elle chasse en priorité sous terre. Cependant elle saura dénicher dans un arbre une couvée placée bas. Comme le putois, elle est capable de trajets qui peuvent la conduire jusqu'à 10 km de son gîte.

LE PUTOIS *(Mustela putorius)*

- **Poids :** de 0,75 à1,6 kg (M) ; de 0,43 à 0,84 kg (F)
- **Taille :** 38-46 cm (M) ; 32-37 cm (F) ; plus la queue de 10-16 cm
- **Habitat :** de préférence en lisière de bois, à proximité des habitations et dans les zones humides
- **Rut :** mars-avril ; mâle polygame
- **Gestation :** de 41 à 42 jours ; de 1 à 12 petits par portée ; 1 portée par an, très rarement deux ; les jeunes ouvrent les yeux à 1mois et sont autonomes vers 3 mois

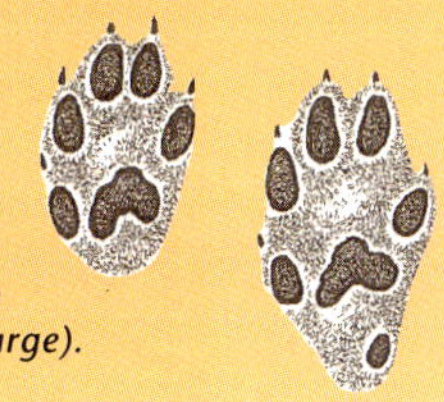

L'empreinte est semblable à celle de la fouine, mais plus petite (3-3,5 cm de long sur 2,5-4 cm de large).

Le putois privilégie le lapin

Le putois fréquente également les habitats humains, principalement lors des hivers rigoureux. Ce mustélidé, qui apprécie la proximité des zones humides, a besoin des haies et des talus où il trouve son alimentation principale : le surmulot et le lapin. Là où ce dernier est présent de manière significative, le putois s'y trouve aussi. Sa spécialité est la recherche sous terre. Il peut constituer de véritables garde-manger, dissimulés entre les meules de foin par exemple. Si les proies sont en nombre suffisant, son territoire de chasse se limite à des surfaces réduites qui peuvent ne pas dépasser 2 500 m². Dans le cas contraire, il est capable de parcourir de longues distances, jusqu'à plus de 7 km en une nuit. Prédateur généraliste, il s'intéresse parfois aux couvées, mais pas aux végétaux.

LA BELETTE *(Mustela nivanis)*

- **Poids :** de 60 à 170 g (M) ; de 35 à 90 g (F)
- **Taille :** 18-23 cm (M) ; 16-19 cm (F) ; plus la queue de 4-6,5 cm
- **Habitat :** partout où il existe des petits rongeurs
- **Maturité sexuelle :** les femelles peuvent être fécondées à 4 mois
- **Rut :** au printemps
- **Gestation :** 35 jours environ ; de 2 à 10 jeunes par portée ; parfois 2 portées dans l'année ; les jeunes sont autonomes à 6 semaines

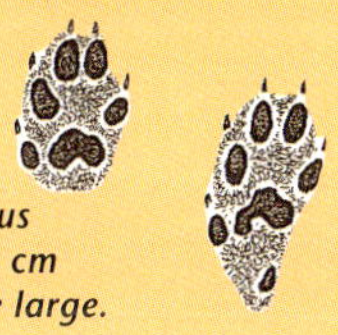

Les empreintes sont semblables à celles de l'hermine, mais plus petites, mesurant 1,4 cm de long pour 1 cm de large.

La belette, adroite prédatrice

La belette ne parcourt pas de telles distances. Prédateur spécialisé sur les petits rongeurs, elle a su s'accommoder du bouleversement du paysage rural en investissant les galeries de ses proies. Elle ne dédaigne ni les tout jeunes lapereaux ni les oisillons. Sa proche cousine l'hermine, plus apte à grimper dans les arbustes, consomme davantage d'oiseaux, les petits rongeurs restant toutefois aussi ses proies de prédilection. L'arasement des haies et la disparition des chemins sont très défavorables à l'espèce.

L'hermine, plus ou moins blanche en période hivernale, selon la rigueur du climat, se distingue de la belette par une taille supérieure (31 cm pour les mâles) ainsi que par une queue plus longue (jusqu'à 12 cm pour les mâles) qui s'achève toujours par un pinceau noir.

Le petit gibier des champs à poil et à plume

Le lapin, la perdrix, le faisan, le lièvre, comme le chasseur et son chien, évoquent avec nostalgie une civilisation paysanne engloutie par la société de consommation. La raréfaction du petit gibier sédentaire fait mesurer l'ampleur du désastre écologique que l'agrochimie a provoqué. Découvrant la complexité des interactions entre les espèces et les espaces, les chasseurs mettent en place des mesures qui participent à la réconciliation attendue de l'agriculture et de la nature.

Au cours du dernier quart du XXe siècle, l'évolution des populations de gibier a été marquée par deux phénomènes. Le premier est l'explosion des effectifs de grand gibier, sous l'effet de l'extension des habitats forestiers et de l'encadrement des prélèvements par les plans de chasse. Le second est la réduction, au moins aussi considérable, des populations de petite faune sauvage sous l'effet de la déprise agricole et de l'évolution des techniques agronomiques. Depuis le début des années 1990, la recherche cynégétique s'est attachée à expliquer l'incidence de l'évolution du paysage agricole sur les densités de petit gibier.

Remembrement et déprise agricole affectent le gibier

La courbe de la réduction de ces effectifs épouse très exactement celle de la diminution du nombre d'exploitations. Soit les terres, délaissées par l'agriculture, sont l'objet d'une reforestation, volontaire ou naturelle ; dès lors, le milieu se referme, ce qui ne convient ni à la perdrix et au lièvre ni, dans une moindre mesure, au faisan et au lapin. Soit les parcelles sont rassemblées par remembrement, d'où une simplification du paysage par diminution de ces zones de transition (lisières, haies, chemins, bordures de champs) appelées « écotones », qui sont autant de milieux différents.

« *De nombreuses espèces animales trouvent les ressources dont elles dépendent non pas dans un seul habitat, mais dispersées sur plusieurs*, explique l'écologue Hans-Jürgen Otto. *Les ressources qui font défaut, ou dont l'éloignement impose pour les atteindre une dépense d'énergie excessive, représentent des facteurs limitants pour l'espèce en cause.* » Excepté qu'ils constituent des refuges et des lieux de nidification, ces espaces sont notamment riches en insectes, nourriture indispensable pour les perdreaux et les faisandeaux.

Des sols moins riches, donc moins nourriciers

Autre constat, l'appauvrissement du sol. « *On pourrait comparer le sol à une pâte à pain qui a besoin d'être brassée, aérée, malaxée par les mains du boulanger pour pouvoir ensuite permettre l'action des levures qui la feront gonfler, changeront son goût et permettront de la transformer en pain*, observe l'agronome Claude Bourguignon. *Le sol pourrait être comparé à cet autre aliment symbolique qu'est le vin, puisque les raisins ont besoin d'être foulés pour subir l'action des ferments qui transformeront le jus de raisin en cette boisson divine. Le sol est le lieu de la grande fermentation vivante ; c'est pourquoi une agriculture purement chimique ne peut pas assurer la pérennité des sols agricoles et l'alimentation équilibrée des plantes.* »

De multiples ruptures dans la chaîne alimentaire. Les micro-organismes, les mollusques, les vers de terre qui mêlent les argiles et l'humus, ainsi que les insectes qui broient les matières organiques, toute cette vie, que Claude Bourguignon appelle le « bouillon primordial », est stérilisée par les apports chimiques. Ce processus mortifère, qui est à l'origine d'un gigantesque phénomène d'érosion, provoque de nombreuses ruptures dans la chaîne alimentaire en éliminant, directement ou indirectement, nombre d'espèces, les fourmis, par exemple, dont les œufs sont un aliment de choix pour les faisans.

Le cas de la taupe, un exemple significatif. La taupe, par exemple, déserte les parcelles cultivées faute de pouvoir y trouver les lombrics – décimés par les pesticides –, qui composent 90 % de son alimentation ; or la taupe figure au menu du renard, du blaireau et de la belette : si elle manque, ces derniers accentuent leur prédation sur d'autres espèces, dont le petit gibier.

Agir sur le milieu, seule alternative

L'effet de lisière et la qualité du sol conditionnent l'existence des populations de petit gibier à qui il faut des zones de « non-culture », des marges, qui permettent à l'ensemble de la vie sauvage de s'épanouir. La gestion du petit gibier se heurte donc à un casse-tête : comment protéger et restaurer des milieux que les progrès agronomiques condamnent ? C'est toute la difficulté de cette entreprise qui impose d'agir sur les habitats, dans un sens à priori contraire à l'histoire, alors qu'il suffit au gestionnaire de grand gibier d'encadrer les prélèvements, l'évolution des paysages lui étant favorable.

Diversifier les cultures sans nuire à la productivité

Le sauvetage de la petite faune sauvage implique-t-il pour autant un retour à des pratiques agricoles d'un autre âge ? Il serait vain de l'espérer. En revanche, le nouveau défi auquel est confrontée l'agriculture – concilier les exigences de la rentabilité économique et celle de la préservation de l'environnement – laisse entrevoir des perspectives intéressantes.

À partir de la réflexion sur l'intérêt que présentent les effets de lisière pour la petite faune, les agriculteurs les plus en pointe intègrent un nouveau paramètre dans la conduite de leur exploitation : la bio-géographie des cultures. « *Celle-ci doit viser à faire voisiner blé, betteraves, pois, orge, maïs, ce qui équilibre le gîte et le couvert tout au long de l'année et facilite la nidification*, recommandent Charles et Philippe Séverin, qui, sur 450 hectares dans le nord-est de la France, font depuis dix ans la démonstration que la performance agricole et la restauration des habitats de la faune sauvage ne sont pas incompatibles. *Toutefois, il ne suffit pas d'avoir un équilibre optimal des différentes cultures, si les parcelles voisines sont emblavées avec les mêmes plantes. L'idéal consiste à mettre en place une succession de diverses plantes et d'éviter des surfaces de labour contiguës créant des no man's land de 40 hectares et plus.* » Cette stratégie, en réduisant la taille des parcelles, multiplie les effets de lisières.

De l'intérêt agronomique des lisières. L'optimisation des lisières offre par ailleurs un réel intérêt agronomique. En préservant les écotones des traitements insecticides, l'agriculteur favorise en effet le retour d'espèces dont l'agrochimie avait fait oublier l'utilité pour les cultures. Il en est ainsi des carabidés. Ces insectes sont les prédateurs prioritaires des pucerons visés par les insecticides. Plus de carabidés, c'est donc moins de pucerons, et davantage de nourriture pour les insectivores.

La régulation raisonnée des prédateurs conditionne la réussite de la gestion du petit gibier, au même titre que la restauration des habitats et la maîtrise des prélèvements.

Les clés d'une nouvelle légitimité pour la chasse

La gestion du petit gibier, qui, de fait, profite à toute la vie sauvage, celle des plantes comme celle des animaux, réconcilie l'agriculture et la nature, et, à terme, la chasse et l'opinion publique. En cela, elle est fondatrice d'une reconquête de la légitimité de la chasse. Grâce à elle, la perdrix, le faisan, le lièvre, le lapin témoignent de la qualité environne-

Le faisan vénéré, espèce introduite en France il y a cent cinquante ans, peut faire l'objet d'une gestion spécifique sur les territoires pourvus de surfaces boisées. Cette gestion, pour réussir, doit prendre en compte tous les paramètres de l'écologie du milieu.

mentale du territoire agricole. Ils apparaissent comme les bio-indicateurs les plus évidents du développement durable, objectif prioritaire de la politique agricole européenne pour les prochaines décennies.

C'est toute une nouvelle façon d'envisager la chasse qui se fait jour autour de ces concepts de gestion du petit gibier. Celle-ci fait appel aux connaissances les plus récentes non seulement de l'agronomie et de la botanique, mais aussi de l'éthologie et de l'entomologie. Pour sa mise en œuvre, l'Association nationale petit gibier, animée par Gérard Pasquet, définit des méthodes opérationnelles fondées sur l'analyse du territoire, ses capacités d'accueil, les interactions entre les espèces animales, végétales et les activités agricoles.

Bien maîtriser les mécanismes du vivant. La gestion du petit gibier oblige le chasseur à ne plus être seulement un prédateur, fonction dont la société perçoit de moins en moins le sens. Elle le contraint à prendre en compte *« les conditions d'existence des êtres vivants et les interactions de toutes sortes existant entre ces êtres vivants d'une part, entre ces êtres vivants et leur milieu d'autre part »*, ce qui est la définition même de l'écologie formulée par le professeur Roger Dajoz, du Muséum d'histoire naturelle.

En se mobilisant pour le petit gibier, c'est-à-dire en œuvrant à la protection et à la restauration des habitats de la faune sauvage, les chasseurs découvrent toute la complexité du vivant, et, par conséquent, mesurent mieux l'incidence de l'acte prédateur. Ainsi, par exemple, la cynégétique moderne démontre que le prélèvement du faisan est fonction du nombre de coqs chanteurs qui a été constaté au printemps. Compte tenu de la mortalité juvénile, de l'impact de la prédation, et si les intempéries ne laissent pas supposer une reproduction médiocre, on peut tuer un oiseau par coq chanteur sans risque d'entraver la dynamique de la population.

Le chasseur qui a intégré cela donne à son plaisir instinctif une autre dimension. Vis-à-vis de lui-même, comme vis-à-vis de ceux qui ne chassent pas. Son acte est mesuré parce que pensé. Que lui reprocher alors ? Le plaisir de tuer ? C'est une autre question, qui concerne une autre nature, celle de l'homme.

Le lapin de garenne

Le lapin est emblématique d'une ancienne chasse populaire, bon enfant, nourricière et indispensable à l'agriculture. Il peuplait abondamment une campagne elle-même très habitée. En cinquante ans, les choses ont changé, et l'état de l'espèce reflète ce qu'est devenu le paysage rural. La restauration de populations en nombre suffisant pour pouvoir être chassées représente aujourd'hui un travail d'aménagement et de concertation pour le moins important.

L'histoire du lapin en Europe occidentale est comparable à celle du faisan ; introduit par l'homme, il s'est progressivement implanté parmi les espèces de gibier autochtones.

L'Antiquité semble n'avoir pas fait de distinction entre le lièvre et lui. Les spécialistes discutent encore la question de savoir si des lapins étaient présents à Athènes ou à Rome. C'est peu probable. À l'époque de Pline l'Ancien, on découvre ces animaux en Espagne, en Corse et dans les îles occidentales. Ils y commettaient d'effroyables dégâts. Les habitants des Baléares supplièrent même le divin Auguste de mettre en branle une légion afin de venir à bout d'une invasion qui les acculait à la famine. En tout cas, les habitants du cru faisaient leurs délices des jeunes ou des embryons, et cela n'échappa pas à la gourmandise raffinée de la Rome impériale. Le lapin fit son entrée dans le « monde civilisé », du moins sur ses tables, sous le nom de *conilium* (nom latin transcrivant sans doute un terme ibérique), terme dont dérive le mot « connil », en usage au Moyen Âge.

Du connil d'élevage au lapin sauvage

On sait qu'il existait des élevages et des échanges dès le VIIIe siècle. Ces pratiques étaient d'abord le fait des monastères et des abbayes, et devinrent de plus en plus intenses. L'espèce était recherchée tant pour le goût délicieux de sa chair que pour la finesse de sa fourrure. C'est à partir des garennes d'élevage, extrêmement nombreuses à partir du XIIIe siècle, que le connil envahit les bois et les champs. Étroitement surveillées par leurs propriétaires, elles étaient savamment aménagées et closes, souvent même de murs. Mais cela n'empêchait guère l'animal de s'échapper. Il colonisa rapidement le territoire.

Il semble d'ailleurs qu'il ait perdu lors de ce retour à la vie sauvage les diverses couleurs et taches de sa robe, fruits sans doute, comme pour l'actuel lapin de clapier, de plusieurs siècles de croisements et de sélections. Il perdit aussi son nom de « connil » pour prendre celui de « lapin », dont l'origine est inconnue.

Un ravageur redouté de tout temps. Très vite, il s'est signalé par des dégâts considérables causés aux cultures et même aux ouvrages d'art. Déjà, Gaston Phébus, au XIVe siècle, recommandait de chasser trois fois par semaine au moins autour d'une garenne afin que la région ne soit pas envahie. Au XXe siècle encore, le lapin a fait trembler les Pays-Bas en s'installant dans ses digues, car sa prolificité est parfois exceptionnelle ; compte tenu des maladies et de la prédation, la production moyenne annuelle par femelle est de 4 à 6 jeunes survivant au-delà de 3 mois.

Tous les dégâts que le lapin occasionne aux cultures peuvent être réduits s'il dispose de suffisamment de surfaces herbeuses pour bien s'alimenter.

Le lapin vit en groupes familiaux de 2 à 7 membres, parfois 10. Plusieurs groupes peuvent se côtoyer, ils forment alors une colonie.

Une hécatombe due à la myxomatose

Ce qui marque d'une tache indélébile l'histoire des relations du lapin avec les hommes, c'est évidemment la myxomatose. Le 14 juin 1952, le Dr Armand Delisle introduit la maladie dans ses propriétés pour protéger ses plantations. Il ne l'a pas inventée : elle sévissait sur le continent américain. Il lui a suffi de se procurer un vaccin pour isoler le virus. Le geste du bon docteur n'est pas un geste de savant, mais un geste agricole. Le « succès » de l'opération est fulgurant et, très vite, d'ampleur européenne. On crut même un moment l'espèce disparue, alors que les chasseurs tuaient encore vers 1950, en France, environ 60 millions d'individus par saison. Armand Delisle reçut la Légion d'honneur.

Aujourd'hui encore, les pouvoirs publics européens ne s'engagent pas dans la lutte contre la myxomatose, qui est pourtant une endémie, alors qu'ils ont obtenu de remarquables résultats dans l'éradication de la rage.

Le rendement agricole avant la protection de l'espèce

De l'introduction de la myxomatose jusqu'à nos jours, c'est toute une conception des rapports de l'homme et de la nature qui est en cause : destruction des éléments gênants pour le rendement et sacralisation des marges tolérables. C'est d'autant plus triste que l'agriculture actuelle est plus que jamais à même de contrôler et de supporter des dégâts, dans la mesure où ils restent raisonnables.

Des effets sur la flore et la faune. Du point de vue écologique, « *la quasi-disparition du lapin a montré son influence très grande sur la flore et les forêts,* explique le naturaliste Robert Hainard. *Il a fait évoluer la forêt vers la lande, épargne le bouleau, le tremble, le tilleul, tond la végétation herbacée des pelouses. En Angleterre, des plantes rares ou même censées disparues ont reparu (anémone, pulsatille, orchidées). Le lièvre, le cerf ont profité de la disparition du lapin, et même le mulot. Les prédateurs ont réduit leur reproduction (buse, hulotte en Angleterre) ou se sont adaptés en changeant de nourriture, le renard se rejetant sur les souris, en Camargue sur le poisson, l'aigle de Bonelli devenant chasseur de perdrix.* »

Un animal toujours menacé par les maladies

Des souches de lapins sauvages ont toutefois survécu à la myxomatose, de façon irrégulière, sur de nombreux territoires. La virulence moyenne de l'agent pathogène a diminué, et il y a aujourd'hui lieu de penser qu'un certain nombre d'individus sont devenus plus ou moins résistants. L'impact de cette endémie est désormais modéré.

Les dégâts du VHD et de la coccidiose. Par contre, le VHD (maladie virale hémorragique) et la coccidiose continuent de décimer les populations. Lorsqu'il frappe une colonie, le VHD provoque une catastrophe comparable à celle occasionnée par la myxomatose à ses débuts : face à l'épidémie, la seule parade, très limitée, reste la vaccination de sujets repris dans la nature. Quant à la coccidiose, maladie parasitaire considérée pour une bonne part comme un contrecoup de la myxomatose, elle est présente en permanence dans bien des populations. Causant des dégâts toute l'année, elle échappe de ce fait souvent à l'observation.

En outre, il ne faut pas oublier que les modifications des milieux naturels et des méthodes culturales, notamment la déprise agricole, ont sur le lapin le même impact que sur tous les autres petits gibiers sédentaires. Le tableau n'est pas rose.

Le terrier, abri imprenable

Le terrier est la grande force du lapin. Même si celui-ci est capable de se dissimuler sous une touffée, il préfère généralement ne pas s'aventurer à plus de 100 m de sa demeure. Fort sensible aux intempéries, il trouve dans ses galeries à la fois une température – allant de 15 à 20 °C – et une hygrométrie idéales.

Dans ces forteresses toujours munies d'issues de secours, les lapins peuvent faire tourner en bourrique plus d'un prédateur, y compris les furets. Ils prévoient en outre, à proximité, toute une série de gîtes individuels : mettant à profit sans aucun aménagement la moindre touffe ou la moindre branche, ils sélectionnent avec soin des emplacements orientés aux vents dominants, et ce afin de mieux détecter une approche ennemie. Chaque individu peut posséder, en nom propre, une dizaine de gîtes répartis sur son territoire. Ces derniers lui évitent un retour, parfois périlleux, à la garenne.

Une structure sociale très hiérarchisée

La structure sociale de base du lapin est la famille élargie, qui peut comprendre de 2 à 7 membres, parfois même un peu plus. Elle est très hiérarchisée. Les mâles sont en concurrence, et le dominant assure presque toutes les fécondations. La femelle dominante s'approprie la garenne pour ses mises bas ; les autres accouchent à la périphérie.

Plusieurs familles vivent à proximité les unes des autres, formant une colonie. En général, une seule famille occupe une garenne. Par contre, les échanges interfamiliaux à l'intérieur

LES INDICES DE PRÉSENCE

Une garenne est reconnaissable à ses gueules de terriers, ces entrées en forme de bouches. Elle comprend souvent des trous de passe, des galeries presque horizontales qui permettent à l'animal de traverser sans risque un talus : la main peut percevoir à l'une ou l'autre embouchure un léger courant d'air.

Lorsqu'une famille est regroupée, elle marque son territoire par des tas de crottes.

Les empreintes sont de forme arrondie, longues d'environ 3 cm pour les pattes antérieures et d'environ 4 cm pour les postérieures, sans pelotes plantaires, qui sont remplacées par des poils raides. Les ongles sont marqués mais non saillants.

Enfin, le lapin se signale aussi par des gratis, petits creusements mesurant une dizaine de centimètres de long sur 3 cm de large, dans la terre meuble.

Le lapin de garenne
(Oryctolagus cuniculus)

- **Poids :** 1,4 kg environ
- **Taille :** 38-46 cm de long
- **Spécificités :** oreille de 5,2 à 8,2 cm ; 2 incisives supérieures à croissance continue ; l'animal est adapté au saut par la longueur du pied postérieur (6,6-9,2 cm), la puissance du train arrière et la faible hauteur au garrot
- **Habitat :** ensemble des territoires, à l'exception des massifs d'altitude (plus de 1 500 m) et des grandes forêts
- **Maturité sexuelle :** à 4 mois chez la femelle ; le mâle n'est actif qu'à partir de l'année suivant sa naissance
- **Accouplement :** à partir de janvier-février ; diminution de l'activité sexuelle en juin-juillet
- **Gestation :** 30 jours, avec des mises bas successives, de mi-mars à mi-septembre
- **Lapereaux :** 18 par an en moyenne, avec de fortes différences selon l'âge de la femelle ; nés aveugles et glabres, ils quittent la rabouillère à 3 semaines et sont indépendants à 1 mois

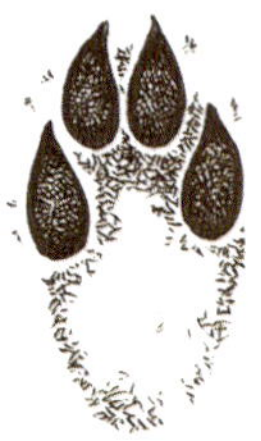

Les crottes déposées sur un lieu surélevé marquent le territoire de la colonie.

LA GARENNE CLOSE

Cette garenne artificielle, conçue par deux spécialistes du lapin, Bruno Degrange et Robert Bunand, recouverte d'un filet de protection contre les rapaces, est composée de deux parcs : le plus grand pour la reproduction et le refuge (le petit abri contient de la paille et du foin à l'usage des femelles pour faire leur nid), l'autre pour l'alimentation. La veille du jour de la reprise pour vaccination, les trappes dans le sens du retour vers le refuge sont bloquées.

Une vingtaine de lapins, introduits en décembre-janvier dans la garenne, peuvent en produire une centaine qui, après vaccination et baguage, seront peu à peu lâchés durant l'été. Les prélèvements dans le secteur ainsi colonisé ne devront pas intervenir avant un an.

de la colonie sont fréquents. Ce sont les jeunes et les dominés qui vont chercher fortune chez les voisins.

Un territoire en trois zones. Le territoire de base est constitué d'un ensemble de terriers majoritairement interconnectés et formant une garenne. Celle-ci est entourée d'une zone d'activité primaire, parfois commune à plusieurs familles, où les animaux s'alimentent et se livrent à l'essentiel de leurs activités sociales. Une zone secondaire, plus vaste, sert à compléter l'alimentation et abrite parfois la mise bas de femelles dominées. Le mâle dominant surveille et défend la garenne contre les intrus. Il marque le terrain avec sa glande jugale et autres excrétions. Il applique d'ailleurs le même traitement aux membres de son groupe.

Plusieurs portées par an

La famille se forme en février. Les femelles entrent alors en phase d'activité sexuelle, et le resteront jusqu'à la fin d'août. La gestation durant un mois, les femelles engendrent donc de mars à septembre. Comme la femelle est gestante en même temps qu'allaitante, les mises bas se succèdent durant toute la période. Selon les conditions environnementales et climatiques, une lapine peut réaliser entre 3 et 5 portées par an, et donc engendrer de 14 à 21 petits, les vieilles femelles (plus de deux ans de reproduction) étant plus productives que les primipares. Les femelles nées en avril ou en mai peuvent se reproduire dès l'été suivant. Les jeunes sont mis au monde dans des rabouillères. Ces cavités creusées dans le sol et bouchées de terre nécessitent des terrains bien drainants et une basse pluviométrie. Ces sols constituent ainsi un facteur essentiel contre la mortalité juvénile.

La myxomatose demeure mortelle à 95 %, en cas d'infection suraigüe.

La présence du lapin attire tous les prédateurs

Si le biotope n'offre pas un couvert suffisant, grâce à un réseau de broussailles, de haies, de friches et de jeunes taillis, l'impact de la prédation sur les jeunes, du fait des chats errants, mais aussi des sangliers, est considérable. Il touche entre 60 % et 80 % des jeunes de moins de 3 mois. Si la myxomatose s'en mêle, bien évidemment les populations sont anéanties. Le lapin intéresse également le renard, bien sûr, mais aussi tous les mustélidés, ou encore les rapaces. Sa vie en groupe, son existence casanière, rythmée par les habitudes, en font une proie de choix. Comme ses milieux de vie sont aujourd'hui très fractionnés entre les zones de grande culture et les zones de déprise, il est impressionnant de constater quelles concentrations de prédateurs peut provoquer l'établissement d'une garenne artificielle. Aux piégeurs de savoir en profiter.

Les terrains herbeux font son bonheur

Comme tous les petits gibiers sédentaires, le lapin est aujourd'hui dans une situation telle qu'il faut gérer la pénurie, reconstituer un environnement et, souvent, réintroduire.

Ce parfait herbivore a d'abord besoin de milieux assez riches en nourriture. La malnutrition le rend plus sensible à la maladie. Toutefois, ses besoins étant limités, une prairie des pâturages, des talus bien enherbés peuvent faire son bonheur.

Il faut donc nettoyer et semer d'herbe talus et bordures, penser à « ouvrir » le paysage et broyer régulièrement les fourrés. Le milieu en sera moins hostile, la nourriture plus abondante, et ainsi le lapin sera moins tenté de causer des dégâts aux cultures. C'est dans les deux ou trois heures qui suivent la tombée du jour que les lapins vont se restaurer. Une observation régulière à ce moment-là, autour des garennes, permet d'évaluer l'évolution des populations et l'impact des maladies.

Pas de chasse sans comptage. Il est très rare qu'une phase de stabilité dure longtemps, et les prélèvements doivent être adaptés en permanence aux observations effectuées sur le terrain. Lorsque les comptages indiquent une diminution nette des effectifs, mieux vaut cesser toute chasse et attendre la reprise. Le comptage est indispensable : du fait de ses mœurs grégaires, tout ce petit monde semble grouiller sous vos yeux, alors qu'en réalité il est en pleine régression.

Une réintroduction réfléchie et contrôlée

Quand on a la chance de chasser sur un territoire où existe encore une souche viable de lapins sauvages, il ne faut surtout pas commettre l'erreur d'effectuer une réintroduction. Cette opération risquerait de modifier l'acquis génétique d'animaux qui ont probablement développé des défenses immunitaires, et de croiser divers agents pathogènes. En outre, les individus que l'on ferait venir n'auraient aucune connaissance intime du terroir, élément essentiel de survie, transmis des parents aux enfants. Il y a fort à parier qu'une bonne part de la mortalité provoquée par ce que l'on appelle le « stress de la capture » n'est rien d'autre que l'ignorance du terrain.

Une garenne artificielle, mais pas de lâchers

Malheureusement, dans bien des cas, lorsque par exemple épidémies et bouleversement des milieux se sont conjugués, la réintroduction est la seule solution. Alors, l'installation d'une garenne, artificielle ou close, est pratiquement incontournable. De simples lâchers de lapins, même vaccinés, dans des terriers préexistants auront autant de succès que dans le cas du faisan : seuls les prédateurs en profiteront! Il ne faut toutefois pas se faire d'illusion : la garenne artificielle n'est pas destinée à « produire » du lapin, mais à établir des noyaux assez importants pour résister aux attaques virales. À partir de là, une bonne gestion cynégétique développera, avec de la patience et du travail, une population exploitable.

Penser aux garennes secondaires. Le comportement du lapin impose qu'autour de la grande garenne de départ on aménage une dizaine de garennes secondaires – une pour 5 à 10 hectares – qui permettront aux jeunes de s'installer dans leur terrier. De cette façon seulement se créera une colonie. Beaucoup ont connu des déconvenues parce qu'ils croyaient qu'une grosse garenne bien peuplée d'animaux vaccinés produirait quantité d'individus chassables. Produire de la sauvagerie n'est pas si simple.

L'ESTIMATION DE L'ÂGE

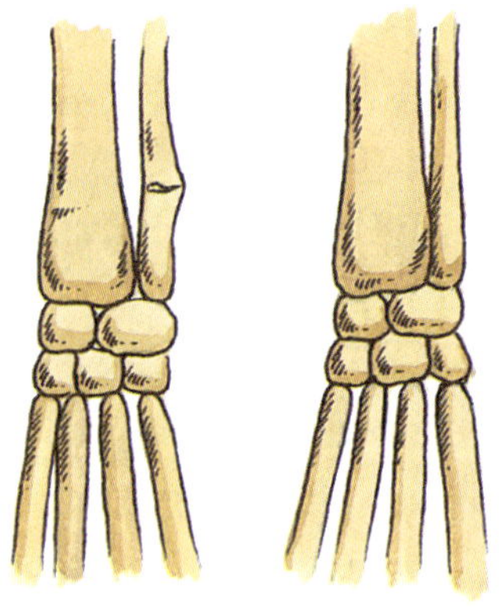

À gauche, la protubérance à l'extrémité inférieure du cubitus. À droite, l'ossification est achevée.

Les sujets présentant une protubérance cartilagineuse (épaississement de l'épiphyse inférieure) grosse comme un pois au-dessus de l'articulation du radius/cubitus de la patte avant (base du cubitus) ont moins de 9 mois ou moins de 7 mois, selon les spécialistes. Tout animal sain dont le poids est inférieur à 1,2 kg est probablement de l'année. Mais la pesée du cristallin reste la méthode la plus fiable pour savoir l'âge.
Si les testicules ne sont pas apparents, il peut s'agir d'un jeune de moins de 5 mois, mais aussi... d'une femelle ou d'un adulte en période de repos sexuel.

Les atouts de la garenne artificielle close

La garenne artificielle close fait de plus en plus parler d'elle *(voir p 175)*. Ce qui est clos, en fait, c'est la garenne d'introduction. Elle protège entièrement les animaux transplantés – dont on sait l'extrême vulnérabilité à la prédation. Introduits avant l'époque de la formation des couples stables, ceux-ci seront faciles à reprendre pour les vaccinations et le baguage. Des ouvertures en chicane, soigneusement obturées, et débouchées le moment venu, permettront aux jeunes de partir coloniser les garennes adventices. Dans les premiers temps, le retour à la maison mère sera toujours possible en cas de danger.

Le dispositif est plus lourd à mettre en place que la garenne ouverte, et il faut en outre prévoir le nourrissage. Et tout cela ne dispense en rien de piéger et d'aménager le territoire. Il importe de choisir des implantations éloignées des cultures, et, évidemment, de se montrer responsable et diplomate envers les exploitants voisins.

Vif et rusé, le lapin est toujours un gibier passionnant pour le chasseur. Il est conseillé de tirer surtout les jeunes, en début de saison, quand les couples ne sont pas stabilisés.

Chasse au gîte ou chasse à courre à pied

Animal vif, virevoltant, habile en toutes les ruses, le lapin est un gibier passionnant. Avec lui, les surprises sont toujours au rendez-vous. Mais aujourd'hui, il est préférable de choisir les modes de chasse les moins meurtriers, qui sont aussi, dans l'ensemble, les plus attractifs. De façon générale, mieux vaut chasser en début de saison. On tuera surtout des jeunes à une époque où les couples ne sont pas encore stabilisés.

La chasse au gîte, qui exige une bonne connaissance des animaux, est une chasse de Sioux. Elle permet de contrôler parfaitement les prélèvements tout en arpentant le terrain. Quant à la chasse à courre à pied, elle emporte de plus en plus de suffrages parce qu'elle allie le plaisir des chiens, la joie de la quête et garantit que les les prélèvements resteront modérés.

Préserver les individus malades. Détail d'importance, on prendra bien soin de brûler les cadavres myxomateux, mais on ne tirera pas les individus malades. Il se peut en effet qu'ils résistent à l'endémie et soient des sujets spécialement résistants.

Attention au furetage

Le furetage, lui, fait problème : à partir de fin décembre, il s'avère très meurtrier. On tue alors les femelles dominantes, les reines de la forteresses, c'est-à-dire les meilleures reproductrices. Il serait dommage de laisser disparaître cette pratique traditionnelle – et personne n'y tient –, mais il faut savoir rester raisonnable et ne pas oublier que le furet, engagé dans un terrier, n'a que des notions très limitées en matière de gestion.

Les chasseurs ont, avec le lapin, un défi à relever : réintroduire une espèce qui jouait un rôle clé dans l'équilibre faunistique et la pratique cynégétique, et prouver par là qu'il existe une alternative autre que la sanctuarisation à l'appauvrissante uniformisation des campagnes.

LES COULEURS DU LAPIN

Dans les populations de lapins de garenne importantes, un phénomène de gène récessif peut faire apparaître des individus d'une tout autre couleur que l'habituel jaune-brun : outre des sujets albinos, on peut trouver des lapins argentés, des jaunes isabelle et des mélaniques (pigment brun foncé).

Le lièvre commun

Dans l'histoire de la symbolique sexuelle, le lièvre, à la fois objet de convoitise et de répulsion, occupe une place tout à fait étrange. Dans l'histoire de la cynégétique, c'est également un gibier très diversement apprécié: les amateurs du « beau coup de fusil » aiment à le dire facile à tirer; mais devant les chiens courants, il procure des joies sans pareilles. Espèce longtemps très abondante, elle se raréfie dramatiquement là où les chasseurs n'entreprennent rien en sa faveur.

On disait autrefois des gentilshommes de Champagne – les plus pauvres du royaume – que leurs terres valaient à peine le prix des lièvres qui y pullulaient. Autant dire rien du tout. Les hommes du Moyen Âge attribuaient au lièvre une des plus mauvaises places dans la hiérarchie animale; il était symbole à la fois de couardise et de bêtise.

Son abondance en faisait une viande courante, offerte à profusion sur les marchés, en fait une viande banale et «médicalement» fort peu estimée. Proie au sens élémentaire du mot, son destin était d'être dévoré. Du coup, avec une incroyable constance de l'Antiquité à la Renaissance, il assume même l'image allégorique de la proie sexuelle.

Un symbole de sexe et de ténèbres

Avec le christianisme, ses mœurs nocturnes lui valent en outre des connotations démoniaques. Son goût supposé pour la clarté de la lune, et ses affrontements violents pour conquérir la femelle, donnent de lui l'image d'une sorte de fantôme, capturé au soleil sans crainte ni retenue, mais prudemment évité dans les ténèbres. Son art du mimétisme n'arrangea pas l'affaire; les sorciers le mirent à contribution pour toutes sortes de fétiches destinés à se rendre invisible.

Doit-il à son odeur forte d'être appelé « bouquin », terme qui désigne aussi le bouc? Le bouquin, c'est également le satyre, ce démon au pied de bouc. Par analogie, le lièvre, si chargé de symbolique sexuelle, fut assimilé à cette figure démoniaque, mais peut-être par un chemin détourné: l'affrontement des lièvres mâles au temps des amours – appelé « bouquinage » – rappelle celui des boucs (ou des bouquetins) qui se dressent sur les pattes arrière.

Le lièvre se cantonne dans un territoire d'environ 300 hectares, domaine auquel il reste fidèle et où il met en place un réseau de gîtes. Son activité est essentiellement nocturne.

Du goût présumé du capucin pour la chicorée

Malgré tout, les savants médecins d'autrefois surent gré au lièvre de leur avoir indiqué les vertus de la chicorée sauvage, dont on le croyait alors grand consommateur. Cette plante passait pour régulatrice des excès de la bile noire, et son élection par le rouquin n'avait rien qui surprenne, puisqu'il était lui-même, par excellence, l'animal de la mélancolie. On pourrait l'être à moins.

Doit-il son petit nom de « capucin » à ce goût supposé pour la chicorée sauvage, appelée aussi « barbe de capucin » en raison de son feuillage fourni – la règle de cet ordre impose en effet aux moines de porter la barbe. Selon certains auteurs, le lièvre est dit « capucin » car il est brun, telle la robe de ces moines ; pour d'autres, il doit ce surnom à ses grandes oreilles qui, couchées sur son dos, rappellent la capuche de leur habit.

Son terrain d'élection, les régions céréalières

De nombreuses espèces de lièvres sont réparties sur l'ensemble de la planète, jusque dans les contrées les plus froides. Dans l'Europe tempérée, on en connaît deux espèces : *Lepus europaeus*, lièvre de plaine, ou lièvre commun, qui peuple les campagnes jusqu'à environ 1 500 m d'altitude, et *Lepus timidus*, ou lièvre variable *(voir p. 218)*.

Le lièvre commun est un animal de plaine dont la steppe fut le berceau. Il aime les terrains découverts, tels la lande ou les grandes cultures. Mais les marais et les pâturages lui conviennent également, et il ne dédaigne ni la proximité des bois, qui lui offrent d'excellents refuges, ni... les aérodromes. Les grandes régions céréalières du nord de la France lui sont bien sûr un terrain d'élection.

De vastes territoires pour un fantastique coureur

Il vit sur un territoire qui couvre environ 300 hectares. Le chiffre peut paraître considérable. En réalité, tout un groupe de lièvres utilise cette superficie. Au jour le jour, chaque individu fréquente une dizaine d'hectares. Mais, très vagabonds, les lièvres se déplacent au rythme des ressources offertes selon les saisons.

Un espace parfaitement organisé. Surtout, ils ont besoin de grands espaces pour établir un réseau de gîtes, ces places judicieusement choisies et marquées par la seule forme de leur corps, et pour organiser leurs parcours de fuite, en général toujours les mêmes. Car le lièvre est bâti pour la course. C'est, avec la ruse et son art du mimétisme, sa principale défense.

La parade nuptiale du lièvre est le bouquinage : plusieurs animaux se poursuivent puis, parmi eux, un couple se forme. Les mâles se boxent avant l'accouplement.

Il peut tenir une vitesse de 70 km/h pendant plus de dix minutes, ce qui suppose tout de même un peu de place. C'est pourquoi sa chasse à courre est si passionnante. Sur un territoire parfaitement organisé, les différents axes de fuite sont balisés d'une multitude de places où l'oreillard ne se réfugie jamais, ni ne sort, que par un saut tout à fait impressionnant, comme pour laisser la remise libre de toute trace olfactive périphérique.

Ruses et mimétisme. Tous les veneurs conviennent que les ressources du lièvre déjouant les chiens sont très proches de celles des ongulés. Il n'y manque même pas le hourvari. Son art du mimétisme complique encore la traque : le lièvre, parfois, se « flatre », il s'écrase sur un sol où son pelage se fond à merveille. Ou, bien plus subtil encore, il « fait la motte », en arrondissant le corps et en rejetant les oreilles en arrière pour se confondre avec les reliefs d'un labour.

L'œil le plus exercé peine à l'identifier dans ces conditions. Lorsque l'on « marche » sur un lièvre au gîte, c'est qu'il a moins peur de l'homme que des chiens. En général, c'est d'ailleurs lui qui tire le meilleur parti de l'effet de surprise.

Un noctambule herbivore

Notre capucin est un noctambule vaquant à ses occupations d'un crépuscule à l'autre. Il est susceptible de parcourir des distances importantes pour se nourrir de-ci de-là, mais il revient toujours se gîter dès potronminet, après une dernière toilette. De place en place, il se sera nourri de tout ce qui est végétal : des herbes, des graines, des fruits ou des écorces d'arbres... Cette dernière gourmandise constitue toutefois surtout un régime de disette hivernale.

Le lièvre pratique en outre la cæcophagie : lorsqu'il se nourrit, les aliments ne sont pas totalement assimilés et les rejets sont riches en éléments nutritifs, notamment des vitamines. Ils sont alors mastiqués et réingérés dès la sortie de l'anus. Ce n'est que la seconde déjection qui donne ces crottes rondes et noires.

Pas de reproduction sans combats entre mâles

Les lièvres sont polygames. La période de reproduction s'étend de décembre à septembre, avec des hausses et des baisses d'activité. C'est l'époque du bouquinage. Les mâles, toujours en surnombre (l'idéal étant de une hase pour trois bouquins, selon les meilleurs spécialistes), se rassemblent autour des femelles disponibles. C'est alors que les couples, éphémères, se forment, parmi d'incessants combats entre mâles, qui font voler bien du poil, provoquent de sérieuses blessures, et parfois même des morts. Comme la femelle semble assez indifférente à la personnalité de son futur et momentané partenaire, il n'est pas rare – tandis que ce dernier s'affaire à marquer son territoire de diverses sécrétions glandulaires – qu'elle s'éloigne suivie de la troupe des prétendants. Les explications musclées recommencent donc un peu plus loin, et ce jusqu'à ce qu'un mâle dominant la prenne… de force, selon toute apparence.

De trois à quatre mises bas par an. Les femelles nées en janvier peuvent se reproduire la même année. La gestation dure environ 42 jours. Toutefois, l'espèce connaît la « superfétation », ce qui signifie qu'une femelle pleine peut être à nouveau fécondée dans les derniers jours avant la mise bas. Aussi n'est-il pas rare que le laps de temps entre deux portées atteigne seulement 35 jours. En une saison, on observe généralement 3 à 4 mises bas, chacune de 2 à 5 levrauts.

Des levrauts très remuants. Beaucoup d'auteurs ont écrit que les jeunes sont déposés au hasard, à même le sol, à quelques dizaines de mètres d'intervalle, dans l'espoir qu'un éventuel prédateur ne détruira pas l'ensemble de la portée. Les levrauts naissent les yeux ouverts et couverts de poils. Ils sont presque tout de suite aptes à se déplacer, ce dont ils ne se privent pas. Même s'ils sont allaités chaque nuit durant près de un mois, ils commencent à croquer de la verdure dès l'âge de 4 ou 5 jours. Presque dès la naissance, donc, ils se font un petit gîte à eux, proche du gîte maternel. Voilà probablement l'origine de l'idée d'une mère semant ses jeunes au petit bonheur.

Un faible taux de survie

Aujourd'hui, le taux de naissances par femelle n'a pas varié. Pourtant, le taux d'accroissement des populations est bas, quand il n'est pas négatif. Triste litanie des malheurs du petit gibier sédentaire. Des mises bas de 6 à 10 levrauts en moyenne laissent des taux de survie de 2 à 3 levrauts quand tout va bien, juste de quoi renouveler les effectifs, et encore…

L'homme, premier prédateur. À dire vrai, le premier prédateur du lièvre reste l'homme, à savoir le chasseur. Il faut préciser, à sa décharge, qu'il in-

LES INDICES DE PRÉSENCE

Les voies du lièvre forment un « Y » un peu dissymétrique. Les deux branches, aux marques nettement plus allongées, correspondent aux pattes postérieures qui, dans la course, sont venues se placer en avant, de chaque côté des pattes antérieures, plus étroitement marquées et restées en arrière, formant ainsi la barre du « Y ».

Les crottes, ou « repaires », sont rondes et noires ; elles se distinguent de celles du lapin par une moindre dureté et un moindre broyage des substances résiduelles.

Les gîtes sont de légères excavations creusées dans les chaumes, les labours et les pâtures, aussi bien à découvert que sous un buisson.

La présence éparse de maintes touffes de poils arrachées indique les places de bouquinage.

Le lièvre commun

(Lepus capensis)

- **Poids** : de 3 à 5 kg ; jusqu'à 7,5 kg en Europe de l'Est ; plus léger vers le sud
- **Taille** : 60-70 cm de long
- **Âge maximal constaté** : 12 ans
- **Domaine vital** : 300 ha, avec une zone d'activité quotidienne d'environ 10 ha ; rongeur non fouisseur, le lièvre occupe des gîtes au sol
- **Maturité sexuelle** : dès 6 mois en janvier pour la femelle ; les mâles commencent à participer à la reproduction durant leur deuxième année
- **Rut** : de fin décembre à septembre, avec au printemps le temps fort du bouquinage (combats des mâles)
- **Gestation** : 42 jours, mais la superfétation peut raccourcir les intervalles ; la hase met bat 2 à 5 levrauts jusqu'à 4 fois par saison ; elle les allaite pendant environ 1 mois, mais les jeunes ingèrent des végétaux dès le cinquième jour : contrairement aux lapereaux, ils naissent avec des dents

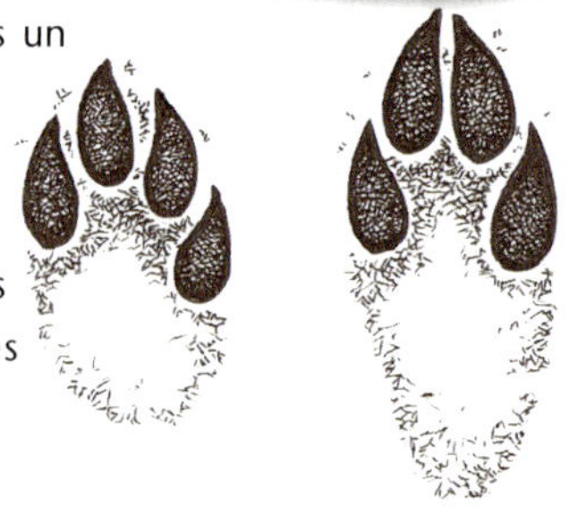

Les crottes, d'un diamètre de 10 à 12 mm, sont un peu plus grosses que celles du lapin.

L'AMÉNAGEMENT PAYSAGER

Les aménagements convenant au lièvre sont semblables à ceux mis en place en faveur de la perdrix grise : multiplication des effets de lisières par une réduction du parcellaire, succession de diverses plantes afin d'éviter des surfaces de labour contigües trop importantes, jachères. Le lièvre apprécie les végétaux riches en protéines, comme le trèfle, la luzerne et le pois. La présence de bandes de ressui permettant à l'animal de se sécher après la pluie est essentielle, sans quoi la route en fait office, pouvant être ainsi la cause de 50 % de la mortalité. La régulation du renard est indispensable pour faire remonter les populations de lièvres.

Afin d'éviter les pertes dues au machinisme agricole, la récolte doit commencer par un détourage lent de la parcelle ; ensuite, les engins travaillent du centre vers la périphérie, de façon à ce que les animaux soient refoulés vers l'extérieur.

tervient dans un environnement dégradé. Les enquêtes menées par le Game conservancy en Angleterre, ou par l'Office national de la chasse en France concordent : monoculture, mécanisation, traitements phytosanitaires, réintroductions anarchiques et circulation automobile augmentent les effets dévastateurs d'une pression de chasse incontrôlée. On estime que 60 % des animaux seulement survivent d'une année sur l'autre… sans pression de chasse.

Monoculture et pesticides ne favorisent pas l'espèce

Certes, le lièvre est un animal des plaines cultivées. Il s'y plaît, s'y nourrit et y prospère. Mais lorsque la monoculture est menée vraiment à grande échelle, il peut aussi en pâtir. Une étude anglaise a produit des chiffres ahurissants. Lorsqu'une surface porteuse d'une culture unique est capable d'abriter trois lièvres, elle pourra, si on plante là quatre cultures différentes, en abriter soixante. Bien sûr, il s'agit là d'expérimentations et de formalisations, dont on peut en pratique minimiser les résultats. Mais, même en supposant une forte marge d'erreur, cela donne à réfléchir.

Avant tout, une question de dosage. De la même façon, les traitements ne sont pas en eux-mêmes nocifs, à condition d'être appliqués avec discernement. Mais la grande monoculture impose de traiter tel ou tel parasite spécifique sur des surfaces considérables. Les doses deviennent alors localement plus massives et, par conséquent, plus toxiques. « *Le lièvre est très sensible aux pesticides*, explique le Dr Bernard Colin, professeur à la faculté de médecine vétérinaire de l'université de Liège, l'un des rares spécialistes des maladies du gibier. *Il peut-être intoxiqué par certaines plantes, notamment la surcharge protéinique due à une absorption excessive de colza.* »

Des lâchers qui ont affaibli les lièvres sauvages

Jusqu'au milieu du siècle dernier, les spécialistes décrivaient avec un luxe de détails la morphologie et le pelage des lièvres communs des différentes régions. Mais la pratique des lâchers a uniformisé, et donc affaibli, les souches sauvages, qui s'étaient adaptées à leur milieu et trouvaient progressivement des solutions aux évolutions agricoles qui modifiaient leur biotope sans le bouleverser totalement. L'idée que la dépopulation se combat par la repopulation a fait des ravages. La perdrix a connu les mêmes déboires. Les lâchers de lièvres, en outre, ne

IDÉES FAUSSES SUR LA HASE

La légende dit que la hase se distingue par ses oreilles plus grandes, qu'elle porterait couchées dans la fuite, une tête plus longue et plus fine, le mâle ayant, lui, de longs poils aux joues. Les crottes de la hase seraient aussi plus grasses. Mais, rien, hormis les organes génitaux, ne distingue en fait le mâle de la femelle.

sont pas étrangers à la propagation des maladies : affaiblis par le stress, dû à leur brutale immersion en milieu inconnu, les animaux sont particulièrement sensibles aux infections.

Un forte densité favorise les pathologies. Par ailleurs, une forte densité de lièvres peut entraîner des pathologies telles que la coccidiose, parasitose qui serait responsable de plus de 10 % de la mortalité. Elle touche en priorité les levrauts de moins de 3 mois. Plus le cheptel est important, plus la maladie s'étend. Autre fléau : l'EBHS *(European Brown Hare Syndrome)* ; cette maladie hémorragique virale très contagieuse, dont le symptôme est un léger saignement de nez, peut toucher 90 % de la population d'un territoire. Le lièvre est aussi très sensible à la tularémie, qui attaque la rate et le foie et semble gagner du terrain.

Contrôler les prélèvements reste la meilleure solution

Il est inutile de parler d'aménagements spécifiques pour le lièvre – du moins d'aménagements majeurs – d'abord parce que les superficies concernées sont très vastes, exploitées de manière intensive, avec une marge de manœuvre très limitée. Ensuite, et surtout, parce que les cultures sont le milieu même du lièvre, on ne peut rien lui offrir de mieux.

Par contre, une gestion cynégétique s'impose à grande échelle. On pourrait presque dire que l'activité principale du gestionnaire consiste à compter les animaux et à fixer des taux de prélèvement imposables à tous, quitte, parfois, pour un ou deux ans, à appliquer le taux zéro. Ces pratiques doivent s'accompagner du respect d'une règle essentielle : ne pas chasser avant la mi-octobre – mi-septembre, 50 % des femelles allaitent encore – et interrompre tout prélèvement dès janvier pour préserver les hases allaitantes et gestantes.

Une indispensable entente avec les exploitants. Bien sûr, la gestion ne s'arrête pas là. Une entente s'impose avec les exploitants, dans le cadre de groupements d'intérêt cynégétique. Le but sera alors d'obtenir, entre autres, la meilleure diversité possible d'ensemencement, ou encore la création de gagnages d'hiver qui éviteront d'éventuels dégâts forestiers.

Réduire la mortalité sur les routes. À cela s'ajoutera l'autorisation de créer dans les champs des bandes nues de ressui permettant au lièvre de se sécher après la pluie : les capucins, en effet, se ressuient souvent sur les routes où nombre d'entre eux se font écraser ; dans certains secteurs, le taux de mortalité hors chasse s'élève de ce fait à près de 50 %.

Réguler le renard, si besoin

D'évidence, la régulation du renard conditionne la réussite d'une politique de reconstitution du cheptel de lièvres. La technique pour mesurer l'évolution des effectifs consiste à parcourir de nuit, au printemps, un circuit identique chaque année. Les observateurs, munis d'un phare, comptent le nombre d'animaux vus par kilomètre. Pour exemple : 60 lièvres dénombrés sur 10 km indiquent une présence théorique de 6 lièvres aux 100 hectares ; c'est l'indice kilométrique d'abondance (IKA). Pour dégager des données significatives, cette méthode doit être appliquée sur des surfaces de plusieurs milliers d'hectares. Lors de ces opérations, on note également le nombre de renards.

Or, la comparaison des IKA sur trois ans – la période minimale pour dégager une tendance fiable – permet fréquemment de constater une tendance négative de la densité de lièvres, lorsque celle du renard est positive. La mise en place d'une politique de régulation du renard permet alors d'inverser le phénomène.

La création de réserves. Outre l'évaluation des densités, à partir desquelles on établit les prélèvements possibles, la création d'une réserve au centre du territoire, de 50 à 250 hectares selon la qualité de l'environnement, peut constituer un élément important de la gestion du lièvre.

L'ESTIMATION DE L'ÂGE

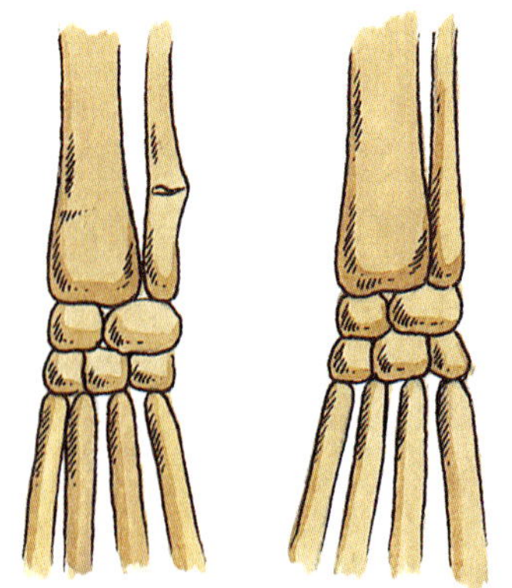

Comme chez le lapin, une protubérance à la patte avant (à gauche) distingue le jeune de l'adulte (à droite).

À moins de 7 à 9 mois, les levrauts présentent un épaississement cartilagineux à la base du cubitus, perceptible en palpant une patte antérieure. Après, seule la pesée du cristallin – qui augmente de poids durant toute la vie – donne une information précise ; le résultat sera comparé à un barème établi à partir des cristallins d'animaux d'élevage.

Pour pouvoir identifier le sexe, il faut avoir l'animal en main. Si les testicules ne sont pas apparents, vous devez dégager les organes génitaux : une verge recourbée vers l'anus indique un mâle ; une fente oblongue, une femelle.

Le lièvre sait se fondre à merveille dans son environnement, et notamment parmi les labours, l'un de ses terrains de prédilection : il s'écrase par exemple contre le sol avec lequel se confond son pelage brun-roux. Avec la vitesse et la ruse, c'est là sa meilleure arme de défense.

Un gibier aux défenses réduites en battue

Autrefois, l'on était toujours un peu fier de rapporter un capucin à la maison, *« c'est un beau coup de fusil facile, pouvant régaler toute une famille »*, observe Eugène-Louis Blanchet, dans son célèbre manuel de tir de chasse *Queue, tête… pan!*, un ouvrage publié dans les années 1950 à l'usage des chasseurs débutants. De toute évidence, l'auteur laisse entendre, non sans une certaine commisération, que le lièvre est le gibier du « petit chasseur ».

En battue, où ses possibilités de défense sont réduites, le lièvre n'occupe pas le rang du perdreau, gibier de prédilection des « grands fusils ». Ainsi, le lièvre témoigne que la chasse n'échappe pas à la conscience de classe… non plus qu'aux notions de hiérarchie fondées sur l'expérience, comme l'indique ce commentaire de l'un des responsables du très sélect Conseil international de la chasse : *« Le lièvre tient fort bien l'arrêt, et son déboulé émotionne le débutant, qui, s'il sait maîtriser ses nerfs et lui laisser une vingtaine de mètres, ne doit pas le manquer. »*

Un adversaire passionnant en chasse à courre

Cette idée que le lièvre, gibier facile, est celui du jeune chasseur renvoit à la Grèce antique ; l'animal y occupe une place symbolique essentielle lors du rite de passage de l'enfance à l'âge adulte : de nombreux vases représentent le don d'un lièvre fait par le jeune éroumène (l'amant, l'aspirant) à son parrain, citoyen d'âge mûr, l'éraste (l'aimé). Saisi comme proie par l'éphèbe dans ses premiers gestes virils, puis offert à l'éraste, le lièvre indique que le passage, le retournement a eu lieu ; l'éphèbe n'est plus proie facile mais prédateur, et en offre ainsi la preuve.

Dans *l'Art de la chasse*, qui est en réalité un subtil traité de morale, Xénophon (V^e^-IVe siècle av. J.-C.) développe – cela constitue le cœur de l'ouvrage – les techniques de la traque du lièvre aux chiens courants, qu'il a apprises durant son enfance. C'est effectivement dans cette pratique cynégétique que ce gibier déploie toutes ses qualités de vitesse et de ruse qui en font toujours un adversaire passionnant.

Vingt-cinq siècles plus tard, les chasseurs du sud de la France, d'Italie et d'Espagne – là où ce mode de chasse est le plus ardemment pratiqué – vivent chaque saison, derrière des chiens créancés sur ce gibier, ce que le disciple de Socrate raconte.

Le blaireau

Casanier, noctambule et terrassier, le blaireau est le gibier des veneurs sous terre. Il aime les fruits, les champignons, le maïs, les lombrics, les gros insectes et leurs larves ; il ne dédaigne pas les couvées d'oiseaux qui nichent à terre, non plus que les lapereaux, les levrauts et les petits rongeurs. Sa forteresse souterraine est un modèle d'aménagement. Son poil, sa graisse, sa peau lui valurent d'être intensivement piégé. Ces attraits appartenant à un autrefois englouti, il reconquiert la campagne.

« Petit ours », il le fut, puisque les zoologistes l'avaient classé parmi les ursidés et lui avaient octroyé le nom scientifique d'*Ursus meles*. Il est vrai que l'animal est trompeur avec ses allures de plantigrade ou presque, son aspect massif et lourdaud associé à des mouvements souples, ses bras forts et ses pattes munies de longues griffes. À cela s'ajoutent d'autres analogies avec l'ours – dans la dentition, les mœurs alimentaires ou dans une activité ralentie à la mauvaise saison.

En réalité, le blaireau est un omnivore appartenant à la famille des mustélidés, qui compte en France d'autres espèces comme par exemple la loutre, la martre, la fouine, la belette, l'hermine, le vison d'Europe ou encore le putois.

Un grand mustélidé aux appellations nombreuses

Le blaireau est d'ailleurs, dans nos régions, le plus grand représentant de la famille. Il est aisément reconnaissable : son aspect massif lui confère une allure typique ; sa tête, blanche rayée de deux bandes noires longitudinales des oreilles jusqu'au museau, surmonte un dos et des flancs gris, teintés d'ocre, surtout vers l'arrière ; la gorge et le ventre sont sombres.

Son nom est la forme actuelle de *blarel* et de *blariau*, termes qu'emploie, au XIVe siècle, Gaston Phébus dans son traité de chasse. Il est admis que ce nom provient du gaulois *blaros*, qui à la fois désigne l'animal et inclut une idée de blancheur, en référence à sa tête. Le blaireau connut diverses appellations ; les plus courantes ont été *tesson*, *taisson* et *tasson*, venues du latin *taxo*, qui désignait l'animal. *Taxonaria*, qui signifie en latin « terrier de blaireau », est à l'origine du mot « tanière ».

Le populaire terme « blair » se rapportant au nez est une abréviation de blaireau, animal qui a du flair et un long nez. L'expression « dormir comme un tesson » donne une indication sur les mœurs de l'animal, tout comme « gras comme un tasson » ou « suer comme un blaireau ».

Omnivore, le blaireau consomme aussi bien des végétaux que des invertébrés. Il privilégie ce qui est le plus accessible : ce qu'il peut cueillir à terre ou extraire des premières couches du sol.

Dans le blaireau tout est recyclable !

Avec la peau de blaireau, inégalable pour son imperméabilité et sa résistance, on confectionnait non seulement des manchons, des chaussures, des colliers pour les chiens, mais également des revêtements pour les malles, des tapis ou des fonds de voiture, jolis et solides. La bourrellerie employait son cuir pour garnir les harnais des chevaux de roulage. Ses poils rudes sont utilisés pour la brosserie,

Le blaireau vit de préférence dans les régions où alternent champs, prairies et bois. Doté d'une vue médiocre, capable de repérer seulement les objets ou les êtres en mouvement, il s'oriente grâce à son ouïe et son odorat particulièrement développé.

et spécialement pour les pinceaux à barbe, appelés blaireaux. On les transforme également en pinceaux pour les fonds de ciel, en barbes pour vernir et lisser les fonds de porcelaine ou en brosses pour les doreurs ; ces pinceaux prennent alors l'appellation de pieds-de-biche.

La graisse du blaireau a été utilisée dans l'entretien du cuir. On en faisait du savon, et Jean-Baptiste Schweyer, qui travaille depuis longtemps sur les relations homme-blaireau, signale que certains l'employaient même pour cuire les frites ou pour huiler les engrenages des machines agricoles.

L'application du musc de la glande anale du blaireau sur le front des chevaux décolorait les poils ; apparaissait alors une tache blanche, d'où l'expression « cheval blair ».

Médicament universel et ragoût d'automne. La littérature regorge d'utilisations du blaireau en pharmacopée : sa graisse souveraine contre les rhumatismes, les foulures, les entorses, la goutte, les crevasses des mamelles ; son sang séché et réduit en poudre réputé contre la gale, la lèpre et pour chasser les mauvaises humeurs du corps par la transpiration.

La chair du blaireau n'était pas non plus négligée ; en Lorraine, dans la région de Ligny-en-Barrois, elle était si appréciée qu'on échangeait volontiers deux capucins contre un tasson. En Thiérache, le blaireau est servi en ragoût à la façon du mouton. Magné de Marolles, auteur cynégétique du XIIIe siècle, recommande de le manger à l'automne, époque « *où il se nourrit principalement de fruits* ».

Une « bête nuisible » chassée depuis des siècles

Jusqu'à une époque assez récente, le blaireau était classé dans le registre des « bêtes puantes et malfaisantes », parce qu'il commettait de nombreux dommages, et plus particulièrement dans les zones agricoles. Tous les moyens étaient donc bons pour en venir à bout : affût, collets et pièges, empoisonnement, enfumage. On chassait aussi cet animal pour le plaisir. La chasse du blaireau a existé sous des formes variées.

Deux méthodes de chasse aux chiens courants. Il y a quelques siècles, on pratiquait déjà la chasse du blaireau aux chiens courants, et ce de deux manières. La première méthode consistait à allumer des feux sur les terriers au cours de la nuit pour éviter que les blaireaux ne puissent les regagner avant l'aube. Les animaux étaient ensuite chassés à courre jusqu'à leur capture.

La seconde méthode nécessitait l'emploi de filets, ou plus exactement de poches en chanvre dont les mailles ne permettaient pas au blaireau de passer la tête. Ces poches, probablement proches par leur conception des bourses employées pour la capture des lapins, étaient entourées de cordelles munies de clochettes. Les filets devaient être tendus vers minuit sur les gueules des terriers. Les blaireaux étaient ensuite pourchassés avec les chiens. Apeurés, ils fuyaient pour chercher la sécurité de leur tanière et se prenaient dans les poches.

Un architecte éclairé

Mais, de tradition cynégétique, le blaireau est avant tout animal de vénerie sous terre *(voir p. 140)*. C'est en effet un vrai maître terrassier qui creuse avec ses pattes antérieures robustes dotées de cinq fortes griffes. L'emplacement du terrier n'est pas dû au hasard. Il est fréquent de trouver des terriers à flanc de coteau. Ainsi, le drainage est facilité, de-même que le rejet des déblais à l'extérieur. Le choix dépend d'un équilibre entre plusieurs facteurs déterminants : structure du sol, végétation, proximité humaine, points d'eau et cultures. Dans les campagnes, certains terriers sont connus de mémoire d'homme. Ils ont parfois modifié et façonné l'environnement par leurs larges tas de déblais. De même, une végétation particulière s'est souvent installée. Dans la toponymie, les vastes terriers sont à l'origine des noms de lieux-dits comme « tessonnière ».

Le terrier est transmis de génération en génération

Quand elles sont occupées de longue date par des générations successives de blaireaux, ces forteresses peuvent compter pas moins de 30 à 40 sorties, parfois davantage. Des analyses de terriers ont montré que le volume des cavités peut dépasser 25 m³, soit l'équivalent de 40 t de terre. Des galeries, longues de plus de 50 m, descendent jusqu'à 5 m sous terre. Les chambres communiquent par un réseau complexe de galeries qui débouchent à l'air libre sur un nombre variable de gueules, prolongées d'un cône de déblais, formés souvent de plusieurs mètres cubes de terre et de cailloux. L'expulsion de ces déblais s'effectuant généralement à reculons, le blaireau finit par creuser une gouttière longitudinale bien marquée sur les cônes de déblais. Cette particularité permet de différencier le terrier du blaireau de celui du renard. La surface du terrier ainsi que le nombre de gueules ne sont pas liés au nombre d'occupants mais plutôt à l'ancienneté des lieux.

Une tanière qui attire différents squatters

Il n'est pas rare sur certains vastes terriers de déceler la présence simultanée du blaireau, du renard et même du discret chat sauvage. Cette cohabitation n'est pas toujours pacifique. Chacun de ces petits carnivores se tient dans ses appartements et n'apprécie guère de partager la même issue de sortie.

Le terrier constitue un micromilieu favorable à une faune diversifiée : de nombreuses espèces d'in-

LES INDICES DE PRÉSENCE

Les empreintes du blaireau ressemblent à celles d'un ours miniature. Les cinq pelotes digitales sont très rapprochées et presque alignées. Le doigt interne marque souvent très peu, voire pas du tout. Le coussinet plantaire et les griffes restent perceptibles.

Ses coulées, plus larges que celles du renard, s'apparentent à de vrais sentiers : très propres, bien marquées au sol et sans aucune végétation à l'approche du terrier.

Les fosses d'aisance se trouvent à une certaine distance du terrier : baptisées « pots », ce sont de petites dépressions profondes de 10 à 15 cm. Ces pots ne sont pas rebouchés et constituent un excellent indice de présence. Les fientes, de forme irrégulière, longues de 4 à 8 cm, ont une consistance variable mais leur odeur est caractéristique.

Le blaireau *(Meles meles)*

- **Poids :** de 8,8 à 17,3 kg, avec une moyenne de 12 kg (M) ; de 8,7 à 13,6 kg (F)
- **Taille :** 60-90 cm de long pour la tête et le corps ; 15-20 cm pour la queue ; 33 cm de haut au garrot
- **Longévité constatée :** exceptionnellement 15 ans, mais seulement 1 à 2 % des individus atteindraient 12 ans dans la nature ; 19 ans en captivité (record constaté)
- **Maturité sexuelle :** vers 14 ou 20 mois (F) ; vers 13 mois (M)
- **Accouplement :** rut peu après la mise bas
- **Gestation :** 6 semaines de gestation réelle précédées d'une période de latence (ovo-implantation différée) de 9 à 10 mois ; mises bas de la fin janvier à la fin mars d'une portée de 1 à 5 jeunes (3 en moyenne)
- **Blairotins :** indépendants entre 5 et 8 mois

Sans les griffes, la patte antérieure mesure 4,5 cm de large et 5 cm de long, et la patte postérieure mesure 7,5 cm avec le talon.

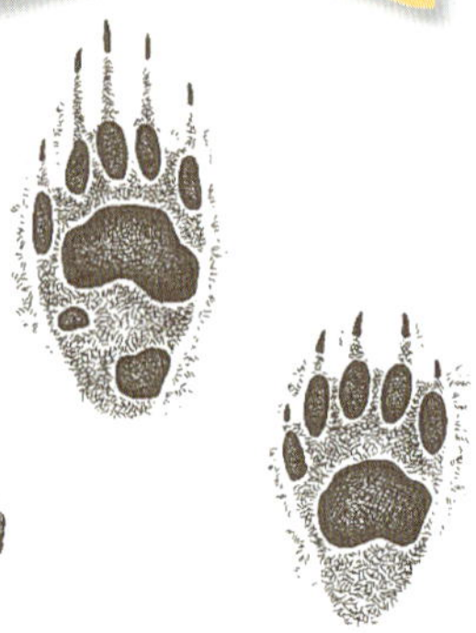

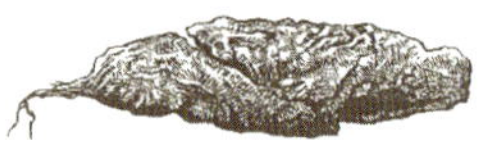

Dans leurs vastes terriers aux entrées en gouttière, creusés parfois jusqu'à 5 m de profondeur, les blaireaux vivent au sein de petites communautés comprenant chacune une douzaine d'individus des deux sexes, juvéniles compris.

vertébrés, mais aussi des amphibiens et reptiles, peuvent y passer l'hiver. Les travaux du zoologiste Henri Heim de Balsac, publiés en 1948, montrent que le blaireau partage parfois aussi ses terriers avec des rongeurs forestiers comme les mulots et les campagnols roussâtres. L'insolite petit rhinolophe, chauve-souris rare et menacée, est également un hôte des terriers à blaireaux qu'elle occupe isolément comme site de repos ou d'hibernation.

La puce, le blaireau et l'homme, compagnons de la préhistoire. Henri Heim de Balsac qui a identifié la puce de l'homme *(Pulex irritans)* parmi les parasites dont le blaireau est porteur – elle est souvent abondante à l'entrée des terriers – soutient que la contamination s'est probablement produite à l'époque où l'homme habitait les cavernes et cohabitait avec les blaireaux. En effet, bien des terriers font exception à la règle du creusement, et le blaireau utilise souvent des cavités naturelles comme les diaclases, les abris-sous-roche ou des cavités artificielles creusées ou aménagées par l'homme, comme les mines, les sapes de tranchées de la Première Guerre mondiale, les fortins.

Une vie confortable organisée en petits clans

D'une année sur l'autre, le terrier est remanié et agrandi. Il se compose généralement de plusieurs chambres rigoureusement propres et sèches, confortablement tapissées de foin, de mousse ou de feuilles mortes. Le blaireau charrie ces matériaux vers le terrier à reculons, après en avoir fait une touffe qu'il coince entre son menton et ses pattes antérieures.

Les blaireaux vivent en groupes au sein de petites communautés appelées « clans », qui ne semblent pas dépasser une douzaine d'individus des deux sexes, juvéniles compris. Ils exploitent conjointement un secteur (domaine vital) au sein duquel certaines femelles peuvent vivre séparées, à une époque particulière de l'année, sur de petits territoires exclusifs. Les phénomènes de compétition entre clans voisins sont réglés par des relations de dominance, mais surtout par marquage territorial des frontières grâce aux crottes chargées des sécrétions des glandes anales. Les coulées sont également imprégnées de l'odeur du clan.

L'odorat est du reste le sens le plus développé du blaireau. Celui-ci

LE BLAIREAU LUBRIQUE

Les Japonais disent que, les nuits de pleine lune, le blaireau s'habille en moine chenu pour approcher les jeunes filles endormies et abuser d'elles. Mais parce qu'il n'est pas foncièrement méchant, ce roublard prévient de ses intentions lubriques en tambourinant sur son ventre.

a également une très bonne ouïe, mais sa vue laisse à désirer : tout au plus repère-t-il les objets en mouvement, et seulement pour confirmer ce que ses autres sens lui ont appris. Les domaines délimités par chaque clan oscillent entre 20 et 200 hectares.

Dormir le jour, manger la nuit et se ménager l'hiver

Le cadre de vie du blaireau est constitué par les bois de feuillus et les bocages. Les plus belles populations se rencontrent dans les campagnes cultivées où champs et prairies alternent avec les bois. Le blaireau apprécie surtout les forêts de feuillus avec des clairières. Dans les bocages, supplantant les grands domaines forestiers, il sera plus inféodé aux taillis, broussailles, haies, petits bois et terres agricoles parcellisées. Casanier et routinier, c'est un noctambule qui sort de son terrier au crépuscule. Le début de la phase d'activité correspond au coucher du soleil de mars-avril à septembre-octobre.

Les croyances populaires ont perpétué de façon tenace l'idée que le blaireau hiberne comme l'ours, la marmotte ou le loir. En réalité, il n'hiberne pas, mais hiverne. En période hivernale, quand les conditions climatiques sont mauvaises, il peut rester plusieurs jours sans sortir de son terrier grâce à la graisse sous-cutanée accumulée à l'automne. Cette graisse se traduit par une augmentation très nette de son poids et lui permet de réduire ses activités à l'extérieur. Il sort malgré tout irrégulièrement en hiver, même par temps de neige, pour satisfaire ses besoins ou boire.

L'hiver, le blaireau, grâce à ses réserves graisseuses, hiverne et sort peu du terrier.

Une alimentation adaptée aux conditions saisonnières

Plus cueilleur que chasseur, le blaireau est omnivore. Il tire profit des ressources locales et saisonnières. Dans son alimentation, les végétaux tiennent une part importante, et les invertébrés dominent les vertébrés. Généraliste en été et en automne, son régime est plus carné en hiver et au printemps, où il se spécialise dans la recherche des vers de terre : il peut manger jusqu'à 100 à 200 lombrics en une seule nuit.

Le blaireau est décrit comme un prédateur qui fourrage dans la litière, le nez au sol. De fait, les aliments les plus consommés sont toujours prélevés sur le sol ou obtenus par simple grattage superficiel. Le blaireau capture les lombrics et les gros coléoptères à la surface, tandis qu'il obtient les larves de tipules, de guêpes, de bourdons ou de scarabées en creusant les premiers centimètres du sol. Il prélève souvent les fruits alors qu'ils sont déjà tombés à terre, il déterre les bulbes, et il consomme davantage de champignons souterrains que de champignons de surface.

L'animal peut éventuellement occasionner des dégâts aux cultures, comme les champs de maïs ou les vignes. Ces dommages sont surtout signalés lorsque les conditions trophiques deviennent défavorables : c'est notamment la cas en période de sécheresse quand les lombrics deviennent inaccessibles.

Une reproduction en deux temps

Comme chez de nombreux autres mustélidés, la reproduction du blaireau est caractérisée par le phénomène d'ovo-implantation différée : l'accouplement a lieu de janvier à mars, mais l'implantation et le développement de l'embryon ne débutent que dix mois plus tard. Les naissances ont donc lieu au début de l'année suivante, principalement en février. Les femelles peuvent être couvertes par plusieurs mâles du même clan. La blairelle a une portée par an.

Les pertes chez les jeunes de moins d'un an sont très importantes – elles peuvent atteindre jusqu'à 50 ou 60 % des effectifs –, surtout si

L'ESTIMATION DE L'ÂGE

La détermination de l'âge reste un casse-tête pour les biologistes qui étudient le blaireau. Elle se limite à une classification entre juvéniles (moins d'un an) et adultes. Diverses méthodes ont été suggérées et employées, mais actuellement aucune technique simple et précise n'est disponible. L'étude des épiphyses des os longs, la taille de la crête sagittale du crâne, l'aspect des sutures des os du crâne et de la ceinture pelvienne fournissent quelques indications. Certains auteurs, sur la base de l'étude des dents (notamment de la première molaire supérieure et des incisives inférieures) ont proposé des stades d'usure. Les biologistes ont également recours à l'étude des dents et au comptage des lignes d'accroissement du cément (tissu dur recouvrant l'ivoire de la racine) pour déterminer les classes d'âge, qui se limitent à trois catégories : classe 0 (7 à 10 mois), classe 1 (18 à 22 mois) et classe 2 (plus de 2 ans).

C'est à l'aide de ses pattes antérieures munies de cinq doigts terminés par de fortes griffes que le blaireau creuse non seulement son terrier mais aussi ses latrines, appelées « pots » ; il expulse les déblais au fur et à mesure, en progressant à reculons.

l'été est sec et si les ressources alimentaires font défaut. De manière générale, les variations saisonnières en la matière peuvent générer des fluctuations de la mortalité.

Pas de réels prédateurs. En France, le blaireau a peu de prédateurs, et l'impact de ce prélèvement est négligeable, sauf là où le lynx et le loup se développent. Les jeunes peuvent être tués par les renards et les chiens errants. Le trafic routier constitue par contre un facteur de risque important pour l'espèce. En outre, les maladies pulmonaires, provoquées par des parasites ou par des morsures profondes faites par des congénères, figurent parmi les principales causes de mortalité naturelle des adultes.

Un étonnant animal de compagnie

Il n'y a pas si longtemps, les premiers contacts des enfants de la campagne avec le blaireau avaient lieu lors d'une opération de déterrage d'un jeune. En effet, le blaireautin s'apprivoise facilement, devient familier, parfois même encombrant. « *Au coin de l'âtre, il n'y a place que pour cet être frileux, qui sait fort bien écarter le chien et le chat de la maison, et qui s'approche si près du feu qu'il se fait aux pieds de profondes brûlures, difficiles à guérir*, écrit en 1892 Lacroix-Dianlard, auteur d'un traité sur *le Poil des animaux et les fourrures*: *À cause de son sans-gêne, de la mauvaise odeur qu'il répand autour de lui, en raison aussi de la gale qui l'atteint fréquemment et de la vermine qui le dévore, on tient habituellement le blaireau loin de l'habitation, dans un toit bien garni de paille, et dont on blanchit de temps en temps les murailles à la chaux.* »

Dans l'imaginaire rural, à la différence du renard, le blaireau n'est pas un sauvage adversaire : « *Un vieux garçon méticuleux et maussade* [face à] *un aigrefin beau gosse, séducteur malfaisant* », écrit l'auteur animalier René Thévenin. Mais ce n'est pas son capital de sympathie qui vaut au blaireau de repeupler les campagnes. D'évidence, le temps des empoisonnements étant révolu, les vagues de rage dans le quart nord-est de la France étant passées, le blaireau se refait une santé. Nombre de terriers abandonnés sont réaménagés, signes de la vitalité de ce mammifère de plus en plus « blairé ».

Le renard

Le renard vole le propriétaire : pour cela il est honni et admiré. Goupil entretient avec l'homme une étrange relation qui l'a fait passer du statut de nuisible à celui de gibier, voire à celui d'espèce protégée, ce que certains réclament. Animal de lisière, d'interface, de l'entre-deux, il est l'objet d'enjeux symboliques forts. Pour lui, tout va bien : doué d'une incroyable faculté d'adaptation, peu exigeant au niveau alimentaire, à la campagne comme à la ville, aujourd'hui, il prospère.

La littérature s'est substituée à la science pour imposer au héros de son choix le nom qu'elle lui avait imaginé. Avec la célèbre parodie narquoise inspirée d'un clerc flamand du XIIe siècle, *le Roman de Renart*, le héros astucieux, rusé et éloquent devient si populaire que le nom de « renard » supplanta l'ancienne appellation de « goupil» donnée à l'espèce. « Renart », puis « renard », vient du francique *reginhart*, le fort en conseils, car le renard a toujours été qualifié de rusé. De nos jours, un net regain pour le qualificatif de « goupil » se manifeste dans les histoires enfantines.

Un prédateur insaisissable détesté pour ses rapines

Le renard, l'un des 35 représentants de la famille des canidés, à laquelle appartiennent également le chacal, le coyote, le loup ou le chien, n'a jamais laissé indifférent. Oreilles pointues tenues dressées, museau effilé, démarche rasante, regard vif et interrogateur, son allure est remarquable de légèreté, de souplesse et, par conséquent, de prudence. Il est sans doute l'un des animaux sauvages qui suscitent chez l'homme les sentiments les plus contrastés; la bête rousse peut être autant admirée que détestée.

Mis bas en mars ou avril, à la floraison du muguet disaient les anciens, les renardeaux sont capables de sortir du terrier et d'explorer les alentours dès l'âge de 4 à 5 semaines.

Dans les campagnes, il est le coupable désigné de mille rapines. Auparavant, l'élevage des poules, canards, oies se pratiquait en plein air, sans précaution particulière, et le renard n'avait plus qu'à se servir dans ce « libre-service » ! Furieux contre ce prédateur insaisissable, on faisait alors appel au piégeur auquel on demandait d'agir et d'installer une batterie de pièges.

Des multiples usages de la queue de goupil

Après l'avoir capturé, les hommes lui trouvaient autrefois de multiples usages. À la Révolution, les sans-culottes portaient ainsi une queue de renard pendue derrière leur bonnet, sans doute pour remplacer la queue de cheval déclarée anticivique.

Étonnamment, la queue du goupil servait aussi aux offices religieux pour l'aspersion de l'eau bénite, d'où le mot de « goupillon ». Elle a ensuite été utilisée pour la bourrellerie, au temps du roulage et des diligences, dans l'ornementation des harnais, afin de chasser les mouches des yeux et du poitrail des chevaux.

Les braconniers, pour leur part, se servaient autrefois de la peau de la patte non fendue comme soufflet de l'appeau, pour attirer dans leurs filets les cailles, les gélinottes ou autres oiseaux. Quant à la fourrure du renard, elle était bien évidemment employée de différentes manières.

Le renard, en Europe, montre le plus souvent un pelage roux sur le dessus et blanchâtre sur le dessous. Mais, en Amérique du Nord, sa fourrure peut être aussi couleur chocolat.

Le renard argenté, un produit de l'élevage

Dès la fin du XIXe siècle, des trappeurs canadiens, en vue de pallier les hasards de la chasse ainsi que la rareté grandissante des renards au pelage sombre, vont expérimenter l'élevage rationnel de ces animaux pour alimenter le marché de la pelleterie. Après de longues années, et par une adroite sélection, ils obtiennent enfin le fameux renard argenté, et d'excellentes fourrures, avec des poils longs, soyeux et un beau lustre noir.

En 1910, les premiers éleveurs canadiens présentent sur le marché de Londres 25 peaux de premier choix constituant la plus riche collection jamais vue. Les prix fabuleux et les formidables profits obtenus pour ce lot vont déclencher ce que l'on appellera « la fièvre du renard ».

Un moyen de faire fortune jusqu'en 1929. En cette période spéculative, où des fortunes se réalisent rapidement, les élevages se multiplient et le phénomène ne semble plus connaître de limites. L'engouement pour l'élevage du renard argenté traverse alors l'Atlantique, et parvient jusqu'en France, où on installe à grands frais de vastes renardières. Bien souvent, des chasseurs fortunés s'impliquent dans ces sociétés d'élevage, ils en créent une vingtaine dans les montagnes vosgiennes et dans les Alpes du Nord. Enrichissement fulgurant mais éphémère, car cette aventure va cesser brutalement avec la crise économique de 1929.

L'épais pelage du renard tombe au printemps

Grâce à son pelage tant convoité, le renard bénéficie d'une protection efficace contre les intempéries en hiver. Au printemps, quand la mue intervient, les poils tombent par plaques, laissant parfois la peau dénudée. Elle donne une impression de pelade qui n'est pas sans rapport avec le nom grec du renard, *alopex*, le galeux, celui qui perd ses poils.

On rencontre chez l'espèce trois sortes de colorations. La plus commune est le type « sauvage » à dominante rousse, mais la gamme des nuances s'étend en fait du jaune isabelle au marron foncé. On trouve aussi dans le Grand Nord américain et européen des renards mélaniques, de teinte chocolat, qui sont pratiquement dépourvus de poils blanc et appelés « charbonniers ». Il existe aussi dans ces régions un type intermédiaire dit « croisé » : il présente des zones foncées très étendues et des poils sombres sur la nuque et les épaules formant une sorte de croix, à laquelle l'animal doit son nom. Ce sont toutes ces variations de teinte qui ont été mises à profit dans la sélection du renard argenté d'élevage.

De l'Asie à l'Afrique, une vaste implantation

Animal cosmopolite par excellence, le renard possède une immense aire de distribution qui a peu d'équivalent chez les mammifères, à l'exception des rongeurs vivant à proximité de l'homme : la souris grise, le rat noir ou le surmulot ainsi qu'une chauve-souris qui porte le nom de minioptère de Schreibers.

L'espèce est en effet répandue dans tout l'hémisphère Nord, d'au-delà du cercle arctique (76° de latitude nord) jusqu'au tropique du Cancer (côte des Caraïbes à 30° de latitude nord). Elle a pris pied sur l'ensemble du continent européen, certaines îles exceptées. Elle se trouve solidement implantée en Amérique du Nord. Elle est également présente dans toute l'Asie, jusqu'au nord de l'Inde et de la péninsule indochinoise et dans la plupart des îles japonaises. On rencontre aussi le renard en Afrique du Nord et dans la vallée du Nil. Les immigrants anglais l'ont même introduit en Australie, une façon de conserver le lien avec l'île natale où la vénerie du renard, le fameux *fox hunting*, constituait un véritable art de vivre.

Partout en Europe, des côtes jusqu'à 2 500 m

En France, le renard est commun partout, et on le rencontre depuis les plages jusqu'à une altitude d'environ 2 500 m. Du coup, le développement de ses populations et la raréfaction de certains gibiers sédentaires, comme le lapin ou le lièvre, ont stimulé un véritable engouement pour sa chasse à tir, à courre, à l'affût, et pour le déterrage. Des équipages se sont constitués, répartis essentiellement dans l'Ouest. Les chiens courants à renard chassent naturellement l'animal dont ils aiment la voie forte.

Une préférence pour la lisière des petits bois. Le renard affectionne plus particulièrement les paysages ruraux formés de petits bois, de pâtures et de cultures. Dans ce décor, on peut le voir, le soir venu, s'aventurer à découvert, longeant les haies, parcourant les layons à l'affût du moindre indice favorable. C'est principalement un être de lisière. L'observateur le découvre rôdant d'une allure sinueuse, se faufilant entre les touffes d'herbe, dans les replis du terrain, montrant de-ci de-là ses oreilles. Il fréquente aussi les vastes étendues sauvages comme les forêts du nord de l'Europe. Mais cet animal opportuniste et colonisateur peut s'accommoder en fait des milieux les plus variés.

Une faculté d'adaptation hors du commun

Qu'importe les opérations de remembrement, l'urbanisation des campagnes, la banalisation des paysages si néfastes à l'alouette des champs, au lièvre et à toute la petite faune. Le renard a su tirer le meilleur parti de ces mutations. Pour se cacher et se reposer, il se contente de l'abri le plus sommaire : une canalisation de drainage, un stock de bottes de paille, un épais roncier ou un champ de maïs ! Et c'est bien là le secret de son exceptionnelle prospérité contem-

LES INDICES DE PRÉSENCE

L'empreinte du renard, plutôt ovale, mesure de 5 à 6 cm de long sur 4 à 4,5 cm de large. Elle ne laisse apparaître que 4 doigts prolongés par la marque des griffes. Au pas ou au trot, les empreintes sont bien alignées. Souvent, le renard place sa patte arrière exactement dans l'empreinte de sa patte avant, si bien que, sur la neige, sa piste semble un chapelet régulier et sinueux. Ses crottes,déposées souvent sur de petits monticules, jalonnent ses itinéraires. Elles sont longues d'environ 10 cm avec un diamètre de 2 cm. L'aspect et la couleur varient selon le contenu (poils, plumes, os, fruits...). Le terrier du renard se différencie de celui du blaireau par une entrée plongeant directement dans le sol. La terre rejetée forme un monticule devant le trou.

Le renard (*Vulpes vulpes*)

- **Poids :** en France, 7 kg (M) et 6 kg (F)
- **Taille :** 60-80 cm de long pour la tête et le corps ; 40 cm pour la queue ; 35-40 cm de haut au garrot
- **Maturité sexuelle :** dès la première année pour les femelles ; dès 10 mois pour le mâle
- **Accouplement :** le mâle est fécond entre fin novembre et mars ; chez la renarde, l'augmentation de poids de l'ovaire intervient en septembre-octobre, précédant l'œstrus qui débute en général en France en janvier
- **Gestation :** de 51 à 53 jours ; une portée compte de 2 à 7 jeunes, mis bas en mars ou avril
- **Renardeaux :** à la naissance, ils sont aveugles, dotés d'un pelage gris-chocolat et pèsent de 85 à 125 g ; premières sorties du terrier à 4 ou 5 semaines ; sevrés entre 6 et 8 semaines ; capables de s'alimenter seuls à 13 semaines

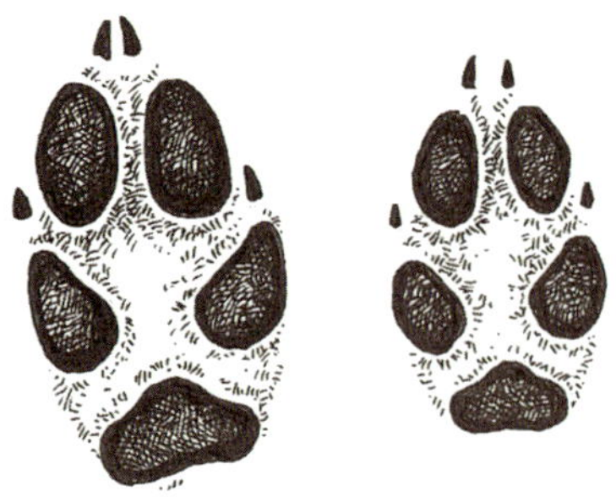

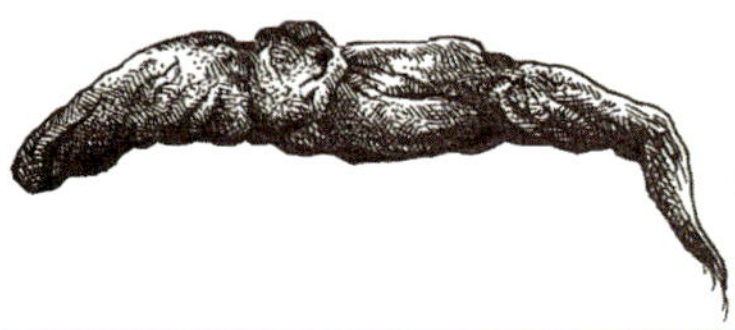

La laissée mesure une dizaine de centimètres de long pour un diamètre de 2 cm. L'aspect est très variable selon les saisons.

À voir les renardeaux se mordiller, tituber, bondir, marcher à pas feutrés, il pourrait sembler qu'ils jouent. De fait, ils aiguisent leurs armes. À l'âge de 13 semaines, ils devront pouvoir s'alimenter par eux-mêmes et partir chacun de leur côté à la recherche d'un territoire.

poraine, cette faculté d'adaptation et d'intégration hors du commun.

Même dans les villes d'Europe. Le renard a ainsi investi de nouveaux domaines, profitant sans hésitation des opportunités offertes aujourd'hui par la société de consommation. Notre étonnement de le découvrir en ville est à la mesure de notre ignorance sur ses réelles capacités d'adaptation. Nul lieu ne lui échappe, et les villes européennes l'ont conquis.

En France, il s'est ainsi installé à Marseille, Clermont-Ferrand, Nice, Nancy et à quelques kilomètres de Paris, dans les banlieues nord et sud. Il trouve abri dans les jardins privés et publics, dans les terrains vagues, sur les talus de chemin de fer, dans les caveaux des cimetières. La nourriture est abondante en ville : rats, souris, moineaux, pigeons, fruits, sans négliger les ordures et déchets de toutes sortes. Le renard prélève également sa nourriture dans les mangeoires mises à la disposition des passereaux. Parfois, des gamelles sont emplies chaque soir à son intention. Comme pour nos chats de gouttière, les renards de Bristol ou de Londres ont leurs grands-mères nourricières attentionnées et dévouées !

Peu difficile, il n'a aucun problème à se nourrir

Le renard possède en effet un spectre alimentaire très étendu. Il compose son régime en fonction des proies disponibles, d'où son qualificatif d'espèce généraliste. Dans la liste de ce qu'il consomme, les lapins et les rongeurs, notamment les campagnols, viennent néanmoins largement en tête. La prédation du renard sur les jeunes chevreuils est un phénomène souvent cité. « *Dans un domaine bien géré ou s'exerce un contrôle optimal de la population des renards, on voit quantité de faons jumeaux*, observe Archibald Mc Siarmid, spécialiste britannique du chevreuil. *Par contre, dans les territoires où ce carnivore pullule, on observe souvent des faons uniques ou même des chevrettes non suitées.* » La présence de dépouilles de chevrillards aux abords d'un terrier de renard ne constitue toutefois pas une preuve de prédation sur un animal vivant : le renard est un charognard.

Il apprécie aussi les fruits et les baies en été et en automne, et leur assimilation contribue à l'accumulation des réserves de graisse avant l'hiver. Il se nourrit abondamment de vers de terre au début du printemps. Les carcasses de grands animaux représentent également des ressources importantes. Or, ses be-

UN GIBIER À PART ENTIÈRE

La vénerie du renard à cheval, née au XVIIIe siècle en Grande-Bretagne, se développe en France depuis une vingtaine d'années. En Bretagne, la battue du renard aux chiens courants est de tradition. C'est la seule région de France où le renard, appelé « louarn », est considéré comme un gibier à part entière.

soins alimentaires sont limités à environ 500 g de nourriture par jour.

Au cours de sa recherche alimentaire, le renard adopte différents comportements. On dit qu'il « mulotte » quand il bondit de façon spectaculaire pour retomber sur la proie et la saisir. Il marche alors lentement, levant les pattes, les posant avec précaution, le museau dirigé vers le sol, les oreilles pointées en bas, puis s'élève soudainement pour retomber sur sa proie.

Même s'il est omnivore, le renard préfère les oiseaux et les petits mammifères.

Une reproduction à date variable selon les régions

Au cœur de l'hiver, de fin décembre à février, le rut bat son plein. Le renard se signale durant cette période par de multiples messages vocaux, les glapissements des mâles répondant aux cris des femelles. L'odeur très musquée décelable à l'emplacement des marquages ne trompe pas le nez de l'observateur averti. La latitude influe sur la saison de reproduction, qui est d'autant plus précoce que la région est méridionale. Un décalage d'un mois a été constaté pour la période de reproduction entre la Vendée et les îles Britanniques.

Des jeunes autonomes à la fin de l'été. La renarde ne met bas qu'une seule portée par an. Les jeunes sont le plus fréquemment déposés dans un terrier que la femelle aménage ou creuse, mais celle-ci peut également utiliser les endroits les plus divers.

Les renardeaux sortent avec la floraison du muguet, disaient les anciens. Titubants, maladroits, mais pleins de vivacité, ils s'aventurent sur « l'aire de jeux » et sur les coulées qui rayonnent à partir du terrier. Ils se mordillent, bondissent, se surprennent, s'avancent à pas feutrés. On lutte à deux, à trois, ou tous en tas, et on s'initie à son futur comportement de chasseur.

Des domaines vitaux fortement marqués

À partir de la fin de l'été, la plupart des renardeaux devront se disperser à la recherche de leur propre territoire. La frange sédentaire de la population occupe des domaines vitaux stables. Il s'agit d'un territoire, c'est-à-dire d'une propriété privée défendue contre les intrus et les voisins. Ce comportement a pour but d'assurer aux occupants du lieu une quantité suffisante de nourriture.

La taille et la stabilité des territoires varient ainsi selon les types d'habitats : 40 à 70 hectares dans la périphérie des villes, 150 à 250 hectares dans la campagne, de 1 000 à 2 000 hectares dans les vastes plaines américaines, et plus de 5 000 hectares dans les zones désertiques.

Afin de délimiter son territoire, le renard effectue différents types de marquages sur ses principaux lieux de passage. Les crottes mélangées parfois avec des sécrétions du sac anal jouent un rôle visuel et olfactif quand elles sont déposées bien en évidence sur des points élevés, par exemple des pierres, des touffes d'herbes ou des mottes de terre. Fraîches, elles dégagent une odeur très caractéristique.

Une vie en couple ou en famille. Les renards peuvent être solitaires quand la population subit une grande mortalité, mais le plus souvent ils vivent en couple. Les sources de nourriture importantes, comme les garennes, les prairies riches en rongeurs ou encore les vergers, se trouvent souvent concentrées dans des endroits privilégiés. Dans ce cas, sur la surface nécessaire à un couple, la nourriture peut être présente en quantité suffisante pour assurer l'alimentation d'autres renards.

Fait surprenant, des groupes de renards peuvent alors se former. Ce sont en réalité des familles comprenant le mâle et la femelle dominants ainsi que de une à quatre femelles qui ne se reproduisent généralement pas ; il s'agit, le plus souvent, des filles du couple reproducteur qui demeurent sur leur territoire de naissance.

L'ESTIMATION DE L'ÂGE

Chez le renard, l'estimation de l'âge se limite le plus souvent à une classification entre les juvéniles (âgés de moins de 1 an) et les adultes. Il n'existe pas de méthodes précises que l'on puisse directement utiliser sur le terrain. Parmi les techniques proposées, l'examen de l'os pénien chez les mâles ou de l'usure des dents ne donne pas réellement satisfaction aux biologistes étudiant l'animal.

La méthode de loin la plus précise est obtenue en laboratoire et réside dans le comptage des lignes du cément sur la racine des dents : une nouvelle ligne apparaît chaque année au printemps. Appliquée dans l'est de la France, cette technique a montré qu'elle était à la fois valide et reproductible, mais à condition de réunir les renards âgés de plus de 3 ans en une seule classe d'âge.

Le prélèvement du renard est proportionnel à la disponibilité des proies. Là où le petit gibier est présent en quantité, les densités de renards sont également fortes.

Des densités très variables. La démographie du renard présente d'importantes variations locales. En Europe, la densité moyenne s'établit à un animal pour 100 hectares. Toutefois, dans l'agglomération urbaine de Bristol, en Grande-Bretagne, les densités peuvent atteindre jusqu'à 5 groupes familiaux au kilomètre carré, ce qui représente près d'un renard pour moins de 10 hectares. Dans les zones rurales, les densités varient entre un renard pour 30 hectares dans les secteurs riches, à un renard pour 4 000 hectares dans les collines d'Écosse. En Lorraine, après le passage de la rage, on a trouvé des densités qui étaient inférieures à un individu pour 600 à 1 000 hectares.

La battue tue plus le mâle, le déterrage, la femelle

Dans les régions où la pression de chasse est peu importante, la structure par âge laisse apparaître une population composée moitié par des adultes (plus de 12 mois), moitié par des jeunes de l'année. Mais dans la plupart des régions, les jeunes sont majoritaires et représentent, selon les cas, de 60 à 75 % des effectifs. Ce phénomène est la conséquence de la chasse : en réduisant l'espérance de vie des adultes, elle génère le rajeunissement des populations. Si le rapport des sexes est équilibré à la naissance, on trouve ensuite davantage de mâles que de femelles dans les populations chassées. Par ailleurs, il ressort de l'analyse des tableaux de chasse que les battues hivernales affectent principalement les mâles, à une époque où les femelles sont plus souvent sous terre. Un effet inverse est noté au printemps durant les déterrages, dont les femelles pâtissent le plus.

Des populations en équilibre

L'espérance de vie des renards est faible chez les juvéniles (1 an à 1,4 an de survie en moyenne), plus élevée chez les adultes âgés de 2 à 4 ans (de 1,5 à 2,5 ans de survie). Des renards de plus de 5 ans sont rares dans la nature. Mais les effectifs se renouvellent très rapidement. Une population de renards est presque entièrement renouvelée en quatre ans. La balance entre la natalité, la mortalité et les migrations assure ainsi l'équilibre. L'organisation sociale de l'espèce constitue en dernier ressort le facteur limitant des populations de renards.

La rage vulpine éradiquée. La rage et la gale peuvent jouer un rôle considérable dans la mortalité de l'espèce. La gale se traduit par des dépilations et un affaiblissement entraînant souvent la mort. Dans la rage vulpine, le virus est étroitement lié au renard qui y est très sensible. La vaccination par voie orale, pratiquée grâce à des appâts contenant du vaccin, a toutefois été un succès et a permis l'éradication de la maladie en France. Outre qu'il est porteur de nombreux agents pathogènes qui ne lui sont pas propres, le renard peut transmettre à l'homme deux parasitoses, l'échinococcose alvéolaire et la leishmaniose.

Cet animal qui exprime si parfaitement l'idée du sauvage ne cesse – même dans les maladies qu'il porte – d'entretenir une proximité avec l'homme, à la façon d'un commensal provocateur. Il suscite des sentiments très contradictoires où domine l'admiration. Beau et rusé, il est le prédateur par excellence.

La perdrix grise

Oiseau de la plaine céréalière et gibier de choix des grands fusils, la perdrix grise a profité durant des siècles de l'évolution agricole pour en devenir, ces trente dernières années, la victime expiatoire. La Grèce antique comme l'Église l'avaient rangée au rayon des animaux troubles en raison de ses mœurs jugées dissolues. Très longtemps objet d'un braconnage intense, elle suscite aujourd'hui la passion d'une nouvelle génération de chasseurs qui en font l'espèce phare de la cynégétique moderne.

La perdrix grise, oiseau d'allure trapue et ramassée, est la plus commune et la plus répandue des perdrix d'Europe. Avant que la chasse à tir et au chien d'arrêt ne découvre les exceptionnelles qualités, comme gibier, de la perdrix grise, celle-ci, proche commensal des paysans dont elle ravageait parfois les pauvres cultures, n'était pas très estimée. Trop directement issue de la terre et des champs, trop liée au quotidien en quelque sorte, elle était ainsi dédaignée des aristocrates chasseurs au vol. À la différence du faisan, son cousin, du héron, et de quelques autres oiseaux de plus noble tradition, elle ne jouissait d'aucune aura mythique ou mystique. Au contraire, l'idée qu'elle était « attachée à la glèbe » lui valut durant longtemps une piètre réputation, et ce dès l'Antiquité.

Un symbole de luxure et de vulgarité

Aristote et les anciens savants la donnent pour un animal lascif, soumis à tous les débordements de la luxure. Le couple de perdrix est considéré comme porteur de ce qu'il y a de plus noir en chacun des deux éléments du couple humain. Les Grecs dressaient le mâle au combat et plaçaient la poule à ses côtés pour l'exciter ; ils pensaient qu'ainsi le désir de la femelle serait mieux comblé après la victoire. L'espèce incarnait le duo infernal Mars-Vénus. Aristote croyait même que son violent besoin de copulation était tel que la poule était fécondable par le simple effet du vent, pour peu qu'elle passe à proximité d'un coq.

Accusée de mœurs dissolues. Bref, les perdrix furent, jusqu'à la caricature, l'image des amants humains. Cela n'engagea guère les siècles chrétiens et féodaux à faire preuve de mansuétude envers un animal par ailleurs si commun, si vulgaire et de si basse extraction. Le tableau s'obscurcit jusqu'à la Renaissance, où la perdrix, en plus du reste, devient le symbole du traître et de l'hérétique, autant chez les catholiques que chez les protestants. Il faut dire que, pour capturer leurs congénères, des perdreaux captifs étaient utilisés comme appelants. On accusa aussi la perdrix, entre autres incriminations, d'inceste et de goût pour les ménages à trois.

Nos ancêtres, fort proches du monde animal, le connaissaient intimement au point de l'analyser comme le monde des humains : le comportement de la perdrix, dont ils avaient saisi toute la complexité, tant dans ses rapports au sein d'un groupe qu'entre d'individus, évoque, en effet, irrésistiblement notre réalité.

Les poussins, durant trois semaines, vont s'alimenter surtout d'insectes, avant de devenir, avec l'âge, essentiellement des granivores.

En vol, la perdrix grise alterne les vifs battements d'ailes et les planés ; une compagnie comprend toujours au moins un guetteur en alerte.

Du braconnage aux lâchers d'oiseaux

Écartée du rang des gibiers nobles, la roturière perdrix est livrée à toutes les convoitises ; un édit de 1607 signale ce furieux braconnage qui menace l'ordre public. Cent cinquante ans plus tard, ces débordements sont désignés comme la cause *« qui a fait passer l'espèce à l'état de mythe dans quarante départements du Midi et de l'Est »*, écrit l'écrivain Alphonse Toussenel dans *Tristia, Histoire des misères et fléaux de la chasse en France*.

Dans la foulée de ce cri d'alarme, les témoignages vont se multiplier pour dénoncer l'effacement de la perdrix grise, et cela sans discontinuer jusqu'à nos jours. Pourtant, jusque dans les années 1970, les récits et les carnets de chasse rendent toujours compte de prélèvements importants.

La vente des œufs à grande échelle. Cette contradiction peut s'expliquer, en partie, par le recours de plus en plus fréquent – dès le début du XXe siècle – aux lâchers d'oiseaux nés en captivité. Les articles et ouvrages cynégétiques de cette période décrivent si abondamment les méthodes d'élevage de la perdrix qu'il semble que tout territoire de chasse devait en passer par là pour avoir suffisamment de perdrix. Le but était de satisfaire la demande des chasseurs et la vanité des propriétaires de chasse, dont le prestige était souvent fonction de l'importance des tableaux réalisés. Comme pour produire des oiseaux il faut des œufs, ceux-ci, volés sur les nids, furent l'objet d'un *« commerce effréné*, explique en 1898 le vicomte du Pontavice, auteur cynégétique. *Le colportage et la vente des œufs – vendus en gros et expédiés au loin par des industriels peu scrupuleux – sont la cause principale de la disparition de la perdrix. »*

Un recul de l'espèce lié à l'évolution agricole

En tout état de cause, le recul de l'espèce s'est accéléré dès lors que l'évolution de l'agriculture a modifié en profondeur le paysage rural. L'existence de la perdrix grise est en effet intimement liée aux pratiques agricoles traditionnelles qui favorisaient les petites parcelles. À partir des années 1960-1970, la traditionnelle marqueterie de lopins veinée de chemins et de haies s'est considérablement simplifiée. Les champs à la mesure de l'homme furent agrandis à l'échelle des machines. Lorsque les talus et bosquets bridaient l'expansion, les remembrements les éliminèrent, donnant à certaines plaines des allures de paysage lunaire. Mécanisation, destruction des couverts, usage d'insecticides, prolifération des prédateurs eurent bien des effets pervers pour la perdrix grise, plus que pour tout autre petit gibier.

Des végétations trop denses. À ces phénomènes bien connus s'en ajoute un autre, que souligne le biologiste allemand Josef Reichhof : « *À présent, les prairies et les champs ensemencés portent une végétation si haute et si dense qu'il ne subsiste plus aucun endroit découvert du sol. Le microclimat à l'intérieur de ces peuplements végétaux compacts devient plus froid et plus humide.* » Ce milieu ne constitue donc plus un couvert adéquat pour la perdrix, qui a certes besoin d'un environnement agricole, mais un environnement plutôt pauvre et, en tout cas, pas trop dense.

Réaménager le paysage. Aujourd'hui, le maintien ou la hausse des effectifs sont constatés là où une gestion cynégétique a été mise en place. L'aménagement du paysage est l'un des points incontournables de cette gestion. Il passe notamment par le maintien de bandes de jachère et de terre nue, qui offrent à la perdrix protection, visibilité, nourriture, et tous ces dégagements dont elle a besoin pour contrôler son environnement.

Les bords de champs, essentiels pour sa survie

La perdrix grise, animal de plaine, est présente dans l'ensemble de l'Europe et en Asie occidentale, mais demeure peu répandue sur les bordures méditerranéennes. Elle vit en France au nord d'une ligne allant de Bordeaux à Briançon. « *Les sols filtrants qui ressuient bien après la pluie augmentent la survie des jeunes,* explique Dominique Aufradet, spécialiste incontesté de l'espèce. *Les sols argileux provoquent des mortalités plus importantes pour deux raisons principales : la formation de boulets de terre aux pattes handicape les poussins en été et les adultes en hiver et les expose donc davantage à la prédation ; les risques d'inondation des nids en cas de fortes pluies y sont plus grands.* »

Appartenant à l'ordre des galliformes et à la famille des phasianidés (comme le faisan), la perdrix grise est principalement granivore et herbivore. Son alimentation comprend toutefois 20 % d'insectes, une proportion qui s'élève à 100 % chez les poussins pendant leurs trois premières semaines d'existence.

Un milieu riche en insectes. Les bords de champs, ces espaces situés entre la lisière de la zone semée et une haie, un chemin, un bois ou un cours d'eau, peuvent être très riches en insectes dans la mesure où ils ne contiennent pas d'insecticides. Plus les parcelles cultivées sont grandes, moins ces effets de lisière sont importants. C'est la raison pour laquelle, dans les régions agricoles n'ayant pas fait l'objet de remembrement, la perdrix grise résiste mieux.

Des graines plutôt que des feuilles. Selon les spécialistes, si les perdrix se nourrissent de matière verte durant l'hiver et au printemps, c'est parce qu'elles n'ont pas de graines à disposition. Or, fait remarquer François Crépin, technicien cynégétique, qui cite des travaux anglais, l'oiseau « *doit*

LES INDICES DE PRÉSENCE

Surtout en été, et sur sol sec uniquement, la perdrix prend des bains de poussière. Ces places de pouillage, souvent situées sur les chemins, sont des dépressions d'une dizaine de centimètres de diamètre où restent souvent quelques plumes.

Les caquètements, rauques et grinçants, sont très caractéristiques : ghirrèè… ghirrrèk… kirrèk… karrvit.

Pendant la période de couvaison, la perdrix produit des crottes de taille particulièrement importante, jusqu'à 4 cm de long. L'endroit, presque toujours situé en lisière de couvert où le coq monte la garde, est rapidement recouvert d'une grande quantité de fientes. Il se trouve à proximité du nid, une simple cavité au sol garnie d'herbes sèches.

La perdrix grise ***(Perdix perdix)***

- **Poids** : de 350 à 400 g
- **Taille** : 30 cm
- **Longueur des ailes** : 15,5-16 cm
- **Envergure** : 47-52 cm
- **Accouplement** : les couples se constituent, pour certains, fin décembre, avec un pic en février
- **Œufs** : de 14 à 16, de couleur brune ou olive
- **Couvaison** : 24 jours
- **Poussins** : nidifuges ; la croissance est achevée à l'âge de 50 à 60 jours

Les scapulaires (plumes de l'épaule) du coq portent une bande jaune clair (à droite) ; celles de la poule présentent en plus des bandes transversales, plus ou moins marquées, formant une croix de Lorraine.

L'AMÉNAGEMENT PAYSAGER

La stratégie d'aménagement du paysage favorable à la perdrix grise repose sur l'alternance des cultures à partir de parcelles en longueur, couvrant de 10 à 15 ha. Tout gibier étant territorial, il importe de multiplier les repères visuels qui favorisent la nidification : plants de tournesols dispersés dans le champ, branchages qui dépassent le blé, rouages de pulvérisateur. Lors de la moisson, des bandes d'épis coupés hauts laissent en place des grands chaumes servant d'abris contre les rapaces. L'irrigation est l'un des facteurs les plus défavorables pour le petit gibier.

Une bande de terre non ensemencée – obtenue en relevant le semoir – augmente les effets de lisières et offre un milieu ouvert au cœur de la parcelle. La mise en place s'effectue par un traitement chimique ou mécanique à répéter plusieurs fois dans l'année.

donner 1 000 coups de bec [pour satisfaire ses besoins quotidiens en grain] *et 24 500 quand il consomme uniquement des pointes de feuilles de blé, soit, à raison d'un coup de bec par seconde, plus de sept heures par jour de recherche de nourriture.*[D'où l'intérêt de] *l'agrainage qui permet de limiter au maximum le temps passé à cette recherche et donc de tendre à réduire les risques de prédation.* »

Un galliforme très lié à son terroir

Des éléments comme les haies, les herbes hautes et les boquetcaux ne permettent pas seulement aux perdrix de se nourrir et se protéger. Ils constituent aussi un ensemble de points de repère qui les aident à s'orienter et à se regrouper lorsqu'elles fuient devant les prédateurs.

Ces connaissances liées au terroir seront transmises aux jeunes. Les souches locales possèdent en effet une forme de « savoir des lieux » qu'il faut plusieurs générations pour reconstituer. Lorsqu'elles abandonnent la compagnie, afin de former un couple, les perdrix semblent d'ailleurs choisir, quand c'est possible, un territoire topographiquement très ressemblant à celui qu'elles ont quitté, et non pas un territoire proche géographiquement ou plus hospitalier.

Des découvertes récentes démontrent en effet que la perdrix semble choisir son lieu de vie en fonction du milieu qui l'a vu naître et où elle a acquis les réflexes salvateurs qu'elle transmettra à son tour à sa progéniture. Ce lien très fort au territoire explique sans doute que toutes les tentatives de réimplantation de perdrix grises à partir d'oiseaux issus d'élevage demeurent très aléatoires.

Si elle est dérangée en début de couvaison, la perdrix peut abandonner le nid.

Vie de groupe et vie de couple

En deux périodes bien distinctes, les perdrix alternent vie de groupe et vie de couple. De la fin du printemps au début de l'hiver suivant, elles vivent en compagnies, plus ou moins homogènes selon les circonstances : ces groupes familiaux sont composés d'un couple, des jeunes de l'année et éventuellement d'adultes isolés sans progéniture. Les compagnies se desserrent ensuite lors de la formation des couples. Dans un premier temps, ceux-ci fréquentent encore le groupe. Des jeunes à la recherche d'une partenaire viennent s'y agglomérer. Puis, fin février, avant de s'accoupler, les couples s'éloignent du gros de la troupe, qui n'est plus formée alors que d'individus isolés.

Des territoires à l'étendue variable. L'étendue du territoire que choisit le couple est très variable : ce dernier peut s'établir sur 2,5 hectares, là où la densité atteindra 40 couples aux 100 hectares, tandis qu'ailleurs il occupera 20 hectares pour une population de 5 couples aux 100 hectares. L'adaptabilité est donc considérable, avec toujours une appartenance territoriale très forte.

Lors de l'accouplement, des rivalités sans fin

Une fois que le couple a quitté la compagnie, la période de l'accouplement proprement dit commence. C'est le théâtre d'affrontements entre compétiteurs. Les couples formés au début sont très instables et se recomposent sans cesse sous la pression de nouveaux venus qui semblent désirer telle ou telle femelle.

Les danses des femelles. De toute façon, c'est la poule qui choisit son partenaire. Elle exécute devant lui une danse de séduction. Et, lorsque d'aventure elle se trouve sans partenaire – qu'il ait disparu ou qu'il ait été séduit par une autre –, elle se laisse suivre avec une apparente indifférence par un prétendant qui s'attache à ses pas et repousse violemment ses concurrents.

Une phase très mouvementée. Cependant, une fois le couple formé, les isolés continuent de tenter leur chance auprès de la femelle. Le nouveau maître les écarte avec la plus grande énergie et il s'ensuit des poursuites et des bagarres. Mais il arrive également qu'une poule ait envie de changer de coq et jette son dévolu sur l'un des prétendants. Elle va le poursuivre alors à son tour de ses assiduités. Le coq en titre tente de chasser l'intrus, mais, généralement, la femelle le repousse, puis le couple se reformera par la suite.

Le rôle des bourdons ou coqs sans poules. Les coqs sans poule (ainsi qu'un certain nombre de poules sans coq), nommés, de façon très imagée, bourdons, vont continuer de graviter autour du couple enfin stabilisé. Les autres partiront à l'aventure chercher l'âme sœur, et une énorme proportion d'entre eux disparaîtra entre février et juillet, dans l'exploration solitaire de territoires inconnus. Les poules bourdons, plus sages peut-être, trouveront généralement preneur chez des individus venus d'autres compagnies. Le rôle des bourdons qui ne s'expatrient pas deviendra essentiel : ils remplaceront éventuellement le coq si celui-ci décède ; ils participeront activement à la défense et à la surveillance des jeunes.

La couvaison, un moment critique

Les perdrix installent le plus souvent leur nid dans les 10 à 20 premiers mètres d'une parcelle : si le bord du champ n'a pas été traité avec des insecticides, il jouera un rôle de garde-manger décisif.

La première ponte a lieu de mi-avril à mi-mai dans une dépression naturelle ou artificielle du sol, garnie de fines branches et de plumes. En cas de destruction du nid, il y aura une nouvelle ponte, parfois jusqu'au début d'août. Comme pour le recoquetage du faisan, le nombre d'œufs est alors plus faible.

Le coq veille à proximité du nid... La couvaison est un moment critique. Si la poule est dérangée, fût-ce par des promeneurs, elle abandonne son nid. Par contre, en fin de couvaison, elle se laissera plutôt tuer sur ses œufs. Lors de cette période, le coq monte la garde à faible distance. Dès qu'un danger se présente, il attire l'attention de l'adversaire et tente de l'éloigner en simulant une blessure, ce que fait également la poule lorsqu'il s'agit de protéger sa nichée. Face à un rapace, par exemple, le coq fait mine d'attaquer... avec un réel succès d'esbroufe. Parfois même, il n'hésite pas à se sacrifier en s'exposant pour attirer sur lui l'ennemi.

L'ESTIMATION DE L'ÂGE

Jeune de l'année : rémiges pointues et peu usées

Adulte avant la mue (août-septembre) : rémiges usées

Adulte après la mue (octobre) : les nouvelles rémiges sont arrondies

Chez une perdrix grise de l'année – elle n' a pas encore reproduit –, les rémiges (plumes des extrémités de l'aile) sont pointues et peu usées. Chez un adulte de moins de 15 mois – il a vécu une saison de reproduction –, les extrémités des rémiges sont pointues mais usées par le vol. Chez un adulte de plus de 15 mois (après la mue), elles sont arrondies. Chez la perdrix de 2 ans et plus – elle a vécu deux saisons de reproduction au moins –, elles sont arrondies et usées.

Les pattes sont jaunâtres chez le jeune (jusqu'à 6 ou 7 mois), bleu plomb à plus de 8 mois. Le bec est brun ou noirâtre chez les jeunes, bleu plomb chez l'adulte.

La lutte contre les prédateurs

Il ressort d'une étude conduite en France, entre 1995 et 1997, que 70 % à 80 % des cas de mortalité de la perdrix grise résultent de la prédation des mustélidés, des renards et des busards. Là, également, l'aménagement du territoire joue un rôle décisif. *« Le risque de prédation est plus faible à proximité d'un bois ou d'une culture offrant un couvert important,* expliquent les experts français de l'Office national de la chasse et de la faune sauvage. *Les chances d'un oiseau d'échapper à un rapace sont d'autant plus grandes que le premier refuge potentiel est proche de son centre d'activité. »*

L'art de se camoufler est appris très tôt. Pratiquant un art consommé de la dissimulation et du camouflage, les oiseaux élisent les cultures et les lisières qui les masquent en leur offrant une bonne visibilité, c'est-à-dire point trop denses. Très tôt, les poussins – ils pèsent moins de 10 g à la naissance – montrent de remarquables réflexes de mimétisme, notamment en se figeant dans une immobilité absolue.

Les éléments fixes du paysage jouent en outre un rôle de protection contre les intempéries. Enfin, ils permettent aux oiseaux de se repérer sur leur territoire. Ils sont notamment fort utiles aux perdreaux (les jeunes de plus de 5 semaines) égarés, qui, après une attaque de prédateurs qui les a égayés en tous sens, cherchent à rejoindre leur compagnie.

La perdrix grise apprécie les zones cultivées dont la végétation n'est pas trop dense. Elle vit le plus souvent au sol et, à la différence de la perdrix rouge, est rarement perchée.

PLUS OU MOINS GRISES

Très inféodées à un terroir, les perdrix grises ont développé différents types correspondant à des localisations précises, les différences portant pour l'essentiel sur la pigmentation du plumage. Il existerait ainsi 11 sous-espèces, même si aucun critère génétique ne permet à ce jour de le démontrer.

Des prélèvements calculés

Outre l'aménagement du territoire, les stratégies de restauration des populations commandent en premier lieu de fixer des règles de prélèvement. Celles-ci doivent s'appuyer sur des comptages systématiques qui s'effectuent d'abord au printemps, pour évaluer le nombre de couples, puis après la moisson, pour mesurer l'indice de reproduction.

Les ratios ainsi déterminés doivent prendre en compte les taux de mortalité au printemps : les spécialistes les évaluent à 40 % des effectifs pour les poules et à 28 % pour les coqs. Sur un territoire présentant une densité de 15 couples aux 100 hectares, par exemple, si l'indice de reproduction est inférieur à 3 jeunes par poules, il n'est pas possible de chasser l'espèce, car, dans une telle situation, sa démographie est négative ; si l'indice de reproduction est de 5 jeunes par poule, le prélèvement ne doit pas dépasser 12 oiseaux afin de maintenir la densité de population.

Un avenir encore incertain

La restauration des populations de perdrix grises nécessite des efforts considérables. Toutefois, la réorientation de la politique agricole européenne vers une meilleure prise en compte des préoccupations environnementales nourrit l'espoir de tous les amoureux de la perdrix grise, des chasseurs pour l'essentiel, les autres défenseurs de la nature trouvant apparemmment davantage d'attraits aux causes plus médiatiques, telles la réintroduction de l'ours ou encore la protection des rapaces.

La perdrix rouge

Fière, vive, rapide et rusée, la perdrix rouge porte toutes les couleurs du Sud. Sa chasse est toujours un enchantement lorsqu'il s'agit d'oiseaux sauvages, de plus en plus rares il est vrai, sous le double effet de la déprise agricole et des lâchers de tir. La restauration de populations naturelles demeure un défi écologique passionnant que peu de chasseurs osent entreprendre. C'est pourtant à cette seule condition que la chasse dans de nombreuses régions retrouvera sa crédibilité.

La perdrix rouge occupe les deux tiers sud de la France, le nord de l'Espagne et le nord de l'Italie, ainsi qu'une bonne partie sud-ouest de l'Angleterre, où elle fut introduite pour la chasse voilà bientôt deux cents ans. Une telle répartition interroge sur sa spécificité par rapport à la perdrix grise, puisqu'elle s'étend de la Méditerranée jusqu'à l'humide Albion (Grande-Bretagne).

On sait également qu'elle a occupé les bords du Rhin et qu'elle subsiste au sud du Jura français. Mais toutes les tentatives d'acclimatation qui ont été menées dans les départements du nord de la France ainsi qu'en Belgique furent des échecs.

Pourtant, la perdrix grise et la perdrix rouge sont parfaitement capables de cohabiter. L'ancienne limite nord de la perdrix rouge en France semble correspondre à ce qui fut l'extension maximale de la vigne, il y a environ un siècle. Des populations relictuelles sont encore présentes dans le sud du département de la Seine-et-Marne. Observant les limites extrêmes de la perdrix rouge vers le Nord et l'Est, les experts de l'Office national de la chasse et de la faune sauvage estiment que *« en deçà de 1 800 heures de durée moyenne d'insolation par an, la perdrix rouge est très rare »*. Tout cela pourrait bien dessiner un profil de la perdrix rouge.

Différence essentielle avec le poussin de la perdrix grise, les côtés de la tête et la commissure du bec ne sont pas ponctués de taches noires.

Un oiseau qui aime la chaleur...

Alors que la perdrix grise est assujettie aux terres riches et aux plaines agricoles, et se montre capable de bien supporter les bas niveaux d'ensoleillement et de température du Nord, la perdrix rouge, pour prospérer durablement, a besoin de moyennes climatiques plus favorables.

La température joue en effet un rôle essentiel pour les couvées, au printemps et en été. Elle détermine notamment les quantités d'insectes indispensables aux jeunes. La perdrix rouge exige également des terrains moins alourdis de pluies. Ceux qui sont secs ou caillouteux, ou ceux qui ne sont pas totalement exploités, lui conviennent bien.

... et supporte mieux le crachin que l'orage. L'exemple anglais prouve que, dans ces conditions, la perdrix rouge peut tolérer un niveau annuel de pluviosité assez élevé, qui peut atteindre jusqu'à 760 mm par an. Elle a de toute façon besoin d'eau. La pluviométrie ne joue pas le rôle qu'on pourrait imaginer pour un animal du Sud, qui supporte aussi bien les périodes de sécheresse que le crachin anglais. En Espagne, par exemple, les zones les plus peuplées bénéficient justement de précipitations faibles, mais assez régulières. Par contre, les longues périodes pluvieuses ou les orages méditerranéens provoquent des catastrophes.

Les prélèvements de perdrix rouges en France sont passés de 1,2 à 1,7 million entre 1983 et 1999. Une progression de 48 % qui s'explique par l'augmentation des lâchers, notamment dans des régions où l'espèce n'est pas naturellement présente.

Un milieu différent de celui de la perdrix grise. Pour peu qu'on puisse les approcher d'assez près, il est impossible de confondre perdrix rouge et perdrix grise. La perdrix du Sud montre un bec et des pattes rouges, et un plumage nettement moins terne que la grise, la bien nommée. De loin, en action de chasse, c'est une autre affaire. Toutes deux ont besoin d'un biotope incluant des activités agricoles. Mais la première est adaptée aux *open fields* des grandes plaines, alors que l'autre demande une agriculture moins prégnante et plus variée. Quoiqu'il en soit, les évolutions actuelles ne sont favorables ni à l'une ni à l'autre.

Dans les plaines du nord de la France, lorsque de sérieux aménagements ont été réalisés en faveur des perdrix grises, il est bien arrivé que quelques rouges issues de lâchers de tir massifs parviennent à subsister et à se reproduire un an, rarement deux. Ensuite, les choses s'arrêtent là. Ni une succession d'hivers doux, ni même le réchauffement de la planète ne suffiront jamais à constituer un biotope adapté.

Cultures variées et espaces ouverts sont nécessaires

La perdrix rouge se tient dans les espaces découverts, les terres cultivées, les vignes, les endroits rocheux secs ou broussailleux. Elle accepte rarement de monter au-delà de 1 000 m, mais elle n'hésite pas, dans les régions escarpées, à gagner les hauteurs pour y trouver tranquillité et nourriture, avant de regagner la plaine, échapper au froid et se reproduire. Elle est, en un sens, beaucoup plus rustique que sa cousine grise. Il n'empêche que les zones travaillées par l'homme lui sont indispensables. Comme le lapin, elle a besoin d'un environnement ouvert.

Des couverts pour abris. Les sols légers et filtrants lui sont favorables ; les terres lourdes entravent gravement ses déplacements. À la différence de la grise, elle utilise rarement les grands espaces pour se mettre hors de portée d'un danger. Elle file toujours vers le premier couvert. Cela crée bien des déboires aux « fusillots » qui pratiquent des lâchers de tir dans les plaines du nord de la France… à moins qu'elles ne soient nues sur des kilomètres.

Une nourriture réduite en cas de déprise agricole. Le régime alimentaire de la perdrix rouge est très proche de celui de la perdrix grise : graines et herbes surtout, pour les adultes, avec seulement 3 à 5% d'insectes et de mollusques. Le vrai problème est l'accessibilité des zones de nourrissage, particulièrement dans les lieux frappés de déprise agricole. Ainsi le remplacement des surfaces cultivées en céréales par des zones de production herbagère est-il un facteur net de diminution des populations.

Inutile de préciser qu'il en va de même de la suppression des haies. Le mode brutal d'entretien des périphéries agricoles (bordures, talus…) aussi bien que des parcelles cultivées (fauchage, broyage…) provoquent la disparition de près de 40 % des nids, sans parler des oiseaux couvants.

Des poussins à l'alimentation variée. La perdrix rouge est cependant avantagée par rapport à la grise, car elle utilise moins directement les surfaces cultivées. Cela la met, relativement, à l'abri de la nocivité des traitements phytosanitaires. Vivant sous des climats plus secs et dans des milieux plus ouverts que la perdrix grise, elle est moins exposée aux risques climatiques.

En outre, les poussins, à la différence de ceux de la perdrix grise, peuvent mêler très rapidement alimentations animale et végétale ; les insectes peuvent donc être un peu moins abondants. Cela, toutefois, est à manier avec précaution : il a pu être établi qu'il existe un rapport direct entre les superficies semées de plantes recherchées (notamment les céréales) et le nombre de couples présents au printemps.

La pratique du double nid

Par leurs mœurs sociales et sexuelles, perdrix rouges et grises se rapprochent grandement. Les couples se forment au printemps, et la femelle pond en avril et en mai, dans un nid gratté à même le sol et garni de feuilles et de plumes, situé dans un buisson ou des cultures. On notera que la rouge, lorsqu'elle s'écarte du nid, ne le recouvre pas, comme la grise, de petits branchages. Les œufs peuvent rester plus de quinze jours sans incubation, et il arrive régulièrement que la poule les abandonne, pour aller pondre dans un second nid ; elle laissera alors le coq couver ce deuxième nid et retournera s'occuper du premier.

D'éventuels regroupements en hiver. L'élevage en compagnie durera jusqu'au printemps suivant, époque à laquelle les jeunes commenceront à se disperser. Il est à noter que, en cas de double nid, le coq élèvera sa progéniture exactement comme une poule, mais rejoindra rarement la compagnie formée par sa dulcinée.

En hiver, on constate fréquemment de forts regroupements entre les parents, les jeunes de l'année et les adultes dont la reproduction a échoué. Ces réunions semblent liées à des époques et à des zones où le couvert est faible. En cas d'excessive pression de chasse, elles se désagrègent partiellement.

L'impact de la prédation reste mal évalué

La mortalité par prédation pose un problème assez curieux. Il est évident, et parfaitement constaté, qu'elle entraîne la disparition d'un certain nombre d'individus. Nulle espèce de petit gibier n'échappe à cette loi. Par contre, il est assez difficile d'en éva-

LES INDICES DE PRÉSENCE

La perdrix rouge émet de nombreux chants, mais deux sont fréquents, émis surtout le matin et le soir : le cri de ralliement, de ton rauque (« tchouk, tchouk, tchouk, tchoukar, tchoukar »), et le chant du mâle, fait de soufflements répétés (« kok-tchak-tchak, kok-tchak-tchak » ou alors « kok-tchak-kok-tchak »).

Les fientes sont réparties au hasard dans la journée, mais concentrées en « crottoirs » sur les places de nuit.

Les zones de poudrage sont des dépressions circulaires peu profondes, situées dans les chemins ou les labours : on y trouve plumes et crottes.

Le nid est réalisé par grattage d'une dépression au sol garnie de débris végétaux et de plumes ; il est camouflé dans une haie ou des cultures.

Les empreintes montrent un doigt central (45 mm), un doigt externe (35 mm) et un doigt interne (30 mm).

La perdrix rouge
(Alectoris rufa)

- **Poids :** 530 g (M), 600 g (F), avec de fortes variations régionales
- **Taille :** 32 cm de long
- **Envergure :** 60 cm
- **Spécificités :** bec et pattes rouges, flancs rayés, bavette blanche bordée de noir
- **Maturité sexuelle :** dès la première période favorable dans l'année suivant celle de la naissance
- **Accouplement :** mars-avril en France centrale ; plus tôt en descendant vers le Sud
- **Ponte :** de début avril à mi-mai ; parfois, la ponte est répartie entre deux nids dont l'un est couvé par le mâle ; recoquetage
- **Œufs :** de 11 à 12, mais jusqu'à 20 en allant vers le Sud, de couleur blanc jaunâtre ou roussâtre, avec des taches rouges et grises
- **Couvaison :** de 23 à 26 jours
- **Poussins :** éclosion de fin avril à début septembre ; les jeunes sont indépendants à 6 semaines

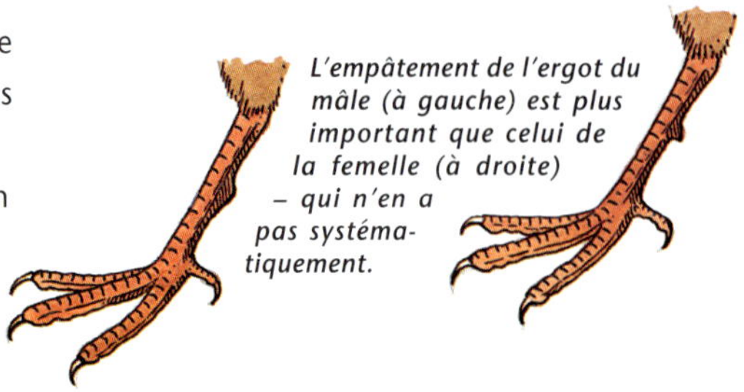

L'empâtement de l'ergot du mâle (à gauche) est plus important que celui de la femelle (à droite) – qui n'en a pas systématiquement.

L'AMÉNAGEMENT PAYSAGER

Oiseau de bocage, la perdrix rouge a besoin de couverts arbustifs entrecoupés de surfaces ouvertes. Les milieux de landes et de friches alternant avec les parcelles cultivées constituent le biotope idéal. Le débroussaillage qui favorise l'essor des graminées figure au premier rang des aménagements à réaliser. Les cultures à gibier, mélange blé-vesce notamment, sur des parcelles de quelques ares à peine, apportent une ressource alimentaire et un couvert de qualité. Enfin, il convient de créer des sentiers d'agrainage en bordure de haies ; celles-ci seront implantées perpendiculairement au vent dominant, de préférence sur des terrains surélevés.

Qu'il s'agisse d'un milieu de bocages, de maquis ou de vignobles, la perdrix rouge a besoin d'espaces diversifiés – ce qu'offre la polyculture – et fragmentés par des couverts. La présence de points d'eau favorise le développement des populations.

luer l'impact sur l'évolution des populations. Des études menées en Angleterre indiquent des écarts d'environ 20 % selon qu'il s'agit de territoires piégés ou non. Chiffre tout de même significatif.

En revanche, des études menées par l'Office national de la chasse et de la faune sauvage dans le sud de la France n'arrivent pas à établir d'effets positifs du piégeage. À vrai dire, les situations sont très différentes entre les deux régions, et il y a lieu de penser que la perdrix rouge résiste mieux aux prédateurs dans le cas où d'autres espèces, plus vulnérables, sont présentes pour faire les frais de l'appétit des carnivores. Par conséquent, le piégeage s'impose toujours.

La perdrix rouge accepte une très grande diversité de biotopes, et il n'y a pas, pour le gestionnaire, de modèle unique. Juste quelques règles fondamentales. L'oiseau stagne ou régresse depuis plus de vingt ans là où une pression de chasse que l'on peut qualifier d'archaïque achève le travail entamé par la modernisation agricole, c'est-à-dire à peu près partout.

Des lâchers de tir même en Espagne

Pour pallier cette régression, les chasseurs, comme pour le faisan, ont fait une première bêtise – et continuent sur cette voie : les lâchers de tir, parfois camouflés en lâchers de repeuplement. Même l'Espagne, réputée pour ses somptueuses chasses aux perdreaux rouges, fait montre de telles pratiques : chaque année, des éleveurs du nord de la France exportent par milliers leurs « productions de rouges » vers la Péninsule.

Une pratique malaisée à justifier. Deux chiffres soulignent l'ampleur du phénomène : en France, durant la saison de chasse 1998-1999, on a prélevé plus de 1 700 000 perdrix rouges ; la production annuelle de cette espèce en élevage est de l'ordre de 2 500 000 perdrix. Une argumentation en deux points s'est développée pour justifier cette pratique. D'abord – et c'est tout à fait exact – les animaux lâchés sont plus vite tués, et en plus grand nombre, que les naturels, qui seraient ainsi préservés ! Le ridicule, là-dedans, est le seul à ne point tuer. Non seulement, on a tiré des cocottes, mais on a aussi prélevé un nombre non contrôlable d'animaux de souche. Surtout, les adeptes de ce type d'exploit prétextent que les rescapés serviront au repeuplement. C'est mettre la charrue avant les bœufs, mais ce n'est pas faux non plus, hélas !

LA PERDRIX ROCHASSIÈRE

Dans les territoires qu'elles partagent, la perdrix rouge et la bartavelle se croisent et produisent un hybride, dit perdrix rochassière. Ces sujets, qui mêlent les traits des deux espèces, peuvent procréer. C'est le seul cas d'hybridation naturelle de perdrix rouge. Il n'a jamais mis en cause la pérennité des populations concernées.

Le lien avec le territoire complique la réintroduction

Plus encore que la perdrix grise, la rouge présente d'importantes spécificités territoriales. Au point que l'on peut soupçonner des particularités morphologiques dans certaines populations. Mais la perdrix rouge se croise assez facilement. Naturellement avec la bartavelle, aux frontières des aires de répartition, mais aussi avec la perdrix choukar, originaire d'Asie, ce qui est une véritable catastrophe génétique. L'introduction de cette variété concurrente et à la biologie différente de la rouge continue de polluer les souches indigènes, leur faisant perdre une partie de leur adaptation.

Lorsque les conditions exigent une opération de réintroduction, il faut donc demeurer très attentif à la qualité des sujets, et ne pas se faire d'illusions : il faudra du temps et nombre de déconvenues avant que les nouveaux venus aient réellement pris possession du territoire et acquièrent la qualité d'« oiseaux sauvages ».

Même si elle vole vite et bien, la perdrix est surtout réputée pour piéter à toute allure.

Depuis les années 1960, les meilleurs auteurs recensent les mutations apparues dans diverses souches. On pensait observer là des phénomènes « naturels », et de prétendues sous-espèces se sont multipliées dans des revues spécialisées. C'est là qu'elles ont vécu le plus longtemps.

Des opérations onéreuses. La réintroduction dans des territoires totalement dépeuplés reste toutefois possible. Mais elle est extrêmement onéreuse. Elle suppose la réunion de plusieurs milliers d'hectares et l'interdiction de toute chasse jusqu'à ce qu'au moins trois générations d'oiseaux y soient nées. La réintroduction est affaire de rassemblements territoriaux importants réunissant exploitants et chasseurs dans des structures de concertation, tels les groupements d'intérêt cynégétique. Là seront débattus les aménagements du territoire, notamment les assolements, l'organisation des comptages, puis, lorsque la situation sera redressée, les prélèvements envisageables en fonction du nombre de couples présents au printemps et du niveau de la reproduction observé en fin d'été.

Toujours veiller à la pureté génétique

Il n'est pas impossible non plus de renforcer une population de perdrix existante, mais régressive, par des lâchers bien opérés, tout en maintenant une pression de chasse modérée. Bien entendu, une telle démarche, qui donne souvent des résultats positifs sur le taux de reproduction, ne saurait constituer une politique permanente. Seule la restauration des habitats permettra le rétablissement durable de populations sauvages à un niveau suffisant pour autoriser des prélèvements raisonnés, assurant le maintien du potentiel reproducteur.

Comment identifier les choukars. Pour renforcer les populations, on choisit toujours des oiseaux nés très tôt dans la saison. Ils sont plus matures et se reproduisent dès l'année suivante. Mais, là encore, l'essentiel est la pureté génétique. Il ne faut introduire que des sujets vierges de toute hybridation, notamment avec des choukars. L'identification du choukar est simple : les plumes prélevées sur la poitrine de la perdrix rouge pure portent une seule bande noire en bout. Celles du choukar en portent deux. De plus, le plastron de la rouge, sous le collier, est tacheté,

L'ESTIMATION DE L'ÂGE

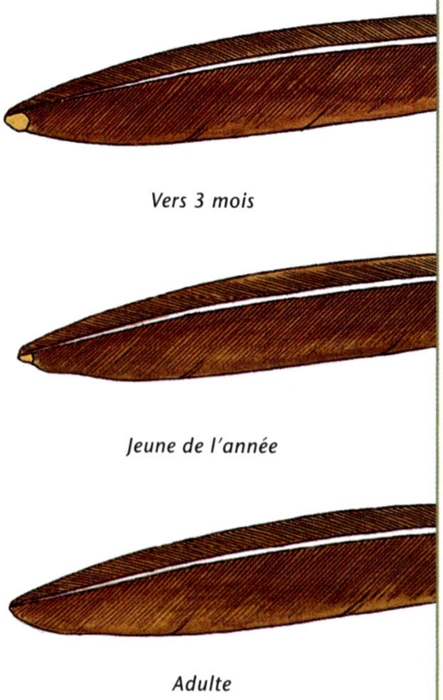

Jusqu'à 3 mois, les jeunes montrent une taille inférieure et plus élancée. Jusqu'à 4 mois, ils présentent des taches jaunâtres sur les quatorzième et quinzième rémiges. Chez les jeunes de l'année, les première et deuxième rémiges sont bien pointues avec des extrémités jaunâtres ; chez les adultes, elles sont arrondies, sans taches.

Le sexe est presque impossible à déterminer par l'observation *in situ*. Seule l'autopsie des organes génitaux est sûre. La présence d'ergots forts, au nombre de un ou deux sur chaque patte, indique souvent le mâle, mais parfois aussi de vieilles femelles. Le poids du mâle surpasse celui de la femelle de 70 à 90 g.

au contraire de celui du choukar. Malheureusement, il est plus difficile d'identifier certains hybrides. On devra chercher avec soin l'ébauche d'une deuxième bande noire, si ténue soit-elle, sur les plumes de la poitrine et, dans le doute, s'abstenir. Plusieurs pays, parmi lesquels l'Angleterre, ont totalement interdit l'introduction de choukars et d'hybrides.

La gestion de l'habitat, une pratique incontournable

Demeure un fait incontestable : qui prétend chasser vraiment la perdrix rouge doit en passer aujourd'hui par la gestion cynégétique et l'aménagement du territoire. L'habitat idéal de la perdrix rouge est un paysage de type bocager. Les milieux méditerranéens lui sont propices, à la condition expresse qu'on y trouve quelques cultures et des points d'eau, ce qui est de plus en plus rare du fait de la déprise agricole dans ces régions.

Créer des points d'eau et débroussailler. D'abord, donc, il faut installer des points d'eau approvisionnés et nettoyés autant que de besoin. Ensuite, il convient de débroussailler. Cette pratique permet de rompre l'uniformité des paysages et de diminuer le couvert qui gêne, lorsqu'il est trop fermé, le déplacement des oiseaux. Sur les zones ainsi nettoyées pousseront des graminées sauvages fort utiles à la nourriture de la perdrix.

Planter des parcelles de luzerne. Enfin s'impose l'implantation de cultures à gibier réparties en plusieurs parcelles séparées : 7 ou 8 parcelles séparées pour 100 hectares, comportant des cultures variées selon le sol. Les parcelles de luzerne offriront d'excellents sites de nidification, que l'on s'abstiendra de faucher lors de la période critique. Pour l'hiver, on installera des agrainoirs en fonction de la répartition des compagnies. La perdrix se contente de peu, mais dès qu'elle manque de nourriture, elle décantonne – ce qui signifie qu'elle quitte son habitat habituel.

La perdrix rouge a besoin d'espaces relativement ouverts, mais aussi de quelques couverts où elle ira se protéger en cas de danger. Son habitat privilégié demeure le bocage.

Les mêmes aménagements que pour les faisans. Les aménagements destinés à la perdrix rouge, tout comme son biotope, sont également ceux qui conviennent au faisan et au lapin. Les chasseurs qui ont su mettre en œuvre de vastes actions paysagères en sa faveur ont ainsi restauré des chasses accueillantes pour les autres petits gibiers, sans compter toute la faune des passereaux.

Pour une chasse authentique

La chasse à la perdrix rouge au chien d'arrêt, sa poursuite dans les terrains les plus difficiles, l'art de déjouer les ruses d'un gibier depuis si longtemps symbole des relations intimes des hommes et de leur environnement, récompense largement de tous les efforts. Il s'agit de l'affirmation que le chasseur moderne est de ceux qui maintiennent leur attachement à une longue histoire qu'il ne fait pas bon voir disparaître.

Restaurer des populations de perdrix rouge constitue un défi à la tendance lourde qui affecte les paysages ruraux. Mais ce n'est pas le seul. Avec les lâchers, les chasseurs adoptent une solution de facilité qui leur fait oublier le sens profond de la chasse : traquer un gibier sauvage. Pour qu'ils se mobilisent en faveur de la réhabilitation des habitats, il faut qu'ils en comprennent la nécessité au regard de cette exigence éthique. Renouer le lien avec une conception authentique de la chasse suppose de faire le choix de la qualité du gibier, donc de renoncer à l'idée de tableaux abondants. De la capacité qu'auront les chasseurs à opérer cette métamorphose dépend l'avenir de leur passion.

Le faisan

Oiseau mythique, le faisan, venu des lointaines terres de l'Est que traverse le Phase, s'est abîmé de siècle en siècle dans l'élevage intensif qui l'a ravalé au rang de volaille et ceux qui l'abattent au niveau des obsédés de la gâchette. Aujourd'hui, aux antipodes des lâchers de tir, des chasseurs développent toutefois des techniques de repeuplement par la restauration des paysages. Pour que le faisan retrouve son statut de gibier authentique, donc sauvage.

Le faisan, acclimaté en France et en Europe occidentale depuis des siècles, est originaire des régions caucasiennes. L'histoire de cette implantation est assez particulière.

Dans la mythologie, le bel oiseau est lié à la quête de la Toison d'or menée par Jason et les Argonautes, du côté de la Colchide, la Géorgie actuelle : Eldorado avant la lettre, contrée merveilleuse, pays des magiciens, extrémité et limite du monde antique. Perçu comme un oiseau fabuleux, le faisan, que Jason, selon la légende, rapporta lui-même de son périple, est comme la quintessence vivante de toutes ces merveilles.

D'abord un oiseau d'ornement dans les jardins

Les Romains engageaient des sommes considérables pour importer des faisans, qui ornaient les parcs et jardins des plus riches. Il y eut même quelques cas où l'on en mangea. Mais les hauts cris poussés par les moralistes et les censeurs mirent bientôt fin à une façon jugée scandaleuse de dilapider sa fortune et ses biens.

Le retour à l'état sauvage. Difficile de dire ce qu'il advint des faisans durant la chute de l'Empire romain. Au Moyen Âge, l'espèce prospère dans la nature, et non plus seulement à proximité des demeures patriciennes, au moins au sud de la péninsule italienne et en Sicile. Mais le faisan semble avoir perdu son âme en s'ensauvageant, et l'empereur Frédéric II, dans son traité de la chasse au vol (qui est aussi un traité d'ornithologie), lui dénie tout intérêt cynégétique, le rabaisse au rang ambigu de « volaille sauvage », et ne prise guère que la qualité de sa viande.

Le passage des Alpes. Nul ne sait très bien comment le faisan est passé de l'autre côté des Alpes. Avant le Xe siècle sûrement, et à destination de l'Angleterre d'abord. Dans la vieille Europe, nouvelle métamorphose ! Il retrouve tout son lustre et figure, par exemple, comme nourriture quasi sacrée à la cour de Bourgogne, dans les banquets de l'ordre chevaleresque de la Toison d'or (évidemment !). Il semble bien qu'il soit surtout à cette époque un oiseau d'ornement, comme dans l'Antiquité.

Le faisan se branche la nuit afin de mieux échapper aux prédateurs. Mais les oiseaux qui proviennent des élevages industriels ont souvent perdu cet instinct de défense.

Un gibier seulement à partir du XVIIe siècle

Ce qui va en faire un gibier, c'est le développement de la chasse à tir. L'arme à feu n'était auparavant chevaleresque ni à la guerre ni à la chasse. La situation change dès le XVIIe siècle, et plus radicalement encore cent ans plus tard.

Des grandes tirées de l'aristocratie... Mais il faut à l'aristocratie de grandes tirées ; beaucoup de gibier à la fois et d'une espèce qui soit riche de sens et

Le faisan vénéré, importé de Chine en Europe au XIXe siècle, est un oiseau forestier. Les populations vivant à l'état sauvage en France sont au nombre d'une vingtaine. Les plumes de la queue des mâles peuvent atteindre près de 2 m de long.

de valeur esthétique. Pour la noblesse exerçant encore le privilège de la chasse, il n'était pas concevable de courir bois et taillis, fusil à la main, et de tirer un ou deux animaux pour se nourrir. Et le faisan a tout pour (ou contre) lui : c'est un oiseau magnifique, il est symboliquement chargé de valeurs aristocratiques, et il supporte très bien l'élevage. Ainsi fait-il son entrée dans la faune sauvage de France par l'élevage pour la chasse.

… à un braconnage très intensif. Magné de Marolles, en 1792, dans son *Traité de la chasse au fusil* – le premier du genre – rapporte par exemple que les vastes populations élevées à grand frais par les princes disparaissent parfois en un ou deux ans – de maladies probablement –, mais que, en parallèle, des régions entières se peuplent rapidement d'oiseaux issus de ces mêmes faisanderies et faisant souche.

Alors, évidemment, se développe un braconnage intensif, au fusil et aux engins. D'autant que la viande du faisan est alors extrêmement réputée, même sur le plan médical. Et cela restera vrai longtemps. Jusque dans les débuts du XXe siècle, les édiles ruraux prenaient grand soin de préserver les populations sauvages, afin que les plus pauvres puissent se procurer par la chasse un oiseau utile à leur santé.

Deux espèces de faisan commun

Il existe deux espèces de faisan commun, *Phasianus colchicus* et *Phasianus versicolor*, la première regroupant 31 sous-espèces et la seconde 3 sous-espèces seulement. D'innombrables croisements ont donné des mutations comme le faisan obscur. Tous les faisans communs arborent une fort longue queue formée de 18 plumes et des ailes arrondies. La femelle se

LE TIR SELON LE SEXE

Le mâle dominant appelle les poules, qui viennent s'accoupler et se reproduire sur son territoire. S'il n'y a plus assez de mâles, les femelles se déplaceront pour en trouver ailleurs. Tirer seulement les mâles est donc une parfaite sottise. Mais la plus grosse erreur est de prélever sans tenir compte des densités.

caractérise par un cerne de plumes blanches sous l'œil, et le mâle par une caroncule érectile rouge écarlate de chaque côté de la tête : parsemée de minuscules et très denses plumes noires, celle-ci enfle quand se déroule au printemps la parade nuptiale.

Chez le *Phasianus colchicus*, le mâle montre un plumage très coloré, avec de nombreux reflets intenses, le cou étant barré d'un collier blanc d'importance variable. Quant à la femelle, elle est d'un brun terne.

Un oiseau casanier qui se nourrit à l'aube et au crépuscule. Le comportement du faisan est celui d'un animal casanier et solitaire. Son territoire peut varier de quelques ares, si la nourriture est suffisante, à deux ou trois hectares. Son activité, essentiellement diurne, débute au point du jour. Il quitte à ce moment-là le couvert et passe des heures à se nourrir dans des espaces ouverts : granivore et herbivore, il affectionne également les baies et les vers. Il regagne ensuite la végétation protectrice jusqu'en fin de journée. Avant qu'il ne fasse nuit, il ressort de son abri pour se nourrir une seconde fois. Enfin, il se perche sur un arbre ou un buisson jusqu'au lendemain matin.

Les chants du printemps

Cette vie réglée et solitaire prend fin chaque année au moment de la reproduction, c'est-à-dire au printemps. Alors, les coqs chantent, non seulement pour attirer les poules, mais aussi pour marquer leur territoire ; ils émettent un cri rauque et puissant (« kookkok »), accompagné d'énergiques battements d'ailes. C'est le moment où on pratique le comptage au chant, technique qui consiste à dénombrer le nombre de coqs chanteurs sur un territoire donné, afin d'évaluer les possibilités de prélèvements durant la saison de chasse.

L'éducation des jeunes. Longtemps, le mâle fut considéré comme polygame, car, en élevage, il côche un grand nombre de femelles ; à l'état naturel, il se contente d'une poule, parfois de deux.

Si le nid est détruit en cours de ponte, la poule ira finir de pondre dans un autre nid. Si c'est la couvée qui est détruite, elle pondra éventuellement de nouveau, parfois très avant dans l'été ; c'est le « recoquetage ». Le nid comporte toutefois moins d'œufs, et les chances de survie des jeunes sont moindres.

Il arrive également que des coqs prennent en charge l'éducation de la nichée, tandis que la poule reste aux alentours. À l'automne, les jeunes sont suffisamment formés pour être indépendants, et, sachant notamment se « brancher », ils vont s'égailler sur le territoire. Le mâle reprennent alors leur vie de solitaires.

Zones humides, maquis, bocages… tout lui plaît

Le faisan, comme les autres espèces de petit gibier, a payé fort cher la modernisation de l'agriculture et les bouleversements du paysage rural qu'elle a impliqués. Toutefois, il est capable de s'adapter à de nombreux milieux : il affectionne ceux qui sont humides, mais ne dédaigne pas le maquis ; bocage, friches et cultures céréalières lui conviennent aussi.

En conséquence, dès lors que se manifeste une volonté forte de favoriser sa présence, les résultats peuvent être rapidement probants. Pour prospérer, l'espèce a surtout besoin de ce qui disparaît aujourd'hui : un habitat et une alimentation variés. Couverts et zones de gagnage ouvertes lui sont donc impérativement nécessaires.

LES INDICES DE PRÉSENCE

Le faisan peut faire entendre son chant à différentes occasions. Lors de l'envol et du brancher, il émet un cri trisyllabique court, rauque, sonore et heurté. De mars à juillet retentissent tout le jour les cris bisyllabiques des coqs dominants. Enfin, en cas d'alerte, le cri devient monosyllabique.

Sous les lieux de brancher, on peut observer une zone de pouillage, à savoir une dépression de 20 cm environ, où le faisan s'ébat pour se débarrasser des parasites.

Les fientes mesurent environ 2 cm de long pour un diamètre de 4 à 5 mm. Elles présentent souvent un liquide blanc à l'une des extrémités.

Le faisan commun
(Phasianus colchicus)

- **Poids** : de 1 à 2 kg (M) ; de 0,9 à 1,5 kg (F)
- **Taille** : 75-90 cm de long (M), queue comprise ; 53-63 cm (F)
- **Longueur des ailes** : 25-26 cm
- **Habitat** : préférence pour les milieux cultivés coupés de couverts (bois, bosquets, haies, talus) ; mais adaptation à tous les milieux pourvus d'eau, jusqu'à 1 200 m
- **Maturité sexuelle** : 1 an
- **Accouplement** : mars-avril
- **Œufs** : de 9 à 13, de couleur vert olivâtre
- **Couvaison** : de 24 à 25 jours
- **Éclosion** : mai-juin ; les jeunes sont élevés par leur mère jusqu'à l'automne : jusqu'à 3 semaines, ils se nourrissent d'insectes et de vers, puis, de 3 à 12 semaines, passent progressivement aux végétaux

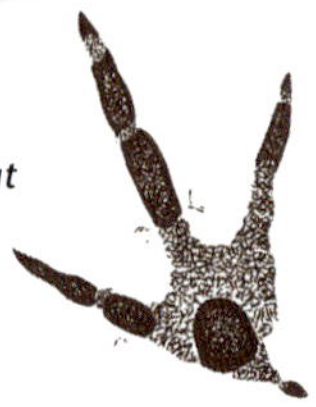

Les empreintes (environ 8 cm de long) montrent un long doigt central, et deux doigts moyens à 45° ; un court ergot est placé derrière.

Recréer des îlots de sauvagerie

Toute l'astuce du gestionnaire consistera de ce fait à exploiter les marges, à savoir utiliser toutes les zones que l'agriculture moderne abandonne. Même dans les grandes plaines céréalières, les bordures de champs et quelques bosquets peuvent constituer des éléments très efficaces.

Il s'agit principalement de maintenir ou de restituer des « îlots de sauvagerie ». Les exemples de zones à récupérer peuvent être multipliés à l'infini, y compris en milieu boisé. Ainsi, le simple fait de nettoyer une clairière ou un sentier permettra aux jeunes de se nourrir.

Dégager des trous d'eau. Jusqu'à l'âge de 12 semaines, les faisandeaux s'alimentent en effet surtout d'insectes, d'araignées, de larves et de limaces qu'ils trouvent dans les marges préservées des traitements agrochimiques. Dégager des trous ou des restes de rus assure la présence de l'eau, qui leur est indispensable.

Capable de prendre brusquement son essor, le faisan vole haut et vite.

De façon générale, tout ce qui permet la pousse de verdure profite à l'espèce : 95% de la nourriture des adultes est d'ordre végétal.

Protéger les jeunes des prédateurs. Le risque existe toutefois que ces aménagements ne se transforment en pièges: par exemple, si les zones de gagnage les plus attractives sont situées sur des terrains sans visibilité ou ne comprenant pas de refuites, les oiseaux, et surtout les jeunes, seront vite bloqués par les prédateurs.

La poule qui couve est une proie facile pour le renard; les corneilles sont à l'affût des œufs dès que la femelle s'en éloigne, d'autant que le nid, simple dépression tapissée de feuilles et de plumes à même le sol, n'est pas particulièrement dissimulé. Les poussins sont également une cible de choix. D'où la nécessité d'une politique de contrôle des prédateurs, au printemps surtout.

Les adultes sont bien moins vulnérables et tout à fait capables de se défendre, grâce à des sens toujours en éveil et une vue perçante. Ils ont vite fait de disparaître dans les épais couverts qu'ils affectionnent ou de se percher dans un arbre.

Les volières à ciel ouvert

En complément de ces actions sur le milieu, la volière à ciel ouvert offre des perspectives intéressantes lorsqu'il est nécessaire de reconstituer le cheptel. Ce dispositif, dit aussi « volière anglaise » car c'est outre-Manche qu'il connaît sa forme la plus

L'AMÉNAGEMENT PAYSAGER

Les bandes intercalaires, qui multiplient les effets de lisières et offrent un couvert après la moisson, constituent un dispositif essentiel de l'aménagement paysager en faveur du faisan, de la perdrix et du lièvre. Composées seulement de maïs, elles ne présentent pas grand intérêt, sauf pour les chasseurs indélicats qui concentrent ainsi les oiseaux en période de chasse. En revanche, les cultures intermédiaires à partir de mélanges avoine-choux-sarrasin forment des îlots propices à la nidification, à la protection contre les rapaces et les intempéries, à la présence d'insectes pour les jeunes et à la production de graines et de verdure en hiver.

Deux facteurs déterminent l'efficacité des bandes intercalaires : la variété des plantes qui les composent et leur surface. Mieux vaut aménager dix îlots de 0,5 hectare éclatés sur le territoire qu'un seul de 5 hectares. L'essentiel est de créer de la diversité.

achevée, consiste à lâcher dans un espace d'au moins 5 000 m², fermé sur les côtés par un grillage à petite maille, des oiseaux de 8 semaines, issus d'élevage. Les spécialistes du Game Conservancy, organisme britannique reconnu mondialement pour la qualité de ses recherches sur l'éthologie et l'écologie du faisan et de la perdrix grise, recommandent 16 m² minimum par oiseau introduit.

Des couverts doivent être aménagés pour que les faisans puissent s'abriter de tous les prédateurs ailés, le grillage arrêtant les prédateurs terrestres. À partir de cet endroit ainsi protégé, les oiseaux nés en captivité vont s'acclimater à la vie en milieu naturel : progressivement, ils s'envoleront de ce vaste parc pour coloniser les territoires environnants.

Les effets pervers de l'élevage industriel

Dans ce contexte, la question de l'origine des oiseaux lâchés demeure essentielle ; tous les experts s'accordent en effet à considérer que les spécimens issus de souche vivant en milieu artificiel depuis de très nombreuses générations apparaissent au final inaptes à l'existence sauvage.

Les faisans ne vivent en groupes familiaux, ou compagnies, que le temps d'un été.

La perte des capacités instinctives. François Hughes, éleveur professionnel, explique : « *L'élevage industriel fournit des oiseaux approximatifs. Le souci de l'éleveur est de fournir un produit morphologiquement beau, mais l'essentiel est oublié : l'élevage ignore le besoin vital d'éducation parentale.* » En d'autres termes, les poussins nés en couveuse, faute d'apprentissage, ne développent pas leurs capacités instinctives, à savoir rechercher la nourriture et éviter les prédateurs.

Des poules qui couvent moins. Par ailleurs, les ingénieurs français de l'Institut national de la recherche agronomique ont mis en évidence une composante génétique du comportement des poules : « *Le nombre de filles couveuses est deux fois plus élevé si les mères l'étaient elles-mêmes.* » Ce qui revient à dire que, sur deux faisandeaux femelles issus d'incubation artificielle et acclimatés au milieu naturel, un seul mènera à terme sa couvaison. Et cette poule qui, faute de parents, n'a pas pu apprendre à développer ses propres capacités de survie, ne saura pas initier ses poussins à la vie sauvage.

Pour éviter cette diminution des qualités instinctives, les éleveurs les plus scrupuleux réintroduisent régulièrement dans leur cheptel reproducteur des oiseaux qui ont grandi dans un milieu naturel.

L'ESTIMATION DE L'ÂGE

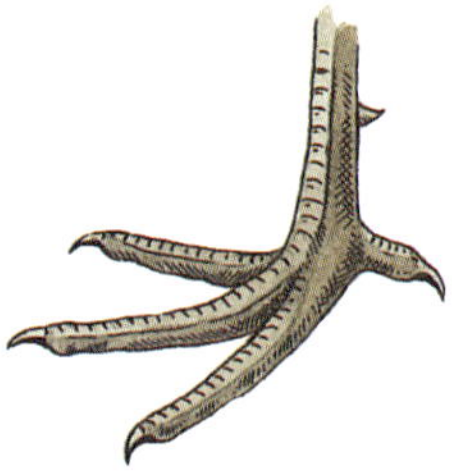

Coq de l'année : les écailles sont minces et brunes, l'éperon est court (de 3 à 12 mm) et peu acéré

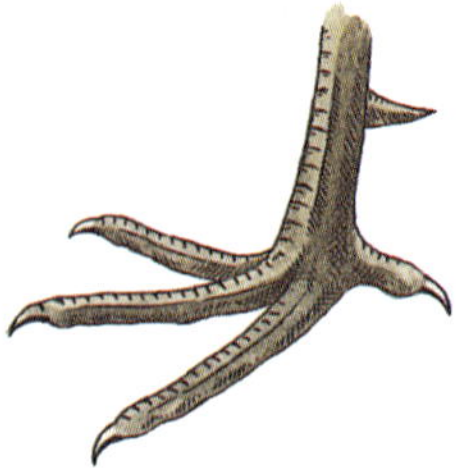

Coq de plus de 1 an : les écailles sont gris-bleu, l'éperon, qui est fonction de l'âge, peut atteindre 20 mm

On peut déterminer si un faisan est de l'année de trois façons :

– Le plumage adulte du faisandeau (ou pouillard) apparaît sur le cou aux alentours de 9 semaines, et s'étend progressivement jusqu'à 18 ou 20 semaines (l'oiseau est alors dit « maillé »).

– L'ergot des jeunes est un peu mou et non dirigé vers le haut ; celui des adultes est dur et complètement redressé.

– Les jeunes de l'année possèdent encore la bourse de Fabricius : cavité située à l'arrière du cloaque, elle mesure environ 2 cm de profondeur et ne disparaît qu'en février.

Des faisans vénérés réintroduits dans la nature

Les politiques visant à reconstituer des populations de faisans sauvages concernent également le faisan vénéré, remarquable par sa queue qui peut atteindre 2 m de long. Originaire des collines boisées du centre et du nord de la Chine, il fut d'abord introduit en Angleterre en 1831 comme oiseau d'ornement. Alphonse de La Rüe, inspecteur des forêts de la Couronne, rapporte qu'en 1856 une trentaine de vénérés lâchés dans la région de Melun « *furent assez abondants [l'année suivante] pour qu'on pût en tuer sans inconvénient [...] Leur nombre s'élevait pas à moins de trois cents.* »

Un oiseau des forêts. Ce faisan se distingue du faisan commun en ce qu'il se tient en milieu forestier où les feuillus dominent, ouvert par des

Oiseau diurne, le faisan ne quitte le couvert de la végétation qu'à l'aube et au crépuscule, pour chercher dans des espaces davantage dégagés graines, feuilles ou baies, qui constituent l'essentiel de son alimentation ; la présence de points d'eau lui est indispensable.

allées et des clairières ; les coupes de bois favorisent la végétation basse où il s'abrite ; de jour comme de nuit, il aime se percher dans les grands arbres. Dans le biotope ainsi maintenu, la gestion du faisan vénéré est un challenge prestigieux.

Les lâchers de tir, hélas toujours d'actualité

La volonté de procéder à la restauration de populations de faisans sauvages marque un tournant dans l'histoire de cet oiseau relégué depuis des décennies au rang de cocotte. Toutefois, les lâchers de tir, qui sont à la chasse ce que le karaoké est au talent, concernent encore chaque année des millions de faisans en Europe. En France, ce sont toujours plus de 120 millions d'euros qui sont dépensés annuellement pour l'achat de volatiles dont on ne tue pas le tiers, qui volent comme des fers à repasser, quand ils volent, et que les chiens rapportent souvent à leur maître avant le premier coup de fusil. Les rescapés, s'ils ont la chance de ne pas passer pas sous les roues des voitures, auront pour seul et unique avenir d'offrir deux à trois jours de bombance à tous les prédateurs.

Le souvenir des grandes tirées, auréolé du prestige – largement surfait – des grandes chasses d'antan, puis les lâchers d'oiseaux achetés quelques jours avant le tir, laissent imaginer que le faisan est un gibier de battue. Mais, en présence de populations réellement sauvages, la chasse la plus gratifiante – si l'on excepte la recherche du beau coup de fusil, qui n'est pas à proprement parler l'acte cynégétique par excellence – demeure la quête devant soi, seul ou en compagnie de quelques amis, avec un ou plusieurs chiens.

Le faisan sauvage, un gibier difficile

Outre qu'elle consacre l'oiseau dans son statut de gibier, et non plus de cible vivante, elle offre surtout de grandes difficultés. Il y faut des chiens calmes, endurants et pleins d'initiative. L'animal excelle en effet à se couler dans une végétation inextricable et à utiliser divers écrans pour prendre son essor à l'abri des fusils, sans que les chiens aient jamais pu le bloquer. Pour l'esprit d'aujourd'hui, tout cela est propre à ennoblir cette billebaude, naguère chasse roturière.

Le petit gibier de montagne

Octobre s'étire. Le blizzard tenace arrache aux feuillus leurs derniers lambeaux jaunis. Déjà, les sommets blanchis annoncent l'hiver. Depuis belle lurette, les jeunes coqs, inexpérimentés à l'ouverture, ne se laissent plus arrêter, les blanchots rendent fous les meilleurs chiens courants, jalabres et bartavelles mettent en déroute les plus performants des chiens d'arrêt. C'est le triomphe du sauvage.

La chasse du petit gibier de montagne, interdite en temps de neige, et qui ne dure que quelques semaines par an, de fin septembre à début novembre, est une passion rare mais indélébile pour qui y a goûté. Dans un milieu difficile et imprévisible, chasseur et chiens devront se montrer courageux, prudents et prévoyants, capables de surmonter de fortes chaleurs et un froid glacial. Chasse rude, elle est aussi pleine de délices et de scènes qui laissent coi. Avec elle s'exprime la parfaite symbiose du maître et de son compagnon canin qui devront user d'une intime complicité pour réussir à déjouer les ruses d'un gibier d'une éblouissante sauvagerie. Alpinus, naturaliste chasseur du XIXe siècle, disait de cette chasse qu'elle est celle *« où la chère est maigre, et où le chasseur le devient ; où la fatigue seulement est copieuse ; où les jarrets et les poumons se trouvent chargés de plus de besogne que l'estomac ; la chasse enfin où chaque pièce tombée s'élève au rang d'une conquête ».*

Seule la marmotte est chassée à l'approche

Même si certains chasseurs munis d'un petit calibre genre 6-5, extrêmement rapide et au tir très tendu, tentent parfois l'approche d'un tétras-lyre ou d'un lièvre variable, en général, le petit gibier de montagne, contrairement au grand, n'est chassé à l'approche que très occasionnellement, la marmotte exceptée.

La chasse à l'approche de la marmotte requiert d'excellents talents de prédateur. Il faut en effet user de tous les stratagèmes pour approcher le plus discrètement possible et échapper ainsi à l'extrême vigilance de la colonie. Tenant grand compte de la direction du vent, le chasseur choisira de préférence les belles journées d'automne (le beau temps étant essentiel) et effectuera son approche tôt le matin, de préférence à couvert.

Aujourd'hui, hormis quelques passionnés, ce sont souvent les chasseurs de chamois qui, redescendant d'une journée d'approche, tentent de prélever une marmotte. Seul le tir à balles est autorisé ; il exige une grande précision. Les approches entre 50 et 100 m sont les plus efficaces. Quant à la chasse à l'affût, elle est désormais très peu pratiquée.

Des chiens d'arrêt pour tirer les oiseaux

Pour les autres espèces, la chasse se fait exclusivement à la billebaude. Le chasseur doit, bien sûr, connaître les moindres recoins du territoire et posséder une solide expérience du comportement de l'animal, mais les chiens restent les acteurs essentiels de ces chasses de terroir. Les terrains étant difficiles et les conditions pénibles, mieux vaut privilégier les lignées montagnardes, notamment lors de l'acquisition d'un chiot.

L'envol soudain de la gélinotte. Les oiseaux de montagne sont chassés exclusivement au chien d'arrêt. La gélinotte des bois et le grand tétras exigent doigté, finesse d'appréciation et mesure. De caractère très méfiant, ces galliformes sylvicoles sont peu enclins à tenir l'arrêt du chien. Si les races britanniques comme les setters et les pointers sont souvent utilisées, les quêtes plus courtes des chiens d'arrêt continentaux, épagneuls, braques, drahthaars ou korthals, donnent aussi pleine satisfaction. C'est une chasse éprouvante pour le chasseur : en général, il devra « coller » à ses chiens, souvent contraints de pister longuement le gibier qui piète devant eux. Le nombre de spécialistes de la chasse à la gélinotte est infime, l'envol soudain et furtif de l'oiseau rendant le tir très difficile.

Tétras-lyres et perdrix, des traques sportives

Plus haut, là où la forêt s'épuise à grimper à l'assaut des pentes, vivent tétras-lyre, perdrix grise de montagne et perdrix bartavelle. Pour cette chasse, il faut des chiens d'arrêt de types pointers, setters, braques ou encore drahthaars. Le chien comme son maître doivent disposer d'une excellente condition physique, les terrains escarpés imposant souvent de longues heures de quête. La fermeté de l'arrêt du chien est une disposition fondamentale pour laisser au chasseur le temps de se placer dans la perspective d'un tir efficace.

Seuls les mâles sont chassables. Cependant, si les jeunes oiseaux sont assez « coopératifs » lors du premier mois de chasse, les adultes, eux, se révèlent en général moins disposés à attendre le chasseur pour décoller. Avant de presser la détente, il faut bien identifier le sexe de l'oiseau, qui prend systématiquement la descente pour échapper au danger. Seul le mâle de tétras-lyre est chassable, une règle qui vaut aussi pour le grand tétras.

Les perdrix piètent à toute allure. Les chasses de perdrix de montagne, bartavelle et grise des Pyrénées, sont encore plus belles pour qui aime voir croiser un pointer la tête haute et se bloquer à la première émanation. Mais attention, les perdrix piètent à toute allure, le chien devra faire preuve d'initiative et couler sagement, mais sûrement, pour tenter de bloquer une compagnie et attendre que son maître vienne le servir.

En montagne encore plus qu'en plaine, le lièvre utilise toutes les difficultés du terrain pour multiplier ses ruses. Sa chasse aux chiens courants est toujours un grand moment.

La bartavelle, gibier roi

La chasse à la bartavelle est sans doute la plus sportive. Adepte des montagnes ensoleillées, c'est dans les pelouses et les pierriers d'adret raides et chaotiques, où la chaleur est parfois écrasante, qu'il faut aller la déloger. « *Ce gibier est rare, son vol ultra-rapide et un grand tireur de perdrix rouges n'est très souvent qu'un piètre chasseur de bartavelles,* explique l'incontournable auteur de la cynégétique montagnarde, le Dr Couturier. *Il est souhaitable pour le résultat que le citadin ait réellement le pied alpin et l'expérience de la montagne. Ces qualités lui permettront d'oser attaquer des oiseaux réfugiés en des lieux scabreux, d'éviter les accidents dus aux chutes de pierres et aux glissades sur des pentes rendues glissantes par la sécheresse ; quelques tricounis* [terme savoyard désignant de petits crampons à herbe] *sur les semelles vibram* [antidérapantes] *ne seront pas de trop pour prévenir les dérapages.* » Le fameux doublé de bartavelles que rapporte Marcel Pagnol dans *la Gloire de mon père* montre aussi toute la fierté et l'honneur que représentait, et représente encore, le prélèvement de ce gibier roi.

Le lagopède alpin favorisé par le terrain

Le lagopède alpin, lui, vit presque au sommet, dans l'univers minéral et grandiose qui précède les neiges éternelles. Partir à sa recherche exige une motivation certaine. Plusieurs heures de marche sont nécessaires pour atteindre son domaine fait de blocs de pierre, de pentes abruptes et de couloirs raides et glacés. Les qualités olfactives des braques, setters et pointers seront fondamentales, mais il leur faudra aussi une forme physique hors du commun. Les terrains étant en général accidentés et souvent très dangereux, ces chiens doivent avoir le pied montagnard, être à l'aise dans les passages proches du vide, prudents et endurants. Comptant sur son

Les effectifs de la gélinotte, le plus petit des tétraonidés français, connaissent une lente érosion depuis une quarantaine d'années, en raison du dérangement occasionné par le tourisme, de l'ouverture des pistes forestières et de la dégradation de ses habitats.

mimétisme, le lagopède se laisse parfois bien approcher et arrêter. En revanche, ses qualités de grand marcheur lui valent également de piéter volontiers devant son assaillant. Le tir du lagopède n'est pas des plus complexes ; c'est souvent la position du tireur sur un sol rude et pentu qui hypothèque les chances de réussite.

Des chiens courants pour pister les lièvres

Si le petit gibier de montagne fait surtout la part belle aux amateurs de chiens d'arrêt, les adeptes de menées vigoureuses pourront toutefois trouver satisfaction avec les deux capucins, chassés aux chiens courants : le lièvre brun jusqu'à 1 500 m d'altitude et le lièvre variable au-dessus. Dans un décor somptueux où la brume matinale laisse à peine deviner les derniers crocus flétris par le gel, le plaisir est grand de voir sur le pacage du lièvre variable la petite meute de briquets tenaces ! Quel bonheur de les entendre rapprocher, de comprendre à leurs voix profondes qu'ils viennent de lancer l'animal ! Leur travail minutieux et tenace pour relever dans les pierriers les défauts – ces ruses que le gibier déploie pour déjouer les nez redoutables – force l'admiration.

Finalement, mais pas toujours, survient la satisfaction d'une chasse bien conduite qui offre de pouvoir se saisir d'un blanchot après plus d'une heure de menée. Tout cela est parfaitement joyeux, toujours difficile, parfois même décourageant ; fine et subtile, cette chasse doit tout à la musique des chiens courants.

Préférer le briquet au basset

En raison du terrain difficile, les bassets ne sont pas conseillés. Par contre, les briquets conviennent parfaitement. Même si les vieux chasseurs de lièvres soutiennent que l'odeur laissée par le lièvre variable est plus stimulante pour les chiens que celle du capucin des plaines, les chiens courants devront être fins de nez. Outre l'endurance, l'assurance dans les passages délicats et l'initiative, la créance du chien sera un atout essentiel pour qu'il ne s'égare pas sur la voie des chamois, cerfs, chevreuils et sangliers, présents assez haut en début de saison. Briquets de type griffon, bruno du Jura, porcelaines, chiens d'Artois, ariégeois ou bleus de Gascogne ont actuellement toutes les faveurs des fervents du lièvre en montagne.

Le lièvre variable

Au cœur de l'hiver alpin, à près de 2 000 m d'altitude, la tempête de neige fait rage. Un blizzard glacial engourdit cet univers minéral où il est difficile d'imaginer une quelconque forme de vie. Pourtant, à l'abri d'un grand bloc de calcaire, sur la lande rocheuse, une touffe de poils survit. Le lièvre variable prend son mal en patience. Il est là depuis la dernière glaciation, et pourtant l'homme ne le connaît toujours pas très bien. Sa densité dans les Alpes reste encore mal estimée.

Originaire des grandes steppes nordiques et arctiques, le lièvre variable est une relique glaciaire. Lors des grands refroidissements préhistoriques, il a étendu sa zone de répartition originelle en colonisant l'Europe occidentale et centrale. Progressivement, avec les réchauffements successifs du quaternaire et le recul des glaciers, il a dû, lui aussi, se retirer pour trouver refuge dans la haute altitude du massif alpin.

Aujourd'hui, dans l'univers de la faune alpine, le lièvre variable s'affiche comme une véritable vedette : d'une part, il constitue une particularité de ce massif, puisqu'il est absent des Pyrénées (malgré plusieurs tentatives de réintroduction), du Massif central et de l'ensemble des massifs de l'Europe centrale ; d'autre part, il présente la faculté de pouvoir vivre toute l'année au-dessus de la limite forestière. Longtemps considéré comme une espèce à part entière, il n'est en réalité qu'une forme du lièvre variable de Scandinavie.

Une livrée foncée en été, blanche en hiver

Le lièvre variable doit son nom à sa livrée qui varie en fonction des saisons. À partir d'octobre, sa fourrure brune ou gris roussâtre devient progressivement blanche : ainsi l'animal se confondra avec le paysage enneigé, adaptation fort utile face aux prédateurs. Mais il conserve, durant toute l'année, le bout des oreilles noir.

Dès le mois d'octobre, la fourrure du lièvre variable va s'éclaircir pour devenir blanche en hiver. Mais le bout des oreilles reste noir.

Plus petit que son cousin le lièvre d'Europe, il est connu sous différentes appellations vernaculaires : blanchot ou blanchon pour les plus courantes, lapin des montagnes, lapin blanc, lièvre blanc, lièvre des varrons et lièvre changeant ou, plus rarement, couni, couenne, couenoud, mots tout droit issus de *conil,* qui désigne le lapin en vieux français. Dans les pays de Savoie, c'est le blanc, la blanche étant le lagopède alpin.

Un habitat plus minéral que forestier

Bien des aspects de l'éthologie du blanchot, espèce tout aussi fascinante que surprenante, sont encore inconnus. Il vit dans la neige la moitié de l'année. Son univers est davantage le monde minéral des pierriers, éboulis et pelouses alpines que la partie supérieure des forêts, où, toutefois, il peut être observé.

En termes d'altitude, l'amplitude de son habitat est donc très vaste. Emblématique des grands espaces, le lièvre variable est couramment présent de 1 500 à plus de 3 000 m. Néanmoins, sa présence a pu être constatée jusqu'à 3 700 m, tandis que certains de ses territoires du Vercors, de basse Maurienne, du Taillefer ou de Belledonne se situent entre 600 et 800 m. L'exposition des ver-

Même si son activité est essentiellement nocturne, il arrive au lièvre variable, l'été, de quitter en journée son gîte au pied d'un arbre ou parmi les éboulis. Il demeure alors plus que jamais tous sens en alerte, prêt à bondir au moindre signe de danger.

sants semble avoir assez peu d'importance. La densité alpine de l'espèce est méconnue. Cependant, elle paraît relativement faible : est-ce la raison pour laquelle les spécialistes ne sont pas en mesure de lui définir un territoire précisément typé ? La question reste ouverte.

Des pattes adaptées à la neige et la glace

Parfaitement adapté à son environnement montagnard, il possède les longs membres antérieurs de son cousin le lièvre d'Europe, mais sa forme ramassée et ses oreilles courtes rappellent davantage la morphologie d'un lapin. Quelle en est la raison ? La surface des extrémités en contact avec la neige et la glace étant réduite, l'animal limitera toute déperdition de chaleur : il s'agit là d'une adaptation fondamentale pour sa survie.

Que la neige soit poudreuse ou au contraire très dure, il peut évoluer librement grâce à ses larges pattes très touffues et pourvues de griffes imposantes et solides, formant en quelque sorte des raquettes cloutées. Ce montagnard hors du commun se trouve ainsi capable d'escalader des pentes très abruptes et de courir très rapidement sur des névés même très durs. Une étonnante agilité que confirme une observation du Dr Couturier : *« J'ai vu dans le Valgaudemar (Hautes-Alpes) un blanchon fuir à toute vitesse sur un névé dur et très incliné, chaque bond étant orné seulement de petites virgules de dérapage, alors que pour ma part, je devais creuser une encoche du bout de ma chaussure, à chaque pas. »*

Pas de terrier, mais des gîtes naturels

Se nourrissant durant la nuit, le lièvre variable passe sa journée gîté au pied d'un aulne, sous une branche basse, au milieu d'un pierrier ou dans un clapier rocheux. Malgré son attitude de repos, ses sens sont en alerte, laissant passer qui ne l'a pas remarqué et prêt à bondir au moindre danger. Le blanchon est discret et craintif, d'où son nom scientifique : *Lepus timidus*.

Il ne creuse jamais de terrier. Cependant, il apprécie de pouvoir trouver sur son territoire des clapiers et autres anfractuosités rocheuses. Tous les chasseurs peuvent observer combien cet animal sait parfaitement utiliser les tunnels naturels pour échapper au danger que constitue par exemple une petite meute de chiens courants. Le Dr Couturier confirme : le lièvre variable *« peut, pour échapper à un agresseur, entrer exceptionnellement dans un terrier de marmotte, abri provisoire qu'il abandonnera aussitôt le danger passé »*.

Sous la menace permanente des prédateurs

Malgré son homochromie, le lièvre changeant doit prendre garde : ses prédateurs représentent un perpétuel danger. Si les prédateurs terrestres, tels que renards, lynx ou, plus rarement, martres et hermines, constituent les plus grands destructeurs du lièvre des Alpes, celui-ci doit également se méfier des dangers venus des airs, et notamment du hibou grand duc et de l'aigle royal. Bien que strictement diurne, ce rapace ne manquera pas avec ses serres puissantes de se saisir d'un blanchot gîté ou en déplacement forcé.

Une nourriture insuffisante accentuerait la prédation. Selon une étude canadienne, le manque de nourriture prédispose le lièvre à la prédation, car il doit s'aventurer dans des lieux moins protégés ; la prédation serait responsable de 58 % de la mortalité. Les travaux du naturaliste Léopold Slotta-Bachmayr, rapportés par le service suisse d'information sur la biologie du gibier et l'écologie, révèlent que *« le comportement d'évitement des prédateurs et la disponibilité de cachettes jouent un rôle capital dans la vie du lièvre variable. Son comportement en est fortement influencé. Ainsi dispose-t-il de très nombreuses cachettes en été, ce qui l'autorise à être partiellement actif durant la journée, sachant qu'il pourra aisément se terrer dès qu'un aigle apparaîtra dans le ciel. En hiver, les cachettes sont rares, car recouvertes de neige, et le lièvre est alors strictement nocturne, car il ne pourrait guère se mettre à l'abri à l'arrivée d'un aigle durant la journée. »*

De grands déplacements pour s'alimenter l'hiver

Ne sortant de sa torpeur qu'au crépuscule, le lièvre variable, durant la belle saison, va paître surtout dans les alpages à la recherche de graminées, comme les fétuques, et de légumineuses, dont le trèfle et le sainfoin. Cependant, il aime de temps à autre se délecter de quelques belles fleurs alpines comme les crocus, les saxifrages, les gentianes ou les renoncules.

Il ne constitue pas de réserves en prévision de l'hiver. Pour se nourrir pendant la période difficile, il peut être contraint d'effectuer de grands déplacements nocturnes, et devra se contenter de quelques brins de gazon mis à nu par le vent, de mousses, de lichens, mais surtout d'écorces, de bourgeons ou encore de quelques rameaux d'arbustes.

Grâce au cæcum, une digestion particulière des aiguilles. Selon une étude menée dans le parc national du Hohe Tauern, en Autriche, outre l'écorce, les rameaux et les pousses d'aulnes, ce sont les aiguilles d'épicéa qui prennent une grande importance dans l'alimentation hivernale. Cette nourriture riche en fibres brutes fait l'objet d'une digestion particulière : les morceaux de bois grossiers sont rapidement éliminés, tandis que les substances riches en composés nutritifs parviennent dans la première partie du gros intestin, en forme de cul-de-sac, le cæcum, d'où elles seront ensuite évacuées sous forme d'excréments mous, appelés crottes cæcales, que le lièvre absorbe.

LES INDICES DE PRÉSENCE

La voie du lièvre variable, comme celle du lièvre brun, forme un « Y » un peu dissymétrique, mais l'empreinte de son pied est bien plus longue et large que celle de son cousin de la plaine.

Ses crottes, ou « repaires », constituent également un bon indice de présence. Elles sont en général nettement plus grosses que celles du lièvre commun et présentent, notamment en hiver, un aspect pailleux.

Le lièvre variable
(Lepus timidus)

- **Poids :** 2,3 kg (M) ; 2,5 kg (F)
- **Taille :** 52-60 cm de long
- **Âge maximal constaté :** 8 ans
- **Domaine vital :** 100 ha en période hivernale ; inférieur en absence de neige ; les densités peuvent atteindre 10 animaux aux 100 ha
- **Maturité sexuelle :** dès la première année chez la femelle ; l'espèce est polygame
- **Rut :** de février à juin
- **Gestation :** 50 jours ; la superfétation (fécondation avant la mise bas) est possible ; la hase met bas 2 à 5 levrauts, jusqu'à trois fois par saison ; elle les allaite pendant 3 semaines environ, mais les jeunes ingèrent des brins d'herbe dès le dixième jour

C'est dans la neige que l'empreinte du blanchot se distingue nettement de celle du lièvre commun : net écartement des doigts et pattes postérieures piriformes (en forme de poire).

Les crottes, groupées en petits tas, souvent non loin du gîte, peuvent dépasser 2 cm de diamètre.

Le lièvre variable n'échappe pas toujours à l'œil acéré de l'aigle royal quand il effectue, l'hiver, de longs déplacements pour se nourrir de lichens, d'écorces ou d'aiguilles. Même sur son territoire, les lieux de repli sont moins nombreux, car recouverts de neige.

Des portées de levrauts mis bas séparément

Comme tous les lagomorphes, le lièvre est un polygame. Même si beaucoup reste à découvrir sur la reproduction de cette espèce, la femelle, ou hase, d'après le Dr Couturier, connaît au moins deux périodes de chaleurs dans l'année. D'où deux périodes de rut: en avril et mai pour la première, et en été à partir de juin pour la seconde.

Après cinquante jours de gestation, la femelle va mettre bas de 2 à 5 levrauts dans une dépression sommaire, mais souvent abritée. La superfétation, un phénomène bien connu chez le lièvre brun, fait que les hases blanchots peuvent être fécondées quelques jours avant la mise bas. Ainsi, avec parfois trois portées par an, le taux de reproduction de cette espèce de montagne apparaît relativement bon.

Léopold Slotta-Bachmayr note que « *les levrauts viennent au monde les yeux ouverts et sont d'emblée pratiquement autonomes. Ils sont mis bas séparément et aussitôt livrés à eux-mêmes. La mère ne revient que brièvement pour les allaiter durant la nuit. Le fait de déposer les jeunes isolément offre l'avantage qu'un prédateur ne tombera jamais que sur un levraut à la fois. Si tous les levrauts étaient côte à côte, un renard pourrait par exemple éliminer la portée d'un coup.* »

Recréer des alpages

Outre la prédation, il y a cependant fort à parier que les pertes dues à de mauvaises conditions météorologiques et au dérangement induit par les activités touristiques puissent localement être importantes.

Les nombreuses opérations de réouverture d'alpages en déprise, conduites par les chasseurs de montagne en faveur du tétras-lyre, devraient bénéficier au blanchot. Éric Coudurier, technicien cynégétique spécialiste du tétras-lyre, explique que, « *sur tous les sites où ont été conduites d'importantes opérations d'ouverture de milieux, les traces sur la neige trahissent désormais une hausse des effectifs du lièvre variable. Cependant, pour assurer définitivement l'avenir du blanc, il conviendrait également de limiter le dérangement induit par le tourisme de masse estival et surtout hivernal.* »

Une faible pression de chasse

Le lièvre variable est une espèce chassable dans l'ensemble des départements français de l'arc alpin. Les montagnards préfèrent le chasser seuls ou en petits groupes, avec un ou deux chiens courants, rarement davantage, qui doivent être « bien dans la voie » de l'animal. Cette chasse impose au chasseur non seulement une excellente connaissance du gibier, mais aussi du territoire dans lequel l'animal évolue. La faible pression de chasse opérée sur cette espèce ainsi que la rareté de ce gibier expliquent que le tableau réalisé sur l'ensemble des Alpes françaises soit actuellement inférieur à 600 animaux.

La marmotte

La lourdeur écrasante de l'été annonce le grondement imminent du tonnerre montagnard. À l'horizon, un grand voilier semble profiter de cette chaleur ascendante pour guetter entre les cimes encore enneigées. Un sifflement puissant résonne : les marmottes ont repéré l'aigle royal en chasse. En quelques secondes, toute la colonie quitte l'herbe grasse de l'alpage pour disparaître au fond des terriers, alors que l'ombre du rapace assombrit le terrain de jeux déserté à la hâte.

Espèce emblématique de la montagne, la marmotte n'est pourtant pas un animal spécifiquement adapté à la vie en altitude. Gibier facile pour les chasseurs du magdalénien qui la tuaient au javelot, elle se serait réfugiée vers les sommets. Originaire des grandes steppes de l'Est, c'est lors des grandes glaciations du quaternaire que la marmotte a colonisé l'Europe occidentale, et notamment les Pyrénées, où les plus vieux vestiges de l'espèce ancestrale *(Marmota primigenia)* ont été retrouvés. Ensuite, progressivement, la marmotte s'est raréfiée, pour ne plus subsister que dans les massifs internes des Alpes.

Des réintroductions après une chasse intensive

Appréciée pour sa fourrure, sa chair très savoureuse qui tenait lieu de fortifiant pour les accouchées, et surtout pour sa graisse à laquelle on attribuait des vertus antirhumatismales et analgésiques, la marmotte a été durant longtemps pourchassée et extirpée de bien des montagnes. Déterrage, piégeage, enfumage des terriers, capture à l'aide de chiens bergers, tous les moyens étaient bons pour se l'approprier.

Un redéploiement géographique. De multiples réintroductions à partir de la souche alpine ont permis le redéploiement de l'espèce, qui se trouve désormais hors de danger, au point que sa répartition géographique s'étend, certes encore timidement, au Massif central et aux Pyrénées. Ce sont notamment les chasseurs – en particulier le Dr Couturier – qui ont été à l'origine de ces programmes d'acclimatation initiés, pour les plus anciens, à la fin des années 1940.

Assise le buste droit, la marmotte veille... Au moindre danger, elle émet des cris stridents, alertant ainsi toute la colonie, cellule familiale constituée d'une vingtaine d'individus.

Un gros rongeur fréquentant les milieux ouverts

Selon Littré, *marmotte*, du latin *mus montanus*, signifie « rat des montagnes » ; c'est d'ailleurs sous cette appellation que la décrivent encore quelques vieux nemrods montagnards. Après le castor et le ragondin, la marmotte est le plus gros rongeur présent en Europe. Elle recherche des milieux ouverts où alternent pelouses, éboulis et clapiers avec de gros blocs de rocher. La présence d'arbres isolés et d'arbrisseaux ne constitue pas un facteur déterminant.

Sur les versants exposés au sud. Malgré sa présence en haute altitude – de 1 400 à 3 000 m –, la marmotte n'aime guère le froid. Le talentueux naturaliste Robert Hainard (1906-1999) rapporte d'ailleurs que des colonies étaient connues, dans le massif de l'Oisan, en Isère, à seulement 800 m. Elle préfère de fait des pentes exposées en adret, au sud, sud-est et sud-ouest, qui répondent à ses deux priorités écologiques : une nourriture végétale herbacée abondante et un sol suffisamment meuble lui permettant de creuser son terrier.

Excellent terrassier, la marmotte possède des pattes puissantes pourvues de griffes robustes pour fouir le sol, souvent sans motif apparent, comme par plaisir. L'un des meilleurs spécialistes de l'espèce, le Dr Couturier, chasseur naturaliste dont les travaux publiés dans les années 1960 font encore autorité, affirme que si le rongeur « *ne parvient pas à sortir d'un éboulement ou d'une avalanche qui recouvre son terrier, c'est qu'il est mort* ».

Des colonies regroupant jusqu'à vingt individus

Cet animal très sociable vit en petites colonies rassemblant une famille composée des parents, des marmottons de l'année et des jeunes des deux à trois années antérieures. Ces colonies peuvent atteindre environ une vingtaine d'individus.

Des domaines plutôt bien identifiés. Bien que les domaines de ces cellules familiales puissent se chevaucher, ils restent relativement bien identifiés et varient entre 3 000 et 15 000 m², en fonction d'une part de la disponibilité alimentaire qu'ils offrent, et d'autre part de la structure du sol, plus ou moins meuble. Ces territoires sont relativement respectés pendant la période de reproduction. Toutefois, les marmottons n'ont que faire de ces règles territoriales : les terriers deviennent rapidement un bien collectif tandis qu'un adulte n'hésitera pas, en cas de danger, à se jeter dans le premier terrier venu, sans que cela émeuve d'aucune façon ses occupants.

Vivant entre 1 400 et 3 000 m d'altitude, de préférence sur les versants les plus ensoleillés, la marmotte recherche les zones où alternent pelouses et gros blocs rocheux.

Vigilante à tout instant

En dépit de sa silhouette robuste et très massive – elle peut peser jusqu'à 8 kg – et de son allure lourde et maladroite, la marmotte surprend par sa grande souplesse et son incroyable agilité en cas de danger. La vigilance est sans doute le qualificatif le plus approprié pour définir son caractère. Le Dr Couturier affirme également qu'elle est circonspecte, méfiante, coléreuse, irritable et irascible.

Assise, le buste droit, elle est sans cesse en alerte. À la moindre suspicion, la première marmotte qui voit le danger crie pour donner l'alarme. Son acuité visuelle constitue sans doute sa meilleure arme de défense face aux prédateurs. Le naturaliste Robert Hainard émet l'hypothèse qu'elle jappe pour le plaisir, mais ses cris stridents, suraigus jouent, en donnant l'alarme à l'ensemble de la colonie, un rôle prépondérant dans la lutte contre les prédateurs.

Une végétarienne vorace

Végétarienne très vorace, la marmotte des Alpes se nourrit de légumineuses, graminées, ombellifères. Elle broute dans la pelouse alpine et n'hésite pas à se délecter d'une fleur qu'elle tient volontiers à la main, de racines ou de baies sauvages. Elle peut occasionnellement devenir carnivore, ne dédaignant pas les vers, les insectes, voire les oisillons. Une marmotte adulte hors de son terrier fut même observée mangeant la chair d'un chamois mort dans une avalanche.

Avec seulement deux repas quotidiens, intercalés de longues périodes de repos et de bains de soleil, elle doit consommer au moins 500 g de végétaux par jour afin de constituer des réserves graisseuses et ainsi augmenter ses chances de survie lors du très difficile hiver en haute altitude.

Six mois d'hibernation

Avec ses courtes pattes, la marmotte n'est pas morphologiquement armée pour affronter cette rude période. « *Dans le rêve au plus profond d'un terrier bien bouché* », explique le naturaliste Bernard Fischesser, elle a pourtant trouvé la solution : l'hibernation sous terre. Mi-septembre, début octobre au plus tard, dès que la température s'abaisse en dessous de 10 °C environ, les marmottes engraissées sortent de plus en plus rarement de leur terrier. Puis, souvent après une chute de neige, toute la colonie s'enfonce dans ses quartiers d'hiver en prenant bien soin toutefois de fermer l'entrée du terrier au moyen d'un bouchon hermétique constitué de terre et de foin.

Les fonctions vitales réduites au minimum. Dans la chambre principale, sur une épaisse litière d'herbes sèches, les marmottes vont s'agglutiner en rond les unes aux autres et progressivement tomber dans un sommeil profond de six mois et plus. D'importantes modifications physiologiques surviennent : la température du corps descend de 36 à 4-8 °C, le rythme cardiaque est divisé par sept, le sang perd de sa fluidité, les réflexes disparaissent et les rythmes respiratoires se réduisent au strict nécessaire vital ; dans cet état léthargique, la marmotte va de temps à autre se réveiller pour se vider de ses excréments dans une chambre spécialement conçue à cet effet.

Un rut assez discret de quinze jours

Au retour des beaux jours, alors que la température extérieure atteint environ 15 °C, entre mars et mai, les marmottes, progressivement, se réveillent et sortent de leur terrier, amaigries et affamées. Si la gastro-entérite guette la marmotte, qui passe d'un jeûne prolongé à une alimentation gargantuesque, la neige, qui recouvre encore l'essentiel du paysage, est pour elle un danger bien plus grand : sa robe brune sur un fond immaculé constitue une cible facile pour ses deux principaux prédateurs, le renard et surtout l'aigle royal.

Des marmottons tous les deux ans. La sortie du terrier marque relativement le début de la période de reproduction. Le rut, qui ne dure qu'une quinzaine de jours, est assez discret et se matérialise par quelques jeux et reniflades même si des combats burlesques peuvent avoir lieu. Les colonies prennent vite leurs quartiers d'été, et, trente-quatre jours après la fécondation, les femelles mettent bas

LES INDICES DE PRÉSENCE

La marmotte émet un sifflement particulièrement strident audible à plus d'un kilomètre. Ce cri peut annoncer la présence d'un aigle royal, principal prédateur de l'espèce.

Les empreintes sont souvent visibles sur la neige, encore présente au printemps. Les mains portent 4 doigts – leur empreinte est longue de 6-7,5 cm et large de 3-4 cm. Les pieds, eux, comprennent 5 doigts – leur empreinte mesure 8-9 cm de long sur 4-5 cm de large. Les dépressions des griffes sont souvent bien visibles.

La bouche du terrier (15 cm de diamètre), orientée souvent au sud, surplombe une petite terrasse. Par grand beau temps, la colonie sort avant le lever du soleil, rentre vers midi, ressort vers 15 h, puis retourne au terrier une heure avant que la nuit ne tombe.

La marmotte *(Marmota marmota)*

- **Poids** : de 4,5 à 6 kg
- **Taille** : 50-60 cm de long
- **Âge maximal constaté** : 10 ans
- **Domaine vital** : de 10 000 à 15 000 m². composés de la zone du terrier et, en périphérie, de la zone de nourrissage où sont creusés des tubes de fuite
- **Maturité sexuelle** : 3 ou 4 ans
- **Rut** : avril-mai ; les accouplements ont lieu de préférence dans les terriers ; la marmotte est généralement monogame, mais il existe des cas de polygamie
- **Gestation** : 5 semaines ; la femelle, qui met bas tous les deux ans seulement, donne naissance de 2 à 6 marmottons dépourvus de poils ; ils sont allaités durant 5 à 6 semaines ; à 15-20 jours, ils sont revêtus d'une fourrure

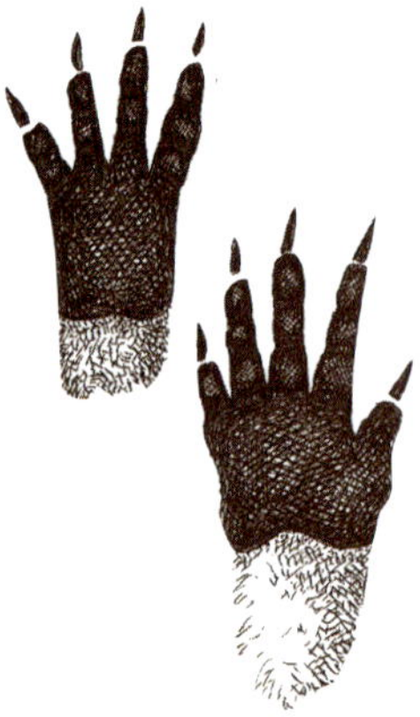

Les crottes, de consistance assez molle, mesurent environ 5 cm de long pour un diamètre de 1,5 cm.

Aveugles et nus à la naissance, les marmottons commencent à sortir du terrier dès l'âge de 1 mois. Allaités jusqu'alors par leur mère, ils ne pourront goûter à l'herbe grasse des alpages qu'à 5 semaines. Une marmotte n'atteint sa taille définitive qu'à l'âge de 4 ans.

(en général tous les deux ans) deux ou trois marmottons, parfois quatre.

Un mois plus tard, les jeunes sortent du terrier et ne s'en éloignent guère. Ils passent une bonne part de leur temps à jouer. Après environ cinq semaines, l'alimentation lactée laisse place à l'herbe des alpages. Exposés à nombre de dangers, les marmottons ne vont que très rarement s'éloigner des souterrains protecteurs et seront sans cesse à l'écoute des cris d'alarme de l'un de leurs congénères.

La chasse autorisée seulement dans les Alpes

Dans l'esprit collectif, la marmotte n'est pas une espèce chassable. En fait, il s'agit bien d'un gibier. Si le piégeage et le déterrage sont aujourd'hui interdits, la chasse à l'approche est autorisée uniquement dans les Alpes. Le tir à balles est recommandé. En raison du comportement très méfiant de l'animal, la chasse à la marmotte peut être considérée comme une intéressante application de l'art cynégétique en montagne. Elle est toutefois peu pratiquée, sauf dans certaines vallées alpines, la Maurienne et la Tarentaise, où la marmotte attire encore les convoitises de quelques chasseurs passionnés d'approche ou cherchant à offrir à un convive un surprenant mais exquis ragoût.

Un avenir quasi assuré. Pour peu que l'on maintienne les paysages ouverts, l'avenir de ce gardien des montagnes ne semble pas du tout compromis. Néanmoins, les chasseurs sont attentifs à son évolution et sa colonisation, car, même s'ils lui vouent le plus souvent un intérêt cynégétique limité, ils apprécient la gaieté que la marmotte apporte lors des journées automnales de chasse au chamois ou à la perdrix blanche.

L'OMBRE DE LA MARMOTTE

Gibier à part entière en Amérique du Nord, notamment au Canada, la marmotte est très présente dans la mémoire populaire : ainsi la tradition veut que le 2 février soit son jour. La légende dit qu'à cette date l'animal sort du terrier : s'il voit son ombre, le printemps sera tardif, alors il retourne au chaud.

Le grand tétras

Poussé par une légère bise glaciale, l'épais brouillard de ce matin d'octobre monte à l'assaut de la forêt montagnarde. Même la sonnaille se tait, comme anesthésiée par ce temps d'automne annonciateur des froidures hivernales. Soudain, dans un fracassant battement d'ailes qui réveille toute la combe, l'urogalle surgit de derrière un framboisier. Était-ce un mâle ? Une femelle ? Le mystère demeure. Farouche, le grand tétras n'a pas tenu l'arrêt !

Comme son cousin le tétras-lyre, le grand tétras est une relique de l'époque glaciaire. Il est caractéristique des forêts boréales de conifères et a profité des grandes glaciations pour étendre sa présence à toute la zone paléarctique de l'Ancien Monde. Progressivement, son aire de répartition s'est considérablement réduite et, aujourd'hui, avec des densités très variables, il ne subsiste que dans les vastes taïgas scandinaves et russes, ainsi que dans les grandes forêts des montagnes de l'Europe occidentale, centrale et méridionale.

Deux sous-espèces dans des zones distinctes

En France, sa répartition se partage en deux sous-espèces. La première, *Tetrao urogallus major*, est présente à l'est, dans les massifs des Vosges, du Jura et des Alpes. Ces dernières décennies, ses effectifs ont fortement diminué, et on compte désormais environ 200 individus seulement dans les Vosges et près de 400 individus dans le Jura. Dans les Alpes, comme le déplore Philippe Mulatier, naturaliste en Haute-Savoie, *« il y a deux siècles, plusieurs départements étaient habités par ce bel oiseau. À l'heure actuelle, [...] la disparition du grand tétras des Alpes françaises se déroule sous nos yeux, sans bruit. »*

Tetrao urogallus aquitanicus, quant à lui, est mieux représenté. Il habite le massif pyrénéen et compte environ 5 000 adultes. Il est à noter qu'une cinquantaine d'individus subsistent également dans le parc national des Cévennes, suite à plusieurs campagnes de réintroduction qui se sont déroulées jusqu'en 1994 et qui ont permis à quelque 598 sujets de coloniser les montagnes cévenoles.

La femelle du grand tétras se distingue du mâle par sa couleur rousse barrée de noir et bigarrée de blanc. Perchée dans les arbres, la poule écoute le chant séducteur du coq.

Un dimorphisme sexuel très marqué

Le grand tétras demeure le plus imposant représentant de la famille des tétraonidés, caractérisée par des tarses et des narines emplumés. Si on le nomme couramment grand coq ou grand coq de bruyère, localement, on le désigne également sous les noms de coq de bois en Savoie, faisan bruyant en Auvergne, et plus généralement tétras urogalle ou simplement urogalle, un terme qui rappelle à la fois sa queue (*oura* en grec) et son appartenance à l'ordre des galliformes. Cette queue a d'ailleurs inspiré les patois pyrénéens qui déclinent nombre d'appellations locales à partir du mot *paon*. La femelle est fréquemment désignée comme la « rousse », ce surnom évoquant la couleur dominante de son plumage.

De fin février à mi-juin, de l'aube au milieu de la matinée, les coqs sont en parade. Ils arpentent la place de chant, queue déployée, ailes entrouvertes et tête haute. Ils lancent un chant haché qui s'achève sur le célèbre « klop », appelé « coup de bouchon ».

***Le* major *plus imposant que l'*aquitanicus.** Le *Tetrao urogallus major*, la plus grosse des sous-espèces d'urogalle, peut peser jusqu'à 6 kg et mesurer 1,10 m, contre seulement 2,6 à 4,2 kg et 1 m maximum pour le *Tetrao urogallus aquitanicus*. Le dimorphisme sexuel est très marqué chez cette espèce. Le coq, qui peut sembler à distance entièrement noir, présente en fait un corps sombre, gris ardoise avec d'éclatants reflets vert métallique sur le plastron ; les ailes, courtes et arrondies, sont marron roux. Dans la pénombre du sous-bois, son bec écru et une tache blanche aux épaules trahissent parfois sa présence. Comme chez le tétras-lyre, des caroncules rouges surlignent ses yeux. La femelle est nettement plus petite et présente un plumage à dominante rousse, barré de noir et bigarré de blanc. Chez la forme pyrénéenne, le coq présente des contrastes plus marqués, et la poule un plumage plus sombre.

Une espèce forestière vivant à moyenne altitude

Contrairement à ce que laisse penser sa répartition en France, le grand tétras n'est pas un oiseau montagnard. Au nord de l'Europe, il vit dans les immensités planes de la taïga. En Europe de l'Ouest, c'est davantage la recherche des forêts primitives qui l'a conduit à coloniser la moyenne montagne, entre 600 et 2 400 m d'altitude dans les Pyrénées, entre 800 et 1 600 m dans le Jura et entre 400 et 1 200 m dans le massif vosgien. Le Dr Marcel Couturier, spécialiste de la faune de montagne, explique que *« la limite supérieure de son aire de répartition finit là où commence l'aire du petit tétras »*.

Essentiellement dans les forêts de conifères. La qualité de l'habitat est fondamentale pour cette espèce typiquement forestière. Le grand tétras va rechercher les peuplements de conifères – clairs et généralement âgés –, purs ou mêlés de quelques essences feuillues. La présence d'une verdure persistante est en effet indispensable pour qu'il puisse se nourrir pendant les difficiles mois d'hiver.

On a pu remarquer que la répartition eurasienne du grand tétras se superpose avec la couverture de la pinède à pins sylvestres, une espèce caractéristique des forêts nordiques. Dans les massifs de l'Europe de l'Ouest, ce galliforme recherche davantage les vastes forêts de sapins, de pins ou d'épicéas. Il est toutefois possible de le rencontrer dans quelques hêtraies pyrénéennes.

L'indispensable présence d'arbustes à baies

Le grand tétras n'est pas un adepte des paysages forestiers enclavés. Les massifs qu'il fréquente sont généralement très peu morcelés et peuvent couvrir plusieurs milliers d'hectares. En revanche, il apprécie un couvert végétal riche et diversifié, ponctué d'espaces ouverts. Il a besoin d'un sous-étage arbustif de myrtilles, de framboisiers et autres arbres à fruits juteux, comme les groseilliers, les mûriers, les fraisiers, les sorbiers et les alisiers, qui fournissent à la belle saison la base de son alimentation. Il ne dédaigne pas non plus les bourgeons, les graines, les chatons et les fruits secs. La part d'alimentation carnée, même si elle ne représente qu'un appoint, peut être importante. Il picore insectes, larves, vers, mollusques et *« n'hésite pas à happer un lézard ou une grenouille de rencontre ; on a même signalé la prise d'une jeune vipère »*, rapporte l'ornithologiste Paul Géroudet. L'hiver venu, une ramification de son tube digestif et une faune bactérienne adaptée lui permettent de transformer la cellulose des végétaux.

Un vaste territoire centré sur la place de chant

Sédentaire et territorial, le grand tétras vit sur un domaine vital de 50 à 100 hectares où il doit impérativement trouver breuvage et nourriture toute l'année, disposer de quartiers d'hiver et d'estive, ainsi que de sites pour la ponte et l'élevage des poussins. Les territoires des coqs sont répartis autour de la place de chant. Celle-ci empiète pour une petite part (1 à 2 hectares) sur celle du voisin ; les coqs la défendent âprement pendant la période des amours. Autour de cette arène s'organise aussi le territoire des femelles qui chevauche en général celui des coqs. Mâles et femelles, seront, leur vie durant, fidèles à une seule et unique place de chant.

Polygames, les tétras figurent sans doute parmi les oiseaux dont les manifestations sexuelles sont les plus exacerbées : *« En comparaison des tournois exubérants des tétras-lyres,* note Paul Géroudet, *ce sont des spectacles secrets, si l'on peut dire, mais le cadre des forêts leur confère un mystère d'autant plus prenant. »*

Des parades nuptiales allant parfois jusqu'à la démence

Atteignant leur paroxysme en mai, les parades débutent fin février et se prolongent jusqu'à la mi-juin. Bien avant le lever du jour – certains arrivent la veille –, les coqs se rassemblent sur la place de chant et commencent par parader, perchés sur une grosse branche dénudée. Très vite, l'excitation ou la venue d'une femelle font descendre les prétendants. À terre, ils poursuivent leur danse, la queue en éventail, les ailes moyennement ouvertes, le plumage gonflé et le cou tendu vers le haut, bec ouvert.

LES INDICES DE PRÉSENCE

Au temps des amours, les coqs lancent des crépitements (« tlep, tlep, tep ») qui s'accélèrent et précèdent un claquement très caractéristique, appelé « coup de bouchon ». La poule émet des caquètements. La parade nuptiale se déroule sur la place de chant, une arène en forme de clairière fréquemment située dans une combe.

En hiver, les fientes sont assez rigides et généralement de couleur marron beige ; en été, elles deviennent moins régulières et plus molles, et leur teinte varie en fonction de la nourriture ingérée. Cylindriques, elles mesurent environ 1 à 1,2 cm de diamètre, avec une longueur de 4 à 6 cm pour le coq et de 7 à 9 cm pour la poule. Elles sont produites toutes les 10 à 15 minutes, d'où la présence de tas assez conséquents.

Le grand tétras *(Tetrao urogallus)*

- **Poids :** pour la sous-espèce *major*, de 2,5 à 6 kg (M), de 1,5 à 2,2 kg (F) ; pour la sous-espèce *aquitanicus*, de 2,6 à 4,2 kg (M), de 1,2 à 2 kg (F)
- **Taille :** pour le *major*, 86-110 cm de long (M), 55-70 cm (F) ; pour l'*aquitanicus* : 91-94 cm de long (M), 58-62 cm (F)
- **Envergure :** pour le *major*, 125-132 cm (M), 101 cm (F) ; pour l'*aquitanicus*, 113-124 cm (M), 89-94,5 cm (F)
- **Maturité sexuelle :** 1 an ; espèce polygame
- **Parades nuptiales :** de fin février à mi-juin
- **Ponte :** de fin avril à mi-juin (un œuf environ toutes les 36 heures) ; en cas de destruction des œufs, la femelle peut procéder à une deuxième ponte, dite de remplacement
- **Œufs :** de 6 à 7, de couleur crème jaunâtre tachetés de brun marron (quelques grosses taches) ; nid établi dans une simple dépression recouverte de brindilles, de feuilles, de plumes et d'aiguilles de conifères
- **Couvaison :** 27 jours ; elle débute à la ponte du dernier œuf
- **Éclosion :** de mi-juin à début août ; pic dans la dernière décade de juin et la première de juillet
- **Poussins :** nidifuges ; indépendants à l'âge de 8 à 14 semaines

Les empreintes, mesurant de 10 à 11 cm de long et de 8 à 9 cm de large, forment une piste sinueuse.

Disposée en éventail, la largeur de la queue peut donner des indications sur l'âge du mâle : elle forme un angle de 130 ° chez le coq de 1 an et de 180 ° chez un vieux coq. De même, la longueur des plumes caudales s'accroît au fur et à mesure que l'animal prend de l'âge.

Le coup de bouchon final. Tout en marchant, l'oiseau lance des « tlep, tlep, tlep », à peine perceptibles à une centaine de mètres. D'après Marcel Couturier, cette strophe dure six à huit secondes. Puis ces claquements s'accélèrent et précèdent le célèbre et unique « klop » ou coup de bouchon. Surprenant par sa force et sa ressemblance avec le bruit d'un bouchon extrait brusquement d'une bouteille, il a été très longtemps le talon d'Achille de l'oiseau : plusieurs secondes après, l'oiseau, comme en epectase, semble perdre tous ses sens. Les traités de chasse d'autrefois recommandaient cet instant pour l'approcher à bout portant.

Des comportements agressifs. Pendant la période des amours, il arrive que des coqs soient emportés par la démence. Appelés « coqs fous », certains deviennent familiers, alors que d'autres peuvent avoir des comportements très agressifs, même envers les hommes. Nombre d'anciens récits rapportent des scènes de bûcherons agressés, voire de chevaux attaqués lors du travail des labours.

La poule, mère avant tout. Quant aux poules, elles ne participent nullement aux ébats de coqs et visitent les arènes uniquement pour s'accoupler. Après vingt-sept jours d'incubation, les œufs éclosent de juin à la mi-août. La femelle élèvera seule ses poussins. Ils resteront dans un environnement proche du nid, implanté dans un secteur riche en petits invertébrés, ressource alimentaire prioritaire pour de jeunes tétras.

Les impacts négatifs d'une sylviculture intensive

Véritable bio-indicateur de la qualité des forêts montagnardes, l'urogalle régresse, puis disparaît dès que l'équilibre de son milieu de vie est rompu ou qu'on le perturbe souvent. « *Inversement, chaque fois qu'il se maintient, on constate un équilibre global du milieu forestier,* confirme l'écologue Bernard Leclerc. *Les forêts mixtes de structure irrégulière, bien stratifiées, telles les futaies jardinées de montagne, présentent de nombreuses propriétés stabilisantes.* »

Le grand tétras paie un lourd tribut à la rentabilité économique qui incite de nos jours à une sylviculture plus intensive. Jean-Michel Lepeudry, journaliste cynégétique et chasseur passionné du grand tétras, cite l'exemple des Vosges, qui comptaient 1 500 coqs en 1945 contre 150 coqs aujourd'hui : « *La futaie monotone de résineux a pris la place d'un milieu varié où le sous-bois dense et les éclaircies laissaient à l'oiseau de quoi se nourrir, nicher et trouver la tranquillité qu'il adore. Le rendement forestier a seul dicté les choix de la politique sylvicole du secteur, dont l'État est l'acteur principal.* »

Garantir surtout la diversité des essences

La sauvegarde de l'espèce commande de restaurer les milieux forestiers favorables à l'oiseau, non pas en proscrivant toutes interventions dans les forêts, mais en retrouvant des systèmes d'exploitations qui garantissent la diversité des essences d'une part, et la variété des classes d'âges d'autre part. Il s'agit d'un principe écologique de base que le forestier Hans-Jürgen Otto, professeur à l'université de Göttingen, définit ainsi : « *Un grand nombre d'êtres vivants trouvent à satisfaire leurs exigences spécifiques dans la multiplicité des conditions de structure et de croissance de la forêt. Elle intègre en son sein toute une communauté de vie. Plus la configuration des conditions de milieu est favorable à la vie, plus la forêt peut héberger d'espèces. C'est pourquoi la complexité de la structure est synonyme d'amélioration d'habitat pour la faune, entraînant une augmentation de la diversité spécifique et de l'abondance.* »

Mieux maîtriser l'usage des pistes forestières

Autre conséquence des pratiques sylvicoles intensives, l'ouverture des pistes forestières destinées à faciliter l'exploitation. Une étude a été menée par l'Office national de la chasse et la fédération des chasseurs des Hautes-Pyrénées sur la situation du grand tétras dans le massif de la Barousse. Elle a permis d'établir un parallèle entre la baisse de 40 % des effectifs en quinze ans et la création de 95 km de routes et de pistes là où il n'y en avait auparavant que 12,5 km. « *En réalité,* expliquent ses auteurs, *ce n'est pas tant par leur existence elle-même – leur rôle peut être bénéfique car il ouvre les milieux, développe la fruticée* [potentiel de fructification], *favorise les couloirs d'envol et de pouillage – que l'usage qui en est fait de façon incontrôlée : promenade avec ou sans chien, cueillette, moto, accès pour faciliter la chasse.* »

Souvent au repos, immobile, le grand tétras supporte mal la présence humaine.

Un oiseau sensible à toute perturbation...

En effet, en dehors de ses tapageuses parades nuptiales, le grand coq de bruyère est un oiseau très discret et sensible au dérangement. Il passe le plus clair de son temps au repos, immobile, au sol ou perché, les sens en éveil. Il supporte mal de ce fait les perturbations excessives et croissantes liées aux activités de loisirs.

L'été, ce sont les randonnées pédestres et la divagation des chiens qui le gênent et le fragilisent face aux prédateurs : le renard, l'autour des palombes, le faucon, l'aigle royal, et surtout la martre. Le tourisme de masse non encadré constitue ainsi un frein sérieux au développement, sinon au maintien, des populations de grands tétras. D'où la nécessité de respecter quelques règles élémentaires : rester sur les pistes et les sentiers, éviter les zones boisées, tenir son chien en laisse.

... et menacé aussi par les sports d'hiver

Avec l'arrivée de l'hiver, la situation empire encore. L'analyse rigoureuse des conséquences de la création d'une station de sports d'hiver sur le plateau de Beille, en Ariège, a permis de mesurer l'impact de tels aménagements : le site abritait 130 oiseaux lors de l'ouverture de la station en 1989 ; trois ans plus tard, il ne restait plus que 70 individus. Les collisions avec les câbles des remontées mécaniques en sont une des raisons... Mais la dégradation du couvert végétal entre également en ligne de compte.

Au moment où les skieurs s'élancent sur les pistes, le grand tétras, lui, doit limiter au maximum ses déplacements et économiser son énergie, nécessaire à sa survie. Il vit alors en permanence perché. Bernard Leclerc indique notamment : « *en Écosse, à partir de décembre, et indépendamment de la présence ou non de neige au sol, 90 % des grands tétras vivent dans les arbres* ». Installé sur les pins ou les sapins, l'oiseau a tout loisir de « brouter » la maigre mais abondante nourriture que lui offrent les aiguilles des conifères, ce qui lui a valu jadis la réputation – prétexte à une chasse effrénée – de provoquer des dégâts dans les peuplements forestiers.

Une chasse réglementée région par région

Pendant des décennies, la chasse de printemps, en pleine période de reproduction, et le braconnage ont bien affecté les populations d'urogalles. Déjà, au milieu du XIXe siècle, le naturaliste et chasseur Alfred-Edmund Brehm notait que « *s'il [en] existe encore, ce n'est pas à l'homme que*

>>> **STRATÉGIE DE DÉFENSE**

La nuit, le grand tétras se perche à l'extrémité d'une branche souple. Il limite ainsi le risque de se faire surprendre par une martre. En s'aventurant sur ce rameau, le redoutable prédateur en perturbera le fragile équilibre ; le tétras se laissera alors tomber et s'envolera pour échapper au mustélidé.

C'est en mai que les parades nuptiales atteignent leur paroxysme. Sa vie durant, le grand tétras effectue toujours sa danse d'amour sur la même place de chant, appelée également « arène » ; il défend âprement ce territoire face aux autres mâles.

nous en sommes redevables ; car il a poursuivi ces nobles animaux avec plus d'acharnement que les bêtes féroces, et il continue [...]. Trop souvent aussi les œufs tombent dans les mains de gens ignorants ; ainsi [...] plus d'un bûcheron se régale le soir d'une omelette dont ses poules domestiques n'ont pas fait les frais. »

Prélèvement par chasseur ou par tête de gibier. Aujourd'hui, quand la chasse n'est pas totalement interdite, la réglementation varie selon les régions. Soit elle fixe un prélèvement maximum par chasseur (un ou deux oiseaux par exemple), ce dispositif pouvant être renforcé par l'obligation de ne tirer que le coq maillé (jeune de l'année) ; soit elle fixe un quota de prélèvements dans le cadre du plan de chasse : ce dispositif est de loin le plus adapté, puisque le nombre d'oiseaux pouvant être tués est fonction des densités présentes sur le territoire, et non du nombre de chasseurs. En France, on prélève une centaine d'oiseaux par an.

Posséder de bons chiens d'arrêt. La chasse du grand tétras nécessite une excellente connaissance de l'oiseau et la parfaite maîtrise de très bons chiens d'arrêt. Le coq est en effet un oiseau fuyant qui n'hésite pas à piéter longuement avant de prendre son envol ; très bon marcheur, il se déplace rarement en volant, sauf pour fuir un danger. C'est une chasse de spécialistes et de puristes.

Le rôle de l'Observatoire des galliformes de montagne. L'Observatoire des galliformes de montagne réunit l'ensemble des acteurs concernés par la gestion de ces oiseaux ; il conduit des travaux écoéthologiques sur l'espèce et rassemble les données sur le suivi des populations – qui sont actuellement en voie d'extinction dans les Alpes mais apparemment stables dans les Pyrénées.

L'Observatoire a notamment pour but de sensibiliser les acteurs de la montagne, en prenant en compte plusieurs objectifs : adapter la gestion forestière aux contraintes biologiques et écologiques du grand tétras, réduire les multiples formes de dérangement et mettre en place une politique touristique cohérente. Mais le grand tétras, pourtant figure exceptionnelle du patrimoine naturel montagnard, n'a pas la charge symbolique du loup ou de l'ours, qui, eux, mobilisent davantage l'attention... et, par conséquent, les fonds européens.

Le tétras-lyre

La neige vieillie par les interminables semaines de l'hiver montagnard semble engourdir le paysage et figer toute forme de vie. Pourtant, dans l'aurore de ces jours de mai, outre les quelques hululements timides de la discrète chouette de Tengmalm, d'étranges chuintements et roucoulements gutturaux troublent la sérénité hivernale. Les tétras-lyres ont déjà commencé leurs longues et impressionnantes parades nuptiales ; ils annoncent l'arrivée du printemps.

Inféodé aux grandes forêts boréales de conifères, le tétras-lyre, comme son cousin le grand tétras, est une relique glaciaire venue de la nuit des temps. L'histoire de cet oiseau ne peut s'appréhender qu'en remontant le temps géologique. Les grandes glaciations du quaternaire ont permis à la plupart des tétraonidés venus du nord (les tétras, mais aussi le lagopède alpin) de profiter de ce refroidissement climatique pour étendre leur territoire, notamment vers le sud.

Puis, le réchauffement sérieux survenu il y a environ seize mille ans a fait reculer les glaces et les glaciers, formant ainsi nombre des paysages actuels. Les espèces qui voulaient survivre à cette ascension du mercure ont dû se déplacer et s'adapter à cette nouvelle donne écologique. C'est à l'étage subalpin, dans les sapinières et les forêts d'épicéas, ou pécières, que le tétras-lyre a trouvé refuge.

Plusieurs noms pour une seule espèce

Longtemps désigné sous le nom de « faisan » par les montagnards, le tétras-lyre est souvent appelé petit coq de bruyère, moins couramment lyrure, coq des bouleaux ou encore coq à queue fourchue. Il est très largement répandu dans le nord de l'Eurasie où cohabitent cinq sous-espèces. En Europe occidentale, hormis sa sous-espèce *britanicus*, présente uniquement en Grande-Bretagne, c'est *Tetrao tetrix tetrix* qui honore l'ensemble de l'arc alpin de sa présence.

Les deux tiers dans les Alpes du Nord. Si c'est désormais dans les Alpes du Nord (Haute-Savoie, Savoie et Isère) que l'on trouve près des deux tiers de l'effectif français de tétras-lyres, estimé à 25 000 individus environ, c'est le nord du département du Var qui représente la limite méridionale de son aire de répartition. Absent des Pyrénées et du Massif central, il persiste très modestement dans le nord des Ardennes.

De fortes différences entre les sexes. Chez le tétras-lyre, le dimorphisme sexuel est très marqué. Les coqs, comme s'ils cherchaient à assurer leur postérité, portent des couleurs éclatantes, laissant aux poules un plumage plus sobre pour mieux se fondre dans le décor naturel et assurer la survie de leur progéniture. Ils sont couverts d'une cape noire aux reflets bleu métallique, sur laquelle tranchent avec d'autant plus de force les deux caroncules rouge sang qui surlignent leurs yeux et des barres alaires d'un blanc éclatant.

Une queue évoquant la lyre. L'espèce doit à la queue des mâles l'ori-

Sur les alpages, le tétras-lyre trouve une bonne part de son alimentation, et notamment des fleurs, mais les sous-bois riches en baies lui sont également indispensables.

Avec sa livrée sombre, le tétras-lyre mâle est en hiver d'autant plus vulnérable face à aux prédateurs affamés. Aussi limite-t-il ses déplacements au strict minimum. La plupart du temps, il demeure immobile enfoui sous le manteau neigeux ou perché sur un arbre.

gine étymologique de son appellation scientifique *(Lyrurus tetrix tetrix)*, établie par Linné en 1758. Sur les 18 plumes qui la composent, trois ou quatre sont recourbées de chaque côté en faucille et évoquent en effet l'image d'une lyre. La courbure et la longueur de ces plumes latérales s'accentue avec l'âge ; par contre, la longueur de la queue décroît de la première à la troisième année, passant de 14 cm à 12 cm.

Un oiseau de lisières...

Oiseau de lisières, le tétras-lyre est indissociable de la « zone de combat », ce paysage où, lorsque la pénombre de la forêt laisse place à la vive lumière de l'alpage, *« se livrent des luttes sourdes entre végétaux et éléments naturels »*, selon la description du géographe Bernard Fischesser. Le tétras-lyre se trouve en général entre 1 400 et 2 300 m d'altitude. Toutefois, le Dr Marcel Couturier, chasseur impénitent et auteur cynégétique prolifique, constate qu'il s'en est envolé devant lui *« assez souvent à 2 600 m d'altitude »*.

... qui vit à une altitude variable. Selon l'ornithologiste Paul Géroudet, *« l'habitat montagnard n'est qu'une transposition méridionale et assez localisée des besoins de l'espèce. Dans la moitié nord du continent, le tétras-lyre est plutôt un gallinacé de plaine et des collines, où il occupe les forêts claires et les landes. »* Ce que confirme également le Dr Marcel Couturier lorsqu'il évoque le biotope fréquenté par le tétras-lyre sur le plateau primaire des Ardennes françaises : *« Ici, le tétras-lyre vit entre 350 et 500 m d'altitude dans les taillis de chênes, de bouleaux, de charmes, de hêtres, avec un sous-bois de myrtilles et de fougères ou dans les clairières marécageuses. »*

Dans des milieux riches en baies. Le tétras-lyre affectionne les milieux en mosaïque, constitués de forêts claires de résineux parsemées de quelques feuillus, avec un sous-bois dense où il peut se dissimuler. La présence de landes à myrtilles et rhododendrons lui est indispensable. C'est dans les lisières montagnardes, très riches en baies, en fleurs, en bourgeons et en insectes à la belle saison que les lyrures se délecteront, entre autres, de genièvres, de raisins d'ours, d'airelles ou de framboises. C'est là également que les poules établiront leur nid pour élever leurs poussins en profitant de la faune entomologique, très riche dans les écotones (limite entre deux écosystèmes).

Les effets négatifs induits par l'abandon des alpages. Véritable bio-indicateur de la qualité de ces milieux situés à la limite supérieure de la forêt, le tétras-lyre subit très négativement l'évolution des pratiques agropastorales. En effet, plusieurs siècles durant, des générations de montagnards avaient façonné et entretenu la montagne en maintenant une activité pastorale, parfois intense, mais favorable aux paysages ouverts en mosaïque. À la fin des années 1950 survient la lente mais progressive déprise agricole : de nombreux alpages, trop difficiles d'accès ou trop exigus, sont abandonnés.

Si, dans un premier temps, cette évolution peut paraître favorable au tétras-lyre, très rapidement une végétation buissonnante se développe, et les rhododendrons, les aulnes verts et les épicéas prennent possession des lieux. Le milieu se referme, tendant ainsi vers le climax (équilibre sol-végétation) subalpin, se banalise au détriment de la biodiversité, et devient dès lors inhospitalier pour le coq de bruyère.

Des initiatives pour rétablir l'habitat naturel

Depuis une dizaine d'années, grâce à l'Observatoire des galliformes de montagne, qui rassemble l'ensemble des acteurs concernés par la gestion du petit gibier de montagne et de leurs habitats naturels (Office national de la chasse et de la faune sauvage, Fédérations de chasseurs, protecteurs de la nature, parcs nationaux, conservatoires d'espaces naturels), de nombreux travaux de réhabilitation de ces espaces montagnards sont entrepris, notamment par les chasseurs. Si les résultats de ces opérations lourdes et coûteuses, mais indispensables, apparaissent très favorables au maintien et au développement de l'espèce, il n'en demeure pas moins, au vu de l'ampleur de la déprise agricole sur les terrains de montagne, que leur impact global est infime.

Le dur passage de l'hiver

En hiver, la neige et les conditions météorologiques extrêmes demeurent source d'une multitude de risques pour les tétras-lyres. Et ce bien que leur corps soit pour partie adapté au froid et à la neige : les narines et les tarses (doigts) sont emplumés ; les doigts sont pourvus de bords cornés, augmentant la surface de portance sur la neige et jouant le rôle de raquettes.

Les ressources alimentaires se font alors très rares, et les seules disponibles présentent une très faible valeur nutritive. Pour cette raison, en amont de cette saison difficile, les

LES INDICES DE PRÉSENCE

Le chant du mâle, qui laisse entendre des roucoulements entrecoupés de courts chuintements, est perceptible à une très longue distance. Il retentit durant toute l'année, à l'aube et au crépuscule, mais de manière plus intense lors des parades nuptiales. Le chant de la femelle est un simple caquètement.

Le nid, placé à l'abri de racines ou de branches basses, est confectionné sommairement à même le sol, et garni de divers végétaux (feuilles sèches, aiguilles de sapin), de mousse et de quelques plumes.

Les crottes forment de petits bâtonnets cylindriques mesurant de 2 à 3 cm de long ; elles sont disposées en tas pouvant atteindre plusieurs dizaines d'unités.

Le tétras-lyre *(Tetrao tetrix tetrix)*

- **Poids :** 1,3 kg (M) ; 0,95 kg (F)
- **Taille :** 60 cm de long (M) ; 45 cm de long (F)
- **Longueur des ailes :** 25-30 cm (M) ; 22-25 cm (F)
- **Parades nuptiales :** du 15 février au 15 juin, le pic ayant lieu en mai
- **Maturité sexuelle :** 1 an, cependant les jeunes coqs ne participent pas à la reproduction
- **Accouplement :** mai ; la ponte débute fin mai
- **Œufs :** de 3 à 10, de couleur beige mouchetés de brun, pondus toutes les 40 heures environ
- **Couvaison :** de 26 à 27 jours ; elle débute après la ponte du dernier œuf
- **Éclosion :** de fin juin à début août, avec un pic lors des première et deuxième décades de juillet
- **Poussins :** nidifuges (quittent le nid quelques heures après leur éclosion) ; les jeunes restent avec leur mère jusqu'au début de l'automne ; ils se nourrissent pour deux tiers d'alimentation végétale (myrtilles, graminées, renoncules des montagnes), pour un tiers d'alimentation d'origine animale (part diminuant avec l'âge)

Les empreintes sont semblables à celles du grand tétras, mais plus petites (7-8 cm de long sur 6-7 cm de large).

Lors des parades nuptiales, il arrive que des mâles s'affrontent au sol, faute d'avoir réussi à intimider leurs rivaux. Effectuant des sauts verticaux et maints claquements d'ailes, ils s'infligent parfois à l'occasion des coups de bec dont les blessures demeurent sans gravité.

petits coqs de bruyère vont être erratiques et rechercher leurs quartiers d'hiver, ou zones d'hivernage, dans des milieux susceptibles de leur procurer une protection contre la rudesse du climat et une nourriture suffisante pour passer ces mois rudes.

Un tube digestif adapté aux aliments secs. Comme tous les tétraonidés, le tétras-lyre possède toutefois une ramification de son tube digestif abritant une faune bactérienne qui lui permet de digérer la cellulose présente dans les aliments secs dont il devra se contenter. Cette particularité remarquable lui permet de se satisfaire de chatons de bouleaux, de jeunes pousses de mélèzes, d'aiguilles de pins et de sapins, d'écorces ou d'herbe sèche. L'hiver, il semble préférer les boisements de pins à crochet, de pins aroles et de pins plutôt que les sapinières, sans doute en raison de la faible valeur nutritive des aiguilles de sapins.

Si le Dr Couturier fait remarquer que *« le petit coq de bruyère souffre moins de la faim qu'un observateur superficiel pourrait le croire »*, il doit cependant adapter son comportement à une nécessaire économie d'énergie, gage de survie hivernale.

Une vie au ralenti, gage de survie

De surcroît, avec sa livrée sombre qui tranche sur la blancheur du paysage, le tétras-lyre est bien plus vulnérable en hiver aux nombreux prédateurs terrestres et aériens : la martre, le renard, l'aigle royal, l'autour des palombes ou le hiboux grand duc. Tout déplacement superflu devenant dangereux, le tétras-lyre se limite donc, sans contraintes extérieures, au strict nécessaire vital.

À l'abri dans un igloo. Il limite ainsi ses déplacements à ses deux prises alimentaires, à l'aube et au crépuscule. En hiver, il passe 90 % de son temps au repos complet, perché ou, plus généralement, lorsque les conditions d'enneigement le permettent, sous le manteau neigeux. Si la croûte supérieure de la neige n'est pas trop dure, si sa structure est suffisamment légère et si sa hauteur le permet, le lyrure creuse une loge qui peut atteindre 80 cm, au fond de laquelle il dépose un tapis de crottes ; de la sorte, il peut maintenir son équilibre thermique et énergétique en bénéficiant de l'effet isolant de l'igloo.

La préservation des zones d'hivernage

Ce bel équilibre peut toutefois être remis en cause. Au moindre dérangement, l'oiseau effrayé se projette à l'extérieur de son igloo ; du coup, il perd ses réserves énergétiques, et sa survie se trouve menacée.

Déjà en 1940, Paul Géroudet décrivait cet oiseau comme étant sensible aux dérangements répétés, et, vingt-cinq ans plus tard, le Dr Couturier dénonçait l'envahissement touristique et le développement des stations de sports d'hiver avec leurs cortèges de câbles de téléskis et autres remontées mécaniques, très meurtriers pour ces oiseaux.

Ce phénomène s'est considérablement aggravé de décennie en décennie. L'hiver est plus que jamais l'époque bénie des skieurs hors-pistes, des randonneurs à skis ou en raquettes. Ils laissent maintes traces dans la neige poudreuse, pourtant si précieuse pour la survie de l'oiseau.

La préservation des zones d'hivernage devient donc une priorité pour le maintien des effectifs de tétras-lyres, notamment dans les Alpes du Nord où la densité d'équipements et d'aménagements touristiques hivernaux en tout genre bat des records.

Les impressionnantes parades de printemps

Si l'arrivée des premiers rayons du soleil printanier, des éclatants crocus et des verts pâturages sont signes annonciateurs de riches agapes pour le tétras-lyre, ils marquent aussi le début de la longue et impressionnante période de sa reproduction. Les parades nuptiales constituent l'un des spectacles les plus merveilleux qu'offre la montagne. « *Rien ne lui est comparable*, observe Philippe Mulatier, naturaliste en Haute-Savoie. *La nature a offert à cet oiseau le don de clamer tout ce qu'elle a de sauvage et de libre, d'enchanteur et de mystérieux, de doux et de violent.* »

Des exhibitions en groupes. Le petit coq de bruyère est polygame. Les parades nuptiales débutent dès février, atteignant leur paroxysme entre le 15 avril et le 15 juin, période à laquelle ont lieu la plupart des accouplements. Bien avant le lever du jour, les mâles se rassemblent pour s'affronter sur des places de chant traditionnelles appelées aussi « arènes ». Elles se trouvent généralement sur une pelouse dégagée, parsemée de rhododendrons et de quelques résineux isolés. Les coqs vont effectuer au sol, le plumage gonflé, des exhibitions très spectaculaires : queue renversée sur le dos, ils sautent et trépignent en lançant des roucoulements intercalés de chuintements.

À chaque coq son territoire. Selon l'éthologue Jean-Claude Ruwet, chaque coq est attaché à une seule arène, où il défend un petit territoire de quelques ares au plus, tôt le matin, toute l'année durant, sauf en juillet et en août, époque de la mue du plumage. Il explique que, lorsque les mâles ne s'affrontent pas à leurs frontières, ils passent de longues heures à roucouler et à patrouiller sur leur territoire ; ils se signalent également à leurs voisins par des sauts sur place, accompagnés de soufflements.

La femelle prend le temps de choisir

Lorsqu'une femelle pénètre sur un territoire, son propriétaire tente de la retenir, la courtise... mais, avant de fixer son choix, celle-ci visite plusieurs territoires et sollicite finalement l'accouplement en s'accroupissant devant l'élu. Le professeur Ruwet a

Surpris, le tétras-lyre peut piéter à toute allure sur les prairies d'altitude. Seul le coq maillé, disposant de son plumage d'adulte, est autorisé à la chasse en automne.

teur, le plan de chasse tend malgré tout à se généraliser. En département précurseur, c'est la Haute-Savoie qui, la première, en 1995, a fixé annuellement pour chaque attributaire un nombre d'oiseaux maximum à prélever, en fonction de l'estimation du cheptel reproducteur et de l'indice de reproduction (nombre de jeunes par poule), qui est déterminé chaque année en août, par le moyen de comptages aux chiens d'arrêt.

Le tétras-lyre est chassé à l'approche, avec des chiens d'arrêt rapides et endurants, l'oiseau pouvant piéter très vite parmi la végétation buissonnante et s'envoler hors de portée du fusil. Le chien quête au-dessus du chasseur qui progresse perpendiculairement à la pente, le gibier levé descendant le plus souvent celle-ci.

Comme le mâle, la femelle du tétras-lyre présente des doigts emplumés et, surtout, pourvus de bords cornés : sur la neige, ils jouent le rôle de raquettes.

pu mettre en évidence que ce n'était ni l'étendue, ni la position du territoire, ni l'agressivité de son propriétaire qui déterminaient le succès des accouplements, mais bien la tactique personnelle, les qualités et l'expérience du mâle.

Les plus vieux rencontrent davantage de succès. Un autre éthologue, David Mc Farland, explique que *« les femelles sont attirées par les territoires centraux, occupés par des mâles qui ont été les plus brillants dans les combats [...]. À l'intérieur de ce groupe de mâles, elles préfèrent ceux qui réalisent un équilibre entre une attitude agressive envers la femelle et une attitude de recherche sexuelle, amenant chez elles un compromis idéal entre les tendances sexuelles et de soumissions qui facilitent l'accouplement. Pour réaliser cet équilibre, le mâle doit avoir l'expérience de courtiser les femelles, et ce sont par conséquent les plus vieux qui parviennent à s'accoupler avec la plupart d'entre elles. »*

L'éclosion en période estivale. La ponte, au sol, a lieu à partir de mai, et plus de 80 % des éclosions surviendront en juillet. Les conditions météorologiques et la prédation sur les nids et les poussins peuvent jouer un rôle négatif important sur la réussite de la reproduction. Cette période estivale correspond à un important pic touristique dans les départements de montagne. Une fois encore, le tétras-lyre devra faire face au dérangement qu'occasionnent ces activités, et notamment la randonnée pédestre lorsque celle-ci n'est pas canalisée.

Les plans de chasse se généralisent

Seule la chasse du coq maillé, c'est-à-dire du coq disposant de son plumage d'adulte, est autorisée dans les Alpes françaises, à l'exception du Var et du Vaucluse. Elle se déroule d'octobre aux premières neiges. S'il n'est pas rendu obligatoire par le législa-

Des effectifs en baisse

Oiseau emblématique des limites forestières du subalpin, le tétras-lyre demeure encore bien réparti sur l'ensemble de l'arc alpin. Si, depuis plusieurs années, ses effectifs amorcent une lente érosion, une prise de conscience collective et des initiatives se multiplient pour concilier l'aménagement de la montagne, qu'il soit touristique, agricole ou forestier, avec les impératifs biologiques de ce gibier prestigieux. Son avenir en dépend.

LE TÉTRAS HYBRIDE

L'ornithologiste allemand Ludwig Brehm (1787-1864) fut le premier qui attesta l'existence en milieu naturel d'un tétras hybride, produit du croisement du grand tétras et du tétras-lyre. Selon lui, faute de mâles, les femelles de grand tétras peuvent en effet se donner aux mâles de l'autre espèce.

La gélinotte des bois

Le sentier est raide. Il monte en direction de cet alpage d'où descendent les roucoulements des lyrures amoureux. Les dernières gelées ont flétri les primevères. Que la nature semble paisible au sortir de ce taillis de charmes ! Soudain, l'enchantement : une, deux, trois petites bombes mimétiques jaillissent d'une cépée de noisetiers pour disparaître en quelques secondes. C'est souvent cela une observation de gélinottes : inattendue, trop rapide pour avoir le temps d'en profiter !

En vieux français, les gélines sont les poules, ce qui en dit long sur le plus petit des tétraonidés français. Autrefois appelé gélinotte, cet oiseau typiquement sylvicole garde encore des appellations locales : gelotte, poule des coudriers, tétras des bois, zelotta. Son dimorphisme sexuel est très peu marqué. Le mâle se distingue de la femelle par une gorge noire, et non crème, bordée d'un liséré blanc, par des caroncules rouges plus exacerbées, ainsi que par une crête érectile bien visible pendant les parades nuptiales.

La gélinotte apprécie les vieux peuplements forestiers où subsistent des fourrés, des taillis et des sous-bois de feuillus offrant un couvert entre 0,5 et 5 m de hauteur.

Un oiseau toujours en quête de sous-bois

La gélinotte des bois est présente sur l'ensemble des massifs de l'est de la France jusqu'à l'Asie. En Europe de l'Ouest, c'est dans les Alpes que ses effectifs sont les plus importants. Ponctuellement, elle existe dans le Massif Central et dans les Pyrénées, où elle est passée inaperçue pendant de longues décennies.

La gélinotte des bois n'est pas particulièrement inféodée aux forêts de montagne. Il en subsiste difficilement dans les Ardennes. Certaines forêts du Val de Saône, du Jura ou bien du Châtillonnais, en Côte-d'Or, ont, par le passé, accueilli d'honorables populations désormais quasi disparues. Aujourd'hui, la gélinotte semble avoir délaissé près de la moitié des communes où elle était signalée en 1964.

À l'abri dans les couverts bas et denses. Présente de 200 à 1 800 m d'altitude, elle fréquente aussi bien les peuplements feuillus que les forêts mixtes. Elle a besoin d'une strate arbustive diversifiée composée de noisetiers, aubépines, sorbiers, alisiers, bouleaux, aulnes et charmes qui lui apportent une nourriture riche toute l'année. La densité de la végétation dans les premiers mètres de hauteur lui offrira également un couvert bas qui lui permettra d'échapper plus facilement aux rapaces forestiers, comme l'autour des palombes.

Végétarienne envers et contre tout

Si lombrics et autres invertébrés peuvent de temps à autre lui apporter quelques protéines animales, la gélinotte des bois présente un régime alimentaire très spécialisé et presque exclusivement végétarien.

En hiver, la ressource étant peu disponible, elle va se délecter principalement de chatons et de bourgeons, alors qu'en été et à l'automne, les fruits forestiers, l'herbe et les graines sauvages vont constituer la majeure partie de son alimentation.

Des peignes cornés, disposés sous ses doigts, lui permettent d'atteindre sa riche pitance : le naturaliste Robert Hainard l'a vue grimper à pas lents, sur un tronc raide, à la recherche de bourgeons et d'inflorescences.

Une monogame exubérante

À la monogamie stricte de la gélinotte s'ajoute un comportement extrêmement territorial. Si cet instinct de propriété, qui se manifeste par des chants, des bonds et des battements d'ailes, est très fort de la mi-février à début mai (période des parades nuptiales), il s'exprime également en septembre et en octobre, période où des couples peuvent déjà se former.

En avril et en mai, après la fécondation, la femelle dépose 8 œufs en moyenne dans une dépression du sol assez sommaire, mais généralement bien camouflée. Ils seront incubés de 22 à 25 jours et donneront naissance, fin mai et début juin (un peu plus tôt en plaine), à des poussins capables de voler vingt jours plus tard. Seulement deux à quatre d'entre eux atteindront la fin de l'été.

Des incertitudes sur le niveau des populations. En raison du dérangement occasionné par le tourisme, de l'ouverture des pistes forestières et de la dégradation de son milieu de prédilection, les effectifs connaissent une lente érosion depuis une quarantaine d'années. Le niveau réel des populations est cependant incertain car très peu de données existent sur ce très secret volatile forestier.

Le suivi régulier d'une dizaine de sites jurassiens et alpins permet néanmoins d'évaluer grossièrement les densités moyennes de gélinottes entre 0,5 et 4 adultes aux 100 hectares. L'Observatoire des galliformes de montagne inscrit l'effectif total dans une fourchette très large allant de 4 000 à 20 000 individus.

Une chasse plus intense dans le nord de l'Europe

La gélinotte des bois est chassée en Finlande, en Suède, en Norvège et en Italie. En France, sa chasse est autorisée dans six départements : Haute-Savoie, Savoie, Isère, Hautes-Alpes, Ain et Jura, ces deux derniers étant soumis au plan de chasse.

Le tableau total de chasse n'excède pas une cinquantaine de pièces. À titre d'exemple, ce qui indique les différences de niveaux de densité – et donc de préservation des milieux – on tue en moyenne annuelle 6 000 gélinottes en Norvège, 28 000 en Suède et 100 000 en Finlande.

LES INDICES DE PRÉSENCE

De la taille d'une poule naine, la gélinotte des bois présente un corps massif, court et trapu. Ses ailes sont courtes et arrondies. Son plumage, d'une teinte rappelant les feuilles mortes est bigarré de blanc, notamment sur le ventre. En vol, sa queue, bordée à son extrémité d'une large bande noire, s'identifie par des plumes, ou rectrices, grises – seules les deux rectrices centrales montrant une couleur brune.

Son chant est très caractéristique, mais, à la différence de celui des autres tétraonidés, extrêmement aigu. Celui de la femelle ressemble à celui des mâles, mais il est beaucoup plus rare.

Ses crottes forment de petits cylindres de 25 mm de long, avec un diamètre d'environ 6 mm ; elles sont verdâtres en été, jaunâtres en hiver.

La gélinotte des bois

(Bonasia bonasia)

- **Poids :** 400 g en moyenne ; de 315 g à 500 g si on tient compte des extrêmes ; le mâle est légèrement plus lourd que la femelle
- **Taille :** 39-41,5 cm de long (M) ; 38-39,5 cm de long (F)
- **Envergure :** 54-58 cm (M) ; 54-57 cm (F)
- **Maturité sexuelle :** 1 an
- **Parades nuptiales :** de mars à mi-juin
- **Ponte :** de mi-avril à mi-mai ; en cas de destruction des œufs, très peu de femelles procèdent à une seconde ponte
- **Œufs :** de 6 à 12 (8 en moyenne), de couleur beige très clair mouchetés de discrètes taches brunes ; le nid, sommaire, est établi dans une dépression du sol bien dissimulée, souvent au pied d'un arbre, d'une souche ou d'une grosse pierre
- **Couvaison :** de 22 à 25 jours ; assurée seulement par la femelle
- **Éclosion :** de mai à mi-juin ; plus précoce dans les massifs de plaine ; pic en général entre la dernière semaine de mai et la première de juin
- **Poussins :** nidifuges ; ils sont capables de voleter à environ 20 jours, mais restent avec leur mère jusqu'à 3 mois

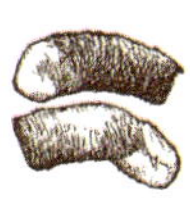

L'empreinte, pareille à celle des autres tétraonidés, est plus petite : environ 5 cm de long sur 4,5 cm de large.

LE GOÛT DE LA GÉLINOTTE

Dans la langue hongroise, le nom de la gélinotte signifie « morceau de roi ». Elle était d'ailleurs le seul gibier qui figurait deux fois au menu des festins offerts par les empereurs d'Allemagne. Selon Anthelme Brillat-Savarin (1755-1826), prince des gastronomes, son goût évoque celui d'un bourgeon de sapin.

Le lagopède alpin

Le sursis de l'été montagnard se prolonge. Pourtant en altitude, les premiers frimas et les averses nocturnes ont légèrement fariné le paysage de ce matin d'octobre. Le lagopède alpin, fort de sa mue d'automne, croyait s'y fondre, mais c'était sans compter avec les foucades du temps : le soleil levant a déjà déneigé son repère. La perdrix des neiges, d'ordinaire si mimétique, prise au piège de son propre camouflage, s'envole, poussant son cri guttural. La nature joue parfois de ces tours…

Nostalgique des steppes glacées du Grand Nord, c'est lors des glaciations du quaternaire que le lagopède alpin a colonisé la France. Pour survivre au retrait des glaces, comme son compère le lièvre variable, il s'est réfugié en haute altitude. En France, il n'est présent que dans les massifs alpin et pyrénéen ; en Scandinavie, il côtoie le lagopède des saules *(Lagopus lagopus)* ; au Spitzberg et en Écosse, il cohabite avec le lagopède d'Écosse *(Lagopus lagopus scoticus)*, la célèbre grouse, une espèce endémique de Grande-Bretagne et d'Irlande.

Il doit à ses pattes emplumées son nom de lagopède, signifiant en grec ancien « pied de lièvre ». Mais il est aussi souvent baptisé perdrix blanche, perdrix des neiges, jalabre ou gerbine.

Un herbivore présent au-dessus des forêts

Il affectionne les vastes étendues désertiques et venteuses, composées de pierriers, de moraines, d'amoncellements de roches et de couloirs abrupts où ne poussent que quelques pelouses rases et des arbrisseaux nains. Sa zone d'habitat varie entre 1 800 et 3 400 m, mais ses excursions estivales peuvent le conduire jusqu'à 3 650 m. Il est généralement absent au-dessous de la limite forestière.

À terme, le réchauffement climatique pourrait confiner le lagopède dans les massifs les plus élevés avec le risque d'une fragmentation de son aire de distribution.

C'est principalement un herbivore. En été, à l'aube et au crépuscule, il descend dans les alpages pour picorer la verte pelouse, se délecter de graines, de fleurs, de tiges, ou encore de feuilles de saules nains et de bourgeons. D'après des recherches conduites dans le Tyrol, il semblerait que le jalabre soit un gourmet qui s'offrirait le luxe, en cas d'abondance, de sélectionner son alimentation, dédaignant alors les feuilles vertes de rhododendrons et de raisins des ours.

La journée, il rejoint la haute altitude pour se reposer sous un rocher, souvent aux abords d'un glacier. Marcheur infatigable, il peut parcourir des distances considérables pour se nourrir. En hiver, il sera souvent contraint de se rendre sur les crêtes ou de creuser au pied d'un pin rabougri, afin d'atteindre l'herbe sèche, la mousse ou le lichen.

Un oiseau très grégaire, sauf au printemps

En dehors de la période des parades nuptiales, le lagopède alpin est un oiseau très grégaire. En été et à l'automne, les compagnies, comptant jusqu'à dix oiseaux, rassemblent les parents et les jeunes de l'année. En hiver, ce sont des groupes généralement plus petits qui vont se laisser recouvrir par la neige pour se protéger des températures glaciales.

Sa parade nuptiale est bien calme au regard de celle de ses cousins, le tétras-lyre et le grand tétras. Elle se pratique en couples, ces derniers se formant dès la fin de l'hiver sur un territoire bien défini.

Exhibant leurs caroncules rouge vif, les coqs se manifestent à l'aube par des ascensions verticales, des vols planés, des poursuites terrestres et aériennes de la poule, accompagnés de balancements de tête, de chants et de craquètements.

Il semblerait qu'une dizaine de jours avant la ponte, en mai ou en juin, le coq gratte ici et là de petites dépressions pour inviter la femelle à établir son nid. La poule couve seule et assure l'élevage des jeunes. Pour défendre sa progéniture, elle n'hésite pas à montrer des attitudes agressives ou à se comporter en oiseau blessé afin d'attirer le prédateur vers elle.

Le mimétisme reste sa meilleure défense

Le mimétisme étant sa meilleure arme de défense, le lagopède adapte sa livrée aux couleurs de son environnement. Ainsi va-t-il changer quatre fois de plumage dans l'année, passant d'un blanc pur en hiver à un plumage panaché de brun, de gris et de noir à la belle saison.

En hiver, les traces qu'il laisse dans la neige peuvent trahir sa présence. L'ornithologiste Paul Géroudet remarque que *« quand il enfonce trop, il prend appui sur son ventre et sa poitrine pour progresser »*. Il peut aussi se laisser glisser sur les pentes neigeuses.

Les collisions avec les câbles aériens des stations de sports d'hiver, mais surtout la généralisation des systèmes de déclenchement d'avalanches destinés à sécuriser le ski hors piste, semblent affecter très sérieusement ses populations.

Un gibier occasionnel

Si jadis, quelques spécialistes arpentaient les sommets pour débusquer un lagopède alpin, désormais, c'est plutôt l'opportunité qui pousse un chasseur de tétras à gravir quelques centaines de mètres supplémentaires pour tenter, avec son chien d'arrêt, de le bloquer. En France, un carnet de prélèvements obligatoire a été mis en place depuis 1998: le tableau de chasse fait état de moins de 400 oiseaux tués par an.

Les premiers résultats du suivi organisé par l'Observatoire des galliformes de montagne dans les Alpes et les Pyrénées indiquent une certaine constance des effectifs. Toutefois, cet organisme fait remarquer que les difficultés d'observation inhérentes à la haute montagne pourraient camoufler localement une érosion des effectifs de cette espèce, qui garde encore beaucoup de mystère.

LES INDICES DE PRÉSENCE

Au sol, le lagopède alpin ressemble à un pigeon. Grâce à ses trois mues successives dans l'année, il est toujours en parfaite homochromie avec son milieu. En hiver, son plumage est blanc immaculé ; seuls le bec, les yeux, les griffes et les rectrices sont noirs. Au printemps, il est à dominante grise panaché de brun, de blanc et de noir chez le mâle, mais à dominante brun fauve chez la poule. À l'automne, il est parsemé de plumes blanches.

Les coqs lancent toute l'année des sons gutturaux et rauques, surtout à l'aube et au crépuscule. Pendant les parades nuptiales, la femelle émet parfois une sorte de miaulement plaintif.

Les crottes forment de petits cylindres légèrement courbés, d'un brun plus au moins foncé, avec la pointe blanche.

Le lagopède alpin (*Lagopus mutus*)

- **Poids :** de 420 à 450 g (M) ; de 350 à 480 g (F)
- **Taille :** 36-42 cm de long (M) ; 36-40,5 cm (F)
- **Envergure :** 60,5-66,5 cm (M) ; 58,5-62,5 cm (F)
- **Maturité sexuelle :** 1 an ; l'espèce est monogame
- **Parades nuptiales :** d'avril à mi-juin
- **Ponte :** juin (un œuf pondu environ toutes les 40 heures) ; en cas de destruction des œufs, la femelle peut procéder à une deuxième, voire une troisième ponte de remplacement en fin d'été
- **Œufs :** de 5 à 9, de couleur beige mouchetés de brun, dans un nid sommaire à découvert ou à l'abri sous un rocher
- **Couvaison :** de 21 à 24 jours ; assurée seulement par la femelle
- **Éclosion :** de mi-juin à fin juillet ; pic dans la deuxième décade de juillet
- **Poussins :** nidifuges ; ils restent avec leur mère jusqu'au début de l'automne ; ils sont alors âgés de 70 à 80 jours

L'empreinte mesure moins de 5 cm de long.

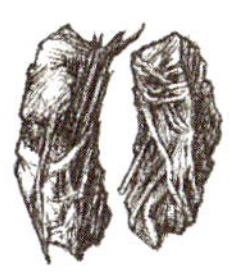

PLUSIEURS PRÉDATEURS

Le suivi de lagopèdes alpins équipés d'émetteurs a permis d'identifier la prédation comme étant la première cause de mortalité de l'espèce. Parmi les prédateurs du lagopède, figurent surtout l'aigle royal, le hibou grand duc, le faucon pèlerin, le renard, l'hermine et la martre, tous forts friands de sa chair goûteuse.

La perdrix grise de montagne

Malgré l'aurore de l'automne qui pointe, la température est encore chaude sur ce plateau pyrénéen d'altitude. Plus rien ne bouge, seule l'ombre d'un vautour en quête d'une carcasse semble saluer la sérénité du pointer à l'arrêt, pétrifié. Brusquement, c'est l'essor foudroyant. Deux claquements résonnent dans le cirque rocheux, et une perdrix grise des Pyrénées se décroche de la compagnie. Peu à peu, la paix reprend possession des lieux.

La perdrix grise de montagne et la perdrix grise de plaine vivent dans des régions très éloignées l'une de l'autre, mais constituent une seule espèce. Originaire des steppes d'Asie centrale, la forme primitive de la perdrix grise existait déjà au pléistocène en France ; elle a survécu aux dernières glaciations et est l'ancêtre des perdrix grises actuelles. Ces dernières se sont répandues dans les plaines céréalières du Nord où elles ont profité du développement de l'agriculture intensive. En montagne, isolées géographiquement, elles se sont progressivement adaptées aux landes d'altitude et ont formé différentes sous-espèces en fonction des massifs. En 1985, des études génétiques ont permis d'identifier clairement une sous-espèce dénommée perdrix grise des Pyrénées. Elle se distingue de la souche de plaine par un fer à cheval sur un plastron plus sombre, un bec plus large, un dimorphisme sexuel et un poids moindres.

Un oiseau mal adapté aux froids extrêmes

La perdrix grise de montagne n'a pas encore livré tous ses secrets, et la littérature la concernant est rare. On la trouve à partir de 1 300 m, dans les espaces dégagés comprenant des pelouses, des landes, de petites cultures et des prairies. Comme la perdrix bartavelle, elle n'est pas adaptée à la survie hivernale dans des conditions extrêmes. Elle fuit donc les sites où le manteau neigeux est persistant. En revanche, l'été, si les conditions le permettent, elle peut tout à fait prendre de l'altitude et côtoyer les lagopèdes jusqu'à 2 500 m.

La perdrix grise de montagne n'est pas adaptée au froid ; elle peut toutefois creuser des tunnels sous la neige pour atteindre sa nourriture.

Une alimentation surtout végétale

La perdrix grise est essentiellement herbivore. Les graines forment la base de son alimentation en été et à l'automne ; elles sont remplacées par les feuilles et les tiges en hiver. Quand il neige, l'oiseau n'hésite pas à s'enfouir pour chercher sa nourriture au niveau du sol. Si une alimentation animale est vitale dans les dix premiers jours de vie du poussin, l'adulte, lui, ingère relativement peu d'insectes, même si de temps à autre il se délecte d'un coléoptère ou d'une petite sauterelle : il en consommerait toutefois davantage que sa cousine, la perdrix grise de plaine.

Un bon taux de reproduction

La reproduction de la perdrix grise de montagne demeure encore mal connue. On sait toutefois que l'espèce est monogame, le coq s'accouplant avec une seule poule. La formation des couples a lieu en mars et en avril et précède les parades nuptiales. C'est en juillet qu'éclosent les œufs. Des observations rapportées par l'Office national de la chasse et de la faune sauvage signalent en Haute-Garonne une nichée plus tardive (éclosion le 8 août) : cela pourrait s'expliquer par une ponte de remplacement – il semblerait en effet que, chez cette espèce, il n'y ait qu'une seule couvée réussie par an. La poule pond entre 10 et 18 œufs, ce maximum ayant été rencontré dans le Massif central, sur le causse Méjean.

À titre de comparaison, le nombre d'œufs moyen par nid de perdrix grise de plaine n'est que de 15 œufs pour la première ponte. Le taux de réussite moyen de la reproduction de la perdrix de montagne est d'environ 3 jeunes par adulte.

Présente dans les Pyrénées, mais disparue des Alpes

Si, à ce jour, son existence n'apparaît pas menacée dans les Pyrénées, la perdrix de montagne a en revanche totalement disparu des Alpes, tandis que, dans le Massif central, il ne subsisterait, selon l'Observatoire des galliformes de montagne, une population relictuelle que dans 11 communes. D'après une enquête réalisée en 1979 par l'Office national de la chasse, c'est la disparition progressive des petites parcelles céréalières, associée à une pression de chasse souvent excessive, qui semble à l'origine de l'érosion brutale des effectifs de perdrix de montagne. S'ajoutant à cela, il apparaît qu'un nombre conséquent d'oiseaux est victime de collisions avec les câbles des remontées mécaniques dans les stations de sports d'hiver.

Pour remédier à l'érosion des effectifs, on a tenté de réintroduire des oiseaux issus d'élevage dans le Massif central et les Alpes – où cette perdrix était nommée « grisette ». Si quelques anciennes opérations d'acclimatation en montagne de perdrix grises de plaine laissent croire qu'il est possible de reconstituer artificiellement des populations, les résultats montrent également que c'est davantage la restauration des habitats favorables, la réouverture de milieux par exemple, qui favorise la conservation de la perdrix grise de montagne.

Assurer son avenir

La perdrix grise de montagne est chassée dans les 6 départements pyrénéens. Avec la mise en place du carnet de prélèvement obligatoire, on connaît désormais le tableau de chasse annuel : il comprenait plus de 1 500 oiseaux en 1999.

Depuis le début des années 1990, l'Observatoire des galliformes de montagne, l'Office national de la chasse ainsi que les fédérations départementales des chasseurs pyrénéens s'affairent à améliorer l'état des connaissances sur la perdrix grise des Pyrénées. En effet, mieux connaître ses effectifs, mieux appréhender ses variations démographiques, cartographier pour caractériser ses habitats, notamment de reproduction, sont des étapes fondamentales pour intégrer les intérêts de la perdrix des Pyrénées dans les programmes de gestion pastorale, et ainsi assurer son avenir.

LES INDICES DE PRÉSENCE

La perdrix grise de montagne, avec ses ailes courtes et arrondies, est un oiseau rondelet doté d'une queue courte à dominante rousse. Elle se reconnaît à sa face orange et à son dos brunâtre sur le dessus. Le cou et le plastron sont gris, le bec et les pattes gris bleuté. Son chant, très caractéristique, semble une sorte de grincement (« piorrrouit ») ; elle l'émet plus généralement le soir et le matin.

Les zones de pouillage, où les oiseaux se débarrassent de leurs parasites et de l'excès de graisse sur leur plumage, forment de petites dépressions sur des terrains meubles.

Les fientes sont souvent isolées, mais elles peuvent aussi être disposées en tas et correspondent alors en général à un gîte nocturne.

La perdrix grise de montagne
(Perdix hispanensis)

- **Poids :** 300-400 g (M) ; 310- 475 g (F)
- **Taille :** 30 cm
- **Longueur des ailes :** 15,5-16 cm
- **Envergure :** 47-52 cm
- **Maturité sexuelle :** 1 an
- **Accouplement :** mars-avril ; l'espèce est monogame
- **Ponte :** mai ; en cas de destruction des œufs, la poule peut procéder à une deuxième, voire à une troisième ponte de remplacement
- **Œufs :** de 10 à 18, de couleur brune ou olive ; le nid est situé à l'abri d'un rocher ou d'un arbrisseau
- **Couvaison :** 24 jours
- **Poussins :** nidifuges

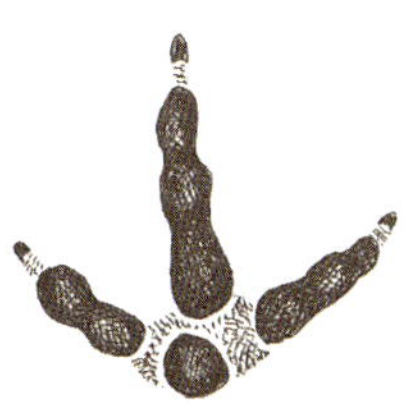

Les empreintes mesurent 4 à 5 cm de long.

Les fientes, longues de 1,5 cm pour un diamètre de 0,5 cm environ, sont verdâtres avec l'extrémité blanche.

La perdrix bartavelle

Comme pour saluer la belle journée de mai qui s'annonce, une suite de strophes sonores et mesurées envahit la combe. Lorsque la lumière du jour efface définitivement l'aurore et qu'un merle de roche tente timidement d'imposer son verbe, deux superbes bouquetins apparaissent sur un promontoire, comme pour accueillir le concert des perdrix bartavelles en parade. Un oiseau de légende dont l'intégrité biologique est menacée par les lâchers de perdrix rouges…

Venue d'Orient, la perdrix bartavelle s'est installée en France il y a plusieurs centaines de milliers d'années, alors qu'il y faisait très chaud, et a survécu aux différentes glaciations. Absente du Massif central et des Pyrénées, elle n'est présente que dans le massif alpin qui constitue la limite occidentale de son aire de répartition. Adepte des paysages secs et chauds, c'est en général sur des pentes d'adret (sud, sud-est et sud-ouest) que la perdrix bartavelle va établir ses quartiers. Exclusivement rupicole, elle fuit la forêt et recherche les zones accidentées où poussent essentiellement des arbrisseaux nains et une herbe clairsemée. Consommant surtout des feuilles et des graines, elle peut en été agrémenter ce régime de fleurs de crocus et de baies de myrtilles. La part d'insectes est annexe dans l'alimentation de l'adulte, mais reste essentielle pour les poussins de moins de 6 semaines.

Le développement des loisirs verts est un facteur de gêne pour la perdrix bartavelle ; il peut entraîner sa disparition dans certains secteurs qui sont ses zones de reproduction.

Un rupicole qui craint les disettes hivernales

En hiver, un enneigement prolongé peut occasionner des disettes parfois fatales. Pour accéder aux herbacées, la bartavelle n'hésite pas alors à effectuer d'importants déplacements la conduisant vers des micro-secteurs où la fonte des neiges est rapide ou sur des crêtes d'altitude exposées aux vents ; là, elle s'abritera dans les excavations rocheuses. La faim peut aussi parfois la pousser à se rapprocher des granges ou des chalets.

Au début du printemps, les individus s'isolent des colonies hivernales et s'appareillent, un mâle s'accouplant avec une seule femelle. La poule élèvera seule ses poussins durant six semaines, et ce n'est que début septembre que le coq rejoindra la compagnie, qui peut atteindre une douzaine d'individus.

En compétition avec la perdrix rouge

La répartition de la bartavelle varie entre 700 et 3 000 m d'altitude si les conditions sont favorables. Selon Ariane Bernard-Laurent et Paul Léonard, tous deux spécialistes de l'espèce à l'Office national de la chasse et de la faune sauvage, il semblerait que la limite inférieure soit définie par la pression humaine, d'une part, et la compétition interspécifique avec la perdrix rouge, d'autre part. Toutefois, des observateurs reconnus comme Marcel Couturier considèrent que *« le voisinage de l'homme et son activité n'empêchent pas l'oiseau de s'établir près des habitations et des parcs à moutons »*.

Plus robuste que la perdrix rouge, la bartavelle s'en distingue aussi par le collier : bien délimité chez la bartavelle, il se prolonge par des mouchetures noires remontant sur la nuque chez la perdrix rouge. Là où ces deux espèces se côtoient, il peut exister des hybrides, appelés perdrix rochassières. Ces croisements naturels étaient déjà signalés en 1854.

Des risques de pollution génétique et sanitaire

« L'introduction de faisans ou de perdrix, même dans un excellent état sanitaire, au milieu des coqs, bartavelles et lagopèdes, peut déclencher la régression de ces espèces par les maladies parasitaires dont les oiseaux d'élevage, gavés de médicaments, sont souvent porteurs sains », expliquent Pascal Roche et Jean-Jacques Pasquier, techniciens cynégétiques, auteurs d'une étude sur l'incidence des lâchers en milieu montagnard. Dans les années 1950, l'ornithologiste Paul Géroudet évoquait déjà *« des infections microbiennes importées par des perdrix étrangères »*. Même si la prédation, occasionnée principalement par les rapaces diurnes et nocturnes, constitue le premier facteur de mortalité chez la bartavelle, ces risques de pollution génétique et sanitaire ne sont pas négligeables, surtout ajoutés à l'évolution du milieu et au développement du tourisme.

Cependant, au regard de la cartographie établie en 1964 par Marcel Couturier, il semblerait que l'aire de répartition de l'espèce soit à peu près stable. La perdrix rouge serait encore bien représentée dans les milieux ouverts d'altitude, selon l'Observatoire des galliformes de montagne.

LA BAVARDE

Nommée « perdrix royale » par Marcel Pagnol dans *la Gloire de mon père,* la bartavelle connaît peu d'appellations locales, la « barta » ou la « perdrix grecque » exceptées. En provençal, *bartavelo* – qui aurait aussi donné « bavard » – désigne une serrure grossière dont le bruit grinçant suggère le cri de la bartavelle.

Des densités en baisse dans les basses Alpes

Par contre, dans les Alpes-de-Haute-Provence et les Alpes-Maritimes, on constate une baisse importante des densités depuis plusieurs années. Bien que ce soit autorisé, on ne chasse plus la bartavelle dans ces départements méridionaux. En revanche, en Savoie, en Isère et dans les Hautes-Alpes, on tue au total une centaine d'oiseaux par an.

D'exceptionnelles qualités défensives. La perdrix bartavelle doit sa réputation de gibier roi à ses qualités de défense : *« Si elle se sent découverte, elle s'immobilise aussitôt dans ce milieu de rocs et de gazons avec lequel elle se confond si bien, qu'on la perd de vue si on a le malheur de la quitter des yeux*, explique le naturaliste André Vaucher. *Elle est vive et court avec une rapidité étonnante dans les pentes vertigineuses […]. En s'aidant des ailes s'il le faut, elle grimpe dans les rochers pourris, sautant d'un surplomb à l'autre, se glissant sous les dalles, rasant les corniches, se hissant dans les failles les plus invraisemblables. »* Tuer une bartavelle est donc un rêve de chasseur, et bien souvent un exploit.

LES INDICES DE PRÉSENCE

Comme toutes les perdrix du genre *Alectoris*, la perdrix bartavelle montre des pattes de couleur rouge, comme le bec et le tour des yeux.

Sur leurs places de pouille (les endroits où l'oiseau prend des bains de poussière), les bartavelles laissent fréquemment des plumes des flancs.

Ses fientes forment de petits cylindres de 6 mm de diamètre et de 1,5 à 4 cm de longueur. Elles sont en général verdâtres, mais peuvent varier du brun sombre au rosé ou violacé selon l'alimentation du moment. Elles présentent systématiquement une extrémité blanchâtre.

La perdrix bartavelle
(Alectoris graeca)

- **Poids :** 650 g (M) ; 540 g (F)
- **Taille :** 40-42 cm (M) ; 38-39 cm (F)
- **Longueur des ailes :** 16-17 cm (M) ; 15-16 cm (F)
- **Envergure :** 54-56 cm (M) ; 53-55 (F)
- **Accouplement :** avril-mai
- **Ponte :** mai-juin
- **Œufs :** de 9 à 14, très clairs et mouchetés de brun ; le nid est souvent bien camouflé sous un couvert buissonneux ou herbeux ; en cas de destruction des œufs, la poule peut procéder à une deuxième, voire à une troisième ponte de remplacement
- **Couvaison :** 25 jours
- **Poussins :** nidifuges

Rien ne distingue les empreintes de la perdrix bartavelle de celles de la perdrix rouge.

Les saveurs du petit gibier

Faisans, perdreaux, lièvres et lapins évoquent immanquablement les saveurs subtiles du terroir. Ils ont le fumet des campagnes qui varie selon que le gibier vient de la garrigue ou de la grande plaine. Avec ce petit gibier, fruit si précieux d'une nature que le progrès bouscule, la chasse exprime son autre raison d'être : les plaisirs de la table, accomplissements des plaisirs de la capture. La cuisine d'aujourd'hui trouve dans le poil et la plume des sources nouvelles d'inspiration.

Perdreaux cuits en cœur de choux

par Jean-Michel Lorain

La Côte Saint Jacques à Joigny, dans l'Yonne

pour 4 personnes

Temps de préparation : **60 min**

Temps de cuisson : **50 min**

Ingrédients

- 4 perdreaux
- 100 g de foie gras
- 4 lamelles de truffe
- 40 g de légumes en petite mirepoix pour faire le jus
- 30 cl de jus de volaille
- 5 cl de jus de truffe
- 40 g de beurre
- 10 g de truffe hachée
- 2 beaux choux verts frisés de taille moyenne
- 80 g de chanterelles
- 80 g de trompettes-de-la-mort
- 200 g de choux de Bruxelles
- 20 cl de jus de veau
- sel, poivre
- crépine

Préparation

Préparer et poêler les perdreaux. Plumer, vider, puis brider les perdreaux avec une ficelle à rôti de façon à maintenir les pattes le long du corps. Garder les ailerons et les cous pour le jus. Farcir chaque perdreau avec 25 g de foie gras et une lame de truffe. Assaisonner. Poêler à feu vif pendant 1 min sur chaque cuisse et réserver.

Réaliser le jus d'accompagnement. Faire revenir les ailerons et les cous des perdreaux dans une sauteuse de cuisson avec des légumes en petite mirepoix et laisser colorer. Mouiller avec 10 cl de jus de volaille et le jus de truffe ou, à défaut, avec de l'eau, puis laisser réduire. Passer le jus, assaisonner et monter légèrement au beurre. Ajouter la truffe hachée et ne plus faire bouillir.

Cuire les choux verts et les champignons. Ôter si besoin les premières feuilles des choux, laver et cuire 10 min dans l'eau bouillante. Rafraîchir aussitôt. Poêler à feu vif les chanterelles et les trompettes-de-la-mort séparément, avec une noix de beurre. Égoutter.

Placer les perdreaux dans les choux verts. Ouvrir chaque chou feuille à feuille et enlever le cœur pour le remplacer par 2 perdreaux. Une fois les perdreaux en place, répartir les champignons dessus. Refermer les feuilles pour reformer les choux, emprisonner le tout dans une crépine.

Ôter le cœur des choux de Bruxelles. Effeuiller les choux de Bruxelles pour en ôter les cœurs jaunes– à conserver pour une autre préparation. Cuire les feuilles à l'eau bouillante salée en les tenant moelleuses. Rafraîchir.

Finition

Enfourner les choux verts avec leurs perdreaux. Faire bouillir le jus de veau et le reste de jus de volaille dans un plat à gratin. Placer les deux choux dedans et cuire au four à 220 °C (th. 7) durant 50 min. Arroser régulièrement. Laisser reposer 10 min à la sortie du four.

Mixer les choux de Bruxelles. Faire cuire à feu doux les feuilles de chou de Bruxelles avec 2 cuillerées à soupe d'eau et du beurre. Donner quelques coups de mixer pour réduire partiellement en purée. Assaisonner.

Dressage

Réchauffer le jus juste avant de servir. Disposer les deux choux verts sur un beau plat et servir le jus et les choux de Bruxelles à part. Ouvrir les cœurs de choux à table, disposer un perdreau sur chaque assiette, placer les choux de Bruxelles à côté et le jus dessus.

Quelques conseils. Cette recette est tout à fait réalisable sans ajouter de truffe. Il est important de poêler les perdreaux sur les cuisses avant de les enfermer dans les choux, sinon ils resteront trop saignants en fin de cuisson.

3

LA CHASSE DU PETIT GIBIER MIGRATEUR

LES CHASSES ANCESTRALES

LES CHASSES
DES MIGRATEURS TERRESTRES

LES CHASSES DU GIBIER D'EAU

LES MIGRATEURS TERRESTRES

LES MIGRATEURS AQUATIQUES

LES ESPÈCES INVASIVES

L'espoir qui vient du ciel

Qu'est-ce qui fait rêver les chasseurs de migrateurs ? Le passage du siècle, ce moment improbable où les vents d'est déversent un flot d'oiseaux qui rend les chênes bleus de palombes, la mare noire de canards ou la grève blanche de petits échassiers. Les plus anciens ont tous en mémoire une chasse exceptionnelle de ce genre, et les plus jeunes savent qu'un jour viendra où ils seront bénis des dieux. Le chasseur, cet ancêtre du paysan, n'aime rien d'autre que la nature généreuse. De là à prélever plus que de raison, il n'y a qu'un pas, celui qui sépare si imperceptiblement, mais si fondamentalement, le chasseur du tireur, celui qui reste maître de sa passion de celui que que la fièvre prédatrice emporte. Par nature, les chasseurs de gibier sédentaire ne sont pas moins exposés à cette tentation que ceux de gibier migrateur. Mais, s'ils basculent dans la démesure, l'opprobre des amis, chasseurs ou non, les guette : le gibier qu'ils ont tué en quantité est issu du terroir ; s'en emparer dans des proportions incongrues, c'est puiser indûment dans un patrimoine commun.

Une manne pour les humbles

Longtemps, il n'en fut pas tout à fait de même en ce qui concerne les oiseaux de passage, considérés comme une ressource inépuisable, un don du ciel. Dans la France de l'Ancien

Régime, le gibier noble était le gibier sédentaire, produit du sol, il appartenait donc au domaine du seigneur. À l'inverse, les oiseaux de passage constituaient le gibier roturier, celui dont les humbles pouvaient se nourrir sans attenter aux biens des puissants. Prélever en quantité n'avait pas le même sens selon qu'il s'agissait d'animaux sédentaires ou migrateurs. Charles Diguet, auteur en 1889 d'un traité sur la chasse au marais, exprime clairement cette idée de source intarissable : « *Le braconnier ne parviendra pas à ruiner la chasse du gibier d'eau comme il ruine la plaine et le bois. Il ne saurait mettre en coupe réglée la bécassine comme il se plaît à y mettre les perdrix d'une contrée. La sauvagine, de par sa nature errante et sa méfiance originelle, nous consolera encore longtemps de la disparition des autres gibiers.* »

Toutefois, dès le début du XIXe siècle, des voix, de chasseurs en priorité, s'élèvent contre les prélèvements abusifs d'oiseaux migrateurs. Dans la majorité des pays d'Europe du Nord et en France, les naturalistes entretiennent alors des relations étroites avec les chasseurs, quand ils ne sont pas l'un et l'autre à la fois, tel Louis Ternier, ornithologiste de renom et nemrod accompli, qui sera à l'origine de la création de la Ligue de protection des oiseaux. « *Ce qu'on doit faire d'abord et avant tout, c'est supprimer tous les modes de chasses irréguliers et dangereux pour la conservation des espèces, les filets et autres engins encore tolérés* », écrit-il.

Les premiers chasseurs protectionnistes

Ce courant protectionniste est à ce point influent que, en 1931, la commission de la chasse au ministère français de l'Agriculture émet ce vœu : « *Il est désirable que la période de chasse aux oiseaux-gibiers migrateurs soit graduellement restreinte et qu'en tout cas, ils ne puissent jamais être chassés pendant la période de reproduction et pendant leur voyage de retour à leurs lieux de nidification.* » C'est très exactement ce que préconisera, cinquante ans plus tard, la directive européenne Oiseaux, celle-là même qui aujourd'hui est à l'origine des innombrables contentieux entre chasseurs et protectionnistes.

Révolution agricole et paradis perdu

Le débat n'est donc pas nouveau. Étrange qu'en un demi-siècle il n'ait guère progressé. À cela une raison majeure, qui intéressera sans doute un jour les historiens de la protection de l'environnement : au lendemain de la Seconde Guerre mondiale et à la veille de l'effondrement de la civilisation paysanne, l'alliance de certains milieux cynégétiques et des naturalistes n'a pas résisté à la prise en main du monde de la chasse par celui de l'agriculture. Incontestablement, l'état d'esprit des chasseurs, tout au moins de bon nombre de leurs porte-parole, n'allait pas dans le sens de ce qui allait devenir la pensée dominante en matière de politique agricole.

Ce *Chant de la bécassine*, signé en 1863 par l'écrivain Alphonse Toussenel (1803-1885), apparaît comme un texte fondateur de ce que fut la pensée cynégétique durant toute la première moitié du XXe siècle : « *Adieu mes tourbières du Nord et mes lacs salés du Midi, et mes marais de l'Est et mes plages limoneuses d'Aunis, d'Angoumois, de Saintonge ! Adieu les étangs de la Brenne, de la Sologne et de la Dombes ! Adieu les pâtis communaux et les flaques d'eau des brandes, stations si secourables et si hospitalières aux sarcelles attardées, aux chevaliers errants ! Adieu douce patrie d'où le progrès m'exile !* »

Une telle vision – étonnamment prémonitoire – ne pouvait s'accommoder des évolutions qu'impliquait l'avènement de l'agriculture productiviste. C'est ainsi que les institutions cynégétiques, progressivement investies par les agriculteurs, ont petit à petit délaissé leurs engagements naturalistes.

La voie libre pour les écologistes

L'émergence du courant écologiste à la fin des années 1960, puis son essor durant les décennies suivantes, ont pris de court les chasseurs. Faute d'avoir fait évoluer leurs pratiques dans le sens préconisé par leurs aînés, et délaissant le terrain de la protection de la nature, ils se sont trouvés confrontés à un double phénomène : la montée en puissance des opposants à la chasse dans les mouvements environnementalistes et l'affirmation d'un droit européen de l'environnement répondant à des attentes sociales naissantes.

Au cœur du conflit : les oiseaux migrateurs, symbole fort d'une nature menacée à l'échelle mondiale. Ce gibier, traditionnellement laissé à la discrétion des chasseurs modestes devenait un bien précieux en même temps qu'une cause écologique. « *Les oiseaux migrateurs, gibier ou non, sont des biens communs, éléments d'un patrimoine européen, voire transcontinental, et font donc l'objet pour leur conservation de plusieurs conventions internationales,* explique le Pr Jean-Claude Lefeuvre, du Muséum d'histoire naturelle. *Ces oiseaux donnant lieu à des prélèvements en Europe, il était logique que l'Union européenne aide à une gestion raisonnée des populations chassables et à la préservation d'espèces à statut de conservation précaire.* »

Comment, hormis en réduisant les prélèvements, mettre en œuvre une gestion raisonnée de migrateurs qui, à la différence de la faune sédentaire, ne sont pas inféodés à un territoire unique ? Comment évaluer l'état de quelque 200 espèces, soit 5 milliards d'oiseaux, qui abandonnent l'Eurasie après la période de reproduction pour prendre leurs quartiers d'hiver en Afrique ?

Des connaissances encore limitées

À ces questions complexes, Raymond Pouget, président de la puissante Association nationale de chasseurs de gibier d'eau, répond en soulignant la limite des connaissances actuelles, qui « *ne permettent pas d'établir les règles de gestion extrêmement complexes et inadaptées que certains voudraient nous imposer. Comment peut-on rapprocher les traditions, les modes de vie de personnes résidant dans des pays aussi éloignés et différents que la Laponie et l'Équateur ?* »

Une façon d'expliquer qu'obliger les chasseurs d'Europe occidentale à réduire leurs prélèvements sans pouvoir faire de même ailleurs n'est pas juste. C'est peut-être moralement vrai, mais écologiquement irrecevable. D'où le dialogue de sourds entre chasseurs conservateurs et naturalistes protectionnistes.

Les chasses ancestrales

Durant des siècles de civilisation paysanne, il y eut les chasses nobles et les autres, les chasses des humbles, sans meutes, ni faucons, ni armes à feu. Les pauvres inventèrent d'innombrables stratagèmes pour prélever le seul gibier qui leur était plus ou moins autorisé, car ils devaient tout de même se nourrir : les oiseaux de passage, manne céleste sur laquelle les puissants ne se sentaient aucun droit. D'ancestrales, ces chasses sont devenues traditionnelles, pour justifier leur raison d'être.

Pour la « *la capture ou la mise à mort* » des oiseaux migrateurs, le droit européen prohibe les pratiques qui présentent le risque de prendre indifféremment des espèces gibier et des espèces protégées ainsi que les pratiques qui peuvent « *entraîner localement la disparition d'une espèce* ». Ces notions constituent la trame de la directive du 2 avril 1979 – dite directive 79/409 ou directive Oiseaux – à l'origine, depuis vingt ans, des polémiques récurrentes sur la chasse des espèces migratrices. Ce texte pose en des termes écologiques une question fort ancienne que le pouvoir aristocratique avait tranchée en distinguant la chasse noble de celles qui ne l'étaient pas.

Chasses des puissants et chasses des humbles

Organiser la confrontation du sauvage domestiqué, les chiens en meute ou le rapace affaité, c'est-à-dire dressé, avec le sauvage proprement dit, était la marque du pouvoir, donc la chasse légitime. Le reste ressortissait de pratiques roturières car nourricières.

Gibier noble et gibier roturier. La chasse à tir fut longtemps considérée comme telle, et les chasses aux engins, c'est-à-dire aux pièges, davantage encore. « *La chasse n'a jamais été interdite d'une manière générale et absolue aux roturiers, même aux jours les plus difficiles de l'Ancien Régime*, fait remarquer Muriel Geny-Mothe, historienne du droit, auteur, en 2000, de la thèse la plus complète parue à ce jour concernant la chasse des oiseaux migrateurs. *[...] Il existait en quelque sorte un gibier noble dont on faisait grand cas et un gibier "roturier" au nombre duquel figurent essentiellement les oiseaux de passage.* »

Après la Révolution, l'exploitation sans contrainte de la nature. C'est principalement le privilège de la chasse noble, la vénerie – chasse à courre et fauconnerie réunies –, réservée jusqu'alors à l'aristocratie, que l'Assemblée constituante abolit le 4 août 1789. Dès lors, la chasse, sous quelle forme que ce soit, est ouverte à tous. « *Les réformes révolutionnaires, que sont l'abolition des privilèges et la codification de la propriété privée, semblent ouvrir la voie à une exploitation sans contrainte du patrimoine naturel*, expliquent Robert Delort et François Walter, historiens de l'environnement. *De fait, l'objectif de rentabilité immédiate poursuivi par des paysans affranchis des servitudes locales, a pu localement conduire à des [...] prélèvements vengeurs sur le stock jusqu'alors réservé d'animaux sauvages.* »

La réaction des possédants contre la chasse aux engins

Tout autant pour réagir contre ces excès que pour protéger leurs droits de propriétaires, les nouveaux possédants cherchent à convaincre le législateur de réglementer prioritairement, voire de prohiber, les pratiques de chasse aux engins, procédés mis au point par ceux auxquels leur rang et leurs moyens interdisaient de chasser de manière noble. Les élus hésitent, car ces pratiques concernent un très large électorat. Comme c'était le cas sous l'Ancien Régime, la chasse demeure un enjeu politique.

Obscurément mais délibérément, les propriétaires développent alors toute une argumentation qui vise à assimiler chasse aux engins et braconnage. Silencieux et discrets, ces stratagèmes font infiniment plus appel à la ruse de l'homme que la vénerie et, dans une moindre mesure, la chasse à tir. *« L'activité du piégeur se prête merveilleusement à la clandestinité,* notent Marieke et Pierre Aucante, historiens du sujet. *Au contraire, le chasseur agit directement puisqu'il voit, repère, approche l'animal afin que le coup porté ait toutes les chances de réussir. »*

Une volonté intéressée de protéger les espèces

Outre le respect du droit de propriété, les chasseurs – propriétaires – invoquent, pour obtenir la limitation du droit de chasser, la préservation des espèces . Dès le milieu du XIXe siècle, puis avec une intensité soutenue dans la première moitié du XXe siècle, ils dénoncent les prélèvements excessifs, ceux des oiseaux de passage en particulier. Ces chasseurs seront à l'origine de la création de la Ligue de protection des oiseaux, dont ils perdront progressivement le contrôle à partir des années 1960.

Ils avancent également que ces chasses peuvent constituer des prétextes à d'autres prélèvements. Ainsi, l'hebdomadaire belge *Chasse & Pêche* s'en prend en 1919 aux tendeurs de grives des Ardennes : *« Comme ils parcourent les bois dans tous les sens durant plusieurs heures, voire pendant une journée entière, – et cela dépend du nombre de lacets placés, lequel atteint parfois 12 000 et plus – ils remarquent le passage de lièvres et chevreuils qu'ils bricolent sans scrupule. »*

Pour les politiques, une question brûlante. Sous ces pressions actives, le législateur et l'Administration aménagent les textes, notamment en limitant des périodes de chasse, mais, fondamentalement, ils ne remettent pas en cause les pratiques elles-mêmes. Le sujet est électoralement trop brûlant. La tolérance prévaut, comme sous l'Ancien Régime.

Une cinquantaine de chasseurs du nord-est de la France, les « vagnolis », pratiquent la tenderie aux vanneaux, technique traditionnelle de capture des oiseaux à l'aide de filets.

Face à la directive Oiseaux, le respect de la tradition

« Ces chasses auraient continué à survivre [...] dans un dépérissement progressif [...] si n'était intervenue la directive communautaire de 1979 », commente Annie Charlez, juriste de l'Office national de la chasse et de la faune sauvage. Après de nombreuses adaptations, obtenues par les chasseurs, cette directive Oiseaux reçoit l'approbation des organisations cynégétiques des pays membres de l'Union européenne. Mais, très rapidement, les opposants à la chasse vont engager des procédures, au motif que le droit communautaire interdit les pratiques non sélectives. En ligne de mire figurent les modes de chasse qui font appel aux engins.

Le concept de chasse traditionnelle. En France, dans le Sud-Ouest notamment, où ces chasses demeurent vivaces, la riposte s'organise sur la base de la défense de la tradition et des identités culturelles locales.

Là encore, il importe de faire valoir une tolérance. De décision de justice en décision de justice, un nouveau concept va émerger : celui de chasses traditionnelles. *« Il s'agit de certains procédés de capture, rattachés à des traditions locales ou régionales, à caractère spécifique, fondées sur le simple droit coutumier, et qui sont entrées, depuis longtemps déjà, dans les mœurs »*, explique Henri Sallenave, président de la fédération des chasseurs des Landes dans les années 1980.

Les adaptations des États de l'Union européenne

Au final, les autorités européennes acceptent – du bout des lèvres – ce raisonnement. En effet, la directive tolère que les États membres dérogent à certains de ses articles *« pour*

En guettant les ramiers de la palombière, les chasseurs, sans fusil, héritiers d'une époque où l'arme à feu n'existait pas, maintiennent des usages qui ressortent de la tradition populaire et de l'art de vivre du Sud-Ouest.

permettre, dans des conditions strictement contrôlées et de manière sélective, la capture, la détention ou toute autre exploitation judicieuse de certains oiseaux en petites quantités ».

Prudents, les gouvernements nationaux mettent alors au point des textes, modèles de juridisme, qui rendent compatible la pratique des chasses traditionnelles avec les impératifs de protection des espèces que fixe le droit européen. Demeure le principe auquel aucun des États membres de l'Union ne saurait se soustraire : les prélèvements doivent être compatibles avec le maintien des effectifs des espèces concernées, migratrices en particulier. Dès lors, si les chasseurs ne parviennent pas à démontrer que telle ou telle pratique demeure sans conséquence au regard de la pérennité des espèces, ils s'exposent à son interdiction.

Le cas du bruant ortolan, est significatif à cet égard. Ce passereau, symbole de la culture gastronomique landaise, n'est plus chassable au motif que ses effectifs seraient en déclin. Nulle étude ne prouvant le contraire, le principe de précaution s'applique. La même menace guette la chasse de l'alouette. Sur la base d'observations, contestées par les chasseurs, les milieux naturalistes réclament son classement parmi les espèces protégées. Faute d'expertises contradictoires, ils obtiendront inéluctablement gain de cause, la préservation d'une espèce étant un enjeu plus considérable que le maintien d'une tradition.

Des savoir-faire dépendants de la transmission

Une autre menace guette les chasses traditionnelles. Elles « *sont nées d'une nécessité,* note Muriel Geny-Mothe. *Les gens ont fait comme ils ont pu, avec ce qu'ils ont pu. La réussite a tranché en faveur de techniques les plus adaptées et les plus performantes qui se sont affinées au fil des générations de pratiquants. Il est impératif pour le comprendre de se remettre dans la réalité de vie quotidienne de gens simples qui avaient avant tout le souci de la nourriture quotidienne. Cette nécessité n'est plus. Séparées de leur finalité initiale, ces chasses sans fusils sont désormais menacées.* »

Témoins muséologiques de la civilisation paysanne, ces chasses demeurent un plaisir, suspendu au fil de plus en plus ténu de la transmission. Préparer et installer ses lacets pour la tenderie aux grives ou ses pantes à alouettes, entretenir ses appelants à palombes, correspond à un choix de vie, mais ne répond plus à un besoin alimentaire. La motivation change de nature ; la passion n'est plus du même ordre. Ainsi la chasse des humbles se replie sur sa dimension culturelle, la seule possible, mais toutefois si fragile dans un monde exclusivement marchand où la morale écologiste tient lieu de bonne conscience.

Les chasses au filet

Pigeons, bécasses, perdrix et « petits oiseaux » étaient autrefois chassés, le jour comme la nuit, à l'aide de filets utilisés de multiples façons. Ces pratiques permettaient de nourrir des populations modestes, avant de devenir une activité lucrative, ce qui, au vu des prélèvements, leur valut d'être progressivement prohibées. Trois modes de chasses au filet subsistent, conservatoires de traditions immémoriales maintenues par quelques puristes dans le sud-ouest de la France.

La chasse productive par excellence est celle qui permet en un seul geste d'attraper nombre d'animaux. À ce titre, la chasse au filet occupe une place majeure dans l'histoire cynégétique. *Le Dictionnaire de la chasse et de la pêche*, publié en 1769, y consacre plus de 10 pages. Durant des siècles, la chasse au filet fut admise en tant que ressource alimentaire. En 1375, Henri de Ferrières, auteur du premier traité cynégétique, le *Livre du roi Modus et de la reine Ratio*, appelle cette pratique *« desduit des pauvres »* – par opposition au *« noble déduit »*, la vénerie – *« car les pauvres, qui ne peuvent avoir ni chiens ni faucons pour chasser ou voler, n'y prennent pas moins grande plaisance, en même temps qu'ils y trouvent des moyens d'existence. »*

Progressivement, ces prélèvements de subsistance deviennent des sources de revenus. À partir du milieu du XIXe siècle, des chasseurs dénoncent les prélèvements excessifs. L'auteur d'une thèse de doctorat en sciences politiques soutenue en 1905 affirme que *« la classe ouvrière [en retire] des bénéfices respectables. [...] La grande chose qu'est la prospérité d'une région* [en l'occurence, le Sud-Ouest] *dépend d'une autre qui paraît bien moindre, l'autorisation de chasser des oiseaux dont la taille ne dépasse pas celle d'un moineau. »* En 1901, on vend aux Halles de Paris 1 300 000 alouettes, bécasses, bécassines, grives et merles, pour l'essentiel pris au filet.

Par dérogation au droit européen, la chasse de l'alouette au moyen de filets est autorisée exclusivement en Gironde, dans les Landes et dans les Pyrénées-Atlantiques.

Ce mode de chasse sera de plus en plus réglementé. Aujourd'hui, seules l'alouette et la palombe sont ainsi prélevées en France, dans le Sud-Ouest exclusivement. Il s'agit du maintien d'une véritable tradition locale, pratiquée par des puristes dûment habilités. La chasse est effectuée au moyen de pantes, des filets rabattants dans l'emprise desquels viendront se poser les oiseaux. Pour les alouettes, cette chasse a lieu dans les champs ; pour les palombes, le dispositif est installé en milieu forestier. Deux ambiances très différentes.

L'alaoudère, un dispositif destiné aux alouettes

La chasse de l'alouette au filet, autorisée entre le 1er octobre et le 20 novembre, se déroule sur un petit espace, l'alaoudère, où est disposée une cabane, entrelacs de branchages, de feuillages et de fougères ; concession à la modernité, certains utilisent en guise de cabanes des caravanes camouflées. À partir de cet abri, le chasseur, le chioulayre, déclenche la fermeture des pantes, composées de deux panneaux en vis-à-vis dont la surface totale n'excède pas 100 m².

C'est sur l'espace soigneusement dégagé situé devant la cabane – et appelé « sol » – que se refermeront les pantes dès que s'y poseront les alouettes. Le chasseur les attire vers cet espace en les sifflant dès qu'un passage s'annonce. Les premiers oiseaux pris sont ensuite entravés au milieu du sol pour servir d'appelants, renforçant ainsi les capacités d'attraction de l'alaoudère.

Lors de la mise en tension, les filets sont plaqués au sol. Lorsque les oiseaux se posent dans leur emprise, le chasseur les rabat l'un contre l'autre grâce à un mécanisme.

La palombière à pantes, exigeante en appelants

Les palombières à pantes constituent un dispositif plus complexe. Sur une surface de 2 à 8 hectares, des cabanes, stratégiquement disposées, sont reliées par des couloirs recouverts de bruyères qui convergent vers une cabane plus importante, le poste de guet. De là partent toutes les ficelles qui actionnent les semereyres, perchoirs placés dans les arbres et sur lesquels sont entravés les appelants, pigeons vivants que les chasseurs du Sud-Ouest appellent « appeaux » : en tirant la ficelle, le guetteur déséquilibre l'oiseau qui, battant des ailes, attire l'attention des palombes en vol.

Un stratagème en deux temps. La technique consiste à disposer les semereyres de telle façon que les appeaux figurent de multiples situations naturelles : l'oiseau qui vient de se poser, celui qui saute d'une branche à l'autre, celui qui s'apprête à descendre… autant de mouvements visant à mettre en confiance les farouches migratrices. Une fois celles-ci branchées, il faut les faire venir sur les sols, devant les cabanes où sont disposées les pantes. Le chasseur, le paloumayre, imite alors le roucoulement ou le bruit soyeux des ailes d'un oiseau qui se pose ; il utilise aussi les piocs, appelants vivants disposés au centre du sol.

La chasse aux pantières, une méthode basque

La chasse aux pantières est une pratique basque que les spécialistes considèrent comme la plus ancienne façon de prendre les palombes. Elle impose l'installation de filets verticaux de 15 à 20 m de haut et de 10 à 20 m de large, qui ferment une vallée sur une surface de 1 000 m² au plus.

Des guetteurs, placés de loin en loin sur les versants, annoncent tout d'abord l'arrivée du vol en sonnant dans une corne : ils préviennent ainsi les rabatteurs, qui, dès qu'ils voient les oiseaux, déploient des drapeaux blancs, les chatars, pour canaliser les palombes. D'autres chasseurs, juchés dans des tours et dans les arbres, interviennent alors : au passage du vol, ils envoient des palettes de bois peintes en blanc, semblables à des raquettes de ping-pong ; en les lançant sous les oiseaux, ils simulent une attaque de rapaces, ces derniers s'y prenant ainsi pour s'emparer de leurs proies. Enfin, quand les palombes plongent vers le sol pour esquiver la menace, les filetiers agissent à leur tour et déclenchent le dispositif de rabat des pantières.

Il subsiste encore dix pantières, neuf côté français, une côté espagnol.

>>

SPÉCIAL VANNEAUX

La tenderie aux vanneaux, autorisée dans dix-sept communes des vallées de l'Aisne et de la Meuse, consiste à attirer ces migrateurs dans des pantes semblables à celles utilisées pour capturer les alouettes. Pour faire tomber les vols sur le parc, les chasseurs utilisent des appeaux et des formes qui en simulent la silhouette.

Les chasses aux lacets

Du crin, du bois et des baies : depuis des siècles, la tenderie aux grives conserve l'usage des matériaux de toujours et préserve un savoir immémorial. Quelques centaines d'Ardennais sont aujourd'hui autorisés à accomplir les gestes minutieux et patients que requiert cette pratique immuable. De père en fils, au pays de Rimbaud, dans leur forêt, loin du monde, l'Europe leur permet, quarante-trois jours par an, de renouer avec une très ancienne histoire.

La chasse au moyen de lacets, qui sont en fait des collets, présente l'inconvénient de ne pas être sélective : même des oiseaux non recherchés peuvent s'y laisser prendre. Aussi est-elle depuis fort longtemps contestée. Aujourd'hui, ce sont des opposants à la chasse qui n'admettent pas que cette pratique subsiste encore dans 61 communes des Ardennes. Hier, c'étaient nombre de chasseurs qui lui trouvaient des airs de braconnage, car elle était employée tout à la fois au piégeage des perdrix, des bécasses, des faisans et des gélinottes.

Dans un manuel de piégeage publié il y a une centaine d'années, on peut ainsi lire : *« Il faut rechercher les clairières* [pour disposer les lacets] *d'abord pour la grive, qui, du haut des arbres, a plus de facilité de descendre en cet endroit qu'ailleurs, puis pour la bécasse et la perdrix. »*

La tenderie aux grives, une chasse très réglementée

Désormais, l'usage des lacs est strictement réglementé. Il est autorisé pour la prise exclusive des grives et des merles, sur une courte période, du 30 septembre au 11 novembre, et en des lieux bien délimités, à l'intérieur de bois d'au moins 20 hectares et à plus de 100 m à partir de la lisière. Par ailleurs, les impératifs techniques imposés ne permettent pas d'attraper des oiseaux d'une taille supérieure à celle des grives et des merles.

Profondément inscrite dans la tradition ardennaise, la tenderie aux grives doit à ce très ancien passé d'être autorisée, mais parcimonieusement. Réservée à quelque 200 chasseurs, derniers dépositaires d'un art cynégétique fait tout entier de minutie, le romancier André Dhôtel (1900-1991) en a fait cette description : *« Il y a deux sortes de pièges pour les grives. L'un consiste à proposer tout près d'un perchoir des baies de sorbier que l'oiseau ne peut atteindre qu'en avançant la tête dans une boucle formée de crins étrangleurs. L'autre, c'est une passée ménagée entre deux branches flexibles où la grive s'engage pour s'offrir une gourmandise de la même façon mortelle. »*

En voulant se saisir des baies, la grive s'est prise dans le lacet fixé à l'arbre au moyen d'un rameau recourbé, appelé « ployette ».

La confection des lacs à partir de crins de cheval

Le premier savoir-faire qu'exige la tenderie concerne la confection des lacs à partir de crins de cheval. L'usage recommande de ne pas utiliser ceux des juments car celles-ci *« urinant après leur queue, ces crins sont pourris »*, prévient un certain Conrard, auteur du *Manuel complet de l'oiseleur*, un ouvrage publié en 1862.

Deux crins noués entre eux par le milieu sont pliés afin de former quatre brins de taille égale. Puis ils sont torsadés de manière à laisser une boucle à l'une des extrémités. À l'autre extrémité, les quatre brins sont noués entre eux. Cette extrémité est passée dans la boucle, le lacet formant ainsi un collet. Une opération de mouillage puis de séchage du lacet permet à celui-ci de rester torsadé. L'opération pourrait être simple s'il ne s'agissait que de quelques lacs seulement, mais pour être efficace, une tenderie doit en être équipée de plusieurs centaines, le maximum légal étant 2 000 lacs.

Lorsque des opposants à cette pratique arrachent les lacets soigneusement disposés le long du sentier de piégeage, que les tendeurs appellent « trait de grivières », ce sont toutes ces longues heures de patient travail qui sont anéanties, sans compter celles employées à les installer.

La grive partage avec la bécasse les faveurs des gastronomes. Toutes deux sont aussi un gibier que le chasseur offre aux dames en hommage respectueux ou amoureux.

Tenderie à la branche et tenderie à terre

S'il s'agit d'une tenderie à la branche, le lacet est fixé à une ployette, petit rameau du diamètre d'une plume d'oie, recourbé en forme d'arceau et fixé sur un jeune arbre, à 1,50 m environ de hauteur, car il ne s'agit pas qu'un prédateur terrestre en maraude vienne s'emparer de la prise avant que le tendeur n'ait relevé ses pièges. Chaque extrémité du dispositif, coupée en biseau, est glissée à force dans une incision pratiquée sur le tronc. À la base de chaque ployette, le tendeur place la baie appétante.

Lorsque la tenderie est pratiquée à terre, un petit piquet enfoncé dans le sol reçoit le lacet ; le bas de la boucle se trouve à 6 cm du sol. Le dispositif est encadré par des branchages feuillus fixés tous les 5 à 6 m constituant une petite haie, d'où le nom de haillette donné à la tenderie à terre.

Bien choisir les emplacements. Dans l'un comme dans l'autre cas, ce travail d'une infinie patience nécessite d'avoir préalablement bien repéré les lieux afin de choisir les meilleurs emplacement : ces derniers doivent être suffisamment visibles pour attirer l'attention des grives, et suffisamment discrets pour ne pas être découverts, hier par le chasseur concurrent, aujourd'hui par le militant de la cause animalière. La succession de pièges fonctionne un peu à la façon d'un jeu de piste : l'oiseau, s'il n'est pas capturé au premier, ira au second et, tôt ou tard, arpentant le sentier ou voletant d'un arbre à l'autre, sera piégé.

Des pratiques similaires observées en Corse

En Corse, il existe des techniques de captures du merle en tous points semblables à celles employées dans les Ardennes : ce sont les *tindini* pour le piégeage à l'arbre, et les *mazetta* pour le piégeage à terre.

Ces pratiques ont été attentivement étudiées par l'ethnologue Paul Simonpoli : *« Le piégeage résiste. Cette pérennité, un piégeur l'explique par le souci d'entretenir un savoir-faire ancestral, élément du fond primitif de culture technique, qui assura la subsistance des premiers hommes. Le piégeage, c'est l'archaïque, le primitif, un état où la séparation entre l'homme et le sauvage n'est pas encore réalisée. Il y a dans la démarche du piégeur un retour à l'origine : il fait le chemin inverse de celui de l'espèce, qui, en se civilisant, se détache de la nature. »*

>>

CHASSE AUX GLUAUX

En Provence, les grives sont parfois attrapées au moyen de gluaux : des perchoirs enduits de glu. Les oiseaux viennent s'y poser, attirés par un appelant en cage et par le son d'un appeau, appelé « chilet ». Les grives ainsi engluées serviront à leur tour d'appelant pour la chasse de la grive au fusil à poste fixe.

La chasse au miroir

L'alouette et sa chasse au miroir appartiennent à une bien ancienne mémoire rurale. Du nord au sud de l'Europe occidentale, cette pratique fut très courante, au moins dès le XVIIe siècle. Durant cent ans, de 1850 à 1950, toute une petite industrie s'est développée autour de la fabrication des miroirs. Puis, avec le déclin de la civilisation paysanne, les alouettiers ont quasi disparu de la plaine. Quelques farouches initiés maintiennent pourtant encore la tradition.

La chasse de l'alouette au miroir est un plaisir modeste et mystérieux. Assis en milieu ou en lisière de la plaine, caché ou non derrière deux ou trois ballots de paille ou quelques buissons, le chasseur, tourné vers le nord, tire à lui puis laisse aller le fouet, cordelette au bout de laquelle, à une trentaine de mètres, virevolte un petit chapeau de bois. Celui-ci est emmanché sur un piquet, d'une quarantaine de centimètres, en bois ou en métal, fiché dans la terre de façon inclinée ; sous l'effet de la traction, le fouet s'enroule et se déroule autour de l'axe du chapeau, entraînant celui-ci dans un mouvement de va-et-vient.

Aux environs du 15 octobre et jusqu'à la Saint-Martin (11 novembre), plus tard en saison quelquefois, dès potron-minet jusque vers midi, puis peut-être une paire d'heures après le déjeuner, il restera là, patient et absorbé par le ciel qui l'entoure. Un vol arrive, papillonne, l'alouettier tire, court pour ramasser l'alouette dont il lisse les plumes, puis s'en retourne à son siège, reprend la ficelle, relance le miroir et attend. Parfois, les vols se succèdent à un rythme soutenu, parfois c'est morne plaine. Allez savoir, même par grand passage, pourquoi les alouettes viennent au miroir tel jour et pas tel autre.

La chasse au miroir est autorisée, mais ce type de miroir, doté de facettes réfléchissantes incrustées dans le chapeau, est interdit.

L'effet du miroir est aléatoire, et le tir difficile

Certains vols passeront haut sans prêter attention au miroir, d'autres s'écarteront de leur route et feront mine d'approcher, mais de manière trop fugitive pour être tirés. Et puis il y a celui qui, sans hésiter, pique vers le miroir, puis remonte et descend comme suspendu dans les airs, il fait le Saint-Esprit ; d'autres disent qu'il se dalte ou se mire. Instant magique : ailes déployées et frémissantes, il est là, comme fasciné par le petit chapeau de bois qui s'agite au sol.

Au petit plomb seulement. Le coup de fusil n'est pas des plus faciles : à 30 m et plus, le gibier est vraiment petit ; de surcroît, le surplace ne dure pas et l'alouette a tôt fait de basculer pour rejoindre ses compagnes. Par temps couvert, lorsque la brume d'automne tarde à se lever, le chasseur ne verra rien venir, mais il entendra le grisollement, ce chant qui ne ressemble à aucun autre…

Subitement, les alouettes surgiront du ciel bas, plongeant droit sur le miroir, ou s'approchant pour s'en écarter aussi vite. Il faut alors saisir l'occasion, tirer à temps et, surtout, si l'oiseau tombe, bien repérer le lieu de la chute, car son plumage se confond avec les chaumes. Seul le petit plomb convient, du n° 9 ou du n° 10, que les initiés appellent la « cendrée ».

La mystérieuse réaction des alouettes au dispositif

Le chasseur au miroir doit parfaitement reconnaître l'alouette des champs, la seule classée gibier parmi les neuf espèces d'alaudidés présentes en Europe. Les autres sont protégées, de même que les petits passereaux qui, très souvent, accompagnent les alouettes ; eux aussi peuvent venir au miroir. Pourquoi cette attraction ? La question intrigue depuis au moins 1660, année à laquelle apparaît pour la première fois la représentation graphique d'un miroir.

Selon les très nombreux ouvrages cynégétiques qui, depuis, ont traité de cette chasse pratiquée partout en Europe occidentale, la thèse varie : le miroir vu du ciel ressemblant à un oiseau qui bat des ailes, les petits migrateurs pourraient croire qu'il s'agit de l'un des leurs et viendraient, par curiosité, y regarder de plus près ; ou bien, ils confondraient ce miroir avec un rapace, sachant qu'il leur arrive d'agresser ce genre de prédateur, pour des raisons qui, elles aussi, restent obscures. L'usage du grand duc artificiel *(voir p. 162)* exploite cette étrange inversion des rôles.

LE MIROIR MÉCANIQUE

Dès la fin du XIXe siècle apparurent sur le marché des miroirs mécaniques, qui se remontaient comme une horloge avec une autonomie d'une trentaine de minutes, puis vinrent les miroirs à pile. Pour des raisons liées peut-être à leur mouvement trop régulier, ces miroirs n'ont pas l'efficacité du système à fouet.

Pour les puristes, l'alouette se tire au fusil juxtaposé (ici fusil à répétition) car, cette chasse étant considérée traditionnelle, toute concession à la modernité est entorse à la règle.

Les miroirs sans réflecteurs tout à fait licites

Les miroirs dépourvus de facettes réfléchissantes – qui ont donné leur nom à l'objet – attirent tout aussi bien les alouettes. André et Vincent Marchand, collectant et analysant depuis trente ans tout ce qui touche à l'alouette, ont répertorié pas moins de 70 formes de chapeaux dont bon nombre, et pas des plus récents, ne montrent aucun réflecteur.

Le sujet est d'importance : si, pour attirer les alouettes, les miroirs devaient nécessairement briller des feux du soleil que renvoient les petites glaces incrustées dans certains chapeaux, ce mode de chasse serait prohibé. En effet, la directive européenne du 2 avril 1979 concernant la conservation des oiseaux sauvages, interdit l'utilisation de sources lumineuses à la chasse, et, parmi celles-ci, mentionne le miroir. Quinze ans plus tard, les tribunaux français ont retenu qu'un miroir dépourvu de réflecteurs ne pouvait être considéré comme une source lumineuse. Dès lors, ce mode de chasse est parfaitement licite.

Chasse paisible et minutieuse qui fit la joie de générations de campagnards, le miroir n'est plus désormais utilisé que par quelques *aficionados*. Aimer le silence de la plaine qu'interrompt le chant des oiseaux qui passent, espérer les vents d'est et les gelées blanches annonciatrices du flot migrateur, tel est leur jardin secret ; ils témoignent d'un monde qui n'est plus, celui des joies modestes.

La chasse du pigeon ramier

Chassé de manières très différentes, et avec des motivations autres, dans le nord et le sud de l'Europe, le pigeon ramier est partout un gibier très couru. Lorsqu'il est classé espèce nuisible, il donne lieu à des tirs effrénés et des abus financiers. Il n'empêche que, de leurs palombières, certains chasseurs du sud-ouest de la France, usant d'appelants vivants, voient encore sa chasse comme un art.

On a souvent déclaré que la chasse du pigeon ramier concernait quasi exclusivement, au moins jusqu'à la Seconde Guerre mondiale, la France du Sud-Ouest, l'Espagne et le Portugal, ces deux pays abritant, avec le nord de l'Afrique, les plus importantes stations d'hivernage de l'espèce. La bibliographie cynégétique modère ce point de vue.

Dans *le Plaisir des champs*, en 1583, Claude Gauchet, aumônier du roi, décrit le tintamarre pratiqué en Île-de-France : de nuit, dans les bois où se perchent les oiseaux, des feux sont allumés, des traqueurs tambourinent sur des chaudrons et des poêles ; effrayés, les pigeons ramiers passent de branche en branche et sont tirés.

Une chasse ancienne, même en Europe du Nord

En Dauphiné, à la même époque, la technique est semblable, hormis le bruit : éclairés par le feu, les oiseaux immobiles sont tués à l'arbalète. En 1792, Magné de Marolles, auteur du premier traité de chasse au fusil, consacre tout un chapitre aux ramiers qui *« arrivent, dans nos provinces septentrionales, au printemps et s'en vont en automne »*. Il rapporte qu'en Touraine et en Poitou des traqueurs font partir des bois les bandes de ramiers qui sont ensuite abattus par des chasseurs postés autour de l'enceinte.

L'hebdomadaire *la Chasse illustrée*, dont le premier numéro paraît en 1867 et le dernier en 1910, relate régulièrement des chasses de pigeon ramier dans les régions céréalières du nord de la France. Enfin, durant toute la première moitié du XXe siècle, la presse cynégétique française, allemande, belge témoigne de l'existence de prélèvements non anecdotiques en Europe du Nord.

Un art de vivre au Sud, une pratique utilitaire au Nord. Toutefois, il ne fait pas de doute qu'entre ces chasses du Nord et celles du Sud-Ouest il existe une différence de taille : dans le premier cas, il s'agit de détruire les ramiers qui s'attaquent aux parcelles ensemencées ; dans le second, c'est un art de vivre qui se conjugue avec la tauromachie et le rugby. Là-bas, on tue du ramier. Ici, les chasseurs, ou paloumayres, trompent la palombe à partir de la palombière ; de ce lieu magique, à l'aide d'appelants savamment disposés, ils tentent de dévier un instant la route des oiseaux bleus pour les faire venir jusqu'à eux.

Dans le Sud-Ouest, on tire le ramier posé au sol

La tradition commande d'utiliser des filets, les pantes ou les pantières *(voir p. 260)*, mais elle n'interdit cependant pas l'usage du fusil. *« Le vrai paloumayre chasse en cabane, situé au sol ou en l'air, au filet ou au fusil, le tir ne s'effectuant que sur des oiseaux posés afin d'éviter d'en blesser certains qui iraient mourir plus loin*, souligne le vétérinaire landais Alain Mesplède. *Le tir*

Dans le sud-ouest de la France, le paloumayre use d'appelants vivants ; quand il actionne le perchoir à distance, l'oiseau déséquilibré bat des ailes, attirant ainsi ses congénères.

“à la volée” n'est pas admis en palombière. Ne pas tirer ou manquer la capture d'oiseaux au sol est sans importance dès lors que les palombes se sont au préalable posées… le vrai temps fort, c'est la pose. »

Dans la plaine céréalière, un tir plutôt à la volée

La technique la plus commune employée dans les régions céréalières du Nord est la chasse à poste fixe. Tantôt le chasseur se dissimule en lisière de bois, face à la plaine, tantôt il installe un affût recouvert de branchages ou d'un filet de camouflage. Une trentaine de formes, leurres imitant la silhouette des oiseaux, sont disposées dans un rayon de 30 m autour du poste ; un ou deux appelants, si la réglementation l'autorise, renforcent les capacités d'attraction. Les ramiers sont plus vulnérables en vol, aussi est-il préférable de les tirer avant qu'ils ne se posent au sol.

Des postes de tir près des champs de maïs. Cet affût à proximité des cultures se développe également dans le Sud-Ouest. « *Depuis plusieurs années, en raison de l'expansion de la culture du maïs, les oiseaux attirés par les champs fraîchement récoltés sont devenus des proies faciles à capturer* », explique le grand reporter Pierre Verdet, spécialiste des questions d'environnement et paloumayre éclairé. Ainsi certains chasseurs n'ont-ils pas hésité à déplacer leurs palombières à proximité des zones cultivées sur lesquelles s'arrêtent des milliers d'oiseaux dès le début du mois de novembre. « *Cette pratique n'est pas très glorieuse*, commente le journaliste, *puisque parfois il n'est même pas besoin de roucouler et de jouer les oiseaux avec une palombe de cabane dans le respect de la tradition, puisque les pigeons, affamés par leur voyage, descendent tout seuls sur les sols abondamment couverts de maïs.* »

Le pylône de tir, pâle copie de la palombière

Le pylône de tir est un dispositif de plus en plus usité. Il s'agit soit d'une plate-forme installée le plus haut possible dans les arbres, soit d'un mirador, bien souvent, trop souvent, construit à partir de matériaux de récupération métalliques, du type poteau électrique, ce qui n'est pas du plus heureux effet. L'affûteur dispose ses leurres dans les branchages de sorte que les oiseaux de passage puissent les apercevoir. Il peut également se servir d'appelants vivants, comme cela se fait dans les palombières.

S'ils sont utilisés de manière intensive, ces pylônes causent un réel dérangement, préjudiciable à la faune sédentaire, notamment au grand gibier. Des chasseurs peu scrupuleux, propriétaires de toutes petites parcelles en limite, voire au cœur des territoires de chasse, procèdent à de telles installations, qui peuvent également constituer un poste stratégique pour d'autres prélèvements que ceux auxquels ils sont destinés…

Le gibier le plus prélevé en France

Ces cinquante dernières années, la chasse du pigeon ramier s'est développée considérablement. La véritable crise que traverse le petit gibier, suite au bouleversement des paysages et des pratiques agricoles, a déplacé la pression de chasse vers les oiseaux migrateurs, notamment vers le pigeon ramier. Avec une moyenne de plus de

>> LA PALOMBITE

De même que la fièvre de la chasse peut toucher les chasseurs de grand gibier à l'affût et à l'approche, la palombite s'empare des paloumayres au moment où arrivent les migratrices. Le terme apparaît pour la première fois dans *la Chasse à la palombe dans le Bazardais*, ouvrage publié à Bordeaux en 1907.

5 millions d'individus tués par an, cette espèce, est devenue le gibier le plus prélevé en France.

L'impact de la sédentarisation. Un autre phénomène peut expliquer cet engouement : le développement de populations locales et leur sédentarisation. Selon l'expert cynégétique allemand Friedrich Karl von Eggeling, l'emploi de semences tardives et intermédiaires offre une nourriture abondante aux oiseaux, les incitant à rester sur place. Il ajoute que le réchauffement climatique ne les pousse pas non plus à quitter les zones où ils sont nés.

Une chasse dix mois sur douze en Grande-Bretagne. Pour asseoir son propos, l'expert avance ces chiffres : 800 000 à 900 000 pigeons ramiers sont prélevés par an actuellement en Allemagne, contre 230 000 oiseaux avant guerre. En Grande-Bretagne et en Irlande, l'évolution des populations est telle que des chasseurs professionnels sont même rémunérés pour éliminer les pigeons ramiers dix mois sur douze.

Le développement de logiques marchandes

Dans les régions de grandes plaines qui accueillent des populations importantes de pigeons ramiers migrateurs, semi-migrateurs ou sédentaires *(voir p. 296)*, les bons affûts sont très recherchés. D'où des dérives financières. Des tireurs louent ces postes pour le seul plaisir de griller un grand nombre de cartouches, sans aucun souci de l'incidence de leurs prélèvements sur les densités. Et certains amortissent ensuite leurs frais en vendant le gibier.

Les abus de la chasse au printemps. Là où ils sont classés parmi les espèces nuisibles – dans une cinquantaine de départements français majoritairement situés au nord de la Loire –, les pigeons ramiers peuvent être chassés au printemps. Cela permet de vendre de nombreuses journées de chasse, en parfaite bonne conscience, puisqu'il s'agit officiellement de réguler des populations qui causent des dommages à l'agriculture. « *Tout oiseau tué* [à cette période] *est un reproducteur de moins*, explique Jacques Luquet, naturaliste spécialiste de la palombe. *On peut être sûr qu'il ne repassera pas l'automne prochain accompagné de sa progéniture.* »

La chasse de la palombe dans le sud-ouest de la France, en Espagne et au Portugal n'échappe pas non plus à ces logiques marchandes. Ainsi des postes de tir étaient loués en 2001 pour une somme s'élevant à plus de 20 000 euros par saison.

Aux aguets dans la palombière, les chasseurs attendent, silencieux, les oiseaux bleus. Vers ce poste de guet, point central d'un dispositif sophistiqué, convergent notamment tous les fils qui commandent les perchoirs mécaniques surmontés d'appelants.

La chasse de la bécasse

La mordorée inspire au chasseur une passion exclusive. Lui et son chien, bien souvent, ne voient plus qu'elle, délaissant les autres gibiers. L'oiseau captive. En sous-bois, son vol acrobatique et soyeux surprend toujours. Pratiquée dans le respect des règles de l'art – dont la définition n'est pas très ancienne –, c'est une chasse tout en finesse. Elle exige un accord parfait entre le maître et son compagnon. Une chasse de solitaire, élégante et mélancolique comme l'œil noir de la dame des bois.

Lever un gibier, c'est magique. Un vrai gibier sauvage, deviné avant d'être senti puis travaillé par le chien, un gibier rusé, farouche, qui s'envole ou déguerpit dans une apothéose de vie. Mais lever une bécasse tient du miracle. Dans le sous-bois, la campane, ce grelot que la plupart des bécassiers accrochent au collier de leur chien, rythme la quête, en indique le sens et l'intensité. Le tintement se fait plus rapide, puis s'arrête. Le silence…

Doucement, le chasseur va s'approcher ; le chien, comme à pas de loup, remonte tout doucement la voie de la bécasse, il coule sur quelques mètres. Puis c'est l'arrêt : figé, bloqué, tendu ; l'oiseau est là devant lui, mais indécelable, indiscernable sur le tapis de feuilles. Comment va-t-elle partir ? Mystère. Les secondes passent ; le cœur cogne, lentement. Plusieurs minutes peuvent s'écouler ainsi. Des bécassiers rapportent avoir compté, montre en main, des arrêts d'une demi-heure. Le vent dans les arbres, le geai qui jase, plus rien n'existe. L'univers se résume à ce chien en arrêt devant l'invisible.

L'attente avant l'envol, un moment magique

Michel Montouchet, bécassier émérite, exprime bien ce que le chasseur ressent en cet instant *« Après quarante ans de chasse au chien d'arrêt, quand il s'immobilise tous muscles tendus, le nez désignant l'oiseau avec une certitude totale, je ne peux empêcher mon souffle de devenir plus court. Je me dis : "Comment après tant d'années, tant d'arrêts du chien, tant d'oiseaux tués ou manqués, peux-tu encore laisser cette émotion t'envahir et, au fond, si mal la dominer". Et puis je pense : "N'est-ce pas là l'essence même du plaisir de la chasse, la recherche de cette émotion, ce concentré de tension entre le chasseur et le chien ?" »*

Une flamme soudaine, « fla-fla » disent les bécassiers pour désigner ce petit claquement sourd des ailes, vol soyeux et fantasque. La bécasse peut partir à droite, à gauche, raser ou s'élever, faire un crochet à angle droit, c'est une acrobate des airs.

Quelquefois, l'oiseau vient directement sur le chien ou sur le chasseur. Il est très rare qu'elle ne le surprenne pas. *« La bécasse sait mettre un tronc d'arbre entre elle et le chasseur, s'envoler en spirale autour du tronc, slalomer entre les arbres dans une futaie, foncer dans le soleil, se poser sur un mur pour mettre en échec le flair du chien, se servir du chien comme paravent »*, explique Émile Bourdon, l'un des grands noms du monde bécassier.

Si le coup de fusil finalement la cueille, le chien rapportera délicatement la mordorée ; une caresse le remerciera, puis respectueusement le chasseur lissera les plumes de la bécasse ; il ne pourra éviter le grand œil noir de l'oiseau tout chaud dans sa main. Ce moment de bonheur ne va jamais sans une pointe de regret.

Les mots que les chasseurs donnent à l'oiseau sont significatifs du rapport très sentimental qui les unit à ce gibier: elle est la belle, la belle des bois, la dame, la dame des bois, la dame au long bec, la diablesse ou la sorcière, la fée, le fantôme lorsqu'elle est insaisissable. Et cela arrive souvent, son vol est tellement fugace. Mais alors le bécassier, chasseur persévérant, va tenter de nouveau de la lever. Elle ne se repose jamais très loin, si elle n'a pas franchi la lisière.

Les puristes ne chassent qu'en sous-bois

Il n'existe pas de stratégie particulière pour la chasse à la bécasse, hormis que celle-ci se pratique au chien d'arrêt, devant soi. Et dans le respect d'une éthique bien particulière. En plein vol, à découvert, la bécasse est très vulnérable, aussi ne la chasse-t-on qu'en sous-bois, là où elle réalise ses prouesses de voltige.

Le bécassier est resté un puriste qui considère comme parfaitement déshonorant de tuer l'oiseau d'un coup de calibre 12 en traquant le grand gibier ou à l'occasion d'une chasse aux faisans. Pourtant, même dans ces occasions, la bécasse a droit à un traitement particulier : les usages exigent que l'oiseau soit donné à la maîtresse de maison chez qui la chasse est organisée.

À chaque sortie, la bécasse surprend

Les très nombreux ouvrages consacrés à ce migrateur ont ceci de particulier qu'ils sont plus riches de récits et de souvenirs anecdotiques que de strictes recommandations. Le comportement insolite et déroutant de l'oiseau impose beaucoup de modestie. Il serait présomptueux de tirer des leçons de portée générale sur un gibier dont l'intérêt est précisément qu'il se défend de mille façons.

« Il n'y a pas trop de conseils à donner pour le tir d'un oiseau dont l'essor est aussi capricieux que le vol, et qui se présente dans des milieux souvent si différents », explique le marquis de Cherville, auteur cynégétique de la fin du XIXe siècle. Le poète Francis Jammes (1868-1938) a décrit en vers les endroits qu'aime la mordorée : *« La bécasse se tient volontiers sur les rives / Des ruisseaux forestiers aux eaux douces et vives. / Elle aime les taillis un peu, pas trop, épais, / qui la laissent mener sa promenade en paix. / Quand, par le mauvais temps, son salon se ravine, / elle gagne le flanc ou le haut des collines. »*

À l'arrêt du chien, la clochette, ou campane, ne teinte plus : la mordorée est là, tapie sur le feuillage, absolument invisible. La chasse absolue…

Un gibier précieux depuis peu

D'innombrables récits – Guy de Maupassant s'y est talentueusement exercé – sont à l'origine d'un véritable mythe de la bécasse. Un mythe relativement récent : le développement de la chasse au fusil et de l'utilisation du chien d'arrêt, en l'espace d'un siècle, a fait passer la bécasse du statut de gibier sans qualité particulière, sa chair exceptée, à celui de gibier précieux et révéré.

« L'instinct de cet oiseau est obtus et sans malice, il n'a ni ruse, ni méfiance aussi se donne-t-il dans tous les pièges qu'on lui tend, expliquait en 1823 un certain Doneaux du Plan, auteur de *l'Album du chasseur. Sa stupidité est passée en proverbe : elle sert de terme de comparaison lorsqu'on veut désigner une personne bornée et étourdie. »*

Prélevée au filet, la bécasse ne démontrait effectivement pas d'exceptionnelles qualités de défense, surtout lorsqu'on la chassait la nuit à l'aide d'une torche ou d'une lanterne: les migratrices, saisies par la lumière, se laissaient alors prendre dans une sorte d'épuisette. Cette méthode n'est plus utilisée désormais que par les ornithologues, quand ils procèdent aux baguages qui permettent le suivi de l'espèce sur ses trajets migratoires.

Avec le chien bécassier, un subtil jeu à trois

L'élévation de la bécasse à un rang qu'aucun autre petit gibier n'occupe tient à la relation très subtile que sa chasse impose entre le maître et

Tout comme les chasseurs de lièvre au chien courant éprouvent peu de considération pour ceux qui terrassent le capucin en battue, les bécassiers admettent mal que la mordorée soit plombée au hasard d'une traque au grand gibier : la bécasse ne se tire pas à l'occasion.

son chien. Elle y atteint un niveau inégalé de complicité. Le chasseur de bécasse doit scruter et percer toutes les réactions de son compagnon, en saisir tous les comportements. De même, le chien apprend à connaître son maître, il saura l'attendre, lui glisser le regard qu'il faut au moment de l'arrêt, comme pour dire : « *Tu ne la vois pas, mais je t'assure, elle est là.* »

Après quelques années de sorties fréquentes, un grand chien bécassier s'intéressera exclusivement à la dame au long bec, comme si son nez ne devinait plus qu'elle. Maître et chien communient alors dans une même passion, exclusive de toute autre, miracle de confiance.

Le coup de fusil réussi est l'aboutissement du travail du chien, et de lui seul ; par la finesse de sa quête, il conduit son maître au bon endroit, au bon moment, triomphe de l'excellence. La chasse de la bécasse est un jeu d'intelligence à trois ; face à l'entente parfaite de ses adversaires, l'oiseau déploie ses stratagèmes : « *Soit la fuite, soit les feintes : chute simulée au coup de fusil, apparence d'oiseau blessé, dérobade à pattes, avec retours, trajets se recoupant* », note Émile Bourdon.

LA PLUME DU PEINTRE

À l'image des « grands » gibiers, la bécasse a son trophée : une petite plume rigide et lancéolée, de 25 à 40 mm, première rémige qui se trouve au bord de l'aile. Elle servait à peindre les miniatures, d'où son nom de « plume du peintre ». C'est elle qui permettrait à l'oiseau de réaliser ses fulgurants crochets.

Toute une atmosphère…

La chasse de la bécasse, c'est aussi une atmosphère que l'on goûte en solitaire, à la rigueur avec un ami, un vrai, à qui l'on accorde le plaisir précieux d'aller ensemble au rendez-vous de la dame des bois.

L'écrivain russe Ivan Tourgueniev (1818-1883) en a décrit l'ambiance : « *Que la forêt est belle à la fin de l'automne, quand les bécasses arrivent ; il n'y a plus de soleil, mais de l'ombre, mais une odeur enivrante qui est répandue dans la campagne, un brouillard transparent qui se tient au-dessus des plaines.* »

La chasse de la caille

La poésie de la chasse à la caille sous le soleil de fin d'été, devant soi avec son chien, devient de l'histoire ancienne. Les cailles se font rares. Lors de l'ouverture de la chasse, celles qui ont réussi à se reproduire dans un paysage qui leur convient de moins en moins sont souvent parties pour leurs quartiers d'hiver. Peu à peu, les chasseurs oublient cette espèce. Toutefois, la restauration des territoires menée en faveur du petit gibier pourrait être sa chance.

La caille des blés enthousiasme les chiens : tôt le matin dans les chaumes, plus tard dans les luzernes, les betteraves et les vignes, l'oiseau se laisse arrêter sans peine et part dans les bottes en un vol rectiligne. Si le chasseur est maladroit, elle ira se remiser non loin ; reprise par le chien, elle se montrera farouche, saura piéter et, bien souvent, déjouera l'adversaire, courant devant lui, multipliant les détours pour finalement s'évanouir sans avoir pu être relevée.

Aussi les chasseurs de cailles expérimentés ne cherchent-ils pas à partir à la recherche du premier oiseau manqué. Ils savent que si un oiseau était là, d'autres se dissimulent en général à proximité. « *Dix perdreaux sont dans une luzerne, un s'envole, tous le suivront*, explique Elzéar Blaze (1786-1848), maître de la chasse au chien d'arrêt. *Mais s'il s'y trouve dix cailles, vous pourrez tirer dix coups de fusil ; elles partiront l'une après l'autre, chacune se laissera chercher, chasser, arrêter par votre chien, et le plaisir se renouvellera dix fois.* »

Un vol en zigzag qui ne facilite pas le tir

Le tir n'est pas toujours des plus faciles, surtout par temps venteux, car alors la caille zigzague. Son vol à hauteur d'homme et sa propension à opérer une trajectoire en retour nécessitent de la part du chasseur prudence et maîtrise, car le voisin ou un chien peut se trouver dans l'axe du tir. Enfin, la caille est si gracile qu'il faut un chien à la dent douce. Pour cette raison également et parce que ce gibier est fréquemment tiré à courte distance, le petit plomb, au maximum du n° 8, s'impose.

Une brève saison de chasse

La caille étant un migrateur – le seul gallinacé européen du genre –, sa chasse n'est possible qu'en tout début de saison : au 15 octobre, sauf si l'automne se prolonge dans une exceptionnelle douceur, elle a rejoint ses quartiers d'hiver en Afrique. Il peut rester quelques retardataires, mais c'est alors au hasard d'une battue de perdreaux ou en arpentant la plaine à la recherche du lièvre que le chasseur aura la surprise de les lever.

D'éventuelles nichées tardives en cas d'été humide. Conséquence du réchauffement climatique, ou de la pollution génétique qui leur fait perdre leur instinct voyageur (*voir p. 306*), depuis quelques années, des cailles sont signalées tard en saison dans le nord de la France.

Les experts de l'Office national de la chasse et de la faune sauvage observent que « *la réussite de la chasse à la caille des blés dépend beaucoup de la couverture végétale présente au mois de septembre. Un été sec avec un retournement des chaumes aussitôt après les moissons conduit à une quasi-absence des cailles à l'ouverture. Cette espèce peut quitter la France dès le mois d'août.*

Les cailles, seul gallinacé migrateur de nos régions, arrivent mi-mai et repartent tôt en septembre. Si l'été s'étire en longueur, elles peuvent être encore là début octobre.

À l'opposé, un été humide avec des chaumes en place peut maintenir des nichées tardives jusqu'à l'automne et favoriser les haltes migratoires. »

Les prélèvements de cailles sauvages en nette baisse

Les prélèvements de cailles sont en constante diminution : ils concernaient plus de 640 000 individus en France au début des années 1980 contre moins de 350 000 individus à la fin des années 1990. La part des oiseaux lâchés dans ce tableau n'est pas connue avec précision ; des estimations indiquent que les cailles naturelles n'excéderaient pas un quart du nombre des oiseaux tués.

Les prélèvements les plus importants sont réalisés dans les départements riverains de la Loire et du sud de la France. En Espagne, au Portugal et en Italie dans une moindre mesure, la chasse de la caille reste une pratique soutenue. Mais, d'une façon générale, en Europe, les effectifs nicheurs de l'espèce sont en diminution.

Avec les lâchers, une chasse moins authentique. Tout comme la chasse du canard colvert à partir d'oiseaux issus d'élevage, la chasse de la caille, pour une large part, a perdu son caractère authentique. Cette chasse *« où le hasard, la science et la bonne étoile jouent un rôle prépondérant »*, selon la formule du chroniqueur cynégétique de la fin du XIXe siècle, Henri de La Raillère, n'est plus que l'ombre d'elle-même.

Les produits de substitution que constituent les lâchers de tir, ajoutés à des ouvertures de la saison de chasse de plus en plus tardives, n'incitent pas les chasseurs et leurs organisations à se mobiliser en faveur d'une espèce qui subit très fortement, comme la petite faune de plaine, les bouleversements du paysage agricole.

Une ouverture anticipée pourrait modifier la donne

Toutefois, là où sont entreprises des politiques de restauration des habitats favorables au petit gibier sédentaire, l'espoir existe de voir revenir la caille. Le propos doit être pourtant nuancé. On ne prend pas en effet des mesures délibérées en faveur de cette espèce, comme c'est le cas pour le lièvre, le faisan ou la perdrix. En outre, les actions en faveur du petit gibier sont engagées de manière plus intense dans les régions au nord de la Loire, là où la chasse de la caille imprègne moins la tradition cynégétique locale que dans le sud de la France, d'où un intérêt limité pour cette espèce. Les chasseurs, de surcroît, du fait d'ouvertures plus tardives en saison, n'ont guère l'occasion de chasser la caille des blés, ce qui n'est pas motivant pour la mise en œuvre d'une gestion spécifique.

Le paradoxe est intéressant : en rendant possible la chasse de ce migrateur dès le 1er septembre, les menaces pèsant sur son avenir pourraient s'estomper. À condition que les prélèvements soient rigoureusement contingentés et les lâchers tout aussi strictement interdits. Sans quoi une telle ouverture anticipée ferait certes le bonheur des éleveurs, mais accentuerait le déclin de l'espèce.

LA MANNE CÉLESTE

La Bible rapporte que les Hébreux vécurent quarante ans dans le désert avant d'atteindre la Terre promise et que, pour les nourrir, Yahvé fit pleuvoir sur eux des cailles. En fait de miracle, il s'agit de phénomènes migratoires intenses, observés à plusieurs reprises il y a encore une centaine d'années.

LA CHASSE DE LA GRIVE

La chasse de la grive est un plaisir du Sud. Plus de 76 % des quelque 4,5 millions de migratrices prélevées par an en France le sont en Poitou-Charentes, Aquitaine, Midi-Pyrénées, Languedoc-Roussillon et Provence-Alpes-Côte d'Azur.

Outre les pratiques ancestrales *(voir p. 262)*, la chasse des turdidés au fusil est emblématique d'une tradition de cueillette qui résiste tant bien que mal aux assauts de la réglementation européenne. Au nom du principe de précaution, et en raison d'une appréciation controversée de l'évolution des effectifs de ces migrateurs *(voir p. 302)*, ces chasses de passage sont de plus en plus contestées.

L'appel de la grive retentit lorsque arrivent du Nord, en rangs serrés, les premières musiciennes ; elles seront suivies de leurs cousines plus petites, les mauvis. Ainsi, de mi-septembre à fin novembre, les chasseurs guettent les passages.

La chasse de la grive se pratique à la billebaude, le long des haies, ou à la passée, lorsque les oiseaux rejoignent le bois le soir ou le quittent de bon matin.

À la passée lors du passage des migratrices

Aux premières lueurs de l'aube, ils prendront place au pied des arbres ou dans un affût de fortune : c'est la chasse à la passée. Les grives passent haut et vite ; celui qui les manque deux fois sur trois est déjà un bon fusil. Il faut un chien pour ne pas perdre ce tout petit gibier. La règle commande de ne pas tirer à des hauteurs invraisemblables, sous peine que l'oiseau blessé tombe loin et soit perdu. L'exploit consiste à tuer la grive au « coup du roi », c'est-à-dire lorsqu'elle est à la verticale au-dessus du chasseur ; alors elle tombe à ses pieds. Mais, bien souvent, elle est tirée en queue ou en flanc, car, très observatrice, elle aperçoit le tireur et, en un brusque crochet, modifie sa trajectoire. Les puristes préfèrent la passée du soir – « la retirée », disent les Provençaux –, au moment où les grives regagnent le bois pour la nuit. Dans les pays à vignes, elles sont alors repues de raisins, donc plus succulentes encore. « *On choisit de préférence le haut d'une gorge qui envisage et commande la plaine,* explique Louis Blancard, commentateur averti de ce mode de chasse. *Ce poste consiste en un chêne vert ou un jeune pin placé soit au milieu d'un jeune taillis, soit à l'entrée d'une futaie, mais toujours de façon que le chasseur, ayant le découvert devant lui et sur ses côtés, puisse voir venir de loin les grives.* »

Au cul levé dans les vignes

La chasse au cul levé, dans les vignes, au lendemain des vendanges, est un autre plaisir ; le tir y est plus facile qu'en plein ciel ; les oiseaux partent du sol, devant soi, rasant les ceps. Le long des haies, c'est une autre histoire. Il faut remonter celles-ci, soleil dans le dos, un chasseur de chaque côté. Si chien il y a, il doit rester au pied, sans quoi il « enfile » la haie, et les oiseaux partent trop loin. C'est l'une des chasses les plus amusantes : les grives et les merles partent en tous sens, devant derrière, montent en chandelle, s'écartent du couvert, puis aussi vite y rentrent. C'est un tir d'instinct où l'on « jette » son coup de fusil.

À la cabane en Italie

Les chasseurs italiens conservent précieusement la tradition de la chasse à la cabane. De ce modeste affût, caché parmi les arbrisseaux ou les buissons, en lisière d'une clairière, ou d'un champ, le chasseur tire les grives posées. Elles sont attirées par des appelants vivants, retenus dans de petites cages disséminées à faible hauteur, accrochées dans les arbres et sur des poteaux.

Les chasses du gibier d'eau

À la botte, à l'affût en bord de mer ou à la hutte dans les marais, les chasses du gibier d'eau ne procèdent ni des mêmes techniques ni du même esprit. Elles ont en commun d'être des chasses de cueillette, de s'être développées lors de l'invention du fusil et d'être confrontées à l'application du droit européen sur la sauvegarde des oiseaux migrateurs. Les unes n'apportent rien en terme de sauvegarde des milieux humides, d'autres sont l'ultime rempart à la disparition de ces milieux.

Il est convenu de considérer que la chasse du gibier d'eau constitue une pratique unique et que les chasseurs de gibier d'eau forment une même catégorie de passionnés. La réalité est plus subtile : les migrateurs aquatiques appartiennent à des familles diverses, ils fréquentent certes tous des zones humides mais celles-ci constituent des biotopes variés, enfin ils sont chassés de façons très différentes.

En ce qui concerne le gibier d'eau proprement dit, celui-ci se répartit dans trois grands ordres.
Les ansériformes – du latin *anser* qui désigne l'oie – regroupent la famille des anatidés que sont les oies et les canards, soit 146 espèces ; ils ont en commun d'avoir les pattes palmées.
Les charadriiformes – du grec *charadrios* qui désigne le pluvier – rassemblent 16 familles, soit 316 espèces dans le monde, dont les seules chassables en Europe sont certains limicoles, autrefois appelés « petits échassiers ».
Les gruiformes – du latin *grues* qui désigne la grue – représentent pour leur part 189 espèces dans le monde, réparties en 12 familles, dont la plus nombreuse, les rallidés (124 espèces dans le monde), réunit trois oiseaux chassables, à l'éthologie mal connue : les poules d'eau, les foulques et les râles d'eau ; ceux-ci ont en commun de voler difficilement.

Deux modes de chasse très éloignés l'un de l'autre

Les milieux fréquentés par les uns et les autres déterminent des modes de chasse différents. Il faut de l'eau plus ou moins profonde aux canards et aux oies ; des terres humides, rives et rivages aux limicoles ; une végétation dense aux poules d'eau, foulques et râles d'eau.

Arpenter les bords de mer et les rives des cours d'eau, circuler en bateau sur la rivière, attendre les canards à la passée du soir ou à la volée du matin lorsqu'ils reviennent ou s'en vont de leur lieu de gagnage, sont des chasses de billebaude, de rencontre. Faire venir les oiseaux sur un lieu choisi en les attirant au moyen d'appelants ou de leurres implique un savoir-faire élaboré, fruit d'une somme de connaissances qu'une vie d'homme ne suffit pas à acquérir.

Chasse de rencontre... Du point de vue des arts et traditions populaires, la chasse du gibier d'eau devant soi ou à la faveur du passage des oiseaux, sans qu'aucun outil fabriqué de la main de l'homme ne les ait incités à venir, ne se distingue en rien de ce que l'on appelle la chasse banale. Elle ne s'inscrit dans aucun usage particulier, elle est simplement fonction d'un milieu que fréquentent les migrateurs aquatiques, comme d'autres constituent les habitats du lapin, de la perdrix ou des cervidés.

... ou savoir-faire ancestraux. En revanche, le sauvaginier qui, dans son affût périlleux en bord de mer, brave les marées dans l'attente que

La chasse à la passée, dès lors que ses adeptes ne participent pas à la gestion des milieux humides, est une pratique de cueillette. Là est toute sa différence avec la chasse à la hutte.

vienne se poser à portée de son fusil un gibier trompé par les formes que l'homme a savamment disposées devant lui, ce chasseur-là s'adonne à une pratique qui ne doit pas tout aux hasards de la migration.

Les inconvénients d'une défense unitaire

Culturellement, un fossé sépare ces deux façons de concevoir la chasse. Les associations de chasseurs de gibier d'eau se refusent à faire cette distinction au motif qu'elle briserait le front unitaire de leur corporation confrontée à l'application du droit européen sur la conservation des oiseaux sauvages.

Les défenseurs des chasses traditionnelles ont procédé tout autrement en argumentant sur le caractère identitaire et spécifique de leur pratique qui, selon les termes de la directive européenne Oiseaux, *« permet une exploitation judicieuse de certains oiseaux en petite quantité »* (voir p. 256).

Pas de mise en valeur de la tradition. En se refusant d'adopter cette stratégie – toutefois fragile, car soumise en tout état de cause à la situation démographique des espèces concernées –, les sauvaginiers se privent de faire valoir le caractère coutumier de leur mode de chasse, fondé sur des savoirs ancestraux. À court terme, ils échappent aux obligations de prélèvements limités qui conditionnent le statut de la chasse traditionnelle ; ils « sauvent les meubles ». Mais, à moyen terme, face à une opposition qui demande de démontrer que la chasse est sans incidence sur les effectifs, leur position est précaire.

Mobilisation sur le terrain politique. Les sauvaginiers ont préféré faire le choix de la mobilisation politique en s'engageant sur le terrain électoral. Hormis tout ce que cela suppose en terme d'image de la chasse auprès de l'opinion publique, le phénomène sociologique d'érosion des effectifs de la population de chasseurs – une baisse d'environ 2 % par an en France – souligne toute la fragilité de ce type de résistance. Analyste perspicace de l'évolution du droit de la chasse, la juriste Muriel Geny-Mothe observe que *« la tradition ne s'impose pas par les violences et les revendications, elle s'impose au contraire par des décennies ou des siècles de pratique paisible »*. Les événements qui ont fait l'actualité cynégétique de ces dernières années ne témoignent pas d'une telle sérénité.

La fonction écologique passée sous silence

Cette logique de défense unitaire de tous les modes de chasse du gibier d'eau ne masque pas seulement la dimension traditionnelle des pratiques d'affût à partir du jeu des appelants et des leurres, source d'une légitimité culturelle : elle interdit également la reconnaissance de la fonction écologique assumée par toute une catégorie de chasseurs, qui non seulement utilisent ces techniques, mais participent aussi à la sauvegarde des zones humides.

Ces chasseurs sont les huttiers. Gestionnaires de marais, ils maintiennent envers et contre tout des habitats qui, sans eux, seraient condamnés à l'abandon, c'est-à-dire à la fermeture du milieu ou à l'assèchement à des fins sylvicoles ou agricoles.

Le biogéographe Bertrand Sajaloli, l'une des sommités de la recherche sur les zones humides, explique que *« la chasse [du gibier d'eau], qui s'inscrit comme une permanence dans l'exploitation des marais continentaux, constitue aujourd'hui le mode de valorisation le plus spécifique et de loin le plus rémunérateur de l'aire palustre. Les chasseurs, derniers gestionnaires traditionnels des marais, ont une action bénéfique sur les biocénoses palustres en luttant par des fauches régulières contre le boisement. La chasse est donc, sous réserve de son contrôle, un moyen efficace de gestion, voire de protection des marais. »*

Le rôle méconnu des huttiers et bécassiniers

Les chasseurs de bécassines, eux aussi, sont de fait les gestionnaires d'un milieu que la modernité condamne : ils maintiennent ouverts des espaces où l'eau affleure, préservant ainsi des habitats qui, du point de vue agricole, n'ont plus de raison d'être.

Noyés dans la masse des chasseurs de gibier d'eau – 450 000 adeptes environ en France – les huttiers et les bécassiniers ne sont pas reconnus dans leur rôle d'aménageurs d'espaces favorables à l'avifaune migratrice. Pourtant, ils ne sont pas de simples cueilleurs qui, sans contrepartie, puisent dans les flots migratoires. Ils entretiennent un milieu et, en juste rétribution de ce travail, ils pourraient faire valoir des droits à prélever, fondés sur le principe qui justifie une conception moderne de la chasse : « *Rendre à la nature ce que la nature donne.* »

Outre l'entretien du milieu, la chasse de la sauvagine exige une parfaite connaissance des migrateurs et des règles qui limitent au maximum les risques de dérangement des oiseaux.

Veiller au respect d'une certaine éthique

La chasse à la hutte n'est pas toujours pratiquée dans le respect de cette éthique, et, là encore, le refus de distinguer les chasseurs responsables de ceux qui le sont moins explique les difficultés croissantes que rencontrent les sauvaginiers face à des adversaires qui n'ont pas toujours tort lorsqu'ils dénoncent certaines dérives.

« *La location des huttes picardes, des gabions normands et des tonnes aquitaines représente un très gros enjeu économique,* note la journaliste Hélène Constanty. *[...] Dans la Somme par exemple, il faut débourser environ 1 800 euros par an pour avoir le droit de passer une nuit par semaine dans une hutte rudimentaire équipée de deux paillasses [...]. Si le propriétaire se garde une nuit pour lui, il lui reste les six autres à louer, ce qui lui fait un revenu d'environ 10 000 euros par an. Le tout se transmet souvent de la main à la main : ni contrat, ni quittance, ni impôt.* »

L'exemple américain. En Amérique du Nord, les chasseurs de gibier d'eau s'inscrivent dans une tout autre logique. Ils ont créé en 1937 Ducks Unlimited, l'une des plus importantes fondations de protection de l'environnement outre-Atlantique. Non seulement ils ont pris l'initiative de limiter leur période de chasse et le nombre d'oiseaux à prélever, mais ils financent aussi 1,7 million d'hectares de réserves. Dans certains États, le nombre d'oiseaux hivernant a été multiplié par huit en vingt ans.

L'AMÉNAGEMENT D'UNE MARE

La profondeur de l'eau détermine la croissance de divers types de végétaux qui constituent des milieux différents, de la terre ferme jusqu'à l'eau profonde. Faute d'entretien, un plan d'eau est vite envahi par les plantes. L'aménagement d'une mare de hutte consiste donc à gérer les niveaux d'eau et à contrôler l'évolution de la végétation afin de maintenir cette biodiversité, indispensable à l'avifaune migratrice. Celle-ci doit disposer d'espaces propices à son alimentation, à sa quiétude et à sa toilette.

La chasse à la hutte

C'est la nuit. Les appelants disposés sur la mare lancent tranquillement de petits cris sourds. D'autres s'ébrouent de temps à autre sur l'eau. Calme plat. Les heures passent. Soudain, l'un d'eux élève la voix, un deuxième lui répond, puis un troisième. Tout l'attelage est en éveil : les migrateurs arrivent. Silencieusement, les huttiers ouvrent les guignettes pour scruter la surface miroitante sous la lune. Venant de l'Est, les oiseaux se posent dans un fracas d'éclaboussures…

Chasser la nuit déroge à la règle immémoriale et non écrite du vieux monde rural qui veut que seuls les braconniers agissent quand tous les chats sont gris. Les aristocrates, puis les propriétaires fonciers, ont toujours cherché à encadrer la passion de la chasse, avec le souci particulier d'assurer à leurs gardes la sécurité : d'où la volonté permanente du législateur de repousser le temps de chasse vers les heures les plus claires de la journée. La chasse nocturne du gibier d'eau a su échapper à cette progressive normalisation. Si aujourd'hui elle est contestée par les opposants à la chasse, au motif qu'il est plus difficile de reconnaître la nuit que le jour les espèces protégées de celles qui ne le sont pas, les juristes s'accordent à considérer que rien en l'état actuel du droit ne s'y oppose.

La seule chasse de nuit

Cette tolérance trouve son origine dans une très ancienne notion selon laquelle les oiseaux de passage sont un gibier roturier dont le prélèvement ne porte préjudice à personne, à la différence du grand gibier ou du gibier sédentaire qui, eux, sont un produit du sol, donc une richesse. Toutefois, le droit communautaire de l'environnement a fait considérablement évoluer cette notion puisqu'il entend protéger les espèces migratrices, considérées comme un patrimoine de l'humanité.

Une autre raison explique cette longue mise à l'écart du droit et de l'attention des hommes. La chasse nocturne des oiseaux aquatiques se pratique en ces lieux humides et isolés, délaissés par l'activité agricole parce qu'improductifs : le marécage,

L'AMÉNAGEMENT D'UNE HUTTE

La hutte comprend, outre des pièces de repos, une salle de tir, ou poste de veille, dont les ouvertures, les guignettes, donnent sur le plan d'eau. Son orientation est fonction des vents dominants et du trajet de la lune, visibilité et discrétion étant de mise.

Parfaitement dissimulée dans le paysage, la hutte n'est pas toujours un poste de guet savamment aménagé. Le chasseur aime à s'y réfugier, loin des bruits et de la fureur du monde, en solitaire ou avec quelques amis très proches.

monde hostile qui durant des siècles inspira craintes et répulsions car il était le siège des esprits malins et le foyer des fièvres. Sous l'effet des récentes découvertes écologiques, cela aussi s'inverse : les zones humides, systèmes naturels qui comptent la plus grande variété d'espèces animales et végétales, font de plus en plus l'objet de mesures de protection en raison de leur fragilité.

Faire venir le gibier

Parce qu'elle se pratique en ces terroirs mystérieux, la chasse des migrateurs aquatiques est fréquemment qualifiée d'« ensorcelante » par les auteurs cynégétiques : *« Décor mélancolique, étendues d'eau nostalgiques, champs de joncs et de roseaux monotones…*, écrit l'un deux, le comte Joseph de Valicourt (1900 – 1998). *Dès qu'on y met le pied, c'est la vase, les terres noires et inconsistances, la boue. Elle n'a pour elle ni la splendeur des bois, ni la facilité des battues, ni le prestige de la vénerie…* » On ne peut plus rustique, cette pratique n'en est pas moins très subtile, car, à la différence de toutes les chasses des animaux sédentaires, la chasse de nuit des oiseaux d'eau ne consiste pas à aller chercher le gibier là où il est, mais à le faire venir là où on veut, c'est-à-dire sur cette mare, au plus près de la hutte, l'abri où le chasseur est tapi.

LA PASSÉE CONTROVERSÉE

Certains huttiers, puristes, s'interdisent de chasser à la passée, le soir, ou à la volée, le matin. Ils considèrent cette pratique sans grand mérite parce qu'elle ne nécessite pas l'usage d'appelants. Par ailleurs, elle est un facteur de gêne pour la mare, tout l'art du sauvaginier étant de faire de celle-ci un îlot de quiétude.

Voir sans être vu

Cette installation fixe et souterraine, qui obéit au principe du voir sans être vu, se fond dans la nature. Les ouvertures à partir desquelles s'effectue le tir – appelées le plus souvent guignettes, mais aussi guichets ou guichettes – sont disposées en demi-cercle et suffisamment nombreuses pour embrasser l'ensemble du plan d'eau. Ces exigences de camouflage et ces impératifs de visibilité imposent un positionnement stratégique de la hutte en fonction des ombres portées, des trajets de la lune, des courants d'air dominants, car les canards se posent toujours vent debout. Avant de décider de la localisation de son installation, le huttier

L'ART DES APPELANTS

Les oies et les canards sauvages ont toutes les bonnes raisons de croire que gîte, couvert et tranquillité sont assurés lorsque, du haut du ciel, ils aperçoivent des congénères sur un plan d'eau. Ceux-ci, dès qu'ils distinguent un vol, invitent les oiseaux sauvages à venir les rejoindre en les appelant. C'est sur ces comportements grégaires que joue le huttier pour favoriser les poses sur sa mare.

Toute l'année, le huttier entretient avec soin une population d'appelants dans un parc à ciel ouvert, le plus souvent à proximité de sa hutte, comprenant une partie aquatique et une partie terrestre, et entouré d'un grillage. Des secteurs du parc sont couverts de la même protection afin de permettre aux couvées de se réfugier en cas d'attaque des rapaces et des corneilles. Les apports en nourriture sont indispensables car jamais un parc ne produit en quantité et en variété suffisantes tous les aliments que les oiseaux trouvent en milieu naturel.

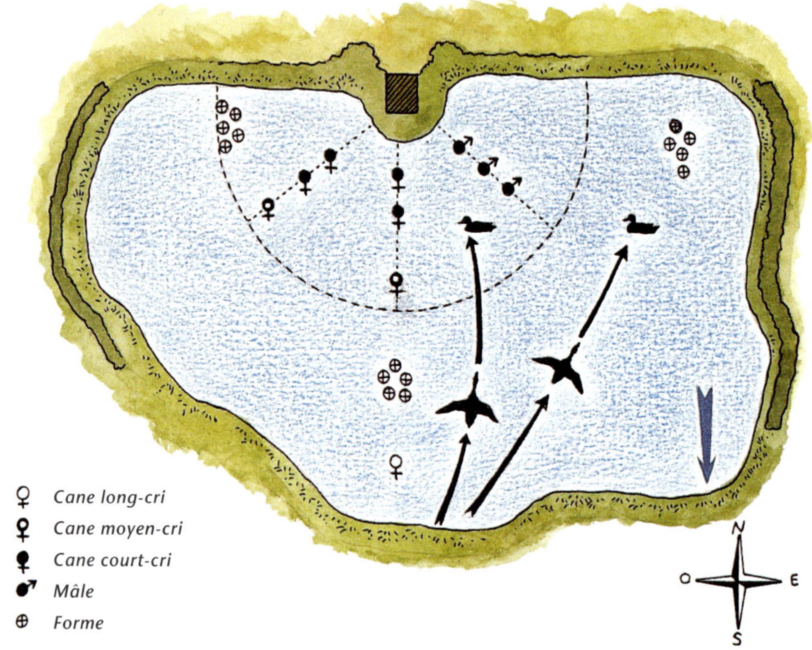

Les appelants, qui composent l'orchestre, sont attachés selon une hiérarchie qui est fonction de la longueur de leurs cris. Leur disposition dépend des vents dominants.

La hiérarchie des cris

C'est en fonction des cris des appelants que les canards sauvages décideront ou non de se poser. Le mâle, dit « malard », prévient le premier d'un passage ; il est aussitôt repris par les canes longs-cris qui lancent plusieurs dizaines d'appels : le huttier sait alors qu'un vol s'approche. Puis les moyens-cris interviennent : le gibier tourne autour de la mare. Les courts-cris, en deux ou trois appels, achèvent de convaincre les migrateurs qu'il n'y a aucun danger : éléments décisifs, ces femelles rassurent le gibier et l'incitent à rester en le « caressant » de petits appels de contentement.

L'art des appelants consiste donc à sélectionner parmi une population d'oiseaux domestiques, des individus en fonction de leurs cris et de leur sexe, pour former un attelage qui recomposera le plus vraisemblablement possible la hiérarchie des cris caractéristiques d'une population de migrateurs. Les oiseaux de nature agitée, trop bruyants, et dont les cris alarment, seront éliminés. Un attelage de qualité doit observer une attitude calme et lancer des appels attirants afin d'inspirer la quiétude à un gibier particulièrement farouche.

L'orchestre dans le vent

Trois canes et un mâle (le malard) composent l'attelage ; plusieurs attelages disposés sur la mare forment l'orchestre. Les longs-cris, placés sous le vent, figurent en tête, puis viennent les moyens-cris ; les courts-cris sont les plus proches de la hutte, car c'est vers eux que va, puis se tient le gibier. La disposition des appelants sur la mare est fonction du vent, sachant que les migrateurs se posent toujours face à lui ; si le vent tourne au court de la nuit, le huttier devra modifier la disposition de l'attelage.

Les appelants sont maintenus sur place par des pattières, des bagues en laiton fixées à la patte, qui sont reliées par un émerillon à un fil souple (la mèche), autrefois en coton, aujourd'hui en nylon ; cette mèche est elle-même attachée, toujours par un émerillon, soit à un plomb qui repose au fond de l'eau (attache au poids), soit à un cordeau fixé entre deux poteaux (va-et-vient), soit au centre d'une planchette disposée à fleur d'eau (attache à la palette).

L'attache est effectuée soit en ligne, soit en « V » *(voir schéma)*, selon le nombre d'oiseaux, la disposition de la hutte et les dimensions de la mare.

déploie, plusieurs saisons durant, tous ses talents d'observateur pour comprendre la vie de son marais, et toute son ingéniosité pour dessiner le plan d'une construction qui, avant d'être confortable, évitera tout ce qui peut éveiller la méfiance des oiseaux.

La hutte, appelée « gabion » en Normandie, « tonne » dans l'Ouest et « rague » dans le Sud-Ouest, fut jusqu'à la fin du XIXe siècle un rustique poste d'affût, simplement abrité du vent et de la pluie. Les premières constructions en dur apparaissent au début du XXe siècle, période qui marque l'essor de ce mode de chasse.

Le huttier, un expert avisé

Guetteur de la nuit, le huttier doit être un connaisseur prudent des oiseaux d'eau, qui, pour les seuls becs plats (famille des anatidés – oies, cygnes et canards), comptent 43 espèces dont moins de vingt sont chassables. La distinction les unes des autres, dans l'obscurité, suppose une rigoureuse maîtrise de leurs caractéristiques respectives, qu'il s'agisse de leur vol, de leurs cris, de leur silhouette. Le risque de confusion avec les espèces protégées est principalement ce que dénoncent les opposants à la chasse de nuit. Cette pratique impose en effet de maîtriser un savoir spécifique.

Des oiseaux compagnons

Depuis des temps immémoriaux, les chasseurs de gibier d'eau savent que les oies et les canards sont habités par l'esprit grégaire. Ils viennent là où leurs congénères les appellent. C'est ainsi qu'il y a cinq à six mille ans, les Égyptiens utilisaient des appelants pour attirer les voliers (bandes d'oiseaux) dans leurs filets rabattants. Tout un savoir s'est édifié de longue date pour mettre au point les techniques du leurre, soit à partir de blettes, ou formes, objets jadis de bois léger, souvent en liège, et désormais en plastique, qui figurent la silhouette d'un migrateur posé sur l'eau, soit à partir d'oiseaux vivants, les appelants. Ceux-ci, élevés en captivité, généralement dans un parc à proximité de la hutte, sont « attelés » *(voir ci-contre)* sur la mare selon un ordonnancement qui est fonction de la longueur de leurs cris et du sens du vent.

Une chasse d'attente

L'œil exercé pour percer la nuit, l'oreille attentive à l'intensité et à la tonalité de l'orchestre que composent les appelants, le huttier espère l'instant magique où, dans un froissement d'ailes et d'eau, la volée « tombe » sur la mare ; alors, soudain, l'attelage fait silence à l'exception de la cane de pose qui « caresse » les nouveaux venus de son court cri. Les huttiers les plus expérimentés reconnaîtront aussitôt les milouins des souchets, repéreront parmi les colverts un couple de sarcelles. Aux guignettes, la tension ne cessera de monter tant que le gibier ne sera pas à portée de fusil et suffisamment détaché des appelants pour que ceux-ci ne « prennent pas de plomb » lors du coup de feu. L'attente peut se prolonger jusqu'au petit matin, avec toujours la crainte de voir les visiteurs de la nuit repartir pour leur voyage au long court, sans avoir eu la possibilité de les tirer.

Le huttier est aussi un gestionnaire obligé du milieu : le marais doit être sans cesse entretenu sous peine de se refermer sous la pression de la végétation (boisement, comblement du plan d'eau par envasement). Il ne s'agit donc pas là d'une pratique de simple cueillette. Elle est pourtant menacée au même titre que les autres chasses de migrateurs par la réglementation européenne sur la protection des oiseaux. C'est donc en faisant valoir leur fonction d'aménageurs et en garantissant des prélèvements raisonnés que les huttiers pourront démontrer leur légitimité écologique. Cela suppose néanmoins qu'un terme soit mis aux locations de huttes à prix fort et à l'usage de tireurs que seule l'importance du tableau motive.

Au petit matin, le huttier va chercher le gibier tué. Une inspection soigneuse des abords, avec un chien de rapport, est impérative afin de retrouver d'éventuels oiseaux blessés.

La chasse à la botte

Il y a chasse à la botte et chasse à la botte. Celle qui consiste à surprendre le gibier au hasard d'une promenade au bord de l'eau ou au cœur du marais ne requiert pas de savoirs particuliers. En revanche, la chasse de la bécassine devant soi, avec un chien spécialement affecté à ce travail, est une pratique cynégétique des plus prestigieuses. Le gibier ne se laisse pas approcher facilement, son vol est terriblement capricieux, et il exige un territoire géré à son intention.

Chasser à la botte, ce n'est pas chasser en bottes mais chasser au débotté. Au marais parmi les roseaux, le long d'un cours d'eau, sur les rives d'un étang, dans les mollières (langues de sable veinées de ruisselets où la végétation tente de gagner sur la mer), le chasseur débusque la sauvagine et la tire à la volée.

Cette billebaude connut son âge d'or lorsqu'il était permis de chasser au printemps. Savoir si les espèces entraient en phase de reproduction n'était pas la question, s'inquiéter des incidences des prélèvements sur les stocks reproducteurs n'intéressait personne. *« Ce qui m'a souvent étonné chez [ces chasseurs] qui n'étaient même plus des débutants dans cette spécialité, c'est leur ignorance du gibier et de ses mœurs »*, écrivait, en 1952, Philippe Quersin dans un ouvrage édité sous les auspices du très sélect Conseil international de la chasse.

Hormis qu'elle concerne les migrateurs aquatiques, cette chasse à la botte est sans rapport avec les chasses spécialisées du gibier d'eau. La chasse à la hutte (*voir p. 282*), au contraire, exige à la fois une parfaite connaissance des oiseaux de passage et une vraie gestion du milieu. De même, la chasse de la bécassine des marais se pratique à la botte, certes, mais elle n'est pas une simple billebaude.

Des experts de la chasse à la bécassine

Le bécassinier est un expert. Tout comme le bécassier, il ne conçoit pas que son gibier de prédilection puisse être chassé à la faveur d'une rencontre fortuite. L'oiselle – c'est ainsi que ses passionnés la désignent – se recherche et s'approche… Hôte pres-

L'AMÉNAGEMENT D'UNE PLATIÈRE A BÉCASSINES

L'aménagement d'une platière à bécassines consiste à faucher les roseaux sur une cinquantaine de mètres de long et une vingtaine de large afin de constituer des clairières de forme plus ou moins triangulaire. Les végétaux sont retirés afin de laisser place nette. Les platières ainsi réalisées sont reliées les unes aux autres par des sentiers qui permettent d'approcher discrètement. Un entretien régulier est nécessaire afin que la végétation ne reprenne pas le dessus.

Une platière à bécassines vise à reconstituer le milieu naturel qu'apprécie l'oiselle : un sol humide parsemé de petites flaques profondes de 5 à 6 cm où elle peut s'alimenter, un couvert végétal de 5 à 10 cm de hauteur où elle peut se réfugier.

tigieuse du marais, la bécassine a ses places : il lui faut pouvoir fouiller la vase pour se nourrir de vers, de larves d'insectes et de petits mollusques ; elle affectionne donc les endroits où la profondeur de l'eau n'excède pas 5 à 6 cm, les bords de flaques, les pâtures en bordure des roseaux.

Pour se défendre, cet oiseau magique et fantasque compte exclusivement sur son vol, rapide – 1 500 m en 1 min – et constitué de multiples crochets. Les puristes estiment qu'il ne saurait être chassé autrement qu'à l'arrêt du chien.

La nécessaire connivence entre le maître et son chien. Soigneux, précis, endurant, parfaitement aux ordres, le chien doit être assez enthousiaste pour ne négliger aucune remise possible, assez rapide pour bloquer un oiseau qui fuit à la moindre alerte et assez sage pour tenir l'arrêt fermement. Le tir sera instantané, sans quoi la migratrice aura tôt fait, en quelques zigzags étourdissants, d'échapper à la gerbe de plombs. Si elle tombe, tout n'est pas fini pour autant, car encore faut-il la retrouver : seuls les grands nez, méticuleux et calmes, donneront satisfaction. La connivence indispensable entre le maître et le chien, et l'adresse au tir qu'elle impose font de la quête de la bécassine des marais une chasse d'exception.

QUESTION STRATÉGIQUE

Sur la manière d'aborder la bécassine, il existe plusieurs écoles : si le chien travaille face au vent (vent debout), l'oiselle perçoit moins le danger, mais elle négocie un envol acrobatique ; avec un vent arrière, elle entendra plus rapidement le chien, mais le vol sera davantage direct, donc le tir moins difficile.

Très subtile, la chasse de la bécassine au chien d'arrêt se pratique dans les prairies humides, les tourbières ou les marais spécialement aménagés. C'est une chasse de spécialistes.

Le bécassinier, jardinier du marais

Du point de vue écologique, cette pratique joue un rôle essentiel pour la sauvegarde des zones humides. Le bécassinier est en effet, par nature, un gestionnaire du paysage. Afin que l'oiselle fréquente un territoire, il lui faut le biotope adéquat. Toute la stratégie du chasseur spécialiste de la bécassine consiste à empêcher que le milieu ne se referme. Aussi fauche-t-il régulièrement les roseaux sur une quarantaine de mètres carrés ; au milieu de ces surfaces dégagées, il aménage des platières, petites parcelles de moins de 10 m² où affleure l'eau.

Maintenir un habitat menacé. Les bécassiniers participent ainsi de manière décisive au maintien d'un habitat jadis entretenu par diverses activités rurales, comme la vannerie et surtout le pâturage du bétail. Ils veillent également à la tranquillité du milieu : la bécassine est un oiseau farouche, une pression de chasse trop importante peut lui faire déserter le territoire. D'où l'obligation de fréquenter avec mesure les platières, au maximum une fois par semaine.

Un consensus entre chasseurs et ornithologues

Des menaces pèsent sur l'avenir de la chasse de la bécassine. Au motif que les effectifs de l'espèce sont en baisse, les opposants à la chasse ambitionnent d'interdire les prélèvements. Or la cause de ce phénomène – tous les ornithologues en conviennent – provient de la réduction des habitats où la migratrice trouve les bonnes conditions pour se reproduire.

D'où cet argument avancé par Michel Devort, spécialiste incontesté du sujet : « *Rayer la bécassine des la liste des espèces chassables entraînerait ipso facto l'abandon du coûteux et permanent entretien de ses habitats, effectué à l'heure actuelle quasi exclusivement par les chasseurs. Lorsque l'on sait qu'en quelques années un marais non entretenu disparaît, on mesure à quel point une disposition destinée à sauver quelques individus condamnerait l'espèce.* »

Le consensus entre naturalistes et chasseurs est possible : il s'agirait d'autoriser les prélèvements dans des quantités fixées par un plan de gestion, et seulement là où les chasseurs entretiennent le milieu.

La chasse en bord de mer

Sur les terres incertaines où avance la mer s'étend un univers de roches, de sables et de vases. C'est le domaine des grands migrateurs qui volent d'un continent à l'autre, au rythme des saisons. Le chasseur devine leurs instincts et leurs goûts. Il va se cacher et tromper les yeux les plus farouches. Tous les éléments sont contre lui : un sol précaire et sans cachette, où monte une eau grise et froide.

La chasse en bord de mer réunit un terrain qui mérite à peine ce nom et un gibier sur le qui-vive. L'expérience permet d'éviter les dangers mortels que peuvent présenter les vasières et les sables mouvants. Quand cette chasse ne se pratique pas à la botte, le but est de se dissimuler pour tirer les oiseaux qui suivent la marée montante.

Arrivé sur les lieux, le chasseur organise son embuscade. Le plus simple consiste à se dissimuler dans les hautes herbes, les buissons ou les rochers pour tirer les canards qui vont au gagnage – c'est la passée du soir – ou ceux qui en reviennent – c'est la volée du matin. Mais la chasse en bord de mer, ce n'est pas que cela.

À l'affût dissimulé dans des abris mobiles…

Selon les cultures locales, des techniques d'affût, à la fois frustes et savantes, se sont développées. La plus rudimentaire consiste à creuser une fosse à fleur de sable : c'est le trou, utilisé notamment en baie du Mont-Saint-Michel, dans lequel le chasseur se tient debout ; le sable extrait forme un remblai autour de l'excavation.

La toile et le hutteau. Plus élaborée, la toile consiste à creuser une fosse de 1 m de large sur 2 m de long ; un lit de paille est déposé sur le fond. La fosse est recouverte d'une bâche sous laquelle le chasseur s'allonge. Autre méthode : le hutteau, toile tendue autour de quatre piquets ; selon la hauteur du dispositif, le chasseur s'y tient debout ou assis ; des ouvertures découpées dans la toile permettent d'observer et de tirer.

Le cercueil insubmersible. Plus confortable – tout est relatif –, le cercueil, installation caractéristique de la baie de Somme, est un habitacle transportable et insubmersible qui peut accueillir un homme allongé et son chien. Construit en contreplaqué marine et fibre de carbone, il est doté d'un couvercle ; par la guignette (ouverture) aménagée à l'avant de cette petite hutte partiellement enterrée dans le sable, le chasseur scrute le ciel, fusil en main ; pour aller chercher le gibier tué, il ouvre le couvercle et libère son chien.

L'affût sur les côtes est une pratique de cueillette qui n'exige aucun aménagement du milieu, mais une bonne connaissance des migrateurs, nombre d'entre eux étant protégés.

… ou dans des installations fixes et flottantes

Les chasseurs de bord de mer utilisent également des installations fixes, sur le principe de la hutte, mais de dimensions nettement plus modestes : il s'agit du gabion, structure étanche et flottante contenue dans un caisson ou cuvelage creusé dans le sable ; lorsque la mer monte, l'eau pénètre dans le caisson, et le gabion s'élève. Pour faire face à la fureur des éléments, le gabion est fortement arrimé à de gros câbles afin d'éviter qu'il sorte du caisson. La tonne, utilisée en Saintonge ou en Gironde, s'inspire du même principe ; elle doit son nom au tonneau que les chasseurs utilisaient jadis comme poste flottant.

Joseph de Valicourt (1900-1998), fondateur en 1935 de la première association de défense des chasseurs de gibier d'eau, a bien décrit toute la rudesse de l'affût en bord de mer : *« Pour tout réconfort, une gourde et une tartine ; et l'homme et le chien, étroitement serrés l'un contre l'autre pour se tenir plus chaud, passent la nuit dans ces conditions que l'on peut qualifier d'héroïques. »*

Le blettage est l'art de disposer des blettes, ou formes, ces appelants artificiels qui ont la silhouette du gibier ; leur fabrication en bois ou en liège est un art populaire.

Des leurres et des appeaux pour attirer les oiseaux

Avant de se dissimuler, le chasseur dispose ses leurres, formes d'oiseaux qui se fichent dans le sol. Le gravier et les vases renseignent sur les vers qu'un bon bec saura trouver. Il ne reste qu'à espérer que les vrais limicoles seront d'accord et rejoindront leurs faux camarades. La chasse aux canards fait appel en outre à des appelants, oiseaux vivants retenus par une patte. Ils attireront leurs congénères si leurs cris sont assez convaincants.

Qu'il soit mobile ou fixe, l'affût nécessite une parfaite connaissance des lieux, des courants et des horaires de marée. Cette chasse menée en dépit des périls de la mer est le fait de passionnés extrêmes. Ils connaissent parfaitement la sauvagine, dont de nombreuses espèces sont protégées. Ils savent siffler les oiseaux, soit, pour les plus expérimentés, en imitant avec leur bouche les cris du gibier convoité, soit en se servant d'appeaux. Les résultats dépendent de la météo d'abord, du savoir-faire ensuite. Cette chasse d'un coût minime reste pratiquée par des gens modestes fondamentalement attachés au droit de chasser sur le domaine public.

UN COLVERT JUDAS

La tradition de l'usage du malonage se perd : un colvert mâle, apparié à une cane maintenue à l'attache sur la mare du poste d'affût, est lancé dès qu'un volier apparaît. L'oiseau dressé vole vers ses congénères sauvages, puis revient auprès de sa cane, entraînant avec lui les migrateurs ainsi mis en confiance.

À l'approche dans les baies et les estuaires

L'approche des migrateurs dans les estuaires et dans les baies, parfois plus loin encore en mer, est une pratique d'un autre genre, dont les Anglais sont spécialistes. À bord d'un canot effilé, le punt, ponté ras sur l'eau, le chasseur avance à la pagaie vers les bandes de canards. L'avant et l'arrière du bateau sont fermés hermétiquement, formant ainsi deux caissons étanches qui garantissent la flottabilité. Le punt mesure quelque 6 m de long, sur 1 m de large ; le chasseur y est allongé sur le ventre.

Le pédalo en Gironde. Dans la baie d'Arcachon, le pédalo désigne un bateau de la même facture, mais le chasseur y est allongé sur le dos. Pour déjouer la méfiance des oiseaux, on approche à contre vent et, si possible, le soleil dans le dos, car ainsi le gibier, ébloui, discerne moins bien ce qui lui semble un tronc flottant au gré des vagues. Il est également recommandé de naviguer à contre-courant : les canards se laissant glisser au fil de l'eau, ils dérivent tout naturellement vers l'embarcation qui vient vers eux.

De moins en moins d'adeptes

Le nombre des adeptes de ces chasses d'affût et d'approche ne cesse de décroître. Celles-ci sont d'autant plus victimes du phénomène d'érosion qui affecte toutes les pratiques cynégétiques, qu'elles se déroulent dans des conditions d'inconfort et de risque très éloignées des goûts du jour. Elles ne sont pas non plus encouragées par la réduction des périodes de chasse et l'extension des zones protégées. Enfin se pose la question de leur compatibilité avec les usages liés aux activités touristiques des régions côtières.

La chasse au fil de l'eau

Chasser en bateau au gré du courant n'est pas une activité des plus paisibles. Quand l'hiver est rude et que les eaux stagnantes sont gelées, les canards viennent nombreux se réfugier sur les fleuves et les rivières en crue : le chasseur doit alors savoir mener sa barque et ne pas craindre les eaux glaciales… C'est une pratique incontestablement sportive et souvent téméraire, mais pour laquelle l'exploit, trop souvent, se mesure à la quantité de gibier prélevé.

Il n'y a pas cent ans, en 1920, un auteur cynégétique reconnu à l'époque, René Bommier, n'hésitait pas à écrire ces lignes pour justifier la chasse en bateau sur les fleuves et les rivières : *« Ce serait un maigre plaisir pour le chasseur de sauvagine de ne pouvoir parcourir que la terre des prairies inondées, des marais ou le bord des étangs. L'oiseau aurait vraiment les défenses trop faciles. »* Cette conception de la chasse fructueuse a connu, avec l'usage du bateau, des dérives. L'emploi d'embarcations à moteur n'est pas la moindre.

Ainsi, à partir des années 1900, une facétie mondaine a voulu que l'on arme des yachts spécialement pour la chasse des canards. À partir du bateau principal, plusieurs petits canots, des punts bien souvent (*voir p. 289*), étaient mis à l'eau pour approcher les migrateurs, de préférence par grand froid, lorsque les anatidés ne trouvent plus place sur les étangs gelés et que les eaux courantes les accueillent en quantités. L'artillerie de bord – expression consacrée – se composait de canons, dits canons-canardières, de calibre 37 mm à 47 mm, *« qui envoyaient à 150 mètres un kilo de plomb 000 »*, rapporte un témoin. Ces canots descendaient le courant à la poursuite du gibier, puis le grand bateau les rejoignait. Le livre de bord de l'un de ces yachts utilisé sur l'Escaut indique des tableaux de 250 oiseaux pour trois jours consécutifs, le record étant de 422 pièces.

La chasse à pied, à la billebaude le long des cours d'eau, fut longtemps une pratique très usitée, notamment lorsque l'ouverture était autorisée dès le 14 juillet.

Des limites à l'usage de canots motorisés

Les vrais chasseurs de sauvagine, les huttiers, se sont très tôt inquiétés des excès ainsi commis et ont obtenu l'interdiction de la chasse à l'aide de canots motorisés, à cette réserve près : le moteur peut fonctionner pour se rendre sur le lieu de chasse, mais il doit être arrêté dès lors que l'action de chasse est engagée. Cette réglementation, toutefois, est difficilement applicable : où commence et où s'arrête en effet l'action de chasse ? Pour aller rechercher un oiseau tué qu'emporte le courant, bien souvent il est nécessaire de « mettre les gaz »…

Une chasse nomade. Avec ou sans moteur, l'utilisation d'un engin de locomotion marque une frontière entre la chasse de la sauvagine en bateau et toutes les autres pratiques cynégétiques. L'exploitation, industrielle en quelque sorte, d'une force naturelle, le courant, explique que, dans la littérature cynégétique, cette pratique ne bénéficie pas d'une considération particulière.

La situation est différente pour les battues organisées sur les grands étangs. Là, il ne s'agit pas de profiter du mouvement de l'eau, mais seulement d'organiser un rabat afin de forcer les oiseaux à s'envoler. Les flottilles regroupent parfois plusieurs dizaines d'embarcations.

Un rapport plus éloigné avec le milieu. La singularité de la chasse en rivière sur un bateau tient aussi au rapport que le chasseur entretient avec le milieu. Au marais, à l'étang, univers clos, le sauvaginier prend possession des lieux. En cela, il n'est pas différent du chasseur en plaine, au bois ou en montagne. Sur la rivière ou sur le fleuve, *« chemins qui marchent et qui portent où l'on veut aller »* disait Pascal, le chasseur se fait voyageur, même si le parcours n'est que de quelques kilomètres. Or la culture cynégétique, en Occident du moins, intègre mal cette dimension nomade.

Au service du tireur, un pilote expérimenté

Sur le plan technique, cette pratique est tout entière axée sur l'efficacité de l'embarcation. Celle-ci doit être stable pour permettre de tirer dans les meilleures conditions, mais en même temps pas trop lourde à manœuvrer. Dans la mesure où les périodes les plus favorables sont celles de crues, l'affrontement avec les éléments n'est pas de tout repos ; rares sont ceux qui n'ont pas connu de plongeon forcé dans une eau glaciale. Il faut donc un pilote parfaitement exercé à diriger l'embarcation. Il doit se placer le plus en arrière possible du bateau afin de laisser toute latitude au tireur.

Le chien est également un auxiliaire essentiel. Les oiseaux tués sur le coup se retrouvent sans peine ; mais les blessés disposent de bien des moyens de fuite : ils plongent ou rejoignent le bord et s'y dissimulent. Le chien doit donc être un excellent retriever, calme, déterminé.

Une pratique sportive au coût en hausse

La forte réduction des zones humides – 67 % d'entre elles ont disparu en France depuis un siècle – favorise la concentration des oiseaux d'eau sur leurs lignes de migration que sont les fleuves et rivières. Du coup, la location des tronçons de voies navigables par les chasseurs s'est considérablement renchérie ces deux dernières décennies. Et la chasse en bateau, qui fut longtemps surtout le fait de riverains, concerne progressivement une population de moins en moins implantée localement et disposant de bons moyens financiers. Ainsi la sociologie de cette pratique se modifie. Elle n'en reste pas moins le fait de passionnés intrépides.

Vers la mise en place de prélèvements maximum. Du point de vue de la protection des espèces, cette chasse peut présenter de réels inconvénients si elle est pratiquée inconsidérément, notamment lors de grands froids. L'évolution de la réglementation vers la mise en place de prélèvements maximum autorisés peut permettre d'en limiter les effets.

Cette chasse demeure cependant une chasse de cueillette dont les pratiquants ne participent en rien à la gestion des habitats. Pour cette raison, son avenir n'est pas garanti. Sauf si les produits des locations, dont l'État est le bénéficiaire – les fleuves et rivières relevant du domaine public fluvial –, étaient employés à la préservation et à la restauration des milieux de l'avifaune migratrice.

En hiver, lorsque les plans d'eau sont gelés, les canards se rassemblent sur les cours d'eau épargnés par les glaces. C'est surtout en cette saison que se pratique la chasse en rivière.

LE RHIN ET LA CAMARGUE

Le Rhin et ses abords (marais, prairies inondables, étangs) constituent, avec l'accueil de 115 000 anatidés en hivernage, la deuxième zone humide majeure pour les canards en France, la première étant la Camargue, avec 120 000 anatidés. Les chasseurs alsaciens ont favorisé la mise en réserve du fleuve sur 150 km.

Les migrateurs terrestres

La diminution du petit gibier sédentaire et la recherche de pratiques authentiques, que ne sauraient satisfaire les lâchers de tir, expliquent l'engouement pour la chasse des migrateurs. Ces oiseaux de passage ne sont pas plus à l'abri de la détérioration de leurs habitats que la petite faune de plaine. Par ailleurs, il est complexe d'évaluer l'évolution des densités de ces grands voyageurs. La nécessité de mettre en place des mesures de gestion des milieux et des prélèvements s'impose.

Depuis les années 1970, la diminution du nombre de chasseurs et leur intérêt croissant pour le grand gibier pourraient laisser penser que la pression de chasse sur les oiseaux migrateurs s'amoindrit. Ce n'est pas totalement vrai, car d'autres phénomènes ont une influence sur les actuelles évolutions des pratiques cynégétiques.

Le premier tient à la diminution des populations de petit gibier sédentaire. Faute de perdrix, de lièvres et de lapins, les oiseaux de passage intéressent davantage ceux qui n'ont pas totalement opté pour le grand gibier.

Un intérêt croissant pour le pigeon ramier

Ainsi, par exemple, le pigeon ramier fait l'objet d'un intérêt grandissant. Les experts de l'Office national de la chasse et de la faune sauvage notent que *« parmi ceux qui ont tué au moins un pigeon ramier, la moyenne nationale passe de 6 pigeons par chasseur en 1983-1984 à 8,9 en 1998-1999 »*. Les chasseurs traditionnels de la palombe, gibier emblématique du Sud-Ouest, sont confrontés à une baisse des effectifs migrateurs. Pour autant, le pigeon ramier est une espèce en très bonne santé : si le nombre des oiseaux migrateurs diminue en ses points de passage habituels, *« la population nicheuse est en indéniable augmentation et son aire de nidification s'est étendue »*, observe le Pr Jean-Claude Lefeuvre, du Muséum d'histoire naturelle.

Une chasse peu coûteuse et sans contrainte. À cette évolution des effectifs sédentaires s'ajoute une autre donnée : nombre de chasseurs dont les moyens financiers ne permettent pas d'intégrer des chasses de grand gibier montrent un intérêt croissant pour cette espèce. Il n'est pas nécessaire en effet de disposer d'un grand territoire, une petite parcelle suffit à procurer des journées de vrai plaisir, qui ne sont d'ailleurs pas toujours du goût des grandes chasses voisines.

En outre, et cela explique une bonne part de son succès, la chasse du pigeon à poste fixe demeure une pratique individuelle, par conséquent sans contrainte, même si, progressivement, la réglementation limite le temps de chasse et impose la tenue de carnets de prélèvement.

La passion pour la bécasse, un nouvel état d'esprit

L'autre phénomène qui explique la passion grandissante pour les oiseaux de passage tient à une sensible évolution des mentalités. L'ersatz de chasse que constituent les lâchers de gibiers de tir, solution de facilité pour suppléer à la disparition du petit gibier, de même que les dérives dont la gestion du grand gibier est l'objet, notamment celle du sanglier, provoquent une réaction de rejet parmi bon nombre de chasseurs, les jeunes en particulier, qui recherchent une pratique authentique fondée sur la quête d'un gibier réellement sauvage.

De ce point de vue, la bécasse apparaît comme une espèce encore plus intéressante que le ramier. Si celui-ci s'attend au pied d'un arbre, en lisière d'un champ derrière un poste d'affût, en haut d'un mirador ou d'une plate-forme nichée dans les frondaisons, la mordorée ouvre d'autres perspectives, qui tiennent aux mystères entourant ce gibier, à la nécessité de le chasser avec un chien, mais aussi à l'image du bécassier qui, dans la culture cynégétique, est auréolé d'un certain prestige.

Sous l'influence du Club national des bécassiers (CNB), à l'origine de nombreux travaux scientifiques sur l'éthologie de l'espèce, des mesures sont progressivement mises en place pour éviter des prélèvements trop importants que provoque l'engouement pour ce gibier.

Avec un tableau annuel de plus d'un million de bécasses, la France est le pays d'Europe, devant l'Italie et la Grèce, où cet oiseau est le plus chassé.

Même s'il est admis que les effectifs de l'espèce restent stables, il apparaît inévitable, en raison de l'augmentation de la pression de chasse, de limiter non pas la période de chasse, comme le réclament les protectionnistes, mais le nombre d'oiseaux prélevés chaque année par chasseur.

Des chasseurs très au fait de l'état des populations

Parmi les chasseurs d'espèces migratrices, les bécassiers sont ceux qui ont le mieux intégré les exigences qu'impose le droit européen. *« Il est vain de croire qu'une défense de la chasse puisse se baser sur l'argument de la tradition,* explique Jean-Paul Boidot, président du CNB. *Il nous faut mettre sur la table des négociations des arguments basés sur les connaissances de terrain. »*

Les bécassiers sont ainsi à l'origine d'une étude de haut niveau qui a permis de démontrer, à partir d'analyses endocrinologiques, que l'oiseau n'entre pas en période de reproduction active avant fin février. Dans la mesure où la directive européenne Oiseaux commande que les espèces *« ne soient pas chassées pendant leur période de reproduction »*, de telles recherches permettent d'asseoir les périodes de chasse sur des données rigoureusement scientifiques.

En collectant, grâce au réseau de ses 5 000 membres, une moyenne de 7 000 ailes de bécasses par an, le CNB suit l'évolution de l'âge des oiseaux prélevés, élément déterminant pour l'évaluation de la dynamique de l'espèce. Autre contribution au suivi des effectifs : les fédérations départementales de chasseurs et l'Office national de la chasse et de la faune sauvage baguent chaque année environ 1 000 oiseaux.

La chasse de la grive est très populaire dans le Sud. Ce migrateur est un enjeu fort dans les polémiques qui opposent, sur des bases controversées, chasseurs et protectionnistes.

Les bécassiers, précurseurs en matière de gestion

Cette démarche naturaliste exemplaire, initiée par les chasseurs, tient à l'état d'esprit qui, depuis un demi-siècle, habite le cercle des bécassiers. Le CNB, créé en 1951, est à l'origine de l'interdiction de la commercialisation de la bécasse. Malgré la réticence de nombreuses institutions cynégétiques, il a également obtenu la suppression de la chasse de cet oiseau au mois de mars. En 1974, cette structure avait même émis le vœu que soit créé un permis pour chasser la bécasse, proposition restée lettre morte.

Précurseurs sur la voie d'une chasse responsable, les bécassiers, du fait des prises de position de leur club, ne sont pas toujours compris par une opinion cynégétique qui a tôt fait de considérer comme élitiste – donc contraire à la chasse populaire – toute mesure qui vise à inscrire le droit de prélever dans des logiques de gestion. C'est pourtant la seule façon de démontrer, face à un lobby protectionniste bien perçu par l'opinion publique, que la chasse n'est pas insouciante du devenir des espèces.

La caille des blés, qui fut pour des générations l'oiseau emblématique de l'ouverture de la chasse, pourrait profiter des mesures mises en place en faveur de la perdrix. Son aire de répartition se modifie, avec notamment une sédentarisation des effectifs d'Afrique du Nord.

Menaces sur la chasse des cailles et des grives

La situation de la caille est très significative à cet égard. Victime à la fois du bouleversement de ses habitats, en Europe comme en Afrique, et de lâchers intempestifs qui menacent gravement son intégrité biologique, ce gibier n'a fait l'objet d'aucune attention particulière de la part des chasseurs. En l'absence d'engagements forts et d'initiatives originales, à l'image de ce qu'entreprennent les bécassiers, la chasse de la caille sauvage, faute d'une présence significative des populations, risque bien d'être reléguée au rang de souvenir.

La disparition de l'outarde canepetière, un exemple édifiant. Le sort de ce migrateur pourrait bien être celui que connaît un autre migrateur terrestre, l'outarde canepetière. Espèce protégée, cette dernière n'intéresse qu'une poignée de naturalistes qui assistent impuissants à la disparition de l'espèce : 7 200 mâles chanteurs au début des années 1980 en France, 1 300 mâles chanteurs en 2000...

L'évolution des prélèvements de grives – une diminution de plus de 58 % en l'espace de quinze ans – est préoccupante pour les passionnés de ce gibier et souligne le danger que le déficit de connaissances fait peser sur l'avenir de sa chasse. Les experts de l'Office national de la chasse et de la faune sauvage reconnaissent ne pas disposer de données fiables sur l'évolution démographique des populations. Les protectionnistes en tirent argument pour une réduction des périodes de chasse en vertu du principe de précaution.

L'alouette pourrait être bientôt une espèce protégée

Une menace du même ordre guette la chasse des alouettes. Ses pratiquants, une minorité d'esthètes qui maintiennent la tradition du miroir, du filet ou encore de la matole (petite cage qui se rabat sur l'oiseau lorsque ce dernier vient picorer le grain placé sous l'engin), ne sont en effet engagés dans aucun travail conséquent sur le suivi de l'alouette des champs.

Un projet de classement de cet oiseau dans la liste des espèces protégées est en cours, et rien ne saura l'arrêter si le monde cynégétique n'initie pas rapidement une stratégie d'études et de recherches. À la fin des années 1990, la chasse de l'ortolan est ainsi passée à la trappe, faute de disposer d'une argumentation justifiant que l'état des populations permettait des prélèvements.

Les chasses de l'alouette, ultimes témoignages d'une culture rurale qui s'efface, sont aujourd'hui les victimes toutes désignées du rouleau compresseur protectionniste, parce que leurs adeptes sont trop peu nombreux pour inciter les institutions cynégétiques à s'intéresser à leur dossier. Ces dernières sont davantage attentives au lobby des éleveurs de gibier, qui sait bien faire valoir l'enjeu économique qu'il représente, ou à celui de la vénerie qui sait activer les réseaux dont il dispose dans l'appareil d'État, ou encore à celui des chasseurs de gibier d'eau, qui sont organisés en véritables groupes de pression.

Le pigeon ramier

Symbole du migrateur par excellence, l'oiseau bleu n'est pas toujours le grand voyageur que l'on imagine. L'existence de nombreuses populations sédentaires alimente un âpre débat entre ceux qui estiment les populations en déclin et ceux qui s'interrogent sur une modification du comportement migratoire. Le sujet n'est pas neutre, car il pose les questions contradictoires du déterminisme biologique et de l'incidence des facteurs environnementaux.

Nommé « palombe » dans le sud-ouest de la France, le pigeon ramier est l'espèce la plus prélevée en France, avec environ 5 millions d'oiseaux tués par an. Et c'est en France que l'oiseau bleu fait l'objet du plus grand nombre d'études, car l'évolution des densités nourrit de multiples controverses.

Le sujet est complexe pour deux raisons. D'une part, l'aire de nidification s'étend du sud de l'Espagne au nord de la Suède, soit une surface considérable pour mener un suivi crédible des mouvements migratoires. D'autre part, il existe des comportements différents au sein de l'espèce.

Certaines populations de Grande-Bretagne sont à ce point sédentaires que 90 % des pigeons se fixent définitivement dans un rayon de 50 km autour de leur lieu de naissance. D'autres vivent de façon quasi sédentaire ; c'est le cas en France, au Danemark, dans le Benelux et en Allemagne. Enfin, restent migratrices celles qui viennent des pays scandinaves et de l'Europe de l'Est et traversent les Pyrénées pour hiverner en Espagne et au Portugal.

Controverses sur la sédentarisation

La dynamique des pigeons sédentaires apparaîtrait plutôt comme favorable. En revanche, les quelque 10 à 50 millions d'oiseaux qui franchissaient la chaîne pyrénéenne dans les années 1950 ne sont plus que 3 ou 4 millions aujourd'hui.

Modification du milieu ? Certains spécialistes y voient l'effet du réchauffement du climat qui n'incite pas les oiseaux à poursuivre leur route vers des contrées plus accueillantes ou qui provoque des modifications des trajets migratoires. Pour d'autres, le développement de la culture du maïs, que l'oiseau apprécie beaucoup, favoriserait la sédentarisation.

Ou déclin de l'espèce ? Suivant un raisonnement déterministe, d'autres affirment que rien ne peut interrompre ou modifier un cycle migratoire dont le calendrier et l'itinéraire sont génétiquement programmés.

Le débat est rendu d'autant plus complexe que ces différents groupes ne constituent pas des ensembles parfaitement homogènes, et que rien ne permet de distinguer les oiseaux sédentaires qui s'envolent avec des migrateurs, ou les espèces migratrices en voie de devenir sédentaires.

LES INDICES DE PRÉSENCE

Un vol ascensionnel, marqué par un fort claquement d'ailes, puis une descente planante suivie d'une remontée avec toujours ce battement sonore, et ceci à plusieurs reprises dans un mouvement circulaire, est le fait du mâle qui cerne son territoire durant le vol nuptial. Les roucoulements gutturaux, rythmés par une longue succession de « rou-rou », s'achèvant par un unique « rou-rou », signalent la présence du couple.

Le pigeon ramier
(Columba palumbus)

- **Poids :** de 450 à 520 g
- **Taille :** 41 cm
- **Longueur des ailes :** 23,5-26,1 cm
- **Envergure :** 73-76 cm
- **Accouplement :** à partir de mars
- **Œufs :** 2, de couleur blanche ; le nid est une plate-forme de branchettes grossièrement entrelacées
- **Couvaison :** 17 jours
- **Poussins :** nidicoles (ils naissent aveugles, ne peuvent ni se déplacer ni réguler leur température) ; ils sont indépendants à l'âge de 33 à 34 jours

Après l'accouplement, les couples de pigeons ramiers aménagent en guise de nid une plate-forme de brindilles placée sur une branche horizontale haute. Ils demeureront en famille jusqu'en septembre, avant de se regrouper en bandes, prêts pour la migration.

En ville ou aux champs

Appartenant à l'ordre des colombiformes, qui compte 280 espèces dans le monde, le ramier est le plus grand pigeon d'Europe. Particulièrement farouche et méfiant en milieu rural, cet oiseau est étonnamment familier lorsqu'il fait souche en ville.

À la différence des autres pigeons européens (le biset, ancêtre des espèces domestiques, et le colombin), la palombe porte des épaulettes blanches et des taches de même couleur apparaissant sur le cou à l'âge adulte.

Des couples très unis

Lorsqu'ils remontent de leurs quartiers d'hiver, les grands voliers se disloquent car vient le temps de la reproduction. Le mâle prend possession d'un territoire ; par ses roucoulements, il tente de séduire les femelles de passage. Une seule sera élue. Les deux oiseaux formeront un couple parfaitement uni durant les deux ou trois pontes qui précéderont le retour vers le sud, à l'automne.

Des oisillons très rapides. Ils construisent leur nid de concert, couvent à tour de rôle et se relaient pour nourrir les deux jeunes qui prennent leur envol au trente-troisième ou trente-quatrième jour suivant leur naissance. En une semaine à peine, ces ramereaux peuvent atteindre une vitesse de vol de 60 km/h.

>> UNE PLAQUE CHAUFFANTE

Pour mener à bien l'incubation, le poitrail des pigeons est doté d'un système dense de vaisseaux sanguins. À la façon d'une couverture chauffante, ce dispositif diffuse une température de plus de 40 °C. Les parents se placent de telle sorte que les œufs soient couverts par cette plaque incubatrice.

Avant le grand départ

En prévision du grand voyage, qui pourra durer plus d'un mois et couvrir quelque 4 000 km, l'appétit des oisillons augmente au point qu'en moins de dix jours ils grossissent d'un quart de leur poids. Ils n'acquerront toutefois pas dès la première année la force de leurs aînés. Aussi, durant la migration, les adultes multiplieront-ils les étapes réparatrices.

Les pesticides en question. Outre la chasse et les intempéries, l'absorption de semences enrobées de pesticides pourra constituer une menace lors du voyage. L'interdiction progressive de ces produits, engagée récemment, permettra peut-être de mesurer l'incidence qu'ils ont eue sur les effectifs.

La tourterelle des bois

Oiseau mal connu, la tourterelle des bois, discrète et farouche, supporte avec peine l'évolution du paysage rural et les aléas climatiques. Il semblerait aussi qu'elle souffre de la concurrence de la tourterelle turque, qui aurait avec elle des comportements agressifs. Son tir au printemps en Gironde, revendiqué au nom de la tradition, la place au centre des polémiques entre l'extrême chasse et les militants écologistes. La connaissance de son éthologie ne progresse pas pour autant.

Les premières tourterelles des bois reviennent de leur zone d'hivernage africaine au printemps. Ces colombidés nidifient sur une zone s'étendant de l'Europe de l'Ouest à la Sibérie, mais elles demeurent absentes des pays scandinaves et du nord de l'Angleterre.

Leur domaine de prédilection est un paysage constitué de champs, de prés, de haies et de petits bois, de sous-bois, de buissons bordant rivières et étangs. Elles n'apprécient guère les secteurs très urbanisés, pas plus que les forêts profondes. En zones montagneuses, les couples sont rares au-delà de 500 m d'altitude.

Pour se nourrir, les tourterelles arpentent les chemins, les bordures de parcelles cultivées et de bosquets, en quête de graines, de fleurs sauvages et de graminées. Elles peuvent aussi à l'occasion, comme le pigeon, se nourrir de petits animalcules.

LES INDICES DE PRÉSENCE

En vol, la tourterelle des bois est reconnaissable à ses ailes brunes très effilées et à sa queue noire bordée de blanc. Son vol est rapide et direct, ponctué de quelques coups d'ailes brefs et puissants. On peut l'observer principalement au sol, sur le bord des routes et des chemins, mais également sur les fils des lignes électriques. Dissimulée dans le feuillage des fourrés, elle roucoule doucement de façon harmonieuse et continue, en émettant un « turr-turr », qui lui vaut son nom.

La tourterelle des bois
(Streptopelia turtur)

- **Poids :** de 100 à 200 g
- **Taille :** 27 cm
- **Longueur des ailes :** 17-18 cm
- **Envergure :** 50-52 cm
- **Accouplement :** de fin mai à mi-août
- **Œufs :** 2, de couleur blanche ; le nid est une construction très plate faite de branchettes entrecroisées
- **Couvaison :** de 12 à 14 jours ; succession de 2 à 3 pontes
- **Poussins :** nidicoles ; ils sont indépendants à l'âge de 20 jours

Des roucoulements au vol nuptial du mâle

La formation du couple s'effectue lorsque les oiseaux parviennent sur les lieux choisis pour la reproduction. D'une manière discrète au début de leur installation, ils roucoulent de plus en plus fréquemment au fil des jours. La période de reproduction culmine avec le vol nuptial effectué par le mâle qui s'élève dans le ciel en planant, puis glisse soudain à la verticale vers le sol.

Un nid en hauteur. La femelle, assistée par le mâle, construit un nid en plate-forme à l'aide de brindilles de bois mort enchevêtrées ; parfois, c'est un ancien nid réaménagé. Installé entre 2 et 6 m de hauteur, il est toujours bien abrité et difficilement accessible. Le mâle comme la femelle participent à l'incubation des œufs. Le succès de la reproduction est de 45 % en juin, de 60 % en juillet et de 33 % en août.

La forte mortalité des jeunes. Lorsque les oiseaux partent pour leurs quartiers d'hivernage, le rapport est d'environ 1,4 jeune par adulte. À l'origine des pertes les plus significatives, la prédation, la désertion des nids et les œufs non fertiles. La pluie et le vent peuvent aussi être à l'origine de la destruction de couvées.

La mortalité annuelle des jeunes tourterelles des bois est estimée à près de 64 % des effectifs la première année, contre 50 % chez les adultes.

Départ pour l'Afrique en août

À partir d'août, les premiers oiseaux quittent la France. Ils volent surtout de nuit, à la différence des pigeons, qui se déplacent plutôt de jour. La migration dans certains pays peut comprendre des milliers d'individus.

Par étapes plus ou moins longues, suivant leur état d'engraissement et leur âge, les tourterelles regagnent l'Afrique de l'Ouest. Leur destination d'hivernage correspond aux zones semi-arides de la savane arborée, aux zones de rizières, du Sahara au Sénégal. Elles traversent la Méditerranée en de nombreux points.

Des points de passage en Espagne ou en Italie. Les oiseaux qui ont niché en Europe de l'Ouest passent principalement par la péninsule Ibérique. Une fois en Afrique, ils longent la côte atlantique via le Maroc. Ceux qui ont pris le chemin de l'Italie stationnent en Tunisie ou en Algérie après avoir traversé le Sahara.

La quête des lieux humides. Une fois sur les lieux d'hivernage, les tourterelles recherchent, par petits groupes, les bords de mares, de lacs, de rivières. Elles apprécient les zones humides riches en plantes cultivées et sauvages. Cette migration ne s'effectue pas sans pertes : bon nombre d'entre elles périssent de fatigue ou victimes des tornades et de vents de sable.

LE LAIT DE PIGEON

Comme tous les colombidés, les tourterelles des bois nourrissent leur progéniture avec du « lait de pigeon ». Cette production d'apparence lactée est sécrétée par la muqueuse du jabot et constitue la première nourriture des jeunes, qui, pour se la procurer, enfouissent leur bec dans celui des parents.

Illégale, la chasse de la tourterelle en mai dans le Médoc, au début de la période de reproduction, est revendiquée au nom de la tradition ; or elle date des années 1920.

Certaines populations seraient en déclin

« *Les facteurs influant sur la démographie des populations, et en particulier ceux liés aux conditions d'hivernage, restent mal connus,* expliquent les experts français de l'Office national de la chasse et de la faune sauvage. *Des changements climatiques et d'habitats seraient responsables du déclin de certaines populations. La sécheresse dans le Sahel et la zone soudanienne serait responsable pour partie du déclin des populations de l'Ouest européen.*

Et d'ajouter, au sujet des lieux de nidification : *L'arrachage des haies et leur mauvaise gestion actuelle sont certainement responsables du déclin des effectifs nicheurs. Ce déclin a été important dans la période 1970-1990. Depuis, une légère augmentation est notée en France.* »

La concurrence de la tourterelle turque. Un autre facteur semble jouer, sans que toutefois les ornithologistes en discernent bien les mécanismes, à savoir la concurrence de la tourterelle turque. Depuis les années 1950, à partir des Balkans, son foyer d'origine, cette espèce a colonisé toute l'Europe, les îles Britannniques incluses. Sédentaire mais vagabonde, elle s'installe pour nicher à proximité des habitations, mais elle occuperait une vaste niche écologique, dont celle de la tourterelle des bois, vis-à-vis de laquelle elle observerait des comportements agressifs.

Polémique dans le Médoc

Le tir en mai de la tourterelle des bois dans le Médoc, pratique illégale au regard de la directive européenne sur les oiseaux, selon laquelle une espèce ne peut être chassée lors « *de son trajet de retour vers ses lieux de nidification* », fait chaque année l'objet de vives polémiques. Les prélèvements ainsi effectués ne portent que sur environ 25 000 oiseaux, soit à peu près 1 % des pertes annuelles.

La bécasse des bois

Ses secrets sont nombreux, ses comportements mystérieux. Cette voyageuse garde la mémoire des lieux : d'année en année, elle revient à la même place puiser de son long bec dans le terreau des sous-bois les lombrics dont elle raffole. Son œil immense, son vol furtif, son plumage aux tons de l'automne en font un oiseau d'une troublante élégance. Les chasseurs l'appellent « la mordorée ».

À la différence des limicoles de rivage, qui appartiennent aussi à l'ordre des charadriiformes, la bécasse des bois, limicole terrestre, possède des pattes courtes et un corps trapu. Son plumage aux couleurs des feuilles mortes constitue un moyen de camouflage efficace. Il peut parfois présenter des plumes blanches ou être totalement jaune isabelle. Son long bec, dont la mandibule supérieure est articulée sur le dernier tiers à partir de l'extrémité, lui permet de sonder le sol pour en extraire ses proies.

La croule, un ballet aérien lié à la reproduction

La zone de nidification, dans les forêts humides de plaine et de montagne, s'étend de l'extrême est des îles Britanniques à l'extrême est de la Russie. La période de reproduction est marquée par un comportement dont la signification est encore mal expliquée : la croule, ballet aérien en forme de vol-poursuite, que les mâles effectuent à l'aube et au crépuscule et au cours duquel ils émettent deux notes très brèves. Il s'agirait d'abord d'une façon de signifier leur présence aux femelles, puis, plus tard, lors de l'élevage des jeunes, un moyen de diversion face aux prédateurs que sont la chouette hulotte ou l'autour des palombes.

Migrateurs au long cours et migrateurs partiels

L'effectif des bécasses des bois en Europe et en Afrique est aujourd'hui estimé de 15 à 37 millions d'individus, donnée pour le moins imprécise.

Les bécasses sont des migrateurs au long cours, lorsqu'elles sont originaires de Finlande et de Biélorussie ; ce sont des migrateurs partiels, lorsqu'elles viennent des Pays-Bas, du Danemark ou d'Allemagne ; celles originaires de France et de Grande-Bretagne sont considérées plutôt comme des sédentaires. La migration d'automne s'étend principalement d'octobre à novembre : elle est en général entrecoupée de haltes migratoires de quelques jours pour la reconstitution partielle des réserves énergétiques.

Les aires d'hivernage en France. Plus l'origine des bécasses est nordique ou orientale, plus leur aire d'hivernage est située au sud. Les derniers arrivants sur les sites d'hivernage sont les oiseaux dont la provenance est la plus lointaine.

La moitié nord et le quart sud-ouest de la France accueillent surtout les bécasses de Suède, de Finlande et des pays Baltes, alors que le quart sud-est reçoit avant tout celles origi-

LES INDICES DE PRÉSENCE

La bécasse est difficilement visible, tant son plumage se confond avec le sol. Dans la boue, en bordure d'ornières, sur le pourtour des bouses de vaches, les trous provoqués par les coups de bec, si leur profondeur dépasse 3 cm, marquent toutefois sa présence. Autre signe : le miroir, un terme cynégétique pour désigner la fiente ; il a l'apparence d'une substance noire, entourée par une flaque blanchâtre et visqueuse d'environ 4 cm de diamètre.

La bécasse des bois
(Scolopax rusticola)

- **Poids** : de 300 à 320 g en moyenne ; il peut s'élever jusqu'à 400 g en certains cas, ou descendre à 200 g par grands froids, lorsque le sol est durablement gelé
- **Taille** : 34 cm
- **Longueur des ailes** : 27 cm quand elles sont dépliées
- **Envergure** : 60-66 cm
- **Accouplement** : mars
- **Nid** : cuvette de feuilles mortes
- **Œufs** : 4, de couleur blanc jaunâtre ou olivâtre, tachés de brun foncé
- **Couvaison** : de 22 à 24 jours
- **Poussins** : nidifuges ; les jeunes savent voler à 20 jours environ

Se confondant parfaitement avec les feuilles d'automne, la bécasse échappe à l'œil le plus averti. Quand elle n'est pas en quête de nourriture, elle demeure immobile au sol et observe tout ce qui l'entoure, sans tourner la tête, grâce à un champ visuel à 360°.

naires d'Europe centrale. Quelques individus venant de Norvège et de Grande-Bretagne gagnent les côtes de la Manche et de la Bretagne.

Des parcours immuables. Les résultats des marquages-recaptures, en hiver, montrent qu'au cours de la même saison, ou d'une année à l'autre, 70 % des bécasses sont retrouvées à moins de 5 km du lieu de baguage, ce qui souligne qu'elles conservent la mémoire des lieux.

Une alimentation plus animale que végétale

La nourriture animale représente l'essentiel du régime de la bécasse des bois. En automne et en hiver, les lombrics constituent l'aliment de base et représentent plus de la moitié des proies animales : coléoptères, larves d'insectes, diptères, myriapodes. Les composants d'origine végétale ne sont pas pour autant négligeables. Les femelles ont une alimentation plus carnée que les mâles. Cette différence serait liée, pour une part, à des besoins nutritifs différents entre les sexes et, d'autre part, à la plus grande longueur du bec des femelles.

Des famines en cas de gel. La bécasse cherche surtout sa nourriture en journée, de préférence dans les sous-bois ; néanmoins, en hiver, elle s'alimente aussi de nuit, dans les prairies et les pâturages. Son régime alimentaire la rend particulièrement sensible aux vagues de froid intenses et au gel. Dans ces conditions, il n'est pas rare d'observer des mortalités naturelles dues à la faim.

Un oiseau thérapeute

Outre la croule et la mémoire des lieux, la bécasse présente une autre particularité, qui en fait un oiseau à part : elle panse ses blessures, à la patte, sur le bec ou au thorax, en confectionnant des emplâtres à base de plumes, de débris végétaux et de boue, mélangés à son sang et sa salive. Ce pansement, durci et colmaté, faciliterait la guérison de la fracture.

MUTATIONS GÉNÉTIQUES ?

Le bec de certaines bécasses des bois ne dépasse pas 3 cm de long, alors qu'il mesure en général 5 cm en moyenne : ces oiseaux sont dits alors « brévirostres ». Il peut aussi arriver que la mandibule inférieure du bec soit plus longue que la mandibule supérieure, celle-ci présentant un renflement en son milieu.

Les grives

Les haies d'automne chargées de baies, les vents d'est qui font venir les migratrices : c'est un univers bucolique où la gourmandise tient une large place qu'évoquent les grives. Les échanges qui opposent chasseurs et protectionnistes ramènent à une réalité moins poétique, faite de chiffres contestés et d'analyses mal étayées qui démontrent que l'on connaît encore mal les densités de ces espèces.

Appartenant à la famille des turdidés, comme le merle noir, les grives sont au cœur d'un débat tendu entre ceux qui les chassent, pour l'essentiel en France méridionale, en Italie et en Espagne, et ceux qui considèrent que l'évolution des densités est préoccupante. Le chiffre de 5,5 millions de grives et merles noirs prélevés en France lors de la saison 1998-1999 est à rapprocher des 13 millions annoncés quinze ans plus tôt. Le tableau de chasse aurait chuté de plus de 58 % ; d'où l'inquiétude de certains naturalistes qui en déduisent une régression, considérable, des effectifs. Toutefois, parallèlement, le nombre de chasseurs français a diminué de plus de 23 % ; ceci peut contribuer à expliquer en partie cela.

L'extension des forêts profite à la draine…

D'autres causes sont avancées à cette baisse des effectifs, telle la modification des voies de migration et des conditions climatiques, mais sans preuves scientifiques. En revanche, la disparition des haies, des garrigues et des maquis, habitats privilégiés des grives, est un fait incontestable.

Cependant, l'éthologie de chacune des quatre espèces de grives relativise l'impact de ce phénomène. Ainsi, la grive draine, la plus grosse de la famille, peu migratrice, apprécie les massifs forestiers et les peupleraies, qui sont en expansion, ce qui devrait favoriser son développement.

… mais la mauvis en pâtit. C'est la grive mauvis, la plus petite, essentiellement migratrice et qui se reproduit en Scandinavie et en Sibérie, qui serait la plus sensible à l'évolution des habitats : elle privilégie les lieux humides bordés de haies, de bosquets et de buissons, ceux-là même qui souffrent le plus de la déprise agricole et de l'extension du massif forestier.

Même si elles ne dédaignent pas les fruits, les grives s'alimentent essentiellement de vers, d'escargots et d'insectes. Or ces denrées, du fait des traitements agricoles, se raréfient…

La musicienne et la litorne s'adaptent aux villes

La grive musicienne, elle, espèce très souvent sédentaire, a su trouver un nouvel habitat dans les parcs et dans les jardins citadins. La grive litorne, également migratrice partielle, a étendu depuis une cinquantaine d'années son aire de nidification à des régions qui, ces dernières années, se sont fortement urbanisées, comme le nord de la France, la région parisienne et les Alpes du Sud. En parallèle, les prairies permanentes, prisées par cet oiseau, ont régressé.

Une offre alimentaire moindre. Cette évolution vers de nouveaux habitats ne signifie pas pour autant un maintien, et, *a fortiori*, une progression des densités : les oiseaux, faute de trouver les lieux qui leur conviennent, se contentent d'autres milieux, avec des potentialités alimentaires moindres, ce qui ne peut qu'avoir un effet négatif sur la dynamique des populations.

Par ailleurs, cette urbanisation des grives peut expliquer qu'elles soient moins présentes dans les sites où elles sont traditionnellement chassées, d'où la baisse du tableau de chasse.

LES INDICES DE PRÉSENCE

La grive draine, la plus grosse, avance au sol par grands bonds. Elle est souvent perchée au faîte des arbres d'où elle lance des « trrrr… trèrrr… tchrrr… schnèrr », qui ne sont propres qu'à elle. Son plastron est blanc jaunâtre taché de noir.

La grive musicienne, à peine plus petite que le merle, émet en vol un « tsic » qui permet de l'identifier. À partir de fin février jusqu'à fin juin, le mâle lance du haut d'un arbre un chant mélodieux et scandé. Son plumage sur le dessus est d'un brun moins terne que celui de la draine.

La grive litorne, qui lance un « tchatchatchac » en s'envolant, se distingue par sa tête et son croupion gris.

La grive mauvis, la plus petite, ressemble fort à la musicienne, hormis ses flancs roux et son long sourcil crème.

Au printemps comme à l'automne, les insectes et leurs larves, les escargots, les limaces et les vers composent l'essentiel du régime alimentaire de la musicienne, et, pour partie celui de la mauvis, de la litorne et de la draine.

Cette dernière, à l'automne et davantage encore en hiver, se nourrit de baies de gui dont elle assure la dispersion par ses fientes. Si cette ressource alimentaire est suffisante, elle n'est pas incitée à migrer et peut donc affronter l'hiver.

La grive musicienne
(Turdus philimelos)

- **Poids :** de 65 à 75 g
- **Taille :** 23 cm
- **Longueur des ailes :** 11-12,1 cm
- **Envergure :** 35 cm environ
- **Accouplement :** février-juin
- **Nid :** dans un buisson, un taillis, un conifère, un lierre, entre 1 et 8 m de hauteur ; c'est un assemblage d'herbes, de brindilles, de mousse et de feuilles, garni d'un mastic lissé composé de terre et de bois pourri
- **Œufs :** de 3 à 5, de couleur bleu légèrement turquoise et marqués de points noirs
- **Couvaison :** de 12 à 14 jours ; 2 à 3 couvées
- **Poussins :** nidicoles ; ils sont indépendants à l'âge de 12 à 15 jours

La grive draine
(Turdus viscivorus)

- **Poids :** de 110 à 140 g
- **Taille :** 27 cm
- **Longueur des ailes :** 14,5-16 cm
- **Envergure :** 45 cm
- **Accouplement :** de février à mai
- **Nid :** souvent dans une enfourchure, à 7 ou 8 m de hauteur ; assemblage d'herbes et de brindilles liées à de l'argile
- **Œufs :** de 3 à 5, de couleur crème rosé ou bleu verdâtre, et mouchetés de brun
- **Couvaison :** de 12 à 14 jours ; 2 couvées
- **Poussins :** nidicoles ; ils sont indépendants à l'âge de 14 à 16 jours

La grive litorne
(Turdus pilaris)

- **Poids :** de 80 à 110 g
- **Taille :** 26 cm
- **Longueur des ailes :** 13,8-15,3 cm
- **Envergure :** 42 cm
- **Accouplement :** de mars à mai
- **Nid :** contre un tronc ou dans la fourche d'une branche latérale, entre 2,5 et 18 m de hauteur ; cuvette de terre mélangée à des brindilles, des herbes, de la mousse, entourée d'herbes sèches grossièrement assemblées et garnie de fines herbes sèches
- **Œufs :** de 4 à 6, de couleur bleu clair ou blanc, et tachetés ou mouchetés de brun
- **Couvaison :** de 13 à 14 jours ; 1 à 2 couvées
- **Poussins :** nidicoles ; ils sont indépendants à l'âge de 13 à 14 jours

La grive mauvis
(Turdus iliacus)

- **Poids :** de 55 à 75 g
- **Taille :** 21 cm
- **Longueur des ailes :** 11,2-12,1 cm
- **Envergure :** 34 cm
- **Accouplement :** de mai à juillet
- **Nid :** dans un arbre, une haie, entre 1 et 5 m de hauteur (au sol dans l'extrême nord) ; cuvette semblable à celle de la musicienne, mais garnie d'herbes sèches
- **Œufs :** de 4 à 6, de couleur bleu pâle et tachés de rouge-brun
- **Couvaison :** de 12 à 13 jours
- **Poussins :** nidicoles ; ils sont indépendants à l'âge de 13 à 14 jours

L'alouette des champs

Le philosophe Gaston Bachelard a dit d'elle : « C'est l'oiseau couleur d'infini, couleur d'ascension… un jet de sublimation… une verticale du chant… une onde de joie. Seule la partie vibrante de notre être peut connaître l'alouette. » Elle évoque non seulement le ciel immobile de juillet où retentit, quand elle s'élève, son chant ininterrompu, mais aussi le blé nourricier, les couleurs de la terre… Lorsqu'il l'aime plus que tous les autres gibiers, le chasseur est un poète.

« *Le ciel est sa tribune* », écrit au sujet de l'alouette des champs l'ornithologiste Paul Géroudet. Une image bien jolie qui explique la puissance évocatrice de ce passereau dont le chant est l'un des plus longs de la gent ailée – jusqu'à dix minutes ininterrompues. L'alouette inspira nombre d'auteurs illustres, parmi lesquels Froissart, La Fontaine, Tolstoï. De tous les vers qui lui sont consacrés, ceux du chef de file de la Pléiade, Pierre de Ronsard, situent le mieux les vertus béatifiques prêtées au bel oiseau : « *Elle, guindée de Zéphire / Sublime, en l'air vire et revire / Et y décligne un joli cri / Qui rit, guérit et tire l'ire / Des esprits mieux que je n'écri.* »

LES INDICES DE PRÉSENCE

L'alouette des champs se repère à l'envol : les ailes sont larges avec une frange claire sur le bord postérieur ; les côtés de la queue sont blancs. Le vol est aussi caractéristique : les ailes battent brièvement et plutôt lentement, se referment puis reprennent leur mouvement. Le « tirelire », ce chant ininterrompu que lance l'oiseau en s'élevant vers le ciel, ne ressemble à aucun autre. De même cette façon de s'élever très haut quasi au point de disparaître, de se maintenir face au vent, puis de descendre en spirale pour enfin chuter telle une pierre, avant de reprendre son vol à quelques mètres du sol, puis de se poser délicatement.

L'alouette des champs
(Alauda arvensis)

- **Poids :** de 34 à 50 g (M) ; de 26 à 43 g (F)
- **Taille :** 27 cm
- **Longueur des ailes :** 10,2-12,2 cm
- **Envergure :** 35 cm
- **Accouplement :** d'avril à fin juillet
- **Nid :** au sol, dans une petite dépression d'herbes sèches et de radicelles garnie d'herbes fines, parfois de crins ou de poils
- **Œufs :** de 3 à 5, de couleurs blanchâtre, grisâtre, verdâtre, chamois et nettement tachetés de brun plus ou moins ocre
- **Couvaison :** de 11 à 12 jours, avec en moyenne 2 à 3 et parfois 5 couvées
- **Poussins :** nidicoles ; ils sont indépendants à l'âge de 18 à 20 jours

Neuf espèces européennes, mais une seule chassable

La famille des alaudidés compte 76 espèces dans le monde, dont 9 espèces en Europe. Seule l'alouette des champs est encore chassable, en Espagne, en France, en Grèce et en Italie. Bien qu'elle ne figure pas à l'Inventaire de la faune menacée en France, le lobby protectionniste se mobilise pour qu'elle soit protégée.

Pourtant, l'effectif nicheur est à ce point difficile à estimer qu'il oscille, selon les sources, entre 300 000 et 1 300 000 couples. D'après certains experts, l'espèce serait en déclin dans une proportion de 50 à 60 % ces trente dernières années, mais ils estiment toutefois « *que les prélèvements cynégétiques n'apparaissent pas comme un problème majeur en raison de l'importance de la production annuelle d'un capital reproducteur européen estimé entre 21 et 55 millions de couples* ».

L'amplitude de la variation des estimations prouve au moins une chose : il n'existe pas de suivi systématique à l'échelle européenne qui permette d'évaluer rigoureusement l'évolution de l'espèce.

Une alimentation dégradée par l'agrochimie

Il ne fait toutefois pas de doute que l'alouette n'a pu que payer un lourd tribut au productivisme agricole. Inféodée à la culture des céréales, elle se nourrit en hiver surtout de semis de blés ; or, l'absorption des grains traités est une cause importante de mortalité. À partir de la mi-avril, elle consomme essentiellement des insectes, larves, araignées, mille-pattes, petits mollusques et lombrics, autant d'espèces que l'agrochimie décime, ce qui ne peut manquer d'avoir un effet négatif sur la dynamique des populations. En fin d'été, elle apprécie les grains de blés qu'elle trouvait en abondance dans les chaumes, mais ceux-ci se raréfient, les champs étant très souvent retournés aussitôt la moisson achevée.

Une reproduction diminuée du fait des rapaces

À l'inverse, les aménagements cynégétiques effectués en faveur de la perdrix et du faisan (jachères, bandes enherbées, lisères non traitées) profitent à l'alouette des champs : ils lui procurent à la fois graines et insectes, mais lui offrent aussi une protection contre les rapaces, première cause d'échec de la reproduction.

Le développement des populations de faucon émerillon, de busard saint-martin, de busard cendré participe en effet à la régression des effectifs. La prédation de la corneille sur le nid est également importante. L'alouette cherche à nicher là où la végétation ne dépasse pas 15 à 25 cm et ne recouvre pas plus de 50 % de la surface du sol, c'est-à-dire les bordures de champs, là où la pression de la prédation est la plus importante, d'où un succès de reproduction par nid qui ne dépasse pas 30 %.

Des territoires à l'étendue variable

Territoriaux, au moins durant la période de reproduction, à savoir d'avril à la fin juillet, les couples occupent un domaine exclusif dont l'étendue est fonction de la capacité d'accueil et de l'offre alimentaire. La densité peut varier de 1 couple à l'hectare dans les meilleures conditions à un couple pour 20 hectares dans les zones les moins favorables. C'est pour indiquer les limites de son territoire que le mâle, à l'arrivée des beaux jours, lancerait ses célèbres trilles.

Le cochevis huppé, espèce protégée, se distingue de l'alouette par sa forme plus trapue, sa huppe nettement plus proéminente, sa queue bordée de fauve et non de blanc.

Un migrateur partiel, mais pas en France

L'alouette des champs est un migrateur partiel. Les couples qui se reproduisent en France sont sédentaires. « *En général, l'alouette est migratrice là où la température moyenne de janvier est inférieure à 0 °C, alors qu'elle est sédentaire dans les régions moins froides dont elle ne s'éloignera qu'en cas de conditions climatiques défavorables, notamment de chutes de neige* », explique Urs Weibel, au service suisse d'information sur la biologie du gibier et l'écologie. Le temps fort de la migration se déroule d'octobre à novembre ; jusqu'en décembre, plus de 50 millions d'alouettes venant de Scandinavie et d'Europe centrale traverseraient la France. Leur trajet quotidien dure quatre à cinq heures et représente 150 à 200 km, que les oiseaux franchissent en plusieurs étapes.

L'ALOUETTE DU PÈRE

Selon une allégorie bretonne, l'alouette accompagnait l'âme des défunts au paradis. Mais Dieu, constatant qu'elle allait vers lui en jurant « diù, diù, diù », la remplaça par saint Pierre. Depuis, elle veut sans cesse le rejoindre, et, comme le saint la repousse, elle redescend telle une flèche, en blasphémant plus encore.

La caille des blés

« Paye tes dettes, paye tes dettes », a traduit autrefois le paysan pour décrire le chant de la caille des blés, ce petit migrateur qui évoque avant tout les plaisirs rustiques, ceux de la chasse et de la table. Aujourd'hui, les effectifs de ce petit galliforme déclinent. Bien sûr, les bouleversements du paysage campagnard ont réduit ses ressources alimentaires. Mais surtout, une insidieuse pollution génétique menace l'intégrité biologique de cet oiseau désormais de moins en moins voyageur.

La caille en septembre, blottie au creux d'un chaume, sous le soleil d'une belle fin d'été, évoque toute la poésie d'une campagne d'autrefois qui n'est que souvenirs. Mais on disait déjà cela il y a plus de cent cinquante ans : « *La caille ne sera plus pour nous qu'une légende, un mythe !* affirmait le chroniqueur cynégétique Paul Chapuy. *Aujourd'hui, c'est de loin en loin qu'un jour d'ouverture on rencontre par-ci par-là une caille, et encore arrive-t-il de ne point en rencontrer du tout.* »

Pour certains, ce galliforme, le plus petit et le seul qui soit migrateur, n'est pas, de nos jours, en si mauvaise posture. Même si dans la grande plaine transformée par l'agrochimie il peine à trouver insectes, larves et graines sauvages que la campagne de jadis offrait largement.

Un déclin qui daterait des années soixante

D'autres partagent plutôt l'avis de l'éthologiste Charles Guyomarc'h, spécialiste de l'espèce reconnu mondialement, qui affirme : « *Jusque dans les années 1960, d'énormes populations quittaient en septembre les aires de reproduction de l'Europe et d'Asie centrale, pour s'en aller hiverner dans les savanes africaines. L'évolution défavorable des assolements et les traitements phytosanitaires ont sensiblement affecté la reproduction. Parallèlement, les conditions d'hivernage de ces mêmes populations se sont fort dégradées avec la sécheresse du Sahel. D'où un déclin catastrophique récent de l'espèce.* »

Des divergences d'appréciation. Depuis fort longtemps, donc, la caille des blés est symptomatique de ces divergences d'appréciations opposant les observateurs des oiseaux migrateurs, chasseurs ou naturalistes. Les circonstances locales – modification des paysages et conditions climatiques – peuvent expliquer des tendances contradictoires de l'évolution des populations. Mais une chose est certaine, les cailles des blés, à défaut d'être moins nombreuses, ne sont plus en tout cas ce qu'elles étaient.

Des tentatives de repeuplement infructueuses. Dès 1947, l'ornithologiste Paul Géroudet mettait l'accent sur un phénomène essentiel : « *La diminution alarmante des cailles a poussé les organisations de chasseurs à "repeupler" les campagnes ; des cailles importées d'Égypte ont été lâchées, notamment en France. Comme les captures de ces oiseaux bagués l'ont montré, les cailles désorientées ont émigré pour une bonne part vers le nord et l'est de l'Europe [...] mais il n'en est pas résulté de repeuplement, comme on l'attendait.* »

LES INDICES DE PRÉSENCE

À l'aube principalement, les mâles chanteurs trahissent la présence de la caille des blés par un sonore et bien scandé « pit-pipit », ou « huit-huit-huit ». Par leur chant, les mâles, jour et nuit, marquent leur territoire. L'espèce est très farouche : à la moindre alerte, l'oiseau s'envole de la lisière en un vol rasant pour plonger dans les champs de céréales ou la jachère, en poussant un petit cri de frayeur.

La caille des blés
(Coturnix coturnix)

- **Poids :** de 70 à 100 g (M); de 85 à 130 g (F)
- **Taille :** 18 cm
- **Longueur des ailes :** 10,2-11,8 cm
- **Envergure :** 33-36 cm
- **Accouplement :** fin mai, juin et juillet
- **Nid :** petite cuvette tapissée d'herbes
- **Œufs :** de 8 à 13, de couleur jaunâtre ou crème, tachés de brun-noir
- **Couvaison :** de 17 à 20 jours
- **Poussins :** nidifuges; ils sont indépendants à moins de 50 jours

Reconnaissable à ses sourcils blancs ou crème, la caille des blés présente de légères différences de plumage selon son sexe : le menton et le haut de la gorge sont noirs chez le mâle, clairs chez la femelle. Le jour, la caille aime se tenir à l'abri parmi les plantes herbacées.

L'apparition d'un hybride, la caille cynégétique

Du coup est apparue une autre technique : l'introduction de cailles issues d'élevage, mais de souche japonaise. La distinction entre les deux espèces est subtile : elle tient à un chant plus mélodieux pour l'une et plus rauque pour l'autre. Ces espèces s'étant reproduites entre elles, un hybride, la caille cynégétique, est apparu.

Un mâle toujours dominant. Le mâle de la caille cynégétique domine systématiquement le mâle de la caille des blés et assure toutes les fécondations. Ainsi, les poules réellement migratrices et donc authentiquement sauvages s'accouplent plus fréquemment avec les coqs hybrides. Comme ceux-ci ont perdu leurs potentialités migratoires, ils produisent des oiseaux dont l'instinct à voyager s'estompe de génération en génération.

Une sédentarisation progressive. Conséquence de cette pollution génétique : la diminution progressive du nombre d'oiseaux capables d'hiverner en Afrique du Nord. Les quelques hybrides qui disposent encore d'une certaine impulsion migratoire s'en vont exporter la pollution génétique, au Maghreb par exemple. De la sorte, la caille se sédentarise, là ou le climat et le biotope lui conviennent.

Peu d'incidences pour le chasseur

Les densités observées peuvent faire croire que l'espèce se porte bien, alors qu'au contraire elle s'efface au profit d'une mutante. Le chasseur, lui – s'il a l'oreille exercée –, n'entend plus le même chant légendaire, mais ni son chien d'arrêt ni son palais n'y verront la différence. Cela suffit-il à justifier un phénomène qui a pour effet de réduire la biodiversité, de faire disparaître une espèce au profit d'une autre, et qui fera qu'à terme la caille ne sera plus migratrice ? Mais n'est-ce pas la logique de l'évolution que cette intrusion humaine dans la mécanique naturelle ?

VOL DE NUIT

Au printemps, ce vol nocturne à faible hauteur, détectable à quelques cris, est celui des cailles des blés. Nuitamment, par petits groupes d'une dizaine d'individus, elles peuvent parcourir en moins de huit heures plus de 500 km, n'hésitant pas à franchir, à haute altitude, les massifs montagneux.

Les migrateurs aquatiques

Le goût sauvagin, qui est celui des oiseaux de mer, d'étang, de rivière et de marais, a donné les mots « sauvagine », appellation cynégétique des migrateurs aquatiques, et « sauvaginiers », qui désigne les chasseurs de gibier d'eau. Il s'agit là des seules espèces chassables et du seul mode de chasse dont les noms font explicitement référence à l'univers sauvage. Oies, canards, limicoles et rallidés comptent plus de 600 espèces dans le monde. Moins de quarante sont chassables en Europe.

Ce que la géographie moderne range dans la catégorie des zones humides sont les paysages perçus comme les plus sauvages, surtout en comparaison de la plaine et de la forêt que l'homme a, d'évidence, davantage façonnées. Durant des siècles, ces lieux le plus souvent inhospitaliers furent empreints de mystère, tout comme ce gibier qui semblait une manne céleste, avant que les premiers travaux des zoologistes du XIXe siècle ne dévoilent les principaux mécanismes de la migration.

Le temps d'une halte

Les dispositions naturelles d'oiseaux qui appartiennent aussi bien à l'empire des airs qu'à celui des eaux et celui de la terre inspirèrent bien des écrivains, lorsque les naturalistes étaient des littérateurs. L'un deux, Louis Ternier, auteur cynégétique et président de la Ligue de protection des oiseaux dans les années 1920, remarque que ces espèces *« ont été dotées des instruments nécessaires à tous les genres de locomotion et trouvent dans leur organisme les moyens de braver ce que l'homme lui-même ne peut conquérir qu'à l'aide d'appareils empruntés au monde extérieur et au prix de mille dangers. Cette simple observation suffirait pour attirer sur les oiseaux toute l'attention du penseur. »*

La halte furtive de ces visiteurs d'un soir sans lune, poussés par le vent glacial d'Europe septentrionale au pied d'une hutte perdue au fin fond d'un marais oublié, et qui d'un coup d'aile reprennent leur périple vers les chauds deltas de l'Afrique occidentale, est susceptible de débrider les rêves du moins imaginatif des sauvaginiers. Les lieux d'où ils viennent, ceux où ils vont, leurs aires de repos qu'ils semblent repérer comme guidés par une boussole, tout dans la sauvagine, ses comportements comme ses sites de prédilection, est énigmatiquement poétique.

L'écrivain Jean Richepin (1849-1926) a ainsi chanté par ces vers les migrateurs : *« Regardez-les passer, eux, ce sont les sauvages / Ils vont où leur désir le veut par-dessus monts / Et bois et mers et vents / Et loin des esclavages / L'air qu'ils boivent ferait éclater vos poumons. »*

Le net recul des zones humides européennes

L'évolution des zones humides, dont dépend 50 % de la gent ailée (aquatique et terrestre) du continent européen, l'est beaucoup moins. Suspectées de tous les maux, spirituels et matériels, délaissées par les seigneurs, ces zones furent au Moyen Âge la cible des moines défricheurs qui transformèrent nombre d'entre elles en salins pour celles situées en bordure du littoral, en prairies humides ou en étangs piscicoles pour celles de l'intérieur.

Des débuts de l'assainissement... Le XVIIe siècle fut celui des vastes opérations d'assainissement des terres par endiguement. Néanmoins, ces réaffectations des marais, si elles transformaient profondément le paysage et perturbent les équilibres naturels, s'apparentaient plus à des aménagements des zones humides qu'à leur éradication. À partir de la fin du XVIIIe siècle, un tout autre processus démarra sous l'influence des économistes physiocrates (libéraux) qui voyaient dans l'agriculture la source de nouvelles richesses ; il importait alors d'intensifier la production par l'extension des surfaces cultivées au détriment des prairies humides.

... à la reconversion des prairies humides. *« Ce mouvement s'est poursuivi jusqu'à nos jours et s'est amplifié ces dernières décennies grâce à la mécanisation,* expliquent les experts chargés en 1994 par le gouvernement français d'évaluer la situation des zones humides. *Les techniques d'assainissement et de drainage sont désormais très au point et permettent en un temps record de convertir des prairies humides en terres labourables et cultivables analogues à celles de Beauce [...]. Une fois desséchées, les anciennes zones humides peuvent également être remblayées et devenir des espaces urbanisés. »* Ainsi, du point de vue de la superficie, les deux tiers des zones humides présentes originellement en Europe ont disparu.

Un milieu à l'existence précaire. Si ces milieux n'ont cessé de s'effacer sous l'avancée du progrès, ils peuvent également s'autodétruire en raison de l'absence d'intervention humaine. Ainsi des prairies humides, jadis pâturées, puis laissées à l'abandon parce que difficiles d'accès ou impossibles à drainer, voient fougères, roseaux, aulnes et saules les coloniser ; elles se ferment ainsi progressivement.

De l'intérêt des plans d'eau artificiels

Parallèlement, de nouvelles surfaces en eaux apparaissent, liées aux développements industriel, agricole et urbain : ballastières, gravières, effondrements miniers, étangs artificiels, barrages, stations d'épuration ou encore bassins de décantation.

Des escales migratoires. Ce phénomène, pour l'heure, n'a fait l'objet d'aucun recensement scientifique qui permette de mesurer à l'échelle européenne son incidence réelle sur l'évolution des populations de migrateurs aquatiques : on ignore notamment dans quelles proportions il a pu compenser l'effacement des zones humides originelles. Toutefois, de nombreuses observations sur ces sites artificiels laissent à penser que certains d'entre eux sont devenus des escales migratoires et des lieux de reproduction significatifs.

Trajet de retour, période de reproduction ou période de dépendance des jeunes sont autant d'étapes que le chasseur doit prendre en compte pour effectuer ses prélèvements.

L'effet des aléas climatiques

Outre l'évolution des habitats, les aléas climatiques sont des facteurs déterminants : un froid extrême en Europe du Nord et une grande sécheresse en Afrique ont également des répercussions sur les niveaux de reproduction et sur la mortalité des juvéniles et des adultes.

La reconstitution des réserves de graisse. Pour faire face à ces situations qui influent directement sur ce que les scientifiques appellent la dynamique des populations (taux de croissance qui résulte du taux de natalité et du taux de mortalité), les oiseaux accumulent en hiver des réserves de graisse (lipides) avant de rejoindre leurs lieux de nidification. Afin de réussir cette phase de stockage, les migrateurs réduisent leur consommation calorique en limitant leurs déplacements.

Des observations réalisées en Louisiane sur le canard chipeau montrent que ses réserves de graisse augmentent en hiver, période durant laquelle cet oiseau n'est pas chassé. Selon le Pr Jean-Claude Lefeuvre, du Muséum d'histoire naturelle de Paris, cet exemple souligne que *« l'arrêt du dérangement pendant certaines périodes clefs peut permettre aux oiseaux d'eau de reconstituer des réserves corporelles. Les futurs vrais gestionnaires de la faune sauvage seront contraints de tenir compte et de ces aspects physiologiques et de ces problèmes de dérangement*

La reconnaissance des oiseaux – ici un arrêt sur bécassine –, compte tenu du nombre d'espèces protégées, est indispensable à une pratique responsable des chasses du gibier d'eau. Une formation spécifique mettrait les sauvaginiers à l'abri de bien des critiques.

qui peuvent avoir un impact sur les capacités de survie en conditions adverses et sur le succès reproducteur. »

Des situations variables selon les espèces

Dans ce contexte complexe où de multiples facteurs interviennent sur le comportement des populations, l'état des connaissances scientifiques laisse de nombreuses questions en suspens. Selon les espèces, les situations sont contrastées.

Les oies voient leurs effectifs augmenter dans de telles proportions que certaines, les bernaches cravants notamment, qui ne sont pas chassables, provoquent des dégâts importants sur les terres agricoles de la côte atlantique. Parmi les canards, certains, comme le siffleur, connaissent une hausse de leurs populations hivernantes dans le nord-ouest de l'Europe mais une baisse dans la région mer Noire-Méditerranée ; d'autres conquièrent de nouveaux territoires de nidification, tel le fuligule morillon qui avant les années 1950 ne se reproduisait pas en France. Quant aux effectifs des couples de vanneaux nicheurs, ils semblent en nette baisse en France, alors qu'au niveau européen, leur situation paraît stable.

De fortes disparités régionales. Des concentrations d'oiseaux observées en un point du continent européen ne signifient pas obligatoirement que l'espèce concernée est en augmentation sur l'ensemble de son aire de répartition ; en revanche, une baisse de la nidification dans un site traditionnellement bien fréquenté n'indique pas non plus que la population décline à l'échelle européenne.

L'application du principe de précaution

De ces difficultés à établir un réel bilan de l'état des populations de migrateurs naissent les controverses entre naturalistes et chasseurs sur les dates d'ouverture et de fermeture de la chasse. Les éventuelles évolutions climatiques – elles aussi sujettes à débats – ajoutent une inconnue supplémentaire au complexe dossier des oiseaux migrateurs.

Faute d'une vision claire, les différentes juridictions, tant nationales qu'européennes, régulièrement saisies par les mouvements protectionnistes qui dénoncent des périodes de chasses trop importantes, se réfèrent au droit communautaire de l'environnement fondé sur le principe de précaution ; ce dernier s'applique dès lors que les connaissances font défaut.

Les canards de surface

À l'envol, les canards de surface partent d'un trait, verticalement, sans « courir » sur l'eau. Leur silhouette élancée se détache bien au-dessus de la surface de l'eau. Ils portent sur le dessus des ailes un miroir, rectangle de plumes aux reflets irisés, dont la couleur est identique pour les deux sexes, contrairement au reste du plumage. Leur alimentation est essentiellement végétale.

Principal facteur d'identification des canards de surface posés sur l'eau : une silhouette élancée dont le cou se distingue aisément. Ces canards se nourrissent en barbotant dans les eaux peu profondes, en immergeant la tête, plus rarement en effectuant de très courts plongeons, voire en se déplaçant à même le sol, ce qui explique leur prédilection pour les berges de zones humides, les prairies inondables et les cultures.

Les marais constituent pour eux un habitat privilégié : d'une part, ils offrent un couvert appréciable, et d'autre part ils présentent une grande variété de végétaux. La nourriture des canards de surface est en effet essentiellement composée d'herbes et de graines, même s'ils se nourrissent également de petits invertébrés qu'ils récupèrent par filtration de la boue à travers leur bec.

L'ingestion de plombs, une source d'intoxications

Ce mode d'alimentation expose tout particulièrement les canards de surface au saturnisme par ingestion de plombs de chasse ou de pêche. Ces plombs sont confondus avec de petits graviers qui composent le grit, dont la présence dans le gésier est indispensable au broyage des aliments les plus coriaces.

En 2001, une étude de Wetlands International, organisation non gouvernementale qui coordonne la majorité des recherches sur les zones humides de la planète, a démontré qu'une seule bille de plomb ingérée suffit à empoisonner l'oiseau et que dix billes lui sont mortelles.

Selon des travaux achevés au Canada en 1999, sur les 50 à 60 millions de canards qui migrent de ce pays chaque automne, 10 % ingèrent un ou plusieurs grains de plomb, et plus de 200 000 d'entre eux en meurent ou souffrent d'une intoxication.

Ce phénomène a des effets collatéraux sur les rapaces, comme le pygargue à tête blanche et l'aigle royal, par exemple, dont des études américaines prouvent que 10 à 15 % de la mortalité est provoquée par le saturnisme consécutif à la consommation de proies porteuses de grenailles de plomb.

Le canard colvert est le plus commun des anatidés. Son comportement migrateur est affecté gravement du fait d'une pollution génétique due aux lâchers d'oiseaux d'élevage.

Un envol bondissant

À l'envol, les pattes des canards de surface, situées au milieu du corps, leur permettent un décollage vertical sans élan. Cette caractéristique morphologique est également un avantage au posé, puisque ces canards peuvent se contenter de très petites surfaces en eau, ou se poser directement au sol, sur lequel ils se déplacent avec une certaine aisance.

Hors période de reproduction, le rythme nycthéméral des canards de surface est plus intense la nuit, quand ces oiseaux quittent les zones de repos diurnes pour exploiter des zones de gagnage éloignées de plusieurs kilomètres : c'est la passée, un moment de chasse privilégié par un grand nombre de chasseurs.

Les canards de surface se chassent à la botte devant soi, avec de préférence un chien de rapport, ou retriever, ainsi qu'au poste fixe (gabion, tonne, hutte), où le tir de nuit peut être autorisé dans certaines régions.

Un plumage plus discret en période de mue

Le plumage des mâles adultes est très différent de celui des femelles et présente souvent des colorations chatoyantes aux reflets irisés. En vol, mâles et femelles de la plupart des espèces arborent un rectangle de plumes colorées sur le bord postérieur des ailes. Cet élément, appelé « miroir », est très utile pour l'identification interspécifique des femelles, dont certaines présentent une très forte ressemblance. Le miroir est également visible sur les canards posés, mais moins nettement. Chaque année à la fin de l'été, les anciennes plumes sont remplacées par de nouvelles lors de la mue. À ce moment, les oiseaux sont très sensibles à la prédation et tous les individus, y compris les mâles, arborent un plumage discret, dit « plumage d'éclipse ».

Les canards de surface sont ceux pour qui les aménagements de milieux sont le plus vite profitables et le moins difficiles à mettre en œuvre, une petite pièce d'eau ou un marais de quelques dizaines de mètres carrés étant déjà suffisants pour accueillir ces oiseaux aux capacités d'adaptation étonnantes.

Dix espèces observées en France. Au niveau mondial, les canards de surface sont répartis en une quarantaine d'espèces. Seules dix espèces sont plus ou moins fréquemment observées en France. Parmi elles, sept sont chassables : le canard colvert, le canard siffleur, le canard chipeau, le canard souchet, le canard pilet, la sarcelle d'hiver et la sarcelle d'été.

LE CANARD COLVERT *(Anas platyrhynchos)*

Le plus grand et le plus commun des canards de surface, à qui tous les milieux humides conviennent, se rencontre jusque sur les bassins des parcs urbains ; la cane fait son nid dans la végétation des ripisylves, mais aussi dans des arbres, voire sur les balcons et terrasses en ville. Chez le mâle, la tête et le cou sont vert bouteille, soulignés par un collier blanc l'arrière est noir, avec deux plumes bouclées au-dessus de la queue. Les femelles et les immatures sont brun tacheté. Les deux sexes possèdent un miroir alaire bleu-violet bordé de blanc.

Présente partout en Europe, cette espèce a fait l'objet de domestications depuis des siècles. En France, environ 1,4 million de colverts sont lâchés pour le tir ou le repeuplement, et 1,5 million d'oiseaux sont prélevés chaque année. Les croisements entre spécimens sauvages et oiseaux issus d'élevage entraînent des pollutions génétiques qui ont des incidences sur le comportement de l'espèce. Ainsi, les canetons de souches sauvages naissent de fin mars à début avril et sont volants à la mi-juin ; les oiseaux abâtardis naissent plus tard et prennent leur indépendance de juillet à août. Les règles de la protection des espèces commandant de ne pas chasser les oiseaux pendant leur période de dépendance, les autorités européennes se sont appuyées sur les observations de couvées tardives pour enjoindre les États membres de repousser l'ouverture de la chasse des canards à début septembre.

- **Poids :** 1,2 kg (M) ; 1 kg (F)
- **Taille :** 51-62 cm
- **Longueur des ailes :** 27-31 cm (M) ; 25-28,5 cm (F)
- **Envergure :** 80-95 cm
- **Aire d'hivernage :** Europe de l'Ouest et Afrique du Nord
- **Aire de nidification :** des pourtours de la Méditerranée au nord de la Scandinavie
- **Parade nuptiale :** à partir de mi-janvier
- **Ponte :** de mi-février à fin juin
- **Nid :** garni d'herbes sèches et de duvet, il est dissimulé le plus souvent dans la végétation proche de l'eau, mais aussi dans des lieux qui en sont éloignés (troncs d'arbres creux)
- **Œufs :** de 9 à 13, de couleur vert très pâle ou crème ; l'incubation dure de 26 à 29 jours
- **Poussins :** nidifuges (ils peuvent quitter le nid dès l'éclosion) ; les jeunes sont indépendants à l'âge de 7 à 8 semaines
- **Évolution des effectifs :** stable à positive
- **Effectif estimé (Ouest paléarctique) :** 6 millions d'individus
- **Confusion possible :** des femelles et des immatures avec ceux du chipeau et du pilet

LE CANARD SIFFLEUR *(Anas penelope)*

- **Poids :** 950 g (M) ; 650 g (F)
- **Taille :** 45-51 cm
- **Longueur des ailes :** 25-28 cm (M) ; 24-26 cm (F)
- **Envergure :** 75-86 cm
- **Aire d'hivernage :** du Danemark au Maghreb
- **Aire de nidification :** essentiellement Sibérie, Finlande, nord de la Suède, Norvège ; nicheurs isolés jusqu'à des latitudes équivalentes au sud des îles Britanniques
- **Parade nuptiale :** mars et avril
- **Ponte :** de mi-mai à début juin
- **Nid :** dans une dépression du sol, garnie d'herbe et de duvet
- **Œufs :** de 6 à 12, de couleur crème ; la couvaison dure de 24 à 25 jours
- **Poussins :** nidifuges ; les jeunes sont indépendants à l'âge de 6 à 7 semaines
- **Évolution des effectifs :** positive dans le nord-ouest du Paléarctique et négative en mer Noire et en Méditerranée
- **Effectif estimé (Ouest paléarctique) :** 1,8 million d'individus
- **Confusion possible :** aucune en Europe

Assez petit, d'allure compacte, le canard siffleur est doté d'un bec court et bleu clair. Les mâles se distinguent par une tête rousse avec un large front jaune, une poitrine rose et un corps gris clair. En vol, de larges bandes blanches apparaissent, à ne pas confondre avec le miroir vert bordé de noir. Les femelles et les jeunes sont d'un brun-roux uniforme et ne possèdent pas les bandes blanches sur les ailes. Leur principal signe distinctif est le bec bleuté. Chez les deux sexes, le ventre est blanc. Espèce très grégaire en hiver, ce canard aime se regrouper en troupes serrées pour le repos et l'alimentation. Il pâture sur les vasières et les prairies à proximité des zones humides. Il fréquente principalement les zones maritimes en hiver, mais se retrouve aussi à l'intérieur des terres, sur les eaux douces bordées de rives gazonnées. Son nom a pour origine le cri strident et puissant, et modulé en deux tons, qui est émis par les mâles.

LE CANARD CHIPEAU *(Anas strepera)*

Plus petit et plus svelte que le colvert, le mâle possède un plumage et un bec gris ternes. Seules touches de couleur visibles chez les mâles posés sur l'eau, les couvertures alaires marron et le miroir blanc bordé de noir. Les femelles et les jeunes sont de couleur brune légèrement marbrée, avec le miroir blanc bordé de noir, caractéristique de l'espèce. Chez les adultes des deux sexes, le ventre est blanc, contrairement aux juvéniles dont le ventre est brun. Moins ubiquiste que le colvert, le canarad chipeau se rencontre rarement en mer, mais surtout dans les milieux naturels d'eau douce ou saumâtre pourvus d'une importante végétation aquatique qu'il partage souvent avec d'autres espèces. Les nids sont dissimulés dans la végétation en bord de lacs, essentiellement dans les régions steppiques de l'Ouest eurasien.

- **Poids :** 1 100 g (M) ; 800 g (F)
- **Taille :** 46-56 cm
- **Longueur des ailes :** 26-28 cm (M) ; 24-26 cm (F)
- **Envergure :** 84-90 cm
- **Aire d'hivernage :** le bassin méditerranéen et, dans une moindre mesure, le nord-ouest de l'Europe
- **Aire de nidification :** étendue de façon sporadique en Europe
- **Parade nuptiale :** dès février
- **Ponte :** de mi-avril à début juin
- **Nid :** en matériaux divers couverts de duvet
- **Œufs :** de 8 à 12, de couleur blanchâtre ; la couvaison dure de 24 à 26 jours
- **Poussins :** nidifuges ; les jeunes sont indépendants à l'âge de 45 à 50 jours
- **Évolution des effectifs :** positive dans le nord-ouest de l'Europe ; négative en Europe centrale, Méditerranée et mer Noire
- **Effectif estimé (Ouest paléarctique) :** 130 000
- **Confusion possible :** des femelles et des immatures avec ceux du colvert et du pilet

LE CANARD SOUCHET *(Anas clypeata)*

- **Poids :** 1 000 g (M) ; 600 g (F)
- **Taille :** 49-52 cm
- **Envergure :** 70-84 cm
- **Longueur des ailes :** 22,5-25 cm (M) ; 21-23,5 cm (F)
- **Aire d'hivernage :** Europe du Nord-Ouest, Méditerranée, mer Noire, Afrique de l'Ouest
- **Aire de nidification :** ponctuelle en Europe de l'Ouest, jusqu'à la toundra sibérienne, et uniquement dans les régions méridionales de la Scandinavie
- **Parade nuptiale :** de fin février à avril
- **Ponte :** de début avril à début juin
- **Nid :** en forme de bol issu d'un entassement de végétation
- **Œufs :** de 9 à 11, de couleur fauve ; la couvaison dure de 22 à 23 jours
- **Poussins :** nidifuges; les jeunes sont indépendants à l'âge de 40 à 45 jours
- **Évolution des effectifs (Ouest paléarctique) :** stable
- **Effectif estimé (Ouest paléarctique) :** 490 000 individus
- **Confusion possible :** aucune

Le souchet, canard de taille moyenne, doté d'un cou peu marqué, se distingue par son long bec spatulé, qui alourdit l'avant du corps à tel point qu'il nage la tête au ras de l'eau. Le bec est toutefois un outil très efficace pour filtrer la boue et les sédiments, ne retenant que les petits insectes, mollusques, graines ou morceaux de végétaux dont il se nourrit. Le mâle a la tête et le cou vert foncé, le dos noir, les flancs roux, le poitrail blanc et le croupion noir précédé de blanc. Les deux sexes possèdent un miroir vert et noir, ainsi que des plumes bleu ciel sur l'avant de l'aile, plus difficiles à observer. La femelle est brune, mais se distingue facilement grâce à son bec proéminent. Canard peu maritime, on le rencontre surtout en migration dans les marais et étangs couverts de végétation. La nidification a lieu dans des prairies humides, des marais et des broussailles. Le souchet, peu loquace, limite son expression au minimum.

LE CANARD PILET *(Anas acuta)*

Le pilet, canard de la taille du colvert, mais dont la silhouette est nettement plus svelte, montre un long cou et un corps prolongé par une queue pointue (femelle), voire effilée (mâle adulte). Le mâle est caractérisé par une tête de couleur chocolat, interrompue par une raie blanche remontant du cou jusqu'à la nuque. Le devant du cou, la poitrine et le ventre sont blancs. Le corps est gris vermiculé, avec de longues scapulaires noires et blanches. Le croupion est noir bordé de blanc, prolongé par une queue d'environ 10 cm. Les deux sexes ont un miroir vert sombre, étroit et bordé de blanc. Les femelles et les immatures sont de couleur brune, légèrement tachetés et se distinguent des autres espèces par un cou fin, tendu, avec une queue longue mais nettement moins que celle des mâles.
L'espèce vit surtout en eaux peu profondes et sur les côtes en hiver. On la rencontre rarement sur la terre ferme.

- **Poids :** de 550 à 1 050 g (M) ; de 400 à 900 g (F)
- **Taille :** 55-65 cm
- **Envergure :** 80-92 cm
- **Longueur des ailes :** 25,5-28 cm (M) ; 23,5-26,5 cm (F)
- **Aire d'hivernage :** nord-ouest de l'Europe, Méditerranée, mer Noire, Afrique de l'Ouest
- **Aire de nidification :** Scandinavie, Russie, Sibérie, parfois dans le nord-ouest de l'Europe
- **Parade nuptiale :** dès mi-février
- **Ponte :** d'avril à début juin
- **Nid :** sur la terre (dunes), et garni de duvet
- **Œufs :** de 7 à 9, de couleur blanchâtre ; la couvaison dure de 22 à 24 jours
- **Poussins :** semi-nidifuges ; les jeunes sont indépendants à l'âge de 40 à 45 jours
- **Évolution des effectifs :** en déclin
- **Effectif estimé (Ouest paléarctique) :** 1 260 000 individus
- **Confusion possible :** à contre-jour avec le mâle de harelde boréale, doté aussi d'une longue queue ; femelles et immatures avec ceux du colvert et du chipeau

LA SARCELLE D'HIVER *(Anas creca)*

- **Poids** : 450 g (M) ; 200 g (F)
- **Taille** : 51-62 cm
- **Longueur des ailes** : 17-19,5 cm (M) ; 16,5-18,5 cm (F)
- **Envergure** : 54-60 cm
- **Aire d'hivernage** : ouest de l'Europe, Méditerranée, mer Noire et Magreb
- **Aire de nidification** : toutes les zones tempérées et septentrionales d'Europe
- **Parade nuptiale** : de fin janvier à avril
- **Ponte** : d'avril à fin mai
- **Nid** : dépression couverte d'herbes et de duvet cachée dans une touffe de végétation
- **Œufs** : de 8 à 11, de couleur blanc jaunâtre ; la couvaison dure de 21 à 31 jours
- **Poussins** : nidifuges ; les jeunes sont indépendants à l'âge de 25 à 30 jours
- **Évolution des effectifs** : positive au nord-ouest de l'Europe ; stable ailleurs
- **Effectif estimé (Ouest paléarctique)** : 1 400 000 individus
- **Confusion possible** : avec les mâles de la sarcelle d'été en éclipse et entre femelles et jeunes avec la sarcelle d'été

La tête du mâle de la sarcelle d'hiver, le plus plus petit canard d'Europe, est roux marron, avec un large bandeau vert bordé d'un fin liseré jaune autour de l'œil. La poitrine est beige ponctuée de noir, le corps est gris avec l'arrière jaune encadré de noir. Les deux sexes possèdent un miroir vert et noir souligné de blanc. Les femelles et les immatures sont de couleur brune tachetée de brun plus foncé, comme chez la plupart des canards. Les vols sont souvent compacts et très capricieux, avec de brusques changements de direction, à la manière des limicoles. En migration, l'espèce est très grégaire, de grands groupes étant souvent observés dans les marais peu profonds et les zones d'eau douce ou saumâtre. La reproduction a lieu dans une grande variété d'habitats, avec une prédilection pour les marais à végétation dense. Les mâles émettent souvent en vol un léger sifflement flûté, qui est tout à fait différent du cri rauque et bref des femelles.

LA SARCELLE D'ÉTÉ *(Anas querquedula)*

La sarcelle d'été est à peine plus grande que la sarcelle d'hiver, mais la présence chez le mâle d'un large sourcil blanc reliant l'avant de l'œil à la nuque ne permet aucune confusion. Le reste de la tête et la poitrine sont brun foncé, contrastant avec le dessous et les flancs gris clair. Ceux-ci sont couverts en partie par de longues scapulaires noires et blanches. L'arrière du corps est brun tacheté. En vol, le dessus des ailes est gris bleu. Le miroir est vert pâle bordé de blanc chez les deux sexes. Femelles et immatures ont une tête rayée à calotte foncée, un corps uniformément brun tacheté. Le comportement en vol est semblable à celui de la sarcelle d'hiver. En migration, la sarcelle d'été fréquente le même type de milieux que celle d'hiver. Mais c'est le seul canard du Paléarctique occidental qui n'hiverne pas en France. La reproduction a toujours lieu dans une zone humide, à végétation haute. Le cri du mâle correspond à celui d'une crécelle.

- **Poids** : 400 g (M) ; 300 g (F)
- **Taille** : 37-41 cm
- **Longueur des ailes** : 18,5-21 cm (M) ; 18-19,5 cm (F)
- **Envergure** : 63-69 cm
- **Aire d'hivernage** : surtout en Afrique tropicale et rare dans le golfe Persique
- **Aire de nidification** : rare en Europe de l'Ouest, essentiellement en Europe centrale
- **Parade nuptiale** : fin février-mars
- **Ponte** : de début avril à fin mai
- **Nid** : dépression garnie d'herbes et cachée près de l'eau dans les hautes herbes
- **Œufs** : de 8 à 9, de couleur fauve ; la couvaison dure de 21 à 23 jours
- **Poussins** : nidifuges ; les jeunes sont indépendants à l'âge de 35 à 40 jours
- **Évolution des effectifs** : négative en Europe de l'Ouest, stable en Europe centrale
- **Effectif estimé (Ouest paléarctique)** : 2 millions d'individus
- **Confusion possible** : avec les mâles de la sarcelle d'hiver en éclipse

Les canards plongeurs

À l'envol, les canards plongeurs « courent » sur l'eau. Comme leur nom l'indique, ils plongent à la recherche de leur alimentation, et leur immersion peut durer plusieurs minutes à quelques mètres de profondeur. Ils montrent une silhouette trapue, avec des pattes nettement situées en arrière. Leur miroir alaire est plus terne que chez les canards de surface, quand il n'est pas inexistant.

Les canards plongeurs sont généralement plus trapus que les canards de surface, leur silhouette lourde et massive est beaucoup plus enfoncée dans l'eau.

À l'envol – à l'exception de la nette rousse –, ils prennent leur élan en s'arrachant de la surface à grand renfort de battements d'ailes, donnant l'impression de marcher sur l'eau, à la façon des oies et des poules d'eau. Un mode d'envol qui s'explique par leur envergure, plus restreinte que celle des canards de surface. Cette caractéristique leur interdit l'accès aux zones humides de petites dimensions, telles les mares, et étroites, comme les ruisseaux.

Un régime alimentaire variant selon les espèces

Par ailleurs, leur mode d'alimentation consiste à plonger – parfois à plus de 5 m – pour atteindre leur nourriture animale (mollusques) ou végétale selon les espèces, ce qui les oriente vers les zones humides de grande profondeur (lac, mer), peu fréquentées par les canards de surface. Alors que la durée d'apnée des canards de surface s'établit en moyenne entre 1 et 20 secondes, celle des plongeurs se situe entre 2 et 180 secondes. Dans cette nage en profondeur, ils utilisent leurs ailes comme gouvernail et leurs pattes pour se propulser.

De tout petits buveurs. « *Ces plongeurs ne semblent boire que fort peu ou pas du tout, et diffèrent en cela des canards de surface, auxquels l'eau douce est indispensable, au moins comme boisson* », observe l'ornithologiste Paul Géroudet.

Mollusques ou poissons ? La prolifération locale de certaines proies, comme les moules d'eau douce par exemple, peut favoriser l'hivernage de canards consommateurs de mollusques, dits « malacophages », ce que sont les plongeurs, excepté la nette rousse et le fuligule milouin. Certains sont en outre piscivores, comme l'eider à duvet et le harelde de Miquelon.

À chacun sa niche écologique. « *À partir d'une structure et d'une physiologie de base comparable, tant au niveau du bec que du tube digestif et de son équipement enzématique, chaque espèce a développé des particularités anatomiques et fonctionnelles qui lui ont permis d'occuper des niches écologiques séparées, plusieurs espèces de canards pouvant ainsi coexister sur certaines zones humides sans pour autant entrer en compétition quant à l'alimentation* », explique le vétérinaire Jérôme Brochet, spécialiste européen de la biologie des anatidés.

Un marcheur malhabile

Sur les pattes des canards plongeurs, le pouce est développé et pourvu d'une petite palmure qui n'existe pas chez le canard de surface. Surtout, les pattes sont placées en arrière du corps, afin de permettre une

La nette rousse, originaire de la mer d'Aral et de la mer Caspienne, a colonisé les étendues d'eau de la Camargue à la fin du XIXe siècle. Elle se nourrit de plantes subaquatiques.

meilleure propulsion subaquatique, mais ce facteur s'avère être un réel handicap pour les déplacements hors de l'eau. Posés au sol, ces canards adoptent une stature redressée et peu équilibrée, qui ne les incite pas à quitter le milieu aquatique, si ce n'est pour la reproduction.

Le plumage des mâles est très varié, mais l'aspect des ailes est constant, voire identique à celui des femelles, avec des bandes et des taches. Les femelles et les immatures sont très semblables et d'une même couleur terne. Au repos, les ailes des canards plongeurs ne se croisent pas sur le rachis dorsolombaire.

Des signaux optiques pour les vols de nuit

Sauf la macreuse noire, tous les plongeurs montrent sur leur plumage des taches blanches qui sont différemment réparties selon les espèces. De l'avis de certains ornithologistes, ces taches font office de signaux optiques, que les oiseaux utilisent pour ordonner la formation de leurs vols nocturnes lors des migrations.

Maintes différences avec le canard de surface

Contrairement aux canards de surface, la plupart des canards plongeurs n'atteignent leur maturité sexuelle qu'au bout de deux à trois ans (et tout particulièrement les canards marins). Autre différence : ils pondent moins, soit, en moyenne, sept à dix œufs contre huit à douze chez les canards de surface.

En vol, ils se déplacent très rapidement, avec des battements d'ailes plus rapides et nettement moins amples que ceux des canards de surface, ceci s'expliquant par leur moindre envergure et donc leur surface portante plus réduite. Certaines espèces sont inféodées quasi essentiellement aux milieux marins (eiders, macreuses), tandis que d'autres les fréquentent de façon temporaire mais régulière (garrots, harelde, harles).

Les milieux très ouverts fréquentés par les canards plongeurs en rendent la chasse plus difficile que celle des canards de surface. Certains oiseaux peuvent être tirés à la passée, mais généralement ils nécessitent une approche en embarcation ou un tir posé au gabion, par exemple.

Neuf espèces chassables

Les canards plongeurs sont répartis en 21 espèces plus ou moins fréquentes en Europe, dont neuf sont chassables en France : le fuligule milouin, le fuligule morillon, le fuligule milouinan, la nette rousse, le garrot à œil d'or (ou garrot sonneur), l'eider à duvet, l'harelde boréale, la macreuse brune et la macreuse noire.

LE FULIGULE MILOUIN *(Aythya ferina)*

- **Poids :** 1 100 g (M) ; 800 g (F)
- **Taille :** 42-49 cm
- **Longueur des ailes :** 20-22 cm (M) ; 18,5-21,5 cm (F)
- **Envergure :** 66-75 cm
- **Aire d'hivernage :** Europe de l'Ouest, Méditerranée, mer Noire
- **Aire de nidification :** de l'Islande aux zones tempérées et boréales de la Sibérie, sauf dans les régions septentrionales de la Scandinavie
- **Parade nuptiale :** de février à avril
- **Ponte :** de mi-avril à fin-mai
- **Nid :** au sol et proche de l'eau, parfois légèrement surélevé dans les plantes
- **Œufs :** de 8 à 10, de couleur vert-gris ; la couvaison dure de 24 à 28 jours
- **Poussins :** nidifuges ; ils sont indépendants à l'âge de 50 à 55 jours
- **Évolution des effectifs :** négative
- **Effectif estimé (Ouest paléarctique) :** 1 350 000 individus
- **Confusion possible :** entre mâles avec la nette rousse

De taille moyenne, le fuligule milouin est souvent accompagné de son cousin le morillon. Le mâle se reconnaît à sa tête et à son cou brun-rouge, contrastant avec sa poitrine noire, son dos et ses flancs argentés, l'arrière étant également noir. Son œil est rouge vif éclatant. Chez les deux sexes, le bec est sombre à la base, puis bleuté, pour finir par une pointe noire. Les femelles et les immatures sont brun-gris. Rarement sur terre, le fuligule milouin fréquente lacs, eaux découvertes et cours d'eau lents, tout en évitant dans la mesure du possible la mer. Contrairement au fuligule morillon, il est plutôt végétarien, sans pour autant dédaigner les proies animales. Hors période de reproduction, il vit en groupes homogènes. Il ne s'exprime guère, si ce n'est, pour le mâle, par quelques rares sifflements rauques ou, pour la femelle, par des grognements.

LE FULIGULE MILOUINAN *(Aythya marila)*

De taille légèrement plus importante que le fuligule morillon, le mâle se différencie aussi de celui-ci par l'absence de huppe, un dos gris et des flancs blanc crème. Une large bande alaire blanche, plus importante que celle du morillon, apparaît chez les deux sexes en vol. Les femelles et les immatures sont bruns, avec une zone blanche à la base du bec chez les femelles. Par rapport aux autres fuligules, l'aire de nidification du milouinan est la plus septentrionale. On peut le rencontrer sur les lacs, les baies et les estuaires, où il vit généralement en groupes. En dehors de la saison des nids, le milouinan est essentiellement ma-rin, mais reste à proximité des côtes, où il se nourrit de mollusques. Des concentrations de plusieurs milliers d'individus peuvent alors être observées. Ses expressions vocales sont rares, à l'exception des petits crix doux que pousse le mâle lors de la parade nuptiale.

- **Poids :** de 900 à 1 300 g (M) ; de 650 à 850 g (F)
- **Taille :** 42-51cm
- **Longueur des ailes :** 20,5-23,5 cm (M) ; 20-22,5 cm (F)
- **Envergure :** 69-80 cm
- **Aire d'hivernage :** nord-ouest de l'Europe, nord de la mer Noire, ouest de la Sibérie et mer Caspienne
- **Aire de nidification :** cercle polaire, toundra et nord de la taïga
- **Parade nuptiale :** à partir de fin mars
- **Ponte :** de début mai à début juillet
- **Nid :** dépression à même le sol, recouverte de duvet
- **Œufs :** de 8 à 11, de couleur vert-gris ; la couvaison dure de 26 à 28 jours
- **Poussins :** nidifuges ; les jeunes sont indépendants à l'âge de 40 à 45 jours
- **Évolution des effectifs :** stable
- **Effectif estimé (Ouest paléarctique) :** 300 000
- **Confusion possible :** entre femelles et immatures avec ceux du fuligule morillon

LE FULIGULE MORILLON *(Aythya fuligula)*

- **Poids :** de 700 à 1 000 g (M) ; de 350 à 600 g (F)
- **Taille :** 40-47 cm
- **Longueur des ailes :** 19,5-21 cm (M) ; 18,5-20,5 cm (F)
- **Envergure :** 67-73 cm
- **Aire d'hivernage :** Europe de l'Ouest et Europe centrale, Méditerranée, mer Noire
- **Aire de nidification :** zone tempérée et boréale d'Eurasie
- **Parade nuptiale :** à partir de février
- **Ponte :** de mai à mi-juillet
- **Nid :** généralement dans la végétation des lacs et étangs, mais parfois au milieu d'une colonie de laridés
- **Œufs :** de 8 à 11, de couleur gris-bleu ; la couvaison dure de 23 à 28 jours
- **Poussins :** nidifuges ; les jeunes sont indépendants à l'âge de 45 à 50 jours
- **Évolution des effectifs :** positive
- **Effectif estimé (Ouest paléarctique) :** 1 600 000 individus
- **Confusion possible :** entre femelles avec le fuligule milouinan

De petite taille, compact, le fuligule morillon est le plus fréquent des canards plongeurs. Le mâle est noir avec des flancs et un ventre blancs ; il montre une longue huppe fine retombant dans la nuque. Les deux sexes présentent un bec bleuté, avec une petite pointe noire et, en vol, une bande alaire blanche est visible. Les femelles et les immatures sont bruns, avec les flancs légèrement plus clairs que le reste du corps. Les femelles peuvent avoir un peu de blanc crème à la base du bec et ne possèdent qu'une ébauche de huppe. Le morillon fréquente essentiellement les lacs et étangs, où il niche souvent en société. Il se nourrit principalement de mollusques, d'insectes et de crustacés. Son apparition en Europe de l'Ouest en tant que nicheur ne date que de la seconde moitié du XXe siècle, cette colonisation étant à mettre en parallèle avec celle de la moule zébrée. Le mâle émet un sifflement doux et vibré, facilement perceptible en période de parade nuptiale.

LA NETTE ROUSSE *(Netta rufina)*

- **Poids :** de 1 000 à 1 400 g (M) ; de 800 à 950 g (F)
- **Taille :** 53-57 cm
- **Longueur des ailes :** 25-27,5 cm (M) ; 23,5-26,5 cm (F)
- **Envergure :** 84-90 cm
- **Aire d'hivernage :** sud de la France, Espagne, est du bassin méditerranéen
- **Aire de nidification :** surtout à l'est de la mer Noire, sporadiquement en Europe de l'Ouest
- **Parade nuptiale :** à partir de fin février
- **Ponte :** de mi-avril à mi-juin
- **Nid :** cuvette dissimulée dans la végétation des îlots et rivages marécageux
- **Œufs :** de 8 à 10, de couleur blanchâtre ; la couvaison dure de 26 à 28 jours
- **Poussins :** nidifuges ; les jeunes sont indépendants à l'âge de 45 à 50 jours
- **Évolution des effectifs :** stable
- **Effectif estimé (Ouest paléarctique) :** 75 000 individus
- **Confusion possible :** entre femelles et immatures avec ceux de la macreuse noire

Tant par sa grande taille que par l'éventail des couleurs de son plumage, le mâle de nette rousse ne passe pas inaperçu. Il possède un long bec rouge vif, la tête est rousse et surmontée d'une huppe en période nuptiale, la poitrine, le ventre et l'arrière sont noirs, le dos est brun et les flancs blancs. En vol, les deux sexes arborent une longue et large bande alaire blanche. Les femelles et les immatures sont d'un brun terne, avec chez la femelle des joues, un cou et un ventre blanchâtres, renforcés par une calotte brun foncé. La nette rousse se nourrit de plantes subaquatiques, ce qui lui permet de ne pas plonger trop profond ; son comportement est ainsi proche de celui des canards de surface lorsqu'elle cherche son alimentation. Les oiseaux européens migrent au nord de leurs sites de reproduction pour y faire leur mue postnuptiale, avant de redescendre sur les sites d'hivernage. En général silencieuse, la nette émet parfois un cri rauque en vol.

LE GARROT À ŒIL D'OR *(Bucephala clangula)*

Le garrot à œil d'or est un canard de taille moyenne, à bec court et tête triangulaire, nageant avec la queue immergée. Le mâle montre une tête noire à reflets verts, ornée d'une petite tache blanche entre l'œil et le bec. Le dos et l'arrière sont noirs ; le cou, la poitrine, le ventre et les flancs, blancs ; les scapulaires blanches, liserées de noir. Les femelles ont une tête brun chocolat à reflets violets, un collier blanc, le dos et le corps gris sombre, les rémiges secondaires blanches apparaissant fréquemment. Les immatures sont plus bruns, n'ont pas de collier et l'œil sombre. Les deux sexes présentent un iris jaune et arborent en vol une grande plaque carrée blanche sur les ailes (le bruit en vol rappelle celui des clochettes). Ce canard fréquente surtout les fleuves et les baies peu profondes, où il se nourrit d'invertébrés et de mollusques. En parade nuptiale, le mâle pousse un cri grinçant en tendant son cou à la verticale, avant de balancer sa tête en arrière.

- **Poids :** de 1 000 à 1 200 g ; de 750 à 900 g (F)
- **Taille :** 42-50 cm
- **Longueur des ailes :** 20-23 cm (M) ; 18,5-21 cm (F)
- **Envergure :** 65-75 cm
- **Aire d'hivernage :** surtout en Europe septentrionale et centrale
- **Aire de nidification :** de la Scandinavie à l'est du Paléarctique, via la Russie et la Sibérie
- **Parade nuptiale :** à partir de fin février
- **Ponte :** de mai à mi-juin
- **Nid :** dans les cavités d'arbres, les terriers, près des rivières et des rives boisées des lacs
- **Œufs :** de 8 à 11, de couleur bleu-vert ; la couvaison dure 29 à 30 jours
- **Poussins :** nidifuges ; les jeunes sont indépendants à l'âge de 57 à 66 jours
- **Évolution des effectifs :** positive
- **Effectif estimé (Ouest paléarctique) :** 300 000 individus
- **Confusion possible :** entre mâles immatures avec ceux du garrot d'Islande ainsi qu'entre les femelles et les immatures des deux espèces

L'EIDER À DUVET *(Somateria mollissima)*

- **Poids :** de 2 à 2,9 kg (M) ; de 1,2 à 1,9 kg (F)
- **Taille :** 50-71 cm
- **Longueur des ailes :** 29-31,5 cm (M) ; 28,5-31 cm (F)
- **Envergure :** 90-110 cm
- **Aire d'hivernage :** mer du Nord, Scandinavie, rarement Méditerranée
- **Aire de nidification :** côtes autour du pôle Nord, côtes scandinaves et nord de l'Écosse
- **Parade nuptiale :** à partir de fin février-mars
- **Ponte :** de début avril à fin juillet
- **Nid :** dans une dépression du sol, richement garni de duvet
- **Œufs :** de 4 à 6, gris-vert ; la couvaison dure de 25 à 28 jours
- **Poussins :** nidifuges ; les jeunes sont indépendants à l'âge de 65 à 75 jours
- **Évolution des effectifs :** stable
- **Effectif estimé (Ouest paléarctique) :** 4 millions
- **Confusion possible :** entre femelles avec celles de macreuses et d'autres espèces d'eiders

Le plus gros des canards marins, dont le duvet était utilisé pour ses qualités isolantes et thermiques, montre une allure massive et un long bec triangulaire prolongé par le front et la calotte. Le mâle est le seul canard à dos blanc et ventre noir. La poitrine est blanche, légèrement teintée de rose, la calotte noire descend en dessous de l'œil, et des taches vert pâle apparaissent dans la nuque. La cane est brun roussâtre, fortement striée de marron et noir. Les jeunes restent deux à trois ans immatures : le plumage du jeune mâle évolue chaque année, celui de la jeune femelle est très proche de celui de l'adulte. L'eider à duvet vole souvent en ligne et très près de l'eau, avec des battements d'ailes caractéristiques entrecoupés de vols glissés. Il se nourrit surtout de mollusques et de crustacés qu'il pêche à des profondeurs pouvant atteindre 20 m. On le rencontre surtout en mer, la nidification ayant lieu souvent sur les côtes rocheuses, plus rarement dans les terres autour des lacs. Il ne migre que poussé par des conditions climatiques extrêmes. Très sociable, il peut souvent être observé en groupes.

L'HARELDE BORÉALE *(Clangula hyemalis)*

Petit canard marin, à bec menu, tête ronde et longue queue effilée, l'harelde boréale est le seul canard dont le mâle et la femelle changent de plumage en hiver et en été. En été, le mâle est à dominante brun noirâtre, avec une tache oculaire claire, les flancs, le ventre et le dessous de la queue blancs ; en hiver, la tête et le cou sont blancs, le bas des joues brun foncé. En été, la femelle peut être aussi sombre que le mâle, mais avec une queue moins allongée ; en hiver, elle porte une calotte sombre, la face et le cou sont pâles avec une tache sombre à la joue ; poitrine et dessus sont bruns, les flancs et le ventre blanchâtres. En vol, avec ses ailes triangulaires et sombres, l'oiseau donne l'impression de tanguer. Les hareldes sont essentiellement des canards marins. Mais, lors de la saison des nids, elles occupent en général des îles lacustres au sein de la toundra. Les groupes d'hareldes produisent un chœur musical rappelant bien celui que font les oies.

- **Poids :** de 680 à 910 g (M) ; de 570 à 790 g (F)
- **Taille :** 38-45 cm (sans la queue)
- **Longueur des ailes :** 20,5-24 cm (M) ; 19-22 cm (F)
- **Envergure :** 66-71 cm
- **Aire d'hivernage :** mer Baltique, nord des îles Britanniques, rarement plus au sud
- **Aire de nidification :** Arctique
- **Parade nuptiale :** à partir d'avril-mai
- **Ponte :** de fin mai à début juillet
- **Nid :** dans une cuvette dissimulée par des broussailles
- **Œufs :** de 6 à 9, de couleur jaunâtre ou gris-vert pâle, la couvaison dure de 24 à 29 jours
- **Poussins :** nidifuges ; les jeunes sont indépendants à l'âge de 35 à 40 jours
- **Évolution des effectifs :** stable
- **Effectif estimé (Ouest paléarctique) :** 4 750 000 individus
- **Confusion possible :** entre mâles avec ceux du canard pilet

LA MACREUSE BRUNE *(Melanitta fusca)*

- **Poids :** de 1,6 à 1,9 kg (M) ; de 1,5 à 1,8 kg (F)
- **Taille :** 57-58 cm
- **Longueur des ailes :** 26-28,5 cm (M) ; 23,5-27 cm (F)
- **Envergure :** 83-96 cm
- **Aire d'hivernage :** côtes d'Europe de l'Ouest, rarement en Méditerranée
- **Aire de nidification :** Scandinavie, Sibérie
- **Parade nuptiale :** à partir d'avril
- **Ponte :** de mi-mai à fin juin
- **Nid :** cuvette recouverte de duvet
- **Œufs :** de 7 à 9, de couleur beige ; la couvaison dure de 27 à 28 jours
- **Poussins :** nidifuges ; les jeunes sont indépendants à l'âge de 50 à 55 jours
- **Évolution des effectifs :** stable
- **Effectif estimé (Ouest paléarctique) :** 1 million d'individus
- **Confusion possible :** entre femelles et immatures avec ceux de la macreuse noire posés sur l'eau

La macreuse brune, canard de taille importante, plus grand que la macreuse noire, se reconnaît à son bec pointu, sa tête allongée et sa queue courte, parfois dressée. Le moyen le plus sûr de la différencier est de rechercher la présence de son miroir alaire blanc, qui toutefois est plus visible en vol que posé. Le mâle, noir, présente aussi une petite tache blanche sous l'œil. Femelles et immatures sont brun foncé, avec deux taches claires difficiles à observer chez certaines femelles. Le vol est puissant, avec des battements d'ailes lents. La macreuse brune, souvent isolée, peut être observée parfois en compagnie d'autres canards plongeurs, comme les eiders. Canard marin en dehors de la saison des nids, la macreuse brune apprécie les eaux tumultueuses dans lesquelles elle plonge en ouvrant les ailes. Pour son nid, elle fréquente la toundra, les forêts nordiques, mais parfois aussi les îlots des archipels.

LA MACREUSE NOIRE *(Melanitta nigra)*

La macreuse noire est un canard marin trapu, qui porte un bec massif avec renflement jaune chez le mâle. Ce dernier est totalement noir et maintient sa queue souvent dressée. Femelles et immatures sont brun foncé, avec de grandes joues pâles et le ventre clair. À la différence de la macreuse brune, la macreuse noire ne présente pas de miroir blanc. Ses battements d'ailes sont plus rapides que ceux de sa congénère. L'espèce vole souvent en files ondoyantes au ras des flots ou en groupes serrés, et plonge les ailes fermées. La macreuse noire préfère des eaux plus calmes que la macreuse brune. Elle niche autour des lacs dans les hautes tourbières et la toundra. Le mâle émet des cris mélodieux, surtout durant la période nuptiale.

- **Poids :** de 980 à 1 400 g (M) ; de 970 à 1 200 g (F)
- **Taille :** 44-54 cm
- **Longueur des ailes :** 21,5-24,5 cm (M); 20,5-23,5 cm (F)
- **Envergure :** 73-85 cm
- **Aire d'hivernage :** ouest de la Baltique, mer des Wadden, rare plus au sud mais possible jusqu'en Mauritanie
- **Aire de nidification :** Islande, nord des îles Britanniques, Scandinavie, Sibérie
- **Parade nuptiale :** à partir de mai
- **Ponte :** de juin à début juillet
- **Nid :** cuvette recouverte de duvet
- **Œufs :** de 6 à 8, de couleur beige ; la couvaison dure de 30 à 31 jours
- **Poussins :** nidifuges ; les jeunes sont indépendants à l'âge de 45 à 50 jours
- **Évolution des effectifs :** stable
- **Effectif estimé (Ouest paléarctique) :** 1 600 000 individus
- **Confusion possible :** entre femelles et immatures avec ceux de la macreuse brune posés sur l'eau

Les oies

Oiseaux bruyants et de grande taille, les oies ont toujours fasciné l'homme, qui, dans de nombreuses civilisations, y voyait soit des messagères de l'autre monde, soit des intercesseurs entre le ciel et la terre. Aujourd'hui, les effectifs sont en augmentation au point de provoquer des dégâts agricoles importants, notamment dans les régions côtières d'Europe. Herbivores, les oies broutent les jeunes plantes pour reconstituer les réserves de graisse nécessaires à leur long voyage.

Les oies présentent une apparence plus massive que les canards, elles sont dotées d'un cou plus long, et, surtout, à la différence de ces derniers, mâles et femelles présentent le même plumage. Elles se distinguent également par leurs déplacements en groupes bruyants. Qu'elles soient posées ou en vol, elles poussent régulièrement des cris de rappel et d'alerte, ce qui constitue un véritable langage permettant de maintenir la cohésion du groupe. Il s'agit là d'un comportement propre à toutes les espèces grégaires.

Une vie en groupes sur des espaces découverts

Comme c'est le cas pour les canards de surface, les pattes sont placées au milieu du corps, ce qui permet un décollage vertical ; mais le poids plus important des oies les oblige à prendre un envol progressif. Face aux prédateurs, cette caractéristique présente un sérieux désavantage, auquel les oies répondent de deux façons.

Des groupes dotés de sentinelles. C'est seulement lors de la saison de reproduction, suivie de la nidification et de l'élevage des oisons, que certaines espèces restent en couples isolés. Sinon, les oies vivent systématiquement en groupes. Ces derniers peuvent atteindre plusieurs centaines d'individus, avec, dans certains cas, la présence de sentinelles. De cette façon, l'arrivée des prédateurs est très vite signalée.

La fréquentation de milieux très ouverts. Les milieux de vie des oies ne sont en outre jamais couverts de végétation, ce qui limite nettement les risques d'attaques furtives et permet, là aussi, de détecter facilement la présence d'un prédateur.

Des formations de vol adaptées aux longs trajets

La forme et la dimension des ailes conditionnent la façon de voler des migrateurs. Celles des oies sont surtout conformées pour le vol battu et le vol plané. Lors de leurs migrations, ces anatidés volent en formation linéaire ou angulaire, ce qui a pour avantage d'économiser l'énergie des oiseaux suiveurs, l'oiseau de tête étant régulièrement remplacé par un congénère moins fatigué. Le vol en « V » permet également aux suiveurs de voir facilement le meneur.

Grâce à leur vol puissant, les oies peuvent franchir de grandes distances sans s'arrêter. Si toutefois les conditions météorologiques ne leur sont pas favorables, elles progresseront alors par petites étapes, mais elles ne retarderont pas leur voyage.

Hormis pendant la période de reproduction, les oies se déplacent toujours en groupes, ces derniers pouvant parfois atteindre plusieurs centaines d'individus.

La migration de printemps, un fléau pour les cultures

Les oies sont avant tout des herbivores, qui se nourrissent durant la journée de divers végétaux. Leur mode de vie grégaire peut causer d'importants dégâts agricoles, dans la mesure où elles s'alimentent essentiellement au sol.

Les céréales d'hiver très prisées. En migration, elles aiment notamment faire halte dans les grandes plaines cultivées, où les céréales d'hiver constituent une importante et riche nourriture. Cela leur permet de stocker des réserves graisseuses, qui leur seront ensuite utiles en période de reproduction. Les jeunes plans arrachés sont alors irrémédiablement détruits, ce qui oblige les agriculteurs à emblaver, c'est-à-dire à ensemencer, une seconde fois les parcelles. En automne toutefois, les passages sont moins destructeurs qu'au printemps, dans la mesure où les oies se rabattent sur les chaumes de maïs et de blé, quand ceux-ci ne sont pas labourés.

Des effectifs plutôt en hausse. Globalement, l'état des populations d'oies est plutôt en hausse, d'où des dégâts en progression. Malgré ce constat, de nombreuses espèces restent protégées, et il est impossible de limiter leur impact sur les cultures. Au Canada, les populations d'oies des neiges sont passées de 50 000 à 850 00 individus entre 1965 et 2000. Pour contenir ce phénomène, des chasses de printemps sont désormais organisées, alors que l'espèce était protégée depuis 1917.

Seulement trois espèces sont chassables

La chasse des oies se pratique généralement au poste fixe, et ce en raison de la difficulté d'approcher ces oiseaux. La méthode la plus sportive consiste à rester couché au sol avec, si possible, une tenue de camouflage et à tirer les oies au moment de leur passage à basse altitude, sur les zones de gagnage, à savoir les zones où elles vont chercher leur nourriture, ou entre celles-ci et les dortoirs.

En Europe, il existe neuf espèces d'oies ; la plus connue – qui n'est pas la plus répandue à l'état sauvage – est l'oie cendrée, ancêtre de l'oie de basse-cour. Les bernaches, plus petites et plus maritimes que les oies dites « grises », appartiennent à un autre genre d'un point de vue systématique, mais font également partie de la famille des anatidés.

Bien que jouissant d'un niveau de conservation très favorable et de populations en hausse, aucune espèce de bernache ne peut être chassée en France où seules trois espèces d'oies peuvent être prélevées : l'oie des moissons, l'oie rieuse et l'oie cendrée.

L'OIE DES MOISSONS *(Anser fabalis)*

De taille moyenne et moins bruyante que ses congénères, l'oie des moissons se remarque à son plumage à dominante brunâtre et à son cou sombre allongé. Son bec est jaune orangé et noir à la base, les pattes sont également orangées. L'oie des moissons est bien présente en Europe. Elle se reproduit de la Scandinavie à l'Oural, dans les régions de toundra et de forêts boréales, riches en marais et en lacs. Les couples s'isolent pour construire leur nid, et la migration s'effectue en famille. La formation en vol est le plus souvent ordonnée en chevrons. En France, où elle arrive à partir d'octobre pour repartir dès la fin février, l'oie des moissons préfère les grands cours d'eau intérieurs au littoral. En hivernage, elle fréquente les champs et les prairies à proximité de zones humides.

- **Poids :** de 1,9 à 3,4 kg (M) ; de 2 à 3,4 kg (F).
- **Taille :** 66-88 cm
- **Longueur des ailes :** 44-52 cm (M) ; 42-49 cm (F)
- **Envergure :** 147-175 cm
- **Aire d'hivernage :** Europe de l'Ouest et Europe méridionale
- **Aire de nidification :** Scandinavie, Russie, océan Arctique
- **Parade nuptiale :** mai
- **Ponte :** juin-juillet
- **Nid :** au sol et proche de l'eau, au milieu d'arbres et de buissons
- **Œufs :** de 3 à 7, de couleur blanc crème ; la couvaison dure de 27 à 29 jours
- **Poussins :** nidifuges ; dépendants durant 8 semaines
- **Évolution des effectifs :** en augmentation
- **Effectif estimé (Ouest paléarctique) :** 600 000 individus
- **Confusion possible :** avec l'oie cendrée et l'oie à bec court

L'OIE RIEUSE *(Anser albifrons)*

- **Poids :** de 1,7 à 3,3 kg (M) ; de 1,4 à 3,1 kg (F)
- **Taille :** 66-76 cm
- **Longueur des ailes :** 39,5-44 cm (M) ; 39-41,5 cm (F)
- **Envergure :** 130-160 cm
- **Aire d'hivernage :** côtes de la mer du Nord et Irlande pour *Anser anser flavirostris*
- **Aire de nidification :** toundras russe et sibérienne, côte occidentale du Groenland
- **Parade nuptiale :** à partir de mai
- **Ponte :** juin
- **Nid :** au sol en société, dans la toundra loin de la végétation
- **Œufs :** de 4 à 7, de couleur blanc crème ; la couvaison dure de 27 à 28 jours
- **Poussins :** nidifuges ; dépendants durant 8 à 9 semaines
- **Évolution des effectifs :** en augmentation
- **Effectif estimé (Ouest paléarctique) :** 1 400 000 individus
- **Confusion possible :** entre les juvéniles et les oies cendrées

Le cri aigu de l'oie rieuse ressemble à un jacassement, ce qui lui a valu son nom français. De moindre taille que l'oie cendrée et l'oie des moissons, elle se distingue également par son front blanc et par des barres noires plus ou moins marquées sur le ventre. Ses pattes sont orangées. Elle est présente en Europe avec deux sous-espèces : *Anser anser albifrons*, dite « continentale » , la plus commune, dotée d'un bec rose ; *Anser anser flavirostris*, dite « du Groenland », la plus rare, munie d'un bec jaunâtre.

L'oie rieuse quitte ses zones de reproduction en septembre et arrive sur les zones d'hivernage dès octobre. En Europe, l'essentiel de la population hivernante stationne sur les côtes de la mer du Nord, mais l'augmentation des effectifs pousse désormais les individus vers l'intérieur des terres. Le retour s'effectue dès mars, avec un pic migratoire en avril. Les couples d'oies rieuses sont formés pour la vie.

L'OIE CENDRÉE *(Anser anser)*

L'oie cendrée, la plus grande des oies européennes, possède un bec orangé légèrement rosé, triangulaire et puissant. Son corps est massif, de couleur gris brun au posé et franchement gris en vol. Ses pattes sont rosées et vigoureuses. Chez la sous-espèce orientale *(Anser anser rubrirostris)*, le bec est à dominante rose, et la silhouette en vol est également massive, avec de larges ailes aux battements amples. L'oie cendrée arrive sur ses aires d'hivernage vers octobre et y stationne jusqu'à la fin février ou la fin mars. Durant cette période, on peut la rencontrer surtout sur les estuaires, les larges baies et les lacs de grande superficie, bordés de terrains humides et de zones cultivées. Particulièrement méfiants, les groupes d'oies cendrées comportent des sentinelles qui avertissent leurs congénères du moindre danger. Les couples sont toujours formés pour la vie.

- **Poids :** de 2,5 à 4,5 kg (M) ; de 2 à 4 kg (F)
- **Taille :** 76-88 cm
- **Longueur des ailes :** 45-48 cm
- **Envergure :** 140-175 cm
- **Aire d'hivernage :** Europe de l'Ouest et Europe méridionale
- **Aire de nidification :** zones boréales et tempérées du continent eurasiatique
- **Parade nuptiale :** à partir de mars
- **Ponte :** avril
- **Nid :** au sol en société, dans les marais, les roselières et les broussailles
- **Œufs :** de 3 à 7, de couleur blanc crème ; l'incubation dure de 27 à 28 jours
- **Poussins :** nidifuges ; dépendants durant 8 semaines
- **Évolution des effectifs :** en augmentation
- **Effectif estimé (Ouest paléarctique) :** 200 000 individus
- **Confusion possible :** avec l'oie des moissons et les juvéniles d'oies rieuses

Les limicoles

Les limicoles fréquentent les milieux plus ou moins humides : bords de mer, rivages des fleuves et des rivières, marais. La disparition de bon nombre de ces habitats joue en leur défaveur. Isolés ou réunis en groupes de plusieurs centaines d'individus, ces oiseaux migrateurs procurent de belles sorties de chasse. À condition de savoir bien reconnaître les différentes espèces car beaucoup sont protégées.

Le groupe des limicoles réunit les animaux qui vivent à proximité de la vase ou limon. Il est composé de nombreuses espèces dénommées autrefois « petits échassiers ». Ces dernières appartiennent à des genres et des familles différents, mais à un seul ordre, celui des charadriiformes.

Ainsi, l'huîtrier pie appartient à la famille des hématopodidés et représente la seule espèce de cette famille en Europe. La bécasse, elle, est un limicole, mais elle n'est ni un oiseau de mer, ni de rivière, ni de marais. Son domaine est terrestre, aussi ne fait-elle pas partie de la sauvagine.

Les cris et le plumage, premiers signes distinctifs

Les pluviers et vanneaux appartiennent à la famille des charadriidés, leurs caractéristiques communes étant un corps assez compact, un cou large, un plumage contrasté, un bec court et épais, de grands yeux. Ces oiseaux se trouvent souvent à l'intérieur des terres et n'ont pas besoin d'une proximité immédiate d'eau. Le dessin de leur plumage en vol et les cris qu'ils émettent sont les éléments essentiels permettant de les reconnaître.

Le vanneau connaît une situation singulière. L'habitat traditionnel de ce migrateur est constitué par les prairies humides. Or celles-ci, sous l'effet des opérations d'assèchement, se sont considérablement réduites. Les milieux protectionnistes en déduisent que le vanneau est en déclin. Mais, à la différence de ses autres cousins limicoles, le vanneau semble disposer de capacités d'adaptation importantes : ainsi a-t-il pu reporter son intérêt vers d'autres habitats, les cultures céréalières notamment.

Les chevaliers sont parmi les plus élancés. Les bécasseaux, bécassines, barges, courlis et chevaliers, eux, appartiennent à la famille des scolopacidés. Leurs traits communs sont un corps moins compact que celui des charadriidés, un bec long et mince, un cou et des pattes longilignes, des ailes pointues et anguleuses. Les barres présentes sur les ailes (barres alaires), l'aspect du croupion et de la queue, ainsi que les cris qu'ils produisent, très variés, aident bien à les identifier. À noter, les variations de plumage chez la plupart des chevaliers entre la période nuptiale et la période hivernale. Les phalaropes représentent un genre appartenant également à cette famille, mais ils ne sont pas chassables.

La poule d'eau, qui est un rallidé, et la bécassine, qui est un limicole, fréquentent toutes deux les milieux humides dans lesquels l'eau est peu profonde.

De petits échassiers qui ont besoin de limon

Les limicoles se nourrissent d'insectes et d'invertébrés comme les mollusques. À l'aide de leur bec puissant et tactile, ils les recherchent dans les premières couches du sol, le limon, d'où leur nom. Pour pouvoir marcher sans difficulté sur les vasières, ils possèdent de grandes pattes munies de longs doigts.

Pour ces oiseaux, la proximité immédiate de zones humides (rivages maritimes, marais, zones inondables) est indispensable. L'eau est nécessaire à ces petits échassiers, notamment pour assurer leur toilette et l'entretien de leur plumage. Toutes les espèces de limicoles sont inféodées aux zones humides à un moment de leur cycle annuel, la disparition de ces dernières étant le principal facteur qui freine leur expansion.

Des oiseaux sensibles aux vagues de froid

Depuis cinquante ans, leurs effectifs auraient diminué. Le drainage des prairies humides par les agriculteurs, et donc la modification de leur habitat, serait l'une des raisons pouvant expliquer cette évolution négative. À cela s'ajoute également l'impact des vagues de froid, auxquelles ces oiseaux sont très sensibles : de fortes baisses de la température leur sont fatales, notamment lorque les vasières gèlent.

La taille des limicoles, leur relative discrétion et l'étendue de leurs zones migratoires, rendent toutefois très difficile une évaluation précise des populations. Seuls des comptages limités dans l'espace peuvent donner un aperçu, ceux-ci étant probablement très en deçà de la réalité.

Des zones migratoires plus ou moins étendues

Ces oiseaux ont un comportement plus ou moins migrateur selon l'espèce : si le bécasseau maubèche et la barge rousse parcourent entre 10 000 et 15 000 km, le combattant varié, lui, se contente de 2 000 à 5 000 km. Durant leur migration, ces oiseaux terrestres volent souvent le jour et la nuit sur de longues distances car ils ne peuvent pas se poser sur la mer.

Un gibier très recherché

Les limicoles sont farouches et leur vol est souvent très rapide. Surpris, soit ils s'envolent à grande distance, soit ils se dissimulent adroitement dans leur biotope. Ces caractéristiques en font un gibier très recherché, dont la chasse procure de vives sensations. Leur chair est appréciée des connaisseurs, ce qui leur donne un attrait cynégétique supplémentaire.

En Europe, 42 espèces de limicoles sont régulièrement présentes, mais seulement 15 espèces peuvent être chassées en France.

L'HUÎTRIER PIE *(Hœmatopus ostralegus)*

- **Poids :** de 400 à 745 g
- **Taille :** 42-46 cm
- **Longueur des ailes :** 25-27 cm
- **Envergure :** 80-86 cm
- **Aire d'hivernage :** les rivages de la mer du Nord et de l'Atlantique jusqu'en Afrique
- **Aire de nidification :** les côtes septentrionales de l'Islande à la Norvège, en Russie, Sibérie orientale, Europe de l'Ouest et, localement, dans le bassin méditerranéen
- **Parade nuptiale :** mars-avril
- **Ponte :** d'avril à fin mai
- **Nid :** cuvette au sol découverte
- **Œufs :** 3, de couleur brunâtre et tachetés de noir ; la couvaison dure de 24 à 27 jours
- **Poussins :** nidifuges ; ils volent à l'âge de 35 à 42 jours
- **Évolution des effectifs :** population hivernante en Europe et en Afrique en augmentation
- **Confusion possible :** aucune

L'huîtrier pie est un grand limicole robuste et bruyant. Il montre un plumage très contrasté : noir sur le dessus, la tête, le cou et la poitrine ; blanc sur le dessous. Une bande blanche remonte entre la poitrine et le devant des ailes. Son bec rouge droit et puissant lui permet d'ouvrir les coquillages dont il se nourrit. Ses pattes sont roses, son œil est noir cerclé de rouge. En vol, une large bande alaire blanche tranche sur le noir des ailes ; le croupion blanc est très visible, d'autant que la queue est noire à l'extrémité. Sa silhouette montre une apparence compacte, ses battements d'ailes sont rapides, mais de faible ampleur. L'huîtrier pie fréquente essentiellement le littoral, il aime les côtes rocheuses et les vasières abritant mollusques et invertébrés. Il niche généralement près de l'eau et, localement, loin de la mer. En guise de salutation, il émet un chant sonore, composé de longs trilles accélérés.

LE VANNEAU HUPPÉ *(Vanellus vanellus)*

- **Poids :** de 130 à 330 g
- **Taille :** 28-31 cm
- **Longueur des ailes :** 21,6-23,4 cm
- **Envergure :** 70-76 cm
- **Aire d'hivernage :** Europe de l'Ouest et du Sud, voire Afrique du Nord
- **Aire de nidification :** la majeure partie de l'Europe et de l'Asie
- **Parade nuptiale :** mars-avril
- **Ponte :** de mi-mars à fin juin
- **Nid :** cuvette à même le sol, complétée de quelques brindilles et d'herbes sèches
- **Œufs :** 4, de couleur verdâtre avec des taches noires ; la couvaison dure de 26 à 28 jours
- **Poussins :** nidifuges ; les jeunes volent âgés de 25 à 40 jours
- **Évolution des effectifs :** globalement stable, avec localement des populations nicheuses en déclin
- **Confusion possible :** aucune

Le vanneau huppé se caractérise par une taille moyenne, un corps allongé et une tête prolongée par une huppe en mèche dressée, longue chez le mâle, plus réduite chez la femelle. La gorge est noire chez le mâle, et tachetée de blanc chez la femelle. Le dessus du corps est sombre avec des reflets irisés verts et pourpres. Le dessous est blanc, prolongé par des plumes sous-caudales rousses. Une pointe blanche, très visible, remonte entre le plastron noir et l'aile sombre. Les ailes spatulées sont noires dessus et blanches dessous, avec les rémiges primaires aux bouts blancs. Les battements d'ailes sont souples ; le vol comprend fréquemment des acrobaties aériennes très rapides. Le vanneau niche souvent en petites colonies, principalement dans les prés humides ou les marais, mais parfois aussi dans les cultures céréalières, où les nichées sont victimes du machinisme agricole et des traitements phytosanitaires. Le vanneau huppé migre en troupes nombreuses. Son cri est nasal, sonore et plaintif.

LE BÉCASSEAU MAUBÈCHE *(Calidris canutus)*

Même s'il est petit comparé aux autres limicoles chassables, le bécasseau maubèche n'en est pas moins le plus grand des bécasseaux présents en Europe. Son corps est massif, son cou et son bec, droit, sont courts, ses pattes sont gris-vert, traits propres à tous les bécasseaux. Mâles et femelles sont identiques : face et dessous du corps sont rouge brique, alors que le dessus est tacheté de noir et roux sur fond brunâtre. Leurs ailes sont longues et pointues, avec apparition d'une barre alaire blanche en vol. Leur queue, très claire et finement rayée de gris, permet de les différencier des autres bécasseaux en vol. Très grégaire, rarement présent à l'intérieur des terres, le bécasseau maubèche vit souvent en troupes serrées sur les vasières ou évolue en nuées compactes en suivant les marées. S'il manque de graisse pour terminer sa migration, il peut consommer ses propres viscères, tel le foie, afin d'atteindre son site de reproduction. En s'envolant, l'oiseau pousse un cri rauque et nasal.

- **Poids :** de 105 à 215 g
- **Taille :** 23-25 cm
- **Longueur des ailes :** 16-17,5 cm
- **Envergure :** 47-54 cm
- **Aire d'hivernage :** Europe de l'Ouest et Afrique
- **Aire de nidification :** Sibérie et Groenland
- **Parade nuptiale :** fin mai-juin
- **Ponte :** fin juin-juillet
- **Nid :** petite cuvette au sol dans la toundra
- **Œufs :** 4, de couleur vert olive avec des taches noirâtres ; la couvaison dure de 21 à 22 jours
- **Poussins :** nidifuges ; les jeunes volent âgés de 18 à 20 jours
- **Évolution des effectifs :** populations groenlandaise et sibérienne stables
- **Confusion possible :** avec le pluvier argenté

LA BÉCASSINE SOURDE *(Lymnocryptes minimus)*

- **Poids :** de 33 à 90 g
- **Taille :** 17-19 cm
- **Longueur des ailes :** 10-12 cm
- **Envergure :** 30-36 cm
- **Aire d'hivernage :** de l'Europe de l'Ouest à l'Inde
- **Aire de nidification :** Laponie, Sibérie orientale
- **Parade nuptiale :** mai-juin
- **Ponte :** juin-juillet
- **Nid :** au sol, dans les marais humides
- **Œufs :** 4, de couleur vert olive avec des taches brun foncé ; la couvaison dure 24 jours minimum
- **Poussins :** nidifuges ; l'âge d'envol des jeunes demeure inconnu
- **Évolution des effectifs :** en déclin
- **Confusion possible :** aucune

La bécassine sourde est la plus petite des bécassines européennes et la plus difficile à observer. Son bec moins long que celui de sa cousine des marais, sa tête assez grosse, ornée d'une raie médiane noire et de fins sourcils beiges, lui donnent un aspect dodu. Ses flancs sont finement rayés, et non barrés comme ceux des autres bécassines. Sa queue est sombre, et son plumage est parcouru de quatre longues raies jaunes le long d'un dos noir : la bécassine sourde a ainsi la faculté de se confondre parfaitement avec les herbes sèches dans lesquelles elle se tapit. Elle se cantonne dans les endroits fourrés, mais pas dans les grands massifs de roseaux. À la différence de la bécassine des marais, elle se tapit dans les iris sauvages. Alertée, elle s'accroupit et jaillit au tout dernier moment devant tout intrus, avant de se reposer à courte distance. Son vol est lent et rectiligne. Elle pousse très rarement un cri, à l'exception de son chant qui rappelle le bruit d'un cheval au galop.

LA BÉCASSINE DES MARAIS *(Gallinago gallinago)*

Plus grande que la bécassine sourde, la bécassine des marais reste tout de même un limicole d'assez petite taille. Son plumage lui assure un camouflage parfait : chamarré de brun roux, il est noir et jaune sur le dessus, et comprend des raies sombres sur la tête et jaunes le long du dos. Son bec est droit, sombre et long. Ses pattes, plus longues que celles de la bécassine sourde, de couleur vert-gris, restent proportionnées au corps. En vol, son ventre apparaît très clair et contraste avec les flancs barrés de sombre. Elle affectionne les endroits dégagés, parsemés de petites flaques, les prairies inondables, les bords de fossés. Elle a des places de prédilection. Dissimulée dans la végétation, la bécassine des marais s'envole avec des battements d'ailes rapides en zigzaguant et en poussant de petits cris rauques très caractéristiques, avant d'effectuer de grandes boucles dans le ciel.

- **Poids :** de 75 à 180 g
- **Taille :** 25-27 cm
- **Longueur des ailes :** 12,7-14 cm
- **Envergure :** 37-43 cm
- **Aire d'hivernage :** du Danemark à l'Afrique tropicale
- **Aire de nidification :** du sud de l'Europe aux Pays scandinaves
- **Parade nuptiale :** avril
- **Ponte :** avril-mai
- **Nid :** petite dépression au sol, garnie d'herbes sèches, située dans une végétation basse
- **Œufs :** 4, de couleur fauve à verdâtre avec des taches brun-roux ; la couvaison dure 20 jours
- **Poussins :** nidifuges ; les jeunes volent âgés de 19 à 20 jours
- **Évolution des effectifs :** population nicheuse en déclin
- **Confusion possible :** avec la bécassine double (protégée)

LA BARGE À QUEUE NOIRE *(Limosa limosa)*

- **Poids :** de 160 à 390 g
- **Taille :** 36-44 cm
- **Longueur des ailes :** 20,5-22,6 cm
- **Envergure :** 62-70 cm
- **Aire d'hivernage :** Europe du Sud et Afrique
- **Aire de nidification :** Islande, Europe et Sibérie occidentale
- **Parade nuptiale :** mars-avril
- **Ponte :** de avril à fin mai
- **Nid :** cuvette au sol garnie d'herbes, dans les marais, landes et dunes
- **Œufs :** 4, de couleur olive ou verdâtre avec des taches brunes ; la couvaison dure de 22 à 24 jours
- **Poussins :** nidifuges ; les jeunes volent âgés de 25 à 30 jours
- **Évolution des effectifs :** en augmentation en Islande, en déclin en Afrique de l'Ouest
- **Confusion possible :** avec la barge rousse

La barge à queue noire est un grand limicole élancé haut sur pattes. Sa petite tête est prolongée d'un long bec droit, sombre à l'extrémité, rose orange à la base. Le plumage de sa poitrine est à dominante rousse, avec un dessous plus clair et barré de brun. Le dessus est marqué de noir et de blanc, sur un fond brun-gris. Mâles et femelles sont très semblables. En vol, une large bande alaire blanche se détache, ainsi qu'un croupion blanc ; la queue, également blanche, s'achève sur une large bande noire. Ses pattes dépassent nettement de la queue, ses battements d'ailes sont rapides et énergiques. La barge à queue noire peut être observée souvent dans les eaux peu profondes, où elle recherche sa nourriture. De jour, elle est très silencieuse ; de nuit, elle lance des sons rauques, et, en période de nidification, son cri ressemble à celui du vanneau.

LA BARGE ROUSSE *(Limosa lapponica)*

La barge rousse est légèrement plus petite et plus trapue que la barge à queue noire. Son bec noir à base rose, dont l'extrémité est légèrement recourbée vers le haut, est aussi moins long. Les pattes sont plus courtes et dépassent à peine de la queue en vol. Les mâles arborent un plumage rouge brique de la tête au dos jusqu'au ventre, sans apparition de barres. L'aspect des femelles est quasi identique, avec toutefois un peu plus de gris. En vol, le dessous de l'aile est clair mais sans barre alaire. Le blanc du croupion remonte sur le dos, la queue est barrée de noir. Oiseau grégaire, la barge rousse se réunit souvent en troupes denses sur le littoral. Les individus nord-américains détiennent le record du vol sans escale, parcourant 11 000 km pour traverser le Pacifique entre l'Alaska et la Nouvelle-Zélande, cela grâce à leur faculté de réduction des organes métaboliques comme le foie, les reins ou le gésier. En vol, elle lance un cri nasal et bas.

- **Poids :** de 195 à 455 g
- **Taille :**33-42 cm
- **Longueur des ailes :** 20-22 cm (M) ; 21-23 cm (F)
- **Envergure :** 61-68 cm
- **Aire d'hivernage :** les littoraux d'Europe de l'Ouest et d'Afrique
- **Aire de nidification :** Laponie, régions subarctiques de Sibérie
- **Parade nuptiale :** mi-mai à mi-juin
- **Ponte :** de mi-juin à mi-juillet
- **Nid :** au sol dans les tourbières, à proximité des lisières
- **Œufs :** 4, de couleur olive à vert clair avec des taches brun foncé ; la couvaison dure de 20 à 21 jours
- **Poussins :** nidifuges ; l'âge d'envol des jeunes demeure inconnu
- **Évolution des effectifs :** en augmentation à l'ouest du Paléarctique
- **Confusion possible :** avec la barge à queue noire

LE COURLIS CENDRÉ *(Numenius arquata)*

- **Poids :** de 500 à 1 300 g
- **Taille :** 50-60 cm
- **Longueur des ailes :** 28-30,3 cm (M) ; 29,5-32 cm (F)
- **Envergure :** 80-100 cm
- **Aire d'hivernage :** les zones côtières, de l'Islande à l'Afrique du Sud
- **Aire de nidification :** les régions tempérées et boréales d'Europe et d'Asie
- **Parade nuptiale :** mars-avril
- **Ponte :** avril-mai
- **Nid :** dépression au sol, dans les herbes hautes des prairies et landes
- **Œufs :** 4, de couleur crème et tachetés ; la couvaison dure 30 jours
- **Poussins :** nidifuges ; les jeunes volent âgés de 32 à 38 jours
- **Évolution des effectifs :** population nicheuse en hausse en France, mais en déclin en Europe
- **Confusion possible :** entre le jeune courlis cendré et le courlis à bec grêle adulte

Le courlis cendré, le plus grand limicole européen, possède un très long bec dont la courbure descendante s'accentue vers l'extrémité. Juché sur ses longues pattes solides, il semble comme voûté. Le plumage, à dominante roussâtre au niveau du dessus, du cou et de la poitrine, est densément rayé. Le bas du dos et le croupion sont clairs. La gorge et le ventre sont blancs. Le courlis cendré niche souvent à l'intérieur des terres dans les prairies alluviales, où les poussins sont victimes des fauches précoces. Les déplacements en groupe montrent des formations en chevrons ou linéaires, haut dans le ciel. Le courlis est un oiseau de grèves qui voyage des rivages à la plaine en fonction des horaires de marée. Son vol puissant aux battements mesurés est accompagné de trilles mélodieux. Il doit d'ailleurs son nom à son chant sonore (« cour-li »).

LE COURLIS CORLIEU *(Numenius phæopus)*

Le courlis corlieu, bien qu'il soit un limicole de grande taille, est plus petit et plus tassé que le courlis cendré. Il se distingue d'ailleurs de ce dernier par nombre de traits physiques. Son bec à courbure descendante est plus long, son cou plus court, ses pattes sont moins longues. Le plumage aussi est différent : le dessus est brun sombre, avec des dessins pâles, le cou et la poitrine sont rayés, et les flancs barrés, de même que le dessous des ailes. La calotte est sombre avec une raie médiane pâle. Le bas du dos et le croupion sont blancs. Mâles et femelles sont identiques. En vol, le courlis corlieu effectue des battements d'ailes plus rapides que le courlis cendré. Cet oiseau sociable vit toutefois dans les mêmes types de milieux que son cousin. Il produit également un chant très similaire, mais, trait caractéristique, il pousse en outre un hennissement flûté de tonalité égale.

- **Poids :** de 270 à 600 g
- **Taille :** 40-46 cm
- **Longueur des ailes :** 23-26,5 cm
- **Envergure :** 71-81 cm
- **Aire d'hivernage :** les côtes tropicales et équatoriales de l'hémisphère Sud
- **Aire de nidification :** les régions subarctiques et boréales d'Europe et de Sibérie
- **Parade nuptiale :** mai
- **Ponte :** mai-juin
- **Nid :** au sol, parmi les bruyères des landes tourbeuses
- **Œufs :** 4, de couleur crème et tachetés ; la couvaison dure 30 jours
- **Poussins :** nidifuges ; les jeunes volent âgés de 35 à 40 jours
- **Évolution des effectifs :** la population nicheuse d'Islande et de Russie est stable, mais celle de Finlande augmente et celle du Danemark décline
- **Confusion possible :** avec le courlis à bec grêle

LE CHEVALIER ARLEQUIN *(Tringa erythropus)*

- **Poids :** de 120 à 205 g
- **Taille :** 29-32 cm
- **Longueur des ailes :** 15,8-16,7 cm (M) ; 16,6-17,7 cm (F)
- **Envergure :** 48-52 cm
- **Aire d'hivernage :** Afrique de l'Ouest (rare en France)
- **Aire de nidification :** Laponie, nord de la Russie et Sibérie arctique
- **Parade nuptiale :** mai
- **Ponte :** fin mai
- **Nid :** dans une touffe d'herbes dans une clairière
- **Œufs :** 4, de couleur verdâtre ou olive, avec une tache brun foncé ; la couvaison dure 24 jours
- **Poussins :** nidifuges ; les jeunes volent âgés de 40 jours environ
- **Évolution des effectifs :** les observations sont insuffisantes pour dégager une tendance
- **Confusion possible :** aucune

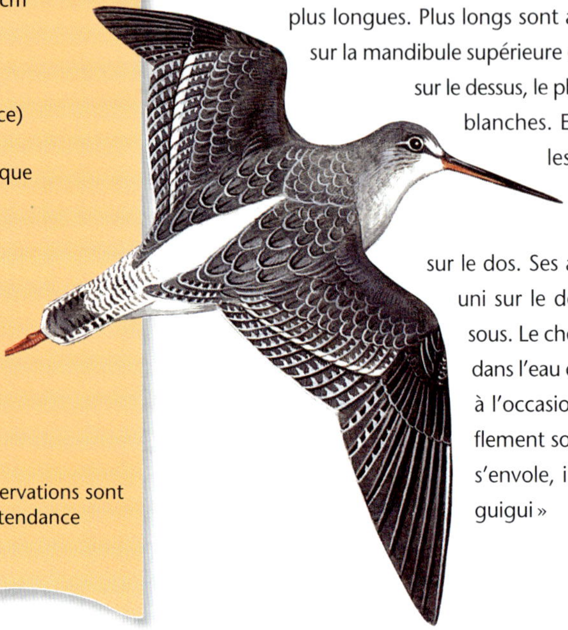

Le chevalier arlequin, limicole de taille moyenne, se distingue avant tout par son plumage, entièrement noir en période nuptiale. Si on le compare au chevalier gambette, son allure est plus svelte, et ses jambes rouges sont plus longues. Plus longs sont aussi le cou et le bec, droit, noir sur la mandibule supérieure et rouge sur l'inférieure. De près, sur le dessus, le plumage montre de petites pointes blanches. En vol, la silhouette est élancée, les doigts dépassent la queue barrée, et le blanc du croupion remonte en pointe, très haut sur le dos. Ses ailes sont d'un noir relativement uni sur le dessus, mais blanches sur le dessous. Le chevalier arlequin s'avance plus loin dans l'eau que le chevalier gambette et nage à l'occasion. À tout instant, il lance un sifflement sonore et dur. Lorsque, dérangé, il s'envole, il pousse un cri répété : « guiguiguigui »

LE CHEVALIER GAMBETTE *(Tringa totanus)*

De taille moyenne, le chevalier gambette est le plus commun et le plus répandu des limicoles européens. Sur le dessus, son plumage est brun olive tacheté de noir ; sur le dessous, il est ombré à la poitrine puis blanc rayé de brun-noir. Ses pattes sont rouges, comme la base de son bec, droit, qui se termine noir. Ses yeux sont rehaussés d'un cercle pâle très visible. En vol, ses ailes sombres sont bordées à l'arrière de larges bandes blanches, ce qui est unique chez les limicoles. Le croupion blanc se prolonge en pointe sur le dos, mais remonte moins haut que chez le chevalier arlequin. Les doigts dépassent à peine la queue barrée. Son vol est souple, avec des glissés oscillants. Inquiété, le chevalier gambette hoche l'avant du corps. Il se perche volontiers au sommet des arbustes, à proximité de son site de reproduction.

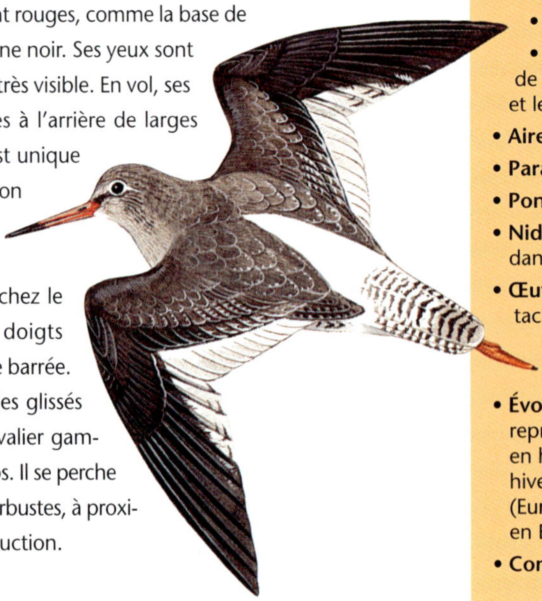

- **Poids :** de 85 à 190 g
- **Taille :** 27-29 cm
- **Longueur des ailes :** 14,7-16,2 cm
- **Envergure :** 45-52 cm
- **Aire d'hivernage :** les littoraux, de la mer du Nord au golfe de Guinée et le pourtour méditerranéen
- **Aire de nidification :** de l'Islande à l'Asie
- **Parade nuptiale :** mai-juin
- **Ponte :** juin
- **Nid :** cuvette garnie d'herbes sèches dans une touffe d'herbes
- **Œufs :** 4, de couleur crème à fauve avec des taches brun foncé ; 24 jours d'incubation
- **Poussins :** nidifuges ; les jeunes volent âgés de 25 à 35 jours
- **Évolution des effectifs :** effectif reproducteur stable et population hivernante en hausse en France ; déclin des populations hivernant sur les rivages de l'Atlantique (Europe et Afrique) ; déclin modéré en Europe du Nord et en Russie
- **Confusion possible :** aucune

LE CHEVALIER ABOYEUR *(Tringa nebularia)*

- **Poids** : de 135 à 270 g
- **Taille** : 30-35 cm
- **Longueur des ailes** : 18,4-20 cm
- **Envergure** : 53-60 cm
- **Aire d'hivernage** : Afrique
- **Aire de nidification** : du nord de l'Écosse aux régions boréales de Russie et Sibérie
- **Parade nuptiale** : de mi-avril à mi-mai
- **Ponte** : de mi-mai à mi-juin
- **Nid** : cuvette garnie d'herbes sèches dans une touffe d'herbes, non loin de l'eau
- **Œufs** : 4, de couleur crème à fauve avec des taches brun roussâtre ; la couvaison dure 24 jours
- **Poussins** : nidifuges ; les jeunes volent âgés de 25 à 31 jours
- **Évolution des effectifs** : stable
- **Confusion possible** : aucune

Le chevalier aboyeur, grand, robuste et élégant, est porté par des jambes plus longues que celles du gambette. Son bec gris légèrement incurvé s'assombrit vers l'extrémité. Son plumage est gris, tacheté de noir sur le dessus des ailes, fortement rayé et ponctué de noir sur le cou, la tête et la poitrine. En vol, les pattes, de couleur vert grisâtre à jaunâtre, dépassent largement la queue ; le croupion blanc immaculé, contrasté par rapport à la queue rayée, apparaît et remonte en triangle très haut sur le dos. Le chevalier aboyeur se nourrit en eau peu profonde. Il lui arrive de nicher en forêt, mais toujours à proximité de l'eau. Cet oiseau assez farouche et vigilant, tire son nom du cri puissant et flûté qu'il pousse lorsqu'on le dérange.

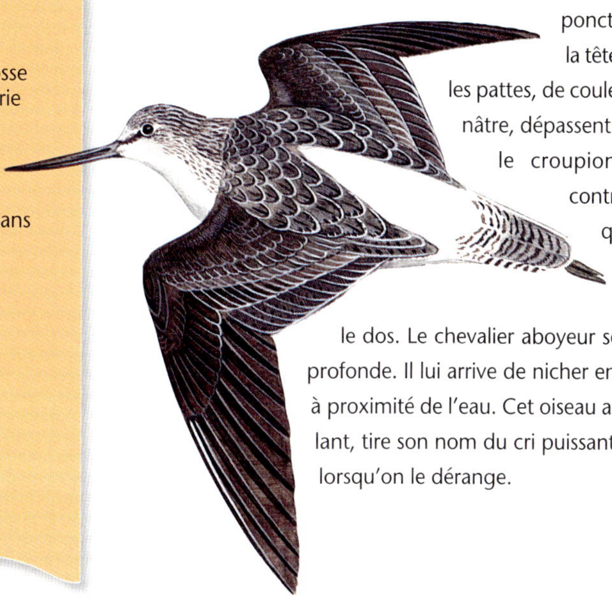

LE COMBATTANT VARIÉ *(Philomachus pugnax)*

Le combattant varié, anciennement nommé « chevalier combattant », montre selon les individus une taille et un plumage variables. Il possède un bec droit légèrement arqué et assez court, des jambes hautes et jaunâtres. Les mâles sont nettement plus grands que les femelles et arborent des couleurs chatoyantes lors des parades nuptiales, véritables tournois où ils s'exhibent : collerettes gonflables et oreillettes érectiles peuvent être alors rouges, blanches, noires, striées. Leur plumage est par ailleurs panaché, avec des taches ou barres sur la poitrine. Les plumes du dessus forment comme des écailles sur fond brunâtre. Les femelles, elles, sont plus ternes et discrètes, avec le haut de la poitrine gris. Point commun aux deux sexes : en vol, des sous-caudales latérales blanches très visibles, un dos voûté, des ailes sombres arborant une fine bande alaire blanche. Les combattants variés alternent souvent battements d'ailes et vols planés. Leur migration s'effectue par vagues successives, les mâles partant en premier, puis les femelles, et enfin les jeunes.

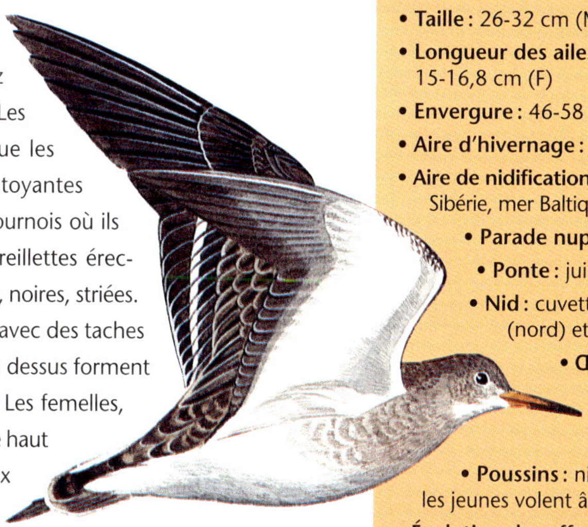

- **Poids** : de 90 à 260 g (M), de 65 à 170 g (F)
- **Taille** : 26-32 cm (M) ; 20-25 cm (F)
- **Longueur des ailes** : 18,5-19,8 cm (M) ; 15-16,8 cm (F)
- **Envergure** : 46-58 cm
- **Aire d'hivernage** : Afrique
- **Aire de nidification** : pays scandinaves, Russie, Sibérie, mer Baltique et mer du Nord
- **Parade nuptiale** : mai
- **Ponte** : juin
- **Nid** : cuvette au sol, dans la toundra (nord) et dans les marais (sud)
- **Œufs** : 4, de couleur jaunâtre ou olive, tachés de brun foncé ; 20 à 23 jours d'incubation
- **Poussins** : nidifuges ; les jeunes volent âgés de 25 à 28 jours
- **Évolution des effectifs** : stable en France, mais à partir d'effectifs très faibles ; déclin des populations hivernant en Afrique
- **Confusion possible** : aucune

LE PLUVIER DORÉ *(Pluvialis apricaria)*

- **Poids :** de 135 à 240 g
- **Taille :** 26-29 cm
- **Longueur des ailes :** 18-19,4 cm
- **Envergure :** 65-75 cm
- **Aire d'hivernage :** Europe de l'Ouest, îles Britanniques et pourtour méditerranéen
- **Aire de nidification :** Islande, régions subarctiques, pays Baltes, nord des îles Britanniques
- **Parade nuptiale :** mai-juin
- **Ponte :** juin-juillet
- **Nid :** au sol, dans une petite cuvette dissimulée parmi les lichens et la bruyère
- **Œufs :** 4, de couleur fauve clair à jaunâtre avec des taches noirâtres ; la couvaison dure de 28 à 31 jours
- **Poussins :** nidifuges ; les jeunes volent âgés de 25 à 33 jours
- **Évolution des effectifs :** en déclin en Europe du Nord-Ouest
- **Confusion possible :** avec le pluvier argenté

Le pluvier doré est le plus répandu des pluviers européens. De taille moyenne, il montre un corps trapu. Sa tête est bien ronde, son œil brun, son bec droit. Le dessus de son corps est pointillé de jaune (d'où son nom), et le dessous est noir, à l'exception de la face interne des ailes, qui est blanche. Chez les individus vivant au nord, la face et le dessous sont totalement noirs, tranchant avec un large galon blanc qui descend du front par les côtés du cou, alors que chez les individus présents plus au sud les contrastes sont moins marqués. Mâles et femelles présentent un plumage identique. Leurs ailes sont pointues, larges à la base, et leur vol est très rapide. Sociables, les pluviers dorés se déplacent en groupes serrés et s'associent volontiers aux vanneaux huppés. Ils fréquentent les landes tourbeuses en période de reproduction, mais aussi les prés, les champs, les plages et les vasières en période migratoire. Avant même qu'on le distingue dans le ciel, le pluvier doré annonce sa venue par un sifflement mélancolique en deux temps.

LE PLUVIER ARGENTÉ *(Pluvialis squatarola)*

Non seulement plus grand et plus corpulent que le pluvier doré, le pluvier argenté montre aussi un bec plus gros, une tête plus large, des ailes plus longues. Son œil est brun-noir, son dos voûté, sa poitrine bombée. Il se distingue également par ses aisselles noires et sa barre alaire blanche. Le dessus de son corps est moucheté de noir, gris et blanc, une grande bordure blanche dépasse largement le front, tombe sur la nuque et sur les côtés du cou. La face et le dessous sont noirs, tandis que le croupion est d'un blanc immaculé. Mâles et femelles montrent un plumage identique. Le pluvier argenté se reproduit dans la toundra, mais fait fréquemment halte sur les vasières littorales, les plages et les rivages sablonneux en période de migration. Il pousse un cri flûté à l'envol, aussi mélancolique que celui de son cousin doré, mais modulé par un sifflement intermédiaire plus grave.

- **Poids :** de 160 à 320 g
- **Taille :** 27-30 cm
- **Longueur des ailes :** 18-20 cm
- **Envergure :** 71-83 cm
- **Aire d'hivernage :** sur les côtes des régions tempérées
- **Aire de nidification :** régions arctiques de Sibérie
- **Parade nuptiale :** d'avril à juin
- **Ponte :** de mai à juillet
- **Nid :** au sol, dans une petite cuvette dissimulée dans les lichens et la bruyère
- **Œufs :** 4, de couleur fauve pâle avec des taches brun foncé ; la couvaison dure de 26 à 27 jours
- **Poussins :** nidifuges ; les jeunes volent âgés de 35 à 45 jours
- **Évolution des effectifs :** en augmentation
- **Confusion possible :** avec le pluvier doré

Les rallidés

Oiseaux discrets et de petite taille, les rallidés passent souvent inaperçus dans les milieux humides épais qu'ils fréquentent. Autrefois, les chasseurs les nommaient les « coureurs de roseaux ». Leur vol n'est pas rapide, mais ils sont particulièrement habiles à se faufiler dans la végétation. Du point de vue du tir comme de celui de la gastronomie, foulques, poules d'eau et râles peuvent constituer un gibier de consolation pour des chasseurs qui ne craignent pas d'aller au plus facile.

La famille des rallidés est représentée par cinq genres d'oiseaux différents : les foulques, les marouettes, les gallinules, les talèves et les râles. En Europe, ces genres sont divisés en neuf espèces plus ou moins répandues : le râle d'eau, le râle des genêts, la marouette ponctuée, la marouette de Baillon, la marouette poussin, la gallinule poule d'eau, la talève sultane, la foulque macroule et la foulque à crête.

Ces espèces ont en commun de fréquenter des zones humides à végétation dense (marais, prairies humides). Cet habitat ne favorise ni leur connaissance ni leur suivi, d'autant plus que, bien souvent, les seuls indices de leur présence sont le chant et les cris qu'elles émettent.

Seule la foulque aime les plans d'eau ouverts

Néanmoins, les foulques macroules sont souvent présentes en grand nombre sur les plans d'eau et en compagnie d'anatidés, ce qui permet d'avoir une idée de l'état de conservation des populations.

Oiseaux de petite taille, aux ailes courtes et arrondies, leur envol est maladroit : ils courent sur l'eau puis décollent les pattes pendantes. La queue est également courte et généralement relevée. Le vol est bref, ces oiseaux préférant se faufiler dans la végétation. Les pattes, longues et musclées, sont munies de petits doigts non palmés et d'un pouce opposé aux autres doigts qui forment un ensemble préhenseur performant. Les doigts des foulques, festonnés d'esquisses de palmures, leur permettent de nager plus adroitement que les râles et marouettes, qui néanmoins savent très bien se déplacer sur les végétaux flottants.

Une morphologie adaptée à la course dans les fourrés. L'ornithologue chasseur Louis Ternier, l'un des fondateurs de la Ligue de protection des oiseaux dans les années 1920, a bien décrit la morphologie des rallidés : *« Alors que le corps des autres oiseaux d'eau est conformé de manière à présenter une large surface capable de les soutenir sur l'élément liquide, alors que celui des grands voiliers de l'océan emprunte la forme d'un fuseau, leur permettant de forer l'air, celui des oiseaux coureurs de roseaux, au contraire, est aplati latéralement et leur donne toute facilité de s'insinuer, pour ainsi dire, sans les écarter, dans les grands roseaux ou les fourrés, qu'ils peuvent ainsi sillonner sans déceler leur passage aux yeux de ceux qui les poursuivent. »* Chez les gallinules, les foulques et les talèves, le corps est

Même si elle se nourrit exclusivement à la surface de l'eau, la poule d'eau n'hésite pas à s'écarter des milieux humides. Elle reste toujours farouche.

plus massif ; le cou détaché est prolongé par une petite tête au bec robuste. Leur nage est accompagnée de mouvements de tête, voire de hochements de queue. Les différences de plumage entre les deux sexes sont souvent infimes. Lors de la mue d'été, *« les plumes des ailes tombent simultanément, ce qui entraîne pour quelques semaines l'impossibilité de voler »*, assure l'ornithologue Paul Géroudet, qui ajoute que l'éperon que porte leurs ailes *« les aide probablement à se faufiler parmi les herbes »*.

Des oiseaux souvent tirés à la botte

Le régime alimentaire des rallidés est composé de végétaux et d'invertébrés, recueillis à la surface de l'eau. Leurs vives réactions face au danger, leur habileté à se cacher et leur chair peu recherchée en font un gibier faiblement convoité. Toutefois, dans la mesure où la doctrine chrétienne n'interdisait pas la consommation les jours de jeûne *« des animaux qui naissent et vivent dans l'eau »*, certains diocèses toléraient que poules, râles d'eau et foulques figurent au menu des abstinents. Les recettes indiquent qu'il faut écorcher les oiseaux, c'est-à-dire arracher les plumes avec la peau, puis les rôtir vivement *« pour bien déshuiler les tissus »*. Ensuite, le gibier est préparé en salmis. *« Le plat passera si la bête est jeune*, indique l'Académie des gastronomes. *Certains même, et nullement béotiens en gueule, apprécient cette saveur un peu forte, mouillée et terreuse à la fois. »*

En Corse, dans la région de Bastia, sur l'étang de Biguglia, la *travata*, gigantesque battue de foulques qui rassemblait jusqu'à 600 chasseurs et 60 embarcations, est à l'origine d'une spécialité culinaire. L'oiseau, écorché, marine un jour dans du vinaigre, puis on le fait revenir par deux fois. Sur les étangs de Camargue, de grandes battues de foulques, appelées les « anglades », sont aussi organisées.

La chasse des rallidés intervient généralement dans le cadre de sorties où d'autres gibiers d'eau sont convoités, les oiseaux étant tirés à la botte, lorsque, dérangés par les chiens, ils daignent s'envoler. Les connaissances sur l'éthologie et la biologie des rallidés sont infiniment moins fournies que celles sur les autres espèces de gibier d'eau davantage recherchées.

Des migrateurs nocturnes et partiels. Seuls trois rallidés, migrateurs partiels et nocturnes, peuvent être chassés en France : la foulque macroule, la gallinule poule d'eau et le râle d'eau. Ces trois espèces figurent parmi les migrateurs partiels, car beaucoup de leurs représentants sont sédentaires. Néanmoins, certains peuvent accomplir des trajets considérables. La présence d'oiseaux bagués en Belgique est régulièrement constatée en Suède et au Danemark.

LA FOULQUE MACROULE *(Fulica atra)*

La foulque macroule est un oiseau à l'aspect dodu, au plumage noir avec une large plaque frontale blanche prolongée d'un bec blanc. Les pattes sont longues, verdâtres et possèdent des doigts lobés permettant la natation. Les yeux sont rouges. La foulque est grégaire et peut être observée souvent, en dehors de la période de reproduction, en groupes composés de plusieurs dizaines, voire plusieurs centaines d'individus. Contrairement aux autres rallidés, elle fréquente volontiers des grands plans d'eau ouverts. Elle recherche son alimentation à terre, à la surface de l'eau, mais également en plongeant jusqu'à 2 m de profondeur. Son envol est identique à celui des canards plongeurs (course sur l'eau) ; son vol est rectiligne, les pattes étant tendues en arrière du corps. Son cri est bref, mais sonore, voire explosif, et peut ressembler au son qu'émet une trompette.

- **Poids :** de 0,5 à 1,2 kg
- **Taille :** 36-38 cm
- **Longueur des ailes :** 19-22,6 cm
- **Envergure :** 70-80 cm
- **Aire d'hivernage :** au sud du continent européen ; migration partielle
- **Aire de nidification :** tout le continent eurasiatique, sauf les régions septentrionales
- **Parade nuptiale :** mars
- **Ponte :** d'avril à juillet
- **Nid :** volumineux et constitué de végétaux aquatiques, il est dissimulé dans la végétation
- **Œufs :** de 6 à 10, de couleur grise et tachetés de noir ; la couvaison dure de 21 à 24 jours
- **Poussins :** nidifuges ; dépendants durant 8 semaines
- **Effectif estimé (Ouest paléarctique) :** 4 millions d'individus
- **Évolution des effectifs :** stable dans le nord-ouest du Paléarctique
- **Confusion possible :** avec la gallinule poule d'eau

LA GALLINULE POULE D'EAU *(Gallinula chloropus)*

- **Poids :** de 190 à 490 g
- **Taille :** 32-35 cm
- **Longueur des ailes :** 17-19 cm (M) ; 16-18 cm (F)
- **Envergure :** 50-55 cm
- **Aire d'hivernage :** le nord-ouest et le sud de l'Europe pour les individus septentrionaux ; les autres sont sédentaires
- **Aire de nidification :** Europe, Scandinavie, Asie
- **Parade nuptiale :** mars
- **Ponte :** d'avril à juillet
- **Nid :** volumineux et composé de débris végétaux, il est dissimulé sur les berges
- **œufs :** de 5 à 9, de couleur brun jaunâtre et tachetés de brun-rouge et de gris ; la couvaison dure 3 semaines
- **Poussins :** nidifuges ; indépendants à 8 semaines
- **Effectif estimé :** non disponible
- **Évolution des effectifs :** stable
- **Confusion possible :** avec la foulque macroule

Avec sa façon de hocher sans cesse la tête et la queue, la gallinule poule d'eau a effectivement des allures de petite poule. Son plumage est brun sombre, avec de petites taches blanches sur le dessus des flancs. Les sous-caudales sont blanches et très visibles, le bec est jaune à l'extrémité, mais à dominante rouge, comme la plaque frontale et les yeux. Les pattes, non palmées, sont verdâtres avec un peu de rouge sur la partie haute. La poule d'eau fréquente la plupart des plans d'eau et des cours d'eau à faible courant. Cette espèce commune en France peut être observée très souvent au sol à distance de l'eau, et elle n'hésite pas à grimper dans la végétation. Sociable surtout en hiver, elle ne forme toutefois pas de grands attroupements. Son vol est plus léger que celui des autres rallidés. Elle se nourrit de végétaux et d'invertébrés. Son répertoire de cris et de chants est assez varié, et composé de bruits sonores, répétés et gloussants.

LE RÂLE D'EAU *(Rallus aquaticus)*

Le râle d'eau est le plus petit des rallidés que l'on est autorisé à chasser en France, où il est une espèce commune. Il est doté d'un bec rouge, long et recourbé et a les yeux rouges. Son plumage est brun olive tacheté de noir sur le dessus, et gris-bleu ardoisé sur le dessous. Les flancs sont barrés de noir et blanc, le dessous de la queue est blanc. Ses longues pattes brun rosé lui procurent une agilité stupéfiante et lui permettent de fuir au moindre bruit dans le dédale des roseaux. Il se déplace souvent en hochant de la queue, mais il est particulièrement difficile à observer tant il est vif à se dissimuler. Surpris, il s'envole au ras de l'eau ou du couvert végétal, la tête et le bec abaissés, les pattes pendantes. Son répertoire de cris est varié. L'un des plus caractéristiques est celui qu'il lance lorsqu'il est surpris ou lorsqu'il chasse de son territoire les jeunes mâles de l'année, en automne : à la fois guttural et aigu, ce cri a tout de celui du porcelet égorgé.

- **Poids :** de 75 à 190 g
- **Taille :** 22-28 cm
- **Longueur des ailes :** 11,5-13 cm (M) ; 10,9-11,9 cm (F)
- **Envergure :** 38-45 cm
- **Aire d'hivernage :** le nord-ouest et le sud de l'Europe pour les individus septentrionaux
- **Aire de nidification :** les îles Britanniques, le sud de la Scandinavie jusqu'en Chine
- **Parade nuptiale :** mars-avril
- **Ponte :** de mi-mai à fin juillet
- **Nid :** volumineux, fait de débris végétaux ; dans la végétation des eaux peu profondes
- **Œufs :** de 6 à 11, de couleur blanc crème avec quelques points brun rouge et gris cendré ; de 19 à 22 jours d'incubation
- **Poussins :** nidifuges ; dépendants durant 8 semaines
- **Effectif estimé :** non disponible
- **Évolution des effectifs :** stable
- **Confusion possible :** avec la marouette poussin (mais le râle a un bec plus long)

Les espèces invasives

Depuis le XXe siècle, des espèces exotiques ont investi massivement les zones humides européennes ; les biologistes les qualifient d'« invasives » parce qu'elles ont étendu leur aire de répartition. Le plus fréquemment, elles ont un effet dévastateur sur le milieu qu'elles colonisent. Ainsi sont apparus, introduits par l'homme, le raton laveur, le ragondin, le rat musqué, la grenouille taureau ainsi que la tortue de Floride, autant d'espèces en provenance du continent américain.

Depuis le néolithique et, surtout, depuis l'avènement de l'élevage, puis de l'agriculture, l'homme a introduit volontairement ou accidentellement, et ainsi favorisé, de nombreuses espèces exotiques que les biologistes qualifient d'allochtones, par opposition aux espèces autochtones.

L'homme a toujours interféré et joué son rôle dans les processus naturels d'invasions par les animaux et par les plantes. Le phénomène s'est amplifié au cours du XXe siècle du fait de l'augmentation considérable des échanges commerciaux internationaux, associée à la création de milliers de kilomètres de voies de communications, et d'un accroissement de la démographie humaine.

Les introductions d'espèces d'origine exotiques n'ont pas toujours un effet neutre. Elles peuvent même constituer une cause de régression, voire de disparition des espèces locales. De nombreuses plantes exotiques ont ainsi développé un comportement envahissant au détriment d'espèces indigènes qui, fortement concurrencées, sont amenées à régresser ou à disparaître, pour les plus fragiles et les plus exigeantes d'entre elles. Il en est de même pour certaines espèces animales.

Le raton laveur, une figure du folklore américain

Le raton laveur est l'un des derniers nouveaux venus en Europe. Ce petit carnivore peuple le continent nord-américain, auquel le folklore local le relie de manière indissociable. Sa silhouette arrondie, ses longs poils, sa figure masquée de noir et sa belle queue touffue et annelée, prisée par un certain trappeur, lui ont assuré la sympathie amusée des humains.

À la fin du XIXe siècle et au début du XXe siècle, la fourrure de cet animal a été l'objet d'un fort engouement en Amérique du Nord. En France, elle était commercialisée en pelleterie en tant que peau de marmotte du Canada, une appellation impropre.

Il ne lave pas sa nourriture, mais la cherche dans l'eau. Son nom de « raton laveur » se veut une allusion d'une part à sa très vague ressemblance avec le rat, et d'autre part à sa façon de triturer et de déchiqueter sa nourriture dans l'eau peu profonde avant de la consommer. En réalité, la notion de « lavage des aliments », très répandue dans la littérature, méconnaît le processus de prise de nourriture de ce carnivore. Ce comportement n'a pas été observé à l'état sauvage, mais uniquement en captivité. Plonger ses aliments dans l'eau n'a rien à voir avec le fait de les nettoyer, mais permet au raton laveur d'utiliser sa méthode habituelle de recherche et de détection de la nourriture dans l'eau. La mobilité de ses pattes antérieures en fait un bon grimpeur et un bon manipulateur. Son nom anglais, *racoon*, dérive d'ailleurs d'un terme indien qui signifie « gratte avec ses mains ».

Un carnivore désormais réparti au nord de l'Europe

Le raton laveur est facile à apprivoiser : il devient alors familier et très intéressant. En lui faisant traverser l'Atlantique, comme animal de compagnie ou pour l'élevage pelletier, l'homme lui a offert l'opportunité de conquérir l'Eurasie. Sa présence dans plusieurs régions européennes est la conséquence d'introductions involontaires ou de lâchers intentionnels.

De l'Allemagne aux Pays-Bas. Le raton laveur fut signalé pour la première fois en France en 1934, dans le Haut-Rhin, près de Kaysersberg. L'animal s'était échappé d'un élevage. L'actuelle population de l'Allemagne a pour origine deux couples lâchés en 1934 dans le Land de la Hesse et des individus qui se sont échappés d'élevages à la fin de la Seconde Guerre mondiale. L'espèce a étendu son aire de répartition lentement, mais dans toutes les directions. En 1964, la partie nord-est de la région de Rhénanie-Palatinat, sur la rive droite du Rhin, est colonisée. Le Rhin est franchi vers 1970 et l'espèce est signalée dans la Sarre en 1974, le sud des Pays-Bas dès l'hiver 1974-1975, le Luxembourg en 1977, et enfin la Belgique en 1986.

De l'Oise à la Meuse. Les premiers signalements côté français de transfuges allemands datent du début des années 1970. Mais une importante population était déjà installée dans l'Aisne, où étaient basés des régiments de *marines* américains qui avaient cet animal pour mascotte. Certains de ces sujets s'étaient évadés ou avaient été lâchés en 1966, lors du départ des troupes souhaité par le général de Gaulle. L'aire de répartition de cette population s'est rapidement accrue, débordant sur les départements limitrophes de l'Oise, de la Marne et des Ardennes, pour atteindre récemment la Meuse via la vallée de la Marne.

Le ragondin, un rongeur prisé pour sa fourrure

La colonisation de l'Europe par le ragondin est d'une tout autre ampleur. Décrit pour la première fois en 1782, cet animal a été affublé de nombreuses dénominations, comme *nutria*, qui est en réalité le nom espagnol de la loutre, ou encore *coypus*, castor des marais, castor du Chili, castor de la Plata ou myopotame.

À ne pas confondre avec le castor. Ce gros rongeur adapté à la vie aquatique présente l'aspect d'un castor, mais il s'en distingue notamment par sa queue de section ronde et garnie de poils épars. La femelle possède de 8 à 10 glandes mammaires disposées en deux rangées dorsolatérales. Cette particularité lui permet d'allaiter ses petits en nageant, mais probablement aussi de conserver à ce moment-là une posture d'alerte : la femelle se couche sur le ventre tandis que ses petits, installés également à plat ventre, peuvent téter de part et d'autre de son dos.

Une espèce originaire d'Amérique du Sud. Le ragondin a pour habitat naturel les pays d'Amérique du Sud situés au sud du tropique du Capricorne, de l'océan Pacifique à l'océan Atlantique : Uruguay, Paraguay, Argentine, Chili, Bolivie et Brésil. Depuis fort longtemps, les hommes se sont intéressés à sa fourrure, considérée comme aussi belle que celle du castor, avec son duvet très serré, dru, lisse, clair ou brun, sous des jarres brillants, longs et assez durs, tenant à un cuir souple, fin et résistant. C'est le ventre du ragondin qui était employé autrefois en pelleterie.

LES INDICES DE PRÉSENCE

Le raton laveur étant un plantigrade, il se déplace en s'appuyant sur toute la longueur de ses pattes, du talon aux doigts. Ses empreintes, rappelant celles d'un ours mais avec une taille bien inférieure, laissent voir les 5 doigts. Ses traces mesurent de 7 à 8 cm de long pour 6,5 cm de large. On les trouve en priorité sur les chemins forestiers frais et autour des points d'eau. La trace de l'une des pattes postérieures se trouve souvent à la hauteur de celle de la patte antérieure opposée.

Ses crottes, similaires à celles d'un chien de taille moyenne, contiennent souvent des débris de végétaux (glands, blé, maïs) et des fragments d'insectes. Elles sont fréquemment groupées.

LE RATON LAVEUR
(Procyon lotor)

- **Poids :** de 2,5 à 8 kg
- **Taille :** 40-90 cm ; plus une queue de 20-40 cm
- **Longévité constatée :** 16 ans maximum dans la nature, mais seulement 1 % des ratons laveurs atteint 7 ans ; 20 ans et 7 mois maximum en captivité
- **Habitat :** milieux boisés au voisinage de l'eau ; gîte dans les cavités d'arbres, entre les rochers ou dans le terrier d'autrui
- **Alimentation :** omnivore, il consomme fruits, céréales, mollusques, amphibiens, petits mammifères, œufs et oisillons nichant à terre…
- **Maturité sexuelle :** 1 an ; l'accouplement a lieu fin janvier-début février
- **Gestation :** 63 jours ; une portée annuelle de 3 à 7 petits qui naissent de mars à mai

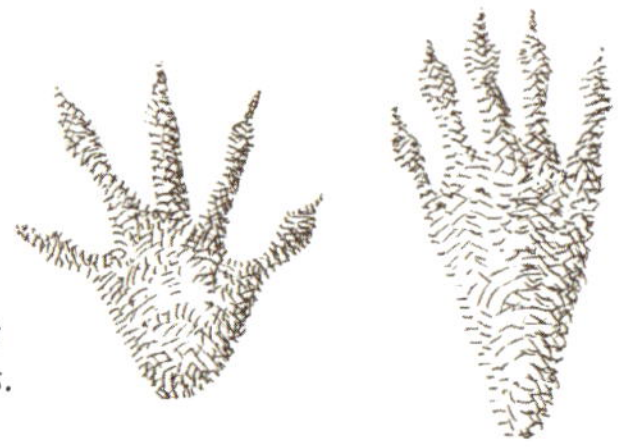

Les empreintes portent nettement la trace des griffes.

Le ragondin, entre autres dégâts, altère les berges dans lesquelles il creuse des terriers parfois longs de 6 m et très ramifiés. Sa régulation à l'arc est une pratique qui se développe.

Un élevage intensif en France jusque dans les années 1980

Cet attrait lui a valu une chasse intensive et une raréfaction importante dans son aire d'origine. Ainsi, en 1887 et en 1901, le nombre de ragondins qui avaient été tués et exportés pour leur fourrure d'Argentine s'établissait à une dizaine de millions. Constatant la régression de l'espèce en Amérique du Sud, les autorités locales réglementèrent sa chasse et expérimentèrent son élevage.

Plus de 600 élevages recensés dans les années 1930. En France, les premiers spécimens sont importés à la fin du XIXe siècle par des amateurs d'animaux exotiques. Certains sont alors exhibés dans les foires, décrits comme des rats monstres ayant dévoré des enfants vivants. Il faudra attendre le milieu des années 1920 pour que se manifeste un véritable engouement pour cette espèce. La pratique de l'élevage se développe alors de manière fulgurante, au point que, une dizaine d'années plus tard, on peut recenser plus de 600 élevages dans le pays.

Au milieu des années 1930, l'introduction du ragondin est préconisée pour le faucardage des étangs de Sologne, région où sont explorées également les possibilités de l'acclimater comme gibier. Après la Seconde Guerre mondiale, porté par la mode, l'élevage connaît une nouvelle période de prospérité. Certains restaurants tentent alors de faire apprécier la chair de ce rongeur, et la proposent, pour séduire leur clientèle, sous l'appellation de « castor du Chili » ou de « lièvre des marais ». Après la crise des métiers de la fourrure au milieu des années 1980, l'élevage sera abandonné en France.

Son expansion met à mal rivières et ouvrages d'art

Depuis une cinquantaine d'années, le ragondin s'est révélé un animal au tempérament conquérant. Les évasions, les lâchers, effectués de façon délibérée ou par négligence par des éleveurs en proie à des difficultés économiques, ont permis à l'espèce de s'acclimater dans la nature et de coloniser de vastes secteurs. Le ragondin a mis à profit la rareté des espèces concurrentes ou prédatrices, mais a surtout montré une grande prolificité

LES INDICES DE PRÉSENCE

Sur une surface meuble ou sur la neige, le centre de la voie du ragondin laisse souvent apparaître la traînée de sa queue. L'empreinte de la patte postérieure, particulièrement caractéristique, mesure avec le talon 11 cm de long sur 8 cm de large.

L'entrée de son terrier, de 50 cm de diamètre, est située au-dessus de l'eau ou à demi Immergée.

Ses crottes, allongées en forme de bananes ou de cornichons, de teinte verdâtre, mesurent 3,5 cm de long et 1 cm de diamètre ; elles sont marquées de fines cannelures longitudinales, très visibles quand elles sont fraîches.

LE RAGONDIN *(Myocastor coypus)*

- **Poids :** de 6 à 6,6 kg, parfois jusqu'à 8,4 kg (M) ; de 5 à 5,6 kg, mais jusqu'à 10 kg si elle est gravide (F)
- **Taille :** 55-63 cm ; plus une queue de 38-41 cm
- **Longévité constatée :** moins de 10 % parvient à l'âge de 30 mois à l'état naturel en Louisiane ; environ 6 ans en captivité
- **Habitat :** zones humides, eaux calmes ; le domaine vital est déterminé par la structure du réseau hydrographique : environ 2,6 ha dans le Marais poitevin
- **Alimentation :** de 1,2 à 2,5 kg de végétaux frais par jour pour un adulte et parfois des mollusques ; se nourrit surtout la nuit
- **Maturité sexuelle :** à l'age de 3 à 7 mois pour les femelles ; pas de saison de reproduction déterminée
- **Gestation :** 132 jours ; 2,7 portées en moyenne par an, avec 5,5 jeunes par portée ; les jeunes restent 3 mois avec la mère avant de se disperser

En terrain mou, la marque de la palmure de la patte postérieure est nette.

et une extraordinaire faculté d'adaptation aux climats et aux milieux naturels des régions françaises. Malheureusement, il occasionne des dégâts aux cultures et aux arbres de la ripisylve (bordure boisée de rivière). En fouissant, il altère les berges, accélère le colmatage du lit des rivières, en perturbe le régime hydraulique et met en péril des ouvrages d'art. Comme si ce n'était pas suffisant, le ragondin s'est avéré un réservoir et un vecteur de divers pathogènes ayant un impact potentiel sur la santé humaine.

Le rat musqué, un nageur en eaux calmes

L'histoire de l'apparition en Europe du rat musqué est également liée à l'attrait pour sa fourrure. Ce rongeur, appelé parfois « mussascus » ou « ondatra », doit son qualificatif à ses glandes inguinales qui répandent une forte odeur musquée. Sa queue, aplatie latéralement, peu velue, noirâtre et écailleuse, est caractéristique. Son aire de répartition originelle s'étend de la limite septentrionale forestière canadienne jusqu'au Rio Grande, aux États-Unis. Adapté à la vie aquatique et tributaire des zones humides, il apprécie particulièrement les eaux calmes bordées par une végétation aquatique abondante.

Une peau appréciée pour sa solidité. Sa peau, comparée aux autres de même taille, était jugée de bien meilleure qualité et se révélait à l'usage d'une grande solidité. Le fourreur soit la laissait à l'état naturel, soit la teignait avec ses pointes, soit la rasait, l'épilant et la lustrant pour imiter à la perfection la peau de la loutre de mer. Vers 1910, on estimait à un minimum de 5 à 6 millions le nombre de peaux de rats musqués vendues et utilisées chaque année par la pelleterie dans le monde. Au début du XXe siècle, pour répondre à une demande croissante, des Européens se rendirent en Amérique pour se procurer des couples et débuter l'élevage.

Le rat musqué sera introduit en 1922 en Finlande, en 1927 en Angleterre, en 1929 à la fois dans les républiques de l'ex-URSS et en Allemagne de l'Est. En France, son acclimatation remonte au début des années 1930, suite au fort développement de son élevage en 1928.

Acclimaté partout en France, il menace les digues

En 1933, des populations de rats musqués sont constatées en milieu naturel, dans le territoire de Belfort, l'Eure, la Meurthe, les Ardennes et la Somme. Craignant des dégâts, les autorités françaises s'alarment et interdisent l'élevage. Trop tard, le rongeur réussissait une acclimatation spectaculaire et entamait une colonisation des zones humides françaises. En 1974, le rat musqué est présent au nord d'une ligne passant par La Rochelle, Limoges, Saint-Étienne, Valence et Montbéliard. En 1983, il achève son installation sur l'ensemble de la France continentale.

Sa faculté à creuser des terriers est source de bien des inquiétudes : grâce à elle, il peut aisément endommager et percer les digues des étangs et des canaux. Considéré aussi comme un ravageur de cultures, le rat musqué a fait l'objet d'importantes campagnes de destruction par piégeage, puis à l'aide de toxiques. Après guerre et jusqu'au milieu des années 1970, le rat musqué a fait la fortune de nombreux piégeurs qui capturaient ces animaux par centaines et écoulaient les peaux dans les foires à la sauvagine. De nos jours, sa peau ne présente plus aucune valeur marchande.

LES INDICES DE PRÉSENCE

Les empreintes du rat musqué se présentent en étoile. Des griffes prolongent nettement les 5 doigts. L'empreinte de la patte antérieure mesure 3,5 cm de long et 3 cm de large ; celle de la patte postérieure à peu près 7 cm de long et 5 cm de large. Dans la vase molle, la queue de l'animal laisse parfois une trace sinueuse.

Le rat musqué peut aménager des huttes de végétaux de 1 à 2 m, avec une hauteur hors d'eau de 0,5 à 1,6 m. L'entrée de son terrier, de 15 à 20 cm de diamètre, est située en général sous l'eau. Ses crottes, en forme de noyau d'olive, sont déposées sur des supports élevés (pierres ou souches, par exemple).

LE RAT MUSQUÉ

(Ondatra zibethica)

- **Poids :** de 0,6 a 1,6 kg
- **Taille :** 30-35 cm ; plus une queue de 20-25 cm
- **Longévité constatés :** 3 ans maximum dans la nature ; jusqu'à 10 ans en captivité
- **Habitat :** eaux douces bordées de végétation
- **Alimentation :** végétarien, il mange parfois des mollusques bivalves, gastéropodes et crustacés
- **Maturité sexuelle :** 1 an ; accouplement de mars à septembre
- **Gestation :** de 25 à 30 jours ; de 2 à 3 portées annuelles comprenant jusqu'à 7 jeunes

Sur les empreintes, le doigt interne apparait moins distinctement que les autres.

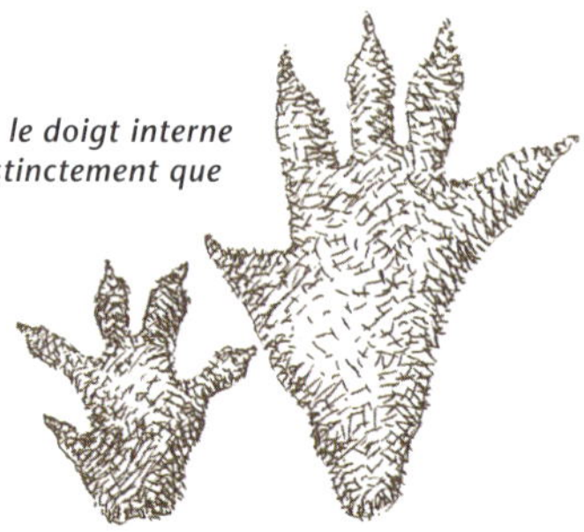

La grenouille taureau, un frein à la biodiversité

La grenouille taureau *(Rana catesbeiana)*, le plus grand ranidé d'Amérique du Nord, est une autre espèce invasive. En moyenne, un adulte atteint 20 cm du museau au cloaque et peut dépasser 1kg.

Introduit à des fins d'élevage mais aussi comme prédateur d'espèces indésirables dans de nombreuses régions du monde, cet amphibien est présent en Italie, en Espagne, en Grande-Bretagne, aux Pays-Bas et en France, où son introduction dans un bassin d'ornementation privé en Gironde date de 1968. L'espèce s'est développée et peut être observée désormais dans la partie aval de la rivière Dordogne, de la Garonne et sur la Gironde. Des populations encore localisées existent en Charente-Maritime, au sud du bassin d'Arcachon ainsi qu'en Dordogne.

Un prédateur d'autres amphibiens. C'est un prédateur non seulement de poissons, de petits mammifères, de petites espèces d'oiseaux, de crustacés et d'insectes, mais aussi d'autres amphibiens. Les naturalistes Mathieu Détaint et Christophe Coïc soulignent ainsi son impact important sur les populations de grenouilles autochtones, que ce soit par prédation ou par compétition interspécifique au stade larvaire. En raison des perturbations que la grenouille taureau génère sur la biodiversité locale en contribuant à la destruction d'espèces endémiques, d'anoures notamment, dans les régions où elle a été introduite, elle peut représenter un risque majeur en France malgré l'interdiction récente de son importation.

Depuis les années 1980, malgré d'intensives campagnes de destruction, par piégeage ou par intoxication, le rat musqué ne cesse pas d'étendre son aire de répartition.

Interdite d'importation en France, la tortue de Floride est connue pour son agressivité.

La tortue de Floride évince la cistude d'Europe

Dernière venue en date, la tortue de Floride, de son vrai nom « trachémyde écrite » *(Trachemys scripta)*, vit à l'état naturel sur une partie du continent américain. Elle y est aussi élevée pour la terrariophilie, principalement en Louisiane : là sont produites depuis les années 1970 jusqu'à 6 millions de jeunes tortues par an, exportées dans le monde entier – jusqu'à une interdiction datant en 1997, la France importait pour sa part entre 300 000 et 800 000 de ces tortues.

Des terrariums aux lâchers dans les étangs. L'encombrement et l'agressivité relative des spécimens ayant survécu à la captivité, ont poussé leurs propriétaires à les relâcher dans le milieu naturel. C'est ainsi que cette espèce s'est acclimatée partout en France. Elle vit dans les étangs, les mares, les marais, dans les bassins des parcs, les gravières, les lagunes et les lacs, où elle peut se maintenir de longues années. Toutefois, notamment dans le Nord et les régions océaniques, les températures semblent insuffisantes pour que les œufs puissent incuber en milieu naturel.

Des récents travaux laissent entrevoir l'effet destructeur de la tortue de Floride sur la faune et la flore. Elle présente notamment une menace pour les amphibiens dans de nombreux milieux déjà fragilisés. Elle peut également entrer en compétition avec une autre tortue d'eau douce, autochtone en France continentale et en Corse, la cistude d'Europe *(Emys orbicularis)*, qui, en raison du large recouvrement des niches écologiques des deux espèces, disparaît peu à peu des milieux où la tortue de Floride a été introduite.

Les saveurs du gibier migrateur

Avec le petit gibier migrateur, pas de risque d'être trompé : c'est un gibier authentiquement sauvage. Hormis le canard colvert – le plus souvent issu d'élevage – et le pigeon ramier, aucune des espèces de passage n'est autorisée à la vente et ne peut donc figurer à la carte d'un restaurant. C'est donc un privilège du chasseur et de ses amis, de pouvoir savourer ces cadeaux du ciel. La bécasse, miraculeuse à la chasse comme à la table, entraîne les fins palais au sommet de la gastronomie.

Bécasse en salmis et sa rôtie farcie

par Reine Sammut
La Fenière, à Lourmarin dans le Vaucluse

pour 2 personnes
Temps de préparation : **60 min**
Temps de cuisson : **1 h 15 min**

Ingrédients

- 1 bécasse
- 1 barde de lard pouvant entourer la bécasse
- 35 cl d'huile d'arachide
- 15 cl de madère
- 2 échalotes
- 1 carotte
- 50 g de lard fumé en dés
- 1 c. à soupe de farine
- 50 cl de bon vin rouge
- 1 branche de thym frais
- 1 feuille de laurier
- 300 g de cèpes
- sel, poivre noir du moulin

Pour les rôties

- 2 portions de pain de mie de boulanger
- 2 c. à soupe de madère
- 1 échalote
- 4 foies de volaille
- 100 g de beurre

Préparation

Préchauffer le four à 240 °C (thermostat 9).

Plumer et barder la bécasse. Plumer la bécasse. Laisser les entrailles (l'intérieur est indispensable pour farcir les rôties), mais retirer le gésier. Flamber pour éliminer le duvet restant, ôter les yeux. Envelopper enfin la bécasse d'une barde de lard, et à l'aide d'une ficelle de cuisine, attacher les pattes et le cou contre le corps.

Cuire et découper la bécasse. Poser la bécasse sur un plat allant au four et arroser d'un peu d'huile d'arachide. Enfourner et laisser cuire 12 min. Après avoir sorti le plat du four, séparer les cuisses, les ailes, les blancs et la tête de la carcasse. Ôter la peau des membres et réserver. Réserver aussi les entrailles. Arroser de madère les membres et la tête placés dans un plat creux.

Préparer la sauce. Éplucher et couper en dés les échalotes et la carotte. Dans un peu d'huile déjà chaude, faire bien revenir la carcasse, la peau, le lard, les échalotes et la carotte. Saupoudrer de farine et laisser cuire 5 min avant de mouiller avec le vin rouge. Ajouter le thym et le laurier. Saler, poivrer et laisser cuire 3 min. Passer la sauce au chinois et rectifier l'assaisonnement.

Mettre les ailes, les cuisses, le blanc et la tête de la bécasse dans une sauteuse et verser la sauce chaude par-dessus. Réserver enfin le tout au coin du feu.

Faire sauter les cèpes. Nettoyer et émincer les cèpes. Faire sauter 7 min dans une noix de beurre. Saler, poivrer, réserver au chaud.

Finition

Préparer les rôties. Découper 2 cubes de pain de mie de 4 cm de côté et évider avec un petit couteau. Préchauffer le four à 200 °C (th. 7). Faire fondre 70 g de beurre et beurrer au pinceau l'intérieur et l'extérieur des rôties. Enfourner et faire dorer 10 min.

Réaliser la farce des rôties. Peler et émincer une échalote. Faire revenir 5 min dans du beurre l'échalote, les foies de volaille et les entrailles de la bécasse. Déglacer avec 2 cuillerées à soupe de madère. Mixer, passer au tamis et réserver cette farce au chaud.

Farcir et réchauffer les rôties. Remplir de farce les rôties sorties du four à l'aide d'une poche à douille et remettre au four 5 min.

Réchauffer la bécasse dans la sauce. Remettre la sauteuse contenant la bécasse et la sauce sur le feu. Porter à ébullition et retirer.

Dressage

Dresser une cuisse, une aile, une rôtie et quelques cèpes sur chaque assiette très chaude. Fendre en deux la tête de la bécasse et mettre une moitié sur chaque assiette. Napper de sauce.

4

LE GUIDE DU CHASSEUR

Le chasseur et son chien

La cynégétique doit son nom au grec « kunos », le chien. Aussi l'allitération « un chasseur sachant chasser doit chasser sans son chien » est-elle un non-sens. Même à l'affût ou à l'approche, le recours au chien de sang s'impose. Depuis quinze mille ans, l'histoire de la chasse est celle du chien, et vice versa. À force d'observations du travail du chien sur la voie du gibier, l'homme a sélectionné des races auxquelles il a assigné des missions précises, affinant ainsi ses techniques de chasse.

L'intérêt et l'affection que l'on porte aux chiens dans les pays d'Europe occidentale constituent une singularité sur la planète. Les autres civilisations, même lorsqu'elles utilisent largement les services de cet animal, comme dans le Grand Nord, ne lui portent guère d'estime. La palette des sentiments à son égard va de l'indifférence au mépris, en passant quelquefois par la haine. Seule l'Antiquité grecque et romaine en donna une haute image. Encore ne nous est-elle parvenue qu'à travers des réflexions intellectuelles particulièrement élaborées.

Le double du chevalier

Dans les sociétés occidentales, la révérence témoignée au chien est bien un legs de la chevalerie. C'est là, du moins, l'un de ceux qui ont fait florès. Contre l'Église et contre les représentations populaires, le chien devient, dans cette caste, comme l'alter ego du noble, à la fois guerrier et chasseur. Tous deux sont censés partager les mêmes valeurs : fidélité personnelle, droiture, courage et combativité maîtrisée. Un chevalier modèle comme Gaston Phébus (1331-1391) n'hésite pas, dans *le Livre de la chasse*, à affirmer ainsi que, en son temps, *« toute la Création – hommes compris – est en décadence ; seuls les chiens sont sur une pente morale ascendante. Le goût du chien nous est venu par la chasse. »*

Une relation quasi personnelle. Au fil du temps, le privilège de chasse réservé à la noblesse fut battu en brèche et, dans le peuple, on nourrissait des « braques » dont le mot « braconnier » découla tout naturellement. La chasse au fusil devant soi a produit le modèle, toujours vivant et toujours emblématique, de cette relation quasi personnelle établie entre le chasseur et son compagnon à pattes. Le mot « valet », bien que tout aussi affectueux, le désigne seulement en vénerie ; un autre monde.

Un médiateur entre l'humain et le sauvage

Le chien de chasse est un médiateur entre l'humain et le sauvage. Il est bête parmi les bêtes pourchassées, et pourtant il ne lui manque que la parole, comme on dit. D'ailleurs, il répond déjà à un nom et à des ordres, ce qui est presque avoir un visage. Son maître le regarde à la fois comme mû par un instinct et pourtant soucieux de le servir. Un hybride, en quelque sorte, qui n'est pas sans relation avec la façon dont bien des chasseurs se perçoivent. Cela n'est pas pour rien dans la sympathie qui les lie.

Sans un chien, il est impossible de passer au sauvage, d'être un animal tuant des animaux. À travers lui, le chasseur saisit la présence et les ruses du gibier. L'affût, l'approche, certaines battues ne font pas appel au chien, mais celui-ci sera nécessaire pour rechercher le gibier blessé. Ainsi le chasseur rappelle à l'homme que l'on a toujours besoin d'un plus petit que soi.

Choisir le bon chien

Le choix d'un chien doit être un acte mûrement réfléchi car il engage la responsabilité du maître pour des années. Pour le chasseur, davantage que l'esthétique, les aptitudes mentales et physiques de l'animal, déterminées par la race, sont les premiers critères de choix.

Le mode de vie du maître

Avant l'acquisition d'un premier chien, le chasseur doit mûrement réfléchir à ses futures obligations et à ce que la présence de ce nouveau compagnon impliquera pour sa vie et celle de son environnement familial. Il doit penser aux conditions de vie qu'il pourra offrir à l'animal.

Un chien n'est pas fait pour rester attaché à la niche en attendant la saison de la chasse. Cet animal grégaire a besoin de compagnie, ne serait-ce que celle des humains. Ses besoins affectifs évoluent avec l'âge. Séparé de sa mère, le chiot transfère son attachement vers son maître. Mais, de même que, dans la vie sauvage, la femelle saura écarter ses jeunes, le maître doit veiller à ne pas entretenir un attachement excessif qui conduirait à une infantilisation de l'animal.

Les sorties à la campagne. Les chiens, qui montrent de grandes facultés d'adaptation, sont souvent capables de passer des heures dans un petit logement, sans faire de dégâts, se contentant de dormir en attendant le retour du maître. Mais cela n'est vrai qu'à la condition que l'animal fasse par ailleurs suffisamment d'exercice, indispensable tant à son équilibre qu'à sa santé. Dans le cas d'une vie citadine, le maître doit donc être certain, en dehors de la saison de la chasse, de pouvoir offrir à son animal des promenades quotidiennes. Mettre le plus souvent possible le chien de chasse dans son élément, la nature, est souhaitable.

Des sorties fréquentes dans la campagne sont donc recommandées. Toutefois, le chien doit être parfaitement tenu sous le contrôle de son maître : il n'est pas question que ces promenades deviennent des occasions de chasser, de braconner en fait, hors période de chasse et sur le terrain d'autrui. Non seulement l'animal prend alors la pire des habitudes, chasser pour lui, mais il serait alors en divagation.

La législation sur la divagation. La loi réprime la divagation. « *Est considéré comme en état de divagation,* précise-t-elle, *tout chien qui, en dehors d'une action de chasse ou de garde d'un troupeau, n'est plus sous la surveillance effective de son maître, se trouve hors de portée de sa voix ou de tout instrument sonore permettant son rappel ou qui est éloigné de son propriétaire ou de la personne qui en est responsable d'une distance dépassant 100 m.* » Un autre texte indique que : « *Dans les bois et les forêts, il est interdit de promener des chiens non tenus en laisse en dehors des allées forestières pendant la période du 15 avril au 30 juin.* »

Enfin, les maires disposent de pouvoirs de police pour interdire la divagation des chiens sur le territoire de leur commune, et mieux vaut savoir si, à tel ou tel endroit, un arrêté municipal fixe, ou pas, des conditions pour la promenade des chiens.

Garder le chien sous contrôle. Trop de maîtres considèrent l'espace rural comme le terrain de jeu de leur compagnon pour que le chasseur ne veille pas, lui, à respecter non seulement la propriété d'autrui – l'essentiel du territoire français appartient à quelqu'un –, mais aussi les espèces sauvages, notamment en période de reproduction. En montagne notamment, les chiens sont une des principales causes de prédation du petit gibier. Le bonheur d'avoir un chien a pour corollaire le devoir de le garder sous son contrôle.

Les voyages en voiture. Si le maître est appelé à voyager souvent avec son chien, il doit l'habituer très tôt à la voiture, en le faisant si possible voyager attaché à l'arrière. En aucun cas, le chien ne doit voyager dans un coffre, même entrouvert.

Préférer un chiot ou un adulte

Chiot ou adulte, le choix est question d'affinités et de disponibilité. Tel maître optera pour un chiot de 2 mois dont il assurera l'éducation, ce qui resserrera les liens avec l'animal et facilitera le dressage, qu'il pourra confier à un professionnel, spécialiste des chiens de chasse.

Dans une portée, le futur maître évitera de choisir le chiot à l'écart, qui risque de présenter des déficiences organiques ou comportementales. Il ne sélectionnera pas non plus le jeune trop exubérant qui pourrait se révéler plus tard hypersensible ou hyperactif. Le futur bon chien est celui qui vient tranquillement vers lui, attentif à ses gestes et précautionneux. L'observation du comportement du chiot permet de jauger son caractère, de se situer par rapport à lui.

Certains chasseurs préfèrent acheter un jeune chien âgé de 6 à 9 mois, sélectionné et « débourré », c'est-à-dire préparé au dressage. C'est la meilleure solution pour les personnes qui n'ont ni le temps ni la patience d'élever un chiot.

Il existe une autre possibilité : acheter un chien adulte qui a déjà été dressé. Mais pour que tout se passe bien, le maître devra s'entendre avec l'animal et être capable de bien le mener.

Mâle ou femelle ? Le choix du sexe est une question d'affinités. Certains préfèrent les mâles, par goût, ou en raison des problèmes posés par les chaleurs des femelles, alors indisponibles pour la chasse. D'autres optent pour les chiennes, qui ont la réputation d'être plus obéissantes, plus précoces et plus efficaces que les mâles.

BON CHASSEUR ?

Si un chiot se montre trop craintif et si, à l'âge de 7 mois, il n'obéit pas parfaitement, inutile d'insister. Ce ne sera pas un bon chasseur. Le futur chien de chasse doit tout de suite revenir au rappel, ne pas être effrayé par la présence d'autres animaux, avoir le sens de la quête et ne pas trembler au moindre bruit insolite.

Les types de chiens de chasse

Avant de s'interroger sur la race, il faut se poser la question du type de chien en fonction du mode de chasse pratiqué. Il y a tout d'abord les chiens qui conviennent pour le grand gibier et ceux spécialisés dans le petit gibier.

Pour le grand gibier. En ce qui concerne le grand gibier, trois types se distinguent : les chiens d'ordre, qui constituent les meutes de la vénerie du grand gibier et sont totalement inadaptés à la vie individuelle ; les chiens courants employés pour la chasse à tir ; enfin, les chiens de sang spécialistes de la recherche du grand gibier blessé.

Pour le petit gibier. En ce qui concerne le petit gibier, le choix est plus complexe. Il existe les chiens d'arrêt, les retrievers spécialistes de la recherche du gibier tiré et du rapport, les spaniels qui bourrent le gibier plus qu'ils ne l'arrêtent, et les chiens courants de moyenne et petite taille.

Teckels et terriers, des cas à part. Enfin, les teckels et les terriers occupent une place à part. Les premiers mènent à la voix le grand gibier ou le petit gibier à poil, ils sont aussi de très bons chiens de sang. Les seconds, à l'origine spécialistes de la chasse du renard, sont excellents à la chasse du grand gibier comme à celle du lièvre ou du lapin.

Une réalité davantage nuancée. Ces grands principes bien présents à l'esprit, il faut savoir que la plupart des types de chiens conviennent à la plupart des types de gibier, hormis que certains rechigneront à aller dans l'eau, que d'autres hésiteront à pénétrer les broussailles, que d'autres encore chasseront en silence, etc.

Tous, dès lors qu'ils ont l'instinct chasseur, sauront débusquer le gibier, le traquer et le rechercher, mort ou vif. Le reste est une question de capacité physique – ce qui n'a rien à voir avec la taille – à tenir la distance sur des quêtes plus ou moins longues, à se défendre face à des animaux dangereux pour eux, à pénétrer des milieux difficiles. La question des aptitudes mise à part, tout est possible avec un chien bien éduqué.

QUEL ÉLEVEUR CHOISIR

>>> Le choix d'un bon éleveur est primordial. La meilleure des démarches consiste à entrer en contact avec le club de la race choisie afin d'obtenir des renseignements sur les élevages dont les sujets sont bien représentés dans les concours de travail.
L'acheteur peut être tenté par de très beaux chiens, correspondant parfaitement aux standards et dignes de figurer dans les expositions, mais rien n'assure qu'ils feront de bons chasseurs.

Maintes races issues de la sélection

Toutefois, si les hommes ont mis au point des types de chiens, ce n'est pas pour rien. Même si certains chasseurs utilisent des labradors sur la voie du sanglier ou des setters sur celle du chevreuil, si des épagneuls bretons participent à des battues de grand gibier, les races résultent d'un patient travail de sélection génétique en vue d'obtenir des aptitudes à un type de travail donné. Les quelque 70 principales races de chiens de chasse constituent un patrimoine culturel et biologique exceptionnel dont le chasseur se doit de préserver les très nombreuses identités élaborées en fonction de besoins cynégétiques précis.

La question des bâtards. Bien entendu, il existe des bâtards tout à fait exceptionnels, mais c'est fortuit. Ils doivent leurs qualités aux parents dont ils sont issus, preuve, s'il en était besoin, du poids de l'hérédité. Ils le doivent aussi, au même titre que les chiens de race, à la relation que le maître a su établir avec eux, qui constitue la part – tout à fait fondamentale – de l'acquis dans l'évolution du chien. L'idée que ces compagnons aux origines indistinctes sont plus résistants ou plus équilibrés ne résiste pas à l'analyse : les dispositions physiques et mentales ne sont pas le produit du hasard ; elles résultent d'un travail de brassage génétique qui a précisément permis de définir des races. Tout l'art d'un éleveur consiste à sélectionner les géniteurs non seulement en fonction d'un standard, mais également du comportement et des aptitudes au travail correspondant à la raison d'être, la spécialité, de la race.

L'appauvrissement génétique

Il est également vrai que l'appartenance à une race n'est pas systématiquement une assurance de qualité. Une race comportant de trop faibles effectifs risque de dépérir sous l'effet de la consanguinité. Il est alors nécessaire, pour la reconstituer, de rechercher les types originaux, c'est-à-dire les races dont elle est issue afin de renouveler le patrimoine génétique.

L'exemple de l'épagneul bleu de Picardie. C'est le cas de l'épagneul bleu de Picardie, par exemple, apparu dans les années 1930 à partir de croisements de setters et d'épagneuls ; du fait du petit nombre de spécimens, les naissances ne sont pas suffisamment nombreuses pour permettre aux passionnés de ce chien, qui compte pourtant des sujets exceptionnels, de sélectionner strictement les meilleurs afin de stabiliser la race à un niveau de qualité constant. La solution consiste alors à « renouveler le sang » en faisant appel à des chiens appartenant aux races antérieures. Ce n'est rien d'autre qu'un brassage génétique, mais qui n'est pas spontané, à la différence de celui dont est issu le bâtard.

La rançon de la gloire

Une race peut aussi être victime de son succès. Ainsi les chiens de chasse qui deviennent à la mode, au-delà du cercle des chasseurs, peuvent perdre leurs qualités de travail, celles pour lesquelles la race a été sélectionnée. En d'autres termes, cette dernière change d'objet. Ainsi le caniche, chien spécialisé dans la chasse du gibier, est devenu strictement un chien de compagnie.

Quand les critères de beauté deviennent prépondérants. Sous l'effet de la demande d'une nouvelle clientèle, certains éleveurs peuvent être incités à sélectionner sur les critères de beauté exclusivement, délaissant ainsi les aptitudes au travail. Parmi les setters, l'irlandais a été victime de ce phénomène. Le cocker spaniel, héros de la bande dessinée *Boule et Bill*, a connu la

même dérive. Le labrador est actuellement dans cette situation. Le jack-russell, né au XIXe siècle de l'engouement d'un pasteur anglais pour la chasse du renard, a séduit les milieux de la haute couture et du spectacle dans les années 1990. Du coup, une tendance a faire évoluer ce chien vers une morphologie plus svelte s'est fait jour, en même temps que les aptitudes à la chasse étaient délaissées.

L'intérêt des concours de travail. C'est là que des éleveurs, souvent des amateurs, jouent un rôle essentiel dans la conservation de l'intégrité des races. Les nombreux concours de travail qu'ils organisent sous l'égide de la Société centrale canine permettent de maintenir les aptitudes et de produire des lignées de chasseurs. D'où l'impérieuse nécessité, avant toute acquisition, de s'enquérir de la parentelle du chiot.

Le choix de la race

Lorsque le chasseur a bien étudié le type de chien adapté à ses pratiques de chasse et réfléchi à ce qu'il attend de ce compagnon se pose la question du choix de la race. Il doit s'agir, bien sur, d'une décision mûrement raisonnée. Le choix ne saurait être d'ordre prioritairement esthétique, car ce qui prime ce sont les qualités de chasseur.

Chaque race a non seulement une morphologie, une nature de poil, voire une couleur qui lui sont propres, mais aussi un mental, une psychologie. Ces critères sont d'une importance au moins égale aux précédents, car la réussite du couple maître-chien repose sur l'harmonie entre les caractères de l'un et de l'autre. *« Adaptez votre chien à votre âge et à votre vie »*, conseillait Fernand Mery, un des premiers vétérinaires à s'être intéressé, dans les années 1950, à la psychologie canine.

S'entendre avec son chien

Une bonne entente entre le maître et son chien est indispensable pour une éducation et un dressage réussis. Former un chien à la chasse n'est pas facile et demande un certain nombre de qualités de la part du maître. De la patience, une bonne connaissance du langage et du comportement canins, de la fermeté et de la persévérance. Si tout chien de chasse de bonne lignée a le sens du travail pour lequel la race auquel il appartient a été sélectionnée, le maître doit être capable de canaliser ces aptitudes et de développer le plus tôt possible les qualités de son chien pour avoir un auxiliaire efficace. Ce qui n'est pas évident.

Savoir se faire comprendre. Il est important de distinguer l'éducation du dressage. La première consiste à aider le chiot à se socialiser, c'est-à-dire à s'insérer dans l'univers humain afin d'y trouver sa place. Conditions de cette insertion : être propre, maîtriser ses réactions, comprendre son environnement. L'apprentissage du rappel est la clef de la socialisation. Le dressage est d'une autre nature : il vise à inculquer des comportements permettant au chien d'accomplir le travail que son maître attend de lui.

Habituer le chien aux détonations. Le futur chien de chasse doit être familiarisé très tôt avec le bruit des détonations. Pour cela, le maître doit le mettre en confiance. Il s'éloigne de lui au maximum et tire à blanc, puis il revient immédiatement vers l'animal pour le caresser, le féliciter et lui donner une friandise directement dans la gueule, en disant toujours « doucement ! ».

BON CHIEN CHASSE DE RACE

>> En général, un chien de bonne lignée se dresse facilement et perfectionne en compagnie de son maître ses qualités innées. Il peut aussi apprendre beaucoup en suivant l'exemple de chiens confirmés. Pour qu'un dressage soit efficace, il faut un chien qui chasse naturellement. S'il ne possède pas le flair, l'envie, l'énergie et l'intelligence de la chasse, rien n'y fera. Les très bons chiens apprennent d'ailleurs plus ou moins tout seuls. Le maître doit se montrer patient. On ne devient pas chien de chasse du jour au lendemain, et les exercices doivent être répétés inlassablement. Même ceux qui comprennent vite doivent répéter pour que le maître soit sûr de leurs réactions.

Le comportement et l'éducation

Nous connaissons aujourd'hui l'essentiel des mécanismes du comportement du chien et nous savons déchiffrer son langage. Ce sont des atouts non seulement pour le comprendre et vivre en harmonie avec lui, mais aussi pour bien l'éduquer.

Un animal de meute

La vie du chien, animal de meute, est conditionnée par des règles hiérarchiques qui assurent la cohésion du groupe. Chez les loups, les mâles dominants ont en charge la mise à mort des proies. Ce sont eux qui mangent les premiers, suivis par les femelles dominantes, les dominés, louveteaux compris, se contentant des restes.

La meute sauvage vit sur un territoire collectif. Lorsque les animaux sont au repos, ils s'installent suivant une hiérarchie bien précise. Les mâles et les femelles dominants accompagnés des chiots occupent la zone centrale. Les autres se positionnent autour, suivant des anneaux concentriques, les jeunes mâles, les plus bas dans la hiérarchie, étant les plus éloignés des dominants. Ce territoire commun permet à la fois à la meute de développer des relations sociales et de mieux se protéger contre les ennemis. Le chien domestique applique cette notion de territoire en défendant la maison de ses maîtres. Pour marquer son domaine, il arrose de son urine le jardin, les arbres alentour et les murs du bâtiment. Il agit de même dans les lieux où il a l'habitude de se promener.

Le comportement de prédation. Le chien chasse tantôt seul, tantôt en groupe, suivant la taille de la proie. Il utilise tous ses sens pour lever des animaux qu'il surprend dans leur refuge ou qu'il poursuit, parfois, en aboyant. S'il réussit à attraper une proie, il la saisit solidement entre ses crocs et la secoue jusqu'à ce que mort s'ensuive, par rupture de la colonne vertébrale.

La communication entre chiens

Le chien utilise des systèmes de communication très élaborés. La communication visuelle est assez bien connue des cynologistes : par ses postures et ses mimiques, l'animal envoie des messages, des signaux dont ses congénères comprennent le sens. Les positions de la queue, des oreilles, des babines, des poils renseignent les chiens qui se rencontrent sur leur état émotionnel, ce qui, par la suite, va déterminer leur attitude.

Les aboiements. La communication auditive utilise une palette de sons très large, dont certains ont une signification que l'on ignore encore. Toutes les manifestations sonores du chien, le plus souvent accompagnées de postures qui en soulignent le sens, sont captées par ses congénères et déterminent des comportements spécifiques. Un chien sait très bien par exemple si un aboiement est une invite au jeu, ou le contraire. Il comprend également la signification des hurlements ou des grognements de l'autre, et se comporte en conséquence. Lors des chasses en meute, la communication sous forme de vocalises est prépondérante.

Les reniflements. La communication olfactive, ou communication chimique, relativement mal connue, utilise les phéromones et les odeurs

Une meute est une savante composition de chiens spécialisés : ceux de change distinguent l'odeur de l'animal chassé de celui qui ne l'est pas, d'autres savent rapprocher un animal passé plusieurs heures auparavant.

sociales. Les premières sont des substances dont les chiens connaissent le sens de façon innée. En revanche, ils apprennent à décoder les secondes : les odeurs sociales sont propres à une portée, (ainsi la chienne reconnaît les siens et vice versa), à un groupe de chiens (ainsi chacun a l'odeur de sa propre meute), ou au maître, et seul le chien de ce dernier les reconnaît.

Lorsqu'un chien rencontre un congénère, il renifle certaines parties de son corps et obtient ainsi des renseignements sur son état physiologique. Ces informations, livrées par les phéromones, sont secrétées plus particulièrement par les glandes sébacées, situées près des oreilles et des babines, par les glandes des coussinets et par celles de la région génito-anale.

Le rituel olfactif. Pour faire connaissance, les chiens suivent effectivement un rituel olfactif. Ils commencent par se renifler l'arrière-train, les oreilles, les babines. Cette reconnaissance par le nez, très importante, fait partie du processus d'intimidation : le chien dominant, par exemple, explore avec insistance la région génito-anale du dominé, et ce dernier peut exprimer sa soumission en se couchant sur le flanc.

En flairant l'urine ou les défécations de ses frères, qui contiennent aussi des phéromones, et sont de véritables cartes de visite, le chien obtient des informations sur le sexe du congénère et sur sa place dans la hiérarchie.

L'accouplement

Pour l'accouplement aussi, la hiérarchie décide. Les mâles dominants saillissent les femelles devant tous les autres. La présence d'un dominant inhibe d'ailleurs les dominés. L'instinct sexuel est très puissant chez le chien qui est capable de flairer à des kilomètres une femelle en chasse

La chienne est capable de se reproduire dès ses premières chaleurs, mais 18 mois est le bon âge pour une première saillie. Elle peut ensuite avoir des portées une fois par an, jusqu'à l'âge de 7 ans. Durant la première phase du cycle, la femelle joue avec les mâles, mais refuse l'accouplement. Pendant la deuxième phase, celle de l'œstrus, la chienne est réceptive, recherche le mâle et prend des postures caractéristiques. L'ovulation, période idéale pour la fécondation, a lieu entre le huitième et le quinzième jour de l'œstrus. Pour que la chienne soit fécondée, elle doit rester accouplée au moins 10 minutes.

La gestation et la mise bas

La gestation dure environ deux mois. Au bout d'un mois, la chienne a davantage d'appétit et, vers la sixième semaine, son abdomen grossit et ses mamelles se développent. Le lait commence à sortir dès la huitième semaine.

Peu de temps avant la mise bas, la chienne se montre en général nerveuse et agitée, sa respiration est haletante. Inutile de lui préparer un nid,

LA STÉRILISATION DE LA CHIENNE

>>>

La stérilisation temporaire empêche l'apparition des chaleurs. Elle nécessite une injection de progestagènes le mois précédant les chaleurs ; si celles-ci ont débuté, il faut intervenir au plus tard le deuxième ou troisième jour, et administrer les progestagènes de préférence par voie buccale. (Attention : l'emploi répété de progestagènes peut favoriser l'apparition d'un pyomètre.)
La stérilisation définitive se fait par ovariectomie (ablation chirurgicale des ovaires). Elle peut être effectuée à tout âge, supprime toutes les chaleurs et évite toutes les maladies de l'appareil génital.
Pratiquée avant 2 ans, elle prévient l'apparition des tumeurs mammaires.

elle choisit elle-même l'endroit où elle va avoir sa portée. Il suffit d'y mettre des linges propres.

L'attitude de la chienne à la naissance. Quand le chiot naît, la chienne coupe d'instinct le cordon ombilical avec ses dents et déchire les membranes et le placenta qu'elle mange. Elle se met ensuite à lécher le chiot pour stimuler sa respiration. Plus tard, elle léchera la région anale pour favoriser ses fonctions d'élimination. Il est parfois utile d'aider les femelles primipares : couper le cordon, lier le petit bout restant avec un fil, débarrasser le chiot des membranes qui l'entourent et lui frotter le ventre pour l'aider à respirer. On est aussi quelquefois obligé de nourrir artificiellement les chiots.

L'éducation maternelle

La chienne ne se contente pas de nourrir sa portée, elle l'éduque. Dès 3 semaines, et jusqu'à 7 ou 8 semaines, le chiot, au contact de sa mère, prend conscience de son appartenance à l'espèce canine. Le jeu est évidemment un moyen privilégié pour apprendre les règles sociales et mettre la hiérarchie en place. La mère remet les chiots mordeurs dans le droit chemin en les prenant par le cou et en les secouant. Cette période dite d'imprégnation est indispensable à une bonne socialisation, et il est primordial de ne pas retirer le chiot de la portée à ce moment-là. Les contacts avec l'homme doivent intervenir pendant la période de socialisation, faute de quoi le chien risque d'être inapte au dressage. Le chiot peut être séparé de la portée et entrer dans une famille à partir de 8 semaines.

Le maître éducateur

Pour être réussie, l'éducation du chiot doit commencer dès son arrivée chez son maître. De bonnes habitudes doivent être prises tout de suite. On doit toujours donner des ordres clairs, brefs, en utilisant chaque fois les mêmes termes, en les accompagnant des mêmes gestes, et ne jamais montrer des attitudes contradictoires.

Apprendre la propreté. Le chiot a tendance à uriner partout. Il est vivement déconseillé de l'inciter à faire ses besoins sur des journaux disposés à cet effet à l'intérieur du domicile. Cela revient à créer une zone où il a le droit de déféquer et d'uriner. La méthode pour le rendre propre est de le sortir dès qu'il se réveille – quitte à se lever aux aurores – et sitôt après ses repas. Dès les besoins faits, une caresse viendra le féliciter et la promenade sera poursuivie, le chiot associant la défécation au plaisir de sortir. En cas d'incident, il est inutile de mettre ensuite le nez du chiot dans son urine. On peut juste lui dire « non ! » si on le prend sur le fait, et le sortir tout de suite. En général, le chiot a besoin de quatre mois pour devenir vraiment propre.

Stop aux destructions. Le chiot qui se fait les dents sur tout ce qu'il trouve joue à la chasse : le chiffon qu'il saisit dans sa gueule et qu'il secoue dans tous les sens est un simulacre de proie. On ne doit jamais laisser à la portée du chiot des objets dangereux ou qu'il peut abîmer. Lorsqu'il veut attraper un objet défendu, le maître doit lui dire « non ! » d'un ton sans réplique et, si cela ne suffit pas, soulever le chiot par le cou et le secouer. Ensuite, il peut détourner son attention en lui lançant une balle.

Habituer le chiot à la solitude. Si le chiot aboie ou gémit dès qu'il demeure seul, le maître doit l'ignorer avant le départ pendant une demi-heure, puis s'en aller naturellement, de préférence pour une courte période les premières fois. En rentrant, après quelques caresses, il devra sortir immédiatement le chien qui va associer le retour de son maître à une chose agréable.

Le rappel du chiot

Dès l'âge de 2 mois ou de 2 mois et demi, le chiot répond à son nom, qui doit être court. Pour l'appeler, le maître doit utiliser un ton encourageant, s'accroupir et faire un geste approprié de la main. Il appellera le chiot chaque fois qu'il vient vers lui et lorsqu'il lui donne à manger. Il ajoutera « ici ! », afin que l'animal associe son nom à cet ordre et au fait de venir. Chaque fois que le chiot obéit, il doit être récompensé d'une caresse, puis renvoyé à ses jeux. Avec un récalcitrant, le maître peut partir rapidement et appeler l'animal, qui va le suivre, ou encore utiliser un collier et une longe pour le forcer à obéir. Ces exercices doivent être quotidiens et aussitôt suivis de séances de jeu.

La marche en laisse

Au début, le maître peut apprendre au chiot à marcher en laisse dans la maison. L'animal commence en général par tirer dans tous les sens, puis il se laisse faire. L'exercice continuera à l'extérieur avec une laisse de 1 m environ. Chaque fois que le chiot tente de quitter le côté choisi par le maître et de passer devant sa jambe, il faut le ramener dans le droit chemin en donnant un petit coup sec à la laisse et l'ordre « au pied ! », puis relâcher la laisse qui ne doit jamais être tendue.

Vers 5 ou 6 mois, le chiot sait en général marcher sagement. Chaque fois que l'animal risque d'être attiré par un évènement, le maître doit lui parler, le caresser pour détourner son attention, afin qu'il ne soit pas tenté de tirer sur la laisse. Il peut même lui donner l'ordre « assis ! ».

Des ordres simples

Chaque fois que le chiot s'assied de lui-même, il faut simplement lui dire « assis ! », le maintenir dans cette position en appuyant sur son arrière-train et le caresser. Ensuite, dès qu'il obéira à l'ordre « assis ! », le maître le récompensera.

Pour le coucher, le maître utilisera la même méthode, en donnant d'abord au chiot l'ordre de s'asseoir, en appuyant sur son dos, en tirant sur ses pattes avant et en lui disant en même temps : « couché ! » Il convient que le chiot soit récompensé chaque fois qu'il s'exécute.

Pas bouger ! Le maître peut poster son chien à côté de son attaché-case et lui ordonner : « pas bouger ! », puis reculer en répétant cet ordre. Si le chiot remue, il faut dire « non ! » d'un ton ferme et ajouter « pas bouger ! », puis l'encourager par des caresses. Cet exercice doit être quotidien.

Le rapport d'objets. À l'extérieur, le maître lance une balle, recule et dit au chiot : « apporte ! » Un jeu auquel l'animal se livre en général sans problème. Ensuite, il faut laisser la balle dans la gueule du chiot quelques secondes, puis la reprendre en disant « donne ! », « doucement ! ». Des caresses s'imposent quand il obéit. S'il refuse de rapporter, on l'y forcera à l'aide d'une longe.

QUELQUES RÈGLES DE BASE

Le chiot doit toujours manger après ses maîtres, ne pas être nourri à table et être systématiquement puni s'il vole de la nourriture. S'il grogne dès que l'on s'approche de sa gamelle, il faut lui dire « non ! », la lui retirer plusieurs fois et attendre qu'il se calme pour la lui rendre. Autre règle de base, on ne doit pas laisser un chiot qui joue mordiller les mains, mais lui opposer un « non ! » ferme et le secouer par la peau du cou. Si le chiot saute sur son maître pour l'accueillir, ce dernier doit le repousser de la jambe et lui ordonner de s'asseoir. L'animal n'aura droit à des caresses qu'une fois calmé.

La morphologie et la physiologie

Même si les différences morphologiques entre les races, par exemple entre le teckel et le labrador, sont énormes, leur anatomie et leur physiologie sont identiques.

La tête du chien

Quelle que soit sa forme, la tête du chien comprend toujours : le stop qui marque la séparation entre le crâne et la face ; la ligne de chanfrein, plus ou moins longue, qui va du stop à la truffe ; la ligne du front qui va du stop au niveau des oreilles ; le museau qui inclut le chanfrein et la truffe. Le museau est court, convexe, long, rectiligne ou concave. La truffe peut être pigmentée ou non, selon les races.

La dentition. Elle se caractérise par des canines très développées et des molaires carnassières qui coupent et broient la viande.

La dentition de lait du chiot comporte 32 dents, celle de l'adulte présente 42 dents, soit par demi-mâchoire : 3 incisives, 1 canine, 4 prémolaires, 2 molaires au maxillaire et 3 à la mandibule. Lorsque la mâchoire inférieure avance par rapport à la mâchoire supérieure, le chien est dit prognathe ou grignard. Inversement, si la mâchoire inférieure est en retrait, le chien est dit bégu.

Les oreilles. Elles montrent des formes et des ports variés. Elles sont droites, en bouton chez certains terriers ou cassées en « V » (fox-terrier). Elles peuvent également être tombantes (cocker), tombantes et tire-bouchonnées (basset artésien normand), plates (braques). La retombée en arrière comme chez le whippet est dite « en rose ». Selon son port d'oreilles, on dit qu'un chien est bien ou mal coiffé.

Les parties du corps

Selon les races, les différentes parties du corps présentent des proportions très variables, mais elles restent fondamentalement les mêmes.

De l'encolure à la croupe. L'encolure joue un rôle important dans le port de tête. Le rein et le dos constituent la ligne du dessus qui peut être droite

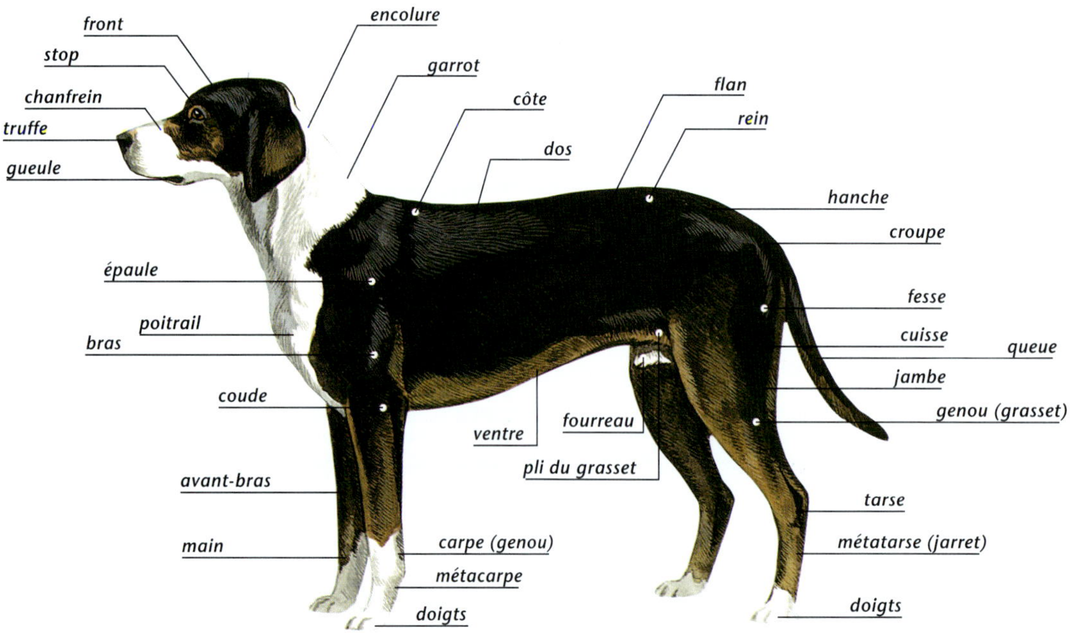

(labrador) ou convexe (lévrier). La croupe, elle, est soit horizontale et ronde (épagneul), soit inclinée et sèche (lévrier), soit avalée et oblique (bouledogue).

Le ventre, le flanc et la hanche. Le ventre est peu volumineux. S'il est très relevé, il est dit levretté ou harpé. Le flanc apparaît plus ou moins relevé. La hanche est parfois saillante.

Le garrot et les membres. Le garrot se situe au sommet des épaules. C'est en mesurant sa distance au sol que l'on obtient la taille du chien. Les membres antérieurs comportent l'épaule, le bras, le coude, l'avant-bras, le carpe ou genou, et les doigts. Sur les membres postérieurs, le grasset correspond au genou chez l'homme.

Le chien, doté d'une colonne vertébrale souple et puissante et d'articulations qui favorisent les mouvements amples, montre une morphologie adaptée à la course. Cet animal digitigrade marche sur les doigts et se déplace selon trois allures : le pas, le trot et le galop.

Le pied. Le pied antérieur du chien présente 5 doigts, et le pied postérieur 4 doigts. L'ergot est un cinquième doigt, plus ou moins atrophié, situé à mi-hauteur du canon. Le pied peut être normal, arrondi (fox-terrier), large et ouvert, allongé en pied de lièvre (lévrier).

La queue ou fouet. Plus ou moins longue, épaisse et fournie, elle est portée plutôt relevée et « en sabre » chez nombre de chiens d'arrêt et de chiens courants. Chez les terriers, on dit qu'elle est portée gaiement. La queue des lévriers est recourbée en crochet au bout. Un fouet attaché haut et droit sur la croupe est dit « en cierge ».

Les différents types

Le type médioligne, celui auquel appartiennent la plupart des chiens de chasse – épagneuls, retrievers et setters –, se caractérise par des formes générales équilibrées, un stop marqué. Les lignes du front et du chanfrein sont égales.

Le type bréviligne, celui du bouledogue par exemple, présente des formes compactes et massives, un stop très net et un profil concave.

Le type longiligne, celui des lévriers et de certains colleys, présente des formes générales élancées, de longues pattes, un stop effacé, un profil convexe et une ligne de chanfrein très longue.

Les aplombs et leurs défauts

Les aplombs et leurs défauts concernent la position des membres par rapport au sol lorsque le chien est debout. On les juge en l'observant de face, de profil et par derrière. Des aplombs réguliers assurent une répartition équilibrée du poids sur les articulations et les pieds. Ils conditionnent la stabilité de l'animal, l'aisance de ses allures et sa motricité. Les membres sont d'aplomb lorsque leurs directions générales sont parallèles.

Un chien panard a des coudes trop serrés au corps et les pieds écartés. Ce défaut est souvent associé à des jarrets serrés dits « de vache ». Un chien cagneux a les coudes et les chevilles écartés et les extrémités rapprochées. Le chien en lyre a les avant-bras et les coudes tournés vers l'extérieur. Lorsque la distance qui sépare deux membres homologues est trop courte, le chien est dit « serré » ; dans le cas contraire, il est dit « ouvert ».

De profil, si la ligne verticale partant de la pointe de la fesse tombe à l'arrière des membres, le chien est dit « sous lui ». Inversement, si cette ligne tombe à l'avant, on dit qu'il est « campé ».

Les robes

Les robes diffèrent par la longueur, la texture et l'orientation du poil, qui peut être lisse ou dur, soyeux ou laineux, ondulé, droit, bouclé ou cordé. Le poil peut être ras, court, mi-long, parfois doublé d'un sous-poil abondant : la bourre. Le poil abondant peut former une collerette ou des culottes à l'arrière des cuisses.

Les membres, le ventre et la queue qui portent de longs poils sont dits « frangés ». Lorsque les poils de la queue sont aussi longs que ceux de la robe, elle est dite « épiée ».

UN ŒIL ADAPTÉ >>

Il semblerait que le chien perçoive très mal les formes statiques, mais qu'il décèle un mouvement très éloigné. Ainsi, il ne voit pas une chose immobile au-delà de 450 m, alors qu'il perçoit tout ce qui se déplace à 900 m et plus. Une particularité due au fait que ses ancêtres devaient voir leurs proies de loin pour survivre.

Une grande variété de couleurs. La robe est dite « primaire » quand elle est de couleur uniforme : blanc, noir, marron (on dit aussi brun ou foie), fauve avec des nuances orange, rouge, etc. Une robe fauve au poil sombre à son extrémité est dite « fauve charbonné » ou « louvet ». Une robe sable charbonné a une apparence grise. Une robe grise est faite d'un mélange de poils noirs et de poils blancs. Le mélange, plus rare, de fauve et de blanc donne une robe aubère. Des poils noirs, rouges et blancs étroitement mêlés donnent une robe rouannée.

Les robes pluricolores sont parfois fauve à manteau noir, noir et feu (fond noir et marques acajou). Les robes bringées montrent des rayures transversales sur fond fauve ; la robe pie, un fond blanc parsemé de nettes taches de couleur (pie noir, rouge ou orange) ; la robe merle, des taches diluées. La robe tricolore, fréquente chez les courants, est de couleur fauve, noir et blanc.

Une vue particulière

Le chien ne voit pas le monde comme les humains, mais sa vue est tout à fait adaptée à ses besoins. Le chiot, qui naît aveugle et ouvre les yeux à 15 jours, va acquérir sa vision définitive à 3 mois. Une vision qui a ses particularités. Le chien perçoit les objets proches dans une sorte de flou artistique. Il ne voit pas exclusivement en noir et blanc, mais sa vision du monde est moins colorée que la nôtre. Il perçoit le vert avec un maximum d'intensité, distingue également le bleu, mais ne voit pas bien le rouge.

Le chien voit très bien dans la semi-obscurité, grâce à la présence dans sa rétine de nombreux bâtonnets, sensibles à des faisceaux lumineux de faible intensité. Par contre, même équipé ainsi, il ne distingue rien dans l'obscurité totale et, s'il se déplace alors bien et évite les obstacles, c'est grâce à ses vibrisses et à son flair.

La vision diffère selon les races. Les chiens à face longue et fine, comme les lévriers, des chasseurs à vue, disposent d'un très grand champ de vision qui leur permet d'explorer une vaste zone environnementale (leur champ visuel est de 250° alors que le nôtre n'est que de 160°).

Un œil fragile. L'œil du chien est très sensible à la cataracte, une affection qui touche surtout les sujets âgés, et plus particulièrement certaines races comme les caniches et les cockers. Cette maladie est perceptible quand le chien marche le nez collé au plancher, quand il hésite à avancer, se cogne aux meubles. Même ainsi handicapé, il se dirige toutefois sans trop de difficultés, faisant appel, pour pallier ses yeux défaillants, à son ouïe très fine, à ses moustaches radars et à son odorat.

Une ouïe très performante

L'oreille exceptionnelle du chien entre pour une bonne part dans ses performances à la chasse. Le chiot, qui naît sourd, commence à réagir aux bruits à partir de 3 semaines. Alerté par un son, le chien dresse ses oreilles. Cette attitude caractéristique lui permet d'avoir une audition optimale, même s'il a les oreilles tombantes. Il lui arrive aussi de ne se servir que d'une seule oreille pour localiser avec précision l'origine d'un son.

L'animal, qui possède un pavillon de bonne taille et d'une grande mobilité ainsi qu'une bulle tympanique bien plus volumineuse que celle de l'homme, est capable de déceler le moindre bruit... L'ouïe canine est performante de loin. Elle décèle des sons à une distance quatre fois supérieure à celle qui est accessible à notre oreille. Dans la nature, les canidés sauvages entendent le hurlement d'un congénère à 6 km au moins.

LE SYSTÈME OLFACTIF

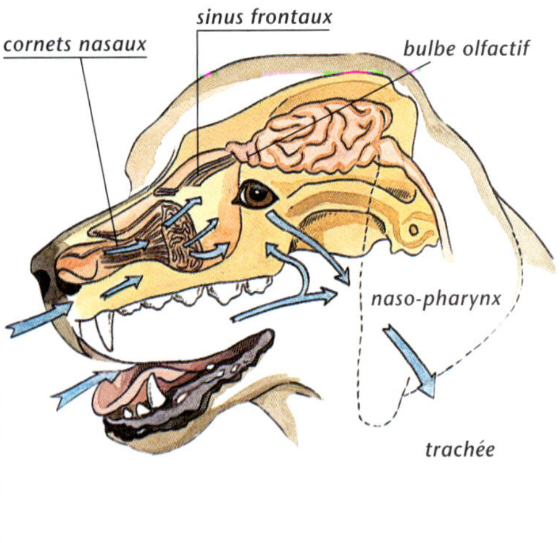

Avec plus de 200 millions de cellules olfactives, le chien peut détecter des milliers d'odeurs.

Non seulement les chiens entendent de loin, mais il semble qu'ils soient également capables de déterminer avec une grande précision la provenance d'un son, comme de le discerner parmi beaucoup d'autres.

Du flair dès la naissance

La nature a doté le chien d'un odorat exceptionnel dont les utilisations et les performances sont surprenantes. Le nez du chien se réveille dès la naissance. Grâce à lui, le chiot trouve le chemin de la mamelle pour se nourrir et peut s'imprégner de l'odeur de sa mère et de la nichée alors qu'il est encore sourd et aveugle.

Devenu grand, l'animal aime partir la truffe au vent à la recherche d'une odeur particulière qu'il a repérée entre toutes : celle d'un congénère ou d'une proie, par exemple.

Le chien est doté d'un odorat très supérieur au nôtre : son cerveau comprend quarante fois plus de neurones liés à l'olfaction que celui de l'homme. Quant au volume des récepteurs situés dans le museau, il est d'environ 150 cm^3 chez un chien moyen et de 3 cm^3 seulement chez nous. De quoi expliquer les performances du nez canin.

La sensibilité tactile

Le chiot connaît les sensations du toucher dès sa naissance. Ce sens est assuré par des récepteurs tactiles présents sur chacun de ses poils. Il est tout particulièrement développé autour du museau grâce à la présence de vibrisses, longs poils durs qui forment les moustaches. Les coussinets présentent une sensibilité tactile particulière.

Le chien a non seulement une fourrure qui le protège du froid, mais présente aussi certaines caractéristiques physiologiques qui l'aident à mieux résister aux intempéries. Par grand froid, chaque poil se dresse et se contracte, la fourrure devient plus épaisse, la circulation superficielle diminue et la déperdition de chaleur est réduite. Quand il frissonne, le chien produit de l'énergie qui se transforme en chaleur. L'animal se défend aussi contre le froid en se mettant en boule.

Quand le chien a chaud, il cherche refuge à l'ombre, évite de se déplacer, sa respiration s'accélère, ce qui provoque une évaporation de l'eau. Comme il ne possède de glandes sudoripares que sur les coussinets, le chien ne peut pas transpirer. Il compense ce handicap en haletant, ce qui accélère l'évaporation de l'eau.

Le goût

Le chien perçoit l'amer, le doux, l'acide et le sucré. Mais on ne sait pas jusqu'à quel point son sens gustatif est développé, même si le réflexe salivaire, essentiel à la perception gustative, est très marqué. Bien qu'il avale gloutonnement, il montre une préférence marquée pour certains aliments, laquelle s'explique sans doute par la sensibilité de son odorat. Si vous lui donnez de la viande, il débute toujours par le morceau qu'il préfère. En général, le teckel se régale de gibier, et le lévrier le repousse. Le goût de l'animal se porte souvent sur des aliments inattendus : bananes, raisin, salade, détritus ou vieux os.

LA DOULEUR

La douleur du chien est difficile à évaluer. Certains sujets l'expriment par des cris et des gémissements, d'autres la supportent sans rien manifester. On peut cependant la percevoir dans leur regard, en particulier s'il s'agit d'une douleur diffuse et profonde, en cas de cancer, par exemple. Aujourd'hui, la médecine vétérinaire a fait de grands progrès dans le traitement de la douleur.

L'alimentation et l'entretien

L'alimentation joue un rôle essentiel dans la forme du chien. Son régime doit être équilibré et répondre à des besoins qui varient selon l'âge et le mode de vie. Une bonne hygiène est tout aussi indispensable. Le brossage et l'élimination des parasites en sont des aspects essentiels.

Une alimentation équilibrée

Le chien n'est pas un carnivore au sens strict, et la diététique actuelle a établi avec précision ses besoins en nutriments. L'animal est doté d'un appareil digestif assez simple, et il ne se passe pas plus de 36 heures au maximum entre l'ingestion et l'excrétion des aliments.

Pour un chiot. Pour bien grandir, le chiot a besoin d'aliments énergétiques. Les quantités à donner dépendent de la race et du poids de l'animal. Jusqu'à l'âge de 2 mois, le chiot fait cinq repas par jour, puis quatre. Au cours des troisième et quatrième mois, deux ou trois repas quotidiens suffisent. Dès 5 mois, le chiot ne mange plus que deux fois par jour.

Pour un chien de chasse. On ne nourrit pas un chien qui chasse comme un sédentaire. Un chien qui fait des efforts physiques voit ses besoins multipliés par 1,5, voire doublés.

LES REPAS D'UN CHIOT

Un menu type

Viande	50 %
Riz cuit ou flocons de céréales	30 %
Légumes verts cuits	8,5 %
Huile de maïs	6 %
Levure de bière	4 %
Mélange vitaminé	1,5 %

Quantités journalières de 3 à 6 mois

Poids du chiot	Quantités
1 à 3 kg	180 à 400 g
2 à 6 kg	250 à 600 g
5 à 12 kg	500 à 900 g
8 à 18 kg	0,7 à 1,4 kg

Quantités journalières de 6 à 12 mois

Poids du chiot	Quantités
2 à 15 kg	250 à 500 g
6 à 10 kg	800 à 900 g
10 à 18 kg	0,9 à 1,4 kg
18 à 27 kg	1,4 à 2 kg

LES REPAS D'UN CHIEN DE CHASSE

Un menu type

Viande maigre	60 %
Riz cuit	10 %
Légumes verts	10 %
Lard ou saindoux	10 %
Complément minéral vitaminé	10 %
Valeur énergétique :	**2 350 Kcal**

Les quantités journalières

Poids du chien	effort léger	effort moyen	effort soutenu
8 kg	270 g	400 g	530 g
10 kg	310 g	470 g	630 g
12 kg	360 g	540 g	720 g
25 kg	630 g	940 g	1,26 kg
30 kg	720 g	1,08 kg	1,62 kg

Pour une femelle gestante ou qui allaite. À partir de la sixième semaine de gestation, tous les nutriments doivent être augmentés de 20 à 25 %. Le menu type comporte du bœuf maigre, du riz bien cuit, des haricots verts, des carottes et de la farine d'os. Il est bon d'ajouter une cuillère à café d'huile de foie de morue. L'apport en phosphore et en magnésium ainsi qu'en vitamines A et D doit être plus important dans les rations.

La femelle qui allaite doit recevoir la même alimentation, mais dans des proportions différentes, avec davantage de protéines, de matières grasses, de calcium et de vitamine A. Elle fera trois ou quatre repas par jour.

Pour un chien âgé. Le chien âgé ayant une activité moindre, ses besoins énergétiques baissent d'environ 20 %. Si on le nourrit trop, il risque de devenir obèse. Ainsi, la ration quotidienne d'un labrador de plus de 8 ans sera de 1,35 kg au lieu de 1,8 kg. L'alimentation du chien âgé doit contenir des protéines de bonne qualité, un bon apport en calcium et en vitamines. Si l'animal a tendance à souffrir de troubles digestifs, il est recommandé de lui donner plusieurs petits repas.

Le nombre de repas

Pour un chien moyen ou grand appelé à faire de l'exercice, il faut fractionner la ration quotidienne en deux repas : un le matin, l'autre le soir, toujours à la même heure. Il est important d'habituer le chiot très tôt à être nourri après son maître, et ne pas respecter cette coutume encourage l'animal à se comporter en dominant. Dans la hiérarchie de la meute, le chef mange toujours le premier.

Les aliments industriels, spécifiques et diététiques. Sains, équilibrés et appréciés des chiens, ces aliments, en boîtes ou en croquettes, sont pratiques. En outre, les quantités à donner en fonction du poids de l'animal sont spécifiées sur l'emballage.

Il existe de surcroît des aliments allégés pour chien trop gros, des aliments énergétiques pour chiens sportifs, des aliments pour chiots ou pour chiens âgés, et, enfin, des aliments diététiques pour chiens allergiques, diabétiques, cardiaques…

Les aliments à proscrire

Les féculents comme les pommes de terre, que le chien digère mal, de préférence, ne doivent pas figurer dans son alimentation. De même, les viandes cuites dans du gras, les plats en sauce sont contre-indiqués car ils risquent, à long terme, d'entraîner des problèmes digestifs et hépatiques. Le lait de vache est quelquefois mal digéré.

Les petits os. Tous les petits os qui se brisent, ceux de lapin ou d'agneau, peuvent provoquer des blessures de la bouche. Si le chien les avale, il y a un risque de constipation, de perforation ou d'occlusion intestinale. Les chiens de moyenne ou de grande taille peuvent ronger de gros os du type rotule ou fémur de bœuf ou de veau.

Les sucreries. Le sucre n'est pas un aliment pour les chiens, même s'il ne fait pas pleurer les yeux et ne favorise pas l'apparition de la cataracte, comme on le croit généralement. Mais si on donne régulièrement un morceau de sucre à un chien, cela peut favoriser l'obésité et l'apparition d'un diabète. Les sucreries doivent donc être remplacées par des friandises pour chien ou par des bouts de fromage. Quant au chocolat, particulièrement nocif, il peut provoquer des toxicoses avec un risque de coma hépatique.

Vitamines et sels minéraux

Vitamines et sels minéraux jouent un rôle indispensable dans la croissance et l'entretien des cellules. Lorsque le chien est nourri d'aliments industriels, son corps en reçoit suffisamment pour satisfaire ses besoins. Il est plus difficile d'assurer l'équilibre nutritionnel d'une ration préparée à la maison, à moins de cuire les légumes à la vapeur.

On ne doit pas prendre l'initiative de donner des compléments vitaminés et minéralisés à son chien sans demander conseil à son vétérinaire.

Un manque de calcium, de phosphore et de vitamine D chez le chiot peut entraîner un mauvais développement du squelette avec des risques

LES NUTRIMENTS ET LEURS SOURCES

Nutriments	Sources alimentaires
Protéines	viande (crue ou légèrement cuite), poisson cuit, œufs cuits, lait (si le chien le supporte), fromage *à éviter :* déchets trop riches en tendons, œufs crus, poisson cru
Amidon	céréales (riz, pâtes, grains) bien cuites *à éviter :* pommes de terre, pain, céréales crues
Lest	légumes verts (haricots verts, carottes, salade cuite), son (très petite quantité) *à éviter :* choux, oignons, navets
Graisses	graisses animales (suif, saindoux), huiles végétales (margarines, végétalines) *à éviter :* graisses rances ou cuites
Minéraux Vitamines	farine d'os, carbonate de calcium, compléments minéraux, levure (vitamines), produits laitiers (calcium) *à éviter :* tout excès de complémentation

de fracture spontanée. Un excès de ces éléments peut provoquer des excroissances osseuses, des déformations des os ou une ostéofibrose, grave altération du tissu osseux.

Les bienfaits de l'herbe. Les chiens ont besoin de manger de l'herbe car cette boule de fibres avalée tout rond et digérée ensuite au niveau de l'estomac a un effet purgatif qui leur fait du bien.

Brosser le pelage

Le brossage, indispensable à l'entretien du pelage, permet notamment d'éviter l'apparition de bourres de poils et embellit la fourrure.

Au retour de chaque partie de chasse, un examen rigoureux de la fourrure, des oreilles et des coussinets s'impose, afin de débarrasser l'animal d'éventuels épillets, épines, brindilles et autres corps étrangers.

Un poil long doit être brossé au moins deux fois par semaine, et davantage si le chien s'est sali. On recommande d'utiliser une brosse en poils de sanglier ou un modèle métallique avec une base en caoutchouc. Un amalgame de poils doit être démêlé en douceur, mèche par mèche, avec les doigts ou un peigne. Un nœud inextricable sera coupé avec des ciseaux. Le brossage est toutefois proscrit quand le chien souffre de dermatoses ou de la teigne.

Normalement, un chien ne doit pas être lavé. Mais, s'il s'est bien souillé, en se roulant par exemple dans la bouse de vache, un bon shampooing canin pourra éliminer les mauvaises odeurs qu'il transporte. Les shampooings à usage humain, comportant un pH trop acide pour la peau du chien, sont par contre à proscrire.

Prévenir et traiter les parasites externes

Protéger un chien contre les puces et les tiques est un devoir. Le choix en matière d'antiparasitaires est vaste : spray, poudre, liquide qui diffuse sur la peau, comprimé à avaler ou collier.

Les puces. Un chien piqué par des puces se gratte furieusement. Il peut aussi présenter rapidement de petits boutons d'eczéma allergique. Ce parasite doit être tout de suite éliminé à l'aide d'une poudre ou d'un bain contenant un produit spécifique. Il faudra aussi répandre un insecticide sur la couche de l'animal.

Les tiques. La piqûre de tique est dangereuse car elle transmet une maladie grave, la piroplasmose. Les tiques doivent être immédiatement tuées avec un produit antiparasitaire et retirées avec une pince : il faut prendre soin de bien enlever la tête, sinon il y a risque d'abcès. En cas d'infestation par le parasite, il existe des bains insecticides permettant de s'en débarrasser.

Les aoûtats. Les piqûres des aoûtats provoquent des réactions inflammatoires au niveau des pattes et des coussinets. Il existe un bain spécifique qui soulage le chien.

L'entretien des oreilles, des dents et des coussinets

Une oreille nette et propre ne doit pas être nettoyée, au risque de déclencher une inflammation.

Les oreilles des cockers, ou plus généralement les oreilles tombantes, sont à surveiller car plus sensibles aux parasites et aux infections.

Il faut aussi vérifier régulièrement l'état des dents du chien pour éviter les infections des gencives et le déchaussement des dents.

Les coussinets. Après une partie de chasse, il faut vérifier si de petits cailloux ou quelques épines ne se sont pas logés dans les espaces interdigitaux des coussinets ; on évitera ainsi les risques d'apparition d'un abcès.

Vider les glandes anales

Si le chien se mord frénétiquement l'anus ou traîne son derrière par terre, il n'a pas forcément des vers, mais peut souffrir d'un engorgement des glandes anales. Pour le soulager, il faut mettre des gants, lever la queue du chien, se placer de côté et presser fortement ses glandes, situées de part et d'autre de l'anus. Il en sortira alors le liquide noirâtre qui les engorgeait.

La vermifugation. Cette mesure d'hygiène obligatoire permet de débarrasser le chien des parasites internes qui l'affectent dès son plus jeune âge. On conseille de pratique deux vermifugations annuelles : au printemps et à l'automne. Le vétérinaire du chien prescrira un vermifuge adapté, généralement polyvalent. Les chiots peuvent être soumis à ce traitement dès qu'ils sont atteint l'âge de 1 semaine. Les jeunes chiens doivent être vermifugés tous les 2 à 3 mois.

Les vaccins indispensables

Tout maître responsable ne doit pas oublier de faire vacciner son chien et penser à temps aux rappels. C'est le moyen le plus sûr de lui éviter le risque de graves maladies.

Vaccin antirabique. Primo-vaccination à 3 mois en une ou deux injections selon le vaccin, premier rappel un an après, les autres tous les ans.

Contre la maladie de Carré. Primo-vaccination à 2 mois et demi, premier rappel après l'âge de 3 mois, les autres tous les deux ou trois ans.

Contre l'hépatite de Rubarth. Primo-vaccination à l'âge de 2 mois et demi, premier rappel après 3 mois, les autres tous les deux ou trois ans.

Contre la parvovirose. Primo-vaccination entre 2 mois et 2 mois et demi, premier rappel après 3 mois, puis rappel tous les ans.

Contre les leptospiroses. Primo-vaccination après l'âge de 3 mois, premier rappel trois semaines après, puis rappel tous les ans.

Tatouage et puces électroniques

Le tatouage, qui permet d'identifier le chien, est obligatoire pour tous les sujets âgés de plus de 4 mois. Cette identification composée de trois lettres, suivies de trois chiffres, lisible sur la face interne de l'oreille ou de la cuisse du chien, est le meilleur moyen de le retrouver s'il se perd. Le tatouage est enregistré sur le fichier informatisé de la Société centrale canine.

Un nouveau système d'identification, la puce électronique, devrait à terme remplacer le tatouage. Si le chien change de maître, il faut immédiatement envoyer à la Société centrale canine les coordonnées du nouveau propriétaire. Si l'animal décède, sa carte d'immatriculation doit être adressée à la Société centrale canine.

La santé du chien

Cette liste alphabétique décrit les différents symptômes des principales maladies pouvant affecter le chien, souligne les cas où il faut consulter et les urgences.

Anémie

L'anémie est une diminution du taux de globules rouges dans le sang. Elle peut être provoquée par une hémorragie, une infection ou avoir une origine génétique. Le chien anémié présente des muqueuses pâles, et sa conjonctive est beaucoup moins rouge. Il est fatigué, peu actif ou somnolent, son rythme cardiaque s'accélère. Un examen sanguin s'impose.

Arthrite

Le chien boite, a de la fièvre, ses articulations sont gonflées, douloureuses. L'arthrite nécessite des soins vétérinaires.

Arthrose

L'arthrose se caractérise par une raideur des membres, un refus de sauter et une boiterie. Ces symptômes sont plus visibles par temps humide et après une partie de chasse.

Ascite

Le chien présentant une ascite a l'abdomen rempli d'un liquide: son ventre est distendu et ballonné, parfois dans des proportions impressionnantes. Il ne s'agit pas d'une maladie, mais d'un symptôme grave provoqué par certaines affections d'origine hépatique, rénale ou cardiaque, qui sont déjà à un stade avancé. Une consultation est obligatoire.

Calculs rénaux

L'animal qui souffre de calculs rénaux ne parvient pas à uriner, même s'il boit normalement. Il faut consulter sans attendre.

Cardiopathies

Certaines maladies cardiaques héréditaires apparaissent dès la naissance, et le diagnostic a lieu à l'occasion des premiers vaccins. Le chiot cardiaque présente des problèmes de croissance. L'adulte, lui, se fatigue très vite, respire mal, plus ou moins vite; le plus souvent, ses muqueuses sont un peu bleutées. Il tousse, principalement la nuit. À partir de l'âge de 10 ans, de nombreux chiens souffrent d'insuffisance cardiaque. Il faut toujours consulter.

Conjonctivite

Inflammation de la conjonctive, la conjonctivite entraîne une rougeur des yeux. Cette affection peut être due à une simple irritation, à un virus, à un microbe ou à un traumatisme. Une consultation est nécessaire.

Convulsions

Ces manifestations neurologiques se caractérisent par une baisse de conscience, pouvant aller jusqu'à une perte de connaissance, avec une perturbation de la tonicité des mouvements. Le chien titube, pédale, il peut uriner et déféquer. Un examen neurologique complet permettra de connaître les causes des convulsions. Il faut laisser l'animal en proie à des convulsions dans une pièce sombre et calme, enlever tout ce qui pourrait le blesser, laisser passer la crise, et consulter le vétérinaire. Si le chien a plus de 41 °C de fièvre, il faudra l'envelopper de linges mouillés.

DONNER UN MÉDICAMENT

Des granulés ou de la poudre peuvent être mélangés à la nourriture. Pour donner un comprimé ou une gélule, le maître doit ouvrir largement la gueule du chien en appuyant sur les commissures et introduire le médicament le plus loin possible. Il refermera ensuite la gueule et massera la gorge pour faciliter le passage du produit. Si le chien n'est pas coopératif, on peut lui donner un comprimé dissimulé dans un morceau de fromage mou.

Corps étrangers

Lorsqu'un chien avale un corps étranger de petite taille, il l'élimine normalement au bout de trois jours. Un chien qui, après l'ingestion d'un corps étranger, reste mal à l'aise, vomit et ne défèque plus, doit être examiné d'urgence. Un écoulement nasal teinté de sang peut être dû à la présence d'un épillet dans le conduit nasal. Le chien qui secoue violemment l'une de ses oreilles, la gratte, penche la tête de ce côté a certainement un épillet dans le conduit auditif.

Coup de chaleur

Un chien qui est resté trop longtemps sans bouger au soleil, en particulier dans une voiture, commence à haleter et risque un coup de chaleur, qui est une urgence vétérinaire. Si l'animal halète plus de dix minutes, il faut immédiatement lui mouiller la tête et le corps et lui donner à boire. La prévention consiste à ne jamais laisser un chien dans une voiture arrêtée au soleil, même avec les fenêtres entrouvertes.

Cystite

La cystite, ou inflammation de la paroi de la vessie, entraîne chez le chien une prise de boisson plus importante et une augmentation de la fréquence des urines. Malgré ses efforts pour uriner, l'animal ne fait que quelques gouttes. Un animal qui boit beaucoup ne doit surtout pas être rationné. La cystite exige une consultation vétérinaire.

Diabète

Le chien qui souffre de diabète sucré, ou insulinodépendant, boit et urine beaucoup. Il maigrit, bien que son appétit augmente. Des complications peuvent survenir si le diagnostic et le traitement ne sont pas effectués à temps.

Lorsqu'un animal grossit alors qu'il ne mange pas davantage, il peut souffrir d'un diabète gras non insulinodépendant, mais, chez un sujet dont le pancréas est fragile et dont l'alimentation est trop riche en sucre, ce diabète peut se transformer en diabète sucré.

Diarrhées

Les selles sont plus ou moins liquides. Si elles sont hémorragiques, il faut consulter immédiatement. La couleur du sang permet de savoir quelle est la partie de l'intestin touchée. Un animal qui souffre de diarrhée est d'abord mis à la diète. Si cela ne s'améliore pas après 48 heures, il faut consulter.

Dirofilariose

Cette maladie cardiaque existe à l'état latent sur la côte méditerranéenne et en Corse. Le vers de la filariose qui la provoque se loge dans le cœur et provoque des troubles cardiaques et nerveux.

Dysplasie de la hanche

Cette maladie héréditaire entraînant des troubles de la locomotion est due à un développement anormal de l'articulation de la hanche. Le chien atteint de dysplasie peut présenter une boiterie des postérieurs, montre des difficultés à courir, à sauter, à monter dans une voiture. Les symptômes sont parfois inexistants. La dysplasie de la hanche est fréquente chez les grands chiens, notamment les labradors et autres retrievers. Elle peut aussi frapper les chiens de taille moyenne.

Eczéma

Il provoque de violentes démangeaisons, et des plaies suintantes dues au grattage apparaissent. Cette maladie de peau a diverses causes, souvent allergiques, et son traitement est difficile.

INSTILLER DES GOUTTES

Pour mettre des gouttes dans le nez du chien on doit soulever son museau et le tenir fermement d'une main, en instillant de l'autre le produit avec un compte-gouttes.
Pour mettre des gouttes dans les oreilles, d'abord nettoyées avec une gaze, il faut maintenir la tête penchée sur le côté, instiller le produit avec un compte-gouttes et masser l'oreille pour aider la pénétration.
Pour mettre des gouttes dans l'œil, il convient de soulever légèrement la tête du chien en le tenant par le menton, et de tirer en même temps sur la paupière inférieure pour instiller le produit à l'aide d'un compte-gouttes. L'œil sera ensuite maintenu fermé pendant quelques instants.

Ehrlichiose

Cette maladie infectieuse sévit dans le sud-est de la France. Le chien ne mange plus, saigne du nez, a des muqueuses pâles et des ecchymoses sur le corps.

Encéphalite

Les symptômes sont variés : le chien a des troubles nerveux, il est hébété, souffre de convulsions, de paralysie, et peut sombrer dans le coma.

Fractures et luxation

Le chien qui s'est fracturé une patte ne peut pas la poser par terre. Une fracture du bassin ou de la colonne vertébrale le paralyse et entraîne une violente douleur. La luxation provoque une boiterie intermittente et une démarche sautillante sur les trois pattes valides.

Gale auriculaire

Elle est due à un petit acarien et se manifeste par un prurit intense dans le conduit auditif et par l'émission d'un cérumen noirâtre et nauséabond.

Gastrites

Le chien qui souffre d'une gastrite aiguë présente des vomissements à répétition, parfois accompagnés de diarrhée. Il sera mis à la diète complète pendant 12 à 24 heures. Si les symptômes persistent, il faut consulter.

Le chien atteint d'une gastrite chronique a un appétit irrégulier, vomit tous les deux ou trois jours et présente un mauvais état général. Un examen sanguin s'impose avant le traitement. Des vomissements jaunes le matin révèlent un excès d'acidité dans l'estomac.

FIÈVRE OU PAS ?

>>> La température moyenne d'un chien est de 38,5 °C. S'il se montre abattu, peut-être a-t-il de la fièvre. Pour vérifier, le maître place l'animal sur une table, introduit un thermomètre enduit de vaseline dans le rectum et l'y maintient durant une minute. Si le chien est agité ou de grande taille, mieux vaut se faire aider par une tierce personne.

Hépatite de Rubarth

Le chiot a de la fièvre, est abattu, souffre de vomissements, de diarrhées, de conjonctivite, d'une kératite bleue et d'une inflammation des ganglions lymphatiques.

Ictère ou jaunisse

Le chien présentant un ictère, ou jaunisse, a les tissus et les muqueuses colorés en jaune. Les urines sont parfois brunes et les selles foncées. Il s'agit d'une urgence.

Intoxications

De nombreux produits répandus dans la nature – raticides, engrais, désherbants – peuvent être ingérés par le chien et l'intoxiquer. Les symptômes sont très divers ; ils peuvent être nerveux, hépatiques, digestifs, rénaux ou respiratoires. L'animal est abattu, fatigué, et peut souffrir d'anémie. Lorsqu'un chien a avalé un produit toxique, il ne faut surtout pas le faire boire, mais le conduire immédiatement chez le vétérinaire.

Lactation nerveuse

L'anorexie est l'un des principaux signes précurseurs de la lactation ou grossesse nerveuse. Un mois et demi après les chaleurs, les mamelles gonflent, et un liquide s'en écoule. La chienne se terre, peut couver un objet, montrer les dents. Il faut alors consulter. Des grossesses nerveuses à répétition doivent être surveillées. L'ovariectomie les supprime définitivement.

Leishmaniose

Cette maladie grave transmise par les moustiques sévit notamment en Camargue et dans le sud-ouest de la France. Le chien atteint se montre fatigué, perd ses poils, est couvert de pellicules. Il a les yeux larmoyants, ses coussinets durcissent, se crevassent, ses ongles poussent démesurément, des ulcérations se produisent au niveau du nez et des oreilles. Il n'existe pas de prévention contre cette maladie généralement mortelle.

Leptospirose

Due à un germe, cette maladie contagieuse très grave entraîne plusieurs symptômes : une insuffisance rénale aiguë qui évolue rapidement, une gastro-entérite hémorragique, une myocardite, des lésions oculaires, une encéphalite ou un ictère jaune orangé. Il existe toutefois un vaccin.

Lymphome

Un chien qui souffre d'un lymphome, ou tumeur maligne des ganglions, présente des ganglions hypertrophiés et des masses anormales sous le cou, en avant de l'épaule, en arrière des cuisses. Il peut être fatigué, anorexique et fiévreux.

Maladie de Carré

Cette maladie virale entraîne une fièvre persistante. Le nez du chien coule, ses yeux sont rouges. L'animal peut souffrir de troubles pulmonaires, de diarrhées et de vomissements. La forme nerveuse, la plus grave, entraîne des convulsions. Le traitement doit être très précoce. Il existe un vaccin efficace.

Mauvaise haleine

Une haleine fétide peut être due au tartre, mais aussi à une insuffisance rénale. Il faut consulter.

Métrite

Une femelle souffrant de métrite devient apathique et boit davantage que d'habitude. En dehors de la période des chaleurs, un liquide semblable à du pus, parfois mêlé de sang, s'écoule de la vulve. La chienne se lèche abondamment. Des pertes de sang durant un mois, signe d'une métrorragie ou hémorragie utérine, peuvent également se produire. Tous ces symptômes nécessitent une consultation. Les métrites récidivantes impliquent une intervention.

Œdème du poumon

Cette grave maladie se caractérise chez le chien par de grosses difficultés respiratoires, des flancs creusés et une mousse blanche au niveau de la bouche. Les muqueuses buccales bleuissent. Il faut consulter d'urgence.

Otites

Le chien penche la tête du côté où il a mal, ou se gratte plus ou moins énergiquement. Il ne faut rien mettre dans l'oreille, mais vérifier si la douleur n'est pas provoquée par la présence d'un corps étranger, comme un épillet par exemple. L'otite nécessite une consultation. Les chiens à oreilles tombantes, mal aérées, ont tendance à secréter davantage de cérumen et demandent davantage de soins que les autres.

Parvovirose

Ce sont surtout les chiots qui sont atteints de parvovirose, une maladie virale grave. L'animal est prostré, ne mange plus, vomit, souffre de diarrhées incoercibles et hémorragiques. Il se déshydrate rapidement. Des soins immédiats sont impératifs. Il existe un vaccin.

Piqûres d'insectes

Les piqûres d'aoûtats entraînent des réactions inflammatoires. Les piqûres de guêpes, de bourdons ou de frelons provoquent des œdèmes sans gravité qui seront soulagés avec de la glace. Si le chien avale une guêpe, il risque un œdème qui va l'étouffer. Il faut tout de suite se rendre chez le vétérinaire ou, à défaut, dans une pharmacie.

Piroplasmose

Transmise par les tiques, la piroplasmose est une maladie parasitaire grave. Le chien qui en est atteint se montre abattu, sa température monte à 40 °C, et ses urines sont couleur café au lait. Il faut consulter de toute urgence en raison du risque de lésions hépatiques ou rénales pouvant entraîner la mort. Il existe un vaccin.

Pneumonie

Une toux par quintes, qui paraît douloureuse, caractérise une broncho-pneumonie. Le chien est abattu, a de la fièvre, maigrit. Il faut vite consulter.

SUPPOSITOIRES

Mettre un suppositoire à son chien n'est pas toujours de tout repos. Le maître doit d'abord maintenir l'animal sur une table et introduire ensuite, main gantée, le suppositoire dans le rectum. Il lui faut enfin tenir la queue repliée contre l'anus pour éviter l'expulsion du médicament. Un suppositoire s'administre de préférence le soir.

Pyomètre

En cas de pyomètre, due à une infection urinaire, du pus s'écoule de la vulve de la chienne; celle-ci se lèche sans arrêt. Il faut consulter d'urgence.

Rage

Le chien atteint par la rage souffre de troubles du comportement, sa voix change, il présente des accès de fureur, a des convulsions et meurt paralysé. Une fois le diagnostic établi, il faut assurer la prophylaxie de toutes les personnes ayant été en contact avec l'animal. La vaccination est obligatoire.

Rhinite

Le chien éternue, son nez coule. Il s'agit en général d'une simple irritation qui disparaît rapidement. Un écoulement persistant, purulent et verdâtre, peut indiquer une inflammation chronique ou une maladie parasitaire. Teinté de sang, il peut être le signe d'une tumeur.

Syncopes

Il existe des syncopes lors desquelles le chien devient mou et perd connaissance, et des syncopes consécutives à des convulsions. En cas de syncope molle, on doit dégager les voies respiratoires de l'animal en enlevant les glaires qu'il peut avoir dans la bouche, en lui nettoyant le nez et en lui mettant le cou en élongation. Il faut de toutes façons consulter sans attendre.

Torsion d'estomac

Elle se manifeste en général dans les heures qui suivent le repas. Le chien tourne en rond, s'assied, se couche, essaie de vomir sans y parvenir. Il salive et gémit parce qu'il souffre. Son estomac gonfle. La torsion d'estomac survient après un repas avalé trop vite et suivi d'exercices physiques assez violents. La chaleur la favorise aussi. Cet accident, qui nécessite une intervention d'urgence, frappe surtout les grandes races comme les labradors. La prévention consiste à fractionner les repas en deux et à éviter l'exercice juste après.

Toux

Symptôme d'affections très diverses, la toux est tantôt sèche, tantôt grasse. La toux sèche est plus rauque et plus sonore que la toux grasse, cette dernière s'accompagnant d'expectorations.

Une toux qui persiste plus de 48 heures nécessite une visite chez le vétérinaire. Elle peut être le signe d'une inflammation des voies respiratoires supérieures, d'une laryngite, d'une trachéite ou d'une amygdalite. Une toux grasse indique le plus souvent une inflammation des bronches, qu'il ne faut pas laisser traîner.

Chez le chiot, la toux peut faire penser à la maladie de Carré ou à la toux de chenil. Chez un vieux chien, la toux peut être le signe d'une cardiopathie ou du début d'un œdème pulmonaire.

Toux de chenil

Le chien atteint d'une toux de chenil, maladie très contagieuse, tousse, essaye de cracher, élimine des glaires. On observe souvent parallèlement une conjonctivite et une rhinite avec des écoulements purulents. Les amygdales sont gonflées. Le chien est fatigué, perd l'appétit, a souvent de la fièvre. Il faut consulter rapidement.

Tumeurs

Il suffit de caresser souvent son chien pour déceler assez rapidement la présence d'une masse dure sous la peau, signe d'une petite tumeur externe qui n'est pas forcément synonyme de

FAIRE UNE PIQÛRE SOUS-CUTANÉE

Pour faire une piqûre sous-cutanée à un chien, il faut des aiguilles spéciales, courtes et solides, de 9/10e de millimètre, et une seringue courante. L'endroit le plus propice se situe sur le cou, au niveau de l'omoplate. Après avoir désinfecté la peau à l'aide d'un coton imbibé d'alcool à 90 °, le maître remplit la seringue du produit à injecter, puis pousse le piston pour en faire sortir une goutte. Il tire ensuite le repli de peau et y enfonce l'aiguille transversalement, d'un coup sec, sans traverser la peau de part en part. Il instille ensuite le liquide lentement et retire l'aiguille d'un geste ferme. S'il n'est pas sûr de lui, le maître a tout intérêt, la première fois, à se faire assister.

cancer. Son ablation est quasi systématique, et l'intervention doit être pratiquée sans attendre le développement de la tumeur.

Le cancer des poumons est souvent une métastase d'un cancer des mamelles ou de la peau. Un écoulement purulent ou hémorragique d'une seule narine peut être un signe de cancer des sinus. La présence de sang dans les urines constitue l'un des premiers signes d'un cancer des reins ou de la vessie ; l'animal est aussi incontinent. Un chien qui maigrit, vomit, souffre de colites, de diarrhées, qui durent deux ou trois jours et récidivent, présente les symptômes d'un cancer de l'intestin.

L'animal qui souffre d'un cancer du foie boit davantage, il a des problèmes digestifs et maigrit beaucoup. Les signes d'un cancer du pancréas sont des diarrhées, des vomissements, une fatigue et un amaigrissement. Au début, le chien qui a un cancer des os a les pattes un peu gonflées, il est fatigué, boite et a tendance à maigrir. Un chien qui change de comportement, souffre de convulsions, tourne en rond et semble absent présente les signes d'une tumeur au cerveau.

Le traitement généralement chirurgical des tumeurs malignes peut être complété par la chimiothérapie.

Urémie

L'urémie est surtout une maladie du chien âgé, même si elle peut aussi atteindre le jeune. Un animal qui se met à boire davantage durant plusieurs jours, alors qu'il n'a pas changé d'alimentation et qu'il ne fait pas trop chaud, peut souffrir d'urémie. En ce cas, il peut montrer aussi des signes de fatigue. Il faut consulter sans attendre. À un stade plus avancé, l'animal souffre de complications digestives avec vomissements et diarrhées. Il a mauvaise haleine.

Venin

Le chien qui, au retour d'une promenade dans les champs, boite et a la patte enflée présente les symptômes d'une morsure de vipère. Il ne faut alors faire ni incision ni garrot, mais se rendre de toute urgence chez le vétérinaire ou le pharmacien le plus proche, de préférence en portant l'animal pour ralentir la circulation du sang.

Au bord de la mer, les méduses peuvent provoquer des brûlures au niveau de la bouche, entraînant une hypersalivation. Il faut rincer abondamment la gueule à l'eau claire et, si les symptômes persistent, se rendre chez le vétérinaire.

Le chien qui joue avec un crapaud à la peau venimeuse peut souffrir d'une forte inflammation de la bouche. Si les symptômes persistent plus d'une heure, il faut consulter.

Vers

La présence de parasites internes ou vers est courante chez le chiot, et fréquente chez l'adulte. Il est souvent facile de déceler la présence de vers ronds, ou ascaris, ou de vers plats, car ils sont visibles dans les selles et parfois dans les vomissements. Lorsque le chien se frotte le derrière sur le sol, cela peut être dû à la présence de vers.

Zoonoses

Transmissibles à l'homme, les zoonoses sont toutefois rares. Les risques sont pratiquement nuls si le chien est correctement vacciné et déparasité. Les plus fréquentes d'entre elles sont des maladies parasitaires : ce sont les teignes, reconnaissables à des dépilations rondes ; la gale sarcoptique, caractérisée par des rougeurs et des démangeaisons ; la démodécie, localisée sur la tête, et qui doit être rapidement traitée.

Des vers provenant des déjections canines peuvent contaminer les enfants.

La rage, désormais éradiquée en France, et la pasteurellose, maladie bactérienne, sont transmises par morsure. Le chien peut également transmettre à l'homme la tuberculose, des salmonelloses ou la leptospirose.

MUSELER LE CHIEN

Si l'animal cherche à mordre celui qui le soigne, il est indispensable, à défaut de muselière, de lui mettre un lien autour de la gueule. Pour cela, il faut prendre un ruban solide, assez long, le passer autour du chanfrein, le nouer d'abord au-dessus, puis au-dessous, et attacher enfin les deux extrémités derrière les oreilles de l'animal.

Le chasseur et son arme

L'arme renvoie aux images contradictoires de la liberté citoyenne et de l'inquiétante violence. Elle est désormais associée à l'idée d'agression après avoir été le recours du peuple en lutte. En moins d'un siècle, le regard sur cet objet lourd de symboles a radicalement changé quand le chasseur, immuable, demeure un homme armé. Il doit à cette inévitable singularité l'essentiel des incompréhensions dont il est l'objet. L'arme lui impose une image qu'il doit assumer comme une audace face à l'air du temps.

Le couple formé par le chasseur et son chien engendre de la sympathie ou au moins, dans le pire des cas, une aimable ironie. Il en va autrement du chasseur et de son arme. C'est là le socle de la réprobation qu'il suscite aujourd'hui. Porter une arme confère un statut particulier où guerre et chasse se mêlent, l'arme étant perçue comme instrument d'une liberté ou présage d'une mutinerie.

Tournée contre des animaux sauvages, l'arme annonce une fureur destructrice. La présence d'hommes armés dans la nature, et à fortiori s'ils sont déguisés en militaires – d'où la nécessité pour le chasseur de veiller à sa tenue –, heurte la sensibilité du promeneur bucolique. Faute de saisir ce qu'il inspire au non initié, le chasseur verra le mur d'incompréhension s'épaissir entre lui et une opinion pour qui l'homme armé est soit du côté de l'ordre et de la loi, soit du côté de la transgression et de la violence.

La question se pose ainsi dès l'expansion des armes sous l'Ancien Régime. Aux mains du peuple, les armes contreviennent d'emblée au privilège de l'ordre public appartenant à l'État. En 1778, Diderot écrit aux insurgents d'Amérique cette adresse significative : *« Que chacun d'eux ait dans sa maison, au bout de son champ, à côté de son métier, à côté de sa charrue, son fusil, son épée et sa baïonnette. »* Appel entendu par la Constitution intangible des États-Unis d'Amérique et, bien que de façon plus implicite, par la Déclaration des droits de l'homme et du citoyen. De la Révolution au-delà de la Seconde Guerre mondiale, en passant par la Commune de 1871, l'arme du chasseur y renvoie.

Humain, donc armé

La chasse est ensauvagement. Mais ce qui distingue l'homme chasseur de l'animal prédateur, c'est l'arme. Paradoxalement, effrontément, par le fusil, il est humain. Par lui, il affirme une position proche de l'opposition. Par lui, il est – est-ce si banal ? – un citoyen armé sans être soldat ni policier. Même lorsqu'il ne s'en prend qu'aux perdreaux, quelque chose le distingue irrémédiablement ; quelque chose comme l'insolence dont parle l'historien Philippe Salvadori au sujet des braconniers d'Ancien Régime. Le trouble qu'il jette dans une nature que l'on voudrait harmonieuse autant que la société, fait jaillir des incertitudes sur l'une et l'autre.

L'étiquetage politique dont les chasseurs sont soupçonnés par leurs opposants les plus radicaux ne tient peut-être qu'à cela. En outre, dans le débat, récurrent, sur la réglementation des armes, les chasseurs croient de bonne stratégie de choisir le camp des partisans de la liberté d'être armé, opposé à ceux qui en soulignent le danger. Or le camp de l'autodéfense n'est pas celui de l'ordre républicain. Ainsi la chasse, là aussi, est emblématique de questions fondamentales.

L'insolence des armes

Le chasseur est par essence un homme armé. Les sociétés modernes portent sur lui un regard inquiet ; lui-même ne considère pas son fusil comme un simple instrument. Historiquement et socialement, être armé a été moins une contingence qu'une position, au sens fort. Les armes ont toujours été un enjeu social et politique.

À l'époque médiévale, la chevalerie – qui n'est pas tout à fait l'équivalent de l'aristocratie – exerçait la fonction sociale de violence : la guerre et son substrat, la chasse, dont les historiens, trop longtemps, n'ont pas souligné qu'elle était fondamentalement un loisir.

À la Renaissance, l'arme à feu envahit le domaine militaire. Et de plus en plus nombreux sont aussi ceux qui en usent à la chasse. Dans les deux cas, elle est ressentie comme une arme plébéienne ; un instrument ignoble – au sens de roturier – tuant par malice et traîtrise, et surtout assurant une redoutable puissance à ses détenteurs. Elle semble déjà remettre en cause la société de l'Ancien Régime, société d'ordres.

La propagation du fusil de la Renaissance à la Révolution

Cela ne fera que s'amplifier jusqu'à la Révolution française. Durant le Siècle des lumières, le nombre de fusils en circulation ne cesse de s'accroître. Ils sont de plus en plus légers et efficaces... et faciles à fabriquer. Règlements, décrets, interdictions et saisies se multiplient en vain. Les tribunaux croulent sous les affaires relatives à d'orgueilleux et d'insolents braconniers. Au sein du peuple naissent des bandes armées.

Lors de l'affaire de la Bête du Gévaudan, vingt ans avant la Révolution, ces bandes furent l'emblème – à la frontière entre chasse et guerre – d'une véritable « émotion populaire » contre l'incurie des veneurs nobles et l'oppression des troupes royales. Dans une province tenue d'une main de fer depuis les dragonnades, on vit soudain surgir des soupentes nombre d'armes, et beaucoup d'excellents tireurs.

La nuit où la France abolit les privilèges marqua le début d'un armement populaire généralisé. En ces temps troublés, le fusil servait autant à la chasse qu'à la liberté du « patriote ».

La détention d'armes, un fait banal au XIXe siècle

Toute l'agitation politique du XIXe siècle tourne autour des armes : affrontements renouvelés dans les campagnes autour du droit de chasse, tensions citadines entre milices bourgeoises, milices populaires et troupes d'État. La République affermie n'adopte pas de lois vraiment contraignantes sur la détention des armes, qui relèvent d'un héritage historique et idéologique fort.

Enfin, et surtout, de grands conflits s'annoncent ; il faut mobiliser des masses d'hommes dans l'esprit de la défense du territoire, de la liberté et de la République ; toutes choses fort peu compatibles avec un désarmement généralisé. Jusqu'à la veille du premier conflit mondial, on enseignait dans les écoles primaires laïques la discipline militaire et le maniement des armes.

Avec l'étonnante prospérité et la grande stabilité politique qui ont suivi les deux terribles carnages du XXe siècle, le regard de l'opinion publique sur la détention et l'usage individuels des armes s'est fait anxieux et réprobateur. Le chasseur s'est trouvé subitement bien seul.

Dans la société moderne, l'homme armé fait peur

L'historien Philippe Salvadori explique que *« le fusil rend insolent »*. C'est avec cet état d'esprit que le chasseur entre dans la modernité. Dans un univers où tout tend à éliminer l'arme à feu individuelle, il est naïf de croire que le citoyen armé (le chasseur) la détient, l'entretient et en use comme le simple soldat en manœuvre. Il entretient au contraire avec elle une relation étroite, extrêmement personnelle, et qui dépasse l'usage. La législation française soumet depuis peu la pos-

Depuis les carnages du XXᵉ siècle, la figure du chasseur revêt souvent pour l'opinion un visage inquiétant.

session d'une arme à feu au statut administratif de chasseur, mesure restrictive qui renforce une situation définitivement exceptionnelle.

Une forme de liberté qui dérange. De façon parfaitement archaïque – et les adversaires de la chasse n'ont pas manqué ce point crucial –, le porteur de fusil affirme et exerce une liberté, au-delà de la liberté prédatrice sur la nature. Un peu d'attention aux critiques des opposants laisse apparaître un trouble qui provient souvent de la seule présence d'hommes armés dans les campagnes. Le fait en soi est perçu comme agressif.

Dans les années 1950, quand les chasseurs d'Italie étaient encore nombreux, et le pays agité, le parti communiste italien en avait réunis bon nombre en fédérations, et aimait à répéter : *« nous avons deux millions de fusils »*, évocation saisissante d'une très ancienne réalité. Ou plutôt d'une réalité tout à fait fondamentale : la présence du trouble au sein d'un monde qui se veut habité par l'esprit de conciliation.

Le chasseur rejeté à contre-courant malgré lui

Emblème d'une liberté aux limites insaisissables, le fusil est un engin susceptible de donner facilement la mort, et donc d'assurer le pouvoir. On doute volontiers que le chasseur ne s'arroge ce droit que sur les animaux. Et quand bien même... l'animal est de plus en plus identifié à la victime innocente et, souvent, individualisé au point d'être quasi considéré comme une personne. Il n'est plus question d'affrontement entre liberté et servitude, mais entre victime et bourreau. Les horreurs du XXᵉ siècle sont passées par là, avec le rêve d'une paix universelle qui engloberait la nature. Les pouvoirs publics non plus, d'ailleurs, n'aiment guère la figure archaïque et inquiétante du citoyen armé.

De l'intransigeance de part et d'autre. Le chasseur n'a pas d'autre choix que d'assumer cet ostracisme. Mais il est notable qu'il l'assume généralement sans état d'âme : avec effronterie, justement. Il prend position à contre-courant. Quand bien même cela ne viendrait pas de son propre mouvement, l'environnement idéologique lui impose d'y réfléchir. La pression est souvent tellement forte qu'elle entraîne une intransigeance sourde, et le sentiment d'appartenir à un autre monde, voire à une autre humanité. Les attitudes parfaitement odieuses des « Rambos du dimanche », qui assouvissent de louches fantasmes à peu de frais, n'arrangent absolument rien à l'affaire.

Vers des pratiques susceptibles d'infléchir l'opinion publique

Cette situation en marge offre paradoxalement le moyen de retourner les choses. Les disciplines les plus exigeantes, la chasse à l'arc en particulier et, plus généralement, les techniques d'approche, ainsi que la recherche au sang intéressent les non-chasseurs et bénéficient d'un capital de sympathie. L'arme y prend une dimension autre, liée aux préoccupations contemporaines de connaissance, de maîtrise et d'approche de la nature, même si elle reste le symbole de quelque chose d'indéfinissable, pour le chasseur comme pour tout le monde. La généralisation d'attitudes et de pratiques capables de fonder une acceptation morale et intellectuelle de l'arme individuelle est incontournable pour l'avenir de la chasse. Sachant que dans une société qui a hissé le consensus au rang d'idéal, l'ultime figure du citoyen armé a des airs d'insolence.

Choisir son arme

Deux catégories d'armes sont aujourd'hui retenues pour la chasse. Le fusil, produit achevé de la plus ancienne tradition, essentiellement réservé au petit gibier, et la carabine, de technologie moderne, presque exclusivement réservée au grand gibier.

Tirer pour tuer et non pour blesser

L'arme de chasse est destinée à tuer net tout gibier choisi, c'est-à-dire à ne pas le manquer ni le blesser. Reprocher le perfectionnement des armes au motif qu'il réduit les chances du gibier est contestable dès lors que les prélèvements ne mettent pas en péril l'existence des espèces. Le droit de chasser a pour corollaire le devoir de tuer proprement. Si l'animal a une chance, il se la donne par l'énergie, la ruse, le courage et l'intelligence qu'il est capable de déployer.

Le chasseur veut tuer, ou alors il s'abstient. À la chasse, le tir ne relève pas de l'exploit sportif : mieux vaut tuer de près avec toutes les chances de tuer net, que de loin en prenant le risque de blesser. Pour cette raison, le tir du gibier arrêté ne présente rien d'indigne. Plus le chasseur recherche la difficulté du tir, plus il joue avec la souffrance de l'animal.

LES PLATINES

Les fusils de grande classe sont munis de « platines », plaques d'acier situées de part et d'autre de l'arme, à l'arrière de la bascule et des chambres. Artistement gravées sur les faces extérieures, elles portent à l'intérieur un mécanisme d'horlogerie de haut niveau. Il assure à la percussion, lors de l'action sur la queue de détente, un départ quasi immédiat, doux et constant. Aussi certains fabricants munissent-ils leurs productions de fausses platines, purement décoratives.

Il n'y a violence que lorsqu'il y a abus. Cette problématique essentielle se retrouve également dans la confusion entre l'arme de chasse et celle de guerre, confusion entretenue, adroitement, par les opposants à la chasse, mais aussi, stupidement, par les « Rambos chasseurs », obsédés par une chose similaire à ce que les soldats nomment la « puissance de feu ». Dans la guerre classique, l'arme à feu a pour objet d'anéantir les forces de l'ennemi : peu importe – mieux vaut même – qu'il soit blessé ; la question de la souffrance ne se pose pas. Autre ligne de fracture entre cynégétique et polémologie : la notion de prélèvement sur la nature d'un bien destiné à la consommation, ce qui suppose qu'il soit le moins abîmé possible.

En arrière-plan de cette dichotomie, se dessine une autre problématique, celle des frontières de l'abus de la force absolue, la violence. Il n'y a plus chasse dès lors qu'il y a abus, c'est-à-dire prélèvement injustifié, irraisonné, illégal. La guerre, elle, est toujours violence. L'objet même de l'arme de chasse est donc fondamentalement différent de celui de l'arme de guerre.

Le principe du fusil de chasse

Le fusil de chasse est l'arme la plus répandue. Il se compose de un ou deux canons lisses, en acier, qui guident une charge de plomb propulsée par l'explosion d'une charge de poudre. Depuis la fin du XIXe siècle, il a pris une conformation et un équilibre que l'on peut considérer comme définitifs. Un système de bascule verrouillable et déverrouillable en un tournemain permet d'introduire les munitions à la base du canon. La libération des percuteurs par pression du doigt sur les queues de détente (improprement nommées « gâchettes ») met la munition à feu.

Ne comportant pour ainsi dire aucun système de visée, le fusil de chasse relève d'un tir instinctif auquel tout le corps participe. Il est donc souvent utile qu'il soit mis aux mesures de son propriétaire. Ce travail hautement spécialisé consiste à travailler la crosse dans sa longueur, dans son orientation horizontale (avantage ou devers) et dans son orientation verticale (pente).

Les fusils à deux canons

Dès le XVIIIe siècle, les arquebusiers – « armurier » était alors un terme réservé aux militaires et aux marins pour désigner celui qui entretenait les armes – ont accolé souvent deux canons l'un à l'autre, afin de tirer rapidement deux coups de suite. C'est aujourd'hui, depuis longtemps, et pour longtemps encore, la configuration de la très grande majorité des fusils de chasse. Elle permet de choisir son coup en sélectionnant, par la queue de détente, une munition ou l'autre, ainsi que d'achever rapidement un animal blessé. L'éthique voudrait que ce deuxième coup ne serve pas à rattraper le gibier manqué au premier coup.

Canons juxtaposés ou superposés

Les fabricants d'aujourd'hui proposent presque toujours les canons superposés. Le principe existe depuis la Renaissance, mais, après une absence de plusieurs siècles, il est réapparu dans les années 1960 comme une nouveauté technologique incontournable en un domaine désespérément stable où l'on cherchait du nouveau.

En pratique, le choix est une affaire tout à fait personnelle. Certains trouvent que le juxtaposé guide mieux l'œil entre les deux canons. D'autres jugent plus efficace la ligne de visée unique du superposé. Le juxtaposé apparaît comme une arme plus traditionnelle, plus élégante. En tout état de cause, à qualité égale, le superposé est plus simple à fabriquer. Et la profondeur de sa bascule diminue l'effet des pressions et entraîne une usure un peu moins rapide.

Système basculant ou coulissant

Très tôt, certains fabricants, tel le prestigieux Stéphanois Darne en 1887, ont élaboré un système d'ouverture des canons non pas basculant mais coulissant, dans le but d'annuler la fatigue des verrous. Leur production reste aujourd'hui très recherchée, mais ledit argument n'y est pas pour grand chose. Ce sont simplement des armes d'une qualité de fabrication et d'un équilibre exceptionnels.

Les éjecteurs automatiques. Quant aux éjecteurs automatiques, dernier cri de la technique il y a quarante ans, ils ne séduisent plus autant. Ils alourdissent en effet le poids et le prix de l'arme, et obligent l'utilisateur à maints retours en arrière pour récupérer ses douilles.

LES ARMES À CANON LISSE

Fusil juxtaposé

Fusil superposé

Fusil automatique

Le juxtaposé est par excellence l'arme de chasse classique. Le superposé, lui, est censé offrir une visée plus facile, tout comme l'automatique qui permet en outre le tir de trois coups consécutifs.

Les fusils à un seul canon

Il existe aussi des fusils à un seul canon. Ils sont évidemment beaucoup moins chers, ne serait-ce que parce qu'ils n'impliquent pas le délicat travail d'assemblage et de réglage de la convergence des tubes. Ils s'inspirent du fameux Simplex de la Manufacture d'armes et cycles de Saint-Étienne, restée dans les mémoire sous le nom de Manufrance, et toujours imité aujourd'hui. Légers, robustes et bon marché, ils ont le grave défaut de vous briser l'épaule et de vous coller de terribles migraines. À réserver pour l'affût au canard !

Les fusils automatiques

Parmi les fusils à un seul canon se rangent également les fusils dits « automatiques ». Au départ du premier coup, un mécanisme, qui fonctionne par emprunt d'une minime partie de l'énergie libérée, réarme le percuteur tout en éjectant la douille vide et en réintroduisant une munition dans la chambre. Cela permet d'enchaîner rapidement plusieurs coups (attention à la législation en vigueur !).

Les fabricants ont mis au point d'excellentes mécaniques ; le risque d'enrayage d'une arme bien entretenue est presque nul. Point négatif : il est impossible de sélectionner une munition ou une autre. Elles ne peuvent que se succéder dans l'ordre d'introduction à l'intérieur du chargeur. Par contre, le système d'emprunt d'énergie adoucit nettement le recul. Sur beaucoup de modèles, il est facile et peu onéreux de changer de type de canon selon les besoins.

LES ARMES COMBINÉES

>>> Les armes combinées présentent la particularité de coupler des canons lisses et des canons rayés. De nombreuses combinaisons existent : association d'un fût lisse et d'un tube rayé (mixte), deux coups rayés et un lisse (express-drilling), deux lisses et un rayé (drilling)... jusqu'à quatre canons (vierling). Armes souvent lourdes, évidemment, et de fabrication très complexe, elles relèvent d'un type de chasse de moins en moins pratiqué, mêlant petit et grand gibier. L'association d'un canon de 20 avec un 222 Remington, par exemple, est fort utile aux gardes-chasse.

La chambre, l'âme et la bouche

Les canons de fusils s'affinent de la base à l'extrémité. La base est constituée de la chambre, c'est-à-dire le logement de la cartouche, la partie la plus épaisse parce qu'elle doit supporter l'explosion de la charge de poudre. L'âme du canon, partie rectiligne, lui fait suite. Là se développe l'énergie propulsant le paquet de grenaille.

Enfin la partie terminale, ou « bouche », est resserrée dans des proportions variables afin de modifier la structure de la gerbe et d'améliorer son efficacité. La chambre est reliée à l'âme par un cône de raccordement chargé de faire transiter en douceur la charge de plomb.

La longueur de la chambre

Les anciennes armes avaient une chambre de 65 mm, puis le standard est passé à 70 mm. Enfin, beaucoup de productions modernes affichent 76 mm (chambres dites « magnum »). Toujours l'obsession de la puissance de feu !

À chaque chambre sa cartouche. Il est donc particulièrement important lorsqu'on prend possession d'une arme ancienne de vérifier la longueur de la chambre afin d'utiliser les cartouches correspondantes. Lors de l'explosion de la poudre, la partie antérieure de la cartouche se déploie pour laisser sortir la grenaille. Si elle n'est pas adaptée à la longueur de la chambre, ses « lèvres » s'appliqueront sur le cône de raccordement, formant un goulot d'étranglement qui augmentera la pression. Il en va de même avec des munitions surchargées vendues sous le nom alléchant de « mini magnum », « super longue » et autres drôleries de marketing.

À l'autre extrémité, la charge, toujours sous pression des gaz, rencontrera la rampe de choke – qui est l'équivalent du cône de raccordement au niveau de la bouche. Nouvelle surpression ! L'épaule et l'arme souffrent. La gerbe est perturbée, beaucoup moins homogène. L'idée que les bonnes cartouches sont celles qui « cognent » est une parfaite sottise. Pour limiter surpressions et reculs, les bons fusils modernes présentent de longs cônes de raccordement ainsi que de longues rampes de chokes. Encore convient-il de leur offrir des munitions adéquates…

La longueur du canon

Les fusils d'autrefois portaient des canons particulièrement longs car les poudres noires développent lentement leur énergie. Aujourd'hui, elles sont extrêmement vives ; le pic de pression – considérable – est très près de la chambre. En contrepartie, les canons sont plus courts. Ils peuvent ne pas dépasser 60 cm en calibre 20. Chaque fusil a un calibre, et chaque calibre une portée utile. On n'a encore trouvé aucune façon raisonnable d'augmenter celle-ci notablement.

La cartouche du fusil

La cartouche du fusil se compose d'un étui contenant une charge de poudre surmontée d'une charge de plomb, l'une séparée de l'autre par une « bourre » qui transmettra uniformément l'énergie durant le trajet dans le canon. L'explosion de la poudre est provoquée par percussion d'une amorce en contact avec elle. À la sortie, tout se complique. La grenaille va s'ouvrir en une gerbe de plus en plus large, déterminée, entre autres, par le type de choke (resserrement des canons à la bouche) et le diamètre de chaque grain.

Gros plomb et petit plomb

Plus le diamètre d'un grain est important, plus son énergie cinétique est grande, plus il va loin et plus il est vulnérant. Par contre, la quantité de grains dans une gerbe est d'autant plus élevée que leur diamètre est faible.

Le petit plomb formera donc un ensemble mieux garni que le gros, mais d'une portée et d'une capacité létale moindres. Or on sait que pour abattre une pièce il faut au moins cinq atteintes en des points vulnérables. Le gros plomb reste efficace plus loin, et sur des animaux plus gros, mais il sera nécessairement plus dispersé. Décidément, les coups de longueur... On peut, par exemple, préconiser le plomb n° 8 pour la grive ou le lapin et le n° 5 pour le lièvre. Le n° 7 est mieux adapté aux faisans et aux perdreaux.

Bourre grasse et bourre à jupe

Le choix de la bourre, qui transmet l'énergie aux plombs, est important. Les bourres sont fondamentalement de deux types : la bourre grasse et la bourre à jupe. La première offre une gerbe plus régulièrement garnie. La seconde, qui enveloppe la grenaille et ne la laisse se disperser que quelques mètres après la sortie du canon, a pour but de retarder l'expansion. Elle n'augmente pas la portée utile de l'arme à proprement parler, mais la distance à laquelle la gerbe reste assez dense pour provoquer un nombre suffisant d'impacts. Elle sera, par contre, fort resserrée en son centre et très pauvre et irrégulière à sa périphérie. Son usage exige donc un tir particulièrement ajusté ; un chasseur peu habile risque de blesser beaucoup.

Les calibres de fusil

Les calibres de fusil sont désignés par une numérotation ésotérique (12, 16, 20, 24...), qui indique le nombre de balles rondes au diamètre exact de l'âme du canon qu'il est possible de couler dans une livre ancienne de plomb, soit 489 g. Simple, non ? Le calibre est donc d'autant plus important

LES MUNITIONS

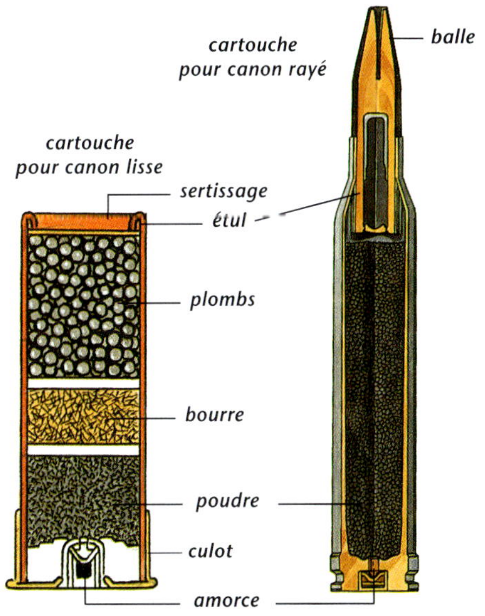

La munition pour canon rayé ne comporte pas de bourre et projette une balle.

que le chiffre est faible. Lequel choisir ? Plusieurs facteurs entrent en ligne de compte, mais il ne faut jamais oublier ce point essentiel : chacun a une portée utile déterminée que le choix des munitions ne fera varier que dans de faibles proportions. Pour le calibre 12, elle se situe entre 20 et 40 m maximum ; elle sera toujours plus basse avec des calibres inférieurs.

Les limites des petits calibres. Le goût des armes fines et légères remet à l'honneur le 20 ou même le 24, voire le 16 dans une moindre mesure, qui étaient tombés en désuétude devant la « puissance » du 12, dès le moment où le prix des munitions ne posa plus de problèmes.

Bien conçues, ces armes sont plus légères et d'un recul moindre. Mais leur usage, surtout à partir du 20, est beaucoup plus exigeant et demande un tir nettement mieux ajusté. Quelques délires commerciaux proposent des calibres 20 chambrés en 76 mm, sous prétexte que l'on obtient ainsi quasiment une charge moyenne de 12. À croire qu'avec des chokes serrés et des bourres à jupe, le chasseur pourrait même faire bouler un lièvre à 50 m ! Si l'on doit ne posséder qu'un fusil, il faut garder à l'esprit que seul le 12 pourra convenir dans presque toutes les situations. Les autres ont leurs avantages et leurs charmes, mais aussi leurs limites.

Quels chokes choisir

Le choix des chokes (resserrement des canons à la bouche) est d'une grande importance, d'autant qu'il est plus que délicat de les faire modifier par la suite. La combinaison standard à la sortie d'usine est très souvent 3/4 choke (0,6 à 0,8 mm de rétreint) pour le premier canon et full choke (0,8 à 1 mm de rétreint) pour l'autre. C'est beaucoup trop, à moins que l'on ne chasse qu'en plaine, et encore... En pratique, un premier tube cylindrique amélioré (0,1 à 0,2 mm de rétreint) et l'autre en 1/2 choke (0,3 à 0,6 mm de rétreint) font parfaitement l'affaire, ou éventuellement le couple 1/2 choke ou 3/4 choke. Les chokes interchangeables, d'une efficacité relative, sont disgracieux et exigent un entretien minutieux.

BALLES POUR FUSIL

>>> Dans un canon lisse, le choke perturbe considérablement la balle qui, juste retour des choses, abîme le choke. Les canons les moins serrés sont les moins mauvais. Par ailleurs, les balles pour fusil ont une vitesse basse et une forte masse. Elles ricochent énormément. Pour ces raisons de sécurité, dans certaines chasses de grand gibier, seul l'usage de l'arme rayée est autorisé.

La carabine à verrou

À la différence du fusil, la carabine est conçue pour tirer avec précision un projectile unique et puissant. Le canon est muni de rayures hélicoïdales dans lesquelles, au départ du coup, la balle va tourner sur son axe, acquérant ainsi une grande précision. Les pressions et les vibrations sont considérables. De ce fait, ce sont des instruments à l'acier épais et souvent assez lourds.

La carabine à verrou constitue le type le plus répandu aujourd'hui. Elle est munie d'un chargeur vertical et d'une culasse horizontale à percuteur à aiguille, dont le modèle légendaire est la culasse Mauser mise au point par l'armée allemande en 1898, et toujours en service.

L'armement, l'éjection et le réarmement s'effectuent manuellement et d'un geste unique, après désépaulement. Précise, fiable, souvent peu onéreuse, disponible dans presque tous les calibres, c'est une carabine à la fois d'affût, d'approche et de battue. L'obligation de désépauler est plus un bien qu'un mal ; un tir manqué est souvent dû à une mauvaise mise en joue.

D'autres modèles de carabines

La carabine à levier de sous-garde, type système Winchester de la carabine des westerns, est une arme légère, guère efficace pour la chasse des grands gibiers d'Europe, à l'exception, peut-être, du 444 Marlin. C'est dommage car la conception mécanique est d'une simplicité biblique et le système de sécurité, qui interdit le départ du coup si l'on n'est pas en position de tir, d'une efficacité exemplaire.

La carabine semi-automatique. Grâce à un système à emprunt de gaz, elle permet d'aligner les tirs par simple pression de la détente. Il s'agit d'une arme destinée à doubler, voire à tripler rapidement, et donc réservée à la battue.

La carabine à un coup, à canon basculant. C'est presque toujours une arme d'une qualité et d'une finition exceptionnelles... et d'un prix élevé. Maniable et précise, elle sert à l'approche et à l'affût, chasses où la perfection du tir est essentielle.

La carabine « express ». Arme également basculante, elle est conçue exactement comme un fusil dont les deux tubes lisses seraient remplacés par deux canons rayés, juxtaposés ou superposés. Imaginée à l'origine pour les grandes chasses d'Afrique, où il fallait disposer, face à des animaux dangereux, de deux coups puissants sans risque d'enrayement, elle a de plus en plus de succès dans les battues. La technique de tir est très proche de celle du fusil, d'où une bonne part de son succès.

La cartouche de la carabine

La cartouche de carabine, comme celle du fusil, se compose d'un étui réunissant la charge explosive, le projectile et l'amorce. La différence est que l'étui, aussi appelé douille, toujours en métal, ne comporte pas de bourre. La balle, ou ogive, est sertie à l'extrémité de la douille et l'obture hermétiquement. Lors de l'explosion, la balle prend à force les rayures du canon et reçoit la totalité de la poussée. Les calibres pour armes rayées sont très nombreux. Beaucoup d'entre eux ne sont d'ailleurs que des produits superfétatoires. Pour faire son choix, la connaissance élémentaire de l'action d'une balle s'impose.

L'action d'une balle

Lorsqu'un projectile fait impact dans un animal, il se passe fondamentalement deux choses : un effet de choc et un effet de destruction mécanique des organes.

L'effet de choc. Il est lié à la décélération de la balle dans le corps, qui libère brutalement l'énergie acquise, provoquant une inhibition du système nerveux. Il s'agit de la fameuse énergie cinétique qui résulte de l'interaction entre la masse de la balle, sa vitesse et les effets de l'attraction terrestre. Ainsi des balles légères et rapides peuvent se montrer davantage meurtrières que des ogives lourdes et lentes.

LES ARMES À CANON RAYÉ FIXE

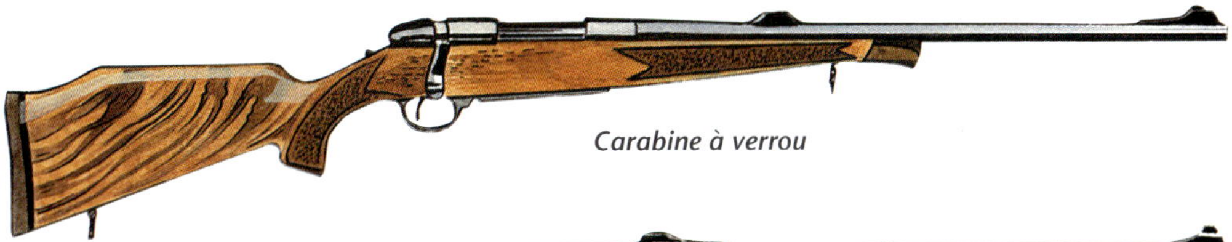

Carabine à verrou

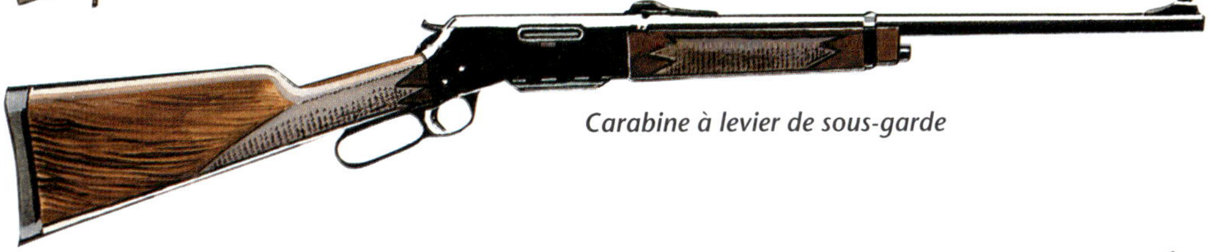

Carabine à levier de sous-garde

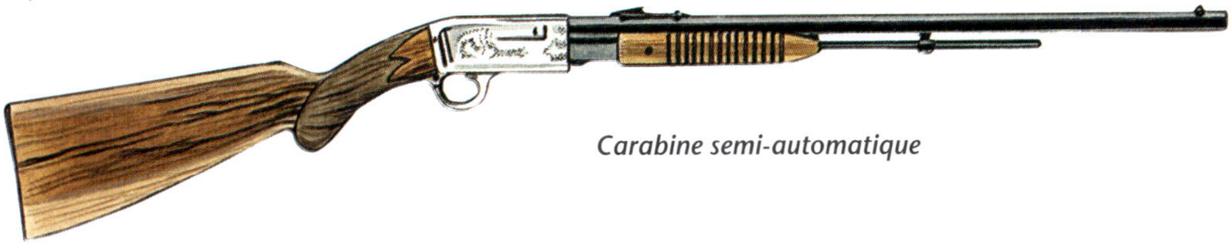

Carabine semi-automatique

L'usage des carabines, sous l'effet de l'augmentation des populations de grand gibier et de l'obligation du tir à balle, est de plus en plus répandu. Chaque année, leur réglage doit être vérifié au stand de tir.

Les effets mécaniques. Les effets mécaniques tiennent essentiellement au poids et à la structure de la balle. Les meilleurs projectiles, de ce point de vue, sont conçus pour « champignonner » dans leur partie avant, et rester compacts en la partie arrière, alliant ainsi dilacération des organes mous et brisure des os.

Toutefois, la comparaison avec les effets d'une arme blanche n'est pas parfaitement exacte, et ce à cause du phénomène dit de « cavitation hydrodynamique ». Lorsqu'un projectile muni d'une certaine vitesse traverse en effet un milieu aqueux, comme le corps d'un animal, une sorte de tunnel s'ouvre et se referme derrière lui, avec un diamètre pouvant atteindre jusqu'à sept fois celui de la balle.

Des tables balistiques sur les emballages. Chacun de ces effets joue un rôle, mais le critère principal reste l'effet de choc, ou énergie cinétique, que l'on exprime en joules (J). Il est établi que, pour abattre un chevreuil à 100 m, 1 000 J sont nécessaires, pour un mouflon 2 000 J, et pour un cerf ou un grand sanglier 2 500 J. Afin de déterminer les calibres qui conviennent, la première chose à faire est de consulter les tables balistiques figurant sur l'emballage des boîtes de cartouches.

Le calibre de la balle

Pour le tir des animaux de montagne, les munitions légères et rapides, offrant une trajectoire très tendue (« rasante »), sont préférables, parce qu'une grande précision s'impose à longue distance. Le 6 x 62 Frères ou le 6,5 x 57 sont bien adaptés, et l'on peut monter jusqu'aux différents 7 mm. Il en va de même pour le chevreuil à l'approche ou à l'affût. D'autant plus que les animaux au repos et non stressés se montrent moins résistants aux effets d'un projectile. Par contre, en battue, on ne descendra pas en dessous de 7 mm. Et le sanglier ou le cerf requièrent des calibres tels que le 9,3 x 74 ou le 9,3 x 62, destinés à provoquer le maximum de dommages et de fortes hémorragies.

Le système de visée classique

Il n'existe évidemment pas de calibres à tout faire. Mais pour la battue, on peut conseiller un choix moyen entre vitesse et poids, autour du 280 Rem ou du 300 Winchester Magnum, selon la taille habituelle du gibier chassé. Pour ceux qui, nombreux, pratiquent essentiellement dans des sous-bois très encombrés, et qui, par conséquent, tirent à courte distance, les calibres les plus lourds (du 8 x 57 JRS au 9,3 x 74) sont un choix judicieux :

LES ARMES À CANON RAYÉ BASCULANT

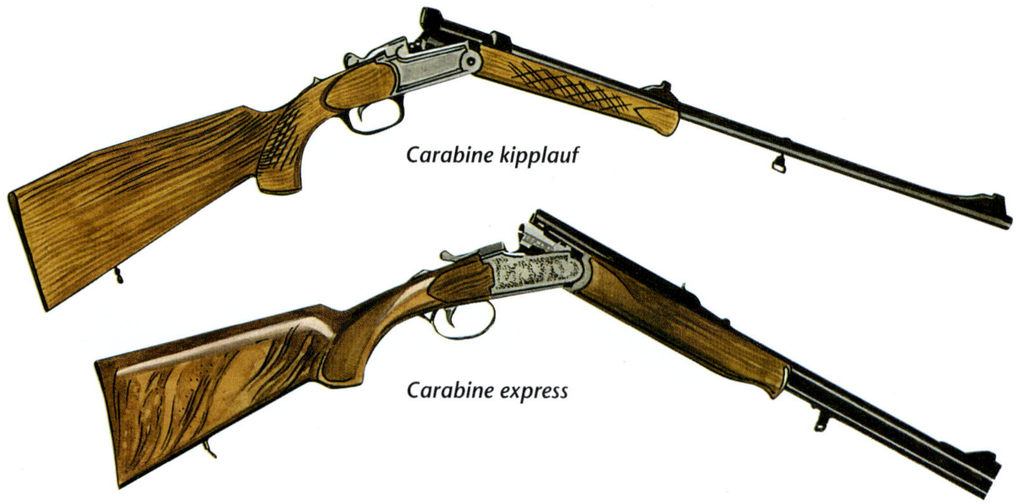

Parmi les carabines à canon rayé basculant, les kipplauf sont conseillées pour l'affût et l'approche , tandis que les express, permettant de tirer une deuxième balle sans réarmer, sont conçues pour la battue.

leur trajectoire est beaucoup moins affectée par les obstacles végétaux que ce n'est le cas pour les munitions légères et rapides.

La carabine est une arme de précision. Il importe donc de disposer d'un système de visée sérieux et de le contrôler régulièrement.

Le système classique, dit « à visée ouverte », avec guidon et hausse, est fort peu pratique en battue. On peut choisir de faire monter sur son arme une « bande de battue », dispositif efficace composé de deux longs pans en « V », qui guide rapidement l'œil vers le guidon et permet d'aligner aisément sa cible.

Le dispositif de visée optique

Quand on acquiert un dispositif de visée optique, le plus répandu étant la lunette, le grossissement offert peut être fixe ou variable, ce qui permet de l'utiliser en différentes circonstances. Par exemple, en chasse à la battue, on choisit toujours un faible grossissement. D'abord pour ne pas perdre de vue un gibier par définition très mobile. Mais surtout pour garder le contrôle de son environnement et ne pas tirer dans une direction dangereuse. À l'approche, ou même à l'affût, un trop fort grossissement peut rendre la visée difficile.

Les lentilles et le type de réticule. Ensuite, il convient d'avoir un indice crépusculaire suffisant, c'est-à-dire des caractéristiques de lentilles captant assez de lumière pour permettre une utilisation le soir ou par temps sombre, et améliorer un peu le rendement des yeux fatigués. Le type de réticule ne doit pas être complexe, mais permettre au contraire de centrer rapidement sa cible sans devoir réajuster en permanence.

Le montage. Enfin, certains modèles doivent être montés très au-dessus du canon. C'est un réel inconvénient, car la correction de parallaxe, c'est-à-dire le rattrapage entre la ligne de visée oculaire et la trajectoire de la balle, obligera à une plus forte correction en hauteur, ce qui peut avoir une incidence sur la précision.

Les viseurs à point lumineux. Légers et abordables, ils offrent à peu près les mêmes avantages que la lunette mais ne se prêtent pas au tir à grande distance. Ils sont par contre fort bien adaptés à la battue.

Le réglage des dispositifs de visée

D'une façon générale, le réglage des dispositifs de visée doit être basé sur la DRO (distance de réglage optimale). En effet, rien n'est simple et surtout pas la trajectoire réelle d'une balle qui, en simplifiant, monte puis redescend.

La distance de réglage optimale est la distance exacte séparant la bouche du canon du point de rencontre entre la trajectoire idéale (une ligne droite sortant du canon) et la trajectoire réelle. Les fabricants de cartouches l'indiquent toujours. Ne serait-ce que pour cette raison, il vaut mieux ne pas slalomer entre les marques et les divers poids de balles ; elles n'auront pas la même DRO.

LES ÉQUIPEMENTS OPTIQUES

À l'affût et à l'approche, un dispositif optique est de loin préférable. La lunette facilite la vision du gibier et augmente la précision du tir. Elle concourt donc à tuer proprement, principe essentiel de la chasse.

Le souvenir des animaux

À une époque où s'affirme le droit des animaux, gibiers naturalisés et trophées apparaissent comme une provocation. Des œuvres pariétales représentant les exploits cynégétiques préhistoriques à la demeure du chasseur qui expose en ornement les dépouilles de ses proies s'exprime pourtant un même rapport à la nature. L'homme affirme ainsi tout à la fois sa fierté de prédateur et son admiration pour les bêtes. Une sublimation de la mort qui s'oppose à l'esprit du temps.

L'un des plus importants historiens des mentalités, le Français Philippe Ariès (1914-1984), expliquait que *« nous assistons [en Occident] à une révolution brutale des idées et des sentiments traditionnels [:] la mort, si présente autrefois, tant elle était familière, [...] devient honteuse et objet d'un tabou. [...] Elle a remplacé le sexe comme principal interdit. [Ce dernier] succède tout d'un coup à une très longue période de plusieurs siècles, où la mort était un spectacle public auquel personne n'aurait eu l'idée de se dérober. »*

Le chasseur, par nature, est hermétique à ce bouleversement : il ne peut fuir la mort puisqu'il la donne ; elle est au cœur de sa passion. L'incompréhension dont la chasse est l'objet de la part d'un nombre croissant de nos contemporains trouve très certainement là l'une de ses principales explications.

Le chasseur entretient avec la mort une relation si simple et apaisée, qu'il en cultive le souvenir : c'est tout le sens de l'animal naturalisé ou du trophée qui, pour lui, ne sont pas des symboles mortifères mais les témoignages d'une aventure, d'une histoire, d'une relation avec un animal.

Du symbole religieux à l'hommage au gibier

Le chasseur est en cela l'héritier direct d'une très ancienne histoire : *« Les représentations de Lascaux – représentations à caractère religieux – sont de même nature que le culte du trophée,* souligne l'historien Dominique Venner. *Dans la chasse conduite noblement, le chasseur s'identifie symboliquement au gibier qu'il admire et qu'il aime. [...] La contemplation d'un très beau trophée mérité n'est pas seulement source de joie, mais matière à méditation sur la vie et la mort. »*

Le trophée est également un don de la nature, une œuvre, et, à ce titre, mérite respect. Ne pas conserver les bois d'un cerf ou les défenses d'un sanglier témoigne d'une certaine forme de désinvolture et de gâchis.

Le culte du trophée. Au trophée est attachée l'idée de victoire, sous laquelle, parfois, se tapit la vanité. D'où la vieille expression « faire trophée » pour dire « tirer vanité ». Ainsi, chez le chasseur, l'avatar du culte du trophée est la « trophéïte », que Charles de Gevigney, directeur de l'institut François Sommer, école de chasse prestigieuse, dénonce ainsi : *« Au diable ces sensations barbares de souvenirs impérissables qui remontent à la vue du vilain petit dix cors irrégulier et tordu qui trône dans notre entrée. Le cerf et sa majesté ne sont plus. [...] Désormais, ce n'est plus l'acte de sa chasse qui compte, mais la possession de son excroissance osseuse annuelle. C'est le nouveau faire-valoir du chasseur " de gros " moderne. »*

Évaluer la qualité du cheptel. De même que les animaux naturalisés furent un outil précieux pour les zoologistes, les trophées constituent des bio-indicateurs significatifs de la qualité des populations. En ce sens, ils sont utiles à la gestion cynégétique.

La naturalisation

La chasse, au cours des âges, a pesé lourd dans la raréfaction et la disparition d'espèces. Toutefois, grâce à la taxidermie, qui, avec la gastronomie, est un de ses prolongements, elle a puissamment contribué au progrès des connaissances du vivant.

Des traditions antiques...

Depuis la nuit des temps, nombre de civilisations se sont employées à conserver autant les dépouilles de leurs défunts que celles des animaux à caractère sacré. Entre cette tradition de l'hommage mystique rendu aux morts et celle, en apparence profane, du trophée, témoignage de l'adresse du prédateur, un art est né ; il n'a trouvé son nom qu'en 1806 : la taxidermie, terme issu des mots grec *taxis* (arrangement) et *derma* (peau).

Un savoir-faire né en Égypte. Les premiers à avoir entrepris la conservation des dépouilles sont les Égyptiens et leurs techniques de momification. À l'époque hellénistique, Ptolémée 1er, général d'Alexandre le Grand et aussi roi d'Égypte (367-283 av. J.-C.), un passionné de naturalisation, fit même construire un musée d'histoire naturelle. Après les Égyptiens et les Grecs, les Romains aussi se sont intéressés à la naturalisation.

Au Moyen Âge, la conservation se limitait à des squelettes et à des dépouilles séchées au four. À partir de la Renaissance, les techniques de tannage de la peau et de bourrage avec de la paille se font jour. Mais faute de réels moyens de conservation, les empailleurs se heurtent à des difficultés insurmontables pour exposer des animaux à plumes ou à fourrure naturalisés.

... à l'essor des sciences naturelles

Avec le Siècle des lumières, qui voit l'essor des sciences naturelles, l'anatomie, la botanique, la zoologie ouvrent les portes de la découverte du vivant. La conservation des spécimens d'espèces passionne les quelque 800 cabinets d'histoire naturelle existant alors en Europe et qui sont à la science ce que les salons littéraires sont aux arts, à la fois lieux savants et mondains. Les voyageurs leur rapportent des dépouilles d'animaux exotiques. Sous l'impulsion du comte de Buffon (1707-1788), le Jardin du Roi – devenu en 1793 le Muséum national d'histoire naturelle – s'impose comme l'un des grands foyers scientifiques européens, et son enseignement prestigieux s'appuie sur les collections d'animaux naturalisés.

Les problèmes liés à la conservation. Si pour les végétaux les problèmes de conservation ne se posent guère, il n'en est pas de même pour les animaux. Le physicien et naturaliste René Antoine Ferchault de Réaumur (1683-1757) met au point une solution faite d'un mélange d'esprit de vin et de mercure pour préserver de la corruption des insectes. Un apothicaire de Metz, Jean-Baptiste Bécœur (1718-1777), découvre l'antidote à la putréfaction avec un produit à base d'arsenic. D'autres solutions, moins dangereuses pour leurs utilisateurs, viendront plus tard se substituer à ce savon Bécœur, dont la mise au point est saluée par le *Journal encyclopédique.*

Un travail de sculpteur

Le problème de la conservation étant réglé, les naturalistes s'attachent à améliorer les techniques de mise en peau et de montage des animaux pour reconstituer des formes et des attitudes vivantes. Les grands musées européens, notamment celui de Leyde, en Hollande, développent un véritable art naturaliste qui ne cessera pas d'évoluer jusqu'à nos jours. Le principe : celui du mannequin auquel on donne la silhouette voulue.

Des armatures simulant le mouvement. Dans le cas des oiseaux, il s'agit d'une armature en fil de fer. Pour les mammifères, c'est un assemblage de tiges de fer et de toiles métalliques. Le taxidermiste fabrique ainsi un squelette sur lequel sont moulées avec du plâtre, du carton pâte, des fibres de bois – aujourd'hui des matières synthétiques comme les résines et le polystyrène – les saillies osseuses et musculaires. Un véritable travail de sculpteur dont la connaissance du comportement des animaux conditionne la qualité.

Des peaux qui ne s'altèrent pas. Sur la forme ainsi créée vient s'appliquer la peau de l'animal, soigneusement préparée, d'une part pour qu'elle ne subisse aucune forme d'altération, d'autre part pour que les plumes où les poils ne se détachent pas. La restitution des yeux est à l'origine d'un artisanat admirable : réalisés en cristal de Bohême, ils sont fabriqués à la demande.

Un apport notable à la science...

L'apport de la taxidermie à la science est considérable. « *Le métier de taxidermiste permet d'accéder à cette intimité qui consiste à découvrir sous la peau les splendeurs de l'anatomie et, avec le projet de reconstruire les formes mais aussi le mouvement, de s'intéresser à la biologie, aux mœurs* », explique Jack Thiney, actuel taxidermiste du Muséum national d'histoire naturelle.

La collecte des animaux et leur conservation ont joué un rôle déterminant dans l'évolution de la taxonomie, science de la classification des espèces. Dans celle de l'éthologie également. Du XVIIe siècle jusqu'au milieu du XXe siècle, la chasse fut l'instrument de ces découvertes.

Chasseurs, explorateurs et naturalistes. Les récits des chasses des princes d'Orléans, Henri (1867-1901) et Philippe (1869-1926), qui parcoururent le globe, témoignent de l'imbrication entre passion cynégétique et soif de découvertes scientifiques. Ce fut le temps des chasseurs naturalistes, les *field naturalists*, disaient les Britanniques, voyageurs impénitents et fortunés comme Samuel Baker (1821-1893), explorateur du haut Nil : ils rapportaient de leurs expéditions des spécimens d'espèces inconnues auxquelles ils donnaient parfois leur nom – ainsi le « tadorne de Belon » – et dont ils offraient les dépouilles aux musées.

Le grand naturaliste anglais Charles Robert Darwin (1809-1882), qui affirma le rôle de la sélection naturelle dans l'évolution biologique, fut l'un de ces explorateurs : grâce à la chasse, il a pu enrichir ses connaissances sur les animaux, qu'il naturalisait lui-même.

... qui perdure jusqu'à nos jours

C'est un des nombreux paradoxes de la chasse que d'avoir contribué à la disparition de certaines espèces tout en aidant puissamment aux progrès des connaissances. Cette contradiction contient toute l'histoire de l'évolution du rapport de l'homme à la nature. Sans la chasse, la taxidermie n'aurait pas eu matière à se développer et, sans taxidermie, les sciences du vivant n'auraient pas pu connaître le prodigieux essor qui fut le leur à partir du XVIIIe siècle.

Selon le taxidermiste Vincent Bouckaert, la naturalisation consiste à « capter l'âme sauvage de l'animal ».

Aujourd'hui, la taxidermie, à la différence de la chasse, a conservé une part non négligeable de son utilité scientifique. « *Dans la nature, de nombreuses espèces sont menacées, certaines ont même complètement disparu, et nous avons le devoir d'en conserver une trace, un témoignage*, observe Jack Thiney. *Bien sûr, on pourrait se contenter de faire des fac-similés, des moulages en plastique, mais ça ne remplacerait pas le vrai, avec la valeur émotionnelle qu'on lui attribue. Mais il y a surtout un intérêt scientifique : on n'aurait pas pu faire de l'amplification d'ADN sur l'antilope bleue d'Afrique du Sud si nous n'en avions pas conservé un spécimen.* »

Transcender la mort

Il est bien certain que dans une époque où la notion d'utilisation des ressources naturelles connaît une modification radicale, la taxidermie n'est pas toujours bien comprise. Elle illustre pourtant, comme la chasse, une idée oubliée mais essentielle : l'animal n'est pas tué pour rien ; qu'il s'agisse de s'en nourrir ou de le naturaliser, il conserve une valeur au-delà de la mort. Sa dépouille ne saurait être considérée comme une vulgaire matière vouée à la putréfaction.

Les trophées

Témoins de la qualité des populations d'animaux, souvenirs précieux et intimes de parties de chasse mémorables, attributs ostentatoires de la victoire prédatrice, bois, cornes et défenses font l'objet d'appréciations diverses et contradictoires.

Les attributs de la virilité

Avec l'avènement d'une chasse du grand gibier qui fait de la gestion des espèces et des habitats sa priorité, les trophées apparaissent comme un instrument de mesure judicieux des évolutions de la population sur un territoire donné.

C'est une évolution dans la perception – et la justification moderne – du trophée, qui fut et reste avant tout, pour le chasseur, l'objet symbolique par excellence. « *C'est le seul souvenir tangible qui demeure après la conclusion de l'acte de chasse,* explique André-Jacques Hettier de Boislambert, président en France de la Commission nationale de mensuration des trophées. *À ce titre, et quelle que soit sa qualité, c'est un objet personnel auquel le chasseur tient légitimement et fortement.* »

L'œil de la psychanalyse. À partir de la théorie de Sigmund Freud (1856-1939) qui, dans *la Tête de Méduse,* assimile décapitation et castration, des anthropologues se sont essayés à démontrer que le trophée est un accaparement de la virilité sauvage. En renfort de ces extrapolations, ils mentionnent les vertus aphrodisiaques attribuées au bois de cerf dans de nombreuses civilisations, de même que le quasi universel culte des crânes.

La récolte des mues par les non-chasseurs. Incontestablement, la recherche du trophée est une motivation puissante, qui ne concerne pas seulement les chasseurs. La cueillette des mues – les bois que les cervidés jettent chaque année – est une activité que pratiquent de plus en plus de passionnés de nature : tout l'enjeu consiste à retrouver chacun des bois qui ne tombent ni tout à fait au même moment ni tout à fait au même endroit. Pour éviter cette recherche hasardeuse, certains n'hésitent pas à tendre un câble vers lequel ils rabattent les animaux, qui sont ainsi décoiffés simultanément. Le produit de ces battues sauvages alimente le marché clandestin de bourses aux mues. Des naturalistes accomplis se livrent à une collecte beaucoup plus captivante qui consiste à récolter chaque année les mues d'un même animal : ils reconstituent ainsi dans le temps l'évolution de ses bois.

Le poids de la culture cynégétique. La place éminente du trophée dans la culture cynégétique souligne combien la chasse est loin d'être seulement une affaire de venaison. Les traités de vénerie n'évoquent jamais, ou très peu, cet aspect charnel ; en revanche, l'analyse de la ramure y occupe une large place. Tout maître d'équipage ambitionne de prendre un grand cerf. Toutefois, l'exaltation du trophée s'affirme davantage dans la culture cynégétique germanique qui est, par excellence, celle de la chasse à tir du grand gibier.

L'idée des records

C'est en effet outre-Rhin que se sont développées à partir de la fin du XIXe siècle les conceptions eugéniques de gestion du cerf visant à produire des trophées records *(voir p. 66).* Dans *le Roi des Aulnes,* le romancier contemporain Michel Tournier raconte cette scène de chasse troublante où un cerf prometteur échappe au « *désir fiévreux* » du maréchal Göring, qui vouait aux trophées une dévotion névrotique. L'auteur décrit ce que peut inspirer d'admiration et de convoitise mêlées « *l'apparition* » d'un grand cerf dans un paysage de neige au cœur d'une forêt de Prusse orientale : « *Sombre statue d'ébène, il portait haut sur son encolure musculeuse un buisson de vingt-quatre andouillers distribués aussi régulièrement que les nervures d'un cristal de glace. Il était grand et droit comme un arbre, un arbre vivant et respirant [...].* »

Des premiers palmarès... C'est en 1937, à Berlin, que le Conseil international de la chasse adopte les critères d'appréciation des trophées de chaque espèce de grand gibier d'Europe. Il s'agissait à l'époque d'établir « *une commune mesure pour la comparaison et le classement des trophées qui ne peuvent*

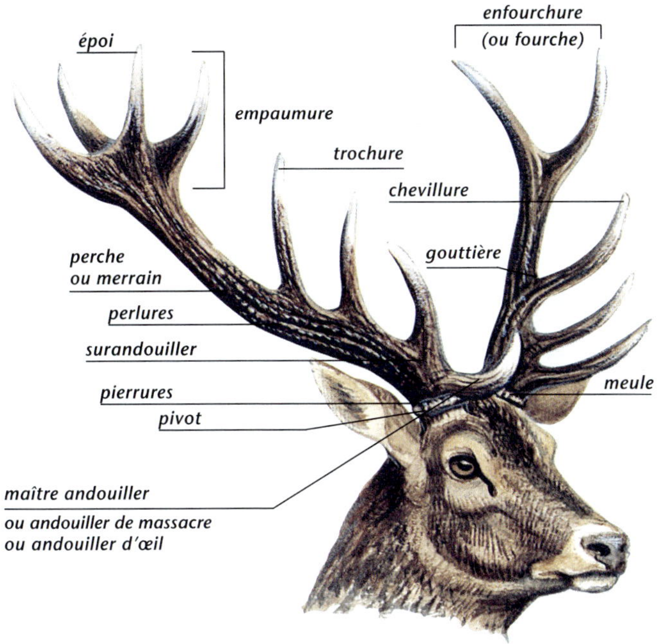

pas toujours être mis en présence dans une même exposition ni par conséquent être matériellement comparés ». L'idée de record dominait alors, comme en témoigne l'attribution de médailles d'or, d'argent et de bronze aux trophées les plus remarquables.

... à la simple homologation des cotations. Cet esprit compétitif tend à s'estomper. Ainsi, en France, la Commission nationale de mensuration des trophées n'attribue aucune distinction de ce genre. Composée de représentants de l'administration et des chasseurs, elle a pour rôle d'homologuer les cotations effectuées par des correspondants agréés. Cette structure, instituée par arrêté ministériel, *« prend les trophées en tant que documents d'histoire naturelle, dont la qualité reflète principalement celle des biotopes et des souches. Ses travaux sont effectués dans un but d'informations techniques et ne peuvent être assimilés à l'élaboration d'un palmarès. »*

L'évolution qualitative du cheptel

Aujourd'hui, en France notamment, sous l'impulsion de l'Association nationale des chasseurs de grand gibier, les chasseurs organisent de plus en plus d'expositions pour présenter leurs trophées de l'année. La comparaison avec ceux des animaux tués les années précédentes permet de prendre la mesure des impacts de la gestion sur la qualité du cheptel. Rapportées à l'échelle d'un massif forestier ou au niveau national ou encore européen, les données ainsi recueillies aident à évaluer l'état des populations non en termes quantitatifs, car le tableau de chasse suffit à cela, mais d'un point de vue qualitatif.

Des bois de plus en plus remarquables. Ainsi, en 1995, la France présentait plus de 310 bois remarquables de chevreuils. Cinq ans plus tard, on en compte 536. Dans le même temps, les trophées de cerfs de cette catégorie sont passés de 93 à 186. Les cornes de chamois et d'isards révèlent également une amélioration significative des populations de grand gibier de montagne.

De moins en moins de trophées de sanglier. En revanche, sur 30 meilleurs trophées de sangliers répertoriés en France, 21 ont été prélevés avant 1990, dont près de 17 avant 1980. Cela reflète une gestion qui, manifestement, ne permet pas le vieillissement des effectifs *(voir p. 60)*.

À noter toutefois que si l'obtention d'un plan chasse cerfs et chevreuils est de plus en plus fréquemment assortie de l'obligation de présenter son trophée en vue d'une cotation, ce n'est pas le cas du sanglier là où il est soumis au plan chasse, soit dans moins de dix départements français. D'où une absence d'incitation à la présentation des défenses de sangliers.

Les dérives marchandes

Si le trophée apparaît comme un bio-indicateur intéressant, il demeure, pour bon nombre de chasseurs, un faire-valoir. Et, du coup, constitue un argument de vente pour les marchands de chasse à l'étranger. Cette trophéïte est une affection qui peut conduire à d'étranges manipulations. Dès la fin du XIXe siècle, les chasseurs autrichiens s'attachèrent à produire des cerfs aux ramures impressionnantes en leur apportant des compléments alimentaires de marrons d'Inde et de mélange d'argile, de sel gemme et de chaux, *« dont les propriétés nutritives sont profitables à la croissance des bois »*, assuraient-ils. Depuis, l'utilisation des hormones de croissance et autres arrangements génétiques s'est répandue dans certains parcs de chasse. Aussi le *Catalogue des trophées de grand gibier* français prend-il bien soin de distinguer les *« trophées obtenus dans les territoires libres »* de ceux *« obtenus dans les territoires clos »*.

Le chasseur et les autres

Les chasseurs sont de plus en plus minoritaires. L'opinion les connaît de moins en moins bien. Les tendances socioculturelles ne jouent pas en faveur d'une activité dont l'utilité et l'intérêt ne sont pas perçus à leur juste valeur. En se renfermant dans une attitude défensive, les chasseurs accentuent davantage la rupture avec ceux qui ne sont pas chasseurs. La reconquête des faveurs du public passe par une attitude positive, fondée sur les vertus du dialogue et de l'explication.

Les sentiments du public à l'égard de la chasse sont nettement tranchés avec un avantage, de l'ordre de 5 à 10 %, selon les enquêtes, aux opinions défavorables. Il y a vingt ans, près de 30 % des personnes interrogées n'avaient aucun avis sur la question ; elles représentent aujourd'hui moins de 5 %, conséquence de l'émergence de la chasse comme sujet de société. Trois tendances lourdes ressortent des sondages et études consacrés à la perception de la chasse.

L'essentiel des opposants ne connaissent pas de chasseurs

Ceux à qui cette activité déplaît n'ont pas de chasseurs dans leur entourage ; à l'inverse, et dans une proportion équivalente de 90 %, les personnes qui y sont favorables en ont au moins un ; ainsi l'appréciation de ce loisir, qui interpelle fortement, est fonction de la connaissance qu'en a l'opinion. Or depuis le milieu des années 1970, le nombre des chasseurs décroît à proportion de 2 à 3 % annuellement.

Les femmes, les plus critiques. Les femmes sont majoritairement défavorables à la chasse, ce qui n'est pas le cas des hommes, or l'affirmation des valeurs féminines caractérise l'évolution des mentalités depuis un quart de siècle. Enfin, c'est en milieu urbain que l'opposition est la plus forte, les 25-34 ans représentant le pic des opinions hostiles. Or l'urbanisation, en terme d'évolution du territoire, est le phénomène le plus notable de ces cinquante dernières années.

Des pratiques en rupture avec l'évolution des mentalités. Tout semble donc concourir à une marginalisation progressive de la chasse. Par ses pratiques, elle apparaît *« en rupture avec la dynamique d'évolution des individus,* observe le sociologue Dominique Vastel. *Elle est une passion excluante difficile à concilier avec la vie de famille et d'autres activités ludiques ; les logiques d'autorité très présentes dans l'univers de la chasse sont peu compatibles avec la propension forte des gens à s'assumer, à se piloter et à se déterminer par rapport à eux-mêmes ; la virilité excluante, persistante dans les sociétés de chasse, cadre mal avec la diffusion des valeurs féminines et l'émergence d'attitudes paritaires ; l'attitude défensive des chasseurs, en posture de victimisation, est antinomique du besoin d'aménité sociale et du déclin des approches dogmatiques. »*

Des valeurs modernes

Pourtant, le sociologue estime que si elle est *« obsolète par ses pratiques, la chasse est moderne par ses valeurs »* : attachement au terroir, à sa culture et à sa gastronomie, refus du factice et recherche de plaisirs vrais, ressourcement dans la nature et préservation de celle-ci. C'est en prenant appui sur ces points forts, en harmonie avec la dynamique sociale, que la chasse peut trouver une nouvelle légitimité vis-à-vis des non-chasseurs, inéluctablement de plus en plus nombreux.

L'honneur d'être chasseur

La chasse semble une liberté de plus en plus soumise à conditions. L'évolution des mentalités, caractérisée par une vision contemplative de la nature, impose qu'il en soit ainsi. Dans ce contexte, la chasse a tout intérêt à affirmer son authenticité et son attention aux autres.

Droits et devoirs, le malentendu

« La chasse n'est pas une activité anodine, affirme Nicolas Hulot. *Lorsqu'on a la capacité d'ôter la vie, on a plus de devoirs que de droits. »* Le médiatique écologiste met ainsi l'accent sur ce qui est à l'origine du malentendu le plus notable entre les chasseurs et leurs opposants. Les premiers considèrent que, de toutes les activités de nature, c'est la leur qui est la plus réglementée ; les seconds estiment qu'elle ne l'est jamais assez.

La polémique aidant, les chasseurs sont entrés dans le débat politique sur le thème : *« C'est notre liberté qui est menacée. » « Ce sont des privilèges qu'ils défendent »*, rétorquent leurs opposants. Étonnant renversement de situation pour une pratique dont l'histoire officielle avait fait le symbole des conquêtes de la Révolution française sur l'arbitraire monarchique. Autre surprenant chassé-croisé, celui qui voit les chasseurs se réclamer de la tradition, concept hautement aristocratique.

Deux conceptions de la nature

Derrière la mutuelle incompréhension qui caractérise les chasseurs et leurs opposants apparaît une irréductible différence de conception de la nature. Le chasseur, en tant que prédateur, s'en considère fondamentalement comme l'un des acteurs, de la même façon que l'agriculteur ou le forestier, même si les intérêts de ceux-ci, inscrits dans des perspectives économiques, peuvent différer radicalement des siens.

Le passionné de nature, non chasseur, est, lui, un contemplatif. En outre, l'évacuation de la mort dans nos sociétés modernes, la place accordée à l'animal en tant qu'être sensible accentuent le fossé entre ceux qui revendiquent le droit de tuer le gibier et ceux, parmi les opposants les plus radicaux, qui voient dans la nature l'ultime conservatoire d'une harmonie perdue.

Le chasseur en position de coupable. Cette mutation des sentiments sur la nature et ses perceptions fait du chasseur un être d'un autre âge, un très vieil homme. Et l'idéologie dominante le place dans une position de coupable. Le romancier Bernard Clavel, dans *les Larmes de la forêt*, raconte comment chevreuils, loups, renards et ours vivaient en paix *« jusqu'au jour où un autre animal pénétra dans la taïga [...] Ses pattes de devant portaient un curieux bâton qu'il levait devant lui et qui crachait le feu. De très loin ce feu semait la mort [...] Depuis lors, [les animaux] vivent en course perpétuelle, jamais en paix dans cette forêt qui n'est plus la même. »*

Peu importe les densités inégalées de chevreuils, les enseignements de l'éthologie sur la place de l'agressivité dans les rapports entre les espèces sauvages : une morale zoolâtre impose progressivement l'idée que le chasseur n'est pas du côté du bien. Aussi celui-ci doit-il assumer un plaisir qui heurte et faire accepter sa différence. Il a pour cela quelques atouts...

L'attrait partagé pour l'authentique...

Dans une société qui perçoit les dangers de s'être écartée de la nature et de ses enseignements, le chasseur, lui, maintient le lien. *« N'est-il pas le dernier des hommes ?* s'interroge le cinéaste Philippe Lespinasse. *N'est-il pas le seul qui garde en lui des ressources vitales oubliées de tous les autres qui du coup sont dans une situation d'extrême fragilité ? »*

Cette image de la chasse, pour être préservée dans son authenticité, exige du chasseur qu'il ne cède en aucune façon à ce qui pourrait paraître comme une artificialisation. *« Dans la chasse, il y a une dimension poétique qui s'exprime à travers l'ingéniosité de la prédation »*, dit encore Philippe Lespinasse. Pour que cette poésie demeure, le gibier doit être sauvage, sans quoi l'opinion ne peut saisir le plaisir de traquer des animaux ayant perdu tout mystère car élevés de la main de l'homme.

Les honneurs au gibier entendent marquer le respect du chasseur pour l'animal.

... et ses prolongements culinaires

Dans la relation du chasseur avec celui qui ne partage pas sa passion, le gibier fait figure d'intercesseur. En tant que nourriture, il est un point de rencontre. Cet aspect des choses prend aujourd'hui un relief particulier.

L'aspect nourricier absent d'une certaine culture cynégétique... Le gibier a toujours été un mets recherché, tant par nécessité que par plaisir. Pour autant, les chasses nobles (vénerie, fauconnerie) se distinguaient des autres en ce qu'elles s'affirmaient comme non nourricières. De là est apparu chez les chasseurs aisés du XIXe siècle le concept de la chasse sportive, celle qui valorise l'adresse au tir. Dans la foulée, et pour tenter de marquer davantage la frontière entre le bon chasseur et le mauvais – le braconnier –, tout un discours a stigmatisé les « viandards », ceux qui tuent pour la venaison. Effet pervers de cette tentative de justifier la « belle chasse », certains se plaisent à afficher un désintérêt pour le gibier en tant que plaisir de la table.

... alors que le gibier éveille tous les appétits. Paradoxalement, si les non-chasseurs trouvent une justification à la chasse, c'est précisément dans son prolongement culinaire. Le gibier, par rapport à la vache folle ou aux poulets de batterie, éveille à ce point les appétits que la grande distribution commercialise des filets de biche et des râbles de lièvres dont le consommateur ignore d'ailleurs qu'ils sont bien souvent des produits d'importation issus d'élevage.

Qu'importe, à défaut du goût, ils ont le nom de « gibier », signe indiscutable de l'authentique. La chasse puise dans la gastronomie une raison d'être et de durer. Par elle, l'acte du chasseur prend un sens : l'animal n'est pas tué pour rien, il n'est pas un jouet mais une proie convoitée pour sa chair.

Distinguer prédation et abattage

La considération due au gibier est un aspect fondateur de la figure du chasseur. La tradition germanique des honneurs au gibier, celle du tableau de chasse devant lequel les chasseurs se découvrent, la musique des trompes de la vénerie rendant hommage à l'animal sont autant de gestes distinguant l'acte prédateur de l'abattage. « *Simulacres barbares* », disent les opposants à la chasse. Peut-être, mais dans une société qui mesure les dangers de s'être affranchie de bien des règles de civilité, ces usages ont du sens ; et les transmettre aux jeunes chasseurs a une réelle valeur éducative.

Des rituels pour dominer sa propre sauvagerie. « *Le rituel qui suit la mort du gibier,* explique l'historien Dominique Venner, *impose aux chasseurs de vaincre en eux la sauvagerie à laquelle ils ont momentanément sacrifié.* » Il y a dans cette appréciation toute la complexité de la chasse. Elle est à la fois libération de l'instinct prédateur et encadrement de cette pulsion. L'honneur du chasseur qui s'exprime dans le respect du gibier s'illustre également dans sa capacité à dominer sa passion.

Cela est encore plus nécessaire aujourd'hui qu'hier. La fréquentation accrue des territoires par les usagers de la nature, le regard inquiet que porte l'opinion sur l'avenir des espèces sauvages et de leurs habitats imposent aux chasseurs de nouvelles obligations en termes de sécurité, de partage de l'espace, de préservation de la faune. Le droit au bonheur d'être chasseur est à ce prix.

La sécurité à la chasse

La diminution des accidents de chasse est un fait marquant des deux dernières décennies. En France, « la réglementation que le monde de la chasse s'est imposée depuis vingt ans a eu pour effet de diviser par cinq le nombre des tués et par neuf celui des blessés », explique-t-on au Centre de documentation des assurances. Depuis une loi de juillet 2000, de nouvelles épreuves éliminatoires concernant la sécurité ont encore renforcé le niveau du permis de chasse.

Des chiffres qui ne sont plus contestés

Durant la saison 2000-2001, 186 accidents de chasse ont été dénombrés, soit une baisse de 23 % par rapport à la période de référence 1997-1998. De tous les pays européens, seule la France est en mesure de fournir des chiffres sur le sujet.

Un protocole de recueil des données. Auparavant, les données existantes faisaient l'objet de vives contestations entre les opposants à la chasse et les chasseurs, les premiers accusant les seconds de minimiser l'ampleur des accidents de chasse. Face à ces problèmes, les pouvoirs publics ont mis en place à la fin des année 1990 un protocole de recueil des données, placé sous la responsabilité de l'Office national de la chasse et de la faune sauvage. Ainsi dispose-t-on désormais de données incontestées et incontestables.

Sur les 186 accidents de la saison de chasse 2000-2001, 23 ont été mortels, contre 44 en 1997-1998. Durant la période 1997-2001, 4 non-chasseurs ont perdu la vie du fait d'accidents de chasse, deux en 1998-1999 et deux en 1999-2000.

La question controversée du dimanche. La majorité des accidents – 96 en 2000-2001 – ont lieu le dimanche, jour où ce loisir est le plus pratiqué. D'où cette revendication des opposants à la chasse : « *Il n'est plus acceptable que la plus large majorité des usagers pacifiques de la nature ne puisse exercer leur loisir le dimanche, autrement que sous la menace d'insécurité permanente d'une minorité exerçant un loisir dangereux.* » Contre-argument de Jean-Marie Ballu, qui fut directeur de l'Office national de la chasse à la fin des années 1990 : « *En vertu du même raisonnement, il faudrait également interdire les baignades l'été sur les plages ou la circulation automobile le week-end en période de vacances, ou la suppression totale de la chasse pour supprimer totalement les accidents de chasse.* »

Le loisir le plus réglementé

En France, avec moins de 200 accidents par an pour une activité qui compte plus 1 400 000 pratiquants et qui s'étend sur une période de six mois environ, la chasse ne figure pas parmi les loisirs de nature les plus dangereux. Chaque année, environ 90 000 skieurs sont victimes d'un accident, dont 40 mortels. Si l'on considère l'ensemble des sports de montagne le nombre des accidents mortels passe à plus de 120. Chaque année, plus de 8 000 passionnés de loisirs nautiques sont secourus ; 80 meurent ou sont portés disparus.

Les accidents dans les autres activités de plein air. Il n'existe pas en Europe de statistiques exhaustives sur les accidents liés aux activités de plein air. Seule étude significative, celle du ministère du Tourisme et des Loisirs de l'Ontario sur « *les blessures mortelles ou causant une invalidité permanente consécutive à la pratique d'un sport ou d'une activité de loisir* » : en 1992, les sports de neige enregistraient 132 cas de blessures de ce type, dont 49 mortelles; les sports aquatiques 107, dont 105 mortelles; les loisirs de plein air (VTT, randonnée) 28, dont 7 mortelles; le golf 7, mais aucune mortelle; la chasse 7 également, dont 5 mortelles.

L'autre aspect à considérer est le coût, pour la collectivité, des interventions de sauvetage en montagne et en mer. Sans compter que les sauveteurs eux-mêmes sont parfois victimes de l'imprudence de ceux qu'ils tentent de sauver...

Un permis et une assurance obligatoires. Enfin, le permis et l'assurance obligatoire distinguent la chasse de bien d'autres loisirs qui peuvent être pratiqués par tout un chacun sans restriction par-

Pour améliorer la sécurité, des dispositions efficaces peuvent être prises, comme le port de signes distinctifs fluorescents pour les traqueurs et les postés.

ticulière : quiconque peut en effet décider sans entraînement et sans préparation, de tenter une ascension en montagne, une exploration souterraine ou encore la descente d'un torrent...

Des solutions pour remédier aux principales causes d'accident

À la fin des années 1990, la médiatisation des accidents de chasse eut le mérite de sensibiliser davantage les structures cynégétiques françaises au problème. Afin d'affiner les règles de sécurité, elles décidaient d'établir « *une typologie des accidents mettant en évidence les conditions les plus fréquentes dans lesquelles ils se produisent* ».

Les repas d'interchasse ne sont pas en cause, comme le laissent entendre les opposants à la chasse, qui, de ce fait, réclament l'instauration de contrôle d'alcoolémie pour les chasseurs : il n'y a ni plus, ni moins d'accident entre 14 h et 17 h qu'entre 9 h et 12 h. En revanche, ils sont majoritairement le fait de chasseurs de plus de 50 ans.

Les faiblesses dans la formation limitées depuis juillet 2000. À cela, une explication plausible : la plupart de ces personnes ont obtenu le permis de chasse avant 1975, époque à laquelle il n'existait pas d'examen préalable. Il ne fait pas de doute que la baisse du nombre d'accidents passe par une amélioration de la formation des chasseurs. Aussi, la loi Chasse de juillet 2000 a-t-elle introduit dans l'examen de délivrance du permis de chasser des épreuves pratiques, et éliminatoires, sur le maniement des armes et la sécurité.

Toujours penser à décharger son arme. En effet, la majeure partie des accidents provient d'un coup de feu qui part lors d'une chute ou d'un franchissement d'obstacles. Cela démontre que les chasseurs en cause n'ont pas respecté un principe essentiel : toute arme doit être déchargée dès lors que son propriétaire n'est pas en action de chasse.

Porter des signes distinctifs, surtout en chasse collective. Les responsables, comme les victimes, sont le plus souvent postés dans les battues de sanglier. Ces observations incitent un nombre croissant d'organisateurs de chasse à exiger le port obligatoire d'un signe distinctif fluorescent (brassard, dossard, casquette). Puisque, pour l'essentiel, les tirs en cause sont directs – et donc ne résultent pas de ricochets –, c'est bien un défaut d'identification qui est à l'origine de l'accident. D'évidence, il importe que les postés soient bien visibles.

Les statistiques n'indiquent pas une plus grande dangerosité des armes rayées, puisque ce sont les fusils qui sont impliqués dans la plupart des accidents. Toutefois, ce constat relève d'une logique mathématique, les fusils étant les armes les plus utilisées.

Les tirs en hauteur plus risqués. Lors de la chasse du petit gibier, le tir des oiseaux est à l'origine d'une majorité d'accidents. Explication : le tir n'étant pas fichant, il présente davantage de risques. C'est là aussi une question de formation : aucun tir ne peut être effectué sans une appréciation préalable de l'environnement.

Davantage de risques en territoire clos

Le constat que les accidents interviennent surtout en milieu fermé – c'est-à-dire en enclos – laisse supposer que là où les occasions de tir sont nombreuses – ce qui est le cas des endroits où se pratiquent les lâchers – il y a davantage de risques.

La responsabilité de l'organisateur de chasse. Dans 40 % des situations, les consignes de sécurités préalables à l'action de chasse n'ont pas été données. Cela pose le problème de la responsabilité de l'organisateur de chasse. Celle-ci est clairement définie par la loi : « *On est responsable non seulement du dommage que l'on cause par son propre fait* [c'est le cas du tireur], indique l'alinéa 1 de l'article 1384 du Code civil, *mais encore de celui qui est causé par le fait des personnes dont on doit répondre* [c'est le cas de l'organisateur de chasse] ».

En cas d'accidents, les sanctions encourues par le chasseur tout autant que par les responsables de la chasse et par l'association elle-même, peuvent être particulièrement importantes lorsque la négligence ou l'imprudence sont avérées *(voir p. 399)*.

Rappeler systématiquement le règlement intérieur. L'organisation d'une chasse collective impose que chaque participant ait connaissance des règles de sécurité. Figurant dans le règlement intérieur ou dans les statuts de la structure organisatrice, elles sont lues par le responsable lors du rond qui précède l'action de chasse. Un document de bonne conduite *(voir p. 397)*, sur lequel elles sont consignées, est remis à tous les chasseurs.

Un mémento à l'usage des organisateurs. L'Office national de la chasse et de la faune sauvage, qui a édité un *Mémento* à l'usage des organisateurs, recommande aux dirigeants de mentionner dans le règlement intérieur, ou dans les statuts de la structure organisatrice, la nature des sanctions dont est passible tout chasseur « *ayant causé un accident ou n'ayant pas respecté les consignes nécessaires à la garantie de la sécurité de chacun* ».

Organiser le territoire de chasse

De telles dispositions sont indispensables à la responsabilisation individuelle des chasseurs. Toutefois, elles ne sauraient être exclusives d'autres préoccupations qui concernent le territoire de chasse lui-même au regard des risques que sa configuration peut présenter. L'une des solutions pour bien appréhender cet aspect de la sécurité, consiste, à partir d'une carte au 1/25 000, à reporter les postes de tir et le sens des traques.

Effectuer des simulations... En imaginant les directions de fuite du gibier et en traçant les trajectoires des balles, des cas de figure apparaissent qui permettent de mieux appréhender les risques d'accident en fonction de tous les éléments qui composent l'environnement de la chasse : voies de circulation (routes, chemins, allées), bâtiments, endroits de stationnement de véhicules. Dans ce genre de simulation, il importe de prendre en compte que la portée possible d'une balle de carabine en tir non fichant est de 3 000 m.

... pour bien disposer les postes de tir. Ces simulations permettent d'organiser sur le terrain la disposition des postes et d'aménager les zones de tir. Le premier paramètre à prendre en considération est le relief. Le chasseur doit être mis en position de tir fichant. Plus il sera en contrebas des coulées habituelles du gibier, plus il risquera de tirer vers le haut. En conséquence, dans le cas d'un poste placé dans une cuvette, la distance de tir doit être limitée à un périmètre qui exclut toute possibilité de tir tendant vers l'horizontale ou, pire, vers la verticale.

Définir les angles de tir

L'observation sur le terrain des perspectives de tir qu'offre chaque poste permet ainsi de fixer les angles autorisés. La règle veut que l'on ne tire pas dans la zone des 30°, dite zone de danger, se situant de part et d'autre du poste ; il est parfois nécessaire de ne pas s'en tenir là et de prendre en considération la spécificité de chaque endroit.

Tenir compte de la visibilité de chacun. Ainsi un chasseur placé à la pointe d'un bois, ou à proximité de l'angle d'un layon, ne dispose pas des mêmes conditions de visibilité que celui posté en milieu de la ligne : lui voit aussi bien son voisin de droite que celui de gauche et peut donc tirer en toute connaissance de cause dans l'angle des 30° ; en revanche, le chasseur qui se trouve en angle ou en pointe doit recevoir des consignes de tir beaucoup plus strictes. C'est la raison pour laquelle il faut bien envisager chaque poste de tir dans toutes ses perspectives.

L'ANGLE DES 30°

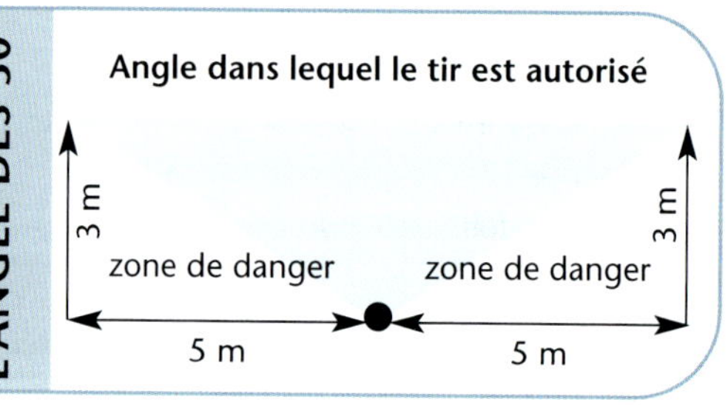

L'angle ainsi figuré constitue la zone de tir autorisé. Il se calcule en mesurant 5 m de part et d'autre du poste, puis 3 m à l'avant de chacun de ces points.

LES CONSIGNES DE SÉCURITÉ

Les consignes de sécurité sont rappelées par le responsable au rassemblement avant le départ de chasse. Elles figurent sur un document remis à chaque participant. En voici un exemple type, non exhaustif, ce genre de règlement étant adapté aux réalités locales.

1 - Lors des déplacements en véhicule, mettre impérativement les armes sous étui ou les démonter et veiller à ce que les véhicules ne gênent personne pour le tir comme pour la sécurité et le passage des autres usagers.

2 - Les déplacements à pied doivent s'effectuer avec l'arme vide et ouverte (ou culasse avec douille vide en travers pour les automatiques), et le chasseur doit se poster ventre au bois dès l'arrivée au poste.

3 - Le chargement de l'arme se fera au signal de début de battue qui est un coup long donné par les chefs de ligne. Aucun tir avant ce signal ne sera toléré.

4 - Tout déplacement des postés est interdit en cours de battue.

5 - Le déchargement de l'arme est obligatoire dès l'annonce de fin de battue qui est de cinq coups longs. Ce signal doit être répété par tous les chasseurs responsables de ligne. Tout tir est interdit après l'annonce de fin de battue.

6 - Le tir en direction, à travers ou sur une voie publique est interdit.

7 - Le tir s'effectue au rembucher sur un animal identifié. Il est interdit de commencer à viser dans la traque et de balayer la ligne des chasseurs postés.

8 - Le tir à l'intérieur de l'enceinte traquée est interdit (sauf consigne spécifique).

9 - Le tir des animaux rentrants est interdit.

10 - Tout tir doit être fichant. Il est prohibé en ligne de crête. Le tir assis ou à genoux est interdit.

11 - Suivre impérativement son chef de groupe en silence.

12 - Le tir doit respecter la position des voisins et être effectué dans le respect des consignes données par le chef de ligne.

13 - Ne tirer qu'avec certitude un animal bien identifié dont le tir est autorisé. Dans le doute, abstenez-vous.

14 - Ne jamais employer de double détente ou de « stecher » en battue.

15 - Ne tirer les gibiers qu'en position transversale afin d'éviter de mauvaises blessures.

16 - Le chasseur doit annoncer le gibier tué ou répéter les annonces importantes. Pour cette raison, il doit être obligatoirement muni d'une trompe suffisamment puissante.

17 - Lorsque l'annonce de fin de battue est sonnée, vérifier le tir, rechercher l'impact de balle et les éventuels indices, même si le gibier semble avoir été manqué.

18 - Marquer les indices (impact, sang, débris) – sans toucher ceux-ci – avec du papier ou une brisée ; ne pas suivre la piste sur plus de 100 m ; éviter de marcher sur la piste. Au-delà de cette distance, cesser la recherche qui ne pourra être reprise que par un chien de sang.

Exemple de code des sonneries

- début de traque : un coup long (les armes peuvent être chargées) ;
- fin de traque : cinq coups longs (les armes doivent être déchargées) ;
- accident : dix coups longs (les armes doivent être déchargées).

LES ANNONCES TYPES

Gibier	La vue	La mort	Arrêt du tir de l'espèce
Chevreuil	2 coups	2 coups + taïauter	taïauter + 2 coups
Sanglier	3 coups	3 coups + taïauter	taïauter + 3 coups
Cerf	4 coups	4 coups + taïauter	taïauter + 4 coups

L'individualisation des consignes

Lorsque le responsable de la ligne place les postés, il a pour consigne d'indiquer précisément à chacun les zones où le tir est autorisé. Celles-ci sont toujours fonction de la visibilité. La balle ne doit jamais risquer d'aller là où le chasseur n'est pas en mesure de visualiser son impact. Chaque poste de tir doit être matérialisé afin que le chasseur soit placé très exactement là où le repérage des lieux a déterminé qu'il devait être.

Ne jamais quitter son poste. L'une des consignes de sécurité essentielle est de ne jamais quitter son poste dès lors que l'action de chasse est engagée. Chef de ligne et chasseurs voisins doivent impérativement savoir ou voir à quel endroit précis chacun se trouve. D'où l'intérêt que présente la distribution aux participants, avant la chasse, d'un plan de l'enceinte indiquant tous les postes et le sens de la traque. Rien de ce qui peut sensibiliser le chasseur à la prudence ne doit être négligé, lors du rond comme du placement.

La signalétique pour les non-chasseurs. À l'usage des autres usagers de la nature, la mise en place d'une signalétique aux points stratégiques du périmètre chassé est bienvenue. Les messages alarmistes du genre « Attention, tir à balle ! » sont à proscrire, ils accréditent l'idée d'une chasse dangereuse ; une sobre indication bien visible comme « Chasse en cours » est de loin préférable. La fédération des chasseurs de l'Isère a mis en place une signalétique conviviale. L'une des formulations figurant sur les panneaux apposés lors des chasses indique : *« Aujourd'hui, nous chassons. Nous sommes vigilants, soyons tous prudents. »*

Une préparation aussi psychologique

Le rappel du règlement, l'individualisation des consignes en fonction du poste que chacun occupe, sont autant d'informations qui participent à un conditionnement psychologique propice à faire de la sécurité la première préoccupation du chasseur. La fièvre de la chasse, l'attention au gibier qui approche, ont naturellement tendance à obnubiler le chasseur. Son appréhension de l'environnement se réduit à mesure que l'éventualité du tir approche : l'animal qui vient polarise d'autant plus son attention que l'occasion sera brève.

Un film, intitulé *Une seconde d'éternité*, réalisé par le Conseil régional de la chasse du Limousin, décrit dramatiquement, en mettant en scène les acteurs, et l'auteur, d'un accident mortel, cet instant où plus rien n'existe hormis le gibier. Ce moment où tout peut basculer...

Un accident à la chasse est toujours un drame atroce. Soit il touche un compagnon avec qui l'on partage une même passion, souvent un ami ou l'ami d'un ami. Soit quelqu'un qui n'est pas partie prenante de cette passion, un passant, un promeneur, victime absolue d'un acte inconsidéré perpétré par une personne armée.

La perception particulière de l'accident de chasse

L'accident de chasse apparaît comme particulièrement choquant et profondément cruel, car il est associé à la symbolique de l'arme qui, immanquablement, renvoie à des images de guerre. Cela pèse lourd dans la perception qu'en a l'opinion, même si, à la chasse, le nombre d'accidents est statistiquement inférieur à celui que causent d'autres loisirs de plein air.

Une cordée qui dévisse, c'est la montagne qui tue ; un voilier qui dessale, c'est la mer qui engloutit ; à la chasse, il y a une arme – objet humain s'il en est – qui crache la mort. Les éléments, les aléas climatiques, par nature indomptables, atténuent la faute, même avérée, du premier de cordée ou du barreur ; rien de cela dans l'accident de chasse, seulement un homme armé qui tire.

Au tribunal de l'opinion, qu'est-ce qui absout le chasseur : sa passion n'est-elle pas en quelque sorte consubstantiellement dangereuse pour autrui ? Ces appréciations irrationnelles, enfouies au plus profond de la psychologie humaine, sont d'autant plus prégnantes dans une société où l'arme, la chasse, la prédation heurtent les valeurs dominantes. Et où les pacifiques utilisateurs ludiques de la nature, de plus en plus nombreux, rencontrent ces chasseurs dont ils peinent à comprendre les motivations.

Les chasseurs ont tort de croire que l'attention portée par les médias aux accidents de chasse tient à une manipulation orchestrée par leurs opposants. Ceux-ci ne font que jouer sur la sensibilité d'une opinion publique réticente à l'égard d'un loisir où rôde la mort.

La responsabilité civile et pénale du chasseur

Tout chasseur est tenu, de par la loi, de souscrire une assurance responsabilité civile qui conditionne la validation de son permis de chasser. « *L'organisateur de chasse*, précisent les juristes l'Office national de la chasse et de la faune sauvage, *est tenu de vérifier la validité du permis de chasser et la conformité des armes et munitions des participants à une battue.* »

La responsabilité de l'organisateur de chasse et de ses délégués doit être garantie par une assurance qui couvre les dommages corporels et matériels pouvant survenir lors de la journée de chasse. En cas d'accidents, mortels ou non, la responsabilité du chasseur et de l'organisateur est recherchée en application de plusieurs articles du code civil et du code pénal.

Responsabilité civile. « *Chacun est responsable du dommage qu'il a causé, non seulement par son fait, mais encore par sa négligence ou son imprudence* » – article 1383 du code civil.

« *On est responsable non seulement du dommage que l'on cause par son propre fait* [cas du tireur] *mais encore de celui qui est causé par le fait des personnes dont on doit répondre, ou des choses que l'on a sous sa garde* [cas de l'organisateur de chasse] » – article 1384 alinéa 1 du code civil).

Responsabilité pénale. « *Le fait de causer à autrui, dans les conditions et selon les distinctions prévues à l'article 121-3, par maladresse, imprudence, inattention, négligence ou manquement à une obligation de sécurité ou de prudence imposée par la loi ou les règlements, une incapacité totale de travail pendant plus de trois mois est puni de deux ans d'emprisonnement et de 30 000 euros d'amende* » – article 222-19 du code pénal.

« *Le fait d'exposer directement autrui à un risque immédiat de mort ou de blessure de nature à entraîner une mutilation ou une infirmité permanente par la violation manifestement délibérée d'une obligation particulière de sécurité ou de prudence imposée par la loi ou le règlement est puni d'un an de prison et de 15 000 euros d'amende* » – article 223-1 du code pénal.

Pénalités	Blessure involontaire par imprudence		Mort	Mise en danger de la personne (violation délibérée d'une règle de sécurité)
	Incapacité moins de 3 mois	*Incapacité plus de 3 mois*		
Prison	1 an (art. 222-20 du code pénal)	2 ans-3 ans* (art. 222-19 du CP)	3 ans-5 ans* (art. 221-6 du CP)	1 an (art. 223-1 du CP)
Amende pour le chasseur et les organisateurs de chasse	15 000 € (art. 222-20 du CP) jusqu'à 5 ans	30 000 € 45 000 €* (art. 222-19 du CP)	45 000 € 75 000 €* (art. 221-6 du CP)	15 000 € (art. 223-1 du CP)
Amende pour l'association	quintuple que celle prévue pour le chasseur ou l'organisateur de la chasse		75 000 €	
Autres peines pour l'association	dissolution de l'Association		placement sous surveillance judiciaire de l'Association	
Retrait du permis de chasse des responsables	jusqu'à 5 ans	jusqu'à 5 ans	jusqu'à 5 ans	jusqu'à 5 ans
Suspension du permis de conduire	jusqu'à 5 ans	jusqu'à 5 ans	jusqu'à 5 ans	jusqu'à 5 ans
Confiscation des armes et véhicules possible Possibilité pour le juge d'instance de suspendre immédiatement le permis de chasse jusqu'au jour du jugement Dommages et intérêts pour la victime et/ou sa famille				

Source : Office national de la chasse et de la faune sauvage

* en cas de manquement délibéré à la sécurité

Le grand tournant

Il y a en France aujourd'hui 15 millions d'adeptes des loisirs et des sports de nature, et 1,4 million de chasseurs. En nombre, les premiers progressent d'environ 10 % par an alors que les seconds diminuent dans le même temps de 2 à 3 %. Dans des proportions différentes selon les pays, le phénomène est commun à toute l'Europe. De quoi faire réfléchir les chasseurs.

Ce fort besoin de nature, qu'exprime une part grandissante de la population, renvoie à un changement profond des mentalités. L'impact du « progrès » sur l'environnement au mieux inquiète, au pire alarme. La ville, où se concentraient toutes les aspirations et les énergies pour un avenir meilleur, désenchante, malade, entre autres, d'hypertrophie. Le tout économique semble d'autant moins une fin en soi que l'un de ses effets majeurs, le développement du temps libre, modifie les conceptions du bien-être. Dans cette recomposition des choix de vie, où les désirs individuels prennent le pas sur les ambitions collectives, la nature apparaît comme un idéal, à la fois paradis menacé, refuge pour soi et conservatoire du vivant. En conséquence, une nouvelle exigence sociale s'impose, la protection de l'environnement, sous laquelle émerge la revendication du droit à la nature.

Un tel déplacement des sensibilités interpelle le chasseur à trois niveaux : culturel, social et politique. Tout d'abord, l'idéalisation de la nature, trait dominant de la pensée contemporaine, au-delà de toutes les formes de zoolâtrie qui l'accompagnent, s'inscrit dans une vision angélique du sauvage. Or la chasse est, par essence, confrontation avec celui-ci ; du coup, elle perd de sa lisibilité, le sauvage n'étant plus ce qu'il faut repousser mais, au contraire, ce qu'il devient urgent de préserver. Surcroît d'incompréhension, le chasseur fréquente la mort et apprécie les armes, dans une société qui les rejette. Autre décalage : la chasse est perçue comme un ultime bastion machiste.

Ensuite, le droit de chasser, attribut du droit de propriété, est progressivement confronté à l'essor des loisirs et des sports de nature, usages inédits sur des espaces jusqu'alors réservés, pour l'essentiel, aux activités agricoles, forestières et cynégétiques. Le partage de la nature devient donc une réelle préoccupation publique ; l'interdiction de la chasse à tir le mercredi, récemment introduite dans la loi française, en témoigne.

Enfin, l'impérieuse nécessité de recadrer les activités humaines en ce qu'elles concernent l'exploitation des ressources naturelles oblige le politique à investir ce nouveau champ d'action où se dessine l'un des grands enjeux de demain, l'environnement. Les directives européennes sur la conservation des oiseaux sauvages et des habitats naturels illustrent cette volonté.

D'évidence, le chasseur doit désormais démontrer scientifiquement que son activité non seulement ne contrevient pas à la pérennité des espèces, mais qu'elle y contribue. Faute d'opérer ainsi, aucun des modes de chasse n'échappera à terme à la contestation dont les chasseurs de migrateurs sont aujourd'hui l'objet.

En initiant des pratiques écologiquement utiles à la préservation de la faune et socialement compatibles avec les nouveaux usages de la nature, la plus vieille passion du monde pourra ménager son avenir. Reste la grande inconnue, la dimension culturelle. Insoluble dans l'angélisme, irréductible au conformisme, « *le chasseur,* estime l'anthropologue Philippe Salvadori, *a l'insolence de rappeler que l'homme n'est pas naturellement non violent et que sa dignité consiste à faire bon usage de la violence qui est en lui* ». Une société aseptisée peut-elle supporter ce défi importun ? Question de tolérance. Question de clairvoyance aussi.

Index général

A

B

C-D

E-F

G

H-I-J

L

M-N

O-P

Index des personnes

A-B

C-E

F-G

H-J

L

M-O

P-Q

R

S-T

V-Z

Les adresses utiles

LA CHASSE EN FRANCE

• ORGANISMES OFFICIELS

Office national de la chasse et de la faune sauvage (ONCFS)
85 bis, avenue de Wagram 75017 Paris
Tél : 01 44 15 17 17
www.oncfs.gouv.fr/

Fédération nationale des chasseurs
48, rue d'Alésia 75014 Paris
Tél : 01 43 27 85 76
www.chasseurdefrance.com/
(sur ce site, les coordonnées de 95 fédérations départementales de chasseurs)

Société centrale canine
155, avenue Jean-Jaurès
93535 Aubervilliers
Tél : 01 49 37 54 00
www.scc.asso.fr/

• ASSOCIATIONS DE RÉFLEXION, DE FORMATION ET DE RECHERCHE

Association nationale des chasseurs de grand gibier (ANCGG)
Cotation des trophées
Publication : *Chasse Gestion*
2, rue René Donnet 21240 Talant
Tél : 03 80 44 81 10

Association nationale petit gibier (ANPG)
10, rue de Lisbonne 75008 Paris
Tél : 02 38 35 54 43
www.anpg.asso.fr/

Association nationale pour une chasse écologiquement responsable (ANCER)
7, avenue Lucien Lerousseau
33130 Bègles
Tél : 05 56 49 33 09

Club national des bécassiers (CNB)
Publication : *La Mordorée*
Moulin du Buis, Beg Aêl
29940 La Forêt
Fouesnant
Tél : 02 98 56 82 58
http://perso.club-internet.fr/salah/index.htm

Fédération des chasseurs à l'arc (FCA)
5, route d'Orchaise
41190 Molineuf
Tél : 01 43 52 37 08
www.chassearc.com/

Saint-Hubert Club de France
Publication : *Le Saint-Hubert*
10, rue de Lisbonne 75008 Paris
Tél : 01 45 22 38 90

Union nationale pour l'utilisation de chiens de rouge (UNUCR)
1, rue Rohan 67230 Benfeld
Tél : 03 88 74 58 48

• ASSOCIATIONS SPÉCIALISÉES

Association nationale des fauconniers et autoursiers (ANFA)
Belligan
49130 St Gemmes s/Loire

Association française des équipages de vénerie sous terre (AFEVST)
10, rue de Lisbonne 75008 Paris
Tél : 01 55 30 05 30

Association des lieutenants de louveterie de France (ALLF)
10, rue de Lisbonne 75008 Paris
Tél : 01 44 70 03 55

Association nationale des chasseurs de gibier d'eau (ANCGE)
Publication : *La Sauvagine*
5, avenue des chasseurs
75017 Paris
Tél : 01 47 64 64 90

Association des chasseurs de lapin et de défense des chasses traditionnelles (ANCLATRA)
M. Mestre
34130 Mauguio
Tél : 04 67 24 75 09

Association nationale des chasseurs de montagne (ANCM)
46, rue A. Pégurier 06200 Nice
Tél : 04 93 83 82 39

Club international des chasseurs de bécassines (CICB)
5, avenue des Chasseurs
75017 Paris
www.cicb-club.com/

Institut méditerranéen du patrimoine cynégétique et faunistique
Les Cigales
La Royne
30310 Vergèze
Tél : 04 66 35 03 15
http://impcf.com

Société de vénerie
Publication : *Vénerie*
32, rue Chevert 75007 Paris
Tél : 01 47 53 93 93
www.venerie.org/

Union nationale des associations des piégeurs agréés de France (UNAPAF)
28, rue de la Liberté 67120 Kolbsheim
Tél : 03 88 69 54 02

• ÉCOLE DE CHASSE

Institut cynégétique François Sommer
08240 Belval-Bois-des-Dames
Tél : 03 24 30 01 86
http://perso.wanadoo.fr/parcdebelval

• FORMATION AUX MÉTIERS DE LA CHASSE

Lycée agricole de Charleville Mézières
08090 Saint-Laurent
Tél : 03 24 57 49 26

Lycée agricole de Vendôme Blois Montoire
Areines BP 106
41106 Vendôme
Tél : 02 54 67 44 00

• FONDATION

Fondation nationale des habitats de la faune sauvage
48, rue d'Alésia 75014 Paris
Tél : 01 43 22 28 64

• MÉDIAS

Revues
Bécasse passion
Le Chasseur à l'arc
Le Chasseur de bécasse
Le Chasseur de sanglier
Le Chasseur de petit gibier
Le Chasseur français
Connaissance de la chasse
Jours de chasse
Plaisirs de la chasse
La Revue nationale de la chasse
Sanglier passion

Télévisions
Seasons
www.seasons.fr/

Chasse & Pêche
www.chasseetpechetv.com/

Site internet
La Hutte virtuelle
www.huttevirtuelle.com
Tout sur la chasse à la sauvagine

• MUSÉES

Musée de la chasse et de la Nature
60, rue des Archives
75003 Paris
Tél : 01 53 01 92 40
www.chassenature.org

Musée de la chasse et de l'art animalier
domaine de Chambord
Tél : 02 54 50 40 00
www.chambord.org

Musée international de la chasse
45503 Gien
Tél : 02 38 29 85 54
www.tourisme.fr/musee-chasse-gien

Musée de chasse de Finlande
Tehtaankatu 23 A, 11910 Riihimäki
Tél : 358 19 722 293
www.kolumbus.fi/metsastysmuseo/chasse

Musée suisse de la faune et de la chasse
c/Francos Rodriguez 70-2°
château de Landshut - Utzenstorf
Tél : 032 665 40 27
www.chassenature.ch/musee-chasse.

Musée de la chasse et de la pêche de Munich
www.jagd-fischerei-museum.de/

LA CHASSE EN EUROPE

Fédération des associations de chasse et conservation de la faune sauvage de l'Union européenne (FACE)
82, rue F. Pelletier
1030 Bruxelles
Tél : 00 32 2 732 69 00
www.face-europe.org

• ALLEMAGNE

Deutscher Jagdschutz Verband
Johannes Henry Str. 26
D - 53113 Bonn
Tél : 00 49 228 9490 620

Revues
Paul Parey Zeitschriftenverlag
- Wild und Hund,
- Deutsche Jagd Zeitung
- Jagen Weltweit
Tél : 00 49 2604 978 0

Die Pirsch
Tél : 00 49 89 127050

Jäger
Tél : 00 49 40 389060

• AUTRICHE

Zentralstelle der Österreichischer Jagdverbände
Publications : *Weidwerk*
Wickenburggasse 3/13
1080 Wien
Tél : 00 43 140 51636

Revue : *Der Anblick*
Tél : 00 43 316 321248

• BELGIQUE

Royal Saint-Hubert Club de Belgique
Publication Chasse et Nature
Bvd Lambermont 410
1030 Bruxelles
Tél : 00 32 2 248 25 85

Fondation Saint-Hubert
Rue de la Converserie
6870 Saint-Hubert

• DANEMARK

Danmarks Jægerforbund
Hojnaesvej 56 Postbox 99
2610 Rødovre
Tél : 00 45 3673 0500

Revue : *Jaeger*
Tél : 00 45 3673 0500

• ESPAGNE

Federación Española de Caza
c/Francos Rodriguez 70-2°
28039 Madrid
Tél : 00 349 13111634

Revues
Federcaza
Tél : 00 349 15335305

Trofeo
Tél : 00 349 13200818

• FINLANDE

Hunterss Central Organisation Fantsintie
01100 I 13-14 Tasalmi
Tél : 00 358 98777 677

Revue : *Metsästäjä*

• GRÈCE

Confédération de la chasse
Koraï 2 TT 132
10564 Athènes

• IRLANDE

NARGC
Publication : *Gameshot*
6 Sandford Road
Ranelagh
Dublin 6
Tél : 00 353 1 497 4888

• ITALIE

Federazione Italiana della Caccia
V. le Tiziano 70
00196 Roma
Tél : 00 39 06 3233 780

Revue : *Diana*
Tél : 00 39 05550161

• LUXEMBOURG

Saint-Hubert Club du Grand Duché
1430 Luxembourg
Tél : 00 352 44 38 50

• PAYS-BAS

Koninklijke Nederlandse Jagers Vereniging (KNJV)
Postbus 1165
3800 BD Amersfoort

• PORTUGAL

Confederaçao Nacional des Caçadores
Av. Marechal Gomes da Costa 15
1800 Lisboa
Tél : 00 351 196 70 21 112

Revue : *Calibre 12*
Tél : 00 351 1 7570382

• ROYAUME-UNI

BASC
Marford Mill
Rossett
Wrexham Clwyd LL 12 OHL
Tél : 00 44 124 457 30 00

Revues
The Field
King's Reach Tower
Shooting Times

• SUÈDE

Jägarnas Riksförbund
Publication : *Svensk Jakt*
15171 Södertälje
Tél : 00 946 855 01078

• SUISSE

Schweizerischer Patent- und Wildschutzverband
Tél : 00 41 27 934 / 24 39

Revues
Diana Chasse Nature
Schweizer Jäger

Crédits photographiques

PH. ALLARD : 8, 9, 10, 11, 12, 14 (haut), 15, 17, 18, 20, 21, 23, 24, 26, 27, 28, 29, 30, 31, 32, 33, 34, 35, 37, 39, 45, 46, 48, 49, 50, 52 (haut), 53 (bas), 57, 58, 59, 60, 61, 63, 65, 67, 72, 75, 77, 78, 79, 80, 82, 83, 87, 89, 93, 95, 96, 101, 106, 108, 110, 111, 112, 113, 114, 117, 124 -125, 134, 137, 141, 147, 150, 153, 156; 157, 158; 159, 160; 164, 165 (gauche), 166 (gauche), 168, 169, 170, 171, 172, 173, 175, 177, 178, 179, 183, 185, 190, 191, 193, 194, 195, 196, 197, 199, 201, 202, 208, 209, 212, 213, 223, 226, 230, 248, 251, 252, 253, 254, 255, 257, 258, 279, 283, 290, 292, 293, 295, 297, 299, 301, 302, 305, 307, 308, 309, 323, 326, 343, 346, 349, 355, 372, 385, 391, 395

S. CHEVALLIER : 14 (bas), 16, 19, 44, 47, 56, 66, 69, 70, 71, 73, 97, 109 (haut), 115, 118, 119, 120, 126, 127, 128, 129, 146, 149, 154, 162, 184, 203, 206, 207, 214, 215, 250, 256, 259, 260, 261, 262, 263, 264, 265, 266, 267, 268, 269, 270, 271, 272, 273, 277, 278, 280, 281, 285, 287, 288, 289, 291, 294, 310, 311, 312, 317, 335, 373, 375

REALTREE OUTDOOR PRODUCTS : 38, 41, 42, 136

UNUCR : 52 (bas), 54

B. BELLON : 81, 85, 88, 91, 92, 99, 116, 133, 163, 216, 217, 218, 219, 221, 222, 225, 227, 229, 231, 232, 233, 235, 236, 237, 238, 240, 244

NATURE-LABAT : 102

A. DAMPERAT : 132, 167 (gauche), 400

E. MIDOUX-ONC : 135, 155, 401

BARBIER-ONC : 138

L. CHOCAT : 140, 142, 143

CHANTELAT/SIPA PRESS : 152

DONNENWIRTH : 165 (droite), 166 (droite), 167 (droite), 187, 188, 189, 293

V. HOREN : 53 (haut), 211

J. CAPRIN ANCM : 242

ROSSIGNOL : 274, 275, 276, 348

LANCEAU-NATURE : 251 (bas), 338

MAYET-NATURE : 339, 341

LANCEAU/COGIS : 390

J.-P. PAIREAULT/ANA : 384

NICOLAS MATHEUS/MUSÉE DE LA CHASSE ET DE LA NATURE : 104, 109, 246, 344

D. R. : 105, 247

CAMILLE MOIRENC : 345

P. COMBELLE : 144

CHARLINE ROY : 387

L'éditeur remercie Realtree Outdoor Products pour sa contribution.

Photogravure : Art-Nord, Aire-sur-la-Lys. Impression : Graficas Estella, Estella.
Dépôt légal : octobre 2002 - 560271/02. Imprimé en Espagne (Printed in Spain).
10104943 (11) octobre 2003.